Die Preisregulierung der Briefdienste

Europäische Hochschulschriften
Publications Universitaires Européennes
European University Studies

Reihe V
Volks- und Betriebswirtschaft

Série V Series V
Sciences économiques, gestion d'entreprise
Economics and Management

Bd./Vol. 2628

PETER LANG
Frankfurt am Main · Berlin · Bern · Bruxelles · New York · Oxford · Wien

Claudia Lorentzen

Die Preisregulierung der Briefdienste

Ökonomische Analyse des deutschen Postgesetzes

PETER LANG
Europäischer Verlag der Wissenschaften

Die Deutsche Bibliothek - CIP-Einheitsaufnahme

Lorentzen, Claudia:

Die Preisregulierung der Briefdienste : ökonomische Analyse des deutschen Postgesetzes / Claudia Lorentzen. - Frankfurt am Main ; Berlin ; Bern ; Bruxelles ; New York ; Oxford ; Wien : Lang, 2000
(Europäische Hochschulschriften : Reihe 5, Volks- und Betriebswirtschaft ; Bd. 2628)
Zugl: Erlangen-Nürnberg, Univ., Diss., 2000
ISBN 3-631-36585-3

n 2
ISSN 0531-7339
ISBN 3-631-36585-3

Vorwort

Die vorliegende Studie entstand 1997 – 2000 während meiner Zeit als wissenschaftliche Mitarbeiterin am Lehrstuhl für Volkswirtschaftslehre, insbesondere Finanzwissenschaft, der Friedrich-Alexander-Universität Erlangen-Nürnberg. Die Analyse setzt einen Teil des Forschungsprogramms des Lehrstuhls fort, der sich mit der potenziellen Ineffizienz ehemals öffentlicher, jedoch im Wandel befindlicher Sektoren auseinander setzt. Zu diesen gehört auch das traditionsreiche Postwesen.

Das Postgesetz von 1997 gewährt der staatlich dominierten Deutschen Post AG bis zum Ablauf des Jahres 2002 eine Exklusivlizenz zur Beförderung von Briefen mit einem Gewicht von bis zu 200 Gramm, welche das Unternehmen auf einen liberalisierten Markt vorbereiten und die Finanzierung von Altlasten sichern soll. Eines der entscheidenden Probleme jedoch ist, dass hiermit keine Anreize verbunden sind, eine volkswirtschaftlich erwünschte flächendeckende Versorgung zu wettbewerbsgerechten Preisen mit effizienten Produktionsstrukturen und nachfrageorientierter Qualität anzubieten. Daher bedarf es einer Regulierung, die solche Anreize schafft und dabei sowohl die Interessen der Kunden berücksichtigt, wie auch eine wettbewerbsverzerrende Quersubventionierung unterschiedlicher Dienste verhindert. Als Referenznorm für die Verhaltensregulierung dienen die Ergebnisse eines hypothetischen Wettbewerbs.

Zentrales Element der vorliegenden Studie ist die im Postgesetz fixierte Preisregulierung bei Briefdiensten. Anhand einer ökonomischen Analyse des Gesetzes wird seine Eignung hinsichtlich der verfolgten volkswirtschaftlichen Ziele beurteilt. Dabei wird herausgestellt, ob die Macht der marktbeherrschenden Deutschen Post AG mit den im Postgesetz festgelegten Grundversorgungs- und Preisregulierungsverfahren beschränkt wird, inwieweit davon die Wettbewerbsfähigkeit der Deutschen Post AG betroffen ist und inwiefern das Postgesetz folglich dem Wettbewerb zuträglich ist.

Mein Dank gilt an erster Stelle Professor Dr. Karl-Dieter Grüske, dessen wissenschaftlicher Rat und konstruktive Hilfe während meiner Zeit an seinem Institut weit über das sonst übliche Maß hinausging. Danken möchte ich auch meinen Kollegen an seinem Lehrstuhl, die in vielen anregenden Gesprächen wesentlich zur Schärfung der Argumentation des nun vorliegenden Werkes beigetragen haben. In tiefer Schuld stehe ich vor allem bei Dr. Klaus Müller und Dr. Thomas Hart, denen ich zahlreiche wertvolle Anregungen aus engagierten Diskussionen zu verdanken habe. Professor Dr. Ernst Dürr danke ich für die Übernahme des Korreferats. Weiter bedanke ich mich bei der Deutschen Post AG für die finanzielle Förderung meiner Promotion.

Es ist mir ein wichtiges Anliegen, denjenigen in meinem privaten Umfeld zu danken, die diese Arbeit mit Verständnis und vielfältiger Unterstützung begleitet haben – allen voran meinem Ehemann Lars. Ihm widme ich dieses Buch.

Nürnberg, im August 2000 Claudia Lorentzen

Inhaltsübersicht

Inhaltsverzeichnis

Verzeichnis der Schaubilder

Verzeichnis der verwendeten Abkürzungen

a.F.	alte Fassung
AG	Aktiengesellschaft
AGB	Allgemeine Geschäftsbedingungen
AIC	average incremental costs
AOL	America Online
Art.	Artikel
AT&T	American Telegraph and Telephone Company
Bd.	Band
BMF	Bundesministerium der Finanzen
BMPT	Bundesministerium für Post und Telekommunikation
BMWi	Bundesministerium für Wirtschaft
BSP	Bruttosozialprodukt
BSPI	Preisindex des Bruttosozialprodukts
bzw.	beziehungsweise
ca.	circa
CAPM	Capital Asset Pricing Model
cet. par.	ceteris paribus
CPI	consumer price index
d.h.	das heißt
DM	Deutsche Mark
ECP	efficient component pricing
EDI	electronic data interchange
EGV	Vertrag über die Europäische Gemeinschaft
EHPI	Einzelhandelspreisindex
etc.	et cetera
EU	Europäische Union
EuGH	Europäischer Gerichtshof
evtl.	eventuell
FCC	Federal Communications Commission
FDC	fully distributed costs
f.	folgende

g	Gramm
GEHI	Index der Tarifgehälter der Angestellten bei Gebietskörperschaften
GG	Grundgesetz
ggf.	gegebenenfalls
GNP	general national product
GWB	Gesetz gegen Wettbewerbsbeschränkungen
i.d.R.	in der Regel
i.e.S.	im engeren Sinn
i.S.v.	im Sinne von
i.V.m.	in Verbindung mit
i.w.S.	im weiteren Sinn
incl.	inklusive
Jg.	Jahrgang
KEP	Kurier, Express und Paket
kg	Kilogramm
LRAIC	long-run average incremental costs
LRIC	long-run incremental costs
n.F.	neue Fassung
NPÖ	Neue Politische Ökonomie
NZP	New Zealand Post
o.J.	ohne Jahr
o.O.	ohne Ort
OCR	Optical-Character Reader
ONP	open network provision
OSP	open services provision
P.O.	The British Post Office
PC	Personal Computer
PEntgV	Post-Entgeltregulierungsverordnung, Entwurf vom 2.12.1998
PI	price index
PostG	Postgesetz
PRC	Postal Rate Commission
PTT	Post, Telefon, Telegraf
PUDLV	Post-Universaldienstleistungsverordnung
RegTP	Regulierungsbehörde für Telekommunikation und Post

ROC	Return on Cost
ROO	Return on Output
ROR	Rate of Return
ROS	Return on Sales
RPI	Retailed Price Index
SAC	Stand-alone-Kosten, stand-alone costs
S.	Seite
u.a.	und andere
U.S.	United States
u.U.	unter Umständen
UK	United Kingdom
UPS	United Parcel Service
UPU	Universal Postal Union
US	United States
USA	United States of America
USPS	United States Postal Service
usw.	und so weiter
v.a.	vor allem
vgl.	vergleiche
VOL	Verdingungsordnung für Leistungen
WIK	Wissenschaftliches Institut für Kommunikationsdienste
WIKI	WIK-Index
z.B.	zum Beispiel
z.T.	zum Teil
zzgl.	zuzüglich

Verzeichnis der verwendeten Symbole

Δ	Änderung
μ	Effizienzparameter Fixkosten
η	Effizienzparameter Grenzkosten
π	Gewinn
τ_0	Grenzkonsumenttyp
Π	Inflationsrate
φ	konstanter Mietzins
Λ	Lagrange-Ansatz
λ	Lagrange-Multiplikator
$\gamma(e)$	Last der Anstrengung
α	Ramsey-Parameter
σ	Substitutionseffekt
$\sum$	Summe
τ	Typenparameter
$f(\tau)$	Dichte der Typenverteilung
$F(\tau)$	Typenverteilung
ν	Wert
β	Zins, Verhältnis Geschäftsrisiko / Risiko Aktien-Gesamtmarktportfolio
A	Anstrengung
a	Qualitätsanreizfaktor
AIC	average incremental costs, Zusatzkosten
AZ_t	tatsächlich empfangene Ausgleichszahlung
AZ_v	vorhersehbare Ausgleichszahlung
b	konstante variable Kosten
B	Zahl der Blöcke
C	Gesamtkosten des Unternehmens
CPI	Consumer Price Index, Einzelhandelspreisindex (USA)
CS	consumer surplus, Konsumentenrente
D	Nachfrage
DB	Deckungsbeitrag

E	fixe Gebühr
e	Niveau der Anstrengung
f	Funktion
F	Kompensationszahlung
FC	Fixkosten
FE	Fehleinschätzungen
g	ein Gut / Produkt / Dienst / eine Leistung / ein Segment
G	Gebot
i	ein Kunde / Konsument / Individuum / Bieter
I	Investitionen minus Abschreibungen, Rate Base
j	ein anderer/s Kunde / Konsument / Individuum / Bieter
k	Index eines Summenoperators
K	maximale Produktionskapazität
l	ein anderes Gut / Produkt / ein anderer Dienst / eine andere Leistung
L	Lerner-Index
m	Zahl der Individuen
MC	Grenzkosten
n	Anzahl
N	Anzahl der (homogenen) Konsumenten
o	Kostenoffenbarungsparameter
P	Anzahl selbst wählbarer Tarife
p	Preis
$\mathbf{p}$	Preisvektor der gekauften Postdienste
$\mathbf{p'}$	Vektor des Grenzpreises
$\overline{p}$	Durchschnittspreis
p_b	Preis des Bündels
p_C	Preise in Abhängigkeit von den Kosten
p_O	Preise in Abhängigkeit vom Output
p_R	Preise in Abhängigkeit von den Einnahmen
p_{min}	niedrigster Preis des Ausgabenplans $R(q)$
$\mathbf{q}$	Mengenvektor der gekauften Postdienste
q	Produktionsmenge eines Produkts
q_i^a	Menge anderer Güter, vom Konsumenten i nachgefragt
Q	nachgefragte Menge

Q^*	Abweichung von der Leistungsqualität
Q_m	momentane Qualität
Q_r	relative Leistungsqualität
R	Ausgaben der Konsumenten bzw. Einnahmen des Unternehmens
r	Rendite
RPI	Retailed Price Index, Einzelhandelspreisindex (GB)
s	Skalenerträge
S	surplus, Rente
$SC(q)$	shared costs, geteilte Kosten, C/q
SE	Synergieeffekt
S_N	soziale Kosten mit negativem Einfluss auf die Zeitraumlänge
S_P	soziale Kosten mit positivem Einfluss auf die Zeitraumlänge
St	Standard
T	Anzahl Zeitperioden
t	Zeitperiode
t^*	optimale Zugangsgebühr
U	Bruttonutzen
V	indirekter Nutzen
v	Menge der variablen Ressource
VC	variable, direkt zurechenbare Kosten
w	Gewicht
x	Anzahl produzierter Güter
X	Produktivitätsfaktor
y_i	Einkommen des Konsumenten *i*
z	ausgeschriebener Zeitraum
z^*	optimaler ausgeschriebener Zeitraum

"The large won't eat the small.
The swift will eat the slow.
Speed is everything."

(Robert J. Eaton, 1996)

Einführung

Das Postwesen gehört traditionell zu den am stärksten regulierten Sektoren einer Volkswirtschaft; seine Leistungsfähigkeit wird allerdings seit langem als ungenügend angesehen. Jedoch beschäftigen sich Ökonomen und Politiker erst seit Beginn der neunziger Jahre intensiver mit der Deregulierung des Postsektors. Die vorhandenen Studien setzen aber nur punktuell an spezifischen Problemen an; ebenso wenig liegt eine geschlossene Theorie vor. Der Stand der ökonomischen Forschung zum Thema Postregulierung ist also noch ausbaufähig.[1]

Die Entwicklungen auf den nationalen und internationalen Märkten der Post und Telekommunikation haben auch in der deutschen Postpolitik eine Neuorientierung bewirkt, die mit der ersten Postreform von 1989 eingeleitet und mit der Postreform II von 1994 fortgesetzt wurde. Letztere schuf mit der Umwandlung der Unternehmen Postdienst, Telekom und Postbank der früheren Deutschen Bundespost in Aktiengesellschaften die Grundlage für eine umfassende Liberalisierung der Postmärkte in Deutschland. Dies waren jedoch nur die ersten Schritte. Die *Deutsche Post AG* als das mit der Sicherstellung einer flächendeckenden Versorgung mit *Briefdiensten* beauftragte Unternehmen hat durch die im neuen Postgesetz, das zum 22. Dezember 1997 in Kraft trat, fixierte befristete *Exklusivlizenz* bis zum 31. Dezember 2002 die Möglichkeit, sich durch die punktuelle Beseitigung ihrer Engpässe und Probleme auf einen vollkommenen Wettbewerb vorzubereiten.[2]

---

1 Ein Grund für den Mangel an aussagekräftigen postökonomischen Studien ist derzeit noch die Möglichkeit der Postdienste, viele Daten, die für eine ökonometrisch begründete Beurteilung von Reformansätzen im Postbereich nützlich sein könnten, zu verschweigen. Vgl. Campbell, J.I. Jr. (1997b), S. 332.

2 Vgl. auch Scheurle, K.-D. (1997), S. 201f. und Del Polito, G. (1996), S. 34, 40.

Da die Exklusivlizenz für die Deutsche Post AG lediglich den Bereich der „Individualsendungen mit Mitteilungsinhalt" unter 200 g betrifft, wird im Folgenden nur noch das Aufkommen der Briefe und Postkarten berücksichtigt. Vgl. o.V. (1996d), S. 17.

A Problemstellung und Ziele der Arbeit

Postmärkte sind Märkte, auf denen Wettbewerb vollständig ausgeschlossen war. Die Motivation für den Ausschluss von Wettbewerb hat sich im Laufe der Zeit jedoch gewandelt. Während zu Beginn dieses Jahrhunderts für den Staat noch fiskalische Ziele im Vordergrund standen, wurde der Eingriff in den Wettbewerb zunehmend und bis heute durch die Gewährleistung eines Infrastrukturauftrags begründet. Letzterer beinhaltet nach dem neuen Postgesetz eine angemessene und ausreichende Grundversorgung mit Briefdienstleistungen im gesamten Gebiet der Bundesrepublik Deutschland, die nun auch durch Förderung des Wettbewerbs erreicht werden soll.

Dem regulativen Eingriff in die Wettbewerbsordnung liegt die Annahme zugrunde, die postalische Grundversorgung, d.h. im Wesentlichen das Überbringen von adressierten schriftlichen Mitteilungen mit einem Gewicht von bis zu 200 g, könne nicht im Wettbewerb erbracht werden. Zur Sicherstellung dieser Versorgung wurde daher im Postgesetz eine Exklusivlizenz definiert. Werden derartige Monopolrechte definiert, ist grundsätzlich eine laufende Verhaltensregulierung des Monopolunternehmens erforderlich. Als solches hätte die Deutsche Post AG während der Laufzeit der Exklusivlizenz nur geringe Anreize, wohlfahrtsmaximierende Preise zu setzen, die Dienstequalitäten den Bedürfnissen der Nachfrager anzupassen und effiziente Produktionsverfahren einzuführen. Die Regulierung zielt deshalb darauf ab, diese Mängel zu beseitigen. Referenznorm für die Verhaltensregulierung sind daher die Ergebnisse eines hypothetischen Wettbewerbs, wobei die nur begrenzten Simulationsmöglichkeiten von Wettbewerbsergebnissen, insbesondere hinsichtlich der dynamischen Effekte des Wettbewerbs, in Betracht gezogen werden müssen.

Wie sich herausgestellt hat, können auch private Unternehmen schnelle, qualitativ hochwertige und kosteneffektive Logistikleistungen erbringen, was sich insbesondere an der internationalen Entwicklung des Paket- und Speditionssektors ablesen lässt.[3]

Die Herausforderung liegt nun darin, ein marktbeherrschendes Unternehmen wie die Deutsche Post AG dazu zu veranlassen, auf dem Briefdienstmarkt das volkswirtschaftliche Ziel einer flächendeckenden Versorgung auch in den Bereichen zu wettbewerblichen Preisen zu verwirklichen, in denen jetzt noch kein vollkommener Wettbewerb zugelassen ist und die völlige Marktöffnung frühestens für das Jahr 2003 erwartet werden kann. Diese Aufgabe wird durch eine grundlegende Informationsasymmetrie verkompliziert: Die Regulierer besitzen weniger Informationen über die Kosten- und Nachfragebedingungen der regulierten Unternehmen als diese selbst. Deshalb sind Regulierungsmechanismen gefordert, welche die Unternehmen dazu anhalten, die optimale Menge mit den optimalen Inputs zu produzieren sowie die dazugehörigen Preise kostenorientiert zu setzen, ohne dass dem Regulierer zuvor die abgesetzten Mengen und die dazu korrespondierenden Inputs für die Preisgestaltung bekannt sein müssen.[4]

---

3 Zuverlässiger effizienter Transport erlaubte die Entwicklung und Einführung von just-in-time-Systemen, die den Unternehmen zur Steigerung ihrer Produktivität verhalfen. Vgl. Hudgins, E.L. (1996a), S. xvii f.

4 Voraussetzung dieser Aufgabe ist natürlich die Bestimmung, was in der jeweiligen Situation als „optimal" bzw. „effizient" definiert wird. Vgl. Train, K.E. (1991), S. xi. Im Monopol wäre die Gütermenge im Gleichgewicht suboptimal niedrig, der Preis suboptimal überhöht. Vgl. auch Schwarze, R. (1998), S. 27.

Die im Postgesetz verankerte Preisregulierung verfolgt dabei zwei Ziele: Einerseits sollen die Kunden des marktbeherrschenden Unternehmens vor Ausbeutungsmissbrauch und Preisdiskriminierung geschützt werden, andererseits muss sichergestellt sein, dass die Unternehmen, sofern sie auch auf wettbewerblich organisierten Märkten tätig sind, keine wettbewerbsverzerrende Quersubventionierung vornehmen.[5]

Ziel ist dabei die Ermittlung der optimalen Regulierungsintensität zur Maximierung der gesellschaftlichen Wohlfahrt: "Like food, either too much or too little is unhealthy."[6]

Die vorliegende Arbeit fokussiert darauf, die *Preisregulierung* bei Briefdienstleistungen nach dem neuen Postgesetz ökonomisch zu analysieren und eine Beurteilung ihrer Eignung hinsichtlich der verfolgten volkswirtschaftlichen Ziele herbeizuführen.

B Gang der Untersuchung

Der erste Teil der Arbeit beschäftigt sich mit den produktionstechnischen und institutionellen Rahmenbedingungen des deutschen Marktes für Briefdienstleistungen. Die Erläuterung der Produktionsstruktur von Briefdienstleistungen im ersten Kapitel mitsamt den sich daraus ergebenden kostentechnischen Implikationen stellen das Fundament zu den sich anschließenden Kapiteln dar. Diese wirken auch als Rahmenbedingungen auf das neue Postgesetz ein, dessen Entwicklung, Ziele und Instrumente im zweiten Kapitel erläutert werden.

Ziel des zweiten Teils ist es, die theoretischen Grundlagen zur Rechtfertigung einer Preisregulierung im Briefdienst, wie sie im Postgesetz fixiert wurde, offenzulegen. Hierzu werden im dritten Kapitel die Grundlagen und Aspekte der Regulierung sowie im vierten Kapitel die normativen Ansätze zur Preisregulierung dargestellt.

Im auf den ersten beiden Teilen aufbauenden dritten Teil der Untersuchung werden die Folgen der im Postgesetz festgelegten Regulierung der Grundversorgung und Preise für das marktbeherrschende Unternehmen Deutsche Post AG im Briefdienst in ihren Einzelheiten beleuchtet. Hierzu beschäftigt sich das fünfte Kapitel mit der Finanzierung der postalischen Grundversorgungsleistung über einen Ausgleichsfonds. Das sechste Kapitel stellt die Maßstäbe und Verfahren der Entgeltregulierung und –genehmigung im Briefdienstbereich bei marktbeherrschenden Unternehmen dar. Im siebten Kapitel wird die Preisregulierung von Teilleistungen bei offenem Dienstezugang analysiert.

Der vierte Teil der Arbeit schließlich resümiert die Wirkungen der Preisregulierung des Postgesetzes auf den Wettbewerb und zeigt Folgen und Strategiemöglichkeiten für die Deutsche Post AG auf.

Dieser Aufbau der Arbeit ist auch dem folgenden Vademecum zu entnehmen.

---

[5] Der Schutz vor Wettbewerbern auf benachbarten Märkten stellt daher ebenso eine Zielsetzung der Preisregulierung dar. Dieser Aufgabe würde entsprochen, sofern keine übernormalen Gewinne auf dem Monopolmarkt erzielt werden. Vgl. Pieper, F. (1996), S. 2.

[6] Bidwell, M.O. Jr. (1996), S. 111, 120.

Abbildung 1: Vademecum

Quelle: Eigene Darstellung.

I. TEIL: PRODUKTIONSTECHNISCHE UND INSTITUTIONELLE RAHMENBEDINGUNGEN DES DEUTSCHEN MARKTES FÜR BRIEFDIENSTLEISTUNGEN

Auf Postmärkten werden Transportdienstleistungen für schriftliche Mitteilungen (Briefe, Zeitungen / Zeitschriften) und Güter (Pakete) bis zu bestimmten Gewichtsgrenzen gehandelt. Die einzelnen Leistungen der Postdienste[1] sind aufgrund von Qualitätsdifferenzierungen hinsichtlich Massenleistungsfähigkeit, Schnelligkeit (Laufzeit), Netzbildungsfähigkeit, Berechenbarkeit (Dauer, Distanz), Häufigkeit der Zustellung, Sicherheit, Bequemlichkeit, Zuverlässigkeit und durch angebotene Zusatzleistungen nur zu einem gewissen Grad aus Sicht der Kunden austauschbar.[2] So bieten z.B. teure Kurierdienstleistungen[3] für die meisten Kunden keinen Ersatz für die Versendung eines Standardbriefs mit der Deutschen Post AG.[4] Inwieweit eine Substitution des Standardbriefs durch die innovativere elektronische Post, E-Mail, möglich ist, lässt sich derzeit noch nicht endgültig beziffern. Die notwendigen Voraussetzungen für eine größere Nutzungshäufigkeit der elektronischen Briefe, wie eine höchstmögliche Verfügbarkeit von PCs mit Anschluss zu einem E-Mail-Provider und z.B. das Verständnis dafür, dass eine E-Mail nicht mehr ausgedruckt und auf dem Weg der Standardpost weitergeleitet werden muss, liegen in der deutschen Gesellschaft derzeit nur bedingt vor. E-Mails werden zur Zeit eher noch als ein Ersatz für Telefonate genutzt. Als wichtiges Substitut für die Briefpost hat sich dagegen das Faxgerät entwickelt.[5] Aber auch dieses konnte den Standardbrief bislang noch nicht völlig substituieren. Unzweifelhaft fordert die rasante Entwicklung der elektronischen Möglichkeiten jedoch den Briefdienst künftig zunehmend heraus.

Die vorliegende Arbeit beschäftigt sich jedoch mit der traditionellen Form von Postdienstleistungen, d.h. der Beförderung von schriftlichen adressierten Mitteilungen mit dem Ziel der Zustellung an eine physische Adresse.

In diesem ersten Teil der Untersuchung erfolgt daher im ersten Kapitel eine Veranschaulichung der betriebsspezifischen Besonderheiten der *Brief*beförderung bei der Deutschen Post AG sowie ihrer Kostenstrukturen. Insbesondere soll auch auf die vertikale Integration der Diensteerstellung eingegangen werden.

Daran anschließend werden im zweiten Kapitel die Hintergründe und Absichten des Postgesetzes erläutert. Dies beinhaltet die Darstellung der europäischen Regulie-

---

1 Heute wird der Begriff *Postdienst* für jede Art von öffentlichen oder privaten Transportdienst, der Einsammlung, Sortierung, Transport und Zustellung von Briefen, Umschlägen, und anderen Päckchen anbietet, verwendet. In allen Ländern ist der dominante Postdienstleister die öffentliche Administration oder ein gesetzmäßiger Nachfolger mit einem gewissen Regierungsbezug. In den meisten Ländern jedoch bieten auch private Postdienste spezialisierte Dienste an, wie die Vorbereitung von Briefen, Express- oder Paketdienste, und die internationale Weitergabe von Briefen. Vgl. Campbell, J.I. Jr. (1995), S. 1.

2 Dieses Instrumentarium ist primär für den physischen Transport von Gütern und Personen angelegt und kann auf den immateriellen Nachrichtenverkehr deshalb nur einschränkend übertragen werden. Vgl. Ernst, M. / Walpuski, D. (1993), S. 102.

3 Bei *Kurierdiensten* werden die Sendungen persönlich begleitet. Vgl. Braubach, U. (1992), S. 82.

4 Vgl. Pieper, F. (1996), S. 5, 7.

5 Vgl. Baldry, T. (1995), S. 46f.

rungssituation im Postwesen, die gesetzliche Marktöffnung des deutschen Postsektors über den Weg der Lizenzierung, eine entsprechende Wettbewerbspolitik sowie die Errichtung der Regulierungsbehörde.

1. KAPITEL: DIE PRODUKTIONSSTRUKTUR DER BRIEFDIENSTLEISTUNGEN

Beförderungsleistungen wie der Briefdienst unterscheiden sich von anderen Produkten dahingehend, dass das den Dienst erstellende Unternehmen gewissermaßen zwei „Kunden" hat – einen (auftraggebenden) Versender eines Briefes und einen Empfänger, für den die Sendung bestimmt ist. Zwar ist lediglich der für die Leistung zahlende Versender i.e.S. als Kunde des Beförderungsunternehmens anzusehen, doch auch der Empfänger betrachtet sich subjektiv als Kunde, der bei schlechter Leistungserfüllung (z.B. lange Laufzeit, Beschädigung) das Recht zur Beschwerde hat, obwohl er nicht der zahlende Auftraggeber ist.

Mit der Existenz sowohl eines versendenden als auch eines empfangenden Kunden beschränkt sich die Produktion der Dienstleistung im Postsektor nicht auf *einen* Ort, sondern findet zumindest in zwei Umgebungen statt: dem Ort der Versendung und dem Ort des Empfangs des beförderten Briefs. Zwischen Versendungsort und Empfangsort liegt notwendigerweise noch eine Transportleistung. Die Produktion postalischer Dienste erfolgt also in einer Abfolge an Aktivitäten, die durchaus den Charakter vertikaler Produktionsstufen besitzt.[6]

Postdienstleistungen lassen sich grundsätzlich als eine Kette von fünf Wertschöpfungsstufen darstellen. Zunächst sei in einem einführenden Abschnitt der grundsätzliche Aufbau eines Produktionssystems für die Erstellung von Briefdienstleistungen beschrieben. Danach werden die aus der Produktionsdarstellung gewonnenen Einsichten in die Kostenstruktur analysiert. Abschließend steht die Frage im Mittelpunkt, welche Gründe für eine vertikal integrierte Dienstleistungserstellung sprechen, da zunehmend Preisbildungsmodelle diskutiert werden, die auf eine Tarifierung einzelner Wertschöpfungsstufen übergehen.[7]

A Betriebsspezifische Daten zum Postwesen

Die Deutsche Post AG als Monopolist der meisten von ihr angebotenen Sendungsarten erzielte 1997 rund 758 Mio. DM, 1998 rund 1.276 Mio. DM Gewinn bei einem Umsatz von knapp 29 Mrd. DM, wovon auf die Briefpost als wichtigstem Bereich ein Umsatz von knapp 20 Mrd. DM entfiel.[8] Vorstandsvorsitzender Klaus Zumwinkel erwartet für das Jahr 1999 einen Umsatz in Höhe von 55 Mrd. DM.[9]

---

6 Vgl. Hofmann, H. (1996), S. 125.

7 Vgl. Pieper, F. (1996), S. 71.

8 Der Umsatz der anderen Bereiche soll ebenfalls kurz genannt werden: Paket / Express / Logistik: 5 Mrd. DM, Schalter: 2 Mrd. DM, und International: rund 2 Mrd. DM. Vgl. Deutsche Post AG

Diese Zahlen klingen für die Deutsche Post AG als marktbeherrschendem Anbieter des deutschen Marktes für Postdienstleistungen einerseits vielversprechend, andererseits zeigt der Vergleich US-amerikanischer mit deutschen Kennzahlen des Postwesens in Tabelle 1, dass die Deutsche Post AG noch keine optimale Situation erreicht hat:

Tabelle 1: Vergleich USA – Deutschland, 1994

		USA	Deutschland
1	Bevölkerung	250.000.000	80.900.000
2	Beschäftigte	847.000	284.000
3	Zustellrouten	228.000	73.800
4	Sendungsvolumen	177.062.200.000	14.500.000.000
5	Gesamtstopps	66.393.511	14.900.000
6	Gesamtzustellungen	109.136.644	35.400.000
7	Stück/Beschäftigten	209.046	51.056
8	Stück/Route/Tag	2.580	653
9	Stopps/Route	291	202
10	Stück/Stopp/Tag	8,86	3,23
11	Stück/Zustellung/Tag	5,39	1,36
12	Stück/Einwohner	708	179

Quelle: Cohen, R.H. / Chu, E.H. (1996), S. 94.

Während sich die Zeilen 1 bis 6 kaum miteinander vergleichen lassen, weist der Vergleich des United States Postal Service (USPS) mit äquivalenten Zahlen der Deutschen Post AG für 1994 auf einen prima facie ineffizient hohen Wert an Arbeitskräften bei der Deutschen Post AG hin (vgl. insbesondere die Zeilen 7 und 8).[10] Dabei ist mit Stück / Beschäftigten das jährliche Sendungsvolumen pro Beschäftigten bezeichnet, mit Stück / Route / Tag die pro Tag durchschnittlich zuzustellenden Sendungen einer Zustellroute. Hierbei muss aber berücksichtigt werden, dass die Art der Zustellung in den USA qualitativ nicht mit der in Deutschland vergleichbar ist. Der Begriff „Ineffizienz" muss daher differenzierter betrachtet werden. So erfolgt die Zustellung in den USA nicht unbedingt bis zum jeweiligen Haus des Empfängers, sondern die Hausbriefkästen stehen oft für ganze Straßenzüge an verkehrsreicheren Straßen, möglicherweise mehrere Kilometer vom einzelnen Haus entfernt. In Deutschland muss jeder Brief dagegen bis zur jeweiligen Wohnung befördert werden, sofern sich nicht anderswo ein (leerer) Briefkasten befindet. Unter *Stück / Stopp / Tag* werden die täglichen Sendungen pro Zustellpunkt (= Stopp) subsumiert. Bei den Stopps kann es sich um Mehrfach- oder Einzelbriefkästen handeln. Mit dem Begriff *Stück / Zustellung* wird dagegen die Sendungsmenge pro Haushalt bzw. pro Unternehmen bezeichnet.

Einen Vergleich der internationalen Sendungsvolumina der Briefpost zeigt Tabelle 2.

Aufgrund des hohen Sendungsaufkommens pro Kopf in den USA hat rein rechnerisch jede ländliche Route das Potenzial, alle direkten Kosten zu decken und sogar

(1999), S. 2, 29, 39, 47, 53. Vgl. auch o.V. (1995e), S. 8; Meier, S. / Baldry, T. (1997), S. 414 und Crux, R. (1996). Der alleinige Umsatz aus dem Brief*monopol* beläuft sich auf DM 14 Mrd. Vgl. Paterak, J. (1999b), S. 69f.

Das *Briefmonopol* existiert nur für Briefe bis zu 200 g und einem Beförderungspreis von bis zu 5,50 DM. Der Bereich der *Briefpost* umfasst dagegen *alle* Briefe.

9 Vgl. o.V. (1999w), S. 13.

10 Vgl. Cohen, R.H. / Chu, E.H. (1996), S. 84, 94.

wesentlich zur Deckung der Gemeinkosten beizutragen. Kein gewinnmaximierendes Unternehmen würde solche Routen aufgeben. Um diese Situation zu erreichen, können Postdienstleister durch aggressive Werbung versuchen, das Briefvolumen auszuweiten. Das unterschiedliche Briefvolumen pro Einwohner der verschiedenen Länder weist auf ein wesentliches *unberührtes Potenzial* hin.[11]

Tabelle 2: Sendungsvolumina Briefpost im internationalen Vergleich

	Sendungsvolumina 1995[1]	
Land	Sendungen in Millionen	Stück pro Einwohner
Schweiz	5369	756
USA	178970	678
Schweden	4533	500
Norwegen	2176	482
Frankreich	24391	412
Österreich	3627	391
Dänemark	1828	335
Belgien	3557	331
Großbritannien	18322	314
Deutschland	19963	238
Finnland	1183	232
Japan	24651	195
Spanien	4295	106
Russland	7106	48

[1] Nationale, ins Ausland gehende und vom Ausland kommende Post.

Quelle: PTT (1997), S. 11.

Die Tatsache, dass in Deutschland das Sendungsaufkommen bei Briefsendungen pro Kopf der Bevölkerung – insbesondere unter Berücksichtigung des hohen Pro-Kopf-Einkommens – zum Teil deutlich niedriger liegt als in anderen europäischen Ländern und den USA, kann auf die hohen *Preise* der Deutschen Post AG im Briefsektor zurückgeführt werden, weshalb die Kunden vermehrt auf günstigere Alternativen (z.B. Fax, E-Mail) umsteigen. Bei den Tarifen für Briefsendungen – vor allem der unteren Gewichtsklassen mit einem hohen Aufkommen – nimmt die Deutsche Post AG, wie Tabelle 3 zeigt, weltweit eine Spitzenposition ein. Die Preisunterschiede im internationalen Vergleich sind enorm: Das US-amerikanische Briefporto z.B. ist nicht einmal halb so hoch wie das Porto in Deutschland.[12] Bei einem Qualitätsvergleich zwischen den erbrachten Leistungen der Deutschen Post AG mit derjenigen von Postunternehmen, die in stärkerem Umfang im Wettbewerb stehen als der deutsche Monopolinhaber, z.B. mit der schwedischen Post, wären die Unterschiede in der Qualität dagegen nur minimal.[13]

Die höheren Sendungszahlen pro Einwohner in den USA sind u.a. darauf zurückzuführen, dass niemand außer dem USPS, auch kein Zeitungszusteller, die Briefkästen von Privatpersonen und Unternehmen nutzen darf. Eventuelle Reklamesendungen müssen daher mit einer Adresse versehen und vom USPS befördert werden. Somit zählen diese adressierten Mitteilungen zum Sendungsvolumen des USPS.[14]

---

11 Vgl. Haldi, J. / Merewitz, L. (1997), S. 241 und Haldi, J. (1995), S. 43f.

12 Vgl. o.V. (1999c), S. 12; o.V. (1999d), S. 12 und Schnitzler, L. (1999b), S. 64.

13 Vgl. Berger, H. / Knauth, P. (1996), S. 18f.

14 Der USPS ist der größte Postdienstleister. Er befördert derzeit 41% des weltweiten Sendungsvolumens. An zweiter Stelle folgt die japanische Post mit 6%.

Tabelle 3: Preise für einen Standardbrief im internationalen Vergleich (bis 20 g im Inland), in DM, 1997	
Deutschland	1,10
Schweden	1,07
Frankreich	0,88
Italien	0,88
Finnland	0,80
Niederlande	0,76
Japan	0,65
Großbritannien	0,63
USA	0,52
Neuseeland	0,42
Spanien	0,35
Quelle: Vgl. Peter, M. / Schnitzler, L. (1997), S. 91.	

Ein internationaler Vergleich der *Posttarife* ist jedoch aufgrund abweichender Marktstruktur, Dienstequalität und nicht immer vergleichbaren Sendungsarten von nur begrenzter Aussagekraft. Dennoch ist er durchaus reizvoll. Wegen der erwähnten Unterschiede erweist sich allerdings die bloße Umrechnung der geltenden Tarife als wenig hilfreich, obwohl diese Methode häufig in Literatur und Praxis zur Ermittlung von Produktivitätsunterschieden zwischen den Postverwaltungen gewählt wird. Besser geeignet ist ein Ansatz, den die New Zealand Post (NZP) in ihren Geschäftsberichten verfolgt, um die eigene Leistungsfähigkeit zu unterstreichen, aber auch, um eigene Preiserhöhungen leichter rechtfertigen zu können. Dort wird die Arbeitszeit gemessen, die in den jeweiligen Ländern von den im sekundären Sektor Beschäftigten aufzuwenden ist, um den Preis für einen Standardbrief zu verdienen. Dieser Wert lag für Neuseeland mit etwas weniger als zwei Minuten geringfügig höher als in den USA oder Kanada, aber unter denen der ausgewählten europäischen Länder. Nur Schweden erreichte ein vergleichbar niedriges Niveau, während sich Großbritannien bei ca. 2,8 Minuten und die Bundesrepublik sogar bei drei Minuten einpendelten.[15]

Die Unterschiede bei der US-amerikanischen und der deutschen Zustellqualität rechtfertigen jedoch nicht die hohe Zahl an Beschäftigten bei der Deutschen Post AG. Wie die folgende Tabelle 4 zeigt, wurden hier in den letzten Jahren hierbei laufend Rationalisierungsmaßnahmen durchgeführt:

Tabelle 4: Anzahl der Beschäftigten der Deutschen Post AG						**DBP POSTDIENST**
	1999 (geschätzt)	1998	1997	1996	1995	1994
Beamte		97.815	106.821	119.422	134.488	149.928
Arbeiter		133.121	139.522	146.310	145.158	142.284
Angestellte		27.555	26.664	26.295	28.813	33.860
GESAMT	270.000	258.491	273.007	292.027	308.459	326.072
Quellen: Vgl. Deutsche Post AG (1999), S. 77; (1998), S. 75; (1997), S. 69; (1996), S. 55 und o.V. (1999w), S. 13.						

Die Personalkosten machten bei der Deutschen Post AG 1998 nur noch rund 66% der Gesamtkosten aus,[16] während sie beim USPS knapp 77% betrugen.[17] Niveau

[15] Der Vergleich von 1991 umfasst neben Neuseeland folgende Staaten: Australien, Deutschland, Frankreich, Großbritannien, Japan, Kanada, Schweden und die USA. Vgl. Toime, E. (1991), S. 276f.

[16] Vgl. Deutsche Post AG (Hg.) (1999), S. 59.

und Struktur der Kosten entsprechen dem öffentlichen Dienst und liegen weit über dem Niveau der Wettbewerber, die bereits am Markt agieren.[18]

Dabei zahlt der USPS Löhne, die rund 28% über denen vergleichbarer Beschäftigten des privaten Sektors liegen.[19]

Nach einer internen Studie der Deutschen Post AG liegen ihre Personalkosten um 16% über dem marktüblichen Niveau. Das britische Post Office (P.O.) bezahlt 6% mehr Lohn als seine privaten Wettbewerber.[20]

Um später eine Analyse der Größen- und Verbundvorteile in postalischen Netzen[21] vornehmen zu können, sind Kenntnisse über den postalischen Produktionsprozess nötig. Der folgende Gliederungspunkt lehnt sich an Borrmann und Finsinger an, die als einige der wenigen die Strukturen des Postwesens detailliert analysierten.[22]

B Aufbau des Postnetzes der Deutschen Post AG

Abbildung 2 stellt den Aufbau des Netzes für Brief-, Presse-[23] und Infopost der Deutschen Post AG stilistisch dar.[24]

Das Postnetz weist eine hierarchische Struktur sowie eine auffallende Symmetrie der eingehenden und ausgehenden Ströme auf. Diese bidirektionale Eigenschaft nach dem „Jeder mit jedem"-Prinzip (jeder Teilnehmer eines Netzes kann mit jedem anderen Teilnehmer eines anderen Netzes kommunizieren) beinhaltet wichtige Implikationen für die Kosten[25] und damit für die Struktur des Sektors.[26]

Zeitweise wurde aufgrund der hohen Personalkosten der Versuch unternommen, in Großstädten „blecherne Postbeamte" in Form von Postautomaten aufzustellen, die unabhängig von den Öffnungszeiten der Postfilialen zugänglich sind. Vgl. Roß, A. (1996), S. 42.

17 Vgl. United States Postal Service (1999).

18 Vgl. Gerloff, T. (1997), S. 228.

19 Berücksichtigt man jedoch die im privaten Sektor existierenden unterschiedlichen Gehälter für schwarze und weiße Beschäftigte, die beim USPS nicht vorliegen, gibt es keinen Unterschied mehr. Die hier genannte Ziffer entspricht folglich dem Maß der Diskriminierung schwarzer Beschäftigter im privaten Sektor. Vgl. Wachter, M.L. / Perloff, J.M. (1991), S. 121f.; Lenard, T.M. (1996), S. 49; Adie, D.K. (1989), S. 103 und Cote, L.M. / Takis, W.M. (1997), S. 350.

20 Vgl. Crew, M.A. (1996), S. 93. Nach Panzar wird der dramatischste Effekt der Einführung von Wettbewerb das Sinken der Personalkosten sein. Vgl. Panzar, J.C. (1991), S. 226.

21 Rigoroser wird ein Netz(werk) definiert als „irgendein Mechanismus, der den Austausch von Gütern, Geld oder Informationen zwischen unterschiedlichen Punkten gewährleistet, ohne dem Anbieter Eigentum an diesen zu verschaffen." Vgl. Azumi, T. (1995), S. 192.

22 Vgl. Borrmann, J. / Finsinger, J. (1994), S. 54 – 83.

23 Die Pressepost umfasst Zeitschriften und Wochenzeitungen.

24 Aus Gründen der Übersichtlichkeit wird in der Abbildung nur der Inlandsverkehr berücksichtigt. Vgl. auch Pieper, F. / Stumpf, U. (1996), S. 268.

25 *Kosten* werden in der betriebswirtschaftlichen Literatur als bewerteter, leistungsbezogener, periodisierter Güterverzehr definiert. Vgl. dazu z.B. Reiners, F. (1997), S. 55 und Männel, W. (1997), S. 5. Von diesem wertmäßigen Kostenbegriff, der auf den Güterverbrauch abstellt, unterscheidet sich der pagatorische Kostenbegriff, der auf durch Güterverbräuche ausgelöste Auszahlungen abstellt. Im Unterschied zum wertmäßigen Kostenbegriff erfasst der pagatorische Kostenbegriff keine kalkulatorischen Kosten. „... Kosten sind nach beiden Definitionen Geldgrößen. ... Beim wertmäßigen Kostenbegriff steht die Geldgröße als Maßstab für einen leistungsbezogenen Güter-

Postnetze bestehen aus einer Vielzahl regionaler Einsammlungs- und Zustellnetze und einem überregionalen Netz, das die regionalen Netze verbindet.

Abbildung 2: Aufbau des Netzes für Brief-, Info- und Pressepost

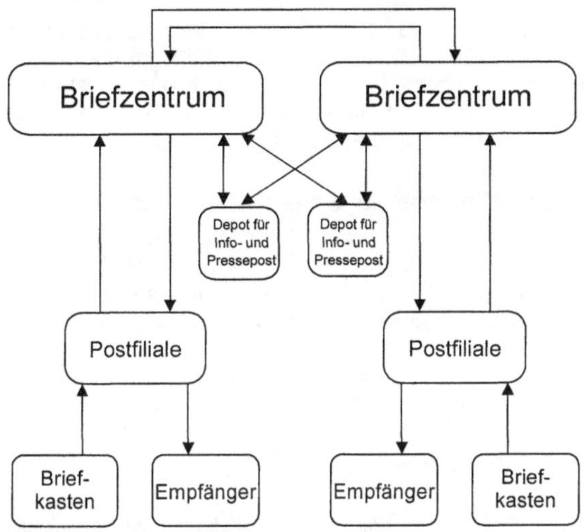

Quelle: Eigene Darstellung in Anlehnung an Borrmann, J. / Finsinger, J. (1994), S. 61.

1 Vertikale Wertschöpfungskette

Postdienstleistungen sind im Wesentlichen Beförderungsdienstleistungen. Für die Kategorien Brief-, Info-, Presse- sowie Frachtpost[27] kann die vertikale Wertschöpfungskette daher vereinfacht in fünf Schritte zerlegt werden:

(1) Die Briefpostsendungen werden im postalischen Produktionsprozess der Deutschen Post AG nach dem Konzept BRIEF 2000 entweder aus öffentlichen Briefkästen eingesammelt oder bei der Postfiliale eingeliefert (*Einsammlung*).

(2) Anschließend werden sie über die lokale Postfiliale dem zugeordneten Sortierzentrum zugeführt und dort auf Richtungen vorsortiert (*Abgangssortierung*).[28]

---

verbrauch. Beim pagatorischen Kostenbegriff ist die Geldgröße Resultat der Messung eines bestimmten Geldabflusses". Vgl. Hummel, S. / Männel, W. (1993), S. 73, 76. Da üblicherweise Abschreibungen als kalkulatorische Kosten erfasst werden, wird im Folgenden auf den wertmäßigen Kostenbegriff abgestellt.

26 Vgl. Cave, M. u.a. (1996), S. 80 und Panzar, J.C. (1993), S. 92f.

27 Frachtpost kann von den Versendern in eine der üblichen Annahmestellen oder eines der 33 Frachtzentren eingeliefert werden. Die 33 *Frachtzentren* sind seit 1.7.1995 in Betrieb. Vgl. L.T.U.-Vertriebsgesellschaft (1995), S. 15 und o.V. (1995e), S. 8. Auf eine detailliertere Darstellung des Netzaufbaus für den Bereich der Frachtpost wird in dieser Arbeit jedoch verzichtet. Siehe hierzu Borrmann, J. / Finsinger, J. (1994), S. 62.

28 Es wurden bundesweit 83 Sortierzentren aufgebaut, in denen jeweils die Abgangs- und Eingangsbearbeitung für Briefsendungen stattfindet. Die Briefzentren (Leitbereiche) werden durch die ersten beiden Ziffern der fünfstelligen Postleitzahl identifiziert.

(3) Der *Transport* der Sendungen zu den regionalen Briefzentren der Bestimmungsregionen erfolgt täglich während der Nachtstunden mit LKWs oder auf dem Luftweg, um das Zustellziel von einem Tag nach Einlieferung einhalten zu können.[29]

(4) Bei der *Eingangssortierung* in den Sortierzentren werden die Briefe auf die lokalen Zustellpostfilialen bzw. bereits zu ca. 80% auf die Zustellbezirke vorsortiert.[30] Nach dem Eintreffen der Briefe in der lokalen Zustellpostfiliale wird der noch unsortierte Anteil manuell auf die jeweiligen Zustellbezirke verteilt. Der Zusteller schließlich sortiert die zuzustellenden Sendungen auf die Gangfolge der Zustelladressen.

(5) Die letzte Wertschöpfungsstufe in diesem Produktionsprozess stellt die *Zustellung* selbst dar.[31]

Für weniger zeitkritische Sendungen wie Info- und Pressepost wurde ein gesondertes Logistiksystem aufgebaut.[32] Sie werden – bereits vom Versender nach Leitbereichen vorsortiert – in 12 zentralen Depots gesammelt und von dort in die jeweiligen Sortierzentren im Zielgebiet gebracht. Dort wird die Eingangssortierung der für die Region bestimmten Brief-, Info- und Pressepostsendungen durchgeführt.[33] Analog dazu wird in Frachtzentren[34] die Eingangssortierung der Frachtpost erledigt.[35] Die Eingangsbearbeitung der Massensendungen findet in der Schwachlastperiode am Tag statt. Bei der Sortierung in den Briefzentren werden alle Sendungen zusammengeführt.

Die Zustellung verursacht dabei die höchsten Kosten (zu den Kostenstrukturen im Postwesen vgl. genauer Abschnitt C dieses Kapitels). Dieses Segment ist traditionell sehr personalintensiv und wird es in Zukunft wohl auch bleiben.[36]

Bei der Abgangssortierung werden die Anschriften in einen maschinenlesbaren Strichcode (Barcode) umgewandelt, der auf die Sendung gedruckt wird. Diese könnten auch selbst von den Einlieferern aufgedruckt werden, die dafür wie in den USA Preisabschläge erhalten können. Vgl. Merewitz, L. / Zupan, M.A. (1993), S. 71.

29 Vgl. L.T.U.-Vertriebsgesellschaft (1995), S. 12. Sendungen ins Ausland werden entweder auf dem Land- und Seeweg, dem kombinierten Land-/ Luftweg (Surface Air Lifted) oder dem Luftweg transportiert. Vgl. Braubach, U. (1992), S. 160.

30 Vgl. Hunderkäß, D. (1999).

31 Vgl. zum Folgenden auch Pieper, F. (1996), S. 71 – 79.

32 Vgl. Pieper, F. (1993), S. 3. Das Laufzeitziel der Pressepost liegt bei E+2, das der Infopost bei E+4.

33 Die Feinverteilung erfolgt mittels der letzten drei Ziffern der Postleitzahl.

34 Das neue Frachtkonzept beinhaltet auch ein computergesteuertes Sendungsverfolgungs- (Tracking-and-Tracing-) System. Vgl. Braubach, U. (1992), S. 158.

35 Die Trennung von Brief- und Paketbearbeitung ist ein wesentliches Charakteristikum des neuen Frachtkonzepts. Vgl. hierzu auch Pieper, F. (1992), S. 15.

36 Vgl. Gerloff, T. (1997), S. 228. Die einzig mögliche technische Rationalisierung wäre eine automatische Sortierung der Briefe auf die Gangfolge des Zustellers oder zentrale Zustellbriefkästen, wie sie in den USA existieren.

Vgl. auch Adie, D.K. (1989), S. 103. Mit der Automatisierung der Bearbeitung in den Briefzentren nimmt der auf die Abgangs- und Eingangsverteilung entfallende Kostenanteil ab.

2 Einsammlung bzw. Einlieferung

Sendungen werden in das Netz der Deutschen Post AG nur auf einer fest definierten Stufe der Wertschöpfungskette aufgenommen. Einzeln eingelieferte Briefpostsendungen werden meist über Briefkästen oder durch Direkteinlieferung am Schalter in das Netz der Deutschen Post AG eingespeist. Briefpost-Massensendungen werden an zuvor bestimmten Postfilialen eingeliefert. Infopostsendungen werden ab Überschreitung einer bestimmten Mengengrenze von der Deutschen Post AG beim Versender abgeholt und in eines der 12 Depots für Massensendungen eingeliefert. Die Sendungsströme der Briefpost werden unbehandelt in die jeweils zugeordneten regionalen Sortierzentren im Abgangsbereich gebracht.

Mit rund 14.500 stationären Vertriebspunkten und den mehr als 17.000 Mitarbeitern im *Mobilen Post-Service* (Briefzusteller mit erweitertem Dienstleistungsangebot, vergleichbar einer kleinen Filiale) verfügte die Deutsche Post AG 1998 über eines der größten Vertriebsnetze in Deutschland. Bei knapp der Hälfte der stationären Vertriebspunkte handelt es sich um *Agenturen*, die von Partnern, z.B. Schreibwarenläden, betrieben werden.[37] Dieses Verhältnis stieg im Laufe der letzten wenigen Jahre stark an. Die Postagenturen werden auch weiterhin anstelle unrentabler eigenbetriebener Kleinfilialen eingerichtet. Neben ausgedehnten Öffnungszeiten und einer besseren räumlichen Erreichbarkeit der Annahmestellen schätzen die Kunden die Möglichkeit von Verbundeinkäufen in den Einzelhandelsanlagen.[38] Zudem kann ein solcher Postschalter dem jeweiligen Einzelhändler als Frequenzbringer dienen.[39] Infolge dieser Wertschöpfung erzielt die Deutsche Post AG ein Kosteneinsparpotenzial sowie Synergieeffekte bei der Zusammenarbeit mit ihren Vertriebspartnern. Die privaten Agenten erzielen ebenfalls Verbundvorteile, etwa durch eine bessere Personal- und Flächenauslastung. Dieser Entwicklung liegen Erfahrungen aus Großbritannien, Kanada und den Niederlanden zugrunde; danach verursachen private Agenturen in der Regel nur ein Drittel bis zur Hälfte der Kosten eigener postalischer Annahmestellen. Dem stehen allerdings Nachteile in Gestalt geringerer Personalqualifikation, geringerer Kontrolle des Vertriebs und des Umstellungsaufwands gegenüber.[40]

Die Ausgliederung von Schalterstellen aus dem Unternehmen der Deutschen Post AG bietet zusätzlich die Möglichkeit, Wettbewerb auf der Händlerstufe, also zwischen den Poststellen, zu eröffnen. In der postrechtlichen Literatur besteht Einigkeit darüber, dass jedermann berechtigt ist, ordnungsgemäß erworbene Postwertzeichen an Dritte weiterzugeben, dies auch unter Nennwert. Danach wirft der Verkauf von Postwertzeichen durch Privatpersonen also keine rechtlichen Probleme auf, unabhängig davon, ob der Private hierbei im Namen der Deutschen Post AG handelt oder in eigenem Namen tätig wird. Es wäre also z.B. möglich, dass die Poststelleninhaber

---

[37] Verwiesen sei in diesem Zusammenhang auch auf die beträchtlichen Einsparmöglichkeiten, die durch *Contracting Out* von Annahmestellen und im Bereich der Zustellung in ländlichen Regionen z.B. in Großbritannien, Neuseeland, Australien und den USA erschlossen wurden. Vgl. Gröner, H. / Knorr, A. (1995), S. 69 und Knieps, G. (1987a), S. 160.

[38] Vgl. Deutsche Post AG (1999), S. 53 – 55 und Müller, K. (1997).

[39] Vgl. Günther, B.P. (1998), S. 217.

[40] Vgl. Basedow, J. u.a. (1995), S. 8f.

In Großbritannien handelt es sich bei 95% der Einlieferungsstellen um private Postagenturen. Netzdichte und Qualität dieser sind hoch. Vgl. Schöttner, H. (1996), S. 180.

Briefmarken oder Telefonkarten unter oder über dem Nennwert verkaufen oder beim Versand von Paketen großzügigere Konditionen zusagen, als die Beförderungsbedingungen der Deutschen Post AG sie vorsehen. Ein solcher Wettbewerb auf der Händlerstufe mit Produkten desselben Herstellers (intrabrand competition) ist auf vielen Märkten, noch nicht jedoch bei Postdienstleistungen, üblich. Seine Vorzüge liegen vor allem in der Weitergabe der Kostenvorteile besonders effizienter Vertriebsvermittler in Gestalt niedrigerer Preise an die Kunden und in stärkeren Anreizen zur Rationalisierung des Vertriebs. Andererseits würde der Händlerwettbewerb aber auch die verbleibenden Postfilialen der Deutschen Post AG unter einen Rationalisierungsdruck setzen, dem sie vielleicht nicht in gleichem Umfang wie die privaten Postagenturen nachgeben könnten.[41]

Eine Untersuchung individueller Nutzer von Paketdiensten zeigte auf, dass das Hauptkriterium, nach dem ein Expressunternehmen von den Individuen ausgewählt wird, die Nähe zu einer ihrer Filialen ist. Aus Sicht der Konsumenten[42] verursacht ein leichter Zugang zu einer Versende- und Empfangsstation geringere Kosten.[43] Dies impliziert, dass auf dem Markt für die individuelle Paketzustellung die nachfrageseitigen Kostenfaktoren, wie Zugangsmöglichkeit und Servicebewusstsein, weit wichtiger als die angebotsseitigen Kostenfaktoren sind.

3 Abgangsbearbeitung

In der Abgangssortierung werden die in der Fläche eingesammelten Briefpostsendungen aus der Annahme in öffentlichen Briefkästen oder an Postschaltern – meist nach einem Transportzwischenschritt – erfasst und auf die jeweiligen Sortierzentren im Zielgebiet vorsortiert. Auch hier werden Einzel- und Massensendungen getrennt behandelt. Unsortierte Einzelsendungen müssen im Hinblick auf eine automatisierte Bearbeitung zunächst nach Formaten (inklusive Dicke der Sendungen) und Gewicht getrennt werden.[44] In einer weiteren Ausscheidungsstufe werden Inlands- und Auslandssendungen getrennt. Das Sortiermerkmal der ersten Stufe ist bei Inlands- und Auslandssendungen unterschiedlich. Inlandssendungen werden auf die jeweiligen Zielregionen vorsortiert, Auslandssendungen hingegen auf das Bestimmungsland. Schließlich müssen die auf diese Weise für die automatisierte Bearbeitung ausgewählten Sendungen aufgestellt werden, so dass einerseits das Postwertzeichen automatisch überprüft und gegebenenfalls entwertet werden kann und andererseits die optische Leseeinrichtung die Adresse abtasten kann. Diese versucht, Postleitzahl und Ort zu erfassen. Daraufhin wird in einer weiteren Bearbeitungsstufe ein Strichcode aufgedruckt, der die gelesenen Zielinformationen beinhaltet. Sogenannte Multi-Line Optical-Character Reader (OCR) sind in der Lage, neben der Zeile für Postleit-

---

41 Vgl. Basedow, J. u.a. (1995), S. 30f., 78.

42 Als Konsument sei im Folgenden stets der für die Beförderung einer Briefsendung *zahlende* Kunde bezeichnet.

43 Antworten wie „Beförderungslaufzeit", „kein Unfall, wie Verlust oder Beschädigung während der Beförderung", „Beförderung wie geplant", und „das Unternehmen ist bekannt" weisen darauf hin, dass Informationen über die vom Unternehmen bereitgestellte Dienstequalität verfügbar und die Ausgaben der Konsumenten zur Erlangung dieser Informationen gering sind. Vgl. Näheres bei Azumi, T. / Umemura, K. (1995), S. 213, 222.

44 Formate und Gewichte stellen insofern auch kostenwirksame Kriterien für die Preisgestaltung dar.

zahl und Ort auch Straße und Hausnummer zu lesen.[45] Wurden die Einzelsendungen auf diese Weise für den Lese- und Sortiervorgang vorbereitet, werden sie mit den Massensendungen zusammengeführt und weiterbearbeitet.

Sendungen, deren Anschriften mit der automatischen optischen Leseeinrichtung nicht entziffert werden können, werden einem Lesevorgang zugeführt, bei dem Personen die Anschrift lesen und die Postleitzahl manuell eingeben. Diese Information wird an die Videocodiermaschine geleitet und der in der Speicherstrecke befindliche Brief zur Druckstation weitertransportiert, wo dann ein der eingegebenen Zielinformation entsprechender Strichcode aufgedruckt wird.[46]

Nachdem die Zielinformationen in Form eines Strichcodes auf den Brief aufgedruckt wurden, können in den weiteren Sortierstufen kostengünstigere Lesetechniken, sogenannte Bar Code Reader, eingesetzt werden.

4 Ferntransport

Nach der Abgangsbearbeitung, die hinsichtlich der Einhaltung des Qualitätsziels[47] zu einem bestimmten Zeitpunkt am Abend abgeschlossen sein muss, finden zwischen allen 83 Briefzentren Direktverkehre statt. Der Transport erfolgt während der Nachtstunden mit LKWs oder Flugzeugen. Die in die 12 zentralen Depots eingelieferten Infopostsendungen werden in die regionalen Briefzentren des Zielgebiets gebracht.

---

45 Ein weiterer Grund für die Abtastung mehrerer Zeilen der Anschrift ist, dass Postleitzahl und Ort nicht immer in der untersten Zeile stehen (bei Sendungen ins Ausland oder aus dem Ausland steht meist das Land in der untersten Zeile). Insofern ist es nötig, von unten gerechnet mindestens zwei Zeilen lesen zu lassen.

Wäre es gewünscht, bereits bei der Eingangssortierung im regionalen Briefzentrum auf Zustellrouten vorzusortieren, um einen weiteren Sortiervorgang in der Zustellfiliale einzusparen, müssten zusätzliche Informationen, wie Straße und Hausnummer, gelesen werden.

46 Kann das Codierpersonal in den wenigen Sekunden, die ihm zur Entzifferung der Postleitzahl zur Verfügung steht, diese nicht lesen, werden die Sendungen ausgeschieden und einer rein manuellen Abgangsbearbeitung zugeführt.

47 Als Qualitätsmaß im reservierten Bereich wird die End-to-End-Laufzeit als einziger Indikator genutzt. Diese wird durch unabhängige Messsysteme sichergestellt. Die Veröffentlichung dieser Ergebnisse ist insbesondere relevant, um den Postdienst für die Kunden transparenter zu machen. Vieles des Transparenzmangels ist darauf zurückzuführen, dass zwei „Kunden" involviert sind, einer am Anfang und einer am empfangenden Ende der Dienstekette, und dass in den meisten Fällen keine Kommunikation zwischen den beiden existiert, ob, wann, und wie ein geschickter Brief seinen Empfänger erreicht hat. Für Deutschland zeigte sich, dass die Kunden Verluste und Beschädigungen höher bewerten als die Geschwindigkeit. Vgl. Hofmann, H. (1995), S. 67, 77.

Qualitätseinbußen im Postsektor führen zu verlorenen Geschäftsmöglichkeiten. Die vermeintlichen Empfänger und potenziellen Kunden dieser Güter und Dienste verlieren diese Möglichkeiten auch, während sie im Gegensatz zu Kunden in Gebieten mit einem gut funktionierenden Postdienst Nachteile erleiden. Vgl. Grzesiak, T. / Reenberg, T. (1995), S. 80.

Ein sauber ausgeführtes (internationales) Qualitätsmesssystem gibt dem Management präzise Hinweise auf Problembereiche und Bottlenecks im Beförderungssystem sowie eine Benchmark, um die Erfolge zukünftiger Verbesserungsanstrengungen messen zu können. Vgl. Grzesiak, T. / Reenberg, T. (1995), S. 91 und Sørensen, B. (1997), S. 263 – 302.

5 Eingangsbearbeitung

Idealerweise wird in der Eingangsbearbeitung der Briefpostsendungen nur noch der Balkencode gelesen und entsprechend der Vorgaben auf Zustellpostfilialen, Zustellbezirksgruppen, reine Ausgabestellen, Großkunden und Zustellrouten verteilt.

Infopostsendungen werden ohne Strichcode im Briefzentrum des Zielgebiets eingeliefert. Sie werden von Multi-Line OCR gelesen und ohne den Zwischenschritt des Aufdrucks eines Balkencodes auf die fünfstellige Postleitzahl vorsortiert. Da im Zuge des neuen Briefkonzepts Entgeltermäßigungen für eine weitergehende Vorsortierung als den Leitbereich angeboten werden, besteht ein Anreiz für den Versender, auch die Eingangssortierung selbst durchzuführen.[48] Nach Abschluss der Eingangsbearbeitung werden die Sendungen – meist über einen weiteren Transportzwischenschritt – an die Ausgabestellen bzw. die Zustelleinheiten übergeben.[49]

6 Zustellung

Die Bestandteile des Arbeitsprozesses der Zustellung bestehen aus der Zustellungsvorbereitung (incl. Gangfolgesortierung) und der eigentlichen Zustellung. Dabei findet die Vorbereitung stationär statt. Die Gangfolgesortierung kann – je nach Technik und Kostensituation – maschinell oder manuell erfolgen.[50] Diese Tätigkeit ist, soweit heutzutage absehbar, der einzige Teil der Zustellung, wo signifikanter technischer Fortschritt durch maschinelle Gangfolgesortierung möglich erscheint.[51]

Jeder gegebene Produktionsprozess kann in engere, zueinander in vertikaler Beziehung stehende Prozesse aufgespaltet werden, die prinzipiell, wenn auch nicht in der Praxis, gegenseitig von separaten Einheiten in einer Versorger-Kunden-Beziehung bereitgestellt werden könnten. Es gibt also kein inhärent natürliches Niveau vertikaler Integration. Indes entstehen wahrscheinlich verschiedene Niveaus vertikaler Integration (oder im Gegensatz dazu vertikaler Spezialisierung), in Abhängigkeit von der unter verschiedenen Arrangements entstehenden Effizienz und Profitabilität.[52]

Im folgenden Abschnitt aus der Inanspruchnahme von Ressourcen für die Erstellung von Briefdienstleistungen Rückschlüsse auf die Kostenstrukturen gezogen werden.

C Kostenstrukturen im Briefdienst

Aus dem eben beschriebenen Produktionsablauf ergeben sich Informationen über Kostenmerkmale von Sendungsströmen und Wertschöpfungsstufen. Die Kosten der Dienstleistungserstellung variieren einerseits für unterschiedliche Sendungsströme

---

48 Versender haben dann einen Anreiz, Vorleistungen selbst zu erbringen, wenn der Rabatt die Kosten der eigenen Sortierung überschreitet.

49 Vgl. auch Günther, B.P. (1998), S. 295.

50 Dieser Schritt kann bei automatischer Gangfolgesortierung theoretisch auch auf der Wertschöpfungsstufe der Sortierung erfolgen, wenn die Gangfolgesortierung hier günstiger wäre als auf der Wertschöpfungsstufe der Zustellung selbst.

51 Vgl. Panzar, J.C. (1993), S. 93 und Günther, B.P. (1998), S. 209.

52 Vgl. Kwoka, J.E. Jr. / White, L.J. (1989), S. 264.

innerhalb einer Sendungsart, andererseits zwischen Sendungsarten.[53] Dies deutet auf zahlreiche Implikationen für die Preisgestaltung hin.

Aufgegliedert nach Wertschöpfungsstufen sind die beiden kostenintensivsten Bereiche der Briefpost in Deutschland die *Sortierung* als Summe aus Abgangs- und Eingangssortierung und die *Zustellung*. Auf die Einsammlung entfallen ca. 10 – 20%, auf den Transport ca. 10 % und auf die Zustellung ca. 40 – 50% der Gesamtkosten der Briefbeförderung, während die Sortierungen zusammen ca. 30% verursachen.[54]

Als wichtige Kosteneinflussgrößen für die Gesamtkosten gelten generell Menge, Qualität (d.h. Laufzeit[55]), Grad der Vorleistung, Gewicht / Format[56] und Entfernung[57].

Das heutige Preissystem der Briefpost der Deutschen Post AG berücksichtigt Qualität, Format und Gewicht als Tarifierungsmerkmale. Eine Unterscheidung zwischen Einzel- und Massensendungen erfolgt ebenso wenig[58] wie die unterschiedliche Tarifierung von inter- und intraregionalen Sendungen. Bislang erfolgte keine Implementierung einer an derartigen Kriterien orientierten Preisdifferenzierung, da die Einschätzung vorliegt, die Transaktionskosten hierfür seien zu hoch.[59]

Um die Gebiete zukünftigen Wettbewerbs zu untersuchen, ist es wichtig, die zwei Stufen im Geschäftsprozess zu betrachten, in denen die Postdienstleister in direktem Kontakt zu ihren Kunden stehen: die Einsammlung und die Zustellung. In diesen beiden Berührungspunkten werden die Möglichkeiten des Wettbewerbs offensichtlich.[60]

---

53 Einen Vergleich der Kosten unterschiedlicher Sendungsarten führte Pieper durch. Siehe hierzu Pieper, F. (1996), S. 79 – 80.

54 Vgl. hierzu die Angaben bei Pieper, F. (1995), S. 59f. und Kowalewski, K. / Müller, K. (1996), S. 70.

55 Die Laufzeit selbst wird üblicherweise durch die Formel E+X charakterisiert, wobei X die Zahl der Werktage nach der Einlieferung bezeichnet. Die Zuverlässigkeit der Einhaltung der Laufzeitangaben lässt sich auf den Prozentsatz der Sendungen, welche E+X erreichen (z.B. 90%) bzw. nicht erreichen, beziehen. Wie lange diese sogenannte „Schleppe“ ist, kann freilich nicht durch eine einzige Zahl ausgedrückt werden. Relevant ist insofern auch, welcher Prozentsatz der Sendungen das Laufzeitziel um ein, zwei, drei Werktage etc. verfehlt. Vgl. Bauer, B. (1996), S. 295.

Die neuesten von der RegTP durchgeführten Messungen der Brieflaufzeiten der Deutschen Post AG besagen für das 3. Quartal 1999 für die Briefpost bei E+1 (Schnelligkeit) einen Prozentsatz von 95,2 %, nach zwei Tagen (E+2; Zuverlässigkeit) von 99,5%. Vgl. Regulierungsbehörde für Telekommunikation und Post (1999).

56 Schwere Sendungen verursachen höhere Transport- und Zustellkosten als leichte Sendungen. Zudem müssen schwerere Sendungen u.U. manuell sortiert werden. Große Formate z.B. sind nicht in gleicher Weise automatisiert bearbeitbar wie kleinere Formate.

57 Regionale Sendungen sind, sofern bei der Trennung keine allzu hohen Transaktionskosten entstehen, kostengünstiger zu bearbeiten als überregionale Sendungen, da zumindest der Ferntransport entfällt. Würden regionale Sendungen bereits vorsortiert eingesammelt, z.B. über spezielle Einwurffächer an Briefkästen, entfiele die gesamte Abgangssortierung dieser regionalen Sendungen.

58 Von den Möglichkeiten für geschäftliche Versender für die Versendung von Massensendungen im Rahmen der Infopost wurde an dieser Stelle abgesehen. Infopost muss jedoch bestimmte Kriterien erfüllen und kann nicht in jede Postfiliale eingeliefert werden.

59 Vgl. Pieper, F. (1996), S. 81 und (1995), S. 13.

60 Vgl. Overdijk, P. (1997), S. 421.

1 Regionale Kostenunterschiede bei Einsammlung und Zustellung

Zustellkosten unterscheiden sich in die Kosten des Basiswegs (costs of routing), Kosten des Stichwegs (costs of access) und in die Einwurfkosten (costs of loading). Die Kosten des Basiswegs können als fix betrachtet werden, die Kosten des Stichwegs als variabel. Die Durchschnittskosten nehmen mit der Sendungsmenge pro Zustellpunkt ab. Die Einwurfkosten sind variabel und konstant per zuzustellender Sendung.[61]

In Abhängigkeit von der „ungünstigen" Besiedlungsstruktur aus postalischer Sicht können die Zustellkosten auf dem Land deutlich höher sein als in der Stadt. Diese Kostenstruktur führt dazu, dass bei Abwesenheit institutioneller Zutrittsschranken Marktzutritte in den lukrativen Gebieten erfolgen könnten, d.h. es kann zu Rosinenpicken führen.[62]

Eine Studie von Cohen u.a. für die USA kommt zu dem Ergebnis, dass die kombinierten Arbeits- und Fahrzeugkosten pro *Zustellpunkt* in ländlichen Gebieten durchschnittlich ca. 7% *unter* denen urbaner Gebiete lagen. Betrachtet man jedoch eine *Pro-Stück-Basis*, so weist die Zustellung in der *Stadt* um ca. 8% *niedrigere* Kosten auf.[63] Danach gibt es also in den USA keine Quersubventionierung der ländlichen auf Kosten der städtischen Gebiete. Theoretisch könnte Rosinenpicken hier also sowohl in städtischen, als auch in ländlichen Gebieten auftreten.[64] Wie in Abschnitt A dieses Kapitels jedoch bereits beschrieben, existieren bei der Zustellung des USPS und der Deutschen Post AG Qualitätsdifferenzen, die insbesondere die Zustellung auf dem Land betreffen. Folglich ist diese Studie nur mit Vorsicht auf Deutschland übertragbar; die Kosten der Zustellung auf dem Land liegen hier somit im Vergleich *höher*.

Die Kostenunterschiede zwischen Stadt und Land können jedoch verringert werden, wenn Qualitätsanpassungen zulässig sind.[65] Lässt man bei der Bereitstellung der Dienstleistung in ländlichen Gebieten z.B. eine Verringerung der Zustellfrequenz von sechs auf drei Tage pro Woche und kostengünstigere Produktionsmöglichkeiten (z.B. Abholung durch den Empfänger von der nächstgelegenen Postfiliale) zu, würden sich die angenommenen Kostenunterschiede deutlich verringern.[66] Die Anzahl der pro

---

61 Die Größenvorteile in der Zustellung können auch als Begründung für den Dichteeffekt angeführt werden. Vgl. Elsenbast, W. (1997b), S. 9f.

Der Arbeitszeitbedarf eines Zustellers für die Endverteilung der Sendungen wird durch einen Durchschnittswert markiert. Vgl. o.V. (1999f), S. 746.

62 Vgl. Pieper, F. (1996), S. 86.

63 Vgl. Cohen, R.H. u.a. (1993a) und (1993b).

64 Vgl. Cohen, R.H. u.a. (1998), S. 3 und (1993b), S. 161 – 176.

65 Vgl. Günther, B.P. (1998), S. 231 – 233. Die Dienstleistungsqualität in ländlichen und städtischen Gebieten wird oft durch staatliche Auflagen fixiert. So schlägt die Europäische Kommission z.B. vor, als Mindestqualität festzuschreiben, dass die Zustellung zu 90% am nächsten Werktag nach Aufgabe der Sendungen zu erfolgen hat. Dies führt implizit zu der Auflage, flächendeckend jeden Werktag eine Zustellung vorzusehen. Vgl. Kommission der Europäischen Gemeinschaften (1992), S. 216.

66 Vgl. Pieper, F. (1996), S. 88 und Kendall, R.L. (1993b), S. 177. Einen offiziellen Nachweis über tatsächliche Kostenunterschiede gibt es nicht – die Deutsche Post AG schweigt sich hierzu aus.

Zustelltag zuzustellenden Sendungen würde sich in etwa verdoppeln.[67] Allerdings muss auch berücksichtigt werden, dass diese erhöhte Sendungszahl zumindest bei der in Europa üblichen Hauszustellung auf dem Land zu einer Verkleinerung der Zustellbezirke führen müsste, da die Arbeitskapazitäten des Zustellers sonst überlastet wären. Deshalb wäre der Effekt, den diese Umstellung auf die durchschnittlichen Zustellkosten pro Sendung hätte, geringer als eine Verdoppelung der Sendungsmenge auf dem Land vermuten ließe. Auch deuten die speziellen Charakteristika großer Städte, wie die größere Anzahl an Umzügen, Adressänderungen, großen Häusern ohne Aufzüge, eine große Anzahl an Zugangscodes, mehr Verkehrsstaus, größere Personalfluktuation, eine höhere Kriminalität etc. als im nationalen Durchschnitt darauf hin, dass die Zustellkosten in großen Städten auch höher sein können als im übrigen Land.[68]

Die dargestellten regionalen Kostenunterschiede finden sich auf den Wertschöpfungsstufen Einsammlung und Zustellung. Bei der Sortierung und dem Ferntransport gibt es keine Kostenunterschiede in Abhängigkeit von der Besiedlungsdichte.

2 Größen- und Verbundvorteile bei postalischen Netzen

Die grundlegenden ökonomischen Charakteristika der Posttechnologie werden durch Kostenfunktionen dargestellt, welche die Gesamtkosten der Produktion in Relation zu den produzierten Einheiten setzen. Eine Kostenfunktion beinhaltet das technische Know-how des Unternehmens über die Mindestkostenmethode der Produktion der gegebenen Diensteniveaus. Einige Eigenschaften der Kostenfunktionen im Postsektor beeinflussen die Preissetzung in starkem Maße.[69]

Im Fall des *Einproduktunternehmens* sind sinkende langfristige Durchschnittskosten das Ergebnis steigender Skalenerträge *s* (Größenvorteile technologischer, kostenfunktionsabhängiger bzw. produktspezifischer Art; *economies of scale*) einer Produktionsfunktion:[70]

$$\frac{C(sq)}{sq} > \frac{C(q)}{q} \text{ für alle } 0 < s < 1. \qquad (1)$$

Sinkende Durchschnittskosten implizieren, dass die Grenzkosten unterhalb der Durchschnittskosten liegen. Ein Unternehmen, das seine Preise anhand der theoretisch optimalen Grenzkosten setzt, macht bei Größenvorteilen mit jeder abgesetzten Einheit zwangsweise Verluste.[71]

Bei gegebener Netzgröße im Postwesen sinken die kurzfristigen Durchschnittskosten mit steigender Auslastung über einen weiten Bereich der Produktion (Fixkostende-

---

67 Die Möglichkeit, dass einige Versender ihr Postvolumen wegen der längeren Laufzeiten verringern und auf andere Kommunikationsfirmen umsteigen würden, ist nicht auszuschließen. Dieser Anteil dürfte relativ zum Gesamtvolumen jedoch gering sein.

68 Vgl. Nerep, E. (1997), S. 129; Noam, E.M. (1985), S. 108 und Comarow, M. (1996), S. 109.

69 Vgl. Pieper, F. / Stumpf, U. (1996), S. 269; Train, K.E. (1991), S. 14f. und Mitchell, B.M. / Vogelsang, I. (1991), S. 13.

70 Vgl. Benz, A. / König, K. (1997), S. 616; Rahmeyer, F. (1999), S. 69f.; Cazals, C. u.a. (1997), S. 65; Busch, B. (1987), S. 6 und Schneider, V. (1997), S. 256.

71 Vgl. Train, K.E. (1991), S. 14f.

gression; Dichtevorteile; economies of density). Unteilbarkeiten im Netz können dazu führen, dass dieses nicht optimal ausgelastet ist, die kurzfristigen also höher als die langfristigen durchschnittlichen Gesamtkosten sind.[72]

Bei einem *Mehrproduktunternehmen* bestehen Verbundvorteile der gemeinsamen Produktion (economies of scope and system) im Vergleich zur getrennten Produktion in zwei Unternehmen. Größenersparnisse in der Erstellung von Postdienstleistungen können dann auch bei konstanten oder abnehmenden produktspezifischen Skalenerträgen bestehen, wenn die Verbundvorteile und die organisatorische Kostenersparnis bei der Produktion innerhalb eines einzigen Unternehmens genügend groß sind. Die Kostenfunktion eines Mehrproduktunternehmens hängt also von der Höhe *und* Struktur der Produktion ab.[73] Bei einem Mehrproduktunternehmen mit der Produktionsmenge $\mathbf{q} = (q_1,\ldots,q_n)$ kann das Konzept der economies of scale also nicht einfach mit sinkenden Durchschnittskosten erklärt werden. Economies of scale können jedoch mit Hilfe des allgemeineren Konzeptes sinkender *Strahlen*durchschnittskosten[74] dargestellt werden, die wie folgt definiert sind:

$$C(s\mathbf{q}) > sC(\mathbf{q}) \text{ für alle } 0 < s < 1. \qquad (2)$$

Ein Unternehmen mit sinkenden *Strahlen*durchschnittskosten kann die Produktion aller Güter in gleichem Maße ausdehnen und erhöht damit die Gesamtkosten nur unterproportional. Die Kostenfunktion hängt hier also von der Höhe und Struktur der Produktion ab. Aussagen über die Existenz von economies of scale sind daher nur bei einer gleichzeitigen Aussage über den Nachfrageumfang sinnvoll.[75]

Die Kostenfunktionen des Postwesens scheinen nur bei kleinen Produktionseinheiten economies of scale und scope aufzuweisen. Ein großer Nachfragezuwachs kann durch die Notwendigkeit von z.B. größeren Sortiermaschinen und / oder einer höheren Anzahl an Zustellern zu Skalenerträgen führen. Für kleinere Einheiten ist die Verarbeitungskapazität unteilbar. Ferner ist möglicher Output nicht lagerfähig, was zu sehr niedrigen kurzfristigen Grenzkosten bei Unterauslastung der Kapazitäten führt.[76]

---

72 Vgl. Busch, B. (1987), S. 6f. und Mitchell, B.M. / Vogelsang, I. (1991), S. 13.

73 Vgl. Rahmeyer, F. (1999), S. 69f.; Benz, A. / König, K. (1997), S. 616; Busch, B. (1987), S. 6; Schneider, V. (1997), S. 256 und Cazals, C. u.a. (1997), S. 65.

74 Hierbei handelt es sich um die deutsche Version des englischen Begriffs *ray average cost*. Im Mehrproduktunternehmen werden mit dem Begriff der Strahlendurchschnittskosten proportionale Veränderungen des Outputs entlang eines Strahls vom Ursprung in den Produktraum bezeichnet. Proportionale Outputveränderung bedeutet, dass sich die Zusammensetzung der Produktion des Unternehmens bei einer Variation der Produktionsmenge nicht verändert. Abhängig von den Auswirkungen einer Veränderung des Unternehmensoutputs auf die Gestalt der Kostenfunktion spricht man von fallenden, konstanten oder steigenden Strahlendurchschnittskosten.

Sinkende Strahlendurchschnittskosten sind im Mehrproduktfall das Pendant für fallende Durchschnittskosten im Einproduktfall. Der Begriff der fallenden Durchschnittskosten ergibt im Mehrproduktunternehmen keinen Sinn, da eine Division durch einen Vektor, der mehrere Güter enthält, mathematisch nicht möglich ist. Vgl. Berg, S.V. / Tschirhart, J. (1988), S. 37, zitiert nach Winkler, C. (1996), S. 5.

75 Vgl. Mitchell, B.M. / Vogelsang, I. (1991), S. 13; Rahmeyer, F. (1999), S. 69f.; Benz, A. / König, K. (1997), S. 616; Schneider, V. (1997), S. 256; Busch, B. (1987), S. 6f. und Cazals, C. u.a. (1997), S. 65.

76 Vgl. Mitchell, B.M. / Vogelsang, I. (1991), S. 14 und Azumi, T. / Umemura, K. (1995), S. 211.

2.1 Größenvorteile und Pareto-Verbesserung

In den USA liegen im Bereich der Zustellung offensichtlich Größenvorteile vor: Beim USPS stellen die Kosten der Straßenzustellung 21% der Gesamtkosten dar. Bei gleich effizienten Postdiensten mit einem kleineren Volumen können die Zustellkosten einen weit größeren Anteil der Gesamtkosten als in den USA ausmachen. Läge das Sendungsvolumen in den USA z.B. bei einem Drittel des derzeitigen Niveaus (d.h. wäre es auf deutschem Niveau), würden die Zustellkosten auf der Straße ca. 40% betragen, weil sie weitgehend fix und die restlichen Kostenkategorien relativ variabel sind.[77]

Nach dem *Pareto-Kriterium* ist eine Veränderung der aktuellen Situation effizient, wenn sie wenigstens ein Individuum besser stellt, ohne gleichzeitig ein anderes Individuum schlechter zu stellen. Können zwei oder mehr Unternehmen also durch einen Zusammenschluss bzw. der daraus resultierenden Größe niedrigere Stückkosten erzielen, stellt dieser Zusammenschluss eine *Pareto-Verbesserung* dar. Je größer die Gewinnerwartung ist, desto wahrscheinlicher ist dieser Schritt. Private werden also aufgrund ihres Gewinnstrebens dazu motiviert, Vereinbarungen zu treffen, die sich dem Pareto-Optimum annähern.[78] Aus diesem Grund heraus können auf dem deutschen Postmarkt Zusammenschlüsse kleinerer Postdienstleister erwartet werden, um durch das Sinken ihrer Zustellkosten der marktbeherrschenden Stellung der Deutschen Post AG etwas entgegensetzen zu können.

Unter den nun folgenden Gliederungspunkten soll eine disaggregierte Betrachtung des Ausmaßes der Größen- und Verbundvorteile für einzelne Teilleistungen, sodann der Vorteile aus vertikaler Integration angestellt werden.

2.2 Größen- und Verbundvorteile bei Einsammlung und Zustellung

Die Einsammlung und die Zustellung stellen, wie oben erwähnt, mit insgesamt rund 60% aller Kosten die größten Kostenfaktoren dar.[79] Dem Postwesen werden insbesondere für diese Bereiche Größen- und Verbundvorteile zugesprochen, aus denen sich wiederum Fragen für die regulierungspolitische Gestaltung des Postwesens ergeben.[80]

---

77 Vgl. Cohen, R.H. / Chu, E.H. (1996), S. 86. Es wird hier nicht verkannt, dass in den USA eine andere Besiedlungsstruktur vorliegt. Zu den Sendungsvolumina vgl. auch Tabelle 2.

78 Es bleibt offen, ob sich die Beteiligten zusammenschließen dürfen, und inwiefern ihre Pareto-Gewinne mit volkswirtschaftlichen Wohlfahrtsgewinnen kongruent sind. Vgl. Phillips, A. (1985), S. 7f., 14. Die optimale Betriebsgröße ist also branchenabhängig. So kann es auch z.B. aufgrund von *dis*economies of scope (Umfangs*nach*teilen) sinnvoll sein, als großes Unternehmen in mehreren kleinen Betrieben zu produzieren. Vgl. Goldberg, R.C. u.a. (1986), S. 121, 124f.

79 Vgl. Kowalewski, K. / Müller, K. (1996), S. 70.

80 Vgl. Dobbs, I.M. / Richards, P.(1991), S. 78 – 82; Panzar, J.C. (1991), S. 222f.; (1993), S. 94; Pieper, F. (1993), S. 2 sowie Rogerson, C.M. / Takis, W.M. (1993), S. 114f.

2.2.1 Größenvorteile bei Einsammlung und Zustellung

Größenvorteile betreffen die *Zustellung* von Brief- und Infopostsendungen. Sie sind im Wesentlichen das Ergebnis zweier Faktoren: Die Durchschnittskosten sinken[81]

- mit einer größeren Dichte von Zustellpunkten (Dichtevorteile) und[82]
- mit einer größeren Zahl empfangener Sendungen pro Zustellpunkt.

Die Charakterisierung des Postdienstes als Netzwerk impliziert eine Kostenstruktur, die insbesondere in ländlichen Gebieten im relevanten Nachfragebereich durch eine fallende Durchschnittskostenkurve gekennzeichnet ist. Man spricht in diesem Zusammenhang auch von einem Dichteeffekt, d.h. je größer die Zustelldichte (je mehr Zustellpunkte pro Streckeneinheit), desto geringer sind die Stückkosten der Zustellung. Die Beförderung einer zusätzlichen Sendung verursacht zwar auch in Ballungsräumen zusätzliche Kosten, die durchschnittlichen Stückkosten aller Sendungen sinken jedoch nur geringfügig weiter ab. Es besteht auch die Möglichkeit, dass Größenvorteile nur in Teilbereichen auftreten, während der Rest einer linearen Technologie genügt, bei der alle Größenvorteile bereits ausgeschöpft sind. Die Etablierung eines konkurrierenden Zustellnetzes führt bei Gültigkeit dieser Überlegungen zwar auch in städtischen Gebieten zu einer Verdopplung der Wegstrecke; da dieser Kostenbestandteil jedoch relativ unbedeutend ist, stellt dies nur eine geringe Duplizierung von Ressourcen dar.[83]

Manche Autoren zweifeln an der Bedeutung von Größenvorteilen in den relevanten Nachfragebereichen. Dies deutet auf eine bereits ausgeschöpfte Kapazität hin. Albon weist z.B. darauf hin, dass in einigen Ländern sogar zwei Briefzustellungen täglich üblich sind. Auch führt die Existenz anderer Zustelldienste z.B. für Zeitungen oder Milch zu einer Relativierung der Aussage, die Zustellung müsse in jedem Fall mit Größenvorteilen im relevanten Nachfragebereich verbunden sein.[84] Selbst in ländlichen Gebieten kann die Tätigkeit verschiedener Zustelldienste beobachtet werden. So gibt es z.B. in Deutschland Paketdienste, die eine flächendeckende Zustellung im 24-Stunden-Rhythmus anbieten. Da die Produktionstechnik von Brief- und Paketdiensten im ländlichen Bereich durchaus Parallelen aufweist, kann dies als Indiz gewertet werden, dass mögliche Größenvorteile durch andere Kosteneinflüsse kom-

---

81 Vgl. Cohen, R.H. / Chu, E.H. (1996), S. 84; Lenard, T.M. (1996), S. 47; Knieps, G. (1987a), S. 159; Crew, M.A. (1996), S. 93; Henderson, J.S. (1985), S. 91; Günther, B.P. (1998), S. 213f. und Gröner, H. / Knorr, A. (1995), S. 49.

82 Das Potenzial der ländlichen Regionen variiert jedoch sehr. Vgl. genauer bei Currie, K.A. (1996), S. 202.

83 Vgl. Pieper, F. / Stumpf, U. (1996), S. 269; Cohen, R.H. / Chu, E.H. (1996), S. 85; Pieper, F. (1996), S. 83f.; Lenard, T.M. (1993), S. 130 und Noam, E.M. (1985), S. 108. Aus heutiger Sicht gibt es keine Möglichkeit, die Zustellung durch eine kapitalintensivere Technologie zu ersetzen. Die Charakterisierung als "low-tech"-Bereich erscheint daher zutreffend. Vgl. Pieper, F. (1993), S. 2; Blankart, C.B. / Pommerehne, W.W. (1985), S. 432f.; Knieps, G. (1990), S. 93; (1985), S. 37, 177f.; (1987a), S. 11, 15; (1987b), S. 279, 281; Ferdinand, C. (1992), S. 30; Laaser, C.-F. (1991), S. 235; Knieps, G. / von Weizsäcker, C.C. (1989), S. 467, 469, 479, 486f.; Tschirhart, J. (1989), S. 56 und Dahlsten, U. (1991), S. 91.

84 Siehe z.B. Panzar, J.C. (1991), S. 224 und Albon, R. (1991b), S.22f.

pensiert werden, z.B. der Einsparung von Transaktionskosten durch ein flächendeckendes Angebot.[85]

In geringem Umfang existieren auch bei der *Einsammlung* der Sendungen Größenvorteile.[86] Diese Größenvorteile sind jedoch bei wesentlich geringeren Volumina als bei der Zustellung bereits ausgeschöpft und daher von nur nachrangiger Bedeutung.

2.2.2 *Verbundvorteile bei Einsammlung und Zustellung*

Verbundvorteile ergeben sich vor allem durch die *gemeinsame* Bereitstellung von Einsammlungs- und Zustellungsleistungen:[87] Für beide Aktivitäten können dieselben Gebäude und Fahrzeuge genutzt und so eine Kostenduplizierung vermieden werden. Deshalb treten hier sogar dann Verbundvorteile auf, wenn marginal keine besonderen Kostenkomplementaritäten zwischen diesen Bereichen zu beobachten sind.

Vor allem auf dem Land kann es zu deutlichen Verbundvorteilen zwischen Einsammlung und Zustellung kommen. Insbesondere können die negativen Wirkungen einer verminderten Zustellqualität auf dem Land dadurch gemindert werden, dass der Zusteller einfachere Tätigkeiten der Schalterannahme wie Briefmarkenverkauf und Brief-/ Paketannahme selbst durchführt. So ermöglicht das Dienstleistungsspektrum des *Mobilen Post-Service* (Briefzusteller mit erweitertem Dienstleistungsangebot, vergleichbar einer kleinen Filiale) der Deutschen Post AG eine Minimierung der ortsfesten Annahmestellen sowie der Wegekosten der Postkunden.[88]

Über das Ausmaß der Größen- und Verbundvorteile bei der Deutschen Post AG lassen sich keine abschließenden Aussagen treffen. Geht man von einer sinkenden Durchschnittskostenkurve im relevanten Nachfragebereich aus – diese Annahme ist zumindest auf der Zustellebene im ländlichen Raum verbreitet und plausibel –, ergibt sich das Problem nicht kostendeckender Grenzkostenpreise. Da der Staat keinen Verlustausgleich trägt, muss die Deutsche Post AG kostendeckende Preise setzen – der Rückgriff auf Second-best-Preisbildungsansätze ist erforderlich.[89]

2.3 Abgangs- und Eingangssortierung

Die Abgangs- und Eingangssortierung in den Briefzentren ist zwar mit *Größenvorteilen* verbunden, jedoch sind diese nicht erheblich.[90]

Durch die *gemeinsame* Abgangs- und Eingangssortierung in den Briefzentren kommt es indes zu erheblichen *Verbundvorteilen.* Analog der Analyse der Einsammlung und

85 Vgl. Pieper, F. (1996), S. 84.

86 Vgl. Genaueres bei Knieps, G. (1987a), S.158f.; Tabor, R. (1991), S. 35 und Braubach, U. (1992), S. 170f.

87 Vgl. Günther, B.P. (1998), S. 203, 290; Pieper, F. / Stumpf, U. (1996), S. 269. Zu den Verbundvorteilen am Beispiel USA vgl. Rogerson, C.M. / Takis, W.M. (1993), S. 114f.

88 Vgl. Deutsche Post AG (1999), S. 53; Günther, B.P. (1998), S. 234 und Ferdinand, C. (1992), S. 3, 24f.

89 Vgl. Pieper, F. (1996), S. 86. Zur traditionellen Preisfindung bei der Deutschen Post AG vgl. Kapitel 3, Abschnitt D dieser Arbeit.

90 Bei größeren Sendungsmengen werden weitere Sortieranlagen etc. hinzugefügt, ohne dass sich die Durchschnittskosten dadurch nennenswert vermindern. Vgl. Pieper, F. (1993), S. 2 und Braubach, U. (1992), S. 171.

Zustellung kann festgestellt werden, dass in den Briefzentren dieselben Sortieranlagen für die Abgangs- wie für die Eingangssortierung verwendet und so die durchschnittlichen fixen Kosten pro Sendung niedrig gehalten werden können.[91]

Bei der Sortierung handelt es sich um diejenige Wertschöpfungsstufe bei der Erstellung von Postdienstleistungen, die in jüngster Zeit am stärksten von technischem Fortschritt erfasst wurde. Grund hierfür ist sowohl die zunehmende Automatisierung des Sortiervorgangs selbst von manueller zu maschineller Sortierung, als auch die zunehmend leichtere Erbringung von Vorleistungen des Versenders, die durch die technische Entwicklung möglich wird. Diese Tendenz wird sich in absehbarer Zukunft fortsetzen – ein Indiz dafür ist die Automatisierung der Gangfolgesortierung.

Da diese Sortiervorgänge überall gleich durchgeführt werden können, sind im Gegensatz zur Zustellung bei der Sortierung keine geografischen Kostendifferenzen zu erwarten. Die Sortierkosten dürften – eine effiziente Planung und entsprechende Auslastung der Kapazitäten vorausgesetzt – unabhängig von der Lage der Region sowie der Art und Dichte ihrer Besiedlung sein. Allerdings kann die Größe der Briefzentren bzw. deren Sortieranlagen in Abhängigkeit von der betreffenden Region variieren. Dies führt dann auch zu unterschiedlichen Kosten.

2.4 Ferntransport

Bei den Transportnetzen existieren ebenfalls Größenvorteile, die insbesondere aus der Bündelung von Sendungsströmen in Hub-and-Spokes-Netzen resultieren.[92] Der Bündelung von Poströmen sind aber bei der zeitsensitiven Briefpost enge Grenzen gesetzt, da bei einem zu häufigen Umschlagen der Sendungen die jeweiligen Laufzeitziele nicht mehr eingehalten werden können. Die Laufzeitziele der Sendungsarten beeinflussen die Transportkosten auf dreierlei Art:[93]

- Erstens hängt die Wahl des Transportmittels – Straße, Bahn oder Luft – neben der zurückzulegenden Entfernung von der angestrebten Laufzeit ab. Luftpost ist die teuerste Transportart, aber in größeren Flächenstaaten zum nächtlichen Ferntransport schneller Sendungen über große Entfernungen unverzichtbar. Langsame Sendungen können auch über große Entfernungen mit billigeren, aber langsameren Transportmitteln wie LKW oder Bahn befördert werden.
- Zweitens kann die Auslastung der Transportmittel bei schnellen Sendungen wegen des Laufzeitziels weniger gut optimiert werden als bei langsamen Sendungen.

---

91 Zu beachten ist zudem, dass die erforderliche Kapazität eines lokalen Postnetzes i.d.R. durch das Volumen der eingehenden Post bestimmt wird, da diese nachts innerhalb einer sehr kurzen Zeitspanne zu verarbeiten ist, um die Laufzeitziele einzuhalten. Die abgehende Post verteilt sich indes gleichmäßiger über den Tag. In dem Umfang, wie die Kapazität an dieser Spitzenlast ausgelegt ist, steht zu anderen Zeiten für die abgehende Post freie Kapazität zur Verfügung. Vgl. Crew, M.A. / Kleindorfer, P.R. (1991a), S. 51; Pieper, F. (1993), S. 12, 14; Panzar, J.C. (1993), S. 94 und Günther, B.P. (1998), S. 299, 302. Saisonale Spitzenlasten, z.B. in der Weihnachtszeit, sind ebenfalls von Bedeutung.

92 *Hub-and-Spokes-Netze*, d.h. Netze, die nach dem Nabe-und-Speichen-Prinzip konstruiert sind, finden sich bei vielen Arten des Transports wieder, so z.B. auch im Luftverkehr. Vgl. Knieps, G. (1987c), S. 17 – 19; Blankart, C.B. / Knieps, G. (1991), S. 6 und Knieps, G. u.a. (1981), S. 151.

93 Vgl. Günther, B.P. (1998), S. 307f.

- Drittens müssen für die nächtlichen Transporte bei schnellen Sendungen Nachtarbeitszuschläge gezahlt werden.

Diese drei Faktoren sorgen dafür, dass die Transportkosten für schnelle Sendungen deutlich höher sind als die Kosten für langsame Sendungen. Die Transportkostendifferenzen verschiedener Laufzeittypen dürften vor allem bei überregionalen Sendungen eine Rolle spielen, da hier die meisten und weitesten Transporte anfallen. Diese Kostenunterschiede lassen sich auch ohne zusätzliche Transaktionskosten in Preisunterschiede für den die Laufzeit einer Sendung bestimmenden Versender übertragen.[94]

Die Laufzeitvorgaben dürften auch der Grund sein, warum in der Praxis die meisten Kurierdienste eigene Transportkapazitäten vorhalten, während die weniger zeitkritischen Paketdienste öfter auf Fremdtransporteure zurückgreifen.[95]

Beim Ferntransport ist zu beachten, dass trotz der Existenz von Netzgrößenvorteilen auch geringe Sendungsmengen ohne nennenswerte Kostennachteile befördert werden können, da jeder Betreiber eines postalischen Dienstes Transportkapazität von anderen Unternehmen mieten kann. So bedient sich auch die Deutsche Post AG der Transportleistungen der Deutschen Lufthansa AG. Verträge dieser Art können innerhalb kurzer Zeit problemlos an Mengenschwankungen angepasst werden. Andererseits erledigt die Deutsche Post AG ihren Transport mittels eigenen Kraftfahrzeugen. Entsprechend könnte hier eine Ausgliederung dieser Transporte aus der Deutschen Post AG an private Spediteure erwogen werden. Dies kann insbesondere dann von Vorteil sein, wenn Spezialisierungsvorteile des Transportgewerbes intensiver genutzt werden können.[96]

D Vor- und Nachteile einer vertikalen Integration der Diensteerstellung

Postalische Dienstleistungen werden in Form der oben beschriebenen aufeinanderfolgenden Arbeitsschritte erstellt. In den meisten Ländern werden diese Arbeitsschritte, geschützt durch ein staatlich garantiertes Monopol, vom jeweiligen Postunternehmen integriert erbracht. Eine funktionale Abhängigkeit zwischen den Wertschöpfungsstufen tendiert insoweit zur Begünstigung einer vertikal integrierten Form, wie es die Transaktionskosten der Unsicherheiten hinsichtlich des Transferpreises reduziert. Steigt die Häufigkeit gleichartiger Transaktionen, wird eine vertikal integrierte Leistungserstellung wahrscheinlicher. Größenvorteile, die auf einer Fixkostendegression oder auf Lerneffekten basieren, können innerhalb des Unternehmens ausgeschöpft werden. Legt die Höhe der Transaktionskosten eine vertikale Integration nahe, stellt diese Organisation gleichzeitig die kostengünstigste Bereitstellung der Dienstleistung dar und würde sich am Markt ergeben. Eine vertikale Integration ist so das Ergebnis einer auf jeder Produktionsstufe zu treffenden "make or buy-decision". Da bei verschiedenen Postdienstleistern in bestimmten Kundensegmenten Tendenzen zur vermehrten Nutzung der Instrumente Arbeitsteilung und Contracting Out zu

---

[94] Vgl. Günther, B.P. (1998), S. 308.

[95] Vgl. z.B. Braubach, U. (1992), S. 83 – 86; 188f. und Günther, B.P. (1998), S. 310.

[96] Vgl. Deutsche Post AG (1999), S. 27; Blankart, C.B. / Knieps, G. (1991), S. 6; Panzar, J.C. (1993), S. 93 und Knieps, G. (1987a), S. 160.

erkennen sind, müssen jedoch auch Vorteile dieser Kooperationsformen vorhanden sein.[97]

Horizontale Verbundvorteile können in den Bereichen Beschaffung, strategische Planung, Finanzierung, Leistungserstellung und Absatz auftreten;[98] diese werden allerdings aus der Analyse ausgenommen, da sie in jedem Sektor einer Volkswirtschaft vorkommen. Betrachtet werden soll nur die vertikale Integration[99], welche auf die spezifische Leistungserstellung im Postwesen Bezug nimmt.

Zur Einschätzung der Frage, ob eine vertikal integrierte Produktion die effizienteste Struktur im Postsektor darstellt, ist vor allem zu klären, ob eine solche Produktionsform technologische Verbundvorteile aufweist und ob die Kosten einer vertikal integrierten Leistungserstellung geringer sind als die Gesamtkosten „entbündelter" Produktion unter Beteiligung mehrerer Unternehmen einschließlich der anfallenden Transaktionskosten. Damit setzen sich die folgenden Ausführungen auseinander.

1 Technologische Verbundvorteile im Postsektor

Gute Argumente *für* die Integration aufeinanderfolgender Produktionsstufen sind immer dann gegeben, wenn das zur Diskussion stehende Unternehmen langlebige, transaktions- bzw. marktirreversible Investitionen vorzunehmen hätte. Solche Irreversibilitäten fallen z.B. in der Elektrizitätsversorgung, bei den Eisenbahnen oder in der Telekommunikation an, wo spezialisierte und unwiederbringliche (Netz-) Investitionen für einen hohen Anteil dieser versunkenen Kosten sorgen. Integration führt unter diesen Bedingungen noch am ehesten aus dem Dilemma heraus, das sich bei Aufteilung der Diensteerstellung in die Wertschöpfungsstufen ergibt. An sich wünschenswert und der Integration gleichwertig wären bei einer solchen Konstellation langfristige vertragliche Bindungen zwischen den beteiligten Unternehmen, um für den Netzinhaber das Vertrauen in die Amortisation seiner marktirreversiblen Investition herzustellen. Da langfristige Verträge aber nicht alle in der Zukunft möglichen neuen Sachverhalte und Eventualitäten vorhersehen und abdecken können, wird es bei den unvermeidlich sich einstellenden Vertragslücken zu Konflikten zwischen den Vertragspartnern und damit zu opportunistischem Verhalten und Kostenineffizienz kommen. Vertikale Integration kann einen Ausweg bereitstellen: "The firm exists only because it can organize services "internally" which would otherwise cost more if channelled through markets."[100]

Die Grundkonstellation eines hohen Anteils von Marktirreversibilitäten, die aus theoretischer Sicht in bestimmten Bereichen für eine vertikale Integration der Produktion spricht, ist jedoch im Postsektor nicht gegeben: Das „Netz" des Postdienstes sind die öffentlichen Straßen, die Schienenwege der Eisenbahn und Luftverkehrsverbindungen; Infrastruktureinrichtungen also, die privaten und gewerblichen Nutzern glei-

---

[97] Vgl. Henderson, J.S. (1985), S. 91; Geddes, R.R. (1996), S. 83; Pieper, F. (1996), S. 88f., 91, 93; Stumpf, U. (1997b), S. 299 und zum Folgenden Hofmann, H. (1996), S. 128 – 132.

[98] Vgl. genauer Heuermann, A. / Schnöring, T. (1985), S. 93 – 101.

[99] Es gibt drei globale Determinanten der vertikalen Integration: Technologische Vorteile, Einsparungen bei Transaktionskosten und Marktunvollkommenheiten. Vgl. Perry, M.K. (1989), S. 187 und Günther, B.P. (1998), S. 334.

[100] Crew, M.A. (1975a), S. 3.

chermaßen offen stehen. Soweit die Beförderung auf diesem Netz mit eigenen Fahrzeugen erfolgt, sind die damit verbundenen Investitionskosten durch die jederzeit gegebene Möglichkeit der Weiterveräußerung abgesichert. Die Investitionskosten von Netzknotenpunkten in Form von Postfilialen oder Sortier-/ Umschlagszentren sind ebenfalls nicht irreversibel, da die Gebäude auch für andere Verwendungen verkauft oder vermietet werden können.[101] Eine begrenzte Irreversibilität ergibt sich lediglich durch den Einsatz der für die Brief- und Paketsortierung benötigten Sortier-, Videocodieranlagen und Barcode-Leser.[102] Zu berücksichtigen ist jedoch, dass es auch hier die Möglichkeiten der Weiterveräußerung gibt, wenn dabei auch mit einem größeren Wertverlust als bei den oben erwähnten Vermögensgegenständen zu rechnen ist. Im Falle einer signifikanten Unterauslastung oder eines globalen Marktaustritts – Letzteres stellt eine unrealistische Annahme dar – wären sie aber kaum weiterzuveräußern. Im Unterschied zum Telekommunikationssektor[103] spielen diese versunkenen Kosten hier aber nur eine unwesentliche Rolle.[104] Allerdings darf nicht verkannt werden, dass das öffentliche Dienstrecht, dem die Unternehmen der Deutschen Bundespost unterlagen, Irreversibilitäten im Personalbereich entfaltete (sogenannte "stranded costs" in Form „gestrandeter Arbeitskraft"[105]), wodurch auf absehbare Zeit auch die unternehmerische Flexibilität der Deutschen Post AG beeinträchtigt wird. Faktische oder potenzielle Wettbewerber der Deutschen Post AG weisen diese Art von Irreversibilitäten nicht auf.

Insgesamt kann es durchaus effizienzsteigernde Vorteile aus vertikaler und horizontaler Integration geben. Diese werden nicht durch Größen-, sondern durch Verbundvorteile erreicht. Aufgrund der fehlenden Größenvorteile, für deren Validität Marktirreversibilitäten ausschlaggebend sind, ist ein gesamter Postmarkt wohl kaum als natürliches Monopol anzusehen. Aus dieser Sicht spräche vieles für eine Entbündelung der Diensteerstellung. Die sich bei freiem Spiel der Marktkräfte ergebende Marktstruktur dürfte aber zumindest oligopolistisch sein.[106]

Ein großer Teil der positiven Wirkungen einer Integration kann auch durch vertragliche Absprachen unter den beteiligten Akteuren erreicht werden. Offen ist nur die Frage, ob die Anreize zu Abschluss und Einhaltung solch vertraglicher Arrangements auf beiden Seiten groß genug sind. Ist dies nicht der Fall, sind effizienzmindernde

---

[101] Ebenso können Kapazitäten von anderen Unternehmen angemietet werden. Einschränkend ist allerdings festzustellen, dass selbst in diesem Fall keine vollkommene Reversibilität gegeben ist. Wird ein Kapitalgut gemietet und scheitert der damit angestrebte Marktzutritt, so sind die Mietaufwendungen unwiederbringlich verloren, d.h. es handelt sich um versunkene Kosten. Vgl. auch Panzar, J.C. (1993), S. 104.

[102] Bei solchen Anlagen ist der Anteil der versunkenen Kosten an den Gesamtkosten höher als bei den oben betrachteten Vermögensgegenständen, da relativ weniger alternative Nutzungsmöglichkeiten zur Verfügung stehen.

[103] Zur *Telekommunikation* vgl. Näheres bei Waldenberger, F. (1990b), S. 295. Eine Diskussion der Regulierung im Rahmen der europäischen Telekommunikationspolitik findet sich bei Hart, T. (1999).

[104] Vgl. Günther, B.P. (1998), S. 203; Blankart, C.B. / Knieps, G. (1991), S. 7; Estrin, S. / de Meza, D. (1991), S. 95; Panzar, J.C. (1991), S. 224 und (1993), S. 91.

[105] Vgl. Crew, M.A. (1996), S. 94. Hierunter werden insbesondere die Altlasten in Form von weiterhin zu beschäftigenden Beamten sowie von Pensionslasten subsumiert.

[106] Vgl. für eine genauere Analyse Günther, B.P. (1998), S. 335.

Nachteile der Integration wahrscheinlich, da sie von den Anbietern für den Aufbau strategischer Marktzutrittsschranken genutzt werden kann.

2 Entbündelung der Diensteerstellung und Transaktionskosten

Weniger eindeutig ist die Situation, wenn es um die Überprüfung geht, ob die sich bei vertikaler Integration ergebenden Gesamtkosten geringer sind als die Gesamtkosten einer desintegrierten Produktion einschließlich der Transaktionskosten.

Zunächst ist es zur Annäherung an diese Frage erforderlich, sich die einzelnen Stufen der Diensteerstellung als eigenständige Märkte oder Marktsegmente vorzustellen, auf denen neben der Deutschen Post AG andere Postdienstleister um die Kundennachfrage konkurrieren. Dabei stellt es ein durchaus denkbares Ergebnis dar, dass ein Teil des Briefvolumens *ohne Beteiligung des etablierten Postdienstes* auf irgendeiner der zu absolvierenden Stufen seinen Weg vom Versender zum Empfänger nimmt.

Im Regelfall dürfte die Deutsche Post AG *auf einer oder mehreren Stufen der Dienstleistungskette beteiligt* sein, am häufigsten vermutlich bei der Zustellung, da dort die Größenvorteile des etablierten Postdienstes am ausgeprägtesten sind.[107] Am Knotenpunkt des Übergangs von einer Stufe zur anderen stellt sich dann eine Reihe von Fragen, u.a. die des *Rabatts*, den der vorgelagerte Dienstleister für seine dem etablierten Postdienst kostensparende Leistung erhält. Das Problem der Rabattierung für erbrachte vorgelagerte Leistungen steht im Zentrum der Diskussion um die Einführung des Wettbewerbs auf den Stufen der postalischen Leistungskette,[108] gleichzeitig stellt sich damit aber auch die Frage, wie sich die Beziehungen zwischen Kunden und Deutscher Post AG bzw. ihren Konkurrenten gestalten sollen, ohne in Unübersichtlichkeit und Impraktikabilität zu verfallen. Das Argument von Verbundvorteilen bei der Produktion durch das Mehrproduktunternehmen Deutsche Post AG, soweit es in Anspruch genommen werden kann, trifft in mindestens gleichem Umfang auch für potenzielle Konkurrenten auf den einzelnen Stufen der postalischen Leistungserstellung zu.

Die Alternative zum derzeitigen System der vertikal integrierten Diensteerstellung – eine entbündelte Diensteerstellung mit Wettbewerb auf den einzelnen Leistungsstufen – mag, was die *reinen Erstellungskosten* angeht, kosteneffizienter sein. Durch die vertikale Desintegration können jedoch zusätzliche *Transaktionskosten* als Folge der externen Koordination zwischen den Wertschöpfungsstufen entstehen, denen erwartete Produktivitätsgewinne der einzelnen Wertschöpfungsstufen gegenüberzustellen sind.[109] Die dem rechtlich abgesicherten Monopol innewohnende geringe Kostendisziplin und Innovationsbereitschaft[110] sowie – auf der anderen Seite – die

---

107 Vgl. hierzu auch Braubach, U. (1992), Kapitel 4 und die dort angegebene Literatur.

108 Genaueres hierzu findet sich in Teil 3, Kapitel 7 dieser Arbeit.

109 Vgl. Rahmeyer, F. (1999), S. 73.

110 Eine *Innovation* kann allgemein als wirtschaftliche Neuerung charakterisiert werden. Insbesondere fallen darunter veränderte oder neue Produkte (Produktinnovationen), neue Produktionsverfahren (Prozessinnovationen) sowie neue Organisations-, Vertrags- oder Finanzierungsformen. Der Begriff der Innovation ist abzugrenzen vom Begriff der *Invention* (Erfindung). Erst bei ihrer Umsetzung in die Wirtschaftspraxis werden Inventionen zu Innovationen. Innovationen können auch ohne neue wissenschaftliche Erkenntnisse auftreten. Vgl. Waldenberger, F. (1990e), S. 158.

enormen Reserven an Kosteneffizienz durch Verbundproduktion unter Wettbewerbsbedingungen sprechen dafür, dass auch die Berücksichtigung der Transaktionskosten die beim Wettbewerb erzielte Kostenersparnis nicht überkompensiert.

3 Vertikale Integration – eine Gesamtbetrachtung

Bei vollständiger Öffnung des Postmarkts wird derselbe wahrscheinlich in Abhängigkeit von der Zustellgeschwindigkeit in verschiedene Segmente geteilt, jedes davon mit Wettbewerb und einem hohen Zuverlässigkeitsniveau. Da die Vertragskomplexität mit einer höheren Zustellgeschwindigkeit steigt, müssen einerseits die Kapazitäten auf die Bedürfnisse des Zustellunternehmens zugeschnitten sein. Bei weniger dringlichen Sendungen sind die Vertragskosten folglich niedriger. Hieraus folgt andererseits bei Zustelldiensten mit zeitsensitiven, also kostenintensiveren Sendungen eine vertikale Unternehmensintegration, während langsamere Zustelldienste sich eher auf Vertragsbeziehungen zwischen Unternehmen verlassen werden.[111] Der Vertragsansatz über vertikale Einschränkungen beinhaltet eine Vielzahl an Marktversagensmöglichkeiten,[112] welche die Parteien abwenden oder mildern können, indem sie längerfristige Vereinbarungen treffen.[113]

2. KAPITEL: DIE SCHLEICHENDE LIBERALISIERUNG: DAS NEUE POSTGESETZ

Nach anfänglich großem Enthusiasmus für die These, Wettbewerb stelle einen guten Ersatz für eine sektorspezifische Wirtschaftspolitik und Regulierung[114] dar, dominiert nach 15 Jahren Marktöffnung im Telekommunikationsbereich – als Vorbild des Post-

---

[111] Vgl. Geddes, R.R. (1996), S. 85f. Wenn es auch bei der Briefpost aus Kostengründen wenig sinnvoll erscheint, Einzelsendungen mit einem datenverarbeitungsgestützten Sendungsverfolgungssystem (Tracking and Tracing) zu begleiten, so sind solche Systeme gleichwohl auch im Bereich der Briefpost nützlich, wenn man sie auf ganze Transportladungen bezieht und auf diese Weise Transportströme steuert, um eine gleichmäßigere Kapazitätsauslastung zu erzielen und zu vermeiden, dass zeitkritische Sendungen liegen bleiben und ihr Laufzeitziel verfehlen. Diese Koordination ist innerhalb eines geschlossenen Netzes leichter möglich. Dieses Argument gilt allerdings nur dann, wenn alternative vertragliche Vereinbarungen mit besonderen Schwierigkeiten verbunden sind. Denkbar wäre nämlich auch, dass bei vertikaler Separation mehrere unabhängige Unternehmen einen Vertrag schließen, der den gemeinsamen Betrieb eines Tracking-and-Tracing-Systems beinhaltet.

[112] Begründungen für Marktversagen sind hier Externalitäten, Freifahrerverhalten, erst- und zweitbeste Beschränkungen, Vertragslaufzeiten, Verhältnis zur Marktmacht und die Interrelation zwischen vertikalen Einschränkungen. Vertikale Integration ist ein Substitut zu vertikalen Einschränkungen. Ausführlicher bei Caves, R.E. (1986), S. 30 – 38, 43 und (1989).

[113] Im japanischen Postdienst bewährte es sich, Subunternehmen zu beauftragen, sofern diese zuvor definierte Leistungen wirtschaftlicher erbringen können. Vgl. Schöttner, H. (1996), S. 190f. und Albon, R. (1991a), S. 236.

[114] Unter *Regulierung* versteht die vorliegende Arbeit die sektorspezifische Intervention in marktliche Prozesse oder Strukturen durch staatliche Institutionen (*Regulierungsbehörden*). Mit der Regulierung i.e.S. wird sich das 3. Kapitel dieser Arbeit intensiver beschäftigen.

sektors – in Ländern wie den USA, Großbritannien und Neuseeland bei den meisten Experten die Einschätzung, dass eine effektive Regulierung für die Entwicklung geöffneter Märkte von grundlegender Bedeutung ist. "Competition is not a substitute for regulation, but a tool of regulation that can faciliate achievement of both economic and social objectives."[115]

Die Aufgabe des Staates bei der Förderung von Wettbewerb auf dem monopolisierten Postmarkt liegt in der Verhinderung des Machtmissbrauchs des dominanten Anbieters zu Lasten von Wettbewerbern, ohne die neu auf den Markt kommenden Unternehmen vor Wettbewerb zu schützen. Hierbei handelt es sich um das klassische Problem des Wettbewerbsrechts, gezielte Kampfpreise (predatory pricing) zu verhindern.[116]

Wie in diesem Kapitel dargestellt, soll das neue Postgesetz das Postmonopol deshalb und aufgrund des Drucks von Seiten der Europäischen Kommission in den Wettbewerb überführen. Um den angesprochenen Missbrauch der marktbeherrschenden Stellung durch den Marktsassen[117] Deutsche Post AG zu vermeiden, wurde das Instrument der Lizenzierung und die Kontrolle des marktbeherrschenden Anbieters durch eine Regulierungsbehörde gewählt. Eine Analyse des Postgesetzes hinsichtlich der Regulierung der *Grundversorgung* und der *Preise* erfolgt im einzelnen später im III. Teil der Arbeit.

Als „schleichend" wird die Liberalisierung in diesem Kapitel deshalb bezeichnet, weil der Deutschen Post AG im neuen Postgesetz für einen Zeitraum von fünf Jahren eine Exklusivlizenz eingeräumt wurde. Marktneulinge würden zwar oft gern einen Briefdienst anbieten, der dem der Deutschen Post AG vergleichbar wäre; im Rahmen ihrer besonderen Lizenz hat diese jedoch weiterhin eine Monopolstellung inne, und sie verteidigt diese Position auch vehement. Schritt für Schritt soll durch das neue Postgesetz also der Bereich monopolisierter Sendungen aufgehoben werden. Wird die Exklusivlizenz indes verlängert, was bereits diskutiert wird, müsste man die schleichende Liberalisierung eher als eine *heimliche Bestandswahrung* bezeichnen.

A Hintergrund: Die regulierungspolitische Situation in Europa. Universaldienstverpflichtung und reservierte Dienste

Der freie Wettbewerb stellt die Norm für die Postpolitik in der EU dar. Von dieser Norm sollte nach den Vorstellungen der Europäischen Kommission nur soweit abgewichen werden, wie es die Bereitstellung des Universaldienstes erfordert. Ziel der europäischen Postpolitik ist es, allen Bürgern und Unternehmen in der Gemeinschaft Zugang zu guten und zuverlässigen Postdiensten zu gewähren (Universaldienstverpflichtung[118]). Das impliziert eine flächendeckende Versorgung mit Einlieferungs-

---

115 Melody, W. (1997), zitiert nach Keuter, A. (1997), S. 11.

116 Vgl. Mestmäcker, E.-J. (1993), S. 496, Neu, W. u.a. (1992), S. 34 und Schultz, H. (1999), S. 6.

117 Als *Marktsasse* sei im Folgenden der etablierte, zuvor monopolisierte Anbieter bezeichnet.

118 *Universaldienstverpflichtungen* sind Dienste, die ein Anbieter anbieten muss und die ihm eventuell Verluste auferlegen. *Universaldienstkosten* bzw. *–lasten* treten auf, wenn ein effizienter Anbieter verpflichtet wird, Kunden oder Dienste unter Umständen zu bedienen, bei denen die resultierenden Einnahmen unter den Kosten der Versorgung liegen. Vgl. Cave, M. u.a. (1994), S. 5, 27.

möglichkeiten (Briefkästen, Schalter[119]), Möglichkeiten zum Kauf von Postwertzeichen[120] und die Zustellung an jede Adresse. Postdienstleistungen müssen ferner zu allgemein tragbaren Preisen angeboten werden.[121] Weitere Komponenten einer Universaldienstverpflichtung sind Gleichbehandlung bei größtmöglicher Flexibilität und einfache Informationsmöglichkeiten hinsichtlich Preisen, Einlieferungsmöglichkeiten und Qualitäten.[122]

Die Idee, eine Universaldienstverpflichtung gesetzlich mit der Gewährung eines Monopols zu verbinden, ist neu. Traditionell genossen die Postdienste ein Monopol ohne die spezifische gesetzliche Verpflichtung, einen Universaldienst bereitzustellen. Historisch stellten die Postmonopole jedoch einen Universaldienst bereit. Man kann also sagen, dass die Postdienste den Universaldienst *erfanden*. Der Universaldienst ist daher eher eine Antwort auf die gestiegenen Bedürfnisse und Fähigkeiten der Gesellschaft als eine formale gesetzliche Verpflichtung.[123]

Die Universaldienstverpflichtung kann nach dem Vorschlag der Europäischen Kommission für eine Richtlinie über gemeinsame Vorschriften für die Entwicklung der Postdienste und die Verbesserung der Dienstequalität in der Gemeinschaft[124] grundsätzlich einem oder mehreren Postdienstleistern übertragen werden. Zum Ausgleich werden dem bzw. den Universaldienstanbieter(n) nach Art. 90 (2) EGV Sonderrechte in Form *reservierter Dienste* eingeräumt.[125] Bei dieser Konzeption besteht die Aufga-

---

119 Die Deutsche Post AG unterhält in Postfilialen für die Abwicklung des Publikumsverkehrs ein *Schalternetz*. Auch die Deutsche Telekom AG und die Deutsche Postbank AG benutzen diese Schalter, um Produkte zu vertreiben. Für die Preise der im Verbund angebotenen Leistungen sind Verträge unter den betroffenen Unternehmen nötig. Vgl. Rommel, W. (1992), S. 1, 2, 50 und Pieper, F. (1993), S. 2. Ausgangspunkt der Preisverhandlungen sind die ursachengerecht zugeschlüsselten Vollkosten. Eingesetzte Produktionsfaktoren sind als Opportunitätskosten zu bewerten. Dieser Preisuntergrenze steht eine Preisobergrenze gegenüber. Sie entspricht den Kosten, die dem Nutzer des Schalters bei der Erstellung eines alternativen Schalternetzes entstehen würden (Stand-alone-Kosten).

Da die flächendeckende Unterhaltung der Filialnetze bei vielen Postdienstleistern mit Verlusten verbunden ist, die wiederum von den Postkunden in Form höherer Preise zu tragen sind, nutzen die Postverwaltungen einiger Länder – namentlich der USA, Kanadas, Irlands, Großbritanniens, Australiens, Deutschlands und Neuseelands – Verbundvorteile ganz anderer Art, indem sie ihre Annahmestellen in schon bestehenden Kaufhäusern einrichten oder private Einzelhändler beauftragen, in ihren Geschäften auch Postdienstleistungen anzubieten. Vgl. auch o.V. (1995e), S. 8 und Henzler, H.A. / Späth, L. (1995), S. 217.

120 Die Mitgliedstaaten benennen der Europäischen Kommission die Stelle(n), die zur Aufstellung von Postbriefkästen auf öffentlichen Wegen sowie zur Herausgabe von Briefmarken mit dem Namen des Landes berechtigt ist / sind. In der Bundesrepublik Deutschland sollen Briefmarken nur vom Bund ausgegeben werden. Der Deutschen Post AG steht für den Verkauf von Postwertzeichen kein Monopol zu. Vgl. Basedow, J. u.a. (1995), S. 33; Kommission der Europäischen Gemeinschaften (1995), S. 23, 27 und o.V. (1996c), S. 4.

121 Der Universaldienst ist flexibler als zuvor: Es ist nicht von Einheitspreisen die Rede, sondern von „tragbaren" Preisen. Vgl. Campbell, J.I. Jr. (1995), S. 23.

122 Vgl. Pieper, F. (1996), S. 24, 26.

123 Vgl. Campbell, J.I. Jr. (1996b), S. 116f.

124 Vgl. Kommission der Europäischen Gemeinschaften (1995), S. 22.

125 Die Terminologie im Grünbuch Postdienste unterscheidet sich von derjenigen, die in der Bundesrepublik Deutschland benutzt wird. Anstatt eines Beförderungsvorbehalts spricht man dort von ei-

be der Regulierungsbehörde darin, einen Bereich zu definieren, der gerade groß genug ist, um die für die Überlebensfähigkeit der defizitären Teile der Universaldienste erforderlichen finanziellen Überschüsse zu generieren (Proportionalitätsprinzip), abgeleitet aus Art. 90 (2) EGV.[126] Eine Anwendung dieses Prinzips würde eine Errechnung der Kosten dieser Auflage erfordern, um sie den erzielbaren Renten aus den reservierten Diensten gegenüberzustellen. Da diese Berechnung nur mit zahlreichen Hilfsannahmen durchführbar ist und die Ergebnisse entsprechend angezweifelt werden, wurden solche Berechnungen bislang lediglich vereinzelt durchgeführt.[127] Da jedoch Kosten und Nachfrage nicht genau prognostizierbar sind, erfordert es ein schwieriges trial-and-error-Vorgehen (Austarierung). Im Ergebnis wird die Anwendung des Proportionalitätsprinzips Ergebnis eines Verhandlungsprozesses zwischen den beteiligten Gruppen sein und nicht auf objektiven Kalkulationen beruhen. Damit sind die Festlegungen auf nationaler und europäischer Ebene vermutlich besser mit den Instrumenten der politischen Ökonomie zu erklären als durch Rückgriff auf Effizienz- und Verteilungsnormen.[128]

Alle reservierten Dienste sind mit einer Universaldienstauflage belegt (reservierte Pflichtdienste). Darüber hinaus bezieht sich die Definition der Universaldienste auch auf einige nicht-reservierte Dienste (nicht-reservierte Pflichtdienste, z.B. Pakete). Private Anbieter dürfen bei diesen Diensten also in Abhängigkeit von Preis und Gewicht der Sendungen auch selektiv in Konkurrenz zur Deutschen Post AG treten. Dienste, für die keine Universaldienstverpflichtung besteht, werden im freien Wettbewerb angeboten, an dem sich auch die Deutsche Post AG beteiligen darf.[129]

Vermutlich führt eine Universaldienstverpflichtung zu Nachteilen des verpflichteten Unternehmens und damit zu Wettbewerbsverzerrungen. Zur Kompensation des verpflichteten Unternehmens sind verschiedene Wege denkbar. So besteht die Möglichkeit, die Lasten aus dem allgemeinen Staatshaushalt zu finanzieren oder exklusive Rechte zu definieren. Der letzte Ansatz, der auch von der Europäischen Kommission bevorzugt wird, räumt den Anbietern von Universaldiensten exklusive Rechte in Form reservierter Dienste ein, die mit bestimmten Verpflichtungen (insbesondere hinsichtlich Preis, Qualitätsstandards und Zugangsbedingungen) einhergehen. Eine weitere Alternative zur Finanzierung der Universaldienstlast stellt die Fondslösung dar.[130]

---

nem reservierten Bereich. Vgl. Kommission der Europäischen Gemeinschaften (1992); Rietbroek, J. (1997), S. 1 – 8 und Pieper, F. (1996), S. 8f., 23f.

126 Vgl. Cotton-Betteridge, J.A. (1993), S. 46 und Knauth, P. (1993), S. 135. Schweden und Finnland sind die Vorreiter der nationalen Postdienste ohne Monopolstellung. Vgl. Crew, M.A. (1996), S. 96 und Pieper, F. (1996), S. 8f.

127 So z.B. für den australischen Postsektor. Vgl. dazu Industry Commission (1992).

128 Vgl. Kommission der Europäischen Gemeinschaften (1995), S. 28; Pieper, F. (1996), S. 30; Stumpf, U. / Pieper, F. (1992), S. 3; Borrmann, J. / Finsinger, J. (1994), S. 40f.; Berger, H. / Knauth, P. (1996), S. 37; Knieps, G. (1987b), S. 282; McAfee, R.P. / McMillan, J. (1987), S. 699; Blankart, C. B. / Knieps, G. (1995), S. 6; (1994c), S. 243; (1993), S. 7 und (1996), S. 222.

129 Vgl. Campbell, J.I. Jr. (1995), S. 23 und Pieper, F. (1996), S. 25.

130 Vgl. Pieper, F. (1996), S. 25f. und Berger, H. / Knauth, P. (1996), S. 37.

In Australien teilte man die Universaldienstverpflichtung (universal service obligation) analytisch in zwei Elemente auf: zum einen in die gewinnbringende Komponente, zum anderen in den verlustbringenden Teil. Um letzteren zu unterscheiden, wurde er als *community service obligation* be-

Die Universaldienst*last* wurde als die Summe der Quersubventionierungen definiert, die langfristig vermieden hätten werden können, wäre die Universaldienstverpflichtung hypothetisch aufgegeben worden. Kann der Universaldienstanbieter nach Eliminierung aller quersubventionierten Briefströme seine Kosten mit den verbleibenden Briefströmen nicht decken, müsste auch dieser finale Verlust der Universaldienstlast zugerechnet werden.[131]

Da die Verpflichtung zur Erbringung von Universaldienstleistungen nach dem neuen Postgesetz jedoch durch ein in einer Ausschreibung abgegebenes Gebot oder durch eine Lizenzbedingung auferlegt wird, ist sie weder "imposed by a regulator"[132], noch "the sum of cross subsidies that, in the long run, could be avoided if the universal service obligation were hypothetically abandoned"[133]. Castro und Maddock sind der Ansicht, sie stelle eher eine Verpflichtung dar, für welche ein Staat einen Vertrag abschließt.[134] Nach Cremer u.a. ist die Universaldienstverpflichtung im Wesentlichen eine Form redistributiver Preispolitik: Die implizierten Beschränkungen der Preispolitik legen dem Postdienstleister einen bindenden Zwang auf.[135]

Nach langwierigen politischen Diskussionen beschlossen die EU-Staaten Ende 1996, also vier Jahre nach Erscheinen des EU-Grünbuchs, die im EU-Grünbuch vorgesehene Liberalisierung[136] der Postmärkte mindestens auf das Jahr 2003 zu verschieben. Frühestens dann sollen in der gesamten EU die reservierten Dienste eingeschränkt werden, indem die Monopolgrenze unter die vereinbarten 350 g pro Sendung abgesenkt wird. Durch die Monopolgrenze bei 350 g werden nur ca. 2% des gesamten Marktes für Briefpost für den Wettbewerb freigegeben. Dabei bleibt es den einzelnen Staaten jedoch freigestellt, ihre Postmärkte schneller zu deregulieren.[137]

Eine weitere Gnadenfrist erscheint wahrscheinlich, da die Mittelmeerländer in Brüssel *gegen* eine „frühe" Liberalisierung arbeiten. Ein postalisches Europa mit zwei Geschwindigkeiten möchte die Deutsche Post AG jedoch nicht hinnehmen. Fruchten die Anstrengungen der Deutschen Post AG in Brüssel nicht, könnte die vollständige Liberalisierung auch in Deutschland auf das Jahr 2006 oder 2009 verschoben werden.[138]

---

zeichnet. Vgl. Castro, M. / Maddock, R. (1997), S. 258 und National Competition Council (1997), S. 115 – 136.

131 Vgl. Cremer, H. u.a. (1995), S. 248. Näheres bei Elsenbast, W. u.a. (1995), S. 5, 9 – 23 und Elsenbast W. (1994), S. 11, 13.

132 Vgl. insbesondere Dobbs, I.M. / Golay, J. (1996), S. 41 – 62.

133 Elsenbast, W. u.a. (1995), S. 5.

134 Vgl. Castro, M. / Maddock, R. (1997), S. 259.

135 Vgl. Cremer, H. u.a. (1997), S. 22f., 40.

136 Eine *Liberalisierung* bedeutet die Öffnung eines bereits existierenden Marktes für Wettbewerb. Vgl. Santos, A. (1990), S. 140. Im gleichen Zuge bedeutet Liberalisierung einen Machtverlust für die Politiker. Sie müssen sich quasi selbst überflüssig machen. Vgl. Kruse, J. (1993), S. 109.

137 Vgl. Günther, B.P. (1998), S. 20. Es kann keine EU-weite Harmonisierung ohne Liberalisierung geben. Vgl. Baumanns, M. (1996), S. 3.

138 Vgl. Peter, M. / Schnitzler, L. (1997), S. 91; Schnitzler, L. (1998), S. 100 und (1999a), S. 64.

B Die Situation in Deutschland

Die Sicherstellung eines flächendeckenden Angebots von Postdienstleistungen zu annehmbaren Bedingungen ist eine Zielsetzung der Politik. Dies äußert sich in der Festschreibung der Zielsetzung im Grundgesetz, Art. 87f:[139]

„(1) Nach Maßgabe eines Bundesgesetzes, das der Zustimmung des Bundesrates bedarf, gewährleistet der Bund im Bereich des Postwesens und der Telekommunikation flächendeckend angemessene und ausreichende Dienstleistungen.

(2) Dienstleistungen im Sinne des Absatzes 1 werden als privatwirtschaftliche Tätigkeiten durch die aus dem Sondervermögen Deutsche Bundespost hervorgegangenen Unternehmen und durch andere private Anbieter erbracht. Hoheitsaufgaben im Bereich des Postwesens und der Telekommunikation werden in bundeseigener Verwaltung ausgeführt."

In den Verfassungswortlaut wurde damit durch die Änderung im Jahre 1994 erstmals seit 1949 eine allgemeine Garantiepflicht des Bundes für die Versorgung („gewährleistet") aufgenommen sowie die marktwirtschaftliche Funktion „privater" Postunternehmen, d.h. die Aufgabenprivatisierung[140], festgeschrieben.[141]

Nach dem neuen Postgesetz, in Kraft seit 22. Dezember 1997, unterliegt die Deutsche Post AG beim Briefdienst bis zum 31. Dezember 2002 einer Universaldienstverpflichtung, deren wesentliche Elemente die Flächendeckungsauflage mit bestimmten Mindestqualitätsstandards sowie die diesem Angebot zugrunde liegenden Tarifierungsprinzipien und der Kontrahierungszwang (Zulassungspflicht) sind. Die Mindestqualitäten wurden durch Verabschiedung der Post-Universaldienstleistungsverordnung (PUDLV) am 4.11.1999 fixiert. Nach § 2 PUDLV ist die Deutsche Post AG verpflichtet, bis zum Jahr 2005 mindestens 12.000 stationäre Einrichtungen zu betreiben, darunter bis Ende 2002 mindestens 5.000 Filialen mit eigenem Personal.[142] Ferner sieht die PUDLV vor, dass es in allen Kommunen mit mehr als 4000 Einwohnern und in solchen mit zentralörtlichen Funktionen wenigstens eine Postfiliale geben muss. In zusammenhängend bebauten Gebieten soll dabei die Entfernung zur nächsten Posteinrichtung nicht mehr als 2000 Meter und zum nächsten Briefkasten nicht mehr als 1000 Meter betragen.[143] Das Gesetz kompensiert die Deutsche

---

139 Es würde dem Sozialstaatsprinzip widersprechen, wenn eine Politik der Enthaltsamkeit betrieben würde, in der ökonomisch abgeschriebene Regionen schlicht vergessen werden. Ziemlich wahrscheinlich ist der wahre politische Inhalt des Universaldienstes ein Euphemismus für eine andere Form einer ländlichen Subvention. Wenigstens sind die Mindestvoraussetzungen sozialer Lebensbedingungen zu schaffen. Vgl. Noll, R.G. (1986), S. 181; Klaus, J. / Schleicher, H. (1983), S. 10f. und Güth, W. (1995), S. 5.

140 Unter *Privatisierung* soll im Folgenden die Überführung von Staatsbesitz in privates Eigentum verstanden werden. Vgl. Klenk, J. u.a. (1994), S. 8; Spelthahn, S. (1994), S. 9; Knorr, A. (1993), S. 7 und Ronellenfitsch, M. (1997), S. 128. Genauer wird hierauf im 3. Kapitel dieser Arbeit, Abschnitt E, eingegangen.

Das Privatisierungspotenzial belief sich 1990 auf 548 Mrd. DM; dies entsprach 26% des Bruttosozialprodukts. Näheres hierzu vgl. bei Rosenschon, A. (1991), S. 16 – 18; Monopolkommission (1990), S. 25; Spelthahn, S. (1994), S. 28 und Weigel, W. (1992), S. 365.

141 Vgl. Plagemann, J. (1996), S. 52f.; Benz, A. (1997b), S. 297 und Bundesministerium für Post und Telekommunikation (1995), S. 3, 5.

142 Ursprünglich wollte die Deutsche Post AG ihre Filialen bereits im Jahr 2000 auf 10.000 reduzieren.

143 Vgl. o.V. (1999x), S. 26.

Post AG hierfür durch die Definition einer Exklusivlizenz, die ihr das alleinige Recht zur Beförderung adressierter schriftlicher Mitteilungen mit einem Gewicht von bis zu 200 g und einem Preis für diese Beförderung bis zu 5,50 DM für besagten Zeitraum zugesteht. Dies soll der Verbesserung bzw. Herstellung ihrer Wettbewerbsfähigkeit, um z.B. bisher nicht existente Pensionsrückstellungen aufzubauen, dienen.[144]

Für die vollkommene Öffnung des Marktes ab dem Jahr 2003 ist ein anderer Kompensationsmechanismus festgeschrieben: Zur Vermeidung von Wettbewerbsverzerrungen kann ein marktbeherrschendes Unternehmen nach § 13 (2) PostG zur Versorgung einer vom Wettbewerb vernachlässigten Region verpflichtet werden. Dieses Unternehmen kann nach §15 (1) PostG einen Ausgleich von der Regulierungsbehörde verlangen, wenn es den Nachweis erbringt, dass die langfristigen durchschnittlichen Zusatzkosten (long-run average incremental costs, LRAIC)[145] der effizienten Leistungsbereitstellung einschließlich einer angemessenen Verzinsung des eingesetzten Kapitals die Erträge der Dienstleistung übersteigen. Sollte ein derartiger Ausgleich beantragt werden, wird die Versorgung des betroffenen Gebietes von der Regulierungsbehörde ausgeschrieben und an den Bieter mit der geringsten Ausgleichsforderung vergeben.

Auf der anderen Seite muss sich die Regulierungsbehörde diese finanziellen Mittel aus dem Ausgleichsfonds holen. Hierzu ist in § 16 (1) PostG festgeschrieben, dass jeder Lizenznehmer, dessen Umsatz in dem Kalenderjahr, für das ein Ausgleich gewährt wird, mehr als eine Million Deutsche Mark betragen hat, verpflichtet ist, zu dem von der Regulierungsbehörde zu leistenden Ausgleich durch eine Ausgleichsabgabe beizutragen. Die Höhe der Abgabe bemisst sich nach dem Verhältnis des Umsatzes des Lizenznehmers zur Summe der Umsätze aller zur Zahlung verpflichteten Unternehmen.

Eine rechtliche Würdigung des Ausgleichsfonds als Instrument zur Finanzierung von Universaldienstlasten nahm Gramlich vor. Er setzte sich mit der Kritik auseinander, dass eine solche Infrastrukturabgabe als Sondersteuer nicht zulässig sei, kommt jedoch zu dem Ergebnis, dass die Einführung eines solchen Kompensationsmechanismus ein zulässiges Mittel darstellt.[146]

C Marktöffnung durch Lizenzierung

Als Grundmodell des Regulierungsrahmens wurde eine Marktöffnung des bisherigen Monopolbereichs über das Instrument der Lizenzierung[147] gewählt, wobei die Li-

---

[144] Vgl. Bundesministerium für Post und Telekommunikation (1995), S. 8; Pieper, F. (1996), S. 8; Wieland, J. (1997), S. 246 und Mestmäcker, E.-J. (1993), S. 506.

[145] Die LRAIC werden im Folgenden oft lediglich als LRIC (long-run incremental costs) bezeichnet, um die Vergleichbarkeit mit dem gängigen Schrifttum nicht zu gefährden. Es ist jedoch stets von einer Durchschnittsbetrachtung die Rede.

[146] Vgl. Els, M. / Müller, K. (1997), S. 143; Gramlich, L. (1995), S. 205f. und Pieper, F. (1996), S. 22f.

[147] Unter einer *Lizenz* soll ganz allgemein die Genehmigung zur Ausübung einer bestimmten Tätigkeit verstanden werden, um deren Erteilung sich jeder Interessierte bei der zuständigen Vergabeinstanz zu bewerben hat. Vgl. auch Müller, K. (1997), S. 394. Die Lizenz für den Postdienst gewährt dem Inhaber gewisse Exklusivrechte (das Recht, Briefkästen an oder auf öffentlichen Straßen aufzustellen und Briefmarken mit der Bezeichnung des Staates auszugeben), verpflichtet ihn aber gleichzeitig zur Bereitstellung bestimmter Pflichtleistungen. Vgl. Elixmann, D. / Weber, M.

zenznehmer einer sektorspezifischen Regulierung unterliegen. Der lizenzierte Bereich umfasst Briefsendungen bis zu einem Gewicht von 1000 g (§ 5 PostG). Als Übergangsregelung wurde verfügt, dass die Deutsche Post AG bis Ablauf des Jahres 2002 eine Exklusivlizenz für die gewerbsmäßige Beförderung[148] gewöhnlicher Briefsendungen und adressierter Kataloge bis zu einem Einzelgewicht von 200 g, deren Einzelpreis das maximal Fünffache des am 31.12.1997 geltenden Preises für Normalbriefe der untersten Gewichtsklasse beträgt (und-Bedingung; § 51 (1) PostG), erhielt. Tritt jemand im Monopolbereich der Zustellung von Briefen in Konkurrenz zur Deutschen Post AG, so verstößt er gegen das Postgesetz.[149] Für die anderen Lizenzklassen ist keine zahlenmäßige Begrenzung vorgesehen.[150] Die Exklusivlizenz gilt nach § 51 (1) 2 PostG nicht für Dienstleistungen, die von Universaldienstleistungen trennbar sind, besondere Leistungsmerkmale aufweisen und qualitativ höherwertig sind, z.B. Kurierdienstleistungen. Bisher wurden von der Regulierungsbehörde 420 Lizenzen an private Zustellfirmen vergeben, die einen Marktanteil von lediglich 0,2% haben. Nach einem Urteil des Kölner Verwaltungsgerichts dürfen private Zustelldienste nur dann tätig werden, wenn sie schneller als die Deutsche Post AG sind.[151]

Die Lizenzen im Postsektor können sich auf bestimmte Sendungsarten, Regionen oder Dienstestufen beziehen. Je nach Ausgestaltung kann Marktzugang an objektive (Sicherstellung des Angebots an Infrastrukturleistungen) und subjektive Kriterien (Leistungsfähigkeit, Zuverlässigkeit, Fachkunde des Antragstellers, § 6 (3) PostG) gebunden werden. In der Lizenz können Mindestqualität, Angebotspflicht, Kontrahie-

---

(1994), S. 4, 10 und o.V. (1996c), S. 4. *Lizenzierung* ist die Gesamtheit aller staatlichen Maßnahmen, die sich mit der Vergabe bzw. Verweigerung von Lizenzen befassen. Sie beinhaltet eine Marktzutrittsschranke und häufig eine Regulierung anderer Parameter, indem die Erfüllung bestimmter Auflagen zur Voraussetzung der Vergabe einer Lizenz gemacht wird. Vgl. Kruse, J. (1993), S. 89.

148 *Befördern* bedeutet die Gesamtheit aller Tätigkeiten, die zur Übermittlung einer Sendung aus der Hand des Absenders bis zur Aushändigung an den Empfänger erforderlich sind. Dabei versteht man unter *Einsammeln* jede „auf das Zusammenfassen einer Mehrheit von Sendungen zum Zweck gemeinsamer weiterer Behandlung gerichtete Tätigkeit“, insbesondere auch das bloße Aufstellen eines Briefkastens. Der Begriff *Weiterleiten* beschreibt die Beförderung i.e.S., also den Transport der Postsendungen vom Einlieferungs- zum Bestimmungsort. *Ausliefern* schließlich ist ein Sammelbegriff für jede Form des Aushändigens postpflichtiger Sendungen an den Empfänger. Dabei muss keine aktive Zustellung seitens der Deutschen Post AG stattfinden; Abholung durch den Empfänger gilt als gleichwertig, so dass schon das Aufstellen mechanischer Fachanlagen ein tatbestandsmäßiges Ausliefern darstellt. Vgl. Basedow, J. / Jung, C. (1995), S. 194.

149 Man kann einen Brief schnell per E-Mail verschicken, oder man kann ihn ausdrucken und ebenso schnell faxen. Man kann auch einen Kurierdienst bestellen, um den Brief schnellstmöglich zuzustellen. Man kann jedoch keinen privaten Zustelldienst legal beauftragen, den gleichen Brief langsamer zuzustellen. Vgl. Geddes, R.R. (1996), S. 79. "The robber barons never had it so good." Vgl. Ferrara, P.J. (1996), S. 23.

150 Vgl. Pieper, F. (1996), S. 19f.; Bundesministerium für Post und Telekommunikation (1995), S. 5; Kommission der Europäischen Gemeinschaften (1992), S. 257; Wieland, J. (1997), S. 240 und Bundesministerium für Wirtschaft (1995), o.S.

151 Diese fordert ihre Angestellten in Aushängen dazu auf, Informationen über die alternativen Zustelldienste zu melden. Insbesondere soll Beweismaterial in Form erhaltener Umschläge mit Poststempel sichergestellt werden. Den Angestellten und Arbeitern der Deutschen Post AG winkt als Belohnung die Teilnahme an einer „attraktiven Verlosung“. Vgl. Paterak, J. (1999b), S. 69.

rungszwang, Genehmigungspflicht für Allgemeine Geschäftsbedingungen und Auflagen zur Herstellung und Erhaltung eines funktionsfähigen Wettbewerbs festgelegt werden.[152]

In den meisten anderen europäischen Ländern ist der nationale Postdienstleister nicht nur bis zu 200 g, wie in Deutschland, sondern bis zu einer höheren Gewichtsgrenze mit einer staatlichen Monopolstellung vor Wettbewerb geschützt. Dabei wäre es den deutschen Anbietern gegenüber unfair, gäbe Deutschland seinen Briefmarkt für Postgesellschaften frei, die in ihrem Land noch von hohen Monopolmauern geschützt werden.[153]

Bei einer Beschränkung des Marktzutritts, insbesondere bei einer zu geringen Anzahl von Lizenzen, wäre zu befürchten, dass allokative, technische und qualitative Ineffizienz auftritt. Offensichtlich ist jedoch auch, dass der vollständig abwesende Wettbewerbsdruck im Monopolfall noch größere Verzerrungen erwarten ließe. Sogar wenn sich das Verhalten der Wettbewerber hinreichend gut durch das Modell des Cournot-Mengenwettbewerbs[154] beschreiben lässt, führt lizenzierter Wettbewerb zu überlegenen Ergebnissen.[155] Die dynamischen Wohlfahrtsgewinne werden durch Zulassung von mehr als einem Wettbewerber die möglichen statischen Wohlfahrtsverluste[156] überkompensieren, so dass lizenzierter Wettbewerb dem Monopol vorzuziehen ist.[157]

Aufgrund des ständig steigenden Anteils an Remailing, der Eigenzustellung von Unternehmen und Behörden, sich bereits im Wettbewerb befindlicher Teilmärkte, wie Kurier- und Express-, insbesondere aber auch weite Teile des Infopostmarktes,[158] der steigenden Substitution durch Faxgeräte, E-Mail[159] und EDI[160], ist die Exklusivlizenz in ihrem ökonomischen Wert beschränkt, da sie sich zunehmend auf Produkte

---

152 Vgl. Basedow, J. / Kieninger, E.-M. (1995), S. 145, 168f.

153 Vgl. Schnitzler, L. (1998), S. 100; (1999c), S. 66 und Paterak, J. (1999b), S. 69.

154 Vgl. hierzu Finsinger, J. (1991), S. 47 – 52 und Neumann, M. (1994), S. 164, 217.

155 So liegt z.B. der Cournot-Gleichgewichtspreis bei zwei oder mehr Unternehmen und Konvexität der Kostenfunktion unter dem Monopolpreis bei Gewinnmaximierung. Vgl. Finsinger J. (1991), S. 51.

156 Vgl. hierzu genauer Kruse, J. (1985), S. 89 – 96.

157 Anders formuliert besteht hier ein Trade-off zwischen statischer und dynamischer Effizienz. Bei Abzinsungsfaktoren in plausiblen Größenordnungen werden die meisten Wirtschaftssubjekte geringfügige statische Wohlfahrtsverluste in der Gegenwart gegen die zu erwartenden substantiellen dynamischen Wohlfahrtsgewinne in der Zukunft zu tauschen bereit sein. Vgl. Borrmann, J. / Finsinger, J. (1994), S. 53.

158 Die Sendungsart *Infopost* ist eine gegenüber dem Brief und der Postkarte entgeltbegünstigte Sendung. Um Infopostsendungen einliefern zu können, müssen vom Absender bestimmte Voraussetzungen erfüllt werden. Vgl. hierzu genauer L.T.U.-Vertriebsgesellschaft (1995), S. 71f. Vgl. auch Del Polito, G.A. (1990), S. 97 – 101; (1996), S. 33 – 40 und Barton, R.A. (1990), S. 103 – 105.

159 E-Mail wird zu einer virtuellen Adresse geschickt, nicht zu einer realen. Im Gegensatz zur Papierwelt der Deutschen Post AG bedeutet E-Mail die Kommunikation zwischen Menschen, nicht zwischen Orten. Vgl. Gibson, S.L. (1996), S. 56 und o.V. (1996a), S. 12.

160 *EDI* steht für Electronic Data Interchange und bezeichnet die EDV-gestützte Möglichkeit der elektronischen Übermittlung von Daten.

mit sinkender Nachfrage beschränkt.[161] Um auf dem Postmarkt aktiv zu werden, ist jedoch nicht relevant, welche Dienste lizenziert sind, sondern welche Dienste nachgefragt werden. Aufgrund mangelnder Markt- und Kundenorientierung sieht sich der traditionelle Postdienst zunehmend dem Wettbewerb dieser Substitutionsgüter ausgesetzt.[162]

Trotz aller Substitution durch neue Technologien konnte bisher in keinem entwickelten Postmarkt eine Abnahme der Sendungsmengen festgestellt werden.[163] Die Opportunitätsverluste, d.h. wie stark das Sendungsvolumen *ohne* das Aufkommen der Substitutionsprodukte gestiegen wäre, lassen sich indes kaum bestimmen, da die Substitute zu den Briefen bisher oft unvollkommen waren und / oder zusätzlich genutzt wurden. Dies wird sich durch die Weiterentwicklung der Technologie jedoch rasch ändern.

Standardisierte Produktdefinitionen, wie bei der Lizenzierung und der Grundversorgung mit Postdienstleistungen, eliminieren sowohl die Möglichkeit, als auch jeglichen Anreiz für Innovationen. Dies führt langfristig zur Produktion veralteter Dienste, die nicht mehr der Nachfrage entsprechen. Das Ergebnis sind sinkende Briefvolumina und weitere Lasten durch verzerrte Wettbewerbsregeln.[164]

Einer der Gründe für das geringe Briefaufkommen ist auch das hohe Preisniveau der Deutschen Post AG im Vergleich zu internationalen Standards.[165] In anderen Ländern konnte man beobachten, dass Preissenkungen aus der Einführung von Wettbewerb und aus der Mobilisierung von Produktivitätsreserven zu erheblichen Nachfragesteigerungen führten, die sich auch für Deutschland erwarten lassen. Diese wiederum werden trotz zunehmender Substitution durch Fax und E-Mail einen positiven Effekt auf die Arbeitsplatzsituation im gesamten Beförderungssektor haben.[166]

Ab dem Jahr 2003 werden auf allen Teilmärkten des deutschen Postsektors Wettbewerber zugelassen. Die Erfahrungen aus anderen Ländern und auch die Entwicklungen des Wettbewerbs in Deutschland nach der partiellen Liberalisierung des Infopostmarktes zeigen jedoch, dass es aufgrund der Unvollkommenheit der durch das Regulierungsregime gesetzten Anreize trotzdem noch etwas dauern kann, bis sich die neuen Anbieter als gleichrangig mit dem amtierenden Monopolisten sehen können.[167]

---

161 Neben den Wirkungsbeziehungen Substitution und Komplementarität ist auch die Möglichkeit der Neutralität zu nennen. Je ähnlicher dabei die Sendungsarten untereinander sind (z.B. Standard- und Maxibrief), desto eher ist mit einer Substitutions- bzw. einer Konkurrenzbeziehung zu rechnen. Sind die Unterschiede zwischen den Sendungsarten (z.B. Brief und Paket) jedoch relativ groß, so ist eher mit einer Komplementarität, also Ergänzung und Kooperation der Sendungsarten, zu rechnen. Vgl. Ernst, M. / Walpuski, D. (1993), S. 103f.

162 Vgl. Els, M. / Müller, K. (1997), S. 145f. und Bauer, B. (1996), S. 291.

163 Vgl. Braubach, U. (1992), S. 106 und Günther, B.P. (1998), S. 26.

164 Vgl. Els, M. / Müller, K. (1997), S. 153.

165 Vgl. Kapitel 1, Abschnitt E dieser Arbeit.

166 Vgl. Knauth, P. / Dommermuth, F. (1997), S. 46; Cohen, R.H. / Chu, E.H. (1996), S. 83 und Teil 1, Kapitel 1, Abschnitt E dieser Arbeit.

167 Vgl. auch Scheurle, K.-D. (1997), S. 209. Ein Marktgutachten des Bundesministeriums für Post und Telekommunikation über das lizenzierte Infopostsegment zeigte, dass die Deutsche Post AG zwei Jahre nach der Marktöffnung des Infopostsegmentes immer noch einen Marktanteil von über

Die Erfahrung in anderen Ländern zeigte, dass nach weitreichender Liberalisierung des Postsektors kein Eintritt finanziell starker Wettbewerber in den Markt erwartet werden kann. In Schweden stellte sich z.B. heraus, dass es nicht der etablierte Anbieter war, der gegen Wettbewerb geschützt werden musste, sondern die Wettbewerber mussten gegen die wettbewerbsfeindlichen Praktiken des Marktsassen geschützt werden. Folge der offensichtlich nicht ausreichenden Regulierung des dominanten Unternehmens war, dass die schwedische Post ihren einzigen ernsten Wettbewerber aufkaufte.[168]

D Wettbewerbspolitik

Dem amerikanischen Begriff *antitrust policy* entspricht im europäischen Sprachgebrauch der Ausdruck *Wettbewerbspolitik* bzw. *competition policy*.[169] Wettbewerbspolitische Themen beinhalten stets Marktmacht der Verkäufer oder der Käufer, Unternehmenszusammenschlüsse oder wettbewerbsfeindliche Praktiken oder Eintrittsbarrieren, die ein eingesessenes Unternehmen schützen.[170]

Da es sich bei der Deutschen Post AG um ein marktbeherrschendes Unternehmen handelt, das Wettbewerb ausschließen kann, kommt durch die Deregulierung[171] einigen der ältesten und schwierigsten Antitrust-Problemen neue Relevanz zu: dem räuberischen, ausschließenden oder diskriminierenden Verhalten eines Monopols.[172]

Die *ideale* Wettbewerbspolitik versucht zum einen, die Anzahl lebensfähiger Unternehmen einer Branche zu maximieren, ohne das interne Wachstum der Unternehmen zu begrenzen. Ihr Ziel ist dabei das Erreichen der Kriterien vollständiger Konkurrenz, also einer atomistischen Marktstruktur in Form unendlich vieler Anbieter. Allein aus diesen Gründen verbietet sie Unternehmenszusammenschlüsse unter lebensfähigen Unternehmen einer Branche[173] und ächtet marktstrategisches Verhalten, wie räuberische und ausschließende Preissetzung. Zum anderen zielt sie auf die Unterdrückung von Kollusionen ab.[174] Je *größer* die *Anzahl* der Unternehmen ist, desto

95% des liberalisierten Bereichs hielt (im gesamten Infopostsegment sogar ca. 99%); es muss jedoch beachtet werden, dass das Marktvolumen nach der Liberalisierung erheblich an Umfang gewonnen hat. Insoweit hat die Deutsche Post AG in absoluten Zahlen keine Briefvolumina an Wettbewerber aufgrund deren Markteintritte verloren. Vgl. Knauth, P. / Dommermuth, F. (1997), S. 50.

168 Vgl. Knauth, P. / Dommermuth, F. (1997), S. 55.

169 Die zunehmend wichtige Rolle der Ökonomie im Wettbewerbsrecht seit Mitte der 70er Jahre wurde als *Antitrust-Revolution* bezeichnet. Vgl. Kwoka, J.E. Jr. / White, L.J. (1989), o.S.

170 Vgl. Ordover, J.A. / Willig, R.D. (1986), S. 202; Benson, B.L. / Greenhut, M.L. (1986), S. 54f., 68 und Crew, M.A. (1975a), S. 152. Anfangs wurde in der Wettbewerbspolitik lediglich der nationale Markt betrachtet, später wurden die Theorien des internationalen Handels integriert, was zu einer transnationalen Ausrichtung der Wettbewerbspolitik führte. Ein diesbezügliches Modell findet sich bei Ordover, J.A. / Willig, R.D. (1986), S. 202.

171 Unter *Deregulierung* dagegen versteht diese Arbeit den Abbau jener staatlichen oder sonstigen hoheitlichen Beschränkungen, welche die Gewerbe- und Vertragsfreiheit blockieren. Vgl. Genaueres in Kapitel 3 dieser Arbeit.

172 Vgl. genauer bei Mestmäcker, E.-J. (1993), S. 456f.

173 Führt eine Fusion aufgrund der Kostenstruktur zu einem *noch lebensfähigeren* Unternehmen, ist dieses Ergebnis wünschenswerter als eine maximale Unternehmensanzahl.

174 Vgl. Dewey, D. (1986), S. 3f. und Mestmäcker, E.-J. (1993), S. 493.

wahrscheinlicher ist es auch, dass ein profitabler *kostensparender* Unternehmenszusammenschluss *zweier* Unternehmen der volkswirtschaftlichen Wohlfahrt dient.[175]

Das Verbot des Missbrauchs einer dominanten Position beinhaltet die beiden Ziele des Schutzes der Wettbewerber und der Konsumenten. Es zielt auf die Sicherstellung der Voraussetzungen für einen erhöhten Marktzugang und somit für einen effektiven Wettbewerb, welcher den Kunden indirekt über niedrigere Preise, erhöhter Produkt- und Dienstleistungsqualität, Wahlmöglichkeiten etc. nutzt.[176] Wettbewerbspolitik neigt jedoch wie jede Regierungsaktivität oft dazu, speziellen Interessengruppen zu nutzen.[177]

Um eine eventuelle räuberische Preisbildung durch das marktbeherrschende Unternehmen aufzudecken, wurden verschiedene theoretische Ansätze mit unterschiedlichen Messkriterien entwickelt, die nun im folgenden Abschnitt dargestellt werden.

1 Räuberische Preisgestaltung – Predatory Pricing

Konzeptionell gibt es keine Schwierigkeiten, ein schädliches Verhalten eines dominanten Unternehmens von wettbewerblichem Verhalten zu unterscheiden. Auch in der deutschen Rechtsprechung ist die *gezielte Kampfpreisunterbietung in Vernichtungsabsicht* als Fall des Behinderungsmissbrauchs bzw. der unbilligen Behinderung (§§ 22 (4) 2 Nr. 1 und 26 (2) GWB a.F.) anerkannt. Darunter verstehen die Gerichte ein Preisverhalten, das *keine* nach kaufmännischen Grundsätzen vertretbare Kalkulation erkennen lässt und dem Zweck dient, Mitbewerber aus dem Markt zu verdrängen und zu vernichten.[178] Die finanziellen Verluste würde der „Räuber" als Zukunftsinvestition für seine eigene Befreiung vom derzeitigen Wettbewerb akzeptieren.[179]

In § 20 PostG wurden deshalb explizit die Maßstäbe für die genehmigungsbedürftigen Entgelte fixiert. Nach dieser Vorschrift haben sich diese Entgelte an den Kosten der effizienten Leistungsbereitstellung zu orientieren und dürfen

---

175 Vgl. Ordover, J.A. / Willig, R.D. (1986), S. 210.

176 Es liegt also die Idee zugrunde, dass die Möglichkeiten für dominante Unternehmen, den Markt mit Hilfe wettbewerbsfeindlicher Methoden zu kontrollieren, mit steigender Dominanz zunehmen und die für potenzielle Wettbewerber, in den Markt einzutreten, dadurch sinken. Vgl. Nerep, E. (1997), S. 83 und Schultz, H. (1999), S. 6.

177 Vgl. zur positiven Theorie der Regulierung Kapitel 3, Abschnitt C dieser Arbeit.

178 Der *Verdrängungswettbewerbs* i.e.S. bezeichnet Verhaltensweisen, bei denen Konkurrenten durch leistungsfremde Praktiken (Outsmarting) und nicht durch niedrigere Produktionskosten oder bessere Qualität vom Markt verdrängt werden. Verdrängungswettbewerb führt i.d.R. nicht zu einem gesamtwirtschaftlich optimalen Ausleseprozess, sondern zu einer Verschlechterung der Marktversorgung. Vgl. Waldenberger, F. (1990d), S. 318f. und Ordover, J.A. / Saloner, G. (1989), S. 564.

179 Vgl. Basedow, J. / Kieninger, E.-M. (1995), S. 170; Kwoka, J.E. Jr. / White, L.J. (1989), S. 126; Kovacic, W.E. (1997), S. 68 und (1995), S. 51. Die Frage, ob eine spezielle Preissetzungsregel wettbewerbsfeindlich ist, entspricht nicht unbedingt der Frage, ob die Preisregel ökonomisch effizient ist. Vgl. Cave, M. u.a. (1996), S. 7.

Damit Räuberei rational ist, muss die Erwartung vorliegen, dass die gegenwärtigen Verluste (oder verlorenen Gewinne), wie jede Investition, durch zukünftige Gewinne wieder gutgemacht werden können. Vgl. OECD (1989), S. 9.

1. keine Aufschläge enthalten, die der Anbieter nur aufgrund seiner marktbeherrschenden Stellung durchsetzen kann,
2. keine Abschläge enthalten, welche die Wettbewerbsmöglichkeiten anderer Unternehmen auf einem Markt für Postdienstleistungen in missbräuchlicher Weise beeinträchtigen,
3. einzelnen Nachfragern keine Vorteile gegenüber anderen Nachfragern gleichartiger Postdienstleistungen einräumen, es sei denn, dass hierfür eine rechtliche Verpflichtung oder ein sonstiger sachlich gerechtfertigter Grund nachgewiesen wird.

Dabei sind insbesondere die Kosten für die Einhaltung der wesentlichen Arbeitsbedingungen, die im lizenzierten Bereich üblich sind, sowie die Kosten einer flächendeckenden Versorgung mit Postdienstleistungen und die Kosten aus der Übernahme von Versorgungslasten für die Beschäftigten, die aus der Rechtsnachfolge der Deutschen Bundespost entstanden sind, angemessen zu berücksichtigen.

Ob der niedrige Preis einer Räuberperiode gehalten werden kann, ist unabhängig davon, ob die Finanzmittel, mit welchen die zeitweiligen Verluste des Unternehmens ausgeglichen werden, von einem Konto, einem Erbe, einem Lotteriegewinn oder den Gewinnen aus einem anderen Produkt stammen; das Verhalten *an sich* ist illegal.

Ein Kläger muss nicht nur nachweisen, dass der Angeklagte seine Preise unter ein gewisses Kostenmaß gesenkt hat,[180] sondern auch, dass der Angeklagte rational davon ausgehen kann, mit späteren Monopolgewinnen die Verluste der Räuberperiode wieder mehr als ausgleichen zu können. Die Möglichkeit eines Anbieters, seine Preise später anzuheben, um den Nutzen aus räuberischer Preisbildung abzuschöpfen, ist jedoch bei Vorliegen ausreichender Konkurrenz beschränkt.[181]

Die Drohung des Raubs wird glaubwürdiger, wenn das dominante Unternehmen seine Investitionen, z.B. in Kapazität, vor dem Markteintritt des Konkurrenten erhöht. Durch die Erhöhung der nicht deckbaren Kosten zeigt der Räuber seine Kampfbereitschaft. Auch wenn das Opfer den Markt verlässt, ist neuer Eintritt in der Periode nach dem Raub möglich.[182]

Die Gerichte und die ökonomische Forschung sind sich über die allgemeine Definition räuberischer Preisbildung einig; sie diskutieren lediglich den Inhalt der operationalen Kriterien, um das Phänomen zu adressieren. Mögliche operationale Tests für die Feststellung des Phänomens werden in den nun folgenden Abschnitten dargestellt.[183]

1.1 Kostenbasierte Regeln

Der erste Ansatz ist der kostenbasierte Zweig, bei dem das Hauptwerkzeug der Identifikation rechtswidriger Preisbildung das Verhältnis der Preise zu den Kosten des dominanten Unternehmens ist. Die einflussreichste kostenbasierte Regel wurde von

---

180 Kern der praktischen Bestimmungsprobleme, ob ein Mehrproduktunternehmen räuberische Preisbildung betreibt, ist die Schätzung der Gemeinkosten und deren Integration in die Analyse. Vgl. Noll, R.G. / Owen, B.M. (1989), S. 317.

181 Vgl. Larson, A.C. / Kovacic, W.E. (1990), S. 13, 23f., 26.

182 Vgl. OECD (1989), S. 9f.

183 Vgl. OECD (1989), S. 21; Larson, A.C. / Kovacic, W.E. (1990), S. 4 – 8; Kovacic, W.E. (1997), S. 69 und (1996), S. 57f.

Phillip Areeda und Donald Turner abgeleitet.[184] Areeda und Turner fokussierten erst auf die *kurzfristigen Grenzkosten*, um festzulegen, welche Preisbildung als räuberisch angesehen werden sollte. Sie gingen auf *durchschnittliche variable Kosten* als eine praktischere Vertretung der kurzfristigen Grenzkosten über, da das Rechnungswesen wahrscheinlich über keine brauchbaren Grenzkosten-Informationen verfügt. Diese variablen Kosten sind die Kosten, die in der relevanten Zeitperiode verändert werden können, insbesondere in der Periode mit niedrigen Preisen; je länger diese Periode dauert, desto mehr Kosten werden variabel.[185] Areeda und Turner setzen ferner voraus, dass das Unternehmen im Zielmarkt Monopolmacht hat, da es ansonsten in der Zukunft keine Gewinne extrahieren könnte.[186]

Der mechanische und rigide kostenorientierte Areeda-Turner-Test wurde aber von den Gerichten nie vollständig akzeptiert und von der Rechtsprechung wieder verworfen.[187] Die inhärenten theoretischen und administrativen Probleme bei der Anwendung dieses Ansatzes, z.B. hinsichtlich der Erlangung der relevanten Kosteninformationen, führten zur Anwendung flexiblerer Ansätze, die von der *full review-Schule* vertreten wurden. Auch Areeda und Turner gestehen ein, dass strategische, langfristige Überlegungen dem Räuber wichtig sein können.[188]

Die deutsche Gesetzgebung hielt die *langfristigen Zusatzkosten* (long-run incremental costs, LRIC)[189] gegenüber den *durchschnittlichen variablen Kosten* für überlegen, da sie ein *langfristiges* Maß darstellen. Sie wurden auch als überlegen zu den *vollständig verteilten Kosten* (fully distributed costs, FDC) angesehen, da die LRIC auch auf laufenden oder antizipierten und nicht nur auf historischen Kosten beruhen können.[190]

---

184 Vgl. Areeda, P. / Turner, D.F. (1975) und (1978).

185 Areeda und Hovenkamp betrachten als relevante Periode eine mittelfristige Sicht und schließen u.a. auch Overhead, Abschreibungen und Werbeausgaben mit ein. Wird ferner die Kapazität erweitert, werden die inkrementellen Kosten dieser neuen Kapazität auch mit dazugerechnet. Vgl. OECD (1989), S. 24 und Areeda, P. / Turner, D.F. (1975), S. 716 – 718, 728 – 730, 733.

186 Vgl. Areeda, P. / Turner, D.F. (1978), Bd. 3, S. 150 – 178 und (1975), S. 698, 717, 733; Larson, A.C. / Kovacic, W.E. (1990), S.4f.; OECD (1989), S. 24f.; Kovacic, W.E. (1997), S. 69 und (1995), S. 52.

187 Von den Gerichten der USA wurde die Preisbildung unterhalb der *vernünftig antizipierten durchschnittlichen variablen Kosten* als illegal, die Preisbildung zu oder oberhalb durchschnittlicher variabler Kosten indes als legal angesetzt.

Die Preisbildung unterhalb der durchschnittlichen variablen Kosten wird nur akzeptiert, sofern diese als Teil einer vorübergehenden Werbekampagne zur Einführung eines neuen Produkts unternommen wird. Vgl. Kovacic, W.E. (1997), S. 72 und Nerep, E. (1997), S. 120. Auf jeden Fall sind Preise oberhalb der Vollkosten per se legal.

188 Scherer zeigte, dass die Areeda-Turner-Regel z.B. weder die langfristige Wohlfahrt fördere, noch eine effiziente Allokation der Ressourcen sicherstellen würde und die Unternehmen dazu ermutige, Überschusskapazitäten zu halten. Greer legte dar, dass diese Regel die Zerstörung ebenso effizienter (oder effizienterer) Rivalen ermögliche. Dirlam kritisierte kostenbasierte Ansätze, da sie schwierige und kurzfristige Kostenmessungen erfordern. Vgl. Näheres hierzu bei Nerep, E. (1997), S. 122f. und OECD (1989), S. 24.

189 Vgl. Abschnitt B dieses Kapitels.

190 Die LRIC entsprechen dabei den *vernünftig antizipierten Grenzkosten*. Vgl. Larson, A.C. / Kovacic, W.E. (1990), S. 20, 22. Posner argumentierte, dass die *langfristigen Grenzkosten* einen besseren Test darstellten als die *kurzfristigen*, da der Räuber bei Preisen in Höhe der kurzfristigen

Bei ihren Regulierungsentscheidungen verfolgt die Regulierungsbehörde zwei Ziele: Sie will „Als-ob-Wettbewerbspreise" erreichen und das Überleben des Unternehmens nicht gefährden. Beides wird durch die LRIC des regulierten Dienstes erreicht.[191]

Die LRIC eines Sendungsstroms entsprechen den langfristig wegfallenden Pfadkosten (long-run avoidable path costs). Hierunter sind die Einsammel-, Sortier-, Transport- und Zustellkosten zu verstehen, die wegfallen, wenn der Sendungsstrom eingestellt wird.[192] Im Prinzip wäre es notwendig, die inkrementellen Kosten und Erlöse aller möglichen Kombinationen von Sendungsströmen zu bestimmen. Die Anwendung eines derartigen Verfahrens wird aber schnell komplex und kostenintensiv. Unter Berücksichtigung des in der Praxis zu niedrigen Differenzierungsgrades der Kostendaten dürfte es auch nicht durchführbar sein. Aus pragmatischer Sicht erweist es sich folglich als sinnvoll, Gruppen von Sendungsströmen zu bilden, die in etwa die gleichen Kosten verursachen.

Die in § 20 PostG geforderten Preise verhindern, dass ein Dienst einen anderen subventioniert oder von einem anderen Dienst subventioniert wird. Diese Bedingungen subventionsfreier Preisbildung werden in Form zweier Tests formuliert:[193]

- *Stand-alone-Cost-Test:* Die Einnahmen aus einem Produkt (bzw. jeder Gruppe von Produkten) dürfen nicht über den Kosten liegen, die entstehen, wenn das Produkt (bzw. jede Gruppe von Produkten) allein angeboten würde (stand-alone costs, SAC). Werden mit einem Produkt Einnahmen erzielt, die über den SAC liegen, könnten diese eine Quelle für Quersubventionierung sein.[194]
- *Incremental-Cost-Test:* Liegen keine Umfangsnachteile vor, sind die Einnahmen aus einem Produkt (bzw. jeder Gruppe von Produkten) subventionsfreier Preise nie niedriger als die inkrementellen Kosten der Produktion dieses Produkts (bzw. jeder Gruppe von Produkten). Erfüllt ein einzelnes Produkt (bzw. eine Gruppe von

Grenzkosten einen ebenso effizienten oder einen effizienteren Wettbewerber (effizienter in dem Sinn, niedrigere langfristige Grenzkosten zu haben) eliminieren kann, der wiederum kurzfristig nicht überleben könnte. Da die Grenzkosten schwer zu bestimmen sind, würde er die *totalen Durchschnittskosten* aus der Kostenrechnung vorziehen. Vgl. OECD (1989), S. 25.

191 Vgl. Albach, H. / Knieps, G. (1997), S. 77 – 79.

192 Vgl. Elsenbast, W. (1994), S. 16f. und Elsenbast, W. / Stumpf, U. (1996), S. 28 – 34. Dort finden sich jeweils auch Zahlenbeispiele. Vgl. auch Cave, M. u.a. (1994), S. 34.

193 Vgl. Lenard, T.M. (1996), S. 47; Cave, M. u.a. (1994), S. 32; Courtois, C. (1997), S. 207; Mitchell, B.M. / Vogelsang, I. (1991), S. 119; Faulhaber, G.R. (1975), S. 969; Pieper, F. (1996), S. 166f. und Holzwarth, J. (1993), S. 197. In der Entscheidung über die Preissetzung von AT&T kamen die Gerichte zu dem Ergebnis, dass das Verhältnis des Preises zu den *vernünftig antizipierten langfristigen Zusatzkosten* der saubere Test für den Fall räuberischer Preisbildung ist. Aktuellere Fälle räuberischer Preisbildung, bei denen die Angeklagten nicht regulierte Monopolisten waren, nutzten bei Anklage den *Incremental-Cost-Test*. Vgl. Kovacic, W.E. (1997), S. 72f.

194 Dies ist nur dann zwangsläufig gegeben, wenn das Unternehmen einer Gewinnrestriktion unterworfen ist, die keine übernormalen Gewinne zulässt. Produziert ein Unternehmen n Güter und bietet es diese auf perfekt bestreitbaren Märkten an (es sind keine Gewinne oberhalb einer angemessenen Verzinsung des Eigenkapitals möglich), folgt: Erfüllt eine Teilmenge von s Gütern den Stand-alone-Cost-Test, erfüllt gleichzeitig das Komplement von $n-s$ Gütern den Incremental-Cost-Test.

Produkten) den Incremental-Cost-Test, erwirtschaftet es einen positiven Deckungsbeitrag und es liegt keine Quersubventionierung vor.[195]

Die LRIC, bezogen auf die Ausbringungsmenge des zusätzlichen Dienstes, stellen also die Tarifuntergrenze dar. Liegt der Preis unterhalb, könnte man mit einem um den Zusatzdienst verkleinerten Produktbündel mit Gewinn in den Markt eintreten, da die LRIC alle Synergievorteile, welche die Verbundproduktion von Postdienstleistungen ermöglicht, dem *zusätzlichen* Dienst zurechnen, wobei *zusätzlich* immer gerade der Dienst ist, der in der Diskussion steht (es könnte ja auch gerade der andere sein). Die SAC bilden dagegen die Preisobergrenze. Die Schwierigkeit dieses Ansatzes liegt in der Messbarkeit der Grenzen. Die LRIC werden nur grob durch die durchschnittlichen variablen Kosten angenähert. Die SAC sind der Preis der Dienste auf bestreitbaren Märkten ohne Eintrittsbarrieren, der zum Zutritt eines effizienten Neulings führen würde.[196] SAC beziehen sich dann auf implizit profitable Kunden, während die inkrementellen Kosten der Diensteerstellung *allen* Kunden zugeschrieben werden.[197]

Beide Kostenansätze, welche die Bandbreite eines subventionsfreien Preises begrenzen, können herangezogen werden, um die Gemeinkosten aufzuteilen.[198] Es liegt allerdings in der Natur der LRIC, dass diese nur *langfristig* die Gemeinkosten decken. Man kann jeder Geschäftseinheit ihre zusätzlichen Kosten zurechnen, die jeweils unter der Annahme ermittelt werden, dass alle anderen Geschäftseinheiten weiter bestehen. Die Summe der zusätzlichen Kosten aller Geschäftseinheiten wäre

---

195 Die Durchführung eines Incremental-Cost-Test erfordert sowohl die Definition der individuellen Sendungsströme als auch die Zurechnung des Gesamtvolumens, der Gesamtkosten und –einnahmen auf die Briefströme. Vgl. Cremer, H. u.a. (1995), S. 248. Näheres bei Elsenbast, W. u.a. (1995), S. 5, 9 – 23 und (1994), S. 11, 13.

196 Eine derartige Preisfindung erfordert wesentliche nachträgliche Berechnungen. Wichtige Probleme bei der Ermittlung der inkrementellen Kosten stellen auch Probleme der Datenerfassung und –verarbeitung dar. Das gilt insbesondere für die Ermittlung der Kapitalkosten und der Abschreibungen. Auch die Fragen, ob als Preise wirklich in größerem Umfang „Preise für international handelbare Güter" anzusetzen sind und ob die Währungsumrechnung richtig gehandhabt wurde, sind zu stellen. Vgl. Mitchell, B.M. / Vogelsang, I. (1991), S. 146 und Kaufer, E. (1985), S. 61.

Es leuchtet ein, dass regulierungsbedingte Abschreibungsvorschriften zwangsläufig zu überbewerteten Kapitalanlagen und Phantom-Kapital führen, die unter Wettbewerbsbedingungen obsolet sind. Im Wettbewerb wird es unvermeidbar, dass sowohl eingesessene als auch neue Postunternehmen maximale Flexibilität besitzen, ökonomische Abschreibungsverfahren einzusetzen, die dem technischen Fortschritt und den Veränderungen der Kundenbedürfnisse Rechnung tragen. Vgl. Albach, H. / Knieps, G. (1997), S. 40, 76f.

197 Vgl. Cave, M. u.a. (1994), S. 32. Die Ober- und Untergrenzen könnten auch in Abhängigkeit vom Marktanteil gemessen werden. Vgl. Cave, M. u.a. (1996), S. 8.

198 Es ist schwierig, die postalischen Kosten zu erhalten, welche die Einsparungen an inkrementellen Kosten aus einem komplexen Postsystem darstellen. Buchführungsprozeduren führen gewöhnlich nur zu schlechten Schätzungen. Spielt die Allokation der Gemeinkosten eine wichtige Rolle, sind Daten aus der Buchhaltung noch weniger brauchbar. Vgl. Sherman, R. (1993a), S. 108. Man erhält ein Beispiel für Gemeinkosten, wenn sich ein Briefträger einem Haus nähert und drei Briefklassen dabei hat. Die Kosten sind Gemeinkosten, weil Veränderungen der relativen Verteilung der Stücke, in Abhängigkeit von der Klasse, keinen Einfluss auf die Kosten haben. Weist eine der drei Klassen ein Volumen von *null* auf, sind die Kosten immer noch die gleichen. Es lässt sich nicht bestimmen, welche der drei Klassen den Weg zum Haus „verursacht" hat. Vgl. Bradley, M.D. u.a. (1993), S. 134.

dann geringer als die Gesamtkosten der Unternehmung, da ein Teil der gemeinsamen Kosten, z.B. die Kosten der Geschäftsleitung, bei keinem hypothetischen Einzelwegfall abbaubar wäre. Alternativ können jeder Geschäftseinheit ihre SAC zugerechnet werden, wodurch mehr als die Gesamtkosten der Unternehmung verteilt werden, wenn man davon ausgeht, dass die gemeinsame Leistungserstellung Kostenersparnisse auslöst.[199] Kein Unternehmen sollte allerdings verpflichtet werden, nach einer umfassenden Marktöffnung Universaldienstleistungen zu LRIC bereitzustellen, da Anbieter, wenn sie gezwungen werden, lediglich ihre Zusatzkosten zu decken, mangels Gemeinkostendeckung aus dem Markt ausscheiden müssen, sofern die Defizite nicht über Subventionen ausgeglichen werden.[200]

Beim Incremental-Cost-Test treten zwei Komplikationen auf. Zum einen mögen individuelle Outputs den Test erfüllen, Kombinationen solcher Outputs zum gleichen Zeitpunkt jedoch nicht. Der Grund hierfür liegt darin, dass die verbundenen Kosten verschiedener Outputs keine inkrementellen Kosten eines jeden individuellen Outputs sind, aber Teil der inkrementellen Kosten der Kombinationen der gemeinsam betrachteten Outputs. Die zweite Komplikation ergibt sich aus den Nachfrageinterdependenzen zwischen Diensten. Die Einnahmen aus einem zusätzlichen Dienst können aufgrund von Substitutionsbeziehungen die Einnahmen eines anderen Dienstes mindern. Dies führt zum

- *Lasten-Test (Netto-Einnahmen-Test)*:[201] Ein Preis p_i für Produkt *i* stellt keine *Last* für die Konsumenten anderer, von der gleichen Firma angebotenen Produkte dar, wenn zu diesem Preis die inkrementellen Kosten des Produkts durch seine zusätzlichen Netto-Einnahmen gedeckt oder überschritten werden (d.h. dessen (Netto-) Einnahmen nach Subtraktion der (Netto-) Einnahmenverluste bei anderen Produkten *j*, die aus der Kreuzpreiselastizität der Nachfrage zwischen *i* und *j* resultieren).

Der Incremental-Cost-Test sollte als Fairness-Kriterium der Preise zwischen Wettbewerbern und der Lasten-Test zur Beurteilung der Fairness zwischen verschiedenen Konsumentengruppen genutzt werden. Schließt man Beziehungen zwischen den Outputs mit ein, berücksichtigt der Lasten-Test Pareto-Verbesserungen aus dem Zufügen eines neuen Produkts. Der Incremental-Cost-Test berücksichtigt die Output-Körbe wie der Wettbewerb eins zu eins.

Zeigt die Anwendung der Tests eine Quersubventionierung zwischen Produkten, ist der Eingriff des Regulierers in die Preisbildung noch nicht automatisch gerechtfertigt. Quersubventionierung ist auf Wettbewerbsmärkten gängig und führt nicht immer zu

---

199 Auch eine Verteilung der tatsächlichen Höhe der Gemeinkosten im Verhältnis zu den zusätzlichen Kosten oder den SAC der Geschäftseinheiten ist denkbar. Weitere Aufteilmaßstäbe, etwa die Verteilung von Gemeinkosten nach dem relativen Vorteil jeder Geschäftseinheit aus dem Verbund, gemessen durch die Differenz zwischen den SAC und den zusätzlichen Kosten, sind ebenso möglich. Vgl. Holzwarth, J. (1993), S. 197f.

200 Vgl. Albach, H. / Knieps, G. (1997), S. 39 und Hart, T. (1999), S. 248.

201 Vgl. Mitchell, B.M. / Vogelsang, I. (1991), S. 120 – 122. Baumol definierte den Netto-Incremental-Cost-Test (auch bezeichnet als *burden test* oder *Netto-Einnahmen-Test*) als den Quersubventionierungstest für Kreuzpreiselastizitäten von ungleich null. Der Brutto-Incremental-Cost-Test ignoriert Kreuzpreiselastizitäten. Der nicht spezifizierte Term *inkrementelle Kosten* oder *Incremental-Cost-Test* bezieht sich im Allgemeinen auf einen Bruttotest oder Bruttoansatz. Vgl. Larson, A.C. / Parsons, S.G. (1994), S. 69.

Wettbewerbsverzerrung. Entschließt sich ein Unternehmen zum Eintritt in einen Markt und sieht es sich einem etablierten Anbieter gegenüber, mag es durchaus wettbewerbsfördernd wirken, wenn das Unternehmen mit zunächst niedrigen Preisen, die möglicherweise nur die variablen Kosten decken, Kunden anzieht. Vorteile bereits im Markt befindlicher Wettbewerber, wie z.B. Reputation, müssen in diesem Fall durch niedrigere Preise kompensiert werden (penetration pricing).[202]

1.2 Outputerweiterungsregeln

Von einem dominanten Unternehmen kann man erwarten, dass es *vor* dem Eintritt eines Neulings in den Markt in Zusatzkapazitäten *investiert*, damit *nach* dem Eintritt eines Neulings sein Angebot ausdehnen kann, ohne die Regeln der anzusetzenden durchschnittlichen variablen Kosten zu verletzen. Solange es zu keinem Eintritt kommt, *begrenzt* das Unternehmen den *Output* und *erhöht* die *Preise*, wobei es auf dem Niveau dieser Kapazität Gewinnmaximierung betreibt.[203]

Diese Effekte könnten durch eine Regel vermieden werden, die einem dominanten Unternehmen eine Outputerhöhung *nach* Eintritt eines Konkurrenten in den Markt für eine Periode von 12 – 18 Monaten *verbietet*, damit der Neuling Kunden und Erfahrung gewinnen kann. Die Regel zielt also darauf ab, dem Dominanten einen Anreiz zu setzen, bereits in der Periode *vor* dem Neueintritt die *Outputmenge* zu *erhöhen* und die *Preise* zu *senken*.

1.3 Auf Preiserhöhungen basierende Regeln

Baumol argumentiert mit Preiserhöhungen *nach* erfolgreicher Räuberei, also nach dem Ableben des Rivalen. Hierfür schlägt er eine Regel vor, die für eine Periode von fünf Jahren Preiserhöhungen als Antwort auf den Austritt eines Konkurrenten verbietet. Sie veranlasst das Unternehmen somit dazu, einen Preis zu wählen, mit dem es auch längerfristig überleben kann, da es andernfalls seine eigenen langfristigen Kosten nicht decken könnte und sich vom Markt zurückziehen müsste. Diese Regel vermeidet also die Notwendigkeit der Errechnung bestimmter Kosten, da dem Unternehmen die Entscheidung überlassen bleibt, welcher Preis ausreichend ertragreich ist. Ein weiterer Vorteil dieses Ansatzes ist, dass ein Unternehmen, das ebenso effizient wie das bereits existierende Unternehmen ist, überleben kann, da der vom eingesessenen Unternehmen gewählte Preis alle Kosten deckt.[204]

Preiserhöhungen aufgrund veränderter Kosten- und Nachfragebedingungen, auch schrittweise, müssen jedoch in Baumols Regel integriert werden. Ebenso müssen mögliche Qualitätsänderungen berücksichtigt werden. Deren Quantifizierung unterliegt jeweils Schwierigkeiten. Ein weiteres Problem dieser Regel ist, dass hier auch effiziente Unternehmen ohne räuberischer Strategie von Preissenkungen absehen würden in der Angst, dass ihnen die Fähigkeit genommen werde, die Preise später wieder anzuheben.[205]

---

202 Vgl. u.a. Günther, B.P. (1998), S. 394.

203 Überkapazitäten verursachen Kosten, die bei einem abgeschreckten Eintritt bis ins Unendliche bestehen würden. Ebenso ist es auch problematisch, zukünftige Nachfrage abzuschätzen. Vgl. OECD (1989), S. 26f.

204 Vgl. Kovacic, W.E. (1997), S. 71f.

205 Vgl. OECD (1989), S. 27f.

Ein Gericht muss folglich zur Feststellung räuberischer Preisbildung nur dann das Verhältnis zwischen Preis und Kosten untersuchen, wenn die Marktstruktur aufgrund mangelnder Neulinge eine spätere Preiserhöhung ermöglicht.[206]

1.4 Die Absichtsüberprüfung

Weitere Motive für eine Preissetzung unterhalb der inkrementellen Kosten können der Verkauf veralteter Lagerbestände oder die Aussicht, bei einer Mengenausweitung aufgrund von Größenvorteilen kostendeckende Preise zu erzielen, sein. Zur Bestimmung von räuberischer Preisbildung muss also auch das *Motiv* einer Preissetzung analysiert werden. Das Ziel einer langfristigen allokativen Effizienz würde ein einfacher kurzfristiger kostenbasierter Test verfehlen.

Dieser Ansatz untersucht also, ob das Verhalten des Räubers einen unter normalen Wettbewerbsbedingungen positiven Eintrittswert (die zukünftigen Gewinne übersteigen die fixen versunkenen Eintrittskosten) in einen negativen Eintrittswert (die Kosten übersteigen die Gewinne) geändert hat. Ein normaler Wettbewerbspreis ist ein nicht-kollusiver, gewinnmaximierender Oligopolpreis (ein Nash-Gleichgewichtspreis). Diese sind den Unternehmen in Oligopolmärkten auch bekannt.[207]

Die Nutzung subjektiver Aussagen zur Absicht des Angeklagten hat mit größerem Vertrauen auf objektiv nachprüfbare Kriterien (wie Preis-Kosten-Tests) zur Identifizierung rechtswidriger Preisbildung an Relevanz verloren,[208] wie auch das Postgesetz zeigt: Nach § 20 (1) PostG haben sich die genehmigungsbedürftigen *Entgelte* an den *Kosten* der effizienten Leistungsbereitstellung zu orientieren.

1.5 Die strukturelle Filterschule

Die strukturelle Filterschule akzeptiert die potenzielle Nützlichkeit kostenbasierter Tests, argumentiert aber, dass derartige Standards erst dann durchgeführt werden sollten, wenn der Regulierer vermutet, dass die fragliche Preisbildung den Wettbewerb aufgrund der Marktstruktur verletzt. Nach dem strukturellen Filter ist eine vorsichtige Kostenkategorisierung und die Rekonstruierung von Preis-Kosten-Verhältnissen unnötig, wenn der Markt so bestreitbar ist, dass neue Anbieter leicht gegen den Räuber angehen könnten, ungeachtet dessen, wie sehr dieser seine Preise senkt, um einen spezifischen Rivalen zu verdrängen. So spielen die Höhe und Dauer der Markteintrittsbarrieren bei der Anwendung des strukturellen Filtertests eine zentrale Rolle.[209]

Dieser Ansatz bezieht sich insgesamt auf drei Kriterien: Kurzfristige Monopolmacht, Eintrittsbedingungen und die dynamischen Effekte der Wettbewerber und Newcomer. Die *kurzfristige Monopolmacht* wird durch den Marktanteil des Räubers und die Nachfrageelastizität seines Produktes gemessen. Die *Eintrittsbedingungen* beziehen sich auf die Geschwindigkeit, mit der potenzieller Wettbewerb zu aktuellem Wettbewerb werden und zu suprawettbewerblicher Bepreisung führen kann. Zu diesen Faktoren zählen Kapitalanforderungen, Kundenloyalitäten, Lernkurven, die Abfolge

---

206 Vgl. Larson, A.C. / Kovacic, W.E. (1990), S. 28.

207 Vgl. OECD (1989), S. 29f.

208 Vgl. Kovacic, W.E. (1997), S. 73f.

209 Vgl. Kovacic, W.E. (1995), S. 52; (1996), S. 58 und (1997), S. 69f.

des Eintritts (Markt für Markt oder sofort über alle Märkte) und die Qualität der Informationen über das Eintrittsrisiko. Die letzte Komponente betrachtet die *Marktdynamik*. Märkte, die durch ein schnelles Wachstum oder Schrumpfen gekennzeichnet sind, sind weniger von räuberischer Preisbildung betroffen als Märkte, die sich im Gleichgewicht befinden. Räuberei ist ferner dort weniger von Bedeutung, wo Innovation und technischer Fortschritt tendenziell eher vom dominanten als vom Randunternehmen kommen. Schließlich kennzeichnet auch die Existenz von Preiskurven als Antwort auf Angebots- oder Nachfrageveränderungen einen von Räuberei weniger betroffenen Markt.[210]

Kann das raubende Unternehmen also aufgrund der Existenz von Eintrittsbarrieren nach einer räuberischen Preissetzung Monopolgewinne erzielen, erleichtert dies eine Räuberei. Können die Anlagen eines aus dem Markt geschiedenen Unternehmens von einem später eintretenden leicht wieder aktiviert werden, liegen also niedrige Eintrittsbarrieren vor, ist eine räuberische Preisbildung dagegen weniger wahrscheinlich.[211]

Generell existiert die Bereitschaft, eine Preissetzung unterhalb der totalen Durchschnittskosten zuzulassen, sofern überschüssige Kapazität vorliegt, d.h. bei Vorliegen schrumpfender Branchen oder Nachfrageeinbrüchen. Eine derartige Preisbildung ist sowohl für den effizienten Gebrauch der existierenden Kapazitäten als auch für die Setzung nötiger Preissignale zur Kapazitätsanpassung nötig.

1.6 Die No-Rule-Schule

Vertreter der No-Rule-Schule sehen erfolgreiche Versuche, Rivalen mit räuberischen Preisen vom Markt zu verdrängen, als so selten und irrational an, dass die Wettbewerbsgerichte das Preisbildungsverhalten dominanter Unternehmen ignorieren sollten. Mit der Unregelmäßigkeit, mit der das Auftreten einer wirklich gefährlichen Unter-Kosten-Preisbildung angenommen wird, warnen No-Rule-Anhänger, dass legale Beschränkungen der Preisbeschneidung eher einen erwünschten Preiswettbewerb entmutigen. Ein weiteres Argument für den No-Rule-Ansatz basiert auf der Unfähigkeit der Gerichte oder Wettbewerbsbehörden, eine räuberische Preisbildung von Wettbewerbspreisen zu unterscheiden.

No-Rule-Vorschläge betrachteten jedoch oft nicht die möglichen Effekte regulierter Unternehmen, die ihre Räuberei in Wettbewerbsmärkten mit den Gewinnen aus gesetzlichen Monopoldiensten finanzieren.[212]

1.7 Spieltheoretische Ansätze

Ein weiterer Ansatz stützt sich stark auf die aktuelle ökonomische Forschung über Spieltheorie und strategisches Verhalten. Im Gegensatz zu No-Rule-Vertretern betrachtet die Spieltheorie räuberische Preisbildung als eine rationale Unternehmens-

---

[210] Vgl. OECD (1989), S. 30 – 32.

[211] Vgl. Larson, A.C. / Kovacic, W.E. (1990), S. 6, 29.

[212] Vgl. Larson, A.C. / Kovacic, W.E. (1990), S. 6f.; Kovacic, W.E. (1997), S. 70; (1995), S. 52f.; (1996), S. 58 und OECD (1989), S. 23f.

strategie. Dieser Ansatz schlägt Modelle mit dynamischen, wiederholten Spielszenarien und asymmetrischer Information zur Analyse verdrängender Preisbildung vor.[213]

Der spieltheoretische Ansatz geht davon aus, dass marktbeherrschende Unternehmen Preisstrategien einsetzen können, die ihre Rivalen aus dem Markt befördern, ohne die Kostenstandards des Areeda-Turner-Tests oder ähnliche auf Preisen basierende Maßgrößen zu verletzen.[214]

Das Aufdecken einer räuberischen Preisbildung ist eben gerade deswegen so kompliziert, weil Räuberei im Einklang mit der Spieltheorie schwierig zu identifizieren sein *soll*. Vertreter einer rationalen Strategie sehen diese nur dann als rational an, wenn das Opfer über die räuberische Preisbildung im Unklaren ist.[215]

Ein dominantes Unternehmen könnte rauben, um zukünftige Wettbewerber abzuschrecken, indem es den Ruf eines aggressiven Unternehmens entwickelt (Rufmodelle). Alternativ könnte ein größeres Unternehmen aufgrund des für beide Unternehmen unterschiedlichen Zugangs zu den Kapitalmärkten mehr finanzielle Möglichkeiten besitzen. Einige Modelle zeigen auch, dass ein dominantes Unternehmen die Preissetzung dazu nutzen kann, aktuellen und potenziellen Rivalen zu signalisieren, dass es selbst mit niedrigeren Kosten produziert, was nicht unbedingt der Fall sein muss (signalisierende und signalstörende Modelle). In diesen Modellen werden niedrige Preise dazu genutzt, die Erwartungen des Rivalen zu ändern, und so Marktaustritt zu fördern, Markteintritt zu vereiteln oder deren Aggressivität zu beschränken. Die signalisierenden Modelle zeigen, dass eine effektive Räuberei weder Preisbildung unterhalb der Kosten, noch eine Outputerhöhung nach Austritt, noch irgendein anderes, leicht erkennbares Verhalten, das zum Erkennen offensichtlich wettbewerbsfeindlicher Neigungen führt, beinhalten muss.[216]

Um ein bestimmtes Verhalten als räuberisch zu identifizieren, erfordern die spieltheoretischen Modelle eine genaue Beurteilung der Absicht des Räubers und eine detaillierte Rekonstruktion der Informationsbedingungen. Aufgrund der Durchführungsprobleme derartiger Tests und des Risikos, eine Vielzahl wettbewerbszuträglicher Verhaltensweisen fälschlich zu verurteilen, ist kaum klar, ob die Anwendung spieltheoretischer Modelle volkswirtschaftlich wünschenswerter wäre als die Erlaubnis fragwürdigen Verhaltens.[217]

1.8 Diskussion und Fazit

Kritiker nehmen vor allem die Prämissen des Predatory Pricing unter die Lupe. Der klassische Fall geht meist von einem großen Unternehmen aus, das die Preise senkt, wobei es sich selbst bestraft. Dabei liegt das kritische Element in der Fähigkeit des Räubers, sofort nach dem Ableben des Konkurrenten den Output zu erhöhen, und in der Unfähigkeit des betroffenen Unternehmens, den Output einzuschränken. Unter diesen Umständen könnte auch ein kleineres Unternehmen in der Lage sein,

---

213 Vgl. Kovacic, W.E. (1997), S. 70; (1995), S. 53 und (1996), S. 58.

214 Vgl. Larson, A.C. / Kovacic, W.E. (1990), S. 7, 30.

215 Vgl. OECD (1989), S. 17.

216 Vgl. Kwoka, J.E. Jr. / White, L.J. (1989), S. 127 und detaillierter bei Larson, A.C. / Kovacic, W.E. (1990), S. 31 – 33.

217 Vgl. Näheres bei Kovacic, W.E. (1997), S. 76.

eine profitable Räuberei gegenüber einem größeren Unternehmen auszuüben. Davon abgesehen geht der klassische Fall davon aus, dass das dominante Unternehmen den Output *willkürlich* erhöht. Ein selektiver oder gezielter Wettbewerb gegenüber speziellen Rivalen wäre für das dominante Unternehmen jedoch i.d.R. vorteilhafter.[218]

Zusammenfassend lässt sich in Anbetracht der vielschichtigen Strategie- und Aktionsmöglichkeiten konstatieren, dass das Für und Wider der verschiedenen Regeln dem jeweiligen Einzelfall entsprechend abgewogen werden muss. Ein nützlicher Startpunkt für die Beurteilung räuberischer Preisbildung ist die Analyse der Marktstruktur und Marktmacht der betreffenden Unternehmen. So können viele Situationen ausgeschlossen werden, in denen wahrscheinlich keine räuberische Preisbildung vorliegt. Auch liegt zwar eine klare Tendenz vor, eine Art kostenbasierten Test anzuwenden; das wahrscheinlich ungeklärteste Gebiet jedoch ist die Frage, was außer den Kosten bewertet werden soll. Die Gesamtstrategie des Unternehmens, also die Absicht, ist hierbei der wichtigste Faktor und kann hilfreich sein, hat aber auch Grenzen. Weiter gibt es viele Fragen zum Timing der Setzung niedriger Preise: Sind kurze Perioden ausreichend, um von räuberischer Preisbildung zu sprechen? Sollten niedrige Preise in einem frühen Stadium des Produktlebenszyklus anders behandelt werden als später?[219] Darauf wird Kapitel 6, insbesondere Abschnitt D 2.2 dieser Arbeit eingehen.

Um einem gezielten predatory pricing bei Anwendung der Price-Cap-Formel[220] im Postwesen[221] geeignet vorzubeugen, könnte auch eine Bandbreite für Preissenkungen festgesetzt werden. Preissenkungen dürfen dann nur innerhalb dieser Bandbreite erfolgen.[222] Damit würde der unternehmerische Handlungsspielraum jedoch massiv eingeschränkt. Außerdem wäre in diesem Fall mit einer Verschlechterung der Marktallokation zu rechnen.

Nach Abwägung aller genannten Modelle und im Hinblick auf die informationstechnisch schwer zu kontrollierenden, in § 20 PostG fixierten kostenbasierten Maßstäbe der Preisgestaltung sollte die Regulierungsbehörde jedenfalls den Postdienstleistern eine *größere* Flexibilität für Preissenkungen einräumen.

Neben der räuberischen *Preis*gestaltung gibt es jedoch auch andere Möglichkeiten, Räuberei zu betreiben. Diese sollen im nun folgenden Abschnitt betrachtet werden.

2 Von der Preissetzung unabhängige Räuberei

Bisher hat sich die Diskussion mit räuberischer Preissetzung beschäftigt. Die ökonomische Analyse der von der Preissetzung unabhängigen Räuberei geht jedoch andere Wege und verdient daher eine gesonderte Behandlung. Die verschiedenen Methoden preisunabhängiger Räuberei werden als ein Verhalten betrachtet, das die

---

218 Vgl. Kwoka, J.E. Jr. / White, L.J. (1989), S. 127.

219 Vgl. OECD (1989), S. 32.

220 Vgl. hierzu die Ausführungen in Kapitel 4, Abschnitt E6 dieser Arbeit.

221 Vgl. insbesondere Kapitel 6, Abschnitt C1 dieser Arbeit.

222 Vgl. Crew, M.A. / Kleindorfer, P.R. (1992b), S. 60.

Kosten des Rivalen *erhöht*. Eine räuberische Preisbildung dagegen vermindert deren Einkünfte.

Unternehmen betreiben zwar Verdrängungsstrategien; nach Schwarz ist allerdings das Konzept räuberischer Preisbildung zum Nachweis einer solchen Strategie i.d.R. nicht geeignet und sollte möglichst schnell in die historische Abteilung der Wettbewerbspolitik verbannt werden.[223] Er begründet seine Auffassung damit, dass Unternehmen verschiedene Aktionsparameter einsetzen, von denen der Preis neben strategischen Investitionen in Kapazität, Produktinnovation, -qualität, -verbreitung, -ersetzung, Werbung, Forschung und Entwicklung, Kostenmanipulation sowie Missbrauch des politischen Prozesses nur einer ist. Dabei hängt es von den jeweiligen Umständen, insbesondere von den Annahmen des Angreifers über die am schnellsten auszunutzenden Schwächen des Rivalen, ab, welche Strategie angewandt wird.[224] Auf jeden Fall kann das dominante Unternehmen die Fixkosten über ein größeres Output verteilen als seine Rivalen und so die Kosten dieser unverhältnismäßig erhöhen. Zur Bestimmung wettbewerbswidriger Praktiken ist daher neben einer Bewertung der Preisstruktur eine genaue Einzelfalluntersuchung aller Randbedingungen erforderlich. Die Schwierigkeit liegt natürlich in der Identifikation, welche Werbekampagne oder welches Forschungsprogramm eher räuberisch als wettbewerbsfördernd ist.

Die Bedingungen für preisunabhängige Räuberei unterscheiden sich von denen räuberischer Preissetzung und lauten wie folgt:[225]

- der Räuber agiert auf mehreren Märkten oder produziert mehrere Produkte;
- die verfügbare Information reicht für das Opfer und den potenziellen Neuling nicht aus, um zu beurteilen, ob es sich um Räuberei handelt; und
- die Eintrittsbedingungen, einschließlich der Raubdrohung, erlauben auf geschützten Märkten eine suprawettbewerbliche Preisbildung.

Ein Markt ist immer dann in einem gewissen Ausmaß geschützt, wenn Eintrittsbarrieren vorliegen. Letztere könnten sich insbesondere aus Größenvorteilen und Irreversibilitäten ergeben. Diese sollen daher nun im nächsten Abschnitt betrachtet werden.

3 Eintrittsbarrieren

Die Dimension der *Größen- und Verbundvorteile*[226] bei der Bereitstellung von Postdienstleistungen ist zwar nicht eindeutig bestimmt,[227] sie können aber eine ausreichende Barriere sein, um den Eintritt ansonsten effizienterer Wettbewerber zu verhindern.[228]

---

223 Vgl. Schwarz, D. (1987), S. 99.

224 Vgl. Schwarz, D. (1987), S. 99; Kwoka, J.E. Jr. / White, L.J. (1989), S. 127f. und Pieper, F. (1996), S. 167f.

225 Vgl. OECD (1989), S. 13 – 15.

226 Vgl. Heuermann, A. / Schnöring, T. (1985), S. 241; Noam, E.M. (1985), S. 107 und Panzar, J.C. (1989), S. 8 – 23.

227 Zu einer theoretischen Betrachtung vgl. Panzar, J.C. (1991), S. 222f. Empirische Ergebnisse für die USA finden sich bei Rogerson, C.M. / Takis, W.M. (1993), S. 113 – 118.

228 Vgl. Pieper, F. (1993), S. 8. Zu den Größen- und Verbundvorteilen im Postwesen vgl. Kapitel 1, Abschnitt C2 dieser Arbeit.

Auch *Irreversibilitäten* können eine Ursache für Marktzutrittsschranken und strategisches Verhalten etablierter Anbieter sein. Hierzu zählt auch das Phänomen des *ruinösen Wettbewerbs* (cutthroat competition)[229]. Es charakterisiert sich durch langanhaltende Unter-Kosten-Verkäufe ohne stattfindende Kapazitätsreduktionen und stellt insofern ein Problem dar, als die in den Überkapazitäten gebundenen Produktionsfaktoren nicht an anderen Stellen produktiv genutzt werden können. Es existieren also Irreversibilitäten in den Kostenstrukturen der Unternehmen. Dies hat direkt allokative und indirekt technische sowie qualitative Ineffizienzen zur Folge.[230]

Eine derartige Verdrängungsstrategie scheint in Branchen mit hohen Irreversibilitäten für ein Unternehmen einerseits vielversprechend zu sein, wenn es nach erfolgter Verdrängung höhere Gewinne erwartet. Andererseits ist dort aufgrund der Marktaustrittsbarrieren die Verdrängung selbst in der Regel auch besonders teuer. Im Postwesen ist die Amortisierung der Verdrängungskosten durch überhöhte Preise am Markt nicht durchsetzbar und somit eine Verdrängungsstrategie nicht rational.[231] Außerdem liegen, wie Kapitel 1, Abschnitt D1 dieser Arbeit ausführt, im Postwesen von vorneherein nur geringe Irreversibilitäten vor.

Das Postunternehmen, das als erstes eine mit versunkenen Kosten verbundene Kapazität wählt, kann sich bei deren Festlegung einen Vorteil verschaffen. Die Wahl der Kapazitäten kann also zu einem entscheidenden Wettbewerbsinstrument werden, weil sie gleichzeitig ein Bestimmungsfaktor für die Kosten und ein Begrenzungswert für die Umsätze ist.[232] Sind zusätzlich Fixkosten zu entrichten, so besteht für den zuerst Eintretenden bzw. den Marktsassen die Möglichkeit, dem zweiten den Marktzutritt zu verwehren. Sind die Fixkosten hoch, dann ist der Marktzutritt blockiert (blocked entry) und das Monopol bleibt bestehen. Bei niedrigen Fixkosten kann das erste Unternehmen den Eintritt eines zweiten verhindern, indem es seine Kapazität entsprechend höher wählt (deterred entry); auch hier ist eine monopolistische Marktstruktur die Folge. Sind die Fixkosten sehr niedrig, ist es für den Marktsassen (im Zwei-Wettbewerber-Fall) sinnvoller, den Herausforderer in den Markt eintreten zu lassen (accomodated entry), so dass dann ein dyopolistischer Markt entsteht.[233] Für potenzielle Neulinge im Markt stellen Irreversibilitäten also eine Markteintrittsbarriere dar, für das bestehende Unternehmen eine Marktaustrittsbarriere.

Besonders im Bereich der lokalen Zustellung, aber auch bei den übrigen Teilleistungen sind die Markteintritts- oder Errichtungskosten (setup costs) und mithin die finanziellen Konsequenzen eines späteren Marktaustritts als relativ gering einzuschätzen. Die Errichtung eines nationalen bzw. internationalen Netzes dagegen verursacht wesentlich höhere Marktzutrittskosten, und zwar in Form von Gebäuden, Logistik, Know-how und Marketingmaßnahmen, so dass das *Risiko* des Markteintritts hier höher einzuschätzen ist. Auf dieser Ebene liegen jedoch auch keine hohen Irreversibi-

---

229 Vgl. Hart, T. (1999), S. 23.

230 Vgl. Günther, B.P. (1998), S. 304.

231 Vgl. Kruse, J. (1989), S. 23.

232 Vgl. o.V. (1999b), S. 20.

233 Vgl. Blum, U. / Mönius, M.A. (1998), S. 10.

litäten vor.[234] Am irreversibelsten erscheinen insbesondere die für die Eingangs- und Abgangsbearbeitung zu beschaffenden Sortieranlagen.[235]

Kennzeichnend für das Postwesen ist der hohe Anteil der Personalkosten an den Gesamtkosten.[236] Für Neuanbieter auf Postmärkten mag es zwar beim Faktor Arbeit keine wesentlichen Mobilitätsbarrieren geben, da sie auf flexibel gestaltbare Verträge mit dem Zustellpersonal zurückgreifen können. Im Unterschied zu privaten Anbietern sind bei der Deutschen Post AG jedoch noch Beamte tätig. Da aus dienstrechtlichen Gründen ein Stellenabbau hier nur im Rahmen der natürlichen Fluktuation und nicht durch Entlassungen erfolgen kann, sind Anpassungen des Beschäftigungsstands an Nachfragerückgänge nur innerhalb enger Grenzen möglich. Mithin können die Personalkosten der Deutschen Post AG als Irreversibilität angesehen werden.[237]

Bevor der Betrieb eines Postnetzes aufgenommen werden kann, fallen insbesondere bei der Einsammlung und Zustellung Planungskosten an. Diese Kosten können auch weitgehend als versunkene Kosten (sunk costs) betrachtet werden.[238]

Da es sich bei Postdienstleistungen im zeitsensitiven Briefpostbereich um Erfahrungsgüter handelt,[239] spielt im Wettbewerb auch die Qualitätsreputation für Postdienstleister eine Rolle. Diese Reputation lässt sich aber nur über eine lange Zeitspanne hinweg aufbauen, weshalb Newcomer relativ zu bereits etablierten Konkurrenten niedrigere Tarife offerieren bzw. relativ höhere Werbeausgaben tätigen müssen, um konkurrenzfähig zu sein. Da diese Reputation nicht nur sektor-, sondern sogar unternehmensspezifisch ist, sind diese Investitionen ebenso irreversibel.[240]

Insgesamt spielen sunk costs bei den Sortieranlagen und den Personalkosten der Deutschen Post AG lediglich eine geringe Rolle. Da es sich hierbei um Marktirreversibilitäten handelt, die in allen Sektoren einer Volkswirtschaft vorzufinden sind, stellen sie kein entscheidendes Hindernis für eine Einführung von Wettbewerb dar.[241]

Die Behauptung, unregulierter Preiswettbewerb führe zu ruinösem Wettbewerb, lässt sich empirisch ebenso wenig belegen. Sie scheint vor allem darauf zu beruhen, dass aus der Sicht eines ineffizienten Anbieters *jeder* Wettbewerb ruinös ist, der ihn aus

---

234 Vgl. Braubach, U. (1996), S. 111.

235 Vgl. hierzu insbesondere Kapitel 1, Abschnitt D1 dieser Arbeit.

236 Zwar sind bei Postdienstleistungen auf der Sortierebene Automatisierungsmöglichkeiten gegeben, auf der arbeitsintensiven Zustellebene erscheinen diese hingegen eher beschränkt, so dass der Produktionsfaktor Arbeit auch künftig eine besondere Bedeutung im Postsektor darstellen wird. Vgl. hierzu auch Kapitel 1, Abschnitt A dieser Arbeit.

237 Vgl. Heuermann, A. / Schnöring, T. (1985), S. 209; Caves, R.E. / Porter, M.E. (1975) und Crew, M.A. / Stewart, D.B. (1974).

238 Vgl. Estrin, S. / de Meza, D. (1991), S. 95.

239 Dies bedeutet, dass Postkunden wesentliche Qualitätsmerkmale der Leistungen nicht beim Erwerb feststellen können.

240 Je größer das Vertrauen in eine Firma ist, desto niedriger sind ihre Transaktionskosten. Ein guter Ruf ist deshalb von großer strategischer Signifikanz. Vgl. Holmstrom, B.R. / Tirole, J. (1989), S. 76.

241 Vgl. auch Günther, B.P. (1998), S. 304f.

dem Markt drängt. Ein derartiger Wettbewerb mag zwar „destruktiv" gegenüber Produzenten mit hohen Kosten sein, nutzt aber den Konsumenten.[242]

4 Wettbewerbspolitik, Eintrittsbarrieren und Räuberei – ein Fazit

Eine der Hauptaufgaben der Regulierungsbehörde besteht in der Genehmigung und Überprüfung der auf dem Postmarkt verlangten Entgelte, die wettbewerblichen Kriterien entsprechen und ein monopolistisches, räuberisches Verhalten der Deutschen Post AG verhindern sollen. Hierzu dienen die in § 20 PostG explizit genannten Maßstäbe, die sich an den Kosten der effizienten Leistungsbereitstellung orientieren sollen und weder missbräuchliche Auf- noch Abschläge enthalten, noch einzelne Nachfrager gegenüber anderen diskriminieren oder bevorzugen dürfen.[243] Die Orientierung dieser Maßstäbe an den Kosten der effizienten Leistungsbereitstellung weist auf die Verwendung eines kostenbasierten Ansatzes hin, wobei z.B. auch Verzögerungstaktiken der Deutschen Post AG, z.B. in Form langwieriger Vertragsverhandlungen, ein Indiz für ein wettbewerbsfeindliches strategisches Verhalten sein können, das nicht auf räuberischer Preisbildung beruht. Auf jeden Fall scheinen auf dem Postmarkt keine wesentlichen den Wettbewerb einschränkenden Eintrittsbarrieren vorzuliegen.

E Regulierungsbehörde

Zur Wahrnehmung der sich aus dem PostG und anderen Gesetzen ergebenden Aufgaben wurde die Regulierungsbehörde für Telekommunikation und Post (RegTP) als Bundesoberbehörde im Geschäftsbereich des Bundesministeriums für Wirtschaft (BMWi) errichtet. Die RegTP – ein Novum in der deutschen Post- und Telekommunikationsgeschichte –, die zum 1. Januar 1998 ihre Arbeit aufnahm, hat die Aufgabe, durch Liberalisierung und Deregulierung für die umfassende Öffnung des Telekommunikations- und Postmarkts und für die positive Entwicklung eines dynamischen Wettbewerbs zu sorgen. Das Stichwort heißt hier: *Gestaltende Regulierung*.

Die ministeriellen Aufgaben des früheren Bundesministeriums für Post und Telekommunikation (BMPT) wurden von den Ressorts BMWi (insbesondere Grundsatzaufgaben) und Bundesministerium der Finanzen (BMF) (insbesondere Verwaltung der Beteiligungen) übernommen.

Bei der RegTP wird ein Regulierungsbeirat aus jeweils neun Mitgliedern des Bundestags und Bundesrats gebildet. Er wirkt bei Beschlussfassungen im Rahmen der Vergabe knapper Lizenzen und der Auferlegung von Universaldiensten mit. Ferner ist der Beirat gegenüber der RegTP berechtigt, Auskünfte und Stellungnahmen einzuholen, wobei die RegTP gegenüber dem Beirat auskunftspflichtig ist. Neben dem Regulierungsbeirat kann die RegTP zu ihrer Entscheidungsvorbereitung oder zur Begutachtung von Regulierungsfragen wissenschaftliche Beratungskommissionen einsetzen.[244]

---

242 Vgl. Schwarz, G. (1988a), S. 128; o.V. (1996e), S. 11 und DiLorenzo, T.J. (1996), S. 68. Zum Modell des realitätsfernen „Zitronenwettbewerbs" vgl. Laaser, C.-F. (1991), S. 79; Plott, C.R. (1989), S. 1162 – 1164; Rocke, B. / Müller, R. (1985), S. 243 und Bögelein, M. (1990), S. 204.

243 Vgl. hierzu genauer Kapitel 6, Abschnitt B dieser Arbeit.

244 Vgl. Seidel, U.M. (1998), S. 314.

Die Ziele der RegTP können wie folgt identifiziert werden:[245]

- Produktionseffizienz (Kostenminimierung, Vermeidung ineffizienten Bypasses),
- Effiziente Preissetzung (optimale Preissetzung, i.d.R. mit Break-even-Bedingung),
- Förderung von Wettbewerb (als Unterziel des dynamischen Effizienzziels).

Sie stehen z.T. miteinander in Konflikt, sind vage und nicht operationalisierbar. So kann z.B. kurzfristige Produktionseffizienz am besten über eine fortgeführte Monopolisierung erreicht werden, während gleichzeitig das Ziel der langfristigen dynamischen Effizienz die Entwicklung von Wettbewerbern erfordert. Dies kann gegenüber den Betroffenen und Beteiligten zu Konflikten in der Aufgabenerfüllung führen.

Wegen der hohen Komplexität bietet sich bei den Netzindustrien eine sektorspezifische Regulierung an. Je spezieller die Regulierung, desto größer sind jedoch die Einflussmöglichkeiten von Interessengruppen und den regulierten Unternehmen selbst. Da die Beschäftigten der RegTP großes fachspezifisches Wissen ansammeln, könnten sie zu einem späteren Zeitpunkt, verbunden mit höheren Einkommen, für eines der regulierten Unternehmen arbeiten, weshalb die Gefahr besteht, dass die Regulierer im Sinne der Regulierten regulieren und nicht im Dienst der volkswirtschaftlichen Gesamtwohlfahrt. Insbesondere dann, wenn dies eine Verbesserung der innerbehördlichen Aufstiegsmöglichkeiten sowie einen Anstieg der Einkommen, der Macht und des Prestiges der Behördenmitglieder bedeuten würde, wird von den Mitgliedern einer Regulierungsbehörde eine Zunahme der Regulierungsaufgaben und eine Vergrößerung der Behörde angestrebt. Spätestens jetzt ist der volkswirtschaftliche Marktversagens-Ansatz durch die Capture Theory of Regulation zu ersetzen.[246] Deshalb sollte der Postsektor dem Wettbewerb ausgesetzt und dem Geltungsbereich des allgemeinen Wettbewerbsrechts unterstellt werden.[247]

Da die RegTP substanzielle Entscheidungen im Interesse der Endkunden zu treffen hat, bedarf es fachkompetenten Personals und adäquater Entlohnung, was zu einem erhöhten finanziellen Aufwand für die RegTP führt. Dabei ist zwar eine möglichst regierungsferne RegTP einem allgemein-politischen Gremium vorzuziehen, allerdings ist diese wiederum der Gefahr ineffizienter Anreize ausgesetzt.[248] Ebenso wie die RegTP *unabhängig* von der *Regierung* sein sollte, ist auch eine *unternehmensferne* RegTP zu befürworten. Inwieweit es jedoch bei der RegTP trotzdem zum „Gefangenendilemma"[249] kommen wird, lässt sich noch nicht abschätzen.

Auch die Einführung der amerikanischen Regulierungsbehörde Postal Rate Commission (PRC) für den Postsektor hatte den Schutz der Endkunden, in diesem Fall vor dem marktbeherrschenden Postdienstleister USPS, zum Ziel. Dabei konstatierte der Bericht des Senate Post Office Committee:[250] "Most of the money in the postal sys-

245 Vgl. Cave, M. u.a. (1996), S. 16 und Kaufer, E. (1981), S. 45.

246 Vgl. hierzu Kapitel 3, Abschnitt C dieser Arbeit.

247 Vgl. Eickhof, N. (1997), S. 566 und o.V. (1999a), S. 18.

248 Vgl. Paterna, P. (1995), S. 184; Grüske, K.-D. (1985), S. 257; Kruse, J. (1985), S. 383f.; (1989), S. 32; Klenk, J. u.a. (1994), S. 103; Wieland, B.W. (1994), S. 260; Bögelein, M. (1990), S. 288f.; Horn, M. u.a. (1988), S. 71f. und Blankart, C. B. / Knieps, G. (1989), S. 163f.

249 Vgl. hierzu Abschnitt D dieses Kapitels.

250 Die angegebenen Zahlen beziehen sich auf den amerikanischen Markt.

tem comes from first-class mail. A 100-percent increase in the rates for all second-class mail would not produce as much revenue as a 5-percent increase in the first-class rate. The temptation to resolve the financial problems of the Post Office by charging the lion's share of the operational costs to first class is strong; that's where the money is. The necessity for preventing that imposition upon the only class of mail which the general public uses is one of the reasons why the Postal Rate Commission should be *independent* of *operating management*."[251]

Der Erfolg der Deutschen Post AG kann von einer Entscheidung der RegTP ebenso beeinflusst werden wie durch eine Entscheidung des Managements. Die Regulierer sind sich jedoch oft nicht über die Macht im Klaren, die sie auch gegenüber *un*regulierten Unternehmen haben. Legt der Regulierer eines Dyopols den Preis im regulierten Sektor fest, bestimmt sich der Preis für den unregulierten Sektor aus der Reaktionsfunktion.[252]

F Zusammenfassung

Damit der freie Wettbewerb für die Postpolitik in der EU die Norm darstellen kann, sind noch verschiedene Anpassungen in den meisten europäischen Ländern vorzunehmen. Um den Übergang von nationalen Staatsmonopolen hin zu konkurrierenden privatwirtschaftlichen Unternehmen zu gestalten, ohne die Versorgung der Bevölkerung zu gefährden, wurden sogenannte „reservierte Dienste" formuliert, die eine gewisse Basisversorgung darstellen sollen.

Die Bundesrepublik Deutschland wurde im Grundgesetz zur Gewährleistung einer allgemeinen Versorgung mit flächendeckenden Postdienstleistungen verpflichtet. Durch das neue Postgesetz unterliegt die Deutsche Post AG der Verpflichtung zur Erbringung der besagten Grundversorgung, und zwar im Rahmen der Exklusivlizenz bis zum Ablauf des Jahres 2002.

Ab 2003 ist dann eine vollkommene Öffnung des Marktes vorgesehen. Wird eine Region vom Wettbewerb vernachlässigt, so kann ihre Versorgung auferlegt oder ausgeschrieben werden, wofür das beauftragte Unternehmen einen Ausgleich fordern kann. Finanziert wird dieser mögliche Ausgleich durch entsprechende Abgaben der Unternehmen mit einem Umsatz in Höhe von mehr als einer Million DM.

Die Marktöffnung des bisherigen Monopolbereichs erfolgt schließlich über das Instrument der Lizenzierung, wobei die Lizenznehmer einer sektorspezifischen Regulierung unterliegen. Der lizenzierte Bereich umfasst dabei in Deutschland alle Briefsendungen mit einem Gewicht von bis zu 1000 g.

Damit die Deutsche Post AG als marktbeherrschender Anbieter ihre Stellung nicht missbräuchlich ausnutzen kann, ist eine spezifische Regulierung nötig, welche das

---

[251] Die PRC ist jedoch keine Regulierungsbehörde im europäischen Sinn. Ihre Rolle ist auf die Gebühren- und Standardsetzung, Genehmigung zur Schließung kleiner Postfilialen, Anhörung von Kundenbeschwerden und Erteilung von Ratschlägen hinsichtlich einer Änderung des Diensteniveaus begrenzt. Sie bestimmt die Kosten und den Beitrag zu den Overhead-Kosten eines jeden Dienstes, setzt die Rabatte für Arbeitsteilung, genehmigt die Einführung neuer und die Elimination bestehender Dienste. Vgl. Cohen, R.H. (1996), S. 2 und (1998), S. 2 – 5.

[252] Vgl. Weidenbaum, M.L. (1979), S. 33; Frierman, M.A. (1991), S. 218 und Costich, E.R. / Willette, W.G. (1995), S. 237.

Verhalten des marktbeherrschenden Anbieters auf ihre Wettbewerbsfreundlichkeit hin überprüft. Dabei muss insbesondere auf die Vermeidung von räuberischer Preisbildung und anderer wettbewerbsfeindlicher Praktiken hingewirkt werden.

Zur Wahrnehmung dieser Aufgaben wurde die Regulierungsbehörde für Telekommunikation und Post errichtet. Sie befindet sich dabei in einem Dilemma: Effektive Regulierung ist nur möglich, wenn die regulierten Unternehmen sich gegenüber der RegTP kooperativ verhalten; ein solches Verhalten ist jedoch umso unwahrscheinlicher, je effektiver Regulierung ist, muss diese doch darum bemüht sein, die Interessen der Allgemeinheit gegenüber den partikularen Interessen der regulierten Unternehmen zur Geltung zu bringen.

Ein zweites Problem effektiver Regulierung durch die RegTP ist, dass ihre Zielvorgaben häufig unpräzise („angemessen“, „ausreichend“) oder widersprüchlich („erschwinglicher Preis“ versus „angemessene Verzinsung des eingesetzten Kapitals“) formuliert sind. Dies stellt nicht nur die neue RegTP vor schwierige Aufgaben, sondern dürfte auch die Gerichte beschäftigen. Eines ist diese Privatisierungspolitik daher mit Sicherheit nicht: ein Königsweg zur Entlastung des „überforderten Staates“.[253]

Um die Preisregulierung des deutschen Postmarkts genauer zu analysieren, werden im jetzt folgenden zweiten Teil der Arbeit die theoretischen Grundlagen für eine Preisregulierung im Briefdienst dargestellt.

253 Vgl. Grande, E. (1997), S. 587f., 591.

II. TEIL: THEORETISCHE GRUNDLAGEN FÜR EINE PREISREGULIERUNG IM BRIEFDIENST

Die besondere volkswirtschaftliche Bedeutung des Postsektors ergibt sich einerseits aufgrund der angebotenen Produkte, mit denen das politische Ziel einer Grundversorgung mit postalischen Diensten verfolgt wird, andererseits stellt der Postsektor mit dem erzielten Umsatz und der zwar sinkenden, aber immer noch großen Beschäftigtenzahl[1] einen wichtigen wirtschaftlichen Faktor dar. Dabei umfasst die Exklusivlizenz[2] den weitaus bedeutendsten Geschäftsbereich der Deutschen Post AG.

Die Regulierungsfelder des Postwesens sind die Tarif-, Qualitäts- und Zugangsregulierung, wobei sich das Interesse in der Vergangenheit besonders auf die Tarifregulierung[3] konzentrierte.

Eine *optimale Regulierung* führt dabei zu einer Situation, in welcher das volkswirtschaftlich angestrebte Ergebnis einer maximalen Wohlfahrt gleichzeitig dem Gewinnmaximum des Unternehmens entspricht, so dass das Unternehmen dieses Ergebnis freiwillig wählt. Aufgabe der Regulierungsökonomie liegt in der Herstellung dieser Konsistenz zwischen volkswirtschaftlicher Wohlfahrtsmaximierung und Gewinnmaximierung des Unternehmens. Regulierung ist also Verbraucherschutz und nicht, wie es oft verstanden wird, der Schutz eines Unternehmens gegenüber seinen Konkurrenten.[4]

Ziel des zweiten Teils dieser Arbeit zur Preisregulierung nach dem neuen Postgesetz ist die Beleuchtung der Grundlagen und Aspekte der Regulierung (drittes Kapitel) sowie die Darstellung normativer Ansätze zur Preisregulierung (viertes Kapitel).

3. KAPITEL: GRUNDLAGEN UND ASPEKTE DER REGULIERUNG

Bei *Regulierung* geht die vorliegende Arbeit von einer sektorspezifischen Intervention in marktliche Prozesse oder Strukturen durch staatliche Institutionen (*Regulierungsbehörden*) aus.[5] Hierzu zählt vor allem die staatliche Reglementierung von Marktzutritten, Investitionen, Kapazitäten, Produktions- und Absatzmengen, Preisen, Quali-

---

1 Vgl. 1. Kapitel, Abschnitt A dieser Arbeit.

2 Siehe hierzu 2. Kapitel, Abschnitt B dieser Arbeit.

3 Von Tarifen wird gesprochen, wenn es sich um regulierte Preise handelt. Vgl. auch Phillips, A. (1982), S. 7. Nach Train werden unterschiedliche Abrechnungsalgorithmen als Tarife bezeichnet. Vgl. Train, K.E. (1991), S. xii. Rahmeyer bezeichnet als Tarife Listenpreise, die der staatlichen Aufsicht unterliegen (staatlich administrierte Preise). Vgl. Rahmeyer, F. (1999), S. 70f.

4 Regulierer regulieren Märkte. Es sollten die wirklichen Forderungen der Konsumenten und die Probleme der nicht-eingesessenen Postdienstleister debattiert werden – was nicht immer der Fall ist. Vgl. Toledano, F. (1993), S. 50; Train, K.E. (1991), S. 3 und Meierhofer, H. (1997), S. 210.

5 Vgl. auch Bögelein, M. (1990), S. 13f.; Eickhof, N. (1986), S. 123; Kruse, J. (1993), S. 9, 209 und Schwarz-Schilling, C. (1991), S. 145.

täten sowie Konditionen.[6] Diese gezielten mikroökonomischen Eingriffe des Staates haben für die Marktteilnehmer bindenden Charakter.[7]

Um die staatliche Regulierung des Postwesens zu begründen, sollen in diesem Kapitel Rechtfertigungsansätze und Theorien für derartige Eingriffe in den Wirtschaftskreislauf, Kennzeichen öffentlicher Unternehmen sowie Infrastrukturziele kritisch erläutert werden. Aus dynamischer Sicht kann jedoch durch Veränderungen des Umfelds eine Änderung der Regulierung nötig werden, da traditionelle Regulierungseingriffe überflüssig oder aus wohlfahrtstheoretischer Sicht gar eine kontraproduktive Wirkung entfalten können. In diesem Fall sollten sie rasch abgebaut werden, da die einmaligen Kosten der Beseitigung der Regulierungseingriffe i.d.R. geringer als die laufenden Kosten durch deren Beibehaltung sind.[8] Zu beachten ist dabei auch, dass Regulierungseingriffe durch beträchtliche Verzögerungen zwischen Änderungen der Verhältnisse (z.B. Technologie- oder Marktänderungen) und Anpassung an diese Änderungen gekennzeichnet (regulatory lag[9]) sind.[10]

Unter *Deregulierung* dagegen versteht man den Abbau jener staatlichen oder sonstigen hoheitlichen Beschränkungen, welche die Gewerbe- und Vertragsfreiheit einschränken. Sie zielt direkt auf die Stärkung von Markt und Wettbewerb als Mechanismus der Entscheidungsfindung und als Preis- bzw. Qualitätsregulativ. Marktwidrige Regulierung, Wettbewerbshemmnisse wie Marktzutrittsbeschränkungen, die als übermäßig und als Störung der Marktkräfte betrachtet werden, sollen aufgehoben werden.[11]

A Die normative Theorie der Regulierung

Die für die Begründung eines Regulierungseingriffs nötige Referenznorm leitet sich aus der neoklassischen Wettbewerbsvorstellung ab. Die *normative* Theorie der Regulierung argumentiert mit dem Phänomen des *Marktversagens*: Eine Regulierung ist nur bei Marktversagen, das durch eine asymmetrische Informationsverteilung, externe Effekte, natürliche Monopole, Unteilbarkeiten und Inflexibilitäten gekennzeichnet ist, und einem positiven Verhältnis der regulierungsinduzierten Wohlfahrtszuwächse zu den Regulierungskosten angezeigt.[12] Staatliche Regulierung ist nur dabei dort

---

6 Vgl. Günther, B.P. (1998), S. 5 und Eickhof, N. (1997), S. 563.

7 Vgl. Heuermann, A. / Schnöring, T. (1985), S. 5 und Breyer, S. (1990), S. 7f.

8 Zu den direkten und indirekten Kosten der Regulierung vgl. Weidenbaum, M.L. (1979), S. 34 – 38; Recktenwald, H.C. (1983), S. 185; Knieps, G. (1985), S. 19; (1987a), S. 3f. und Arbeitsgemeinschaft Selbständiger Unternehmer (1987), S. 25.

9 Ein *regulatory lag* ist die verspätete Anpassung der Einnahmen zu Kostenveränderungen. Dieses Phänomen ist ein Produkt aus Transaktionskosten, prozeduralen Barrieren und politischen Bedingungen. Vgl. Hillman, J.J. / Braeutigam, R.R. (1989), S. 37.

10 Vgl. Bidwell, M.O. Jr. (1996), S. 117; Averch, H. / Johnson, L.L. (1962), S. 1062; Merewitz, L. / Zupan, M.A. (1993), S. 70; Scott, F.A. Jr. (1980), S. 77 und Henzler, H.A. / Späth, L. (1995), S. 45.

11 Vgl. Soltwedel, R. (1993), S. 111; Günther, B.P. (1998), S. 6; König, K. / Benz, A. (1997), S. 25; Ronellenfitsch, M. (1997), S. 128 und Link, H. (1997), S. 141.

12 Vgl. Zimmermann, H. / Henke, K.-D. (1994), S. 42; Gruenspecht, H.K. / Lave, L.B. (1989); Dicke, H. u.a. (1995), S. 8; Ewers, H.-J. / Wein, T. (1989), S. 13, 15; Wieland, B.W. (1994), S. 260; Busch, B. (1987), S. 12f. und Noll, R.G. (1989), S. 1256. Zur Nutzen-Kosten-Analyse vgl. Näheres

gerechtfertigt, wo sie transaktionskostensenkend[13] und daher transaktionsmehrend wirkt.[14]

Um diese Aspekte näher zu beleuchten, beschäftigen sich die beiden folgenden Abschnitte mit den Regulierungsbegründungen des Marktversagens und der subadditiven Kostenfunktion eines natürlichen Monopols.

1 Marktversagen als Grund für Regulierung

Führt der Markt nicht zu einer effizienten Ressourcenallokation, muss eine staatliche Intervention in Betracht gezogen werden.[15] Die „sichtbare Hand der Regulierung“ kann dann besser sein als die „unsichtbare Hand der Wettbewerbs“.[16]

Die normative Theorie begründet die Notwendigkeit der Regulierung mit dem Schutz der Konsumenten[17] und der Verhinderung eines temporären ruinösen Wettbewerbs. Das Phänomen *ruinöser Wettbewerb* charakterisiert sich durch langanhaltende Unter-Kosten-Verkäufe ohne eine stattfindende Kapazitätsreduktion. Es stellt insofern ein Problem dar, als die in den Überkapazitäten gebundenen Produktionsfaktoren nicht an anderen Stellen produktiv genutzt werden können. Es existieren also Irreversibilitäten in den Kostenstrukturen der Unternehmen. Ohne Vorliegen von Überkapazitäten würden die Verluste entsprechende Marktaustritte induzieren, welche die Branchenkapazität wieder an die Nachfrage anpassen würden. Das Problem ist umso gravierender, je geringer die Preiselastizität der Marktnachfrage ist, je elastischer die Preisabsatzfunktionen der einzelnen Unternehmen sind und je dauerhafter die

---

bei Recktenwald, H.C. (1980), S. 134 – 156; Hanusch, H. (1994), S. 1 – 138; Arnet, M. (1996), S. 63 – 67 und Mühlenkamp, H. (1994).

13 Als *Transaktionen* werden Prozesse verstanden, die der Klärung der Bedingungen eines freiwilligen Tausches dienen. Unter *Transaktionskosten* versteht man die Kosten der Informationsbeschaffung, Aushandlung, Kontrolle und Anpassung des Tausches von Verfügungsrechten. Ihre Operationalisierung oder gar Monetarisierung ist allerdings i.d.R. mit erheblichen Schwierigkeiten verbunden. Vgl. Elsenbast, W. (1995), S. 53, 56. Mit einer Evaluierung der Effizienz von Transaktionskosten befassten sich bereits früh Crew, M.A. / Kleindorfer, P.R. (1974). Zu den verschiedenen Arten vgl. Waldenberger, F. (1990a), S. 308f.; Ewers, H.-J. / Wein, T. (1989), S. 3 und Bögelein, M. (1990), S. 127.

14 Schon sehr geringe Transaktionskosten der Regulierung können die Wohlfahrtsgewinne aus der Regulierung „auffressen“. Ziel ist also eine transaktionskostenarme Regulierung. Vgl. Crew, M.A. / Kleindorfer, P.R. (1992a), S. 106 und König, K. / Benz, A. (1997), S. 75.

15 Eine optimale Allokation ergibt sich allerdings nur, solange Marktwettbewerb mit Marktübersicht gegeben und effizienter Wettbewerb möglich, Verträge und Tauschvorgänge gewährleistet sind. Nicht berücksichtigt sind zudem Verteilungs- und Gerechtigkeitsfragen, die Abhängigkeit von Lösungen von der vorhandenen Verteilung und die potenzielle Unvereinbarkeit von allokativ optimalen Lösungen mit Verteilungszielen. Unterstellt wird in der Regel auch, dass allokative und distributive Zielsetzungen getrennt verfolgt werden können, wenngleich anerkannt ist, dass eine Umverteilung nicht allokationsneutral erfolgen kann. Vgl. König, K. / Benz, A. (1997), S. 69f. und Brümmerhoff, D. (1992), S. 46.

16 Vgl. Qvortrup, M. (1999), S. 12; Finsinger, J. / Vogelsang, I. (1980b), S. 1f. und Train, K.E. (1991), S. 2.

17 So führte der Reaktorunfall von Tschernobyl im Jahre 1986 zu höheren Erwartungen hinsichtlich einer strengeren Regulierung. Vgl. Eckel, C.C. / Vermaelen, T. (1989), S. 199.

Inelastizität des Angebots aufgrund von Irreversibilitäten ist.[18] Der Anbieter, der den ruinösen Wettbewerb überleben würde, könnte seine monopolistische Marktstellung missbräuchlich gegenüber den Nachfragern ausnutzen. Ohne Regulierung würde der Wettbewerb mithin zu unerwünschten Folgen führen: Die normative Theorie begründet Regulierung also zum einen mit zu erwartenden Ergebnissen eines nicht durch Regulierung kontrollierten Wettbewerbs, welche zu verhindern sind.[19]

Außerdem wird Marktversagen im Postwesen und somit die Rechtfertigung für Regulierung mit der Existenz von Externalitäten begründet. *Externalitäten* (spillover effects) im Bereich des Konsums liegen vor, wenn ein Individuum durch den Konsum eines Gutes den Nutzen eines anderen, transaktionsunabhängigen Individuums beeinflusst. Bei negativen (positiven) Externalitäten (spillover costs (benefits)) ist das Niveau des Konsums dieses Gutes höher (niedriger) als es volkswirtschaftlich wünschenswert wäre.[20] Ihre Ursache haben Externalitäten in unzureichend definierten Verfügungsrechten.

Im Postwesen gibt es *Nutzungs-* und *Netzexternalitäten.*[21] Erstere sind dadurch bedingt, dass nur einer der Kommunikationspartner die Kosten der Kommunikation trägt, obwohl beide einen Nutzen daraus ziehen. Sind die Wertschätzungen symmetrisch – schätzt also ein neuer Kunde *i* den Zugang zum bestehenden Kunden *j* genauso hoch wie *j* den Zugang zu *i* –, wäre die Obergrenze des Verhältnisses der marginalen Wohlfahrtsgewinne (inklusive der Externalität) zu den marginalen privaten Nutzen gleich 2. In Wirklichkeit jedoch geht man davon aus, dass diese Zahl geringer ist, vielleicht 1,5, weil ein Teil der Externalität bereits von den Kunden mit einkalkuliert wird. Die Nutzungsexternalitäten können also in der Entscheidung der Individuen reflektiert werden, dem anderen abwechselnd einen Brief zu senden oder freiwillig Ausgleichszahlungen an ihn zu leisten. Auch Unternehmen wälzen Portokosten auf ihre Kunden weiter.[22] Diese Externalität bedarf also keines staatlichen Eingriffs, da die Möglichkeit einer Internalisierung auf privater Ebene besteht.

Netzexternalitäten stellen ein Problem der großen Zahl dar. Diesbezüglich wird argumentiert, dass der Nutzen eines Individuums aus einem Netz[23] mit der Zahl der Individuen, die dieses Netz ebenfalls nutzen, positiv korreliert; sie wirken also nach-

---

18 Dies ist von der Produkthomogenität bzw. Anpassungsflexibilität zwischen den Einzelmärkten abhängig. Vgl. Kruse, J. (1989), S. 21f.; Ewers, H.-J. / Wein, T. (1989), S. 11 und Bögelein, M. (1990), S. 198 – 209.

19 Vgl. Busch, B. (1987), S. 12.

20 Diese Definition bezieht sich nur auf die sogenannten *technologischen externen Effekte. Pekuniäre externe Effekte* bleiben damit außer Betracht. Von letzteren spricht man, wenn sich aufgrund der marktlichen Interdependenz die relativen Preise von Gütern und Produktionsfaktoren ändern. Diese Wirkungen vollziehen sich jedoch innerhalb des Marktprozesses und stellen daher kaum ein volkswirtschaftliches Problem dar. Vgl. Bögelein, M. (1990), S. 132f.; Breyer, S. (1990), S. 10f.; Zimmermann, H. / Henke, K.-D. (1994), S. 43; Dicke, H. u.a. (1995), S. 12; Hart, T. (1994), S. 111 und Laaser, C.-F. (1991), S. 94.

21 Zu den Nutzungs- und Netzexternalitäten vgl. detailliert Knieps, G. / von Weizsäcker, C.C. (1989), S. 458f., 469.

22 Vgl. Cave, M. (1996), S. 98.

23 Die Begriffe *Netzwerk* und *Netz* werden im Folgenden synonym verwendet. Zur Definition vgl. detailliert Blankart, C.B. / Knieps, G. (1991), S. 1f. Zur Netzwerkstruktur von Postdiensten vgl. Panzar, J.C. (1991), S. 224f. und (1993), S. 91 – 94.

frageförderd. Die Ersteilnehmer generieren auf diese Weise eine positive Externalität für alle Hinzutretenden, und wer als zusätzlicher Teilnehmer in ein Netz eintritt, erhöht damit auch den Grenznutzen aller anderen Teilnehmer, ohne dies bei seiner Entscheidung für den Netzanschluss zu berücksichtigen. Die Netzexternalität, die aus der Aufnahme eines neuen Konsumenten entsteht, ist also der aggregierte Nutzen, den andere Netzteilnehmer dadurch erhalten, dass sie dem neuen Teilnehmer einen Brief schicken oder von ihm Post erhalten können. Sie kann daher als Summe der Veränderungen der Konsumentenrenten anderer Kunden, die Post versenden und vom neuen Teilnehmer angeschrieben werden, betrachtet werden.[24] Diese positiven Externalitäten werden durch keine Markttransaktionen internalisiert.[25] Das Marktversagen kann also als *transaktionales Marktversagen* bezeichnet werden.[26]

Die Teilnahmeentscheidung der Konsumenten fundiert auf Erwartungen über die zukünftige Teilnehmerzahl, welche wiederum auf dem aktuellen Teilnahmeniveau, Vergangenheitstrends der Teilnahme, und dem erwarteten Teilnahmepreis basiert. Ferner beinhaltet die Teilnahme zusätzlich zu den regelmäßigen Gebühren auch Eintritts- und Austrittskosten. Deshalb können Teilnahmeentscheidungen nicht kostenlos rückgängig gemacht werden.[27]

Betrachtet man den Fall von Dokumentenaustauschzentren,[28] ist unmittelbar einsichtig, dass die Attraktivität derartiger Einrichtungen von der Teilnehmerzahl abhängt. Ein Betreiber einer solchen Dokumentenaustauschbörse könnte sich so in der An-

---

[24] Es kann diskutiert werden, ob zusätzlich zu den aktuellen (erwarteten) Steigerungen der Konsumentenrente ein „Optionswert" existiert.

[25] Vorausgesetzt es entsteht keine Überfüllung des Netzes. In diesem Fall werden die Netzexternalitäten negativ. Vgl. Blankart, C.B. / Knieps, G. (1994b), S. 451f.; (1994c), S. 239; Fritsch, M. u.a. (1993), S. 166f.; Bletschacher, G. / Klodt, H. (1992), S. 28; Klodt, H. (1995), S. 11; (1996), S. 5; Phillips, A. (1982), S. 14 und Thum, M. (1994), S. 465f.

Bei Existenz mehrerer Netze werden die Konsumenten bereit sein, für den Eintritt in ein größeres Netz mehr als für den Eintritt in ein kleineres Netz zu zahlen. Vgl. Taylor, L.D. (1980), S. 98.

[26] Bei höheren Preisen im Postwesen würden möglicherweise Haushalte aus dem allgemeinen Netz aussteigen. Wird ein einziger Briefkasten vom Netz getrennt, so sind alle um diesen ärmer. Vgl. Noll, R.G. (1986), S. 180. Diese Mängel könnten negative externe Effekte für jene hervorrufen, welche die ausgestiegenen Haushalte per Post erreichen wollten. Da diese Externalitäten unter den Postbenutzern weit verstreut wären, ist es aufgrund der Informations- und Transaktionskosten unmöglich, die Effekte zu internalisieren. Vgl. Bögelein, M. (1990), S. 222; Braubach, U. (1992), S. 60 und Fleishman, J.L. (1983), S. 235.

[27] Diese Probleme führten zur Literaturader der dynamischen Preisbildung bei Externalitäten, welche im Laufe der Zeit Berichtigungen hin zu gleichgewichtigen Teilnehmerniveaus berücksichtigt.

[28] Dokumentenaustauschzentren gibt es in Australien, Belgien, Frankreich, Hongkong und Neuseeland. In Deutschland sind sie zwar zugelassen, finden aber noch wenig Anklang. Es handelt sich hierbei um geschlossene Nutzersysteme, über die sich die Teilnehmer gegenseitig Briefe und Päckchen zusenden können. Die Ein- und Auslieferung erfolgt über zentrale Postfächer: Post an einen anderen Teilnehmer in B wird zur Postfachanlage in A geliefert und dabei die von anderen Teilnehmern eingegangene Post abgeholt. Der Brief wird zusammen mit der anderen nach B gerichteten Post zur zentralen Postfachanlage in B transportiert, dort auf die Teilnehmerpostfächer verteilt und vom Adressaten abgeholt, der dabei seine Post an andere Teilnehmer aufgibt. Vgl. Hofmann, H. (1996), S. 130.

laufphase – bis zur Erreichung der kritischen Masse – gezwungen sehen, die ersten Nachfrager für ihre Teilnahme in Form spürbarer Preisnachlässe zu belohnen.[29]

Die Bedeutung der Netzexternalitäten ist im Vergleich zum Telekommunikationssektor reduziert, da in Deutschland jeder Haushalt postalisch versorgt wird. Der infrastrukturelle Charakter der Netzindustrien führt jedoch dazu, dass diese als Input von essentieller Bedeutung für andere Branchen, aber auch für den Konsum sind. Dieser nur schwer quantifizierbare Multiplikatoreffekt der Postdienste ließe sich noch steigern, wenn z.B. die Netze der einzelnen EU-Mitgliedsländer technisch und geografisch intensiver miteinander verknüpft würden und transeuropäische Netze entstünden.[30]

Regulierung ist im Postsektor also angezeigt, sobald es zu einer Versorgungslücke im vorhandenen Netz kommen würde. Um dies zu vermeiden, fand die Internalisierung der externen Effekte durch die Regulierung der Kompensationszahlungen, Marktzutritts- und -austrittsbeschränkungen[31], Preiskontrollen, Qualitätsregulierungen[32] und Kontrahierungszwang[33] samt deren Finanzierung über den Ausgleichsfonds ihren Niederschlag im neuen Postgesetz.

2 Subadditivität der Kosten

Ein reines Monopol existiert dann, wenn es in einem definierten Markt nur einen Verkäufer gibt. Dies kann viele Ursachen haben: Patente, Kontrolle über Rohmaterialien, das sogenannte „natürliche Monopol" und Franchising sind einige bekannte Gründe. Bei diesen Gründen handelt es sich also um *Eintrittsbarrieren*.[34]

Ein Argument für die Notwendigkeit einer Regulierung des Postwesens ist die unterstellte Existenz eines natürlichen Monopols. Ein *natürliches Monopol* ist durch eine subadditive Kostenfunktion im Bereich der relevanten Nachfrage gekennzeichnet, die durch Verbundvorteile begründet werden kann.[35] Subadditivität ist eine mathematische Eigenschaft einer Funktion, definiert durch

---

29 Vgl. Berger, H. / Knauth, P. (1996), S. 22.

30 Vgl. o.V. (1999a), S. 16.

31 *Marktaustrittsbarrieren* (*-beschränkungen; barriers to exit*) sind Kosten für verlorene Erträge, welche ein Unternehmen bei Marktaustritt tragen muss. Vgl. genauer bei Gilbert, R.J. (1989), S. 520.

32 Je höher die Qualität einer Dienstleistung ist, desto höher sind cet.par. ihre Kosten und somit auch ihr Preis. Im Zusammenhang mit der Regulierung der Monopoltarife erhält die Qualitätsregulierung eine besondere Bedeutung, da die Deutsche Post AG versuchen könnte, die Tarifregulierung durch eine Veränderung der Dienstleistungsqualität zu umgehen. Vgl. Crew, M.A. / Kleindorfer, P.R. (1982), S. 101 und Plagemann, J. (1996), S. 83.

33 *Kontrahierungszwang* und *Konditionenfestsetzung* bezwecken, gewisse sozial erwünschte Dienstleistungen flächendeckend anzubieten. Horn, M. u.a. (1988), S. 42; Neumann, K.-H. (1987), S. 75; Kaufer, E. (1981), S. 48; Müller, J. / Vogelsang, I. (1978), S. 86 – 88 und Gröner, H. / Knorr, A. (1995), S. 62f.

34 Vgl. Crew, M.A. (1975a), S. 68.

35 Kostenfunktionen weisen genau dann die Eigenschaft der Subadditivität auf, wenn es bei beliebigen Gütervektoren kostengünstiger ist, diese Güter in *einem* Unternehmen zu erstellen als separat in verschiedenen Unternehmen. Als Folge geringerer Kosten sind somit auch niedrigere Preise zu erwarten. Vgl. hierzu detailliert Bögelein, M. (1990), S. 185f.; Busch, B. (1987), S. 7; Pieper, F. (1993), S. 8; Finsinger, J. (1991), S. 90; Noll, R.G. (1989), S. 1255; Mitchell, B.M. / Vogelsang, I.

$$f\left(\sum_i x_i\right) \leq \sum_i \left(f(x_i)\right) \text{ für alle Kombinationen von } x_i \geq 0. \qquad (3)$$

Der Begriff des natürlichen Monopols kennzeichnet also lediglich eine bestimmte Konstellation von Kosten- und Nachfragefunktionen. Seine Relevanz für den Postsektor kann dementsprechend mit einer Veränderung dieser Funktionen im Zeitablauf (durch z.B. technischen Fortschritt, Nachfragewachstum) obsolet werden.[36]

Ein natürliches Monopol ist resistent oder *beständig* gegen Marktzutritt, wenn mindestens eine Preis-Mengen-Kombination existiert, bei welcher die gesamte Marktnachfrage bedient wird, die Gesamtkosten gedeckt werden, aber kein Anreiz für einen Marktzutritt eines zusätzlichen Anbieters mit gleicher Produktionstechnologie besteht, weil ein Markteindringling selbst dann nicht mit positiven Gewinnen rechnen kann, wenn er nur eine Teilmenge der vom Monopolisten angebotenen Güter zu gleich hohen oder niedrigeren Preisen anbietet.[37]

Kann ein einzelnes Unternehmen bei Subadditivität der Kosten im Bereich der relevanten Nachfrage kostengünstiger produzieren als mehrere Unternehmen, bedeutet dies jedoch nicht von vornherein den Ausschluss von Wettbewerb. Denkbar ist der Fall, dass ein natürlicher Monopolist einen Markt versorgt und Gewinne erzielt. Dies lockt andere Unternehmen an, welche z.B. von der Annahme ausgehen, der Alleinanbieter nutze seine Monopolstellung aus und erziele Monopolrenten oder produziere aufgrund fehlenden Wettbewerbs nicht mit der kostenminimalen Faktorkombination. Ein Marktzutritt würde aber einen Konkurrenzkampf auslösen, bei dem schließlich doch nur ein Unternehmen überleben würde, weil sich an den Voraussetzungen des natürlichen Monopols nichts geändert hat. Um diesen „ruinösen" Wettbewerb zu verhindern, reguliert der Staat also den Marktzugang: Einem Unternehmen wird das exklusive Recht verliehen, bestimmte Leistungen zu erbringen.[38]

Im Gegensatz dazu wird ein Markt als *bestreitbar* bezeichnet, wenn völlige Freiheit hinsichtlich des Marktein- und des -austritts besteht, weil *keine* irreversiblen, mit dem Markteintritt verbundenen Kosten entstehen. Es kann theoretisch gezeigt werden, dass unter den radikalen Bedingungen eines vollkommen bestreitbaren Marktes auch ein natürliches Monopolunternehmen technisch und allokativ effizient produzieren muss.[39] Bei Bestreitbarkeit führt eine Alleinstellung im Verkauf also zu keiner Marktmacht.[40]

(1991), S. 14; Tschirhart, J. (1989), S. 55; Merewitz, L. / Zupan, M.A. (1993), S. 69 und Horn, M. u.a. (1988), S. 39, 41.

36 Vgl. Kruse, J. (1993), S. 94 und Knieps, G. u.a. (1982), S. 205.

37 Vgl. Finsinger, J. (1991), S. 146f.; Pfeiffer, G. (1990a), S. 278; Knorr, A. (1993), S. 39; Panzar, J.C. (1991), S. 221f.; Crew, M.A. / Kleindorfer, P.R. (1986), S. 22 und Simnett, R.E. (1989), S. 127.

38 Vgl. Busch, B. (1987), S. 8 und Ferrara, P.J. (1996), S. 23, 27.

39 Vgl. Kruse, J. (1993), S. 97. Bei Vorliegen eines *bestreitbaren Marktes* (*angreifbar*, *contestable*) wäre auch eine interne Subventionierung nicht möglich. Vgl. Blankart, C.B. (1994), S. 414. Die Definition angreifbarer Märkte nimmt ferner an, dass die potenziellen Wettbewerber ihre Marktchancen berechnen, indem sie den aktuellen Preis der eingesessenen Firmen als gegeben annehmen und diesen unterbieten. Dies ist die sogenannte Bertrand-Nash-Conjecture. Vgl. Knieps, G. (1987a), S. 6f.

40 Vgl. Neumann, M. (1991), S. 28, 46.

B Kritik an der normativen Theorie der Regulierung

In der Realität ist Regulierung alles andere als optimal, und sie wird es wohl auch nie werden.[41] Neben zu kritisierenden Annahmen wie einer kostenlosen Regulierung und neutraler Interessen können auch Argumente, die gegen die Existenz eines natürlichen Monopols sprechen, angeführt werden. Außerdem galten zahlreiche Begründungen für eine Regulierung des Postdienstes nur für den Telekommunikationssektor. Die meisten Analysen unterstellten lediglich eine nötige Gleichbehandlung beider Bereiche.[42]

1 Kosten staatlicher Regulierung

Wird unterstellt, der Staat könne mit Hilfe von Regulierung bessere Ergebnisse als der freie Wettbewerb herbeiführen, gilt dies nur unter der Annahme, dass die Regulierung selbst keine oder zumindest vernachlässigbar geringe Kosten verursacht und unparteiisch ist. Es handelt sich dabei um einen Nirwana-Ansatz: Vergleichsmaßstab ist ein unerreichbares Ideal.[43] Im Nirwana kennt der Staat kostenlos die Präferenzen seiner Bürger sowie die vorhandene Technologie der zu regulierenden Unternehmen. Das Nirwana ist hinsichtlich des Staatseingriffs das institutionelle Analogon zum vollkommenen Markt. Es ist als Referenzpunkt gedacht, birgt aber die Gefahr, zur Norm zu werden.[44] Eine Alternative zum Nirwana-Ansatz ist ein Comparative Institution Approach zur Regulierung der Postmärkte, der die regulierungsbedingten Transaktionskosten, das Rentenstreben und die von der Regulierung induzierte X- und Q-Ineffizienz[45] berücksichtigt.[46] Beansprucht staatliche Regulierung also selbst Ressourcen oder führt sie zu Störungen des Wirtschaftsprozesses, müsste nachge-

---

41 Vgl. Train, K.E. (1991), S. 297. *Optimale Regulierung* wurde zu Beginn des II. Teils dieser Arbeit definiert.

42 Vgl. Dicke, H. u.a. (1995), S. 6 und auch Ellig, J. (1992), S. 21 – 36.

43 Die normative Theorie der Regulierung beruht auf einem Vergleich einer idealen Norm mit einer realen Situation. Aus diesem Grund wurde sie von Demsetz auch als *nirwana approach* bezeichnet, dem er einen *comparative institution approach* gegenüberstellte: Markt und Staat werden als jeweils reale Institutionen in ihrer Fähigkeit zur Lösung von Problemen gegenübergestellt. Vgl. Demsetz, H. (1969), S. 1f.

44 Vgl. auch Crew, M.A. / Young, A. (1977), S. 26 und Finsinger, J. / Vogelsang, I. (1980b), S. 1.

45 *X-Effizienz* ist ein Ausdruck für unternehmerische und technologische Effizienz, mit der ein Unternehmen seine Mittel einsetzt, seine Organisationsprobleme löst und alle seine Geschäfte mit einem Minimum an Kosten betreibt. Als Folge der Gewinnmaximierung arbeitet ein Unternehmen unter Konkurrenzdruck mit einem Maximum an X-Effizienz. Unter *X-Ineffizienz* wird eine Differenz von geringstmöglichen und tatsächlichen Kosten verstanden. Es wurde Aufgabe der Regulierung, Anreize für X-Effizienz zu setzen. Vgl. Leibenstein, H. (1966); Grüske, K.-D. / Recktenwald, H.C. (1995), S. 712 und Crew, M.A. / Kleindorfer, P.R. (1986), S. 8, 15, 267.

Q-Ineffizienz entsteht insbesondere dadurch, dass die Entscheider und Nutzer öffentlicher Güter und Dienste von den Zahlern getrennt sind. Die Q-Ineffizienz betrifft die übersteigerte Nachfrage nach öffentlichen Gütern und Diensten, die in ein entsprechendes mengenmäßiges Angebot (quantity) umgesetzt wird. Vgl. Leibenstein, H. (1966), S. 392 – 415 und Grüske, K.-D. / Recktenwald, H.C. (1995), S. 508.

46 Vgl. Günther, B.P. (1998), S. 350; Klodt, H. (1995), S. 48; Cotton-Betteridge, J.A. (1993), S. 47; Finsinger, J. / Vogelsang, I. (1980b), S. 1; Kaufer E. (1980), S. 378; Crew, M.A. / Rowley, C.K. (1989), S. 13 und insbesondere Müller, K. (1997).

wiesen werden, dass die mit der Regulierung verbundenen Kosten den induzierten Wohlfahrtszuwachs nicht überkompensieren.[47]

2 Marktversagen und Referenznorm

Abgesehen davon, dass die normative Theorie der Regulierung die Kosten der Regulierungseingriffe außer acht lässt, gibt es einen weiteren Kritikpunkt gegen die normative Regulierungstheorie. Sie stellt Marktversagen fest, wenn sich eine Abweichung der Ergebnisse des Zustands effizienter Allokation von den (erwarteten) Ergebnissen tatsächlich existierender Märkte ergibt, die ein Marktversagen darstellen kann. Es wird also die allokative Effizienz bzw. die Abweichung davon als Kriterium für Regulierungseingriffe herangezogen. Das neoklassische Modell der vollkommenen Konkurrenz kann die Abläufe auf Wettbewerbsmärkten jedoch nicht realitätsnah abbilden, da ihm einschränkende Annahmen zugrunde liegen. Dieses Modell enthält weder Ungewissheit, noch Abwesenheit von Koordination, noch Unternehmergewinn, es fehlen annahmegemäß sogar alle Unternehmer. Ergebnisse, zu denen man gelangt, indem von unternehmerischem Verhalten abstrahiert wird, können jedoch nicht als Referenznorm benutzt werden, um das Versagen tatsächlich existierender Märkte zu begründen. Dies versucht aber die normative Theorie der Regulierung, wenn sie Abweichungen vom statischen Optimalzustand effizienter Allokation als Begründung für Regulierungseingriffe heranzieht. Damit soll nicht das Modell der vollkommenen Konkurrenz oder die Neoklassik an sich kritisiert werden. Die Kritik soll nur verdeutlichen, dass wirtschaftspolitische Handlungsanweisungen sich nicht ausschließlich auf die statische normative Theorie der Regulierung berufen dürfen. So müssen z.B. auch dynamische Aspekte berücksichtigt werden: Die im Wettbewerb agierenden Wirtschaftssubjekte erhalten über das Preissystem laufend Informationen, die sie zu Anpassungsreaktionen zwingen. Dadurch bewirken sie ihrerseits Datenänderungen, die wiederum Anpassungsreaktionen bei anderen Marktteilnehmern auslösen.

Zudem sind im Wettbewerb agierende Wirtschaftssubjekte nicht den Beschränkungen unterworfen, die dem Modell der vollkommenen Konkurrenz als Annahmen zugrunde liegen. So wird vom entscheidenden Problem der Wissenserzeugung und –verwertung abstrahiert. Die Marktteilnehmer müssen sich im Wettbewerb innovativ verhalten, wenn sie auf Dauer bestehen wollen. Wettbewerb ist kein stationärer Zustand, sondern bedeutet fortlaufende Veränderungen. Wettbewerbliche Prozesse führen daher auch nicht zu optimalen oder Gleichgewichtszuständen. Die Ergebnisse des Wettbewerbs lassen sich lediglich in Form von Musteraussagen vorhersagen.

Wettbewerb sichert die optimale Verteilung der knappen Güter einer Gemeinschaft: Die Nationen mit den freiesten Märkten und geringsten Restriktionen weisen auch den höchsten Wohlstand, gemessen nicht nur am Bruttosozialprodukt, sondern auch anhand Lebenszeit-, Analphabetismus- und Armutindikatoren, auf.[48]

---

[47] Vgl. Meierhofer, H. (1997), S. 219; Lane, J.-E. (1997), S. 603f.; Crew, M.A. / Kleindorfer, P.R. (1992a), S. 93; (1986), S. 118; Müller, J. / Vogelsang, I. (1979), S. 54; Braubach, U. (1992), S. 73; Blum, U. / Mönius, M.A. (1998), S. 12 und Busch, B. (1987), S. 13 – 15.

[48] Vgl. Qvortrup, M. (1999), S. 12.

Führt Wettbewerb nicht zum Pareto-Optimum, wird er dadurch aber nicht wertlos.[49] Sein Wert liegt in seiner Entdeckungsfunktion. Wettbewerb ist jedem anderen Organisationsprinzip vorzuziehen, weil er das verstreute Wissen und die Fähigkeiten der Handelnden am besten nutzt und nicht, weil er optimale Zustände anstrebt. Die normative Regulierungsbegründung ist also nicht aufrechtzuerhalten, wenn Wettbewerb als Prozess und nicht als Zustand optimaler Allokation verstanden wird.[50]

3 Natürliches Monopol und diesbezüglicher Regulierungseingriff

Die Frage, inwieweit der Postdienst ein natürliches Monopol darstellt, wurde nie und wird wohl auch in naher Zukunft nicht empirisch gelöst. Nach Allen, DiLorenzo und Berger / Knauth ist die Theorie des natürlichen Monopols eine ökonomische Fiktion.[51] Erst potenzieller Wettbewerb von privaten Unternehmen kann auf dem Weg zu einem völlig funktionsfähigen Wettbewerb zur Antwort auf diese Frage beitragen.

Würde man das Vorliegen eines *natürlichen* Monopols unterstellen, ließe sich aufgrund dieser Vermutung weder die Notwendigkeit *staatlicher* Beschränkungen des Marktzutritts plausibel begründen,[52] noch wäre gleichsam automatisch eine Marktversorgung zu den geringsten volkswirtschaftlichen Kosten gewährleistet, wie sich anschaulich anhand der Aussagen der Public-Choice- und Property-Rights-Theorie sowie der Erkenntnisse der modernen Ansätze der Markt- und Wettbewerbstheorie einschließlich der Theorie der bestreitbaren Märkte aufzeigen lässt. Aus der Perspektive dieser Theorien und Ansätze schwächen gesetzliche Marktzutrittsschranken die Anreize des Monopolisten zur Bereitstellung eines an den Präferenzen der Nachfrager ausgerichteten Angebots sowie zur ständigen Rationalisierung und Optimierung der Betriebsabläufe. So ist erstens mit der Etablierung eines höheren Faktorverbrauchs[53] und zweitens mit höheren Faktorpreisen relativ zu einer kompetitiven Situation zu rechnen.[54] Vor allem aber unterliegt das Unternehmen nicht dem Zwang zur Innovation, womit die volkswirtschaftlich wichtigste Wettbewerbsfunktion außer Kraft gesetzt ist.[55] Ein Blick auf die Entwicklung des Postwesens bestätigt diese Aus-

---

49 Die Tatsache, dass eine Pareto-superiore Allokation implementierbar ist, z.B. durch staatliche Steuerpolitik, zeigt, dass der Marktmechanismus unter asymmetrischer Information nicht einmal eine beschränkt Pareto-optimale Allokation erreicht. Vgl. Kessner, E. (1998), S. 305 und Krause, G. (1999), S. 14f.

50 Vgl. Busch, B. (1987), S. 16 – 20.

51 Vgl. Allen, J.R. (1997), S. 392; DiLorenzo, T.J. (1996), S. 73 und Berger, H. / Knauth, P. (1996), S. 20. Vgl. auch Lenard, T.M. (1996), S. 44; Panzar, J.C. (1991), S. 224; Eickhof, N. (1997), S. 564 und Bradley, M.D. / Colvin, J. (1995). Letztere schließen aus ihrer empirischen Arbeit für das amerikanische Postwesen, die Zustellkosten seien subadditiv.

52 Begründet wird dies mit der Vermeidung eines sinnlosen, ruinösen Wettbewerbs.

53 In vor Wettbewerb geschützten Bereichen sind vor allem Überkapazitäten im Personalbereich typisch. Sie ermöglichen den dort Beschäftigten eine größere Bequemlichkeit bei der Arbeit, geringeren Leistungsdruck, weniger gravierende Sanktionen bei Fehlern und Faulheit etc. Vgl. Kruse, J. (1985), S. 100.

54 Vgl. Knieps, G. (1987b), S. 282; (1987a), S. 4; Kruse, J. (1993), S. 107; Borrmann, J. / Finsinger, J. (1994), S. 48f.; Blankart, C. B. / Knieps, G. (1992) und (1995), S. 6.

55 Ein vor Wettbewerb geschütztes Unternehmen trägt hohe Kosten, wenn ein Projekt durchgeführt wird, das sich nachher als Fehlschlag erweist. Der Verzicht auf ein profitables Projekt dagegen bleibt i.d.R. unbestraft, da kein potenzieller Wettbewerber das eingesessene Unternehmen aus dem Markt drängen kann. In den Unternehmen, die durch ein Monopol geschützt sind, ist das ge-

sagen auch empirisch. So ist unbestritten, dass alle wichtigen Produkt- und Prozessinnovationen der letzten Jahre, wie z.B. Kurierdienstleistungen und das Track-and-Trace-System, ausnahmslos von privaten Anbietern eingeführt wurden.[56] Das Entstehen und starke Wachstum privater Anbieter belegt außerdem die These vom wenig kundenorientierten Verhalten der Deutschen Post AG. Auch die niedrige Faktorproduktivität dieses Unternehmens wird nicht in Zweifel gezogen.[57]

Gibt es keine künstlichen Marktzutrittsbarrieren, ist der Markt also bestreitbar, ist nicht zuletzt auch die Gefahr, die von ausländischen natürlichen Monopolisten droht, ein wirksames Mittel, den Monopolisten zur Preisdisziplin zu zwingen. Die wirtschaftspolitische Lösung wäre in diesem Fall also nicht eine Regulierung, sondern der Abbau von Außenhandelsregulierungen, falls solche bestehen.[58]

C Die positive Theorie der Regulierung

Die *normative* Theorie der Regulierung der traditionellen Wohlfahrtsökonomik leitet Regulierungsmaßnahmen aus dem Ziel der Wohlfahrtsmaximierung ab. Die Regulierer selbst seien interessenneutral, vollständig informiert und verursachen keine Kosten. Nach diesem Ansatz, der auf sehr restriktiven Annahmen beruht, führen Regulierungsmaßnahmen zu einer Erhöhung der gesellschaftlichen Wohlfahrt. In der Realität sind die hier zugrundeliegenden Annahmen jedoch nicht erfüllt. So liegt z.B. keine vollständige Information vor, und die an der Regulierung Beteiligten verfolgen Eigeninteressen, die den Wohlfahrtszielen widersprechen können.[59]

Die *positive* Theorie der Regulierung versucht deshalb, auch jene Wirtschaftseingriffe des Staates zu erklären, die nicht auf Marktversagen zurückzuführen sind. Zu diesen Erklärungsmodellen können die behaviouristisch ausgerichtete Organisationstheorie sowie Modelle und Erkenntnisse der Neuen Politischen Ökonomie beitragen.[60] Die Regulierungsbehörden bestehen hierbei nicht aus uneigennützigen Spezialisten,

---

samtwirtschaftliche Risiko unternehmerischer Fehlentscheidungen zentralisiert und deswegen besonders groß. Wie die Erfahrung lehrt, lassen sich die Folgen von Missmanagement in öffentlichen Unternehmen im nachhinein nur unter Aufwendung beträchtlicher Finanzmittel beseitigen. Vgl. Knorr, A. (1993), S. 24f.; Horn, M. u.a. (1988), S. 54f.; Knieps, G. (1985), S. 22; (1987a), S. 4 und Fleishman, J.L. (1983), S. 141.

56 Vgl. Albon, R. (1991b), S. 27f. und Adie, D.K. (1990), S. 87. Neue Dienste können Einführungspreise unterhalb der Preise nachfolgender Perioden erfordern. Die traditionelle regulierte Preisbildung, die solch niedrige Preise nicht erlaubt, schreckt deshalb von Innovation ab. Vgl. Mitchell, B.M. / Vogelsang, I. (1991), S. 67.

57 Vgl. Gröner, H. / Knorr, A. (1996), S. 227f. und Ferrara, P.J. (1996), S. 23. Ferrara schätzt die Kosten des USPS auf das doppelte des Wettbewerbsniveaus privater Anbieter – obwohl das Gebührenniveau in den USA zu den niedrigsten der Welt zählt. Vgl. Näheres bei Ferrara, P.J. (1996), S. 24. Wettbewerb führt außerdem zur Beseitigung herkömmlicher Nutzungsbeschränkungen und somit zur effizienteren Nutzung vorhandener Kapazitäten. Vgl. Emmerich, V. (1989), S. 431; Grossekettler, H. (1993), S. 16f.; Borrmann, J. (1995), S. 51; Knieps, G. (1985), S. 23 und Fleishman, J.L. (1983), S. 141.

58 Vgl. Dicke, H. u.a. (1995), S. 10f.

59 Vgl. Pieper, F. (1996), S. 20; Posner, R.A. (1969) und Crew, M.A. / Kleindorfer, P.R. (1986), S. 146.

60 Monopole wurden schon Jahrzehnte vor dem Aufkommen der Neuen Politischen Ökonomie formalisiert. Die Ökonomen nutzten die NPÖ aber erst Jahrzehnte später zur Erklärung der Regierungseingriffe. Vgl. DiLorenzo, T.J. (1996), S. 64 – 66, 74.

sondern aus Individuen, deren Entscheidungen von ihrer politischen Umwelt und eigenen Interessen bestimmt werden. Sie verfolgen also durch Regulierung politische Ziele und / oder arbeiten auf eine Steigerung ihrer eigenen Einkommen oder Karrieren hin. Dies führt folglich zu Ineffizienz, da die zur Verfügung stehenden Mittel nicht ausschließlich im Sinne der wohlfahrtsmaximierenden Regulierung eingesetzt werden. Nach Stiglers Theorie ökonomischer Regulierung, bei der die Interessengruppen auf der Nachfrageseite und die Politiker auf der Anbieterseite stehen, wurde Regulierung *nicht* dazu entworfen, die ökonomische Effizienz zu fördern. In Wirklichkeit zielt sie auf eine Art der Einschränkung des Wettbewerbs ab, die in Wohlfahrtsverlusten endet und Wohlfahrtstransfers von einer Gruppe (oft Konsumenten) zu einer anderen (oft Unternehmen) beinhaltet. Vielleicht ist es auf diesen engen Blickwinkel der Regulierer[61] zurückzuführen, dass sie oft von der einen oder anderen Interessengruppe „gefangen" genommen werden, die sich speziell mit dieser Branche auseinandersetzt (z.B. die Branche selbst).[62] Langfristig werden sich diese regulierungsbedingten Effizienzverluste auch gegen die ursprünglichen Gewinner, wie z.B. die Deutsche Post AG, richten: Diejenigen, die sich einen größeren Marktanteil erstritten haben, sind auch schlechter gestellt, da der Markt wesentlich kleiner als in einer nicht durch Regulierung gelähmten Gesellschaft ist.[63]

Nicht weniger pessimistisch im Ergebnis, aber mit größerer Differenzierung begründet die Theorie des Rent-Seeking, warum bei Regulierungen alle Beteiligten verlieren. Die hierfür gewählte Bezeichnung *Rent-Seeking* beschreibt das Streben nach künstlich geschaffenen Renten.[64] Es ist von einem „Markt" für ordnungspolitische Ausnahmeregelungen auszugehen. Auf ihm agieren Politiker als „Anbieter" und Unternehmer mit ihren Arbeitnehmern als „Nachfrager". Erstere sind an den Stimmen sowie sonstigen Unterstützungen durch letztere interessiert.[65] Für Unternehmer bedeutet dies, dass sie jene Politiker unterstützen, die ihnen eine Verringerung des wettbewerblichen Drucks versprechen. Mit derartigen Bestrebungen ist in erster Linie bei solchen Unternehmen zu rechnen, die schlecht angepasst sind und auf Märkten

---

61 Das Wort „Regulierer" steht gleichbedeutend für die „Regulierungsbehörde" in Deutschland bzw. ein Ministerium, das mit gleichbedeutenden Aufgaben betraut ist.

62 Vgl. Benson, B.L. / Greenhut, M.L. (1986), S. 54, 68, 84 und Becker, G.S. (1989), S. 13 – 27.

63 Vgl. Näheres bei Hedrich, C.-C. (1993), S. 111f.; Recktenwald, H.C. (1980), S. 157f.; Eickhof, N. (1986), S. 124f.; Posner, R.A. (1988), S. 26; Yandle, B. (1989), S. 32; Tschirhart, J. (1989), S. 62; Kruse, J. (1993), S. 15; Ewers, H.-J. / Wein, T. (1989), S. 13, 20f., 24; Spelthahn, S. (1994), S. 43f.; Müller, J. / Vogelsang, I. (1978), S. 101f.; Braeutigam, R.R. (1989), S. 1299, Knorr, A. (1993), S. 26, Busch, B. (1987), S. 39; Eickhof, N. (1986), S. 129 und Fritsch, M. u.a. (1993), S. 162.

64 Eine *Rente* sind Einnahmen für einen Ressourceneigner, die über die Opportunitätskosten hinausgehen. Vgl. Crew, M.A. / Rowley, C.K. (1989), S. 12.

65 Nach Downs (1957) streben die Politiker an Macht, Ansehen und indirekt auch nach Geldeinkommen. Um in entsprechende Positionen zu gelangen, sind sie an Wählerstimmen interessiert. Vgl. Blankart, C.B. (1994), S. 13. Sie versprechen stimmenwirksamen Gruppen "concentrated benefits", die sie unmerklich finanzieren ("diffused costs").

Die durch günstige Posttarife begründeten Subventionen an z.B. ländliche Gebiete wurden meist aus dem allgemeinen Steuertopf finanziert. Das neue Postgesetz sieht demgegenüber eine Finanzierung über einen eigens aktivierbaren Ausgleichsfonds vor.

agieren, die eine relativ große Angebotselastizität aufweisen.[66] Auch die Regulierer als Bürokraten streben nach einer Ausweitung ihrer Handlungsbefugnis.[67] Außerdem sind den Politikern und Regulierern nie die Wünsche und Bedürfnisse der Postkunden bekannt. Sie tendieren dazu, dem Postwesen Universaldienstlösungen aufzuerlegen, wenn auch die zu einer homogenen Gruppe zusammengefassten Konsumenten heterogene Nachfragestrukturen aufweisen.[68] Steht der Wettbewerb um Subventionen im politischen Markt prinzipiell allen Unternehmen offen, kann das gesamtwirtschaftlich unproduktive Rent-Seeking ein Ausmaß erreichen, das die potenziellen gesamtwirtschaftlichen Wohlfahrtsgewinne der strategischen Industriepolitik aufzehrt oder gar überkompensiert.[69] Die Unternehmen, Regulierer und Politiker fördern also jeder für sich, jedoch erst recht durch ihr Zusammenwirken eine ineffiziente „Regulierungsspirale“: Weder die Unternehmen, noch die Politiker, noch die Regulierer können das Rent-Seeking allein beenden. Würden die anderen fortfahren und nur für sich Renten anstreben, würde sich ein Ausscherender immer schlechter stellen. Folglich kann dem nur eine globale Deregulierung entgegenwirken und sich so noch am ehesten die Akzeptanz einer derartigen Maßnahme sichern.[70]

Problematisch sind Fälle, in denen effiziente Marktergebnisse (z.B. räumlich differenzierte Preise) nicht akzeptiert und folglich durch Markteingriffe korrigiert werden sollen. Hier besteht die Gefahr, dass sich kleine, gut organisierte Gruppen zu Lasten der Allgemeinheit bedienen und insgesamt Wohlfahrtsverluste erzeugen.[71]

D Postmonopol und interne Subventionierung

Historisch wurde ein staatliches Postmonopol eingerichtet, um eine flächendeckende Versorgung mit Postdienstleistungen zu angemessenen Preisen sicherzustellen. Damit verbunden wurde der sogenannte Einheitspreis für Postdienstleistungen festgeschrieben. Dieser kann nur mittels interner Subventionierung aufrechterhalten werden.

---

66 Als schlecht angepasst werden jene Unternehmen bezeichnet, die von Personen mit geringer Leistungsmotivation geführt werden und nichtinnovative Organisationsstrukturen aufweisen. Sie sind am ehesten in einer möglichst statischen Umwelt lebensfähig und daher an wettbewerbsbeschränkenden Aktivitäten interessiert. Eine relativ große Angebotselastizität lässt dagegen auf unausgelastete Kapazitäten schließen. Jeder Anbieter muss nun befürchten, dass seine Konkurrenten auch auf seine Kosten die eigenen Kapazitäten auszulasten versuchen und dabei vielleicht auf eine vollständige Deckung ihrer Kosten verzichten. Je größer die Überkapazitäten, desto stärker werden die Unternehmen nach einer Beschränkung des Wettbewerbs streben. Vgl. Eickhof, N. (1997), S. 564 – 567; Busch, B. (1987), S. 34 und Müller, J. / Vogelsang, I. (1977), S. 2.

67 An dieser Stelle sei auf die Bürokratiemodelle der Budget- und Residuumsmaximierung nach Niskanen, Migué und Bélanger verwiesen. Vgl. hierfür Näheres bei Zimmermann, H. / Henke, K.-D. (1994), S. 69 – 73.

68 Vgl. Toime, E. (1993), S. 284.

69 Vgl. Klodt, H. (1995), S. 89. "Where one stands depends on where one sits." Vgl. Sharkey, T.M. (1997), S. 26.

70 Vgl. Ewers, H.-J. / Wein, T. (1989), S. 24f., 27; Ewers, H.-J. (1994), S. 178 – 208; Hart, T. (1994), S. 84 – 87 und Weigel, W. (1992), S. 366.

71 Vgl. Knauth, P. (1993), S. 124.

1 Das Postmonopol

Hauptcharakteristikum des Postmonopols ist die Tatsache, dass es sich um ein Monopol handelt, das nicht mit dem Besitz einer eigenen Infrastruktur gekoppelt ist. Die sogenannten *Infrastrukturverpflichtungen* sind demnach reine Verpflichtungen zur Erbringung von *Dienstleistungen*. Für diese nehmen die Postdienstleister gewisse Investitionen vor und halten ein Netz an betrieblichen Einrichtungen bereit. Es handelt sich hierbei also nicht um eine Netzinfrastruktur, die bei Liberalisierung[72] für die Benutzung durch Wettbewerber geöffnet werden müsste; vielmehr muss jeder Wettbewerber diese Investitionen selbst tätigen.

Die Begründung für die Rechtfertigung des Postmonopols war die finanzielle Sicherung der flächendeckenden Bereitstellung postalischer Dienste.[73] Es wurde angenommen, dass dieses Ziel unter Wettbewerbsbedingungen nicht erfüllt werden kann, da das Postmonopol aufgrund seiner Verpflichtung zur Bereitstellung der Dienste sich nicht selbst gegen rosinenpickende[74] Wettbewerber schützen könnte, sondern ihm vielmehr große Risiken im Fall eines Zutritts eines Wettbewerbers aufgebürdet würden.[75]

Die errichtete gesetzliche Monopolstellung und die damit verbundenen Preiskontrollen[76] führten letztlich jedoch dazu, dass eben die Situation eingetreten ist, welche eigentlich hätte vermieden werden sollen: Sowohl die Verluste aus der Versorgung des Postsektors, als auch die Kosten betriebsinterner Ineffizienz der Post mussten aus dem allgemeinen Staatshaushalt finanziert werden.[77]

Auch die Effekte des Postmonopols auf die Effizienz von Investitionsentscheidungen werden recht kontrovers diskutiert. Manchmal wird Effizienz so definiert, dass die staatliche Entscheidung prinzipiell überlegen sei. Andererseits erscheint die Einschätzung gerechtfertigt, dass sowohl private, als auch staatliche Investoren Fehler machen, die Privaten ihre Fehler aber i.d.R. früher korrigieren. In der Folge führen staatliche Betriebe zu niedriger Kapitalproduktivität und damit letztlich zu Wachstumsverlust.[78]

Diese Entwicklungen führten schließlich zu den Bestrebungen, das Postmonopol abzuschaffen und Wettbewerb in diesem für die Volkswirtschaft wichtigen Sektor einzuführen. Damit die Deutsche Post AG als marktbeherrschendes Unternehmen in der Übergangszeit vom vollkommenen Monopol hin zum funktionsfähigen Wettbe-

---

72 Zur Definition von Liberalisierung vgl. Kapitel 2, Abschnitt A dieser Arbeit.

73 Vgl. Bundesministerium für Post und Telekommunikation (1995), S. 4. Diese Überlegungen zeigen, dass die einzige Absicht von Exklusivrechten im Postwesen der Schutz aller Postkunden und nicht der maximale Gewinn ist.

74 Unter *Rosinenpicken* (cream skimming) wird i.A. die Aktivität in nur lukrativen Teilmärkten verstanden, während die defizitären Teilbereiche einer Unterversorgung unterliegen.

75 Vgl. Knauth, P. / Dommermuth, F. (1997), S. 44 und Cohen, R.H. u.a. (1998), S. 1.

76 Preiskontrollen haben das Ziel, die Marktmacht der Unternehmen einzuschränken. Vgl. Horn, M. u.a. (1988), S. 42.

77 Vgl. Laaser, C.-F. (1991), S. 217; Zumwinkel, K. (1991), S. 16f.; Schulte-Braucks, R. (1990), S. 13, 15; Butler, S.M. (1990), S. 107 und Bosch, A. / Veit, R. (1994), S. 96.

78 Vgl. Walter, N. (1993), S. 138.

werb ihre Marktposition nicht zuungunsten neuer Wettbewerber ausnutzen kann, wurde 1997 ein Postgesetz zur Regelung möglicher Probleme formuliert.

2 Interne Subventionierung

Unter *interner Subventionierung* (Quersubventionierung; cross subsidization) wird die Subventionierung von Produkten eines Unternehmens durch andere Produkte desselben Unternehmens bezeichnet. Es handelt sich bei ihr also um *unternehmensintern* unverteilte Finanzmittel, die insbesondere in der Preispolitik regulierter Mehrproduktunternehmen angewendet wurden. Zu letzteren gehören auch die Postdienstleister. Bieten sie z.B. einige ihrer Dienste auf Wettbewerbsmärkten, andere Dienste hingegen auf Märkten mit beschränktem Zutritt an, können sie ihre Dienste intern subventionieren. Dies begünstigt die Konsumenten eines Dienstes zu Lasten der Käufer eines anderen Dienstes.[79] So wird z.B. durch die Exklusivlizenz der Briefdienst der Deutschen Post AG implizit „besteuert", während alle anderen Dienste, also auch der Paketdienst, intern subventioniert werden: Die Altlasten der Deutschen Post AG, deren Finanzierung über die Exklusivlizenz erfolgt, sind *allen* von ihr angebotenen Diensten zuzurechnen.

Die interne Subventionierung wurde oft als politisch relativ geräuschloses Instrument der Gemeinwirtschaftlichkeit, das Ziel einer universalen Versorgung mit sozial erwünschten Gütern zu verwirklichen, geschätzt.[80] Eine weitere Erklärung für Quersubventionierung stellt die „Fiskalillusion" dar, mit der hinter dem Ziel einer Quersubventionierung eine Umverteilung zugunsten eigener Interessen kaschiert werden kann.

Kritiker dagegen fürchten bei Quersubventionierung einen gezielten Verdrängungswettbewerb auf der Angebotsseite und die Verletzung von Fairnessgrundsätzen in den Beziehungen zwischen Käufergruppen und Konkurrenten des Unternehmens.

Da auch ärmere Einkommensschichten an der Finanzierung der Universaldienstleistungen über den Weg der gesetzlich fixierten Exklusivlizenz beteiligt sind,[81] sind direkte Transfers auch aufgrund dieser mangelnden Zielgenauigkeit der Finanzierung der internen Subventionierung überlegen.[82]

---

79 Vgl. Faulhaber, G.R. (1975), S. 966 und Knieps, G. (1987b), S. 268.

80 Soziale Tarife können eine gangbare Methode sein, bedürftigen Haushalten Hilfe anzubieten. Vgl. Ray, D. / Stevenson, R. (1980), S. 206. Die interne Subventionierung des Postzeitungsdienstes z.B. wird vielfach als unverzichtbar zur Erhaltung von Pressefreiheit und Meinungsvielfalt angesehen, weshalb die traditionell im Verhältnis zu vergleichbar großvolumigen Postgütern niedrigen Beförderungspreise der Pressepost das Ergebnis eines politischen Prozesses sind. Vgl. Emmerich, V. (1989), S. 428; Blankart, C.B. (1994), S. 412; Windisch, R. (1987), S. 81f.; Fleishman, J.L. (1983), S. 22; Stumpf, U. (1990), S. IIf.; (1991), S. 177 und Knorr, A. (1993), S. 44.

Beim britischen *Inland Newspaper Post Service* für den Zeitungs- und Zeitschriftenvertrieb kann die Zulassung gegen eine jährliche Gebühr beantragt werden. Die Bedingungen sind so formuliert, dass nur Tages- und Wochenzeitungen mit aktuellem Bezug eine Zulassung erhalten können, und damit deutlich restriktiver als die Zulassungsbedingungen zum Postzeitungsdienst der Deutschen Post AG. Vgl. Heuermann, A. / Schnöring, T. (1985), S. 132.

81 Vgl. Rosenschon, A. (1991), S. 11; Knorr, A. (1993), S. 49 und Knieps, G. u.a. (1982), S. 210.

82 Vgl. Averch, H. / Johnson, L.L. (1962), S. 1052, 1058, 1068; Grossekettler, H. (1993), S. 17; Spelthahn, S. (1994), S. 77; Dicke, H. u.a. (1995), S. 7 und Knorr, A. (1993), S. 24.

Da über das Ausmaß der internen Subventionierung genaue Informationen oft fehlen, fällt eine Unterscheidung zwischen Kostenineffizienz eines regulierten Unternehmens und der defizitären Belastung aufgrund von Infrastrukturzielen schwer.[83]

E Einzelargumente für Deregulierung und Privatisierung

Viele Argumente sprechen gegen ein den Wettbewerb und Innovationen behinderndes Maß an staatlicher Regulierung und Wirtschaftstätigkeit. Das meistgenannte Ziel dabei ist die Erhöhung der Effizienz in den bislang regulierten Sektoren. Auch die Stimmung in Deutschland begünstigt die reduzierte Betonung der Regulierung.[84]

Um einen besseren Überblick zu erhalten, werden Argumente für eine Deregulierung[85] und Privatisierung[86] nach Hedrich in sechs Gruppen zusammengefasst.[87]

1 Finanzpolitische Argumente

Regelmäßig wird Privatisierung unter Hinweis auf finanzpolitische Vorteile befürwortet. Öffentliche Haushalte sollen durch den sinkenden Zuschussbedarf und verminderte oder ganz entfallende Kapitalzuweisungen[88] sowie – einmalig – durch den Privatisierungserlös entlastet werden. Erweitert man die Entscheidungs- und Verhaltensspielräume privater Anbieter durch Deregulierung im Vergleich zu einer vorher verstaatlichten Situation, sind aus den durch die dynamischen Anreize eines funktionsfähigen Wettbewerbs entstehenden Gewinnen des ehemaligen Monopolunternehmens, aber auch neu zugelassener Unternehmen zudem höhere Steuereinnahmen zu erwarten.[89]

2 Bürokratiekritische Argumente und "capture theory"

Bürokratiekritische Argumente beziehen sich auf die spezifischen Entscheidungs-, Anreiz- und Kontrollstrukturen in öffentlichen Verwaltungen und Unternehmen. Bei Existenz eines absoluten Monopols, wie es im Postbereich vorlag bzw. im Rahmen der Exklusivlizenz für Briefsendungen bis zu einem Gewicht von 200 g auch noch mindestens bis zum Ablauf des Jahres 2002 vorliegen wird, und aufgrund noch vor-

---

So sollten gezielte Subventionen für Blinde oder für Zeitungsabonnenten jedoch eher ein Anliegen der Sozialpolitik sein und daher über das allgemeine Staatsbudget finanziert werden. Vgl. Stumpf, U. (1997b), S. 289.

83 Vgl. Horn, M. u.a. (1988), S. 70; Knieps, G. (1987a), S. 12; (1987b), S. 279 und Blankart, C. B. / Knieps, G. (1989), S. 161.

84 Vgl. Crew, M.A. (1985), S. 1.

85 Eine detaillierte Definition von Deregulierung findet sich zu Beginn des 3. Kapitels dieser Arbeit.

86 Unter *Privatisierung* soll im Folgenden der Verkauf des gesamten Unternehmens oder der Mehrheit der Stimmrechte an private Wirtschaftseinheiten definiert werden. Vgl. Klenk, J. u.a. (1994), S. 8; Spelthahn, S. (1994), S. 9; Knorr, A. (1993), S. 7.

87 Vgl. Hedrich, C.-C. (1993), S. 124 – 131.

88 Einsparungen können sich hierbei vor allem dann ergeben, wenn sich die öffentliche Hand für die Eigenkapitalzuführung am Kapitalmarkt verschulden muss.

89 In der Regel zahlt ein Staatsunternehmen keine Steuern, sondern ist vielmehr auf Zuweisungen aus dem allgemeinen Steuertopf angewiesen.

handener Beamten[90] als „Altlast" ist der Bürokratieapparat der Deutschen Post AG aus folgenden Gründen ineffizient:[91]

- Es existiert kein Druck zur Leistungssteigerung.
- Es erfolgt eine Regelbeförderung.
- Die Beamten sind unkündbar.
- Konkurrenz durch Leistung fehlt.
- Es existiert kein Leistungs-, sondern ein Versorgungsprinzip.
- Besoldungserhöhungen erfolgen automatisch.
- Es gibt kaum Sanktionen für Fehlplanungen, -prognosen, -entscheidungen und -durch-führungen, da eine Leistungskontrolle aufgrund mangelnder Zielvorgabe nicht möglich ist.
- Somit ist auch politischer und persönlicher Regress rechtlich und praktisch ausgeschlossen, die zweckgebundene Mittelzuweisung verhindert Entscheidungskompetenz, die Kosten der Informationsverarbeitung und Koordination durch zentrale Behörden sind hoch, und die Bindung an Vorschriften ist nur für einfache, standardisierte Tätigkeiten sinnvoll.
- Es gibt keinen Zwang zu effizientem Verhalten, sondern das Verhalten ist durch die Zielfunktion der Bürokraten bestimmt, die den Informationsvorsprung nutzen. Dies wirkt sich aus in Tendenzen zur Budget- oder Spielraummaximierung.
- Das organisatorisch erzeugte Misstrauen in eine angemessene Mittelanforderung drängt zur Zentralisierung. Sinnvoll wäre jedoch eine globale Zuweisung von Mitteln, um kompetentere Mitarbeiter auf der Sachebene entscheiden zu lassen.

Im Ergebnis drückt sich Ineffizienz im Bereich der Bürokratie in überhöhten Kosten in Planung, Durchführung und Kontrolle aus; entsprechend existieren Potenziale zu effizienterer Arbeit in dem noch staatlichen Monopol für Briefdienstleistungen. Das bürokratische System wirkt außerdem demotivierend oder fehlmotivierend; seine Fähigkeiten sind nicht ausgeschöpft, seine Gestaltungsspielräume beschnitten, und sein Image ist schlecht.

Ferner führen die Schwierigkeiten der Leistungsbeurteilung, die insbesondere aus der Trennung zwischen Einnahmen- und Ausgaben-Rechnung resultieren, zu einer inhärenten Unwirtschaftlichkeit der Verwaltung, welche durch die institutionelle Inflexibilität verstärkt wird. Letztere ergibt sich unvermeidbar aus dem Wesen der starren öffentlichen Verwaltung, die in ihrem Handeln stets an Gesetze und Vorschriften gebunden und damit Verzögerungen unterworfen ist.

Als bürokratiekritisch gelten auch jene Ansätze der *capture theory* (Vereinnahmungstheorie), die einen „Markt für Regulierungen" behaupten, welcher sich aufgrund der Verquickungen von Personen und Interessen zwischen regulierten Wirtschaftssubjekten als Nachfrager und der Regulierungsbehörde als Anbieter ergibt. Die capture theory geht davon aus, dass die Regulierungsbehörde von den Regu-

---

90 Vgl. hierzu genauer Abschnitt A des ersten Kapitels dieser Arbeit.

91 Vgl. Grüske, K.-D. (1998), S. 13f.

lierten „eingenommen" wird.[92] Die Ausgaben für die Formung, Erhaltung und Manipulation des regulatorischen Prozesses werden dabei als kosteneffektive Unternehmensinvestitionen betrachtet.[93]

3 Effizienzargumente

Das wohlfahrtstheoretische Konzept des Pareto-Kriteriums[94] zur Beurteilung der Effizienz ist nicht praktikabel, da es auf subjektiven Wertungen der Individuen basiert. Um eine Effizienzsteigerung nach dem Pareto-Kriterium festzustellen, müsste theoretisch die Zustimmung aller von der Veränderung betroffenen Individuen feststehen.[95] Da es sich beim Pareto-Kriterium jedoch nur um ein theoretisches Konzept handelt, das die Verteilung unberücksichtigt lässt, muss zur Beurteilung der volkswirtschaftlichen Effizienz ein anderer Vergleichsmaßstab herangezogen werden.

Hierzu dient die Definition der Allokations- und Produktionseffizienz. Von *Allokationseffizienz* spricht man, wenn das Angebot an Kollektivgütern optimiert wird, um ein Wohlfahrtsmaximum zu erreichen.[96] *Produktionseffizienz* (*betriebswirtschaftliche Effizienz*) sorgt sich um die Minimierung der Kosten der Leistungserstellung.[97]

Als Begründung für eine tatsächlich vorliegende Ineffizienz werden insbesondere die unterschiedlichen Anreiz- und Sanktionsmechanismen in einem gesetzlichen Monopol, die im Folgenden dargestellt sind, angeführt.[98]

- Ein staatliches Monopol ist mit einer Zwangsgewalt verbunden.
- Dynamischer Wettbewerb ist ausgeschlossen.
- Es gibt keine Substitutionskonkurrenz.
- Der Zugang zum Angebot ist privaten Anbietern verboten.
- Anreiz bzw. Zwang zu technologischer Innovation, zu besserem Management und wirksameren Organisationen fehlt (es gibt keinen Druck zur Effizienzsteigerung).

---

92 Vgl. Horn, M. u.a. (1988), S. 37; Müller, J. / Vogelsang, I. (1978), S. 112 und Spelthahn, S. (1994), S. 66.

93 Vgl. Crew, M.A. / Rowley, C.K. (1989), S. 7.

94 Das Pareto-Kriterium wurde in Kapitel 1, Abschnitt C 2.1 dieser Arbeit definiert.

95 Es wäre denkbar, dass ein Individuum nach der Veränderung zwar nicht schlechter gestellt ist als vorher, aber aus Gründen wie Neid oder aus Gerechtigkeitserwägungen heraus die Besserstellung anderer Individuen ablehnt. Als schwächeres Kriterium wurde daher das Kompensationskriterium entwickelt. Eine allokative Veränderung heißt demnach effizient, wenn sie es den Gewinnern erlaubt, die Verlierer in Geld zu kompensieren, so dass Letztere nicht schlechter als im Status Quo ante gestellt sind und Erstere noch einen Nettovorteil behalten. Dabei muss die Kompensation nicht tatsächlich gezahlt werden; es genügt bereits deren Möglichkeit. Vgl. Recktenwald, H.C. (1983), S. 33f., 108 – 112; Crew, M.A. / Dansby, R.E. (1982), S. 36f.; Hamlen, W.A. Jr. / Hamlen, S.S. (1989), S. 90 und Spelthahn, S. (1994), S. 29.

96 Allokationseffizienz kann mit Hilfe des Pareto-Kriteriums „beurteilt" werden.

97 *Produktionsineffizienz* kann allgemein auf eine suboptimale Ergiebigkeit der eingesetzten Produktionsverfahren und / oder auf eine suboptimale Betriebsgröße bzw. nicht optimale Qualität der Produktionsfaktoren (nicht „auf dem Stand der Technik") zurückgeführt werden.

98 Vgl. Grüske, K.-D. (1985), S. 198; (1998), S. 12; Spelthahn, S. (1994), S. 30; Crandall, R.W. (1990), S. 71; Weigel, W. (1992), S. 362; Monopolkommission (1990), S. 25; Rosenschon, A. (1991), S. 10; Müller, J. / Vogelsang, I. (1978), S. 322 und Horn, M. u.a. (1988), S. 37.

- Es existiert keine effektive Monopolkontrolle.
- Druck und Motivation aus Ertragserwartungen der Anteilseigner ist gleich null, da es sich beim Vermögen um Kollektiveigentum handelt.
- Die Nachfragekurve nach Gütern des Monopolisten ist relativ unelastisch, da die Güter i.d.R. lebensnotwendig sind oder sogar Konsumzwang besteht.
- I.d.R. gibt es eine staatliche Garantie zur Deckung entstandener Verluste.
- Das politische und bürokratische Eigeninteresse ist mit Kostenexpansion verknüpft.
- Bei Einbeziehung dynamischer Effekte wird die gesamtwirtschaftliche Versorgung noch schlechter erfasst, da diese hier im Vergleich zum privaten Angebot noch nicht integriert sind.

Effizienznachteile in Form „suboptimaler Ergiebigkeit des Produktionsfaktors Humankapital" können sich bei der Deutschen Post AG daraus ergeben, dass starre Besoldungs- und Beförderungsvorschriften im Wettbewerb um qualifizierte Arbeitskräfte hinderlich wirken.

Auch bei der Beurteilung der Produktions- und Allokationseffizienz spielen subjektive Wertungen eine Rolle und führen daher nicht unbedingt zu objektiven Ergebnissen.

4 Effizienz- und Kontrollprobleme öffentlicher Unternehmen

Solange sich die Aktien der Deutschen Post AG noch zu 100% im Besitz der Bundesrepublik Deutschland befinden, können weitere Deregulierungsargumente, die auf die Inflexibilitäten der öffentlichen Verwaltung und ihrer Eignung als Kontrollmechanismus abzielen, angewendet werden. Bei der Deutschen Post AG sind zwar selbstständig verantwortliche Vorstände tätig; gleichwohl ist die (Effizienz-) Kontrolle durch die Eigentümer, d.h. die Bürger des Gemeinwesens, abgeschwächt.

Auch die Konkursunfähigkeit öffentlicher Unternehmen verschaffte der heutigen Deutschen Post AG Wettbewerbsvorteile gegenüber Privaten. Außerdem ist die staatliche Refinanzierung günstiger als die privater Unternehmen. Diese Vorteile betreffen nicht nur die Fremdkapitalbeschaffung, sondern auch die Eigenkapitalfinanzierung. Damit gleichzusetzen ist die Tatsache, dass bei der Deutschen Post AG die Sanktionsmöglichkeit der Eigentümer entfällt, sich von ihrem Eigentum durch Anteilsverkauf zu trennen, solange noch kein Börsengang erfolgte.

5 Ordnungspolitische Argumente

In der ordnungspolitischen Diskussion hat die Frage nach dem Staatsversagen die nach dem Marktversagen weitgehend verdrängt. Theorie und Praxis der Deregulierung basieren darauf, dass auch unvollkommene, d.h. auch monopolisierte Märkte, auf denen jedoch Wettbewerb zugelassen ist, i.d.R. effizienter sind als die staatliche Regulierung des Marktzugangs, der Investitionen oder der Preise. Dies lässt sich bereits am funktionsfähigen Wettbewerb auf den schrittweise geöffneten Märkten der Kurier-, Express- und Paketdienste (KEP-Dienste) ablesen.[99]

[99] Vgl. Schwarz, G. / Jetzer, J.-P. (1988), S. 10 – 17.

Eine Marktwirtschaft impliziert auch für den Postsektor, dass privatwirtschaftliche Koordinationsmechanismen als Regel, staatliche Eingriffe als begründungsbedürftige Ausnahme gelten. Hinter diesem ordnungspolitischen Prinzip stehen Werturteile und / oder Verteilungsinteressen der Beteiligten, welche selten offen formuliert werden.[100]

Damit werden auch die politischen, organisatorischen und wirtschaftlichen Eigengesetzlichkeiten und Unzulänglichkeiten der staatlichen Aufsicht in Form der RegTP offensichtlich. Deren Kosten sind bei der Entscheidung darüber, ob der ohne Staatseingriff mögliche Wettbewerb auf dem Postsektor der Regulierung vorzuziehen ist, ebenso in Rechnung zu stellen wie die Marktstruktur. Die traditionelle Rechtfertigung von Wirtschaftsaufsicht, Regulierung und Staatsmonopolen besteht darin, auf dem Postmarkt Verhältnisse zu schaffen, die denen bei Wettbewerb weitgehend entsprechen.[101]

6 Weitere Deregulierungsargumente

Nach dem Freiheitsargument widerspricht die Erteilung einer Exklusivlizenz an ein Unternehmen, wie es auf dem deutschen Postmarkt geschah, marktwirtschaftlichen Prinzipien, da andere Unternehmen in dem exklusiven Bereich keine Dienste auf dem Markt anbieten dürfen. Da die Exklusivlizenz nicht zur Korrektur von Marktversagen, sondern zur Finanzierung der postalischen Altlasten, also rein politisch motiviert, erteilt wurde, bedroht die Kumulation wirtschaftlicher Macht und politischer Entscheidungskompetenz die dezentrale Struktur der marktwirtschaftlichen Wettbewerbsordnung.

Darüber hinaus wird gegen Regulierungen vorgebracht, sie könnten international wie national zwischen unterschiedlichen Regulierungsgebieten integrationshemmend oder gar desintegrierend wirken. Die Deutsche Post AG konnte aufgrund ihrer Zwecksetzung und verfassungs- und verwaltungsrechtlicher Prinzipien nur innerhalb des Zuständigkeitsbereichs ihres (hoheitlichen) Trägers tätig werden, am Wettbewerb jenseits dieser Grenzen wegen der nichttarifären Handelshemmnisse nicht teilnehmen und behinderte so die Integration.[102] Die Konsequenzen der Deregulierungsmaßnahmen im Ausland dürfen daher nicht ignoriert werden.[103]

---

[100] Vgl. Spelthahn, S. (1994), S. 26f. und Rowley, C.K. (1991), S. 112.

[101] Vgl. Mestmäcker, E.-J. (1993), S. 493.

[102] Würden ausländische Konkurrenten keinen vergleichbaren Beschränkungen unterliegen, wäre die regulierte Deutsche Post AG deren Wettbewerb ausgesetzt, ohne ihrerseits die Auslandsmärkte erschließen zu dürfen.

[103] Vgl. Knieps, G. (1990), S. 72f.; Gramlich, L. (1995), S. 199 und Kaiser, G.E. (1980), S. 121.

Auf dem US-amerikanischen Markt für IntraLATA-Telefondienste konnte ein starker positiver Zusammenhang zwischen Zugangspreisen zu Ferndiensten und der Eliminierung regulatorischer Zutrittsbarrieren festgestellt werden. In Staaten, die Zutritt erlaubten, waren die Ferndienst-Zugangspreise signifikant höher als im zutrittsbeschränkten Bereich. Da die Ferndienst-Zugangspreise auch eine Komponente der Grenzkosten des IntraLATA-Dienstes des Eintretenden darstellen, muss es noch andere Eintrittsbarrieren neben dem regulierten Ausschluss vom Markt geben. Vgl. Kaestner, R. / Kahn, B. (1992), S. 53.

7 Fazit

Im Postwesen ist also, wie aus den dargestellten Argumenten und den in Kapitel 1 dieser Arbeit dargestellten produktionstechnischen Rahmenbedingungen des Postsektors deutlich wird, aufgrund der fehlenden postspezifischen Relevanz regulierungspolitischer Argumente eine Deregulierung angezeigt.

Um jedoch die bestehende, aus der Monopolzeit resultierende, durch den überragend marktbeherrschenden Postdienstleisters Deutsche Post AG geprägte Struktur des deutschen Marktes für Briefdienstleistungen in einen funktionsfähigen Wettbewerb überführen zu können, sind Instrumente nötig, die einen aufkeimenden Wettbewerb fördern und den Marktsassen mitsamt dessen Wettbewerbspraktiken einer genaueren Beobachtung unterziehen.

Einen wichtigen Faktor dieser zu Wettbewerb hinführenden Regulierung stellt auch die Regulierung der Preise der Dienstleistungen dar. Diese dürfen weder Endkunden, noch Wettbewerber innerhalb des Postsektors diskriminieren. Aus diesen Gründen beschäftigt sich das nun folgende 4. Kapitel mit den möglichen theoretischen Ansätzen zu einer Preisregulierung im Briefdienst.

4. KAPITEL: NORMATIVE ANSÄTZE ZUR PREISREGULIERUNG

Die folgenden Abschnitte des 4. Kapitels zeigen einen Überblick über die ökonomische Theorie der Preisgestaltung von Versorgungsbetrieben mit besonderer Referenz zum Postsektor. Absicht ist die Beurteilung der theoretischen Literatur bezüglich optimaler Preise für Postdienste. Insbesondere soll die Kompatibilität der Theorie mit den Produktions- und Nachfragebedingungen des Postsektors untersucht werden.

Ebenso erfolgt eine kritische Beleuchtung der Annahmen, unter welchen die Ergebnisse abgeleitet werden. Hierzu werden implizite Annahmen explizit dargestellt, einige Ergebnisse durch Aufgabe restriktiver Annahmen erweitert, und Resultate eines Tariftyps auf einen anderen übertragen. Mit der Darstellung des Fortschritts der normativen Literatur sollen Ergebnisse, die aus einer partiellen Absicht, wie z.B. Gewinnmaximierung, resultieren, hin zu anderen Absichten, wie z.B. Wohlfahrtsmaximierung, modifiziert und erweitert werden, sofern diese relevanter erscheinen.

Die reichhaltige und vielfacettige Literatur der verschiedenen Tariftypen entspricht gleichzeitig den Gliederungseinheiten des 4. Kapitels. Zuerst soll in Abschnitt A der normative Rahmen dargestellt werden, unter welchem die Ziele der Tarifsetzung diskutiert werden. In den dann folgenden Abschnitten werden die wohlfahrtsmaximierenden Tarife systematisch analysiert.

So konzentriert sich Abschnitt B auf lineare Mehrprodukttarife. „Linear" meint hier, dass sich die Preise nicht mit der gekauften Menge verändern; „Mehrprodukt-" bedeutet, dass die Dienste sich durch physische Attribute und / oder Konsumentengruppen unterscheiden. Abschnitt C geht zu nichtlinearen Tarifen über, d.h. der Preis verändert sich mit der gekauften Menge.[104] Unter dem Titel der kostenbasierten Tarife beschäftigt sich Abschnitt D mit dem Problem der Zwänge, die aufgrund der Möglichkeit von Eintritt und Wettbewerb im Postsektor entstehen. In Beziehung zu den Abschnitten B und C erfordern diese zusätzlichen Zwänge Abweichungen von wohlfahrtsmaximierenden Tarifen oder die Wahl einer Unterform wohlfahrtsmaximierender Tarife.

Die sich daran anschließenden, moderneren Ansätze der anreizorientierten Tarife (Abschnitt E) und Vergleichsmarktkonzepte (Abschnitt F) runden das 4. Kapitel ab.

A Der normative Rahmen

Da die folgenden Abschnitte B bis F einen Überblick über die Literatur der ökonomischen Theorie der Posttarife darstellen, müssen die unterschiedlichen Annahmen dieser Literatur so angepasst werden, dass sie über alle Ansätze hinweg gültig sind, sofern nichts anderes vermerkt ist. Hierzu dient der vorliegende Abschnitt A, der sich mit den generellen Annahmen, den Zielfunktionen und einer Vorschau der danach anschließend dargestellten Tariftypen beschäftigt.[105]

1 Generelle Annahmen

Um die regulierte Preisbildung im Postsektor genau untersuchen zu können, soll von allen Effekten abstrahiert werden, die Postdienstleistungen auf andere Wirtschaftssektoren haben können. Dieser Ansatz eines partiellen Gleichgewichts ist nur dann zu rechtfertigen, wenn derartige Effekte tatsächlich vernachlässigbar gering, weit verstreut und nur äußerst schwierig zu identifizieren sind. Da sich das Postwesen mit der Interaktion von Personen beschäftigt, ist die Annahme eines partiellen Gleichgewichtes eine sehr enge Annahme. Postgebühren beeinflussen z.B. die Einführung neuer Kommunikationstechnologien, die auch andere Branchen betreffen. In den hier dargestellten Modellen werden all diese Effekte durch Veränderungen der Konsumenten- und Produzentenrente dargestellt, die umgekehrt zu anderen Aktivitäten bzw. deren Verteilung führen. Der Ansatz des partiellen Gleichgewichts impliziert hier, dass die ökonomischen Agenten nur in ihrer Rolle als Anbieter, Regulierer, Planer oder Konsumenten der Postdienste betrachtet werden.

1.1 Unternehmen

Die Regulierungsbehörde strebt Wohlfahrtsmaximierung an und versucht, Einfluss auf regulierte Unternehmen auszuüben. Bei unabhängigen Postdienstleistern dagegen wird Gewinnmaximierung angenommen:

$$\max \pi = \sum_{i=1}^{N} R(\mathbf{q}_i) - C((\mathbf{q}_i)N). \tag{4}$$

Hierbei stellt π den Gewinn, N die Zahl der Konsumenten, R die Ausgaben der Konsumenten bzw. Einnahmen des Unternehmens, $\mathbf{q}_i$ den Vektor der von den Konsu-

[104] Nichtlineare Tarife beinhalten fast alle wichtigen Tarifinnovationen der US-amerikanischen Telefonbranche der letzten zwanzig Jahre.

[105] Vgl. zum Folgenden insbesondere Mitchell, B.M. / Vogelsang, I. (1991), S. 25 – 30.

menten gekauften Postdienste[106] und C die Kosten des Unternehmens dar. Normalerweise beziehen sich unterschiedliche Dienstleistungen auf unterschiedliche Märkte. Zwei Dienstleistungen eines Postdienstleisters gehören dann zum gleichen Markt, wenn sie enge Substitute in der Nachfrage oder im Angebot sind, d.h. falls ihre Kreuzpreiselastizitäten der Nachfrage / des Angebots positiv und signifikant sind. Bei einer engeren Definition einer Dienstleistung wird eine andere Preisbildung nötig.

Der von allen N Konsumenten nachgefragte Dienstekorb ist $(\mathbf{q}_i)_N = (\mathbf{q}_1,\ldots,\mathbf{q}_i,\ldots,\mathbf{q}_N)$. Die Tatsache, dass nicht alle Quantitäten zu einer einzigen Summe aggregiert werden sollen, reflektiert die Mehrproduktenteigenschaft der Postdienste[107] und die Existenz konsumentenspezifischer Kosten. Bei einem sehr großen N wird ein Kontinuum an Konsumenten angenommen. In diesem Fall können konsumentenspezifische Kosten einer zusätzlich produzierten Menge zugeordnet werden, dem „Zugang", der an den Kauf eines oder all der anderen Güter gebunden ist. In diesem Fall darf $C((\mathbf{q}_i)_N)$ auch als $C(\sum_i \mathbf{q}_i)$ geschrieben werden. Die Annahmen zur Kostenfunktion variieren meist von Fall zu Fall. Bis auf den Fall $\mathbf{q} = 0$ und den Fall von Kapazitätsbeschränkungen sei angenommen, die Gesamtkostenfunktion sei zweimal stetig differenzierbar.

$R(\mathbf{q}_i)$ sind die Ausgaben eines Konsumenten i für den Mengenvektor $\mathbf{q}_i$. Im Fall eines *linearen* Preisvektors $\mathbf{p}$ gilt $R(\mathbf{q}_i) = \mathbf{p'q}_i$, der Vektor der Grenzkosten $\mathbf{p'}$ entspricht also dem Preisvektor $\mathbf{p}$. Dies stellt die Grundannahme für Abschnitt B dar, in dem auch der Fall unterschiedlicher Preisvektoren für unterschiedliche Konsumentenklassen behandelt wird. Lineare Tarife sind jedoch unzureichend, um die Theorie und Praxis der Preise von Postdienstleistungen zu charakterisieren. Generell dominieren nichtlineare Tarife mit der Eigenschaft $R(\mathbf{q}_i) \neq \mathbf{p'q}_i$. Im Fall $R(\mathbf{q}_i)$ stellt die Funktion die Beziehung zwischen den Ausgaben und der konsumierten Menge dar. $R(\cdot)$ wird als Ausgabenfunktion bezeichnet (oder Ausgabenplan, sofern er über diskrete Intervalle von q definiert wird). Aufgrund der Nichtlinearität der Tarife wird $\mathbf{p'}$ hier oft als der Grenzpreis $\mathbf{p'} = \partial R / \partial \mathbf{q}$ bezeichnet. In Abschnitt C werden eine Reihe Annahmen über die Gestalt von R getroffen. Es sei stets $\mathbf{p'} \geq 0$ angenommen.

In einem Großteil der Analyse wird jedoch nur der Einproduktfall behandelt, so dass $\mathbf{q}_i$ gleich q_i wird. Dies stellt eine Vereinfachung dar, die in manchen, nicht jedoch in allen Fällen verallgemeinert werden kann.

1.2 Konsumenten

Konsument i erhält aus dem Konsum an Postdiensten den Bruttonutzen $U_i(q_i; q_i^a; y_i)$; q_i^a ist die Menge anderer Güter, die vom Konsumenten i nachgefragt wird; y_i ist sein Einkommen. Es sei angenommen, die Nachfrage nach Postdienstleistungen habe keinen Effekt auf den marginalen Nutzen des Einkommens und der

[106] Zum Begriff der Postdienste vgl. den ersten Teil dieser Arbeit.

[107] Vgl. hierzu Kapitel 1, Abschnitt C2 dieser Arbeit.

anderen Güter.[108] Deshalb soll auf q_i^a und y_i als Argumente in der Nutzenfunktion von *i* im Weiteren verzichtet werden.

Diese Annahme erlaubt auch, den Nettonutzen des Konsumenten aus den Postdiensten als die Differenz aus dem Bruttonutzen und den nichtlinearen Ausgaben $R(q)$ darzustellen: $U_i(q_i) - R(q_i)$. Der Konsument löst also folgendes Maximierungsproblem:

$$q_i = \arg\max[U_i(q_i) - R(q_i)]. \tag{5}$$

Um Komplikationen hinsichtlich der Konsumentenwohlfahrt vorzubeugen, die aus der Nichtlinearität von R erwachsen, sei angenommen werden, dass $R(q) = pq$; dann führt die Lösung des Maximierungsproblems des Konsumenten *i* zum indirekten Nutzen $V_i(p)$[109] sowie zur Nachfragefunktion des Konsumenten:

$$\frac{\partial V_i}{\partial p} = -q_i(p). \tag{6}$$

Es sei angenommen, die Nachfragefunktion $q(p)$ und ihre Inverse $p(q)$ weisen einen fallenden Verlauf auf und sind zweimal stetig differenzierbar.[110] Ohne Einkommenseffekte erfordert die Rationalität des Konsumenten einen konvexen indirekten Nutzen $V(p)$. Der indirekte Nutzen bei Abwesenheit von Einkommenseffekten ist die Marshall'sche Konsumentenrente (consumer surplus, CS), die entweder als:

$$CS = V(p) = \int_p^\infty q(p)dp \tag{7}$$

oder als

$$CS = V(p) = \int_0^q p(q)dq - p(q)q \tag{8}$$

dargestellt werden kann.

Der erste Ausdruck ist für die Betrachtung der Preissetzung gebräuchlich, der zweite für ein mengenbestimmendes Unternehmen.

Für den allgemeinen Mehrproduktfall wurden die Integrale der Konsumentenrente durch Grenzintegrale ersetzt. Wegen der Abwesenheit von Einkommenseffekten sind die Bedingungen zur Integrierfähigkeit erfüllt; ferner sind die Integrale i.d.R. pfadunabhängig. Im speziellen Fall substitutiver Postdienstleistungen werden die Grenzintervalle durch die Summe aus den Konsumentenrenten für die individuellen Dienste ersetzt.

---

[108] Diese Annahme im Modell von Mitchell und Vogelsang ist sehr restriktiv; normalerweise wird der Nutzen des Einkommens über Konsum und Sparen definiert. Die Annahme erfordert entweder zu vernachlässigende Einkommenseffekte oder einen nur kleinen Bruchteil des Budgets des *i*, der für Postdienste ausgegeben wird, damit der Effekt der Postdienstleistungen sehr gering ist. Im Postwesen liegt mindestens die zweite Voraussetzung vor. Vgl. Fußnote 189 dieses Teils der Arbeit.

[109] Der indirekte Nutzen stellt den Nutzen ohne Berücksichtigung der Einkommenseffekte dar.

[110] Im Mehrproduktfall können Postdienstleistungen Substitute oder Komplemente sein.

Sind viele Konsumenten eher Unternehmen als Haushalte, muss geklärt werden, wie in diesem Fall die Analyse der Konsumentenrente verläuft. Die Eigenschaften der Konsumentenrente ohne Einkommenseffekte sind in der Welt der Gewinne plausibel, einige Einwände sind jedoch zuzulassen. Erstens mag der Regulierer Unternehmenskonsumenten anders als Haushaltskonsumenten bewerten. Zweitens können Unternehmen Großkonsumenten mit Einkaufsmacht und Umgehungsmöglichkeiten (bypass options, z.B. Remailing; vgl. hierzu Genaueres in Abschnitt D7 dieses Kapitels) sein, die für Haushalte nicht verfügbar sind. Drittens können die Unternehmen untereinander in einem unvollkommenen Wettbewerb zueinander stehen. Bei vollkommenem Wettbewerb kann ein Unternehmen die Nachfrage nach Postdienstleistungen aus der nachgefragten Menge der selbst angebotenen Dienste ableiten, bei unvollständigem Wettbewerb jedoch nicht.[111]

Ein Tarif R_k wird gegenüber einem anderen Tarif R_l als *Pareto-überlegen* (*oder Pareto-superior*) bezeichnet, wenn mindestens ein Agent (Konsument oder Produzent) unter R_k bessergestellt wird, ohne die Lage eines anderen Agenten zu verschlechtern. In diesem Fall gilt R_l als Pareto-dominiert. Ein Tarif R_k wird als *Pareto-optimal* (oder *Pareto-effizient*) bezeichnet, wenn es keinen Tarif R_l gibt, der ihn dominiert.

1.3 Wettbewerb

Die Literatur zur Regulierung beschäftigte sich anfangs mit einem regulierten Monopol. Im Laufe der letzten Jahre wurde jedoch aufgrund der Entwicklung der Regulierung und der Märkte zunehmend auch Wettbewerb in die Theorie mit aufgenommen. Hierbei sind drei Wettbewerbstypen von Interesse.

- Potenzieller Wettbewerb wurde für die Situation eines natürlichen Monopols analysiert. Die Betonung liegt hier auf der Existenz und den Eigenschaften der Tarife, die ineffizienten Eintritt ausschließen. Die diesbezügliche Literatur wird in Abschnitt D behandelt. Sie konzentriert sich auf das Ausmaß, in welchem potenzieller Markteintritt die erwünschten Eigenschaften der Tarife forciert oder zerstört.
- Bestehender Wettbewerb wird in einem Oligopolmodell[112] bzw. in einem Modell mit einem dominierenden Unternehmen behandelt, dessen eine(s) Produkt oder Produktsparte einer Regulierung unterworfen ist, der andere Unternehmen nicht unterliegen. In diesem Fall liegt der Schwerpunkt auf der gegenseitigen Beeinflussung der Absichten, die von den anderen Unternehmen und vom Regulierer verfolgt werden. Diese Probleme werden in den Abschnitten B, C und D behandelt.
- Bestehender und potenzieller Wettbewerb wird in einem Oligopol unregulierter gewinnmaximierender Anbieter betrachtet. Der Schwerpunkt liegt hier auf dem

---

[111] Vgl. Uhle, D. (1996), S. 149.

[112] Ein Oligopol beschreibt die Marktsituation, in der es mehr als einen Anbieter auf dem Markt gibt. Es existieren aber ausreichend wenige Anbieter, so dass das Verhalten eines einzigen einen Effekt auf andere Anbieter haben kann. Das Oligopol ist also der einzige Fall, bei dem Wettbewerb im herkömmlichen Sinn der Rivalität, also wettbewerblicher Konkurrenz, offensichtlich ist. Im reinen Monopol gibt es per definitione keine Rivalität. Im vollkommenen Wettbewerb existiert zwar Wettbewerb im technischen Sinn, aber nicht im herkömmlichen Sinn, weil die Anzahl der Unternehmen zu groß ist, als dass irgend jemand einen Effekt auf einen anderen ausüben könnte. Kurz gesagt existiert keine Rivalität. Rivalität andererseits ist das Herz der Oligopoltheorie. Vgl. Crew, M.A. (1975a), S. 76.

Ausmaß, mit welchem die Erreichung regulatorischer Ziele im „normalen" Wettbewerb die Regulierung vollständig ersetzen kann. Diese Art von „normalem" Wettbewerb wird in den Abschnitten B und C modelliert. Diese Modelle erlauben auch die Interpretation des Oligopols als ein „Monopol" mit angepassten Elastizitäten, wobei der Anpassungsfaktor den Marktanteil und die Reaktion der Konkurrenz widerspiegelt. So kann z.B. ein kleiner Nischenanbieter in einem bestehenden, funktionsfähigen Wettbewerb als Monopolist in einem Markt mit hochelastischer Nachfragefunktion tätig sein. Mit dieser Anpassung können die Ergebnisse des Monopols auf einen Teil der oligopolistischen Modelle ausgedehnt werden.

In den letzten beiden Jahrzehnten wurde die Oligopoltheorie zunehmend von spieltheoretischen Modelle dominiert. Die daraus abgeleiteten anreizorientierten Tarife werden in Abschnitt E behandelt.

2 Zielfunktionen für Tarife von Postdienstleistungen

Tarife werden als Instrumente zur Erreichung politischer Ziele angesehen. Das Hauptziel in der ökonomischen Literatur optimaler Tarifsetzung ist dabei Effizienz im Sinne von Pareto-Optimalität oder die Maximierung einer Rente (surplus, *S*).[113]

Diese Rente wird oft als eine volkswirtschaftliche Rente angesehen:

$$S = \pi + CS\,. \tag{9}$$

Manchmal wird lediglich die Konsumentenrente maximiert, manchmal werden aber auch Faktorrenten, Anstrengungen oder der Nutzen des Managements, Steuern und Subventionen in die Rente integriert. Für spezielle Tariftypen konzentriert sich ein Strang der Literatur nur auf gewinnmaximierende Preise. Diese Analysen spielen hier eine Rolle, da entweder die Gewinnmaximierung ein relevantes Ziel darstellt, oder sich in vielen Fällen die gewinnmaximierenden Tarife nur durch einen multiplikativen Faktor von den wohlfahrtsmaximierenden Tarifen unterscheiden.

In den letzten Jahren wurden verstärkt Fragen zur *Verteilungsgerechtigkeit* beachtet. Verteilungsgerechtigkeit kann im Rentenkonzept berücksichtigt werden, indem eine unterschiedliche Gewichtung der ökonomischen Gruppen vorgenommen wird, die von Tarifänderungen betroffen sind. Die vorliegende Analyse orientiert sich jedoch primär am *Effizienzziel*. Ein *aggregierender Ansatz* könnte beide Ziele kombinieren, indem die Maximierung der Konsumentenrente und die Gewinnmaximierung als Komponenten der volkswirtschaftlichen Rente unterschiedlich gewichtet werden. Insbesondere sei angenommen, dass die Eigentümer eines Unternehmens nicht zu dessen Konsumentenkreis zählen. Die Maximierung einer Linearkombination der Gewinne und der Konsumentenrente (unterschiedlicher Gruppen) mit nicht-negativen Wohlfahrtsgewichten erreicht gleichzeitig Pareto-Effizienz unter diesen Gruppen und den Eigentümern des Unternehmens.[114]

Neben Effizienz und Einkommensverteilung liegt eine dritte Rechtfertigung für Gewichtung in der *Politökonomie* der Preisgestaltung. Die Preise von Postdienstleistungen sind oft das Ergebnis eines politischen Prozesses, der Regulierer, Justiz und

---

113 Vgl. zum Folgenden Mitchell, B.M. / Vogelsang, I. (1991), S. 31f.

114 Ein Extremfall der Gewichtung ist im Rawls'schen *Maximin-Prinzip* impliziert, nach welchem die Wohlfahrt des am meisten benachteiligten Individuums maximiert werden soll.

gewählte Politiker involvieren kann. Die „Zielfunktion" dieser Interaktion kann mit Hilfe von Wohlfahrtsgewichten beschrieben werden. Diese Gewichte können impliziter Teil der Tarife sein, die im politischen Prozess zustande kommen, oder sie werden normativ, basierend auf Informationen über Präferenzen von Politikern und Regulierern, gesetzt.

Eine Aufgabe des Regulierers ist die Informationssammlung für eine faire Tarifgestaltung. Dieses Suchen und Organisieren von Nachfrage- und Kostendaten sowie allgemeiner Informationen erfordert Erfahrung, Aufwand und Training.[115]

Die verschiedenen Absichten der Regulierer können in entsprechende Modelle integriert werden:[116]

1. Gewinn- oder Preisniveau-Regulierung, incl. Regulierung der Ertragsrate,
2. Preisstruktur-Regulierung, beschäftigt sich mit der Struktur der Tarife (z.B. freiwillige Spitzenlast- oder zweiteilige Tarife)
3. Produktivitäts- und Anreizregulierung, um zu X-Effizienz[117] zu führen.[118]

Die Regulierung des *Preisniveaus* soll die monopolistische Gewinnmaximierung zu Lasten der Konsumenten verhindern. Dabei stehen mehrere Optionen zur Verfügung, die nachfolgend, nach zunehmender Restriktivität geordnet, genannt werden:[119]

- *Freie Preisgestaltung* kommt nur dort in Frage, wo entweder freier Marktzugang herrscht oder ein breiter, lizenzierter Zugang einen wettbewerbsähnlichen Preisdruck erzeugt.
- Bei einer *Zugangsauktionierung* ist der Preis meist der entscheidende Parameter, der über die Auswahl der Bewerber als Zugangsregulierung entscheidet. In diesem Ansatz sind Zugangsregulierung und effiziente Preiskontrolle – letztere ergibt sich eher zufällig durch die Entscheidung des Regulierers – in einem Regulierungsinstrument vereint.
- Vom Regulierer vorgegebene *Preissetzungsregeln* können entweder über *Anreizsteuerung* funktionieren oder *starre* Vorgaben sein.
- Als letzte Option können die Preise auf dem direkten *Verhandlungsweg* zwischen Unternehmen und Regulierungsinstanz festgelegt werden, wobei die Höhe der Preise keiner transparenten Festsetzungsregel mehr unterliegt.

Die *Preisstruktur-Regulierung* beschäftigt sich mit der Allokation der Fixkosten. Dieses Problem ist auch bei der Betrachtung des mit Fixkosten agierenden Postsektors

---

115 Die Anreize der politischen Entscheidungsträger, derartige branchenspezifische Expertisen zu erstellen, werden davon beeinflusst, inwieweit sie diese Informationen in ihren jeweiligen weiteren Karrieren nutzen können. So kann die Entscheidungsfindung auch als wiederholtes Spiel in Abhängigkeit von der Länge der noch verbleibenden Amtszeit dargestellt werden. Vgl. Salant, D.J. (1992), S. 147 – 161.

116 Vgl. Crew, M.A. / Kleindorfer, P.R. (1986), S. 120.

117 Zur Definition von X-Effizienz vgl. Kapitel 3, Abschnitt B1 dieser Arbeit.

118 Ohne Wettbewerbsstimuli ist eine X-effiziente Produktion beim Postwesen unwahrscheinlich. Auch ein von den Grenzkosten unabhängiger Einheitspreis kann das Postwesen aufgrund rosinenpickender Neulinge möglicherweise verwundbar machen. Vgl. Rowley, C.K. (1991), S. 111.

119 Vgl. Günther, B.P. (1998), S. 354f.

wichtig. Ein Großteil dieser fixen Kosten sind Gemein- oder verbundene Kosten, die mit Hilfe von Gemeinkostenschlüsseln verteilt werden müssen, welche stets mit Willkür verbunden sind. Es werden ein- und mehrteilige Tarife unterschieden.[120]

Die *Produktivitäts- und Anreizregulierung* wurde bereits als eine Möglichkeit der Preisniveau-Regulierung genannt. Sie verdient jedoch eine gesonderte Behandlung, da sie das beachtenswerte Ziel hat, die regulierten Unternehmen dazu zu veranlassen, freiwillig die volkswirtschaftlich effizienten Preise zu setzen. Diese Form der Regulierung macht sich also die *strategischen* Aspekte der Regulierung zunutze.

3 Vorschau: Die nachfolgend dargestellten Tariftypen

Die relevante Norm für die Preisregulierung von Unternehmen sollte die Maximierung der volkswirtschaftlichen Wohlfahrt sein. Eine solche Preisgestaltung beruht idealerweise auf den Grenzkosten der Leistungserstellung (First-best-Preise). Hiermit beschäftigt sich Abschnitt B1. Als besondere Anwendungsform der Grenzkosten-Preisbildung soll die Theorie der Spitzenlastpreise behandelt werden (Abschnitt B2). In der Einfachheit der Grenzkostenpreise verstecken sich jedoch größere konzeptionelle Schwierigkeiten, Messprobleme und potenzielle Ineffizienzen. Diese beziehen sich i.d.R. darauf, dass Grenzkostenpreise aufgrund langfristiger Überkapazitäten oder wegen Größen- und Verbundvorteilen selten die Gesamtkosten des Dienstes decken.

Aus den in Abschnitt B2 erläuterten Gründen wird meist angenommen, dass die Preise eines Unternehmens dessen Gesamtkosten ohne Zuhilfenahme externer Subventionen decken müssen. Dieses Postulat soll auch im danach folgenden Abschnitt B3 über sogenannte *Ramsey-Preise* angewandt werden. Die Grundidee besteht hier darin, dass eine Preiskombination für die Produkte des Unternehmens gefunden werden soll, bei der ein bestimmtes finanzielles Ziel erreicht wird. In diesem Fall soll hierfür ein Mehrprodukt-Tarifierungsansatz für einen regulierten Postdienstleister angewandt werden. Eine Minimierung der Verzerrungen kann zu Preisen mit der Eigenschaft führen, dass unterschiedliche Konsumentengruppen die gleiche Qualität und den gleichen Typ eines Dienstes zu unterschiedlichen Preisen nachfragen, oder dass unterschiedliche Dienste unterschiedliche relative Preisaufschläge auf die Grenzkosten tragen (Preisdiskriminierung; vgl. auch Kapitel 7, Abschnitt G dieser Arbeit). Der relative Preisaufschlag auf die Grenzkosten

$$L = \frac{p - MC}{p} \tag{10}$$

ist als Lerner-Index bekannt.[121] L als Maß für die Marktmacht eines Unternehmens ist auch ein brauchbares Maß für die Ineffizienz und die ausbeutende Natur eines Tarifs. Dieser Aufschlag ist gebräuchlich, um verschiedene Tariftypen zu charakterisieren und sie einander vergleichbar zu machen. Dies gilt insbesondere, wenn die Nachfragen nach den Diensten jeweils *un*abhängig voneinander sind. Sind sie jedoch *gegenseitig* voneinander abhängig, ist es einfacher, den marginalen Effekt einer Preisänderung auf die volkswirtschaftliche Rente zu nutzen:

---

[120] Vgl. Crew, M.A. / Kleindorfer, P.R. (1986), S. 136 und Günther, B.P. (1998), S. 355.

[121] Vgl. auch Neumann, M. (1991), S. 42.

$$(p - MC)\partial q / \partial p. \quad (11)$$

Die Kritik an der Ramsey-Preisbildung führt schließlich zu symmetrischen Aufschlägen auf die Grenzkosten. Hierzu folgt ein Überblick über die traditionellen Begriffe der Bepreisung nach *vollständig verteilten Kosten* (Abschnitt B4).

Der Verkauf unterschiedlicher Einheiten desselben Dienstes an den gleichen Konsumenten zu unterschiedlichen Preisen wird *nichtlineare Preissetzung* genannt und in Abschnitt C behandelt. Nichtlineare Preise sind im Bereich der Telekommunikation gängig. Ihr Hauptvorteil ist eine mögliche Verbesserung der Ramsey-Preise; sie erlauben es dem Unternehmen, ausreichend Erträge zu erwirtschaften, um die Kosten zu decken. Ihr Hauptnachteil ist, dass ihre Ableitung detailliertere Informationen über die individuelle Nachfrage benötigt.[122]

Die einfachsten Arten nichtlinearer Preise sind *zweiteilige Tarife*; sie bestehen aus einer fixen Empfängergebühr *E* und einem marginalen Preis *p*. Die fixe Gebühr schließt möglicherweise einige Konsumenten vollständig vom Konsum des Dienstes aus und kann zu großer Ineffizienz und Verteilungsungerechtigkeit führen. Fragt jedoch jeder die Ware trotz der fixen Gebühr nach, können Grenzkostenpreise in Rechnung gestellt und gleichzeitig das Budget des Unternehmens gedeckt werden.

Verzerrungen hieraus können durch unterschiedliche Verfeinerungen reduziert werden, so z.B. durch die Erhöhung der Nichtlinearität der Tarife, was im Extremfall zu einem *geglätteten nichtlinearen Tarif* führt, der sich laufend mit der gekauften Menge ändert. Eine Glättung macht solche Tarife analytisch und konzeptionell leichter handhabbar als *mehrteilige Tarife*, die zwischen dem zweiteiligen und dem geglätteten Tarif liegen. In den Abschnitten C3 bis C5 werden zuerst die zweiteiligen, danach die geglätteten und schließlich auch die mehrteiligen Tarife behandelt.

Abschnitt D beschäftigt sich mit den kostenbasierten Tarifen, also eher betriebswirtschaftlichen Ansätzen einer Preisgestaltung im Briefdienst. Nach der Charakterisierung unterschiedlicher Kosten in Abschnitt D1 sowie Anmerkungen zur Schätzung des Briefvolumens als Voraussetzung einer Preiskalkulation (Abschnitt D2) folgen unterschiedliche Möglichkeiten einer Kostenermittlung in Abschnitt D3 sowie Umgehungsmöglichkeiten als Ergebnis nicht kostengerechter Preissetzung (Abschnitt D4). In Abschnitt D5 schließlich wird vor dem Hintergrund der Liberalisierung der einzelnen Wertschöpfungsstufen ein Ansatz für die Preisbildung einzelner Komponenten, die *Efficient Component Pricing Rule*, vorgestellt.

Das 4. Kapitel führt in Abschnitt E mit der Darstellung der anreiz- und spieltheoretisch orientierten Ansätze zu den moderneren Versionen der Preisgestaltungsmöglichkeiten. Eine wichtige Position nehmen dabei die Price Caps ein (Abschnitt E6). Ferner werden Formen der Sliding-Scale-Regulierung und Anreizverträge mit Kompensationszahlungen angesprochen.

Eine Erläuterung von Vergleichsmarktkonzepten als weitere Möglichkeit zur Setzung effizienter Tarife rundet den Theorieteil in Abschnitt F ab.

---

[122] Vgl. Mitchell, B.M. / Vogelsang, I. (1991), S. 35f. und Stiglitz, J.E. (1989), S. 769 – 847.

B Lineare Tarife

1 Die Grundlagen der Grenzkosten-Preisbildung

Zwar kann eine Grenzkosten-Preisbildung[123] im Briefdienst wegen der Kostendeckungsauflage nicht angewendet werden; gleichwohl ergeben sich aus den Optimalitätseigenschaften der Grenzkostenpreise einige grundlegende Erkenntnisse, die für das bessere Verständnis der nachfolgenden Preisbildungsansätze notwendig sind.

Unter Annahme vollkommenen Wettbewerbs[124] ist die Gesamtwohlfahrt maximal, weil der Preis in diesem Fall den Grenzkosten entspricht. Das first-best-Ergebnis besteht daher in der Nutzung einer kostenminimalen Inputkombination zur Produktion des nachgefragten Outputniveaus.

Die Effizienz der Grenzkosten-Preisregel basiert auf Werturteilen und Annahmen, die bei einer Anwendungsempfehlung transparent gemacht werden müssen. So ist z.B. die Optimalität der Ressourcenallokation nur dann gegeben, wenn als Werturteil akzeptiert wird, dass der individuelle Nutzen der einzige Bewertungsmaßstab für die gesellschaftliche Wohlfahrt ist. Gesellschaftliche Verteilungsziele spielen keine Rolle, da die Optimalität der Ressourcenallokation von der Einkommensverteilung unabhängig ist.[125]

Als weitere wichtige Einschränkung gilt, dass sich die optimalen Eigenschaften dieser Preisregel nur dann ergeben, wenn sie für alle in einer Volkswirtschaft angebotenen Güter gilt, d.h. alle Güter im vollkommenen Wettbewerb angeboten werden.[126]

---

123 *Grenzkosten* sind diejenigen Kosten, die entstehen, wenn der Output marginal erhöht wird. In neoklassischen Wohlfahrtsmodellen zeigt sich, dass Grenzkostenpreise zur effizientesten Nutzung von Ressourcen führen und die optimalen Anreize für eine Kaufentscheidung setzen, in diesem Sinn also wohlfahrtsoptimal (first best) sind.

Die Preisregel der Grenzkosten verhindert die Möglichkeit interner Subventionierung. Vgl. Heuermann, A. / Schnöring, T. (1985), S. 38.

124 Thompson / Formby nennen vier charakteristische Merkmale für das Vorliegen vollkommenen Wettbewerbs: (1) Homogenität der angebotenen Güter, d.h. Käufer haben keinerlei Präferenzen für bestimmte Anbieter, (2) Anbieter und Nachfrager haben keine Marktmacht, d.h. jeder einzelne Anbieter und Nachfrager entscheidet nur für einen geringen Teil des Gesamtmarktes und verhält sich als Preisnehmer, (3) alle Inputgüter sind vollständig mobil, d.h. es gibt keine Marktein- oder -austrittsbarrieren und (4) vollständige Information, d.h. alle Entscheidungen fallen unter Sicherheit. Vgl. Thompson, A.A. / Formby, J.P. (1993), S. 266f. Die hier genannten Annahmen sind zum Teil weit von der Realität entfernt. Das Modell des vollständigen Wettbewerbs sollte daher nicht als ein praxisrelevantes Marktmodell interpretiert werden, sondern als Referenzmodell zur Bewertung realer Marktergebnisse.

125 Die genannten Annahmen stellen Eigenschaften der paretianischen Wohlfahrtsanalyse dar (auch neue Wohlfahrtsökonomie genannt), die lediglich eine ordinale Messbarkeit des Nutzens zugrunde legt. Vgl. dazu Stiglitz, J.E. (1986), S. 54f.: "... The criterion of Pareto optimality has an important property upon which we should comment. It is *individualistic*, in two senses. First, it is concerned only with each individual's welfare, not with the relative well-being of different individuals. It is not concerned explicitly with inequality. ... Second, it is each individual's perception of his own welfare that counts."

Eine *Wohlfahrtsanalyse* muss den Wohlfahrtsverlust bei der Grenzkosten-Preisregel als Folge der Steuererhebung zur Finanzierung der erforderlichen Subventionen und bei der Durchschnitts- oder Vollkostenpreisbildung miteinander vergleichen. Vgl. Rahmeyer, F. (1999), S. 71.

126 Vgl. Pieper, F. (1996), S. 106.

Entspricht der Preis den Grenzkosten, liegt die Wertschätzung vieler Konsumenten für das betrachtete Gut über dem zu zahlenden Preis. Vergleicht man diese Situation mit einer Monopolsituation, in welcher der für den Monopolisten gewinnmaximale Preis über den Grenzkosten liegt, würden einige Nachfrager nicht zum Zuge kommen, deren Zahlungsbereitschaft über den Grenzkosten liegt, nicht aber dem Monopolpreis entspricht. Ein Teil der verloren gegangenen Konsumentenrente wird in Produzentenrente transformiert,[127] ein anderer Teil geht unwiederbringlich verloren (dead weight loss). Wohlfahrtsverluste entstünden ebenfalls, wenn der Preis eines Gutes unter den Grenzkosten der Produktion läge. Dann reflektiert der Preis nicht die volkswirtschaftlichen Kosten des Ressourcenverbrauchs, und die Konsumentenentscheidungen führen folglich zu einem suboptimalen Ressourcenverzehr.[128]

Auch im Fall einer *zeitlich befristeten, regulierten Monopolstellung* werden die Optimalitätseigenschaften von Grenzkostenpreisen, die sich unter den Bedingungen des vollkommenen Wettbewerbs ohne staatliche Eingriffe einstellen, nicht erreicht, da der Monopolist einerseits entsprechend seinem Ziel der Gewinnmaximierung[129] höhere Preise setzen würde, als ihm die Regulierung ermöglicht. Andererseits könnten die Gesamtkosten der Produktion wegen existenter Kostenstrukturen oder entstehender Ineffizienzen[130] nicht von den regulierten Grenzkostenpreisen gedeckt werden.[131]

1.1 Lang- und kurzfristige Grenzkosten als Basis der Preisgestaltung

Das first-best-Ergebnis muss nicht unbedingt möglich sein. Bei vielen öffentlichen Betrieben sind die Fixkosten aufgrund langfristiger Überschusskapazitäten oder Größen- und Umfangsvorteile so hoch, dass die Durchschnittskosten in Höhe der jeweiligen relevanten Nachfrageniveaus die Grenzkosten übersteigen, so dass eine Grenzkosten-Preisbildung beim Unternehmen zu Verlusten führen würde. Können die Verluste des Unternehmens nicht subventioniert werden, müssen die Preise auf die Höhe der Durchschnittskosten angehoben werden. Das second-best-Ergebnis besteht daher im Gebrauch der kostenminimalsten Inputkombination zur Herstellung des nachgefragten Outputniveaus, wenn die Preise den Durchschnittskosten entsprechen.[132]

Das Problem des relevanten Zeithorizonts bei der Bestimmung der Grenzkosten als Basis für die Preisberechnung wird in der Mikroökonoomie nur als Übergangsproblem angesehen, denn kurz- und langfristige Grenzkosten entsprechen sich im Optimum. In Wirklichkeit wird dieses Optimum nie erreicht; es stellt lediglich den angestrebten Referenzpunkt dar, der sich aufgrund technischen Fortschritts aber ständig verschiebt. Fallen kurz- und langfristige Grenzkosten auseinander, sollten die *kurzfristigen* Grenzkosten Maßstab für die Preisbildung sein, da nur sie den tatsächlichen Ressourcenverbrauch widerspiegeln und somit die richtigen Anreize für die Konsumentenentscheidungen setzen. *Langfristige* Grenzkosten sollten Basis für Investiti-

---

[127] Die (Brutto-)Produzentenrente besteht aus dem Monopolgewinn und dem Deckungsbeitrag für die Fixkosten.

[128] Vgl. Pieper, F. (1996), S. 104.

[129] Zur Frage der Gewinn- und Rentabilitätsmaximierung vgl. Müller, K. (1997), S. 404 – 411.

[130] Vgl. hierzu Näheres im folgenden Abschnitt 1.1.

[131] Vgl. Train, K.E. (1991), S. 69f. und Pieper, F. (1993), S. 10.

[132] Vgl. Train, K.E. (1991), S. 70.

onsentscheidungen sein, die tendenziell die Identität kurz- und langfristiger Grenzkosten herstellen.[133]

Aufgrund permanenter Schwankungen der kurzfristigen Grenzkosten sprechen insbesondere Praktikabilitätsgründe dafür, von der first-best-Regel abzuweichen und stattdessen *langfristige* inkrementelle (d.h. zusätzliche) Kosten (long-run average incremental costs, LRAIC), im Durchschnitt betrachtet, als Approximation zu nehmen.[134] Aktuelle Kostenstrukturen werden in die nähere Zukunft projiziert und als Basis für die Preisbildung genommen. Der Kostenuntergrenze der LRAIC muss ein vernünftiger Anteil der Gemein- (Overhead-)Kosten zugerechnet werden.[135]

Das Herausfordernde an der Grenzkosten-Preisregel ist der Beweis, dass im Fall eines natürlichen Monopols die öffentliche Bereitstellung eines Gutes auch bei ständigen Verlusten wohlfahrtsoptimal sein kann. Dieses Defizit entsteht dann nicht aus ineffizienter Produktion, sondern ist das Ergebnis spezifischer Kostenstrukturen und spricht so gegen die Aussage, Defizite seien immer das Ergebnis von Missmanagement in regulierten Unternehmen.[136]

1.2 Durchführungsprobleme

Ausgangspunkt und Benchmark für die Tarife aller Versorgungsbetriebe sind in der Literatur Grenzkostenpreise: $p = MC$. Unter bestimmten Bedingungen sind Grenzkostenpreise wohlfahrtsmaximierend; sie basieren auf Kosten, und ihre Ableitung ist nachvollziehbar. Ihre Einfachheit jedoch verbirgt Messprobleme, potenzielle Ineffizienzen und größere konzeptionelle Schwierigkeiten.[137]

1. Messprobleme

Unternehmen können die Veränderung ihrer Kosten bei einer marginalen Veränderung des Outputs nicht direkt beobachten. Sie bemerken Kostenveränderungen eher im Laufe der Zeit. Die Daten der Buchführung sind dabei nicht dazu konstruiert, die Kostenveränderungen zu den Outputveränderungen in Bezug zu setzen. Hierzu wur-

---

133 Vgl. Pieper, F. (1996), S. 106f. und (1995), S. 20. Diese Aussage wird in der Literatur uneinheitlich vertreten. Pieper zeigt beispielhaft gegensätzliche Positionen auf. Vgl. Pieper, F. (1996), S. 107 – 110 und (1995), S. 20 – 23.

134 Im Gegensatz zu Grenzkosten beziehen sich die inkrementellen Kosten eines Dienstes auf eine beliebige Teilmenge des Dienstes. Ein Vergleich von inkrementellen Kosten und Grenzkosten erfordert, dass erstere ebenso auf eine Einheit bezogen werden, d.h. Durchschnitte gebildet werden. Häufig benutzt man solche average incremental costs (AIC) als Approximation für Grenzkosten. Diese können aber einerseits aufgrund der Berücksichtigung der dienstespezifischen Fixkosten (z.B. eine Werbekampagne für einen bestimmten Dienst) über den Grenzkosten, andererseits aufgrund der Durchschnittsbildung unterhalb der relevanten Grenzkosten liegen. Eine Preisbildung, die auf AIC beruht, führt also i.d.R. zu Abweichungen von den Ergebnissen der Grenzkosten-Preisbildung. Zu unterscheiden von den AIC sind stückbezogene inkrementelle Kosten, wie sie Panzar als Norm für die Bestimmung effizienter Rabatte empfiehlt. Vgl. Panzar, J.C. (1993), S. 97.

135 Vgl. Pieper, F. (1996), S. 108f. und Kendall, R.L. (1993a), S. 158. Eine Preispolitik, die implizit eine Durchschnittsbildung über die Kosten erfordert, führt zu Quersubventionierung. Deshalb zahlen einige Konsumenten mehr, andere weniger, als sie unter dem Grenzkosten-Prinzip zahlen würden. Vgl. Dansby, R.E. (1980), S. 140.

136 Vgl. Bös, D. (1981), S. 28f. und Hungenberg, H. / Hutzschenreuther, T. (1998), S. 8.

137 Vgl. Mitchell, B.M. / Vogelsang, I. (1991), S. 38f.

den ökonometrische Techniken konstruiert. Deren Ergebnisse sind jedoch wegen der begrenzten Anzahl der Beobachtungen und Veränderungen in den Kostenfunktionen im Laufe der Zeit unpräzise und hinken hinter technologischen und ökonomischen Entwicklungen hinterher. Die Messung der Kosten anhand von Ingenieurstudien vermeidet einige dieser Probleme, ist selbst aber kosten- und zeitintensiv.

2. Ineffizienzen

Grenzkostenpreise decken bei Vorliegen von langfristigen Überschusskapazitäten oder Größen- und Umfangsvorteilen nicht die Gesamtkosten eines Dienstes. Verluste aus der Grenzkosten-Tarifierung müssen also aus einer anderen Quelle gedeckt werden. Unternehmensintern geschieht dies mit Quersubventionen durch eine Abweichung von Grenzkostenpreisen bei einem anderen Dienst. Bei externer Finanzierung ist eine staatliche Subvention nötig, wofür Steuern herangezogen werden müssen. Um die Diskussion über eine externe Subventionierung zu vermeiden, wird mit dem Instrument des Ausgleichsfonds gearbeitet, der eine brancheninterne Subventionierung beinhaltet.

3. Konzeptionelle Schwierigkeiten

Grenzkostenpreise müssen hinsichtlich des Zeitrahmens einer Outputerweiterung definiert werden. Sollen Grenzkosten hinsichtlich einer plötzlichen Erweiterung des Outputs bei Nutzung bestehender Kapazitäten (kurzfristige Grenzkosten), in Bezug auf eine geplante, laufende Erweiterung (langfristige Grenzkosten), oder hinsichtlich eines mittleren Falles betrachtet werden? Beim ersten Fall kann wegen der klaren Definition eine direkte Kausalität nachgewiesen werden. Eine Tarifierung zu kurzfristigen Grenzkosten kann aber zu großen Preisschwankungen führen; ferner können solche Preise im Falle von Überschusskapazitäten nicht annähernd die Kapazitätskosten decken.

2 Grenzkostenpreise bei Vorliegen der Spitzenlastproblematik

Die Nachfrage nach nicht lagerfähigen Gütern mit periodischen Nachfrageschwankungen, wie Postdienstleistungen und Elektrizität, weist unterschiedliche Kosten in Abhängigkeit vom Zeitpunkt ihrer Bearbeitung bzw. Produktion auf. Deshalb kann die Nachfrage in zwei oder mehr Perioden aufgeteilt werden. Hat der Anbieter eine fixe Kapazität, impliziert dies, dass bei einem Einheitspreis für den gesamten Zyklus[138] zu jeder anderen Zeit als der Spitzenlastperiode leerstehende Kapazitäten existieren,[139] deren Nutzung die Höhe der Kapazitätskosten nicht beeinflussen würde.[140] Kapazitätskosten stellen danach einen fixen, weil produktionsmengenunabhängigen Kostenblock dar. Deshalb muss die Nachfrage nach Tageszeitpunkt, Woche, Jahr, usw.

---

138 Beim Vergleich von Einheits- und Spitzenlasttarifen erkennt man sofort, dass die Gesamtwohlfahrt bei Einheitspreisen niedriger ausfällt als im Fall mit Spitzenlast-Preisgestaltung. Vgl. Crew, M.A. (1975b), S. 287.

139 Voraussetzung für die Wirksamkeit der Überkapazitäten ist, dass die anfallenden Investitionskosten in erheblichem Umfang sunk costs darstellen. Vgl. Berger, H. / Knauth, P. (1996), S. 41.

140 Diese Annahme bedeutet, dass Kapazitäten als Inputgut zu einem Preis von null bereitstehen. Dies dürfte in der Realität nur in wenigen Ausnahmen der Fall sein. Die Nutzung von z.B. Maschinen dürfte zu jeder Zeit zu Kosten größer null führen.

differenziert werden, sofern die Messkosten hierfür entsprechend niedrig sind. Wohlfahrtsoptimale Spitzenlastpreise beinhalten also Preisdifferenzierung.[141]

Im Gegensatz zu dieser traditionellen Spitzenlast-Preisbildung (peak load pricing) kann das Spitzenlast-Problem auch eine Preisbildung in Abhängigkeit von den unterschiedlichen Diensten oder Klassen beinhalten.[142]

Die Spitzenlast-Preisbildung strebt dabei zwei allokative Ziele an: Erstens möchte sie mit einer kleineren Kapazität auskommen und Investitionskosten einsparen, zweitens die gewählte Kapazität im Verlauf der gesamten Periode gleichmäßiger auslasten.[143]

Die folgenden Abschnitte befassen sich mit der Spitzenlast-Preisbildung und verschiedenen Modellerweiterungen. Es sind folgende Fragen zu klären:[144]

- Welches ist der first-best-Preis, der jeweils bei gegebener Kapazität verrechnet werden muss? Bei ausreichend niedrigem Preis könnte die Nachfrage die Kapazität übersteigen, so dass eine Überfüllung des Netzes eintritt. Bei einem ausreichend hohen Preis jedoch könnte die Nachfrage unter die Kapazität fallen, so dass Kapazität verschwendet wird. Ist der optimale Preis in jeder Periode der Preis, der auftritt, wenn die Nachfrage der Kapazität entspricht, so dass es keine Überfüllung und auch keine Unterauslastung gibt, oder ist ab und an die Zulässigkeit eines gewissen Überfüllungs- bzw. Unterauslastungsgrades optimal?
- Gibt es bei gegebenen first-best-Preisen in jeder Periode einen Mechanismus, den Regulierer nutzen können, um ein Unternehmen mit fixer Kapazität und zeitlich variierender Nachfrage zu veranlassen, diese Preise zu verrechnen?[145]
- Im Laufe der Zeit kann die Kapazität angepasst werden. Welches aber ist die optimale Kapazität bei Nachfrageschwankungen? Wird ausreichend Kapazität für Spitzenlastperioden bereitgestellt, ist diese in anderen Perioden nicht ausgelastet. Entscheidet man sich jedoch für eine geringere Kapazität, kommt es in Perioden mit hoher Nachfrage zu Überlastung. Welches aber ist der optimale Punkt in diesem Trade-off zwischen diesen beiden Faktoren?
- Gibt es schließlich einen Mechanismus, den Regulierer nutzen können, das Unternehmen dazu zu bewegen, das optimale Kapazitätsniveau bereitzustellen?[146]

Zur Behandlung dieser Fragen muss auf stochastische Modelle der Spitzenlast-Tarifierung zurückgegriffen werden.[147] Die Berechnung solcher Modelle ist jedoch mit hohen Informationsanforderungen in Form von Annahmen über die Parameter der Verteilung der Nachfrageschwankungen verbunden, so dass hinsichtlich der Prakti-

---

141 Vgl. Pieper, F. (1996), S. 110f.; Hendricks, W. / Koenker, R. (1980), S. 172; Crew, M.A. / Kleindorfer, P.R. (1986), S. 33; (1992a), S. 37; Crew, M.A. (1975b), S. 278 und Crew, M.A. / Dansby, R.E. (1982), S. 56.

142 Vgl. Crew, M.A. u.a. (1997), S. 43 sowie genauer Williamson, O.E. (1966) und Crew, M.A. / Kleindorfer, P.R. (1992a).

143 Vgl. Kaufer, E. (1981), S. 70.

144 Vgl. Train, K.E. (1991), S. 239f.

145 Riordan schlug genau hierfür einen Mechanismus vor.

146 Riordans Mechanismus kann in bestimmten Fällen ebenso für diesen Zweck genutzt werden wie für den Anreiz zur optimalen Preisgestaltung.

147 Crew, M.A. / Kleindorfer, P.R. (1992a) beschäftigen sich mit stochastischen Nachfrageschwankungen innerhalb der Spitzenlastperiode und mit der optimalen Kapazitätsplanung.

kabilität die Annahme einer konstanten Nachfrage in der Spitzenlastperiode eine pragmatische Annäherung darstellt.[148]

2.1 Formale Darstellung der Spitzenlast-Preisbildung

Wird die Nachfrage korrekt antizipiert, können Grenzkostenpreise die Gesamtkosten decken. In der klassischen Formulierung der Spitzenlast-Tarifierung ist die Nachfrage D_t in jeder der T Zeitperioden gleich und die nachgefragte Menge $\mathbf{q}_t$ abhängig von den in jeder Periode verlangten Preisen:[149]

$$\mathbf{q}_t = D_t(p_1,\dots,p_T), \quad t = 1,\dots,T. \tag{12}$$

Die T Perioden stellen dabei einen beliebig oft wiederholten Zyklus dar. Die Gesamtkosten C bei Produktion von $\mathbf{q}_t$ in jeder Periode sind:

$$C = b\sum_t \mathbf{q}_t + \varphi \max_t \mathbf{q}_t \text{, wobei} \tag{13}$$

b die konstanten variablen Kosten und φ ein konstanter Mietzins, jeweils pro Kapazitätseinheit, sind. Die Produktion einer festgelegten Menge wird durch die Menge der variablen Ressource, v, und der maximalen Produktionskapazität, K, beschränkt:

$$\mathbf{q}_t = \min_t(v_t, K), \quad t = 1,\dots,T. \tag{14}$$

In der Schwachlastperiode, in der die Nachfrage geringer als die zur Verfügung stehende Kapazität ist, entspricht der Preis den kurzfristigen Grenzkosten:

$$p_t = b \text{, für alle } t \text{, für die gilt: } \mathbf{q}_t < K. \tag{15}$$

In der Spitzenlastperiode entspricht die Nachfrage der gegebenen Kapazität und der Preis den langfristigen Grenzkosten, d.h. den variablen Kosten zzgl. den Stückkosten für die Kapazitätserweiterung, hier z.B. in Form von Nachtarbeitszuschlägen:[150]

$$p_t = b + \varphi \text{, für das } t \text{, bei dem gilt: } \mathbf{q}_t = K. \tag{16}$$

Ferner sei die Kapazität auf die Befriedigung dieser Nachfrage ausgelegt:

$$K = \max_t D_t. \tag{17}$$

Sind die Kapazitätskosten im Vergleich zu den variablen Kosten hoch bzw. ist die Wirkung der Preisanreize stark genug, kann sich die Periode mit der maximalen Nachfrage (bei preissensitiver Nachfrage) von einer Periode, in welcher das Maximum bei einem Einheitspreis auftritt, bei Einführung eines Spitzenlasttarifs zur Schwachlastperiode verändern. In einem solchen Fall führt die „wandernde Spitze" (shifting peak) zur Inkonsistenz obiger Preisregel. Ist die Nachfrage geringer als die Kapazität, liegt die Lösung in einer Preisanpassung an die variablen Kosten. Für die Spitzenlastperiode werden höhere Preise gesetzt, so dass in der Spitzenlastperiode die Nachfrage der Kapazität entspricht und die gesamten Einnahmen aus der Spitzenlastperiode die langfristigen Grenzkosten decken:

---

148 Vgl. Pieper, F. (1996), S. 112.

149 Vgl. insbesondere Mitchell, B.M. / Vogelsang, I. (1991), S. 39f.

150 Vgl. Crew, M.A. / Kleindorfer, P.R. (1992a), S. 43.

$$\sum_t p_t = nb + \varphi \text{, für alle } t \text{, für die gilt: } \mathbf{q}_t = K \text{,} \tag{18}$$

wobei n die Anzahl der Perioden darstellt, in denen $\mathbf{q}_t = K$.[151]

Bei Anwendung dieser Preisregel würden in diesem Fall die gesamten Kapazitätskosten von der Nachfrage in der ursprünglichen Spitzenlastperiode aufgebracht werden müssen, obwohl die Kapazität jetzt entsprechend der größeren Nachfragemenge in der ursprünglichen Schwachlastperiode bestimmt wird. Zur Lösung des Problems müssen auch die Nachfrager in der Schwachlastperiode an den Kapazitätskosten beteiligt werden: Der Schwachlastpreis steigt, während der Spitzenlastpreis sinkt. Im Ergebnis wird die nachgefragte Menge in beiden Perioden gleich und die erforderliche Kapazität in beiden Perioden bis zur Grenze ausgenutzt sein.[152] Die Zurechnung der Kapazitätskosten ist vom Verlauf der Nachfragekurven abhängig: Die Preise richten sich nach der Kaufbereitschaft des jeweils zuletzt zum Zuge kommenden Nachfragers.[153]

Dieses Grundmodell mit vereinfachten Annahmen kann nun um den Einsatz tageszeitabhängiger Betriebskosten und unterschiedlicher Technologien erweitert werden. Außerdem soll der Mechanismus nach Riordan erläutert werden.

2.2 Spitzenlast-Tarifierung bei tageszeitabhängigen Betriebskosten

Die Dienstleistungsqualität beinhaltet bei den Standardbriefen die Zustellung der Briefe am ersten Werktag nach der Einlieferung. Dieses Qualitätsmerkmal bedingt eine Bearbeitung der Sendungen in der Nacht, um das Zustellziel nicht zu verfehlen. Außerdem existiert die Möglichkeit, zusätzlich eine schlechtere Dienstleistungsqualität, z.B. in Form einer längeren Laufzeit mit niedrigeren Preisen, als optionalen Tarif (vgl. hierzu auch Abschnitt C5 dieses Kapitels) anzubieten.[154] In diesem Fall ist die Bearbeitung der Sendungen kostengünstiger, da sie am Tag erfolgt, wenn die Kapazitäten nicht ausgelastet sind. Die Nachfrage könnte sich in diesem Fall dahingehend verschieben, dass die Kapazitäten am Tage ebenso ausgelastet sind und Nachtkapazitäten abgebaut werden können.

Um die Modellannahmen an die Realität anzunähern, ist also eine Differenzierung der Betriebskosten zwischen Tag und Nacht erforderlich. In der Praxis sind aufgrund von Nachtarbeitszuschlägen für Arbeitnehmer die Betriebskosten während der Nacht höher als am Tag. Um die Implikationen der tageszeitabhängigen Betriebskosten zu verdeutlichen, wird das Problem gedanklich in zwei Phasen unterteilt: In der ersten Phase entscheidet sich anhand der Betriebskosten und der bereitgestellten Dienstleistungsqualität, welche Periode zur Spitzen- bzw. Schwachlastperiode wird. In der zweiten Phase werden die Kapazitätskosten der Spitzenlastperiode zugerechnet. Bei Annahme rationalen Konsumentenverhaltens sind nur Ergebnisse zulässig, bei denen nach Zurechnung der Kapazitätskosten die Kosten für das qualitativ schlechtere

---

151 Vgl. Kaufer, E. (1981), S. 74; Pieper, F. (1996), S. 114f. und Crew, M.A. / Kleindorfer, P.R. (1992a), S. 36f.; 42.

152 Vgl. z.B. Blankart, C.B. (1980), S. 60f.

153 Vgl. Pieper, F. (1996), S. 115.

154 Hierbei könnte es sich z.B. um Infopost handeln.

Produkt (also mit einer längeren Laufzeit) unterhalb der Kosten für das qualitativ bessere Produkt (oben wurde der Standardbrief genannt) liegen.[155]

Haben Unternehmen unterschiedliche Lastenprofile oder eine unterschiedlichen Spitzenlast, die jeweils zu unterschiedlichen Zeiten im Jahr auftritt, können sie substanzielle Einsparungen realisieren, wenn sie die Anschaffung der Kapazität gemeinsam planen, die ausreicht, ihre kombinierten Bedürfnisse zu befriedigen. Treten Spitzenlasten also zu unterschiedlichen Zeitpunkten auf, ist die Spitze der Summe der Lasten geringer als die Summe der individuellen Verteilung der Spitzen der Unternehmen. Die Spitzenlastfunktion ist also subadditiv bezüglich der Lastenprofile der Unternehmen.[156]

2.3 Spitzenlast-Tarifierung bei unterschiedlichen Technologien

Das obige Modell der Spitzenlast-Tarifierung geht von der Annahme aus, dass es lediglich eine Technologie zur Erstellung der Dienstleistung gibt. Hinsichtlich der Produktionstechnologie kann es jedoch von Interesse sein, für die Spitzenlast eine Technologie mit geringeren Kapitalkosten und höheren variablen Kosten zu installieren. Crew und Kleindorfer entwickelten ein Modell für den Einsatz unterschiedlich kapitalintensiver Produktionstechnologien (*m*-verschiedene Technologien).[157] Hierbei wird im zweiperiodigen Fall eine kapitalintensive Basistechnologie in beiden Perioden eingesetzt. Für die Spitzenlast-Nachfrage werde zusätzlich eine arbeitsintensive Technologie eingesetzt. Der Einsatz der arbeitsintensiven Technologie sei kostengünstiger, wenn sie nur für die zusätzliche Nachfrage in der Spitzenlastperiode eingesetzt wird (Spitzenlast-Technologie).[158] Daraus ergeben sich für diese Periode zusätzliche Kosten. Der Einsatz einer zweiten Technologie mit den genannten Voraussetzungen führt zum Ergebnis, dass die Schwachlastpreise steigen, während die Spitzenlastpreise sinken.

Bei einer Modellerweiterung auf zwei verfügbare Technologien *und* tageszeitabhängige Betriebskosten entsprechen die Preise bis auf den Faktor für den Nachtarbeitszuschlag den soeben genannten Preisen.[159]

Ein ursprünglich für die Spitzenlast-Preisbildung bei Pipelines entwickelter Ansatz sei auch kurz dargestellt. Er ist z.B. auf die Regulierung unabhängiger Sortierzentren im Postwesen übertragbar. Das effizienteste Briefzentrum habe die optimale Kapazität. Der Spitzenlastpreis setzt sich aus den operativen Grenz- und Kapazitätskosten zusammen, und der Schwachlastpreis entspricht nur den operativen Grenzkosten. Für alle relativ weniger effizienten Briefzentren kann der Regulierer die Preise oberhalb ihrer jeweiligen Grenzkosten verzerren, um die Informationsrenten des Briefzentrums zu reduzieren. Alle bis auf das effizienteste Briefzentrum deinvestieren im Vergleich

155 Für eine formale Analyse siehe Pieper, F. (1996), S. 118 – 120.

156 Vgl. Herriott, S.R. (1989), S. 151f.

157 Vgl. dazu Crew, M.A. / Kleindorfer, P.R. (1974), o.S.; (1986), S. 41 und (1991a), S. 42 – 47. Eine formale Analyse findet sich bei Pieper, F. (1996), S. 120 – 124.

158 Die Namengebung orientiert sich an der Periode, in der die Technologie eingesetzt wird. Die Spitzenlast-Technologie wird demnach für die Produktion in der Spitzenlastperiode eingesetzt. Sie stellt eine Technologie mit relativ hohen Betriebskosten dar (z.B. Sortierung per Hand für die zusätzliche Nachfrage in der Spitzenlastperiode).

159 Vgl. dazu Crew, M.A. / Kleindorfer, P.R. (1992a), S. 45 – 49.

zum Fall perfekter Information in Kapazität. Alle Sortierzentren bis auf das am wenigsten effiziente erhalten eine positive ökonomische Rente für die Effizienzanstrengung; je effizienter das Sortierzentrum, desto größer ist die Rente. Der Mechanismus stellt also volkswirtschaftlich optimale Gewinnanreize für jedes Sortierzentrum zur Erhöhung der Effizienz, da die Rente mit der Effizienz des Briefzentrums steigt.[160]

2.4 Riordans Mechanismus

Ein Unternehmen kann mit der *Subventionsmöglichkeit des Mechanismus nach Riordan* dazu verleitet werden, von sich aus first-best-Preise anzubieten. Bei dieser theoretischen Möglichkeit erhält das Unternehmen eine Subvention auf Basis des in jeder Periode verlangten Preises. Die Subvention jeder Periode besteht aus (1) den Fixkosten der Produktion in dieser Periode minus (2) dem Betrag, um welchen der Preis die Grenzkosten der Periode übersteigt, multipliziert mit der Kapazität (nicht dem Output!) des Unternehmens. Mit dieser Subvention verdient das Unternehmen bei first-best-Preisen einen Gewinn in Höhe von null und einen negativen Gewinn bei jedem anderen Preis. Deshalb wird sich das Unternehmen für first-best-Preise entscheiden.[161]

Bei Riordans Mechanismus ist das Unternehmen indifferent bei der Wahl zwischen der optimalen und jeder anderen *Kapazität*: Das Unternehmen verdient bei jedem Kapazitätsniveau einen Gewinn in Höhe von null. Es hat deshalb keinen Grund, *nicht* die optimale Kapazität zu wählen. Der Mechanismus veranlasst das Unternehmen aber auch *nicht notwendigerweise*, diese Kapazität zu wählen.

Kennt der Regulierer die optimale Kapazität, kann die Subvention bei Riordans Mechanismus basierend auf der *optimalen* Kapazität anstatt der vom Unternehmen gewählten Kapazität errechnet werden. Bei dieser Subvention wählt das Unternehmen *notwendigerweise* die optimale Kapazität. Es ist jedoch unwahrscheinlich, dass der Regulierer die optimale Kapazität kennt, um diese Subvention einzuführen. Aus diesem Grund wurde dieser Mechanismus hinsichtlich einer Anwendung im Postgesetz auch nicht weiter verfolgt.

2.5 Zusammenfassung der Ergebnisse

Zusammenfassend werden die wesentlichen Ergebnisse zur Spitzenlastproblematik noch einmal konzentriert dargestellt: Schwankt die Nachfrage über mehrere Perioden (Spitzen- und Schwachlastzeiten) bei fixer Kapazität, sollte als *first-best-Regel* der *Preis* in jeder Periode den *Grenzkosten* entsprechen, solange dies nicht zu einer höheren Nachfrage führt, als mit der verfügbaren Kapazität verarbeitet werden kann. Übersteigt die Nachfrage die verfügbare Kapazität, wenn der Preis den Grenzkosten entspricht, sollte der Preis erhöht werden, bis sich Nachfrage und Kapazität entsprechen. Bei diesen first-best-Preisen bei fixer Kapazität kann es in jeder Periode entweder zu Überschusskapazität oder unzureichender Kapazität kommen; beides ist

---

[160] Vgl. genaueres bei Chermak, J.M. / Patrick, R.H. (1994), S. 182.

[161] Zur Kalkulation der Subvention müssen dem Regulierer die fixen und marginalen Kosten, die Kapazität und die Preise des Unternehmens bekannt sein. Eine Information über die Nachfrage ist nicht erforderlich. Die Subvention kann auch negativ sein. Vgl. Train, K.E. (1991), S. 240f. und 248.

mit first-best-Preisgestaltung bei fixer Kapazität konsistent. Die Gewinne des Unternehmens können bei first-best-Preisen und fixer Kapazität positiv oder negativ sein.

Die *optimale Kapazität* ist das Niveau, bei welchem die durchschnittliche Zahlungsbereitschaft der Konsumenten für Zusatzkapazität (gemittelt über alle Perioden) den Kosten der Zusatzkapazität entspricht. Bei dieser optimalen Kapazität werden first-best-Preise auf gleichem Weg erreicht wie bei fixer Kapazität.

Riordans Mechanismus ist theoretisch dazu geeignet, das Unternehmen durch Anreize dazu zu verleiten, das volkswirtschaftlich optimale Kapazitätsniveau bereitzustellen und die Dienste effizient zu bepreisen. Da zur Nutzung dieses Mechanismus jedoch erhebliche Informationen nötig sind, die auch innerhalb des Unternehmens oft nicht vorliegen, ist eine Anwendung dieses reizvollen Mechanismus nicht realistisch.

2.6 Anwendungsmöglichkeiten der Spitzenlast-Preisbildung als preispolitischer Ansatz im Briefdienst

Das Postwesen sieht sich bei einer Laufzeitvorgabe für die Schnelligkeit der Zustellung (ein Werktag nach Einlieferung (E+1)) in der Nachtperiode einem Spitzenlast-Problem gegenüber.[162] Konsequenz des Laufzeitziels E+1 ist, dass Produktionskapazitäten, die auf die Spitzenlast in der Nacht ausgerichtet werden, am Tag ungenutzt bleiben. Zusätzlich schwankt die zu verteilende Briefmenge von Nacht zu Nacht. Als mögliche Lösung bietet sich die Aufteilung der Sendungsströme in Briefe erster Klasse mit einer Laufzeit von E+1 und in Briefe zweiter Klasse mit einer längeren Laufzeit an. Eine an den unterschiedlichen Laufzeiten orientierte Tarifierung würde zu einer Entzerrung der Sendungsströme führen.[163]

Großbritannien ist seit den 1960er Jahren Vorreiter bezüglich der Spitzenlast-Preisbildung. Seit Einführung des doppelten Preissystems am 16. September 1968 bietet das Post Office (P.O.) im Briefbereich zwei Laufzeitqualitäten an: First Class (Zustellung am nächsten Werktag) und Second Class (Zustellung nach zwei Werktagen). Das Spitzenlast-Problem wird also durch eine dienstedifferenzierende Preisgestaltung gelöst, welche die begrenzte Aufschiebbarkeit des Briefdienstes nutzt.[164]

Bei der Bewertung der Spitzenlast-Theorie als Ansatz für die Preisbildung im Postwesen spielen insbesondere zwei Gesichtspunkte eine Rolle. Einerseits stellt sich die Frage, welche Bedeutung das Spitzenlast-Problem im Briefdienst derzeit hat und in Zukunft haben wird, andererseits muss die Frage nach der Operationalisierbarkeit des Konzeptes gestellt werden.[165] Damit beschäftigen sich nun die beiden folgenden Teilabschnitte.

2.6.1 Bedeutung des Spitzenlast-Problems

Die Voraussetzungen der Spitzenlast-Preisbildung (im Zeitablauf schwankende Nachfrage; Kapazitäten, die nicht an die Nachfrageschwankungen angepasst werden

---

[162] Dieses Laufzeitziel erfordert, dass die bis zum Abend des Tages A eingelieferten Sendungen am nächsten Tag B zugestellt werden. Abgangssortierung, Transport und Eingangssortierung erfolgen zwischen diesen beiden Arbeitsschritten in der Nacht.

[163] Vgl. Pieper, F. (1996), S. 111.

[164] Vgl. Crew, M.A. / Kleindorfer, P.R. (1992a), S. 41, 53.

[165] Vgl. zum Folgenden auch Pieper, F. (1996), S. 126 – 133 und (1995), S. 28 – 33.

können und keine Möglichkeit der Lagerproduktion) liegen bei der Produktion von Briefdienstleistungen nicht für alle Wertschöpfungsstufen vor. Sofern der wesentliche Input der Faktor Arbeit ist, wie dies für die Wertschöpfungsstufen Einsammlung und Zustellung gilt, lassen sich die Produktionskapazitäten grundsätzlich an die schwankende Nachfrage anpassen. Wird der benötigte Arbeitsinput genau geplant, gibt es keine unterausgelasteten Kapazitäten während der Schwachlastperiode. Wird die Transportdienstleistung zugekauft, liegen auch hinsichtlich der Transportfunktion ähnliche Verhältnisse vor. Dies gilt für den Transport mit der Bahn und dem Flugzeug.[166] Auch die eigene LKW-Flotte stellt eine Kapitalbindung dar, die bei schwankender Auslastung zu Spitzenlast-Problemen führen kann. Werden die Anschaffungskosten zumindest teilweise nutzungsbezogen abgeschrieben, schwächt sich dieses Problem ab. Es konzentriert sich folglich auf die automatisierte Briefbearbeitung. Für diese Wertschöpfungsstufe werden Kapazitäten aufgebaut, bei denen die Anpassung der Inputfaktoren an die schwankende Nachfrage nicht möglich ist und auch die nutzungsabhängige Abschreibung[167] nicht für die gesamten Anschaffungskosten angewendet werden kann.

Ein laufzeitdifferenzierendes Preissystem scheint deswegen eine gangbare Möglichkeit zu sein, die Spitzenlasten abzubauen und eine gleichmäßigere Kapazitätsauslastung zu begünstigen. Die Erfahrungen anderer Länder bestätigen dies.

2.6.2 Operationalisierung der marginalen Kapazitätskosten

Wichtige Probleme der Spitzenlast-Theorie sind die Interpretation der marginalen Kapazitätskosten, die Umsetzungsmöglichkeiten des Konzepts in der Praxis und die Kompatibilität mit den Grundsätzen effizienzorientierter Preisbildung im Briefdienst. Da effiziente Preise grundsätzlich an den kurzfristigen Grenzkosten orientiert sein sollten, entsteht die Frage, ob marginale Kapazitätskosten, häufig in langfristige Grenzkosten einbezogen,[168] in das Konzept integriert werden können.

Kapazitätskosten werden bei den hier vorgestellten Spitzenlast-Modellen als langfristig variable Kosten verstanden und in die Grenzkosten einbezogen. Dieser Grenzkostenbegriff stellt auf eine variable Kapazitätsplanung ab, die exakt an die Nachfragespitze angepasst werden kann. Die Frage der Variabilität der Kosten hängt *nicht* von der betrachteten Zeitperiode ab. Der Unterschied zwischen kurz- und langfristigen Kosten drückt sich durch die optimale Anpassung der Kapazitäten in der langen Frist aus.

Die Behandlung von Kapazitätskosten soll nun am Beispiel der Sortieranlagen im Briefdienst betrachtet werden. Der Kauf selbst führt noch nicht zur Entstehung von Kapazitätskosten.[169] Diese Kosten werden in der Kostenrechnung über Abschrei-

---

166 Die Tatsache, dass Inputfaktoren zugekauft werden, ist für sich genommen noch nicht hinreichend, um Inputs flexibel an Beschäftigungsschwankungen anzupassen. Werden langfristige Verträge abgeschlossen, ist die Anpassungsfähigkeit ebenso eingeschränkt.

167 Als nicht-finanzielle Ausgabe nach dem Rechnungswesen mit substanziellen Kosteneinflüssen für große Branchen mit fixen Gebäuden laden Abschreibungen zu Manipulation ein. Vgl. Hillman, J.J. / Braeutigam, R.R. (1989), S. 46.

168 Vgl. z.B. Williamson, O.E. (1966), S. 814.

169 Die (Transaktions-) Kosten, die beim Kauf der Anlage entstehen, werden hier nicht als Kapazitätskosten berücksichtigt.

bungsbeträge erfasst und stellen die geplante Wertminderung der Anlage dar. Die tatsächlichen Kapazitätskosten über alle Nutzungsperioden ergeben sich als Differenz zwischen dem Anschaffungspreis und dem Liquidationserlös zuzüglich der Kosten für das in der Anlage gebundene Kapital.

Die Spitzenlast-Preisbildung ist aufgrund der Einbeziehung von Kosten, die nicht im Hinblick auf eine zu produzierende Einheit variabel sind, nicht mit den Kriterien einer effizienzorientierten Preisbildung kompatibel. Eine Investitionsentscheidung wird hinsichtlich einer Teilmenge des Spitzenlast-Produkts gefällt. Insofern stellen die Kapazitätskosten inkrementelle Kosten für diese Teilmenge der Spitzenlast-Nachfrage dar. Die Einbeziehung durchschnittlicher inkrementeller Kosten in eine Grenzkosten-Preisbildung führt aber nicht zu wohlfahrtsoptimalen Ergebnissen.

Im Falle von Unteilbarkeiten der installierten Kapazitäten ist das Konzept der Spitzenlast-Preisbildung nicht mehr operational. Die in einem solchen Fall üblicherweise benutzte Approximation – jährliche Kapazitätskosten geteilt durch jährliche Produktionsmenge – stellen Durchschnittskosten, mithin keine Grenzkosten, dar. Preise sollten daher auf kurzfristigen Grenzkosten basieren, wobei Nebenbedingungen wie z.B. Budgetbeschränkungen zu berücksichtigen sind.

Die Ausführungen zur Behandlung der fixen Kapazitätskosten sollten nicht nahe legen, dass diese für die Preisbildung irrelevant seien. Sofern Kapazitätskosten produktspezifisch anfallen – eine Voraussetzung, die für den Briefdienst erfüllt ist – sollten diese auch vom jeweiligen Produkt gedeckt werden.

Trotz dieser vorliegenden Zurechnungsprobleme sprechen die Erfahrungen anderer nationaler Postdienstleister mit Spitzenlast-Preisbildung *für* eine Anwendung dieses Konzepts auch in Deutschland.[170]

Setzt man Grenzkostenpreise als Referenznorm für die Preisbildung in regulierten Unternehmen, stellt sich die Frage, wie die entstehenden Verluste getragen werden

---

Für die hier untersuchten Sortiermaschinen fallen Wertverluste bereits an, wenn die Maschinen installiert werden, da der Markt für solche Anlagen sehr begrenzt ist. Der Wiederverkauf noch nicht genutzter Anlagen ist vermutlich nur mit hohen Preisabschlägen möglich. Diese Differenz von Neuwert und Wiederverkaufswert stellt versunkene Kosten dar, die über Sonderabschreibungen erfasst werden können. Versunkene Kosten werden im Fall eines Rückzugs vom Markt nicht mehr dort vergütet. Es kann sich jedoch lohnen, Kosten zu versenken: Durch sie wird ein Teil der potenziellen Wettbewerber davon abgehalten, in den Markt einzutreten; die maximale Anzahl von Anbietern bei gegebener Marktgröße wird also nach oben beschränkt. So können die im Markt befindlichen Unternehmen Renten erzielen. Ein Unternehmen, das Kosten versenkt hat, kann dies nicht mehr rückgängig machen; es wird daher möglichen Konkurrenten glaubhaft drohen, die Preise auf Durchschnittskosten ohne versunkene Kosten verfallen zu lassen, um diese abzuschrecken. Umgekehrt wird das Unternehmen selbst mit größerem Widerstand aus dem Markt ausscheiden als eines, das keine Kosten versenkt hat, um wenigstens einen Teil der versunkenen Kosten durch Erlöse zurückzugewinnen. In einem dynamischen Kontext können Opportunitätskosten, die abhängig von der produzierten Stückzahl sind, variable versunkene Kosten darstellen. Beispiele dafür sind Limit Pricing (Preissetzung eines Monopolisten unterhalb des Monopolpreises, um potenzielle Konkurrenten abzuschrecken) und Predatory Pricing (gezielte Kampfpreise; vgl. hierzu genauer das 2. Kapitel dieser Arbeit). Diese Behandlung variabler Opportunitätskosten als versunkene Kosten wurde erstmals von Blum und Mönius vorgeschlagen. Vgl. Blum, U. / Mönius, M.A. (1998), S. 7f.

[170] Vgl. auch Kapitel 7, Abschnitt G4 dieser Arbeit.

sollen. Prinzipiell sind zwei Wege denkbar: a) der Staat könnte die entstehenden Verluste aus dem Staatshaushalt decken oder b) die Grenzkostenpreise werden mit einem Aufschlag versehen, der die Gemeinkosten abdeckt. Finanzierungsvariante a) stellt, sofern eine Refinanzierung über eine (unrealistische) Kopfsteuer erfolgt, eine first-best-Lösung dar.[171] Preisaufschläge auf die Grenzkosten bzw. zweiteilige Tarife sind second-best-Lösungen, haben jedoch wegen institutioneller Vorgaben (Gesamtkostendeckung) und aus Verteilungssicht die für die praktische Anwendung größere Relevanz. Die folgenden Ausführungen beschränken sich daher auf die Finanzierungsvariante b).[172]

3 Aufschläge nach der Ramsey-Regel

Der Ausdruck „Ramsey pricing" ist auch in der Literatur der Tarife des Postwesens gebräuchlich und bezieht sich auf ein Modell der optimalen Besteuerung, das 1927 vom englischen Mathematiker und Ökonom Frank P. Ramsey entwickelt wurde. Ramsey entwickelte eine Formel, die auf ein Steuersystem abzielt, dessen negativer Einfluss auf die Wohlfahrt der Konsumenten theoretisch minimiert wird.[173]

Für ein Produkt mit unelastischer Nachfrage wird nach der Ramsey-Regel bei gleichen Grenzkosten ein höherer Preis als bei elastischer Nachfrage gefordert. Die Implementierung von Ramsey-Preisen erfordert daher gesetzliche Marktzutrittsschranken, da bei gleichen Grenzkosten im vollkommenen Wettbewerb keine unterschiedlichen Preise möglich sind.[174] Das lebensnotwendige, nicht substituierbare Gut, zu denen auch der Standardbrief gezählt wird, ist nach der Ramsey-Regel also besonders teuer anzubieten, da die Verbraucher auch bei hohen Preisen nicht bereit sind, darauf zu verzichten, sofern keine technischen Substitute, z.B. E-Mail, Fax, existieren. Bei Ramsey-Preisen wird so eine wohlfahrtsmaximierende interne Subventionierung angestrebt. Dabei wird zur Kostendeckung bei zunehmenden Skalenerträgen eine gewisse Anhebung der Preise über die Grenzkosten nötig. Wie die Zuschläge auf die Grenzkosten unter dieser Zielsetzung aussehen sollen, lässt sich aus der Theorie der optimalen Besteuerung[175] oder den Opportunitätskosten[176] ableiten.

Die Ramsey-Preise werden so gesetzt, dass der Verlust an Konsumentenrente aus einer inkrementellen Erhöhung der Nettoeinnahmen im Grenzfall über alle Produkte

---

171 Vgl. zur Effizienz einer Kopfsteuer z.B. Rosen, H.S. (1988), S. 295f.

172 Vgl. Pieper, F. (1996), S. 134.

173 Vgl. Hall, G.R. (1993), S. 228.

174 Vgl. Horn, M. u.a. (1988), S. 63 und Pieper, F. (1993), S. 10.

175 Die *Theorie der optimalen Besteuerung* stellt die Minimierung der Zusatzlasten (excess burden) ins Zentrum ihrer Überlegungen und analysiert explizit den Trade-off zwischen Effizienz und Umverteilung. Vgl. Grüske, K.-D. (1985), S. 3, 325 – 328, 332, 354. *Optimale Besteuerung* bedeutet dabei das Auffinden jener Steuersätze, die bei politisch vorfixierter Steuerstruktur die Erreichung bestimmter wirtschaftspolitischer Ziele bestens ermöglichen. Vgl. Braeutigam, R.R. (1989), S. 1320 – 1327; Bös, D. (1979), S. 1; Blankart, C.B. (1994), S. 414; Finsinger, J. (1991), S. 108, 113; Fleishman, J.L. (1983), S. 229; Müller, J. / Vogelsang, I. (1978), S. 71 und Faulhaber, G.R. (1975), S. 973f.

176 *Opportunitätskosten* sind die entgangenen Erträge oder Nutzen, die bei der nächstbesten Verwendung eines Produktionsfaktors oder Gutes hätten erzielt werden können, d.h. der Wert der geopferten Alternative. Vgl. Grüske, K.-D. / Recktenwald, H.C. (1995), S. 464.

hinweg gleich ist. Dabei ist die Zuschlüsselung der Gemeinkosten nicht ihr Ziel, sondern ihre Bedingung. Ziel ist die Maximierung der Gesamtwohlfahrt.[177]

3.1 Formale Darstellung des Ansatzes

Formal wird die Zielfunktion der Wohlfahrtsmaximierung durch die Nebenbedingung eines ausgeglichenen Budgets erweitert. Ein Ergebnis dieser Optimierungsaufgabe wird durch die sogenannte „Inverse Elastizitätsregel“ beschrieben.[178] Danach sollen alle relativen Abweichungen der Preise von den Grenzkosten invers proportional zur dazugehörigen Nachfrageelastizität sein. Konsumenten mit geringer Preiselastizität der Nachfrage tragen relativ höhere Preisaufschläge als Konsumenten mit hoher Preiselastizität der Nachfrage.[179]

Die Lösung des Optimierungsproblems unter der Nebenbedingung eines ausgeglichenen Budgets wird im folgenden abgeleitet.[180] Die Variablen des Modells lauten:

p_g = Preise der Güter g, mit $g = 1,\ldots,n$, die der Monopolist produziert,

q_g = nachgefragte Mengen der Güter g, mit $g = 1,\ldots,n$,

$C(q_1,\ldots,q_n)$ = Kosten der Produktion der nachgefragten Mengen der Güter g, mit $g = 1,\ldots,n$,

$CS(p_1,\ldots,p_n)$ = Maß für die Konsumentenrente,

π = Gewinn des Monopolisten, der in dem hier dargestellten Ansatz auf 0 begrenzt sei: $\pi = \sum_{g=1}^{n} p_g q_g - C(q_1 \ldots q_n) \overset{!}{=} 0$.

Die Preise der Inputfaktoren seien fix und die Nachfragefunktionen der Güter g, mit $g = 1,\ldots,n$, zunächst unabhängig voneinander (d.h. die Kreuzpreiselastizitäten entsprechen dem Wert 0). Der Lagrange-Ansatz zur Maximierung der Konsumentenrente unter der Nebenbedingung eines ausgeglichenen Budgets lautet:[181]

$$\Lambda = CS(p_1,\ldots,p_n) - \lambda\left(\sum_{g=1}^{n} p_g q_g - C(q_1,\ldots,q_n)\right). \tag{19}$$

Die Bedingungen erster Ordnung für ein Maximum lauten:

$$\frac{\partial \Lambda}{\partial p_g} = \frac{\partial CS}{\partial p_g} - \lambda\left(q_g + p_g \frac{\partial q_g}{\partial p_g} - MC_g \frac{\partial q_g}{\partial p_g}\right) \overset{!}{=} 0, \quad g = 1,\ldots,n. \tag{20}$$

[177] Vgl. auch Tolley, G. / Bernstein, P. (1997), S. 229 und Hamlen, W.A. Jr. / Hamlen, S.S. (1989), S. 97.

[178] Vgl. Albon, R. (1991a), S. 238 und Tolley, G. / Bernstein, P. (1997), S. 229.

[179] Vgl. Phillips, A. (1989), S. 116. Gründe für eine geringe Preiselastizität können z.B. fehlende Substitutionsmöglichkeiten oder eine sehr hohe Wertschätzung für das betreffende Produkt sein.

[180] Vgl. hierzu Pieper, F. (1996), S. 135 – 140.

[181] Da die Produzentenrente durch die Nebenbedingung in ihrer Höhe gleich 0 gesetzt ist, bezieht sich der Maximierungsansatz lediglich auf die Konsumentenrente.

Der Lagrange-Multiplikator λ gibt an, um wie viel die zu maximierende Variable zunimmt, wenn die Beschränkung um eine Einheit gelockert wird. Beim vorliegenden Optimierungsproblem nimmt λ einen negativen Wert an, da sich die gesellschaftliche Wohlfahrt vermindert, wenn die Nebenbedingung gelockert wird. Nach Einsetzen und einigen Umformungen ergibt sich:[182]

$$-q_g = \lambda\left(q_g + \left(p_g - MC_g\right)\frac{\partial q_g}{\partial p_g}\right),\ g = 1,\ldots,n. \tag{21}$$

Mit $\varepsilon_g = \frac{\partial q_g}{\partial p_g} \cdot \frac{p_g}{q_g}$ als Preiselastizität der Nachfrage folgt:

$$-\frac{1}{\lambda} - 1 = \varepsilon_g \cdot \frac{\left(p_g - MC_g\right)}{p_g} \text{ bzw. } \frac{\left(p_g - MC_g\right)}{p_g} = -\frac{1}{\varepsilon_g} \cdot \left(\frac{1+\lambda}{\lambda}\right),\quad g = 1,\ldots,n. \tag{22}$$

Für $\frac{(1+\lambda)}{\lambda}$ wird üblicherweise der Ramsey-Parameter α eingesetzt. Dadurch lässt sich (22) vereinfachen zu:

$$\frac{\left(p_g - MC_g\right)}{p_g} = -\frac{\alpha}{\varepsilon_g},\quad g = 1,\ldots,n. \tag{23}$$

Nach Isolierung von p_g ergibt sich:

$$p_g = \frac{MC_g}{1 + \frac{\alpha}{\varepsilon_g}},\quad g = 1,\ldots,n. \tag{24}$$

Die Höhe der Aufschläge wird durch den Wert α, der durch die Nebenbedingung determiniert ist, bestimmt. Ist die Nebenbedingung zur Lösung des Optimierungsproblems von nur geringer Bedeutung, nimmt λ einen kleinen Wert an – die Wohlfahrtsverluste sind marginal. Ist die Nebenbedingung hingegen von großer Bedeutung, wird λ einen entsprechend hohen Wert aufweisen. Zur Lösung des Ansatzes wird α so lange variiert, bis sich eine Preisstruktur ergibt, die unter Berücksichtigung der Nachfragefunktionen die Nebenbedingung des ausgeglichenen Budgets erfüllt.

Bestehen zwischen den vom Monopolisten angebotenen Gütern Nachfrageinterdependenzen, führen die hier berechneten Preisaufschläge sowohl zu einem Nachfragerückgang beim im Preis gestiegenen Gut, als auch zu Nachfragesteigerungen (Nachfragerückgängen) bei substitutiven (komplementären) Gütern. Second-best-Preise müssen diese Nachfrageinterdependenzen berücksichtigen.[183] Ein Modell für den Zwei-Güter-Fall sei im Folgenden vorgestellt.[184]

---

[182] Als Ableitung der Konsumentenrente wird $\frac{\partial CS}{\partial p_g} \overset{!}{=} -q_g$ gesetzt, d.h. der Grenznutzen des Einkommens der Haushalte wird als 1 angenommen.

[183] Eine umfassende Ableitung der Ramsey-Formel unter Einbeziehung von Nachfrageinterdependenzen zu Gütern, die ebenfalls vom Postunternehmen angeboten werden und zu Gütern, die

Das regulierte Unternehmen biete zwei Dienste an: Briefe erster Klasse $g=1$ und Briefe zweiter Klasse $g=2$. Die beiden Dienste unterscheiden sich aufgrund unterschiedlicher Qualitäten. Briefe erster Klasse werden innerhalb eines Tages nach Absendung zugestellt, während Briefe zweiter Klasse ein längeres Laufzeitziel haben. Dieser Qualitätsunterschied äußert sich in unterschiedlich hohen Produktionskosten. Aufgrund einer fallenden Durchschnittskostenkurve sind Grenzkostenpreise nicht kostendeckend. Die Nachfragefunktionen der Güter haben einen fallenden Verlauf, wobei interdependente Nachfragefunktionen unterstellt werden: $q_g = q_g(p_1, p_2)$, für $g = 1{,}2$.

Ziel ist wiederum die Maximierung der Konsumentenrente unter der Nebenbedingung eines ausgeglichenen Budgets beim regulierten Monopolunternehmen:

$$\Lambda = CS(p_1, p_2) - \lambda\left(\sum_{g=1}^{2} p_g q_g - C(q_1, q_2)\right). \tag{25}$$

Folgende Bedingungen erster Ordnung für ein Maximum gelten:

$$\frac{\partial \Lambda}{\partial p_g} = -q_g - \lambda\left(q_g + (p_1 - GK_1)\frac{\partial q_1}{\partial p_g} + (p_2 - MC_2)\frac{\partial q_2}{\partial p_g}\right) \overset{!}{=} 0, \quad g = 1{,}2, \tag{26}$$

bzw. nach Einführung eines Summenoperators mit dem Index k:

$$\frac{\partial \Lambda}{\partial p_g} = -q_g - \lambda\left(q_g + \sum_{k=1}^{2}(p_k - MC_k)\frac{\partial q_k}{\partial p_g}\right) \overset{!}{=} 0, \quad g = 1{,}2. \tag{27}$$

Nach Umformung ergibt sich:

$$\frac{p_g - MC_g}{p_g} = -\frac{\alpha}{\varepsilon_{gg}} - \sum_{\substack{k=1 \\ k \neq g}}^{2}\left(\frac{p_k - MC_k}{p_k}\frac{\varepsilon_{gk}}{\varepsilon_{gg}}\right), \quad g = 1{,}2. \tag{28}$$

Die Isolierung von p_g ergibt:

$$p_g = \frac{MC_g}{1 + \frac{\alpha}{\varepsilon_{gg}} + \sum_{\substack{k=1 \\ k \neq g}}^{2}\left(\frac{p_k - MC_g}{p_k}\frac{\varepsilon_{gk}}{\varepsilon_{gg}}\right)}, \quad g = 1{,}2. \tag{29}$$

Der Preis des Gutes 1 ist also abhängig vom Preis des Gutes 2, was eine simultane Bestimmung der Preisstruktur erfordert. Darüber hinaus spielen die Grenzkosten der Produktion, die Eigen- und Kreuzpreiselastizitäten und der Ramsey-Parameter α, der sich aus der Formulierung der Nebenbedingung ergibt, eine Rolle.

---

nicht von ihm angeboten werden, findet sich bei Sherman, R. / George, A. (1979), S. 687f. Die folgende Ableitung erfolgt in Anlehnung an Bös, D. (1981), S. 124f.

184 Grundsätzlich erhöht sich die Effizienz der Preisstruktur, wenn weitere Segmentierungsmerkmale wie z.B. Gewicht, Menge etc. einbezogen werden (unter Berücksichtigung der Kosten der Segmentierung). Die abgeleiteten Ergebnisse sind entsprechend auch auf mehr als zwei Produkte zu übertragen.

Lenard u.a. führten eine Ramsey-Preis-Analyse für den amerikanischen Postsektor mit einer Gleichung durch, die darüber hinaus Substitute von Konkurrenten berücksichtigt. Im Unterschied zur einfachen inversen Elastizitätsregel ergab sich bei Anwendung der um im Wettbewerb angebotenen Substitute erweiterten Formel, dass die Preise für die unter Regulierung angebotenen Güter im Vergleich zur Preisberechnung ohne die Einbeziehung von Substituten höher gesetzt werden. Dieses Ergebnis ist erstaunlich, da das regulierte Unternehmen im Fall der Substitutionskonkurrenz seine Wettbewerbssituation gegenüber unregulierten Anbietern mit der Preiserhöhung verschlechtert.[185]

3.2 Ramsey-Preise und Briefdienste – eine kritische Zusammenfassung

Ziel der Ramsey-Regel ist die Minimierung der Wohlfahrtsverluste mit Hilfe der inversen Elastizitätsregel, wenn von der Grenzkosten-Preisbildung abgewichen werden soll. Nach der Ramsey-Regel werden Güter mit unelastischer Nachfrage höher bepreist als Güter mit elastischer Nachfrage. Der Aufschlag auf die Grenzkosten leitet sich aus der inversen Elastizitätsregel ab. Voraussetzung für eine derartige Preisbildung ist die Existenz eines Monopols bzw. einer Exklusivlizenz. Da die Briefdienste durch das Postgesetz unterschieden werden können in einen Bereich, der derzeit noch nicht für Wettbewerb zugänglich ist (Exklusivlizenz, Briefe mit einem Gewicht von bis zu 200 g) und in einen mit Wettbewerb (Briefe ab 200 g), in dem folglich auch die Elastizität der Nachfrage nach Briefbeförderung durch die Deutsche Post AG aufgrund vorhandener Konkurrenten erheblich niedriger ist, würde die Anwendung dieser Preisregel bei den Briefdiensten dazu führen, dass Briefe mit einem Gewicht von unter 200 g einen höheren Aufschlag auf die Grenzkosten erhielten als schwerere Briefe.

Kritisch bleibt jedoch anzumerken, dass die Haushalte die nachgefragte Menge an Postdiensten kaum beeinflussen können, weshalb die Effizienzeigenschaften der inversen Elastizitätsregel in Frage gestellt werden.[186]

Außerdem werden Ramsey-Preise als verteilungspolitisch ungerecht empfunden, da eben gerade diejenigen mehr für die Dienstleistungen bezahlen sollen, die am stärksten auf sie angewiesen sind.[187] Briefdienstleistungen eignen sich dabei grundsätzlich nicht, verteilungspolitische Ziele zu verfolgen, da einerseits die Verteilungswirkungen von Preismaßnahmen im Briefdienst nicht belegt und somit in ihrer Wir-

---

[185] Vgl. Lenard, T.M. u.a. (1992), S. 255. Die Berechnung beruht auf einer von Sherman und George entwickelten Formel. Vgl. Sherman, R. / George, A. (1979), S. 687f.

Ebenso findet sich bei Scott eine Anwendung der Ramsey-Preissetzungsregel auf den Postsektor in den USA. Scott, F.A., Jr. (1986), S. 283. Diese Berechnungen beruhen ebenso auf dem Ansatz von Sherman und George. Scott führte Berechnungen für drei Modellansätze durch, und zwar für die einfache Elastizitätsregel, für die um die Kreuzpreiselastizitäten der vom Postunternehmen angebotenen Güter erweiterten Elastizitätsregel und für die um Kreuzpreiselastizitäten der von Konkurrenten angebotenen Substitute erweiterten Elastizitätsregel.

[186] Für eine detaillierte kritische Betrachtung der Effizienzeigenschaften der inversen Elastizitätsregel vgl. auch Rosen, H.S. (1988), S. 316; Neumann, M. (1991), S. 270 – 272; Corlett, W. / Hague, D.C. (1953), S. 21 – 30; Sherman, R. (1993b), S. 217 – 225 und Pieper, F. (1996), S. 140 – 144.

[187] Kritik zu den Verteilungs- versus den Effizienzzielen findet sich bei Mitchell, R.W. u.a. (1997), S. 185; Train, K.E. (1991), S. 116f.; Tolley, G.S. (1990), S. 44, 85, 138; Pieper, F. (1996), S. 144 – 146; Feldstein, M.S. (1972), S. 34 und Tolley, G. / Bernstein, P. (1997), S. 230.

kung fraglich sind,[188] und andererseits der Ausgabenteil für Briefdienstleistungen bei privaten Kunden sehr niedrig ist.[189] Der Nutzen einer Umverteilungspolitik über die Tarifgestaltung im Briefdienst ist deshalb tendenziell gering, die Kosten der staatlichen Eingriffe im Hinblick auf statische und dynamische Effizienzverluste dagegen sind groß. Daraus muss gefolgert werden, dass andere Instrumente besser geeignet sind, verteilungspolitische Motive umzusetzen.

Aus wettbewerblicher Sicht sind Ramsey-Preise ebenso abzulehnen. Sie können Quersubventionierung fördern und sind daher nicht mit einer wettbewerblichen Preisregulierung vereinbar: Die relativ höheren Preisaufschläge finden sich stets in Teilmärkten, in denen die Kunden die geringsten Ausweichmöglichkeiten haben, und subventionieren intern die sich im Wettbewerb befindlichen Teilmärkte.[190]

Die Anwendung der Ramsey-Preisbildung im Briefdienst setzt ferner hohe Anforderungen an die Datenerhebung. Neben den Grenzkosten werden Eigen- und, im Falle interdependenter Nachfragefunktionen, Kreuzpreiselastizitäten für die betreffenden Produkte benötigt. Eine korrekte Anwendung müsste auch Substitutionsbeziehungen und Komplementaritäten zu Gütern einbeziehen, die außerhalb des Postsektors bereitgestellt werden. Für die Bundesrepublik Deutschland sind diese Daten nicht verfügbar.[191]

Insgesamt sind Ramsey-Preise für den Briefdienst aus den dargestellten Gründen also abzulehnen, da Ramsey-Preise nicht auf Unterschieden in der Kostenstruktur basieren, sondern Preisdiskriminierung darstellen.[192] Aus dieser Kritik resultieren Vorschläge zur *Preispolitik mit symmetrischen Aufschlägen* (vgl. Abschnitt B4). Dies entspricht auch der Entwicklung im Postsektor.

4 Regulatorische Aufteilungsschlüssel der Gemeinkosten

Als Alternative zur Ramsey-Preisbildung wurden symmetrische, d.h. gleiche prozentuale kostendeckende Aufschläge auf die Grenzkosten vorgeschlagen, wobei die Hauptvoraussetzung die Zurechenbarkeit eines großen Teils der Kosten sein muss, damit der zu berechnende Aufschlag nur einen kleinen Anteil des Preises darstellt.[193]

---

188 Einerseits sind es insbesondere gewerbliche Versender, die das Produkt Briefpost nachfragen, andererseits mag es sein, dass gerade Privatkunden mit hohem Einkommen Versender von Einzelsendungen sind. Diese würden dann von einer verteilungspolitisch motivierten Preisgestaltung profitieren.

189 Die durchschnittlichen monatlichen Ausgaben eines 4-Personen-Haushalts für Brief- und Paketbeförderung durch die Deutsche Post AG sind mit 6,37 DM sehr gering. Vgl. Bundesamt für Post und Telekommunikation (1994), S. 32 und Pieper, F. (1996), S. 102f.

190 Vgl. Genaueres bei Pieper, F. (1996), S. 146f.; Mitchell, R.W. u.a. (1997), S. 185; Shepherd, W.G. (1992), S. 298 und (1986), S. 231 – 252

191 Vgl. Knieps, G. u.a. (1981), S. 185; und Pieper, F. (1996), S. 148. Wettbewerb von elektronischen Substitutionsmöglichkeiten und Veränderungen in den Kommunikationsmustern treten unabhängig davon auf, ob der entsprechende Markt reguliert wird oder nicht. Vgl. Toime, E. (1995), S. xvi; Elixmann, D. u.a. (1994) und Nikali, H. (1995), S. 223.

Ramsey-Überlegungen können jedoch trotzdem die Effizienz der postalischen Tarifstruktur erhöhen. Vgl. Pieper, F. (1996), S. 140 und Tolley, G. / Bernstein, P. (1997), S. 231.

192 Vgl. hierzu insbesondere Kapitel 7, Abschnitt G dieser Arbeit.

193 Vgl. Knieps, G. u.a. (1981), S.185.

Kostenorientierte Preise sind eher mit einer Öffnung noch monopolisierter Märkte kompatibel, während die Anwendung der Ramsey-Preisbildung in der Regel nur bei Ausschluss von direktem Wettbewerb[194] möglich ist. Gerade aus diesem Grund kommt kostenorientierten Preisen eine wichtige Bedeutung zu.[195]

4.1 Formale Darstellung der Preisbildung mit symmetrischen Aufschlägen

Typischerweise existieren Kosten, die von den unterschiedlichen Outputs gemeinsam verursacht und daher aufgeteilt werden. Die Verteilung dieser Gemeinkosten auf die individuellen Outputs auf Basis einer Formel wird als *Preisbildung anhand vollständig verteilter Kosten* (fully distributed costs, FDC) oder *Preissetzungsregel für symmetrische Aufschläge* (equal markup) bezeichnet.

Für alle Leistungen wird also das gleiche Verhältnis von Tarifhöhe zu Produktionskosten bestimmt. Kostenbasis sind die langfristigen durchschnittlichen Gesamtkosten, *nicht* die Grenzkosten. Für die Preisbildung werden hilfsweise die echten Gemeinkosten proportional auf die einzelnen Dienste aufgeteilt.[196] Können, formeller ausgedrückt, die direkt zuordenbaren Kosten des Outputs *g* als $VC_g(q_g)$ und die Gemeinkosten aller Outputs als $SC(\mathbf{q})$ bezeichnet und die Gesamtkosten als

$$C(\mathbf{q}) = \sum_g VC_g(q_g) + SC(\mathbf{q}) \tag{30}$$

ausgedrückt werden, haben FDC-Preise die Eigenschaft

$$p_g = f\lfloor VC_g(q_g)\rfloor + h\lfloor q_g, SC(\mathbf{q})\rfloor . \tag{31}$$

Diese Eigenschaft bedeutet, dass der Preis die Summe einer Funktion der variablen Kosten und einer Funktion der Menge des Outputs *g* und der Gemeinkosten ist:[197]

$$f\lfloor VC_g(q_g)\rfloor q_g = VC_g(q_g), \text{ und} \tag{32}$$

$$\textstyle\sum_g h\lfloor q_g, SC(q)\rfloor q_g = SC(\mathbf{q}). \tag{33}$$

Daher deckt mittels der in (32) und (33) dargestellten Eigenschaften der *f*-Teil des Preises die zurechenbaren variablen Kosten des Outputs *g*, der *h*-Teil die Gemeinkosten aller Outputs. Die Gesamteinnahmen entsprechen den Gesamtkosten.

Haupteigenschaft der FDC-Methode ist eher ihre Einfachheit als ihre Richtigkeit. In der Realität können gemeinsame oder verbundene Kosten per definitionem nicht kausal den einzelnen, von den Individuen nachgefragten Outputs zugeordnet werden. Eine Kostenschlüsselung kann jedoch in den Fällen als Näherung für die Messung der Kosten dienen, in denen die nicht messbaren Kosten nicht verbunden sind oder Gemeinkosten darstellen und keine Daten vorliegen.[198]

Die bekanntesten Methoden zur Gemeinkostenaufteilung sind:[199]

---

194 Unter *direktem Wettbewerb* werden andere Briefdienstleister verstanden.

195 Vgl. von Weizsäcker, C.C. (1984), S. 207 und Pieper, F. (1996), S. 149.

196 Vgl. Rahmeyer, F. (1999), S. 73.

197 Vgl. Mitchell, B.M. / Vogelsang, I. (1991), S. 137 und Kaufer, E. (1981), S. 27.

198 Vgl. Mitchell, B.M. / Vogelsang, I. (1991), S. 137.

199 Vgl. Cave, M. u.a. (1994), S. 30f. und Albach, H. / Knieps, G. (1997), S. 34.

- Die relative Outputmethode: Die Gemeinkosten werden verschiedenen Diensten im Verhältnis zum Output jedes Dienstes in physischen Einheiten zugeordnet.
- Die Einnahmen-Methoden: Nach der *Bruttoeinnahmen-Methode* erfolgt die Zuteilung der Gemeinkosten auf Basis des Anteils des Beitrags eines jeden Dienstes zu den Bruttoeinnahmen. Bei der *Nettoeinnahmen-Methode* würden die Gemeinkosten auf Basis des Anteils des Beitrags eines jeden Dienstes zu den Nettoeinnahmen zugeteilt (nach Abzug von Netzzutrittsgebühren etc.). Die FDC-Preisbildung nach Einnahmensanteilen beinhaltet ein Simultanitätsproblem, da die Einnahmen erst kalkuliert werden können, *nachdem* die Preise bekannt sind, während sie hier zur Bestimmung dieser Preise benutzt werden. Eine Lösung des Problems wäre die Nutzung verzögerter Einnahmensanteile.
- Die zuteilende Kostenmethode: Bei Anwendung der zuteilenden Kostenmethode werden die Gemeinkosten jeder Einheit basierend auf der Zuteilung des Teils der direkt zuteilbaren Kosten zugeschlüsselt. Die Preisbildung nach Einnahmensanteilen und nach Kostenanteilen resultiert in gleichen Preisen.

FDC-Preise werden im Allgemeinen als gerecht angesehen, weil jeder Konsument die ihm zurechenbaren Kosten und einen Teil der nicht zurechenbaren Kosten trägt. Die verschiedenen Methoden der FDC-Preisbildung unterscheiden sich in der Art und Weise, mit welcher letzterer abgeleitet wird. Problematischerweise geschieht dies anonym: Allen in Frage kommenden Kostentreibern wird die gleiche ex-ante-Wahrscheinlichkeit eingeräumt.[200]

4.2 Kritik an der FDC-Methode

Der im Prinzip unendlichen Anzahl unterschiedlicher Aufteilungsschlüssel ist gemein, dass sie auf ökonomisch nicht gerechtfertigten „Kostenproportionalitätsannahmen" beruhen, eine faktische Kostenkausalität jedoch fehlt. Es handelt sich bei den Zuteilungsregeln also um willkürliche Daumenregeln (Ad-hoc-Regeln), die nicht die wahren ökonomischen Kosten der Produktion reflektieren. Das FDC-Konzept ist insofern ein willkürliches Konzept, als der Phantasie bei der Methode, wie die Gemeinkosten zugeteilt werden, keinerlei Grenzen gesetzt sind. Diese Phantasie bei der Suche nach Gemeinkostenschlüsseln kann natürlich auch dazu eingesetzt werden, um z.B. wettbewerbspolitische Zielsetzungen zu verfolgen.[201] Die Tarifstruktur wird so politisch manipulierbar.[202] Aufgrund der willkürlichen Kostenzuteilung lässt sich auch nicht feststellen, ob und in welchem Ausmaß eine Leistung des regulierten Unternehmens oder der regulierten Branche andere Leistungen intern subventioniert oder nicht.[203] Im Ergebnis handelt es sich eher um eine Durchschnittsbetrachtung als um Grenzkosten. Aus Gründen des effizienten Ressourceneinsatzes ist die Orientierung an den Grenzkosten aber nötig. Da der wahre Wert des Dienstes nicht berücksichtigt wird, kann der Kostenpreis für einzelne Dienste zu hoch sein.[204]

---

200 Vgl. Mitchell, B.M. / Vogelsang, I. (1991), S. 140.

201 Vgl. Kaufer, E. (1981), S. 50.

202 Vgl. Benz, A. (1997a), S. 199. Machen die nicht zurechenbaren Gemeinkosten nur einen kleinen Teil der Gesamtkosten aus, ist die Manipulierbarkeit der Endpreise durch die Wahl der Aufteilungsmethode vollständig verteilter Kosten begrenzt.

203 Vgl. Mitchell, B.M. / Vogelsang, I. (1991), S. 137 und Albach, H. / Knieps, G. (1997), S. 34 – 37.

204 Vgl. Cave, M. u.a. (1994), S. 31; Kaufer, E. (1981), S. 51f. und Rahmeyer, F. (1999), S. 73.

Die FDC-Preisbildung war die gängige Praxis bei der Regulierung der öffentlichen Versorgungsbetriebe in den USA.[205] In einer systematischen Analyse der Effizienzeigenschaften der FDC-Preisbildung konnte allerdings festgestellt werden, dass FDC-Preise im Vergleich zu Ramsey-Preisen tendenziell zu Ineffizienz führen und ineffizienten Markteintritt fördern.[206] Die Zuordnung gleicher Aufschläge ohne Rücksicht auf die Elastizität des Produkts kann so zu unnötigen Mengenverlusten bei Produkten mit hoher Elastizität führen. Diese Mengenverluste führen zu einer Reduktion der mengenabhängigen zurechenbaren Kosten. Die institutionellen Kosten aber werden von diesen Mengenänderungen nicht tangiert. Konsequenterweise führen Mengenreduktionen zu einer Steigerung des Verhältnisses der gesamten zurechenbaren Kosten, was zu einer Erhöhung des nötigen symmetrischen Aufschlags führt, was wiederum in weiteren Mengenverlusten endet usw. Im Extremfall könnte die Preisbildung mit symmetrischen Aufschlägen zum Verlust eines gesamten Marktes des Postdienstes führen, wenn der resultierende Preis höher als der wettbewerblicher Alternativen ist.[207]

4.3 Anwendungsmöglichkeiten im Briefdienst

Der Einwand hoher Informationsanforderungen stellt ein Argument gegen die Anwendung der Ramsey-Preisbildung dar. Die daraus folgende positive Einschätzung der kostenorientierten Preise ist aus praktischer Sicht jedoch nicht haltbar, da Preise in der Praxis in einem iterativen Prozess gesetzt werden: Es werden Preisaufschläge bestimmt und die Nachfragereaktion abgewartet. In der nächsten Periode werden die Preisaufschläge, soweit nötig, korrigiert. Bei einer solchen Preissetzungspolitik muss das Unternehmen die Nachfrage der Folgeperiode gut kennen und in der Lage sein, die Preise flexibel anzupassen. Würden diese Voraussetzungen vorliegen, wäre eine kostenorientierte Preisbildung mit geringeren Informationsanforderungen verbunden. Zumindest die zweite Voraussetzung ist im Briefdienst jedoch nicht erfüllt. Hier müssen die marktbeherrschenden Unternehmen komplizierte und zeitraubende Preisgenehmigungsverfahren durchlaufen, welche eine flexible Preisanpassung der Unternehmen verhindern. Deshalb erscheint es sinnvoll, möglichst genau ex ante die den Zielsetzungen entsprechende Preisstruktur zu finden.

---

205 In den USA war die FDC-Preisbildung anscheinend eine Antwort auf Markteintritt. Die Federal Communications Commission (FCC), die Regulierungsbehörde im Telekommunikationsbereich, arbeitete mit der FDC-Preisbildung, weil sie angeblich eine höhere Anbieterverantwortlichkeit herstellte. Man könnte auch argumentieren, dass ein Regulierer, der Eintritt fördern möchte, die FDC-Preisbildung als ein Instrument nutzen kann, um den regulierten Anbieter zu benachteiligen. Vgl. Mitchell, B.M. / Vogelsang, I. (1991), S. 139f.

206 Vgl. z.B. Knieps, G. (1987b), S. 274 – 276. Die Erfahrungen der amerikanischen Regulierungspraxis zeigen, dass die Auswahl der Aufschlüsselungsprinzipien nicht den freien Wettbewerb im Blick hatte, sondern allenfalls mit der Verfolgung anderer Ziele (z.B. Schutz von Marktneulingen vor der Konkurrenz durch das eingesessene Unternehmen, Verteilungsziele) zu erklären ist. Die Durchsetzung der FDC-Methode bewirkte dabei starke Anreizverzerrungen, die nicht nur zu erheblichen ökonomischen Ineffizienzen führte, sondern gleichzeitig auch den ursprünglich verfolgten Zielen (etwa der Begünstigung ländlicher Gebiete) zuwiderlief. Vgl. Albach, H. / Knieps, G. (1997), S. 34.

207 Vgl. Tolley, G. / Bernstein, P. (1997), S. 228; Albach, H. / Knieps, G. (1997), S. 34 – 37 und Kaufer, E. (1981), S. 51f.

Im Prinzip führt die Berechnung von Preisen nach den hier dargestellten FDC-Regeln also nicht zu einem geringeren Informationsaufwand, da auch die kostendeckenden Preisaufschläge ex ante nur bestimmt werden können, wenn die aus einer Änderung der Preisstruktur induzierten Nachfrageänderungen berücksichtigt werden. Dies aber verlangt, ebenso wie die Ramsey-Preisbildung, eine Schätzung der Eigen- und Kreuzpreiselastizitäten. Daraus folgt, dass der Vorteil des geringeren Informationsaufwands der kostenorientierten Preisbildung im Briefdienst nur wenig Relevanz hat. Eine Anwendung aus allein diesem Grund kann nicht empfohlen werden.

Als weiterer Einwand gegen die Ramsey-Preisbildung im Briefdienst wird die Überlegenheit der kostenorientierten Preisbildung hinsichtlich des Effizienzkriteriums angeführt. Eine Preisbildung mit vollständig verteilten Kosten ist aber nur unter speziellen Kostenstrukturen überlegen, die beim Briefdienst nicht vorliegen.

Beim USPS gelten zwei Drittel der Gesamtkosten als variable, d.h. volumenabhängige Kosten. Die fixen Kosten werden durch einen für jede Postart unterschiedlichen Aufschlag gedeckt. Standardbriefe hatten 1992 einen Aufschlag in Höhe von 58%, Pakete in Höhe von 12%. Einige Ökonomen, z.B. Scott (1986), zeigten, dass diese Aufschläge Ramsey-Preisen entsprechen. Andere Autoren, z.B. Campbell, argumentierten, dass die PRC eine wachsame Rolle ausgeübt hat, um eine Ausübung von Monopolmacht im Bereich der Standardbriefe und Quersubventionierung im Wettbewerb befindlicher Dienste, z.B. Pakete, zu vermeiden.[208] Vergleichbare Zahlen liegen für den deutschen Postmarkt leider nicht vor; aufgrund der Unternehmensaufkäufe der Deutschen Post AG in letzter Zeit jedoch wird vermutet, dass die nötigen Finanzen hierfür aus der durch die Exklusivlizenz veranlassten Monopolstellung im Briefdienst fließen.

Eine positive Bewertung erfahren die hier dargestellten linearen FDC-Preise im Wesentlichen nur aus einem Grund: Sie sind im Gegensatz zu Ramsey-Preisen mit einer Marktöffnung kompatibel.[209] Bei den genannten regulatorischen Aufteilungsschlüsseln für Kosten handelt es sich indes nur um ein äußerst grobes Regulierungskonzept; eine Kostenzuteilung anhand der *tatsächlichen* Verursachung der Kosten wäre volkswirtschaftlich gesehen jedoch effizienter.

5 Fazit

In Abschnitt B wurde im Rahmen der linearen Tarife zuerst das Konzept der Grenzkosten-Preisbildung mit ihrer Anwendung auf das Problem der Spitzenlast-Preisbildung dargestellt. Budgetbeschränkungen des regulierten Briefdienstleisters oder differenzierte Wohlfahrtsgewichte in der Zielfunktion führten anschließend zu verschiedenen Versionen der Ramsey-Preisbildung und der inversen Elastizitätsregel. Nach dieser Regel sollten die relativen Aufschläge der Preise über die Grenzkosten für die unterschiedlichen angebotenen Dienste im inversen Verhältnis zu den entsprechenden Nachfrageelastizitäten abweichen. Die inverse Elastizitätsregel gilt sowohl für wohlfahrts-, als auch für gewinnmaximierendes Verhalten und ist daher ein robustes Konzept. Aufgrund der negativ zu beurteilenden Verteilungs- und Effizienz-

208 Vgl. Scott, F.A. Jr. (1986), S. 279 – 290; Crew, M.A. / Kleindorfer, P.R. (1992a), S. 107. Beispiele siehe ebenda, S. 107f.

209 Vgl. Pieper, F. (1996), S. 151f.

wirkungen der Ramsey-Preise sowie ihrer grundlegenden Ungeeignetheit für Wettbewerbssituationen stellen sie kein geeignetes Konzept zur Regulierung der Preise im Postsektor dar.

Die Preisbildung mit symmetrischen Aufschlägen ist dagegen mit Wettbewerb kompatibel, beinhaltet jedoch politische Manipulationsmöglichkeiten: Es existiert kein wirklich gerechtes Zuteilungskriterium für die nicht exakt zuschlüsselbaren Kosten. Bei den angesprochenen Regeln, die auf Kostenproportionalitätsannahmen basieren, handelt es sich also ausschließlich um „Daumenregeln". Die Preisbildung mit symmetrischen Aufschlägen wird in dieser Arbeit für den Postsektor folglich abgelehnt, da die Kosten nicht anhand ihrer tatsächlichen Kosteneinflussgrößen, sondern willkürlich zugerechnet werden. Auf besser geeignete, weil kostentreiberorientierte Kostenkonzepte wird Abschnitt D dieses Kapitels jedoch noch genauer eingehen.

Im Gegensatz zu den angesprochenen Tarifen, die ausschließlich einem linearen Verlauf unterliegen, weisen nichtlineare Tarife insbesondere bei Mehrproduktunternehmen Vorteile auf, womit sich eine derartige Regulierung gut anhand der Kostenstrukturen des jeweils regulierten Sektors rechtfertigen lässt. Damit wird sich nun der folgende Abschnitt C befassen.

C Nichtlineare Tarife

Die folgenden Unterabschnitte befassen sich daher mit einer Einführung in die Thematik nichtlinearer Tarife und stellen den Ansatz formal vor. Anschließend werden die Formen der zweiteiligen Tarife, geglätteten nichtlinearen Tarife, getrennten mehrteiligen und selbst wählbaren Tarife sowie Aspekte von Wiederverkauf und Transaktionskosten innerhalb der nichtlinearen Tarife behandelt. Gedanken zur Bündelung oder Verbindung von Diensten sowie ein Fazit runden den vorliegenden Abschnitt C ab.

1 Nichtlineare Tarife – Einführung und Definitionen

Ist die Rechnung eines Kunden der mit der konsumierten Menge multiplizierte Preis, wird dies als *einteiliger* oder *linearer* Tarif bezeichnet.[210] Ein *mehrteiliger* oder *nichtlinearer* Tarif dagegen besteht aus einer vom Konsumniveau *un*abhängigen fixkostenorientierten Gebühr (*Zugangsgebühr*) und einer variablen *Nutzungsgebühr*, etwa in Höhe der Grenzkosten. Die Zugangsgebühr entspricht dem Recht, die Vorteile eines bestimmten Netzes zu nutzen.[211] Wie zu zeigen sein wird, beinhalten mehrteilige Tarife wichtige volkswirtschaftliche Implikationen, da unter bestimmten Umständen auch das first-best-Ergebnis exakt erreicht werden kann.[212]

Eine Form nichtlinearer Tarife stellen *Blocktarife* dar. Bei Blocktarifen verändert sich der Preis für jede zusätzliche Konsumeinheit, wenn das gesamte Konsumniveau eine gewisse Schwelle erreicht. Fallen oder steigen die Kosten für zusätzliche Einheiten bei steigendem Gesamtkonsum, können Blocktarife in Abhängigkeit davon jeweils fallend oder steigend verlaufen. In diesem Zusammenhang wird auch zwischen *mar-*

---

210 Der Ausdruck *linearer* oder *einteiliger Tarif* tritt selten zutage; er stellt einfach einen Preis dar. Die Terminologie dient lediglich dazu, die *mehrteiligen* Tarife davon zu unterscheiden.

211 Vgl. zum Folgenden Train, K.E. (1991), S. 191 – 197.

212 So sind sie z.B. gegen ineffizienten Marktzutritt beständig. Vgl. auch Günther, B.P. (1998), S. 234.

ginalen und *inframarginalen* Preisen unterschieden: Der marginale Preis wird vom Konsumenten bei gegebenem Gesamtkonsum für zusätzlichen Konsum gezahlt, und inframarginale Preise sind die Preise, die bei niedrigeren Konsumniveaus angewendet werden.

Ferner ist auch eine Unterscheidung zwischen *durchschnittlichen* und *marginalen* Preisen notwendig. Der Durchschnittspreis $\bar{p}$ sind die Gesamtausgaben des Konsumenten geteilt durch seinen Gesamtkonsum:

$$\bar{p}_i = \frac{R_i}{q_i}. \tag{34}$$

Übersteigt der Gesamtkonsum den ersten Block nicht, entsprechen die Durchschnittskosten den Grenzkosten. Liegt der Gesamtkonsum aber oberhalb des ersten Blocks, liegt der Grenzpreis bei fallenden Blocktarifen unterhalb der Durchschnittskosten (der Preis fällt bei steigendem Konsum) und bei steigenden Blocktarifen oberhalb der Durchschnittskosten (der Preis steigt mit dem Konsum).

Der Zugangs-/ Nutzungstarif kann auch als Blocktariftyp betrachtet werden. Da der Konsument nichts vom Produkt konsumieren kann, ohne die Zugangsgebühr zu bezahlen, kann die erste Konsumeinheit als Zugangsgebühr plus Nutzungseinheit für eine Einheit verstanden werden. Bei traditionellen Annahmen über das Konsumentenverhalten tritt ein Konsument nur bei, wenn die Rente aus der Nutzung die Zugangsgebühr übersteigt.

2 Formale Darstellung des Ansatzes nichtlinearer Tarife

Um die linearen Tarife in Abschnitt B dieses Kapitels in einem Multiprodukt- oder Spitzenlast-Zusammenhang zu analysieren, war die Kenntnis über die Eigenschaften der Marktnachfragekurven (inklusive der Kreuzelastizitäten zwischen den Diensten oder Zeitperioden) ausreichend. Nichtlineare und optionale Tarife jedoch können nur mit zusätzlicher Kenntnis der *individuellen* Nachfragekurven analysiert werden, da der Preis p jetzt von der gekauften Menge q eines individuellen Konsumenten abhängt: Ein Preisplan $p(q)$ führt zu einem Ausgabenplan $R(q)$ mit $p(q) \equiv dR/dq = R'(q)$. Da die Kenntnis der individuellen Nachfragekurven aller Kunden für einen Anbieter oder Regulierer unrealistisch ist und die Berechnung optimaler nichtlinearer Tarife auch mit diesem Wissen kompliziert wäre, werden einige grundlegende Annahmen getroffen und neue Aggregationsprozeduren entworfen.[213]

Beim konventionellen Ansatz nichtlinearer Tarife wird angenommen, dass sich die individuellen Nachfragekurven nicht schneiden und die Konsumenten mit Hilfe eines eindimensionalen Typenparameters τ charakterisiert werden können. Die Annahme sich nicht schneidender Nachfragekurven heißt, dass die Konsumentenrente in τ steigt. Sie ermöglicht eine eindeutige Reihung der Konsumenten anhand der zu einem gegebenen (linearen) Preis gekauften Menge, und die Annahme eines Typenparameters sichert ihre Identifikation und Gruppierung. Normalerweise wird eine statistische Typenverteilung $F(\tau)$ angenommen und deren Dichte mit $f(\tau)$ bezeichnet.

[213] Vgl. zum Folgenden auch Mitchell, B.M. / Vogelsang, I. (1991), S. 73 – 77.

Ohne Verlust an Allgemeingültigkeit kann τ mit $0 \leq \tau \leq 1$ als gleichmäßig verteilt angenommen werden.

Der *Grenzkonsument*, der zwischen dem Kauf und dem Nichtkauf zu einem gegebenen Preisplan $p(q)$ indifferent ist, spielt bei der Analyse nichtlinearer Preise eine entscheidende Rolle. Wegen der Annahme sich nicht schneidender Nachfragekurven wird dem Grenzkonsumenten ein einzigartiges τ zugewiesen. Die Analyse wird daraufhin in den Effekt einer Preisplanänderung auf den Grenzkonsumenten (die normalerweise in einer diskreten Stufe in der Funktion der Kaufmenge resultiert) sowie den Effekt auf inframarginale Konsumenten aufgeteilt. Die Rolle der Grenzkonsumenten ist insbesondere für zweiteilige Tarife relevant, bei denen die fixe Gebühr manche Kunden ausschließt. Unter Annahme sich nicht schneidender Nachfragekurven fragt der Grenzkonsument stets weniger als der Durchschnittskonsument nach.

Die Konsumentenrente *CS* kann nun ohne Existenz einer fixen Gebühr (E=0) als eine Funktion von p und τ geschrieben werden, $CS = V(p,\tau)$, und die von Typ τ nachgefragte Menge sei $q = q(p,\tau)$. Wie zuvor ist $\partial V/\partial p = -q$. Der Zahlung einer positiven fixen Gebühr entspricht die Reduktion von *CS* in Höhe dieser Gebühr. Ohne Vorliegen von Einkommenseffekten[214] wird die nachgefragte Menge nur von E beeinflusst, wenn $V(p,\tau) < E$. In diesem Fall stoppt der Konsument seine Käufe. Somit wird in Modellen zweiteiliger Tarife der Grenzkonsumenttyp τ_0 durch $V(p,\tau_0) = E$ definiert.

Es lassen sich verschiedene Beziehungen darstellen:

$$\frac{\partial \tau_0}{\partial E} = \frac{1}{\frac{\partial V}{\partial \tau}} > 0 \text{, und} \tag{35}$$

$$\frac{\partial \tau_0}{\partial p} = \frac{q(p,\tau_0)}{\frac{\partial V}{\partial \tau}} = q_0 \frac{\partial \tau_0}{\partial E} > 0. \tag{36}$$

(35) besagt, dass eine Erhöhung von E durch eine äquivalente Verschiebung der Nachfragekurve ausgeglichen werden muss. (36) bedeutet dagegen, dass eine Erhöhung von p wettgemacht werden muss, und zwar durch eine mit der von der Preiserhöhung betroffenen Menge multiplizierten Verschiebung der Nachfragekurve.

Die Menge der Konsumenten am Markt, N, und die nachgefragte Menge, Q, werden dargestellt durch:

$$N(p,E) = \int_{\tau_0}^{1} f(\tau)d\tau \text{ und } Q(p,E) = \int_{\tau_0}^{1} q(p,r)f(\tau)d\tau. \tag{37}$$

Der inframarginale Substitutionseffekt σ bei Abwesenheit von Einkommenseffekten ist:

---

214 Die Abwesenheit von Einkommenseffekten ist im Fall zweiteiliger Tarife, bei welchen die fixe Gebühr eine direkte Einkommensreduktion darstellt, eine besonders enge Annahme. Einkommenseffekte nichtlinearer Tarife werden von Goldman, M.B. u.a. (1984) behandelt. Diese weisen darauf hin, dass die optimale Preissetzung bei Anwesenheit von Einkommenseffekten die Rolle einer optimalen umverteilenden Steuer annimmt.

$$\sigma = \int_{\tau_0}^{1} \frac{\partial q}{\partial p} f(\tau) d\tau . \tag{38}$$

Bei $\tau_0 = \tau_0(p, E)$ sehen die Ableitungen der Nachfrage wie folgt aus:

$$\frac{\partial N}{\partial p} = q_0 \frac{\partial N}{\partial E} = \frac{\partial Q}{\partial E} \text{ und} \tag{39}$$

$$\frac{\partial Q}{\partial p} = q_0 \frac{\partial N}{\partial p} + \sigma . \tag{40}$$

(39) drückt aus, dass eine Preiserhöhung um eine Einheit den gleichen Effekt auf die Anzahl der Käufer hat wie eine äquivalente Erhöhung der fixen Gebühr pro nachgefragter Einheit der Grenzkonsumenten. (40) überträgt dieses Merkmal auf die nachgefragten Gesamtmengen. Sie fasst den inframarginalen Substitutionseffekt und den Effekt des Verlustes von Grenzkonsumenten zusammen.

Wird eine große Konsumentenzahl N angenommen, ist N eine stetige Variable. Die Ableitungen der aggregierten Konsumentenwohlfahrt $V(E, p)$ nach der Zugangsgebühr E und dem Preis p sind dann $\partial V / \partial E = -N$ und $\partial V / \partial p = -Q$.[215] Die Last einer marginalen Erhöhung von E wird von allen betroffenen *Konsumenten*, und die Last einer marginalen Erhöhung von p von allen betroffenen *Konsumeinheiten* getragen.

Nichtlineare Tarife involvieren Preisdiskriminierung, da unterschiedliche Einheiten homogener Outputs zu unterschiedlichen Preisen verkauft werden. Sie können nur genutzt werden, wenn das anbietende Unternehmen über Marktmacht verfügt, perfekte Arbitrage (Wiederverkauf ohne Transaktionskosten) unmöglich ist, die Kundenkäufe überwacht werden und disaggregierte Nachfragedaten verfügbar sind.[216]

3 Zweiteilige Tarife

Zweiteilige Tarife werden durch das Paar $(E, p) \geq (0,0)$ definiert, wobei E die fixe Gebühr darstellt, deren Zahlung die Voraussetzung zum Kauf von Konsumeinheiten zu einem konstanten Preis p ist.[217]

Entscheidend für eine wohlfahrtsökonomische Beurteilung zweiteiliger Tarife ist, ob Konsumenten über die Zugangsgebühr bei $E>0$ vom Konsum ausgeschlossen werden.[218] Nur wenn kein Konsument durch die Zugangsgebühr von der Nutzung aus-

---

215 Bei Existenz von Einkommenseffekten würden diese Ableitungen nur gelten, wenn die Einkommensverteilung optimal angepasst wäre, damit der Grenznutzen des Einkommens für alle Individuen gleich 1 wäre.

216 Vgl. Mitchell, B.M. / Vogelsang, I. (1991), S. 73. Die beiden zuerst genannten Bedingungen sind aufgrund des Monopols der Deutschen Post AG gewährleistet. Die dritte Voraussetzung ist das zentrale Problem des Ansatzes. Für die Bundesrepublik Deutschland liegen weder aggregierte, noch disaggregierte Nachfragedaten vor. Selbst für die USA sind keine disaggregierten Nachfragedaten verfügbar. Vgl. Pieper, F. (1996), S. 152f.

217 Vgl. zum Folgenden Mitchell, B.M. / Vogelsang, I. (1991), S. 77 – 80.

218 Bei Ausschluss eines Konsumenten kann es vorkommen, dass ein Grenzkostenpreis als variabler Preisbestandteil nicht die wohlfahrtsmaximierende Lösung unter der Nebenbedingung eines ausgeglichenen Budgets darstellt. Je nach Verlauf der individuellen Nachfragekurven mag es Fälle geben, in denen die Wohlfahrt insgesamt gesteigert werden kann, wenn der Zugangspreis ge-

geschlossen und der variable Preisbestandteil in Höhe der Grenzkosten gesetzt wird, sind zweiteilige Tarife eine first-best-Lösung. Die fixe Anschlussgebühr könnte dann als verzerrungsfreie Kopfsteuer interpretiert werden.[219] Zweiteilige Tarife erlauben dem Monopolisten, das Defizit, das aus der Grenzkosten-Preisbildung resultieren würde, mit Hilfe einer einheitlichen fixen Gebühr auszugleichen. Eine die Verteilung berücksichtigende Lösung würde die Konsumenten zu den Grenznutzen ihres Einkommens in Beziehung setzen. Diesem Ansatz folgt Feldstein:[220] Erhalten kleinere Konsumenten hinsichtlich der Verteilung eine höhere Gewichtung als größere, liegt der optimale Preis *p* oberhalb der Grenzkosten und die fixe Gebühr *E* unterhalb des oben ermittelten zweiteiligen Tarifs. Eine derartige niedrigere fixe Gebühr würde wie eine abgemilderte Kopfsteuer wirken. Sie kann durch eine Erhöhung von *p* finanziert werden. Diese Preiserhöhung wiederum trifft Großkunden mehr als kleinere Kunden, da beide den gleichen Nutzungspreis *p* bezahlen, die Großkunden in der Summe jedoch einen größeren Betrag als die von ihnen tatsächlich verursachten Kosten bezahlen. Dies entspricht dem Postwesen in Deutschland bei einer fixen Gebühr von null: Privatkunden verursachen im Vergleich zu Unternehmen mit einem i.d.R. höheren Sendungsaufkommen höhere Kosten, Großkunden dagegen erhalten nur vernachlässigbar geringe Preisabschläge bei der Einlieferung großer Mengen.

Prinzipiell ist denkbar, dass auch für Briefdienstleistungen ein zweigeteilter Tarif mit einer von null verschiedenen fixen Gebühr eingeführt wird, wie es z.B. im Telekommunikationssektor der Fall ist. Der Kunde hätte einen fixen Monats-, Quartals- oder Jahresbeitrag für die fixen Netzkosten zu zahlen sowie einen variablen Preis, der die Kosten seiner tatsächlichen Nutzung abdeckt. Ist jedes Mitglied der Gesellschaft *gezwungen*, für die Bereitstellung der Infrastruktur zu zahlen, ergäben sich folgende Vorteile:[221]

- Auch die Empfänger der Sendungen werden zur Finanzierung der fixen Netzkosten herangezogen. Da sie ebenso Nutzer der Infrastruktur sind, wäre dies ein Beitrag zur kostenverursachungsgerechteren Finanzierung des Netzes.
- Da ein Zwang zur Zahlung der Zugangsgebühr besteht, gäbe es keine Ausweichmöglichkeiten. Es entstünde eine verzerrungsfreie Tarifstruktur.

---

senkt und dafür die variable Preiskomponente erhöht wird. Dieser Fall tritt ein, wenn die Wohlfahrtsgewinne bei Absenken der Zugangsgebühr (Nachfrager treten wieder in den Markt ein) die Wohlfahrtsverluste aufgrund einer Abweichung von der Grenzkosten-Preisregel überkompensieren. Hängt also die Anzahl der Konsumenten von der Höhe der Zugangsgebühr ab, ist es unter Berücksichtigung des Verlaufs der individuellen Nachfragekurven möglich, die Wohlfahrt durch eine Abweichung von der Grenzkosten-Preisregel zu steigern. Vgl. Pieper, F. (1996), S. 153.

Der Ausschluss von der Nutzung kann vermieden werden, wenn eine perfekte Preisdiskriminierung eingeführt wird, d.h. für jede homogene Konsumentengruppe ein Zugangspreis in Höhe der Konsumentenrente gesetzt wird. Jeder Konsument würde zum Grenznachfrager – er würde die optimale Menge nachfragen, aber keine Rente erzielen.

219 Im Hinblick auf eine Bewertung aus verteilungspolitischer Sicht ergeben sich die gleichen Bedenken wie bei einer Kopfsteuer. Vgl. Pieper, F. (1996), S. 154.

220 Vgl. Feldstein, M.S. (1972). Wenn man „in Beziehung zu" als „das Reziproke von" auffasst, führt die *Konsumentenrente* zur korrekten Gewichtung. Feldstein weicht von einer einkommensneutralen Gewichtung durch das Reziproke der volkswirtschaftlichen Grenznutzen des Einkommens ab und erlaubt diskriminierende Eintrittsgebühren.

221 Vgl. insbesondere Pieper, F. (1996), S. 156 – 158.

- Zweiteilige Tarife sind insbesondere für Großkunden eine interessante preisliche Alternative, da der durchschnittlich zu zahlende Preis mit zunehmender Menge sinkt. Die Wirkung eines solchen zweiteiligen Tarifs ist also mit einem Mengenrabatt vergleichbar.[222]

Nachteil einer solchen Zwangslösung ist das staatliche Eingreifen in die Konsumentensouveränität. Das einzelne Gesellschaftsmitglied hätte keine Möglichkeit, selbst zu entscheiden, ob es in einer bestimmten Zeitperiode Briefe versenden und empfangen möchte. Ferner hat eine fixe Zugangsgebühr regressive Verteilungswirkungen: Die Nachfrage nach Briefdienstleistungen hängt positiv von der Einkommenshöhe ab. Eine Zugangsgebühr würde dazu führen, dass Bevölkerungsgruppen mit höherem Einkommen, die mehr Sendungseinheiten nachfragen, einen geringeren durchschnittlichen Preis zahlen als Bevölkerungsgruppen mit geringem Einkommen. Dieser fallende Preis bei steigender Nachfrage könnte aus Verteilungsgesichtspunkten kritisiert werden.

Eine Preisgestaltung, die nicht ausschließlich auf Kostenunterschieden beruht, wirkt ferner diskriminierend und kann den Wettbewerb auf dem Markt des preisdifferenzierenden Unternehmens beeinträchtigen. Aus *allokativen* Erwägungen heraus scheint also eine für alle Kundengruppen gleiche Zugangsgebühr nicht durchsetzbar.

Bei der Preissetzung und –erhebung im Postbereich spielen außerdem neben den Kosten- und Nachfrageeigenschaften des jeweiligen Zustellbereichs die mit dem jeweiligen Preissystem verbundenen *Transaktionskosten* eine wichtige Rolle. Vor allem aus Sicht der Preiserhebung sind auf Postmärkten keine automatisierten Abrechnungen wie bei anderen Versorgungsunternehmen (Telekommunikation, Gas-, Wasser-, Elektrizitätsversorgungsunternehmen) möglich. So muss aus Transaktionskostengründen ein *sendungsmengenabhängiger* Preis vom *Versender* getragen werden, da ein Empfängerporto zu hohe Transaktionskosten verursachen würde. Auch die automatisierte Kontrolle der korrekten Frankierung während der Bearbeitung von Sendungen ist nur möglich, wenn die Frankierung bereits erfolgt ist.[223]

Da *E* auch gleich null sein kann, stellen zweiteilige Tarife eine Verallgemeinerung der linearen Tarife dar. Aufgrund der sich daraus ergebenden vielfältigeren Möglichkeiten sind optimale zweiteilige Tarife den optimalen linearen Tarifen (schwach) überlegen.

Ein praktisches Beispiel für einen Postmarkt, auf dem ein zweiteiliger Tarif z.T. bereits zum Einsatz kommt, ist Neuseeland. Dort müssen die Empfänger in besonders abseits gelegenen ländlichen Gebieten jährliche Zustellgebühren entrichten, während die Versender in solche Gebiete dasselbe Porto zahlen wie für andere Zielorte.[224]

---

222 Dieser Aspekt würde für die Deutsche Post AG eine wichtige Eigenschaft des zweiteiligen Tarifs darstellen, da sie gerade im Segment der Großversender nach Ablauf der Exklusivlizenz Wettbewerb zu erwarten hat.

223 In den frühen Anfängen des Postwesens war es üblich, dass nicht der Versender, sondern der Empfänger bei der Abholung am Zustellpostamt das Porto entrichtete. Es gab keine örtliche Einsammlung oder Zustellung. Einer der wichtigen Bestandteile bei der Einführung der preiswerten Massenpost-Systeme im 19. Jahrhundert jedoch war der damals bereits kostensenkende Übergang vom Empfänger- zum Versenderporto. Vgl. Crew, M.A. / Kleindorfer, P.R. (1991c), S. 3f.; Campbell, J.I. Jr. (1996a), S. 11 und Günther, B.P. (1998), S. 275.

224 Vgl. Günther, B.P. (1998), S. 277 und insbesondere Knorr, A. (1993), S. 209 – 211.

Eine individualisierte Anschlussgebühr würde jedoch zu zahlreichen praktischen Fragen führen. Neben dem hohen administrativen Aufwand bestünde im Vorfeld einer solchen Tarifreform – beim Übergang vom linearen auf einen nichtlinearen Tarif – Raum für strategisches Verhalten. Zudem stellt sich bei jedem Neukunden die Frage der Eingruppierung. Bereits aus diesen Schwierigkeiten ergibt sich, dass die Barrieren für die Einführung eines solchen Tarifs vermutlich prohibitiv sein dürften.[225]

Zweiteilige Tarife im Postwesen sind in Deutschland nicht üblich und würden daher als eine ungewöhnliche und auf den ersten Blick teure Regulierungsvariante bei den Kunden auf Ablehnung und Widerstand stoßen. Außerdem würden Probleme auftreten, wenn mehrere Zustellunternehmen im Wettbewerb die gleichen Empfänger parallel versorgen, da kaum ein Empfänger bereit sein würde, gleichzeitig an mehrere Zustelldienste eine derartige Gebühr zu entrichten.[226] Ferner könnten durch eine mehrperiodige Fixkostenerhebung bei mehrteiligen Tarifen bedeutende Marktzutrittsschranken errichtet werden, die eine grundsätzliche Ineffizienz unregulierter mehrteiliger Tarife nahe legen.

Würde eine fixe Gebühr indes nicht im Zusammenhang mit der Zustellung, sondern mit der *Abholung* der Sendungen beim *Versender* verbunden, wäre der Gewöhnungseffekt kostenloser Abholung, wenn überhaupt, nur bei größeren Unternehmen vorhanden. Neu auf den Markt tretende Unternehmen würden aus Wettbewerbsgründen jedoch wahrscheinlich keine Gebühr für die Abholung der Sendungen beim Kunden verlangen.

4 Geglättete nichtlineare Tarife

Im Prinzip kann ein nichtlinearer Tarif so geglättet sein, dass er einem differenzierbaren Ausgabenplan für Konsumenten entspricht. Der Ausgabenplan kann viele verschiedene Formen annehmen. So kann ein einzelner Ausgabenplan konvexe Teile (Mengenaufschläge) und konkave Teile (Mengennachlässe) enthalten.[227] Der Hauptgrund für die verschiedenen möglichen Formen des Ausgabenplans liegt in der Wahlmöglichkeit der Konsumenten: Bei nichtlinearen Ausgabenplänen können die Konsumenten die durchschnittlichen Ausgaben als eine Funktion der Menge wählen. Dies führt zu einer optimalen Verknüpfung von hoher Nachfrage und niedrigen Durchschnitts- (und Grenz-) Ausgaben. Großversender tätigen also Grenzausgaben entsprechend der Grenzkosten des Postdienstleisters. Mengenaufschläge und -nachlässe könnten also sowohl durch Unterschiede in den Nachfrageelastizitäten, als auch durch Kostenunterschiede gerechtfertigt werden.

---

225 Vgl. Pieper, F. (1996), S. 155f. Eine Alternative hierzu stellen die in Abschnitt C5 dieses Kapitels betrachteten selbst wählbaren Tarife dar.

226 Eine solche Gebühr könnte unter den Postdienstleistern auch aufgeteilt werden. Kommt den Zustellern jedoch nur ein *Bruchteil* dieser Gebühr zu, verliert sie ihren eigentlichen Sinn der Deckung der Fixkosten des Postdienstleisters.

227 Die Eigenschaften geglätteter nichtlinearer Tarife zur Maximierung der volkswirtschaftlichen Wohlfahrt wurden von u.a. von Goldman, M.B. u.a. (1984) dargestellt. Vgl. zum Folgenden Mitchell, B.M. / Vogelsang, I. (1991), S. 85 – 95.

In der Praxis werden optimale geglättete nichtlineare Tarife jedoch nur selten genutzt. Stattdessen kann man oft *Stufentarife* mit mehreren *Blöcken* beobachten.[228] Diese Blöcke sind getrennte Mengenintervalle, innerhalb derer der gleiche (Grenz-) Preis gilt.

Das Fehlen geglätteter Tarife in der Praxis kann auf mehrere Ursachen zurückgeführt werden. So gibt es zwar leicht verständliche Tariftypen wie z.B. linear steigende Mengennachlässe. In aller Regel sind die als Formeln ausgedrückten, geglätteten Tarife für die Konsumenten jedoch kaum verständlich. Sie verstehen indes Tarife, die sich aus mehreren Blöcken zusammensetzen. Ferner fehlen den Unternehmen die zur Formelbildung nötigen Informationen über die exakten Kosten ihrer hergestellten Produkte und die zu erwartende Nachfrage.[229]

5 Getrennte mehrteilige und selbst wählbare Tarife

Als Lösung bliebe die Einführung mehrteiliger Tarifmodelle, bei denen die Kunden selbst die Eingruppierung vornehmen (self selection). Die beiden Tarifelemente Zugangsgebühr und Nutzungspreis variieren dabei in ihrer Höhe: Ein niedriger Nutzungspreis wird mit einem hohen Zugangspreis gekoppelt und vice versa.[230]

Diese Tarife werden als „optional", „freiwillig" oder „selbst wählbar" bezeichnet. Die letzte Bezeichnung ist hierbei am passendsten, da sie beinhaltet, dass der Kunde notwendigerweise für den Dienst bezahlen muss und lediglich das Schema, nach welchem abgerechnet wird, wählt. Die Bezeichnungen „optional" oder „freiwillig" scheinen hinsichtlich der Bezahlung missverständlich.[231]

Die Optimalitätseigenschaften einer solchen Preisbildung hängen von den konkreten Kostenverläufen ab. Sind die Grenzkosten der Leistungserstellung für alle Konsumenten gleich, kann der variable Preisbestandteil lediglich in einer Tarifgruppe genau den Grenzkosten entsprechen. Eine Bewertung sollte jedoch nicht unabhängig vom ursprünglichen Tarifmodell erfolgen. Wird im Ausgangszustand nur ein linearer Tarif angewendet, stellt die Einführung eines selbst wählbaren Tarifmodells für die Konsumenten eine Pareto-Verbesserung dar, wenn sie sich für den neuen Tarif entscheiden.

Ob die Deutsche Post AG selbst wählbare Tarife anbieten würde, wenn sie dies dürfte, ist fraglich. Ihr Gewinn würde, wenn sie einen selbst wählbaren Tarif anbietet, (zumindest kurzfristig) fallen, da nur die Kunden den neuen Tarif wählen werden, die dadurch den Betrag ihrer eigenen Rechnung reduzieren. Unter Wettbewerb ist zu erwarten, dass die Postdienstleister versuchen würden, Dienste und Tarifstrukturen

---

228 Dies ist v.a. in Rabattsystemen der Fall. Vgl. zu solcher Preisdifferenzierung insbesondere das 7. Kapitel, Abschnitt F dieser Arbeit.

229 Vgl. Mitchell, B.M. / Vogelsang, I. (1991), S. 95 und Günther, B.P. (1998), S. 357.

230 Bei einem *ex ante* optionalen Tarif muss der Konsument den Tarif bestimmen, bevor er seine Konsummenge wählt. Bei einem *ex-post*-Tarif kann die Wahl getroffen werden, nachdem die Konsummenge bekannt ist. In diesem Fall kann die Wahl dadurch ersetzt werden, dass der Anbieter den für den Konsumenten für die von diesem nachgefragte Menge günstigsten Tarif wählt. Vgl. zum Folgenden detaillierter und weiterführender Mitchell, B.M. / Vogelsang, I. (1991), S. 95 – 105, 176 – 200 und Günther, B.P. (1998), S. 357.

231 Vgl. Train, K.E. (1991), S. 263.

zu entwerfen, die denen der Wettbewerber hinsichtlich der Präferenzstruktur der speziellen Kundenklasse, die sie jeweils ansprechen möchten, überlegen ist. Der Anbieter muss deshalb ein Vertragsmenü gestalten, das den Individuen einen Anreiz bietet, den Vertrag zu wählen, der für die eigenen Präferenzen optimal ist. Die entstehende Allokation ist also gegenüber der bei vollkommenem Wettbewerb mit vollständiger Information erreichbaren Allokation Pareto-inferior, da das Unternehmen durch die bei den Kunden vorhandenen Informationen (z.B. über die Tarife, Qualitäten) aufgrund der niedrigeren Einnahmen aus den für die Kunden günstigeren Tarife schlechter gestellt ist.[232]

Selbst wählbare Tarife weisen verschiedene Vorteile auf. So ist es für ein reguliertes Unternehmen einfacher, von seinem Regulierer die Erlaubnis zu erhalten, den Kunden ein neues Tarifsystem als *Option* anzubieten, als ein Substitut der bestehenden Tarife einzuführen. Entsprechen die Preise des bestehenden Tarifs nicht den Grenzkosten, kann man einen neuen Tarif entwerfen, der die Wohlfahrt erhöht, sofern er *zusätzlich* zum existierenden Tarif auf selbst wählbarer Basis angeboten wird. Wird also ein neues, optionales Tarifsystem angeboten, könnten die bei den neuen Tarifen schlechter gestellten Kunden wählen, beim bereits existierenden Tarif zu bleiben. Durch diese Möglichkeit müssen sich die Kunden nicht gegen die Einführung eines neuen Systems wehren. Sie vermeidet auch das ethische Problem bei Anwendung des Pareto-Kriteriums, die finanziellen Vorteile der Kunden, die das Tarifsystem wechseln, den Einbußen des Unternehmens gegenrechnen zu müssen, um festzustellen, ob das System insgesamt eine volkswirtschaftliche Verbesserung darstellt.[233]

5.1 Die Pareto-Überlegenheit selbst wählbarer Tarife

Ohne ein passendes Preismodell kann die Einführung eines selbst wählbaren Tarifs also zu sinkender Wohlfahrt führen. Das passende Preismodell selbst wählbarer Tarife erfordert Informationen über die Kundennachfrage, welche die RegTP im Allgemeinen nicht besitzt. Ihr Ziel ist es deshalb, das regulierte Unternehmen dazu zu veranlassen, selbst wählbare Tarife zu entwerfen und einzuführen, welche die Wohlfahrt erhöhen, ohne dass die RegTP diese Tarife zuvor kennt.[234]

Optionale Tarife müssen folglich so gestaltet werden, dass sie gegenüber Tarifen *ohne* den optionalen Teil Pareto-superior sind. Formell gesprochen Pareto-dominiert ein Tarif mit (B+1) Blöcken einen Tarif mit nur B Blöcken, sofern die Preise beim Tarif mit B Blöcken die Grenzkosten übersteigen. Dieses Ergebnis impliziert eine Erhöhung der Wohlfahrt durch eine Erhöhung der Anzahl der Tarifblöcke. Von wenigen

---

232 Das Angebot eines selbst wählbaren Tarifs ist nicht notwendigerweise Pareto-superior, weil die Gewinne des Unternehmens sinken können, wenn der Tarif nicht entsprechend entworfen wird. Vgl. Train, K.E. (1991), S. 263f.

Vgl. Lyon, T.P. (1994), S. 15; Simnett, R.E. (1989), S. 136 und Kessner, E. (1998), S. 304f. Eine weiterführende Betrachtung selbst wählbarer Tarife unter Wettbewerb findet sich bei Mitchell, B.M. / Vogelsang, I. (1991), S. 180f.

233 Vgl. Train, K.E. (1991), S. 263f.

234 Vgl. zum Folgenden Mitchell, B.M. / Vogelsang, I. (1991), S. 96 – 98.

Ausnahmen abgesehen besteht der optimale Blocktarif aus kleiner werdenden Blöcken.[235]

Alle Konsumenten, die den neuen Tarif wählen und so ihre Präferenzen offenbaren, müssen besser gestellt sein, da sie ihn sonst nicht wechseln würden. Aufgabe des Unternehmens ist es nun, einen zusätzlichen Tarif zu finden, der das Unternehmen zumindest so gut stellt wie zuvor. Sofern die (Grenz-) Kosten des Unternehmens bekannt sind, kann dies ohne spezifisches Wissen über die Nachfrage geschehen.

Es gibt jedoch eine Einschränkung, welche die Pareto-Überlegenheit optionaler Tarife in Frage stellt. Diese Einschränkung besagt, dass das Ergebnis nur eindeutig für Käufer gilt, die Endkonsumenten sind. Sind die Käufer von Postdiensten selbst Unternehmen, werden diese Dienste zu Zwischengütern. Nun resultieren selbst wählbare Tarife normalerweise in Mengenrabatten, die den Wettbewerb zwischen diesen Unternehmen beeinflussen. Die Gestaltung selbst wählbarer Tarife kann dann unmöglich werden, was das folgende Beispiel zeigt:

Es sei angenommen, dass die Deutsche Post AG als monopolistischer Anbieter ihren Dienst an zwei Käufertypen verkauft, die diesen Dienst als Input nutzen und selbst auf dem gleichen Outputmarkt, dem Endverbrauchermarkt, zueinander in Konkurrenz stehen. Für letzteren Markt sei vollkommener Wettbewerb angenommen. Der einzige Unterschied zwischen den beiden Unternehmenstypen ist, dass Unternehmen 1 im Vergleich zu Unternehmen 2 niedrigere Kosten hat (z.B. durch Zugang zu einer günstigeren Technologie oder einer knappen Ressource). Die Anzahl der Unternehmen 1 kann nicht erhöht werden. Bietet die Deutsche Post AG ihren Dienst zu einem gewinnmaximierenden linearen Preis $p>MC$ an, erfordert das Gleichgewicht, dass die Unternehmen 2 im nachgeordneten Markt bei Grenzkostenpreisen gerade ihre Kosten decken, während die Unternehmen 1 eine Rente erhalten. Unternehmen 1 seien auch größer. Bietet die Deutsche Post AG nun einen nichtlinearen Ausgabenplan mit einem Grenzkostenpreis für größere Käufe an, der unterhalb des linearen Preises liegt, führt dies zu Gewinnen bei den Unternehmen 1 und zu einem Marktaustritt der Unternehmen 2 (auch unter Berücksichtigung der Tatsache, dass die Gewinne der Unternehmen 1 es der Deutschen Post AG erlauben mögen, auch ihre von den Unternehmen 2 verlangten Preise zu reduzieren). Diese Strategie kann für die Deutsche Post AG nie gewinnbringend sein.

Liegen Nutzungs- und Netzexternalitäten vor, können nicht nur zwischen den Unternehmenstypen 1 und 2, sondern auch zwischen Endkonsumenten von Postdiensten Nachfragewechselwirkungen auftreten. Beschränkt man die Beobachtung jedoch auf Unternehmen als Käufer, wird im Beispiel ein weiterer Aspekt nicht deutlich: Wegen nichtlinearer Preise können manche Käufer ihre Renten verlieren. Im obigen Beispiel wäre dies der Fall, wenn ein Unternehmen 2 im anfänglichen Gleichgewicht bei linea-

[235] Die Schlinge dieser Preisgestaltung der sinkenden Blöcke jedoch führt zu einer Stelle in der Funktion, an welcher die Nachfrage variieren kann, der Konsum aber an dem Schwellenniveau verbleibt. Als Ergebnis konsumieren in einer Bevölkerung mit heterogener Nachfrage mehr Konsumenten (zumindest theoretisch) an der Schwelle als zu jedem einzelnen anderen Niveau. In Erkennung dieses Phänomens werden die Schwellen beim sinkenden Blocktarif als „Sammelpunkte" bezeichnet, weil sich Konsumenten mit unterschiedlichen Nachfragen dort „sammeln". Vgl. Train, K.E. (1991), S. 197, 224.

rem Preis eine Rente verdient hätte, aufgrund der Preisänderungen aber aus dem Markt gedrängt worden wäre.

Existiert kein Pareto-überlegener Ausgabenplan, können manche Käufer durch selbst wählbare Tarife schlechter gestellt werden. Eine Lösung zu diesem Problem (sie wurde in den USA für den Telekommunikationssektor gewählt) scheint die Genehmigung von Wiederverkauf zu sein. Dieser ermöglicht den benachteiligten Käufergruppen über einen Wiederverkäufer, also indirekt, Zugang zu den günstigeren Tarifen. Somit reduzieren sich nachhaltige Tarifunterschiede auf die Arbitragekosten. Pareto-Überlegenheit kann indes weiterhin unerreichbar sein. In den beständigsten Fällen, d.h. bei Transaktionskosten des Wiederverkaufs von null und linearem Ausgabenplan, wird keine Pareto-Verbesserung erreicht. Bei positiven Transaktionskosten werden manche Käufer von Mengennachlässen ausgeschlossen, was sie im Vergleich zu größeren Käufern im Wettbewerb benachteiligt.

5.2 Wohlfahrtsgewichte

Der Transaktionskostenvorteil selbst wählbarer Tarife über andere, diskriminierende Tarife liegt darin, dass die Konsumenten sich selbst in Konsumkategorien hineinwählen – man benötigt keine Information über deren Bedürfnisse. Indes existieren zwei Nachteile. Erstens korrespondieren die selbst gewählten Tarife zu konkaven Ausgabenplänen, was die Fähigkeit des Regulierers, die Wohlfahrt der kleinsten Konsumenten zu verbessern, vermindert. Zweitens müssen der Regulierer oder die Unternehmen die Typenverteilung in der Bevölkerung kennen, und es muss sich um eindimensionale Typen handeln, um komplizierte Ableitungen zu vermeiden. Es werden nun entweder sinkende, konstante, oder steigende Wohlfahrtsgewichte für unterschiedliche Konsumenten in die Analyse selbst wählbarer Tarife eingeführt. Sinkende (steigende) Wohlfahrtsgewichte bedeuten, dass den kleinsten (größten) Konsumenten das höchste (geringste) Gewicht zugeordnet wird.

Neben der Annahme sich nicht schneidender Nachfragekurven und einer linearen Kostenfunktion des regulierten Anbieters entspreche die Anzahl selbst wählbarer Tarife, P, der Anzahl homogener Konsumenten, N. Wäre $P>N$, würde die Anzahl der unterschiedlichen Tarife durch N begrenzt. Die Annahme $P=N$ ist nicht restriktiv, da Poolen immer möglich ist. *Tarifpoolen* bedeutet, dass zwei unterschiedliche (angrenzende) Konsumenten den gleichen Tarif erhalten. Die Annahme $P=N$ impliziert anfangs, dass unterschiedliche Konsumenten nur dann den gleichen Tarif erhalten, wenn Tarifpoolen optimal ist. Genauer gesagt erhalten diejenigen Konsumenten, welche die größte Menge nachfragen, d.h. die mit dem größten τ $(=N)$, immer einen den Grenzkosten entsprechenden Grenzpreis.

Diese Analyse von Sharkey / Sibley führt zu folgenden interessanten Ergebnissen:[236]

- Im Extremfall sinkender Wohlfahrtsgewichte werden Rawls'sche Tarife gesetzt, bei denen den Konsumenten mit der geringsten Nachfrage das gesamte Gewicht zugesprochen wird. Obwohl diesen Konsumenten mit der geringsten Nachfrage

236 Vgl. Sharkey W.W. / Sibley, D.S. (1991), zitiert nach Mitchell, B.M. / Vogelsang, I. (1991), S. 99f.

das gesamte Wohlfahrtsgewicht zugesprochen wird, erhalten Konsumenten, die eine größere Menge nachfragen, eine höhere Konsumentenrente.[237]

- Erhalten Großkunden ein höheres Wohlfahrtsgewicht als kleinere Kunden, zahlen sie einen Grenzpreis unterhalb der Grenzkosten. Der Gruppe der Konsumenten mit der geringsten Nachfrage bleibt eine Konsumentenrente von null.

Selbst wählbare Tarife stellen deshalb im Vergleich zu linearen Tarifen ein gutes Instrument dar, um die Wohlfahrt von Großkonsumenten zu erhöhen. Für eine Verschiebung der Verteilung zugunsten von Kleinkunden sind sie indes ein viel schwächeres Werkzeug. Werden selbst wählbare Tarife bereits angewendet, können unterschiedliche Wohlfahrtsgewichte zu signifikanten Umverteilungseffekten führen.

Aus der Perspektive der Verteilungsgerechtigkeit können selbst wählbare Tarife also als Pareto-superior angesehen werden, sofern die Konsumenten auch den Status-Quo-Tarif wählen können. Trifft der Konsument eine für ihn teurere Wahl, so sollte auch diese dem ohne Wahlmöglichkeit entstandenen Ergebnis vorgezogen werden, da eine persönliche Gewichtung der Faktoren durch den Konsumenten von der objektiv „richtigen" Gewichtung abweichen kann.

5.3 Zusammenfassung

Die Ergebnisse der vorstehenden Ausführungen zu den selbst wählbaren Tarifen lassen sich wie folgt zusammenfassen:

- Unter Standardannahmen wählt jeder Kunde den selbst wählbaren Tarif, der ihn bei seiner ihm bekannten Nachfrage zur größten Wohlfahrt bringt.
- Für jede Zusammensetzung selbst wählbarer Tarife kann ein äquivalenter mehrteiliger Tarif gebildet werden. Dieser äquivalente Tarif, ohne Wahlmöglichkeit angeboten, führt zum gleichen Konsumniveau und Rechnungsbetrag für jeden Kunden wie selbst wählbare Tarife.
- Bietet das Unternehmen eine neue Kombination selbst wählbarer Tarife an, ohne seine ursprünglichen Tarife zu ändern, wird kein Kunde schlechter gestellt, weil jeder Kunde die Möglichkeit besitzt, beim zuvor existierenden Tarif zu bleiben. Jeder Kunde, der zum neuen Tarif wechselt, wird besser gestellt. In Abhängigkeit von der Gestaltung des neuen Tarifs und der Verteilung der Kundennachfragen kann der Gewinn des Unternehmens dadurch entweder steigen oder sinken.
- Bei jeder gegebenen Zusammensetzung selbst wählbarer Tarife mit Nutzungspreisen oberhalb der Grenzkosten kann ein neuer Tarif entworfen werden, der die Wohlfahrt erhöht und die ursprünglichen Tarife Pareto-dominiert, wird er zusätzlich zum ursprünglichen Tarif angeboten. Da kein Kunde durch das neue Tarifangebot schlechter gestellt wird, impliziert dies, dass immer ein neues Tarifangebot gestaltet werden kann, das den Gewinn des Unternehmens erhöht bzw. nicht senkt, wenn die Preise bei den ursprünglichen Tarifen die Grenzkosten übersteigen.

---

[237] Die allgemeine Zusammensetzung selbst wählbarer Tarife besteht entweder aus dem zweiteiligen Tarif mit einer für jeden einheitlichen fixen Gebühr und einem variablen Preis entsprechend den Grenzkosten, oder aus der Wahl zwischen mehreren zweiteiligen Tarifen, bei welchen die größten Konsumenten einen den Grenzkosten entsprechenden Preis zahlen, der Preis für die kleinen Konsumenten jedoch über den Grenzkosten liegt. Im letzteren Fall zahlen die kleinen Konsumenten eine geringere fixe Gebühr als die größeren Kunden, sie zahlen aber in beiden Fällen einen höheren *Durchschnitts*preis.

- Bei gegebenem, nicht zeitdifferenziertem Preis, der bei Spitzenlast unterhalb der Grenzkosten und bei Schwachlast oberhalb der Grenzkosten liegt, kann ein zeitdifferenzierter Tarif entworfen werden, der die Wohlfahrt erhöht und das Angebot des nicht zeitdifferenzierten Tarifs Pareto-dominiert, wenn er zusätzlich zum ursprünglichen Tarif angeboten wird.
- Empirische Ergebnisse belegen, dass Kunden die Tarife nicht nach traditionellen Annahmen wählen.[238] Die Implikationen dieses Ergebnisses hängen von der Interpretation des Kundenverhaltens ab. Traut man den Kunden Fehler in der Tarifwahl zu, sind mehrteilige Tarife besser als selbst wählbare Tarife. Unter traditionellen Annahmen kann ein mehrteiliger Tarif gebildet werden, der den selbst wählbaren Tarifen entspricht, so dass jede Funktion, die unter selbst wählbaren Tarifen angeboten wird, auch unter mehrteiligen Tarifen angeboten wird. Gelten die traditionellen Annahmen jedoch nicht, schützen mehrteilige Tarife die Kunden vor ihren eigenen Fehlern. Es kann andererseits vorkommen, dass die Kunden keine Fehler machen, sondern den Tarif eher auf Basis anderer Faktoren als Wohlfahrt bei vollständiger Information auswählen, wie z.B. Unsicherheit, Risiko,[239] Optimierungsanstrengung, Informationskosten usw. Diese selbst wählbaren Tarife können zu von mehrteiligen Tarifen nicht erreichbaren Nutzen führen.

Mehrteilige Tarife werden sich im Postsektor, wie oben erläutert, bei einer fixen zu entrichtenden Gebühr für die Zustellung aus Gründen der Gewöhnung, insbesondere bei den privaten Postkunden, im Wettbewerb nicht durchsetzen können. Um dennoch ein mehrteiliges Tarifsystem einführen zu können, das i.d.R. auch an den Kosten orientiert ist, können selbst wählbare Tarife angeboten werden, die optional zum bestehenden Tarifplan angeboten werden. Wählen die Kunden das neue Tarifsystem, ist der neue Tarif Pareto-superior zum bestehenden Tarif, da die Postkunden den Tarif nur dann wechseln, wenn sie sich im Vergleich zum zuvor zugrunde gelegten Tarif besser stellen.[240] Insbesondere für Großkunden der Postdienstleister dürften Mengenrabatte, die eine fixe Vertragsgebühr beinhalten, eine interessante Alternative zum bestehenden Tarif darstellen. Ebenso könnten die Postdienstleister ihre Einsparungen an Transaktionskosten, die beim Verkauf eines Vielfachen eines Postwertzeichens – anstelle derselben Anzahl einzelner Postwertzeichen – entfallen, in Form eines einfachen Mengenrabatts auch an private Kunden weitergeben. Da die Kunden hier die Wahlmöglichkeit hinsichtlich der Menge der nachgefragten Postwertzeichen haben, stellt auch dies ein Beispiel für einen einfach zu implementierenden optionalen Tarif dar.

6 Nichtlineare Tarife, Wiederverkauf und Transaktionskosten

Die Konkavität des Ausgabenplans ist abhängig von den Transaktionskosten des Wiederverkaufs. *Wiederverkäufer* sind Unternehmen, die sich zwischen den marktbeherrschenden Dienstleister und die Endverbraucher einschalten und Arbitrage-

238 Vgl. hierzu genauer Train, K.E. (1991), S. 265f.

239 Als Ergebnis aus Wettbewerb, Deregulierung und Eintritt in diversifizierte Projekte kann das Risiko steigen. Vgl. Hyman, L.S. / West, H. (1989), S. 165, 176.

240 Ein Beispiel für einen erfolgreichen optionalen zweiteiligen Tarif stellte die Einführung der BahnCard durch die Deutsche Bundesbahn dar. Die Kunden haben die freie Wahl, eine BahnCard zu einem fixen Preis zu erwerben und durch sie geringere Fahrpreise zu zahlen.

vorteile, z.B. in Form von Mengenrabatten, nutzen. Sind die Transaktionskosten des Wiederverkaufs pro Endkunde für den Wiederverkäufer $C_T = FC_T + VC_T q$ und hat der Wiederverkäufer fixe Wiederverkaufskosten FC sowie variable Wiederverkaufskosten VC, ist eine ausreichende Bedingung des Ausgabenplans zur *Vermeidung* des Wiederverkaufs

$$R\left(\sum_{i=1}^{m} q_i\right) + \sum_{i=1}^{m} VC_T q_i + mFC_T + FC > \sum_{i=1}^{m} R(q_i) \qquad (41)$$

für alle $m \geq 1$ (m sei die maximale Individuenzahl) und für alle $\sum q_i \leq D(p_{\min})$, wobei $p_{\min}$ der niedrigste Preis des Ausgabenplans $R(q)$ ist, damit Wiederverkauf bei keiner Outputkombination gewinnbringend ist. Die Bedingung aus (41) ist empirisch schwer verifizierbar, da die Transaktionskosten der Wiederverkäufer bekannt sein und viele Mengenkombinationen getestet werden müssen. Wären mit dem Wiederverkauf nur variable Kosten verbunden, würde sich der Wiederverkauf auf kleine Endverbraucher konzentrieren. Die Existenz von FC_T begrenzt die Größe der Endkonsumenten mit den niedrigsten im Wiederverkauf nachgefragten Mengen nach unten, d.h. diese Nutzung lohnt sich erst dann, wenn die FC_T später gedeckt werden. Die Existenz der Fixkosten FC führt zu Größenvorteilen zugunsten der Größe des Wiederverkäufers. So hätte der Wiederverkauf die Eigenschaft eines natürlichen Monopols, und seine Kosten wären minimiert, würde der Wiederverkäufer die gesamte Konsumentenschaft erobern.

Die Transaktionskosten-Probleme des Wiederverkaufs ähneln den Transaktionskosten-Problemen der Kunden beim Wechsel zu anderen Anbietern oder zum Bypass[241]. In jedem Fall existieren einmalige Transaktionskosten.

Wiederverkauf hat eine interessante Beziehung zur Beständigkeit von Unternehmen. Normalerweise wird die Unbeständigkeit etablierter Unternehmen hinsichtlich eines potenziellen Neulings definiert, der einen Teil der Nachfrage mit von ihm berechneten Preisen abschöpfen kann. Der Eindringling unterliegt hier keiner Versorgungsverpflichtung. Hat ein Eindringling aber eine Versorgungsverpflichtung zu erfüllen, wäre die *Un*beständigkeit etablierter Unternehmen kein Thema – diese hätten dann eindeutig einen Vorteil gegenüber kleineren Eindringlingen. Mit der Möglichkeit von Wiederverkauf indes kann dies anders sein. Ein potenzieller Neuling könnte seine Versorgungsverpflichtung erfüllen, indem er vom etablierten Unternehmen die Mengen kauft, die über die von ihm selbst befriedigte Nachfrage hinausgehen.[242]

Letzteres ist insbesondere in Phasen relevant, in welchen der Eindringling eigene Kapazitäten aufbaut. Es ist ebenso wichtig, um Leerkapazitäten sicherzustellen, auf die der Eindringling bei Nachfrageüberhängen oder Kapazitätsengpässen zurückgreifen kann. Während Backup-Tarife für derartige Reservekapazitäten volkswirtschaftlich effizient sein können, weil sie eine unnötige Duplizierung von Kapazität vermeiden helfen, kann ihre Verfügbarkeit auch eine Vorbedingung für erfolgreichen Marktzutritt oder Bypass darstellen. Die Fähigkeit der Konkurrenten der Deutschen Telekom AG, einen „Universaldienst" über gemietete Leistungen der Deutschen Te-

---

241 Vgl. zum Bypass genauer Abschnitt D4 dieses Kapitels.

242 Vgl. Mitchell, B.M. / Vogelsang, I. (1991), S. 141f.

lekom AG zu Verfügung stellen zu können, mag einen kritischer Faktor für ihren Markterfolg dargestellt haben.

7 Bündeln und Verbinden – Mehrprodukt-Fragen nichtlinearer Preisbildung

Die Literatur zur nichtlinearen Preisbildung beschränkt sich weitgehend auf den Einproduktfall, obgleich zum Mehrproduktfall nichtlinearer Preisbildung verschiedene Interpretationen mit unterschiedlichen Ergebnissen existieren. Zweiteilige Tarife können z.B. die beiden Preise für den Zugang und die Nutzung *eines* Dienstes sein. Die Nachfrage nach Zugang wird dann von der Konsumentenrente aus der Nutzung abgeleitet. Die zusätzlich gekauften Mengen können bei nichtlinearem Ausgabenplan als multiple Märkte für Mengenzuwächse interpretiert werden. Diese Märkte jedoch gelten für Güter mit einer sehr spezifischen, hierarchischen Struktur. Die Nutzung eines Dienstes setzt Zugang zu diesem voraus. Nachfrage nach Menge q setzt also Nachfrage nach Menge q–1 voraus. Diese Interpretation macht aus einem Problem *nichtlinearer* Preisbildung im Einproduktfall ein Problem *linearer* Preisbildung im Mehrproduktfall.[243]

Die allgemeine Frage *nichtlinearer* Preisbildung im Mehrproduktfall beschäftigt sich mit der Preisbildung bei Gütern und Diensten, die keine derartige natürliche hierarchische Beziehung (Nachfrage nach q setzt Nachfrage nach q–1 voraus) zueinander haben. Es lassen sich daher nicht alle für den Einproduktfall nichtlinearer Preisbildung gefundenen Ergebnisse auf den allgemeinen Mehrproduktfall übertragen. Dies schließt auch die Charakterisierung Pareto-überlegener Tarife mit ein.

Kombiniert man die lineare Preisbildung eines Dienstes mit der nichtlinearen Preisbildung eines zweiten, lässt sich basierend auf der Theorie der optimalen Besteuerung zeigen, dass der Grenzpreis für das nichtlinear bepreiste Gut oberhalb der Grenzkosten liegt, sofern die beiden Güter Substitute im Konsum darstellen, bzw. unterhalb der Grenzkosten, wenn es sich bei den beiden Gütern um Komplementärgüter handelt. Dies gilt sowohl für den gewinn- als auch für den wohlfahrtsmaximierenden Monopolisten. Der Hauptgrund hierfür liegt darin, dass eine Preissteigerung bei einem Produkt aufgrund der Substituierbarkeit (Komplementarität) zu einer Nachfragesteigerung (-senkung) für das andere Produkt führt. Ohne Nachfrageinterdependenzen entspricht der Grenzpreis des nichtlinear bepreisten Gutes den Grenzkosten. Komplementarität führt also zu einem optimalen Grenzpreis unterhalb der Grenzkosten und Substitutierbarkeit zu einem optimalen Grenzpreis oberhalb der Grenzkosten.[244]

Die meisten Themen nichtlinearer Mehrprodukt-Preisbildung findet man unter dem Teilbereich des Bündelns. Beim *reinen Bündeln* werden zwei Dienste in einem *fixen*

---

[243] Vgl. zum Folgenden genauer Mitchell, B.M. / Vogelsang, I. (1991), S. 105 – 109, 112, 114.

[244] Bei Kombination linearer und nichtlinearer Tarife taucht eine andere interessante Frage auf, die sich von der linearen Mehrprodukt-Preisbildung unterscheidet. Auch wenn keine Nachfrage- und Kosteninterdependenzen zwischen den beiden Produkten vorliegen, wird das Zweiprodukt-Unternehmen eine andere Preissetzung vornehmen als zwei Einprodukt-Unternehmen. Genauer gesagt wird das Mehrproduktunternehmen den linearen Preis senken, weil der daraus resultierende höhere Nutzen es dem Unternehmen erlaubt, über die Anreizkompatibilität und die Teilnahmebedingungen des nichtlinearen Preisbildungsproblems eine höhere Rente aus dem nichtlinearen Preis zu ziehen.

Verhältnis zueinander angeboten. Das beinhaltet, dass die Konsumenten die einzelnen (Teil-) Leistungen nicht getrennt voneinander erwerben können. Handelt es sich um *verbundene Verkäufe*, können indes die Mengenanteile variieren, die individuellen Leistungen jedoch können auch nicht getrennt voneinander nachgefragt werden. Beim *gemischten Bündeln* dagegen haben die Konsumenten sowohl zum Bündel, als auch zu den einzelnen Leistungen Zugang. Die Menge ist hier ebenso variierbar.[245]

Bündeln und Verbinden von (Teil-) Leistungen im Postbereich ist üblich, jedoch wurde ihnen in der normativen Theorie der Preisbildung nur wenig Aufmerksamkeit zuteil. Der Großteil der Literatur über Bündeln und Verbinden beschäftigt sich mit monopolistischer Preisdiskriminierung und Antitrust. Dabei geht es um den Anreiz des gewinnmaximierenden Monopolisten, Bündeln und Verbinden für eine ansonsten nicht mögliche Preisdiskriminierung zu nutzen. In diesem Zusammenhang wird Preisdiskriminierung im Regelfall als etwas Negatives für die Volkswirtschaft angesehen: Es kann für ein Unternehmen mit Marktmacht vorteilhaft sein, zwei oder mehr (Teil-) Leistungen zu bündeln als sie getrennt voneinander anzubieten, auch wenn in der Produktion keine Verbundvorteile vorliegen, und auch wenn diese Leistungen keine Komplementärgüter darstellen. Bündeln dient hier eher also dazu, von den Konsumenten zusätzliche Renten abzuschöpfen.

Ist das Ziel Wohlfahrtsmaximierung, können durch Bündeln zusätzliche Möglichkeiten einer Preisdiskriminierung zur Wohlfahrtssteigerung genutzt werden, sofern die gebündelten Leistungen von den Konsumenten auch benötigt werden. Gemischtes Bündeln ist folglich nicht trivial, wenn der Preis des Bündels $p_b<p_1+p_2$. Hauptmerkmal des gemischten Bündelns ist also, dass es für die Konsumenten günstiger ist, das Bündel zu erwerben, als die einzelnen Leistungen. Andernfalls wäre das Bündel immer von den Einzelkäufen dominiert. Diese Eigenschaft der Ausgabenfunktion entspricht der Eigenschaft über Umfangsvorteile einer Kostenfunktion.[246]

Beim reinen Bündeln kann die Annahme, die Konsumenten wünschen höchstens eine Einheit eines jeden Gutes, auf die Wahl zwischen getrennten Leistungen, wie Sortierung und Zustellung angewendet werden. Die Annahme schließt jedoch eine weitere Anwendung auf Postdienste aus, bei der die nachgefragten Mengen für viele Leistungen laufend variieren.

8 Fazit zur nichtlinearen Preisbildung

Bei mehrteiligen Tarifen erscheinen zweiteilige Preisschemata interessant, die aus einer sendungsmengenunabhängigen fixen Komponente (ungleich null) und einem variablen Sendungsporto bestehen. Eine solche Bepreisung ist allerdings nur möglich, wenn Arbitragemöglichkeiten durch Wiederverkauf unter den Kunden ausgeschlossen werden können. Diese Bedingung dürfte für die lokale Zustellung weitest-

---

245 Da das reine Bündeln immer vom gemischten Bündeln dominiert wird, kann man sich auf das gemischte Bündeln konzentrieren.

246 Wäre $p_b > p_1 + p_2$, würden die Konsumenten nur dann das Bündel nachfragen, wenn sie die beiden Güter nicht separat kaufen könnten. Kann der Verkäufer die Käufe der Konsumenten beobachten, dann kann er die individuellen Konsumenten am Erwerb des Bündels hindern, wenn sie beide Güter zu verschiedenen Zeitpunkten kaufen. Ist Überwachung möglich, dominiert das gemischte Bündeln die nicht gebündelten Verkäufe für virtuell alle verbundenen Verteilungen der Zahlungsbereitschaft. Dies könnte für eine Tarifanalyse mit steigenden Blöcken relevant sein.

gehend erfüllt sein. Ferner ist eine zwei- oder mehrteilige Preissetzung seitens eines Zustellunternehmens nur dort vorstellbar, wo der Anbieter eine marktbeherrschende Stellung innehat. Treten z.B. in einem Ballungsraum mehrere Zustellunternehmen nebeneinander auf, kann keiner der Anbieter einen mehrteiligen Tarif durchsetzen, da sich die Empfänger weigern würden, an jeden der Anbieter eine fixe Zugangsgebühr zu zahlen. Dies wäre bei mehreren parallel agierenden flächendeckenden Zustellunternehmen in einem Bereich jedoch zwingende Voraussetzung eines mehrteiligen Tarifs.[247]

Dies hat vor allem deshalb eine hohe praktische Bedeutung, weil dadurch der Hit-and-Run-Zutritt eines Wettbewerbers ausgeschlossen wird. Ein Markteindringling kann entweder nur noch bei groben Ineffizienzen des Marktsassen erfolgreich eintreten oder er muss versuchen, den Marktsassen zum Zeitpunkt der nächsten Erhebung der Fixkosten aus dem Markt zu drängen. Dabei kann er jedoch nur Erfolg haben, wenn er ein ähnlich breites Angebot wie der Marktsasse bietet. Ein spezialisierter Zutritt in einen Teilmarkt ist somit als Marktzutrittsdrohung durch die Irreversibilitäten der Fixkostenerhebung weitgehend ausgeschlossen. Deshalb ist die Effizienz auf solchen Märkten stark gefährdet. Sie wären nicht mehr bestreitbar. In diesem Fall kann *nicht* davon ausgegangen werden, dass die freie Marktlösung ein effizientes Ergebnis herbeiführt.

Die verbesserten und innovativen Preisbildungstechniken nichtlinearer Tarife erhöhen wesentlich die informationellen, rechnerischen und konzeptionellen Erfordernisse für das Unternehmen und den Regulierer. Insbesondere verliert die Marktnachfrage als Grundlage für die Tarifgestaltung vieles von ihrer Nützlichkeit. Anstelle dessen werden entweder individuelle Konsumentennachfragen mit Hilfe von Konsumententypen geordnet oder die unterschiedlichen Kaufmengen individueller Konsumenten zu getrennten Märkten aggregiert. Es überrascht daher, dass die inverse Elastizitätsregel auf die nichtlineare Preisbildung übertragen wird. Bei nichtlinearer Preisbildung besteht eine gewisse Wahrscheinlichkeit, dass größere Konsumenten niedrigere Grenz- und Durchschnittspreise zahlen als kleinere Konsumenten, sofern nichtlineare Tarife eine Kombination selbst wählbarer Tarife sind. Insbesondere führen Mehrprodukt- und Wettbewerbswechselwirkungen zu Komplikationen auf Unternehmensebene, die sonst nur auf der volkswirtschaftlichen Ebene auftreten.[248]

Aus distributiver Sicht muss angemerkt werden, dass sich ein Postdienstleister durch mehrteilige Preise einen größeren Teil der Konsumentenrente aneignen kann. Ferner ist eine fixe Empfängergebühr verteilungspolitisch nicht akzeptabel, da sie Marktteilnehmer ausschließen könnte, sofern keine gesonderten Bedingungen für bedürftige Haushalte eingeführt werden. Dies würde wiederum die Transaktionskosten erhöhen.

Eine andere Anwendungsmöglichkeit für zweiteilige Tarife zeigt z.B. Finnland auf. Dort muss der Zustellpunkt nicht das Haus des Empfängers sein; er kann sich auch an der nächsten Straße befinden. Fragt ein Kunde die Zustellung bis zum *Haus* nach, muss er einen Vertrag mit der finnischen Post abschließen und eine jährliche Gebühr zahlen.[249]

---

[247] Vgl. Pieper, F. (1995), S. 46 – 49 und Günther, B.P. (1998), S. 276, 283.

[248] Vgl. Mitchell, B.M. / Vogelsang, I. (1991), S. 114.

[249] Vgl. Elsenbast, W. / Stumpf, U. (1996), S. 17.

Zusammenfassend zeigt sich, dass beide Preissetzungsoptionen – einteilig und mehrteilig – Vor- und Nachteile aufweisen. Welche der beiden Optionen effizienter ist, muss im Einzelfall gegeneinander abgewogen werden. So sind nichtlineare Tarife ein effektives Mittel gegen ineffizienten Bypass[250]: Mengenrabatte für größere Kunden können die Effekte duplizierender Investitionen vermeiden. In monopolisierten homogenen Postnetzen sind eher Durchschnittskostenpreise optimal, in stark heterogenen Postnetzen überwiegen die Vorteile zwei- und mehrteiliger Tarife.[251]

D Kostenbasierte Tarife – betriebswirtschaftliche Ansätze

Die in den obigen Abschnitten diskutierten Tarife sind das Ergebnis einer (gewichteten) Wohlfahrtsmaximierung. Die Kosten spielen bei diesem Maximierungsproblem eine ebenso große Rolle wie die Zahlungsbereitschaft der Konsumenten. Im Gegensatz dazu werden die in diesem Abschnitt diskutierten Tarife auf eine andere Art und Weise abgeleitet. Es wird nach Tarifen gesucht, die mindestens (oder höchstens) eine festzulegende Definition der Kosten im Verhältnis zur Bereitstellung der unterschiedlichen Dienste decken, oder verschiedene Konsumentengruppen oder Konsummuster (individuell oder aggregiert) bedienen. Der Maßstab, anhand dessen diese *kostenbasierten Tarife* gemessen werden, ist also ein Kostenkonzept.[252] Startpunkt dieser Analyse ist anstelle der Optimalität wieder die Machbarkeit derartiger Tarife. Dies schließt Kritik an den volkswirtschaftlich eventuell nicht optimalen kostenbasierten Tarifen nicht aus.[253]

Im folgenden soll also der Frage nachgegangen werden, inwieweit bei geeigneter Aufbereitung der betriebswirtschaftlichen Kosten- und Erfolgsrechnung auch für die Wertschöpfungsstufen der Deutschen Post AG entscheidungsrelevante Kosten ermittelt werden können. Es gilt folglich eine Antwort darauf zu finden, ob die allgemeine Skepsis, die durch nachfolgendes Zitat auf den Punkt gebracht wird, tatsächlich gerechtfertigt ist: "No economist seriously believes that the marginal or incremental cost of parts of the postal value chain can be read from post company books of account. What we know about the incremental cost of access comes from two different types of studies: engineering estimates, and econometric cost function estimates".[254]

1 Die Klassifizierung von Kosten

Für die Ermittlung des Betriebergebnisses sind die Rechengrößen Kosten und Leistungen gleichermaßen wichtig. Dennoch haben sich Theorie und Praxis wesentlich stärker mit der negativen als mit der positiven Erfolgskomponente befasst. Dabei ging es nicht nur um die inhaltliche Abgrenzung des Kostenbegriffs. Vielmehr wurden bedeutsame spezielle Kostenbegriffe und Kostenkategorien herausgearbeitet, definiert und einander gegenübergestellt. Es erfolgte also eine Aufspaltung des Gat-

---

250 Vgl. zum Bypass genauer Abschnitt D4 dieses Kapitels.

251 Vgl. Cave, M. u.a. (1996), S. 24 und Genaueres bei Günther, B.P. (1998), S. 280, 284f. und 292f.

252 Kostenorientierte Tarife haben Vorteile gegenüber den zuvor angesprochenen Tarifen, da sie mit Wettbewerb vereinbar sind. Vgl. Knieps, G. / von Weizsäcker, C.C. (1989), S. 482.

253 Vgl. Mitchell, B.M. / Vogelsang, I. (1991), S. 118.

254 Taylor, W.E. (1993), zitiert nach Albach, H. / Knieps, G. (1997), S. 25f.

tungsbegriffs „Kosten", um die besonderen Merkmale bestimmter Kostenarten besser zur Geltung zu bringen.

Für eine Untergliederung der Kosten kommen verschiedene Kriterien in Betracht. Diese Kriterien determinieren die Strukturierung der Gesamtkosten. Hierbei separiert man üblicherweise zuerst in Abhängigkeit vom Leistungsvolumen zwischen *fixen* und *variablen* Kosten. Fixe Kosten existieren unabhängig vom Outputniveau, während variable Kosten damit variieren. Nach der Beeinflussbarkeit lassen sich bereits in der Vergangenheit angefallene Kosten und erst für die Zukunft erwartete Kosten unterscheiden. Darüber hinaus kommen auch die Art der Kostenerfassung sowie die Entscheidungsrelevanz als weitere Klassifizierungskriterien in Betracht. Insgesamt lassen sich die Kosten nach einer kaum überschaubaren Zahl von Merkmalen in homogenere Teilmengen zerlegen. Von diesen Strukturierungen können im folgenden nur die wichtigsten vorgestellt werden. Sie dienen in erster Linie der systematischen Kostenerfassung und –verrechnung sowie der Einordnung der Kosten in Kostenkategorien.[255]

So hängen die *Grenzkosten* vom gewählten Zeithorizont ab. Es sind die Kosten, die bei der Produktion einer einzigen zusätzlichen Outputeinheit entstehen. Die kurzfristigen Grenzkosten können in Abhängigkeit vom Grad der freien Kapazität höher oder niedriger als die langfristigen Grenzkosten sein.

Ein anderes Mittel zur Kostenklassifizierung ist die technische Kombination der Inputs und die von den Outputs geforderten Mengen dieser Inputs. Ein derartiger Ansatz zeigt die Kostenverursachung bei der Produktion von Diensten und ermöglicht daraufhin ihre Zurechnung. Im Mehrproduktunternehmen mit Größen- und Verbundvorteilen können bestimmte Kostenarten nicht objektiv auf spezifische Outputs zugerechnet werden. Diese Kosten werden als *Gemein-* und *Verbundkosten* bezeichnet. Gemeinkosten entstehen, wenn der gleiche Input für die Produktion unterschiedlicher Outputs genutzt wird. Verbundkosten treten auf, wenn zwei oder mehr Outputs notwendigerweise gemeinsam produziert werden. Gemein- und Verbundkosten entstehen aus Verbundvorteilen, die den Konsumenten von Nutzen sein können.[256]

Die Unterscheidung zwischen *Einzel-* und *Gemeinkosten* hat für die Praxis und für die Theorie der Kostenrechnung gleichermaßen große Bedeutung. Ein besonderes Gewicht kommt ihr in schon langer Tradition für Preiskalkulationen zu. Preiskalkulatoren beschäftigen sich mit der Frage, welche Teile der Gesamtkosten von Unternehmen sich einem einzelnen Stück, einzelnen Aufträgen oder anderen Kalkulationsobjekten exakt zurechnen lassen und welche Kostenelemente den Kalkulationsobjekten nur zugeschlüsselt (willkürlich angelastet)[257] werden können.

---

[255] Vgl. insbesondere Hummel, S. / Männel, W. (1993), S. 96f und Cave, M. u.a. (1994), S. 28f.

[256] Daraus resultierend würde eine Auflage, für die einzelnen Dienste komplett unterschiedliche Inputs zu nutzen, wahrscheinlich zu signifikant höheren Konsumentenpreisen führen.

[257] Vgl. hierzu Abschnitt A3 dieses Kapitels.

2 Aufgaben der Kostenrechnung

Die Preiskalkulation als Aufgabe der Kostenrechnung zielt nicht nur auf die Ermittlung der Preise für Endprodukte ab,[258] sondern auch auf die Kalkulation von Verrechnungspreisen für innerbetriebliche Leistungen. Die Bedeutung letzterer wird deutlich, wenn man bedenkt, dass der Unternehmensleitung durch die Wahl des Verrechnungsverfahrens ein nicht unbeträchtlicher Handlungsspielraum gegeben ist, um den Erfolgsausweis der leistenden und empfangenden Bereiche zu beeinflussen.[259]

Die Abgrenzung einzelner *Kostenarten* hat eine über die bloße Strukturierung der Kosten hinausgehende Relevanz, wenn die Bemessung von Entgelten und –bestandteilen unmittelbar auf spezielle Kostenarten abstellt. So kann ein primär im Dienst der betrieblichen Finanzierungspolitik stehender Kostenausweis andere Kostengrößen aufzeigen müssen, als diese für Zwecke der Entscheidungsvorbereitung und / oder Wirtschaftlichkeitskontrolle erforderlich sind.

Die *Kostenstellenrechnung* dient in regulierten Unternehmen vornehmlich der Kontrolle der Wirtschaftlichkeit von Leistungserstellungsprozessen. Die Bedeutung dieser Funktion ergibt sich u.a. daraus, dass sich die Effizienz des Agierens regulierter Unternehmen von der Erlösseite her nur sehr eingeschränkt beurteilen lässt.

Die *Kostenträgerrechnung* muss sich in regulierten Unternehmen oft auf das Erfassen der Kosten für einzelne Betriebsleistungen beschränken. Dies kann problematisch sein, wenn sich nur wenige direkt zurechenbare Kosten bestimmen lassen, wie es etwa für das Erfassen der Einzelkosten eines beförderten Briefs der Fall ist.[260]

---

258 Voraussetzung zur Preisbildung ist die Schätzung der Sendungsvolumina. Die geschätzten Einnahmen und Kosten des Postdienstes in einem Jahr basieren auf Testjahrespreisen und -mengen. Die Schätzung des Postvolumens ist Bestandteil der Entscheidung, ob z.B. eine Erhöhung der Posttarife notwendig ist und wie hoch eine derartige Erhöhung sein muss, um die Kosten zu decken. Stellt sich heraus, dass die derzeitigen Tarife keine ausreichenden Einnahmen erwirtschaften, um die entsprechenden zukünftigen Kosten zu decken, reicht der marktbeherrschende Postdienstleister einen Antrag auf Tariferhöhung bei der Regulierungsbehörde ein. Vgl. Tolley, G. / Bernstein, P. (1997), S. 202.

Zur Kalkulation der erwarteten Einkünfte und Kosten bezieht sich die amerikanische Postal Rate Commission (PRC) auf ein zukünftiges Testjahr, normalerweise zwei Jahre nach dem laufenden Jahr. Werden anstelle zukünftiger Testperioden Vergangenheitstestperioden genutzt, kann eine diskriminierende Preisbildung eingeschränkt werden. Vgl. Sherman, R. (1980), S. 15, 23.

Das Vorhersagemodell für Postvolumina von Tolley und Bernstein erlaubt die Analyse zukünftiger Briefvolumina unter unterschiedlichen ökonomischen Szenarien. Das Modell wird dazu genutzt, die Auswirkungen einer höheren oder geringeren Inflation, eines schnelleren oder langsameren Wirtschaftswachstums oder Veränderungen in den Preisen von Konkurrenzprodukten zu schätzen. Unerwartete Änderungen der Postvolumina werden analysiert, um festzulegen, welche Faktoren außerhalb des Vorhersagemodells eine Abweichung des Sendungsmengenwachstums von dessen geschätzter Rate verursachen. Die Identifikation dieser Faktoren kann der Marketingstrategie des Postdienstes eine Hilfe sein. Der USPS reformierte sein System der Briefklassifizierung aufgrund der Analyse aktueller Veränderungen im Wachstum der unterschiedlichen Briefkategorien und führte Vorleistungsrabatte ein. Vgl. Tolley, G. / Bernstein, P. (1997), S. 205 – 223.

259 Detaillierteres bei Männel, W. (1988), S. 842, 846, 848f.

260 Solche einschränkenden Bedingungskonstellationen können es sogar sinnvoll erscheinen lassen, auf eine Kostenträgerrechnung ganz zu verzichten und lediglich eine Kostenstellenrechnung aufzubauen, zumal Kostenstellen ohnehin häufig eine Differenzierung nach Leistungsarten und -sparten beinhalten.

Von zentraler Bedeutung ist der Verzicht auf jegliche Gemeinkostenschlüsselung, also die generelle Beschränkung auf das Rechnen mit relativen Einzelkosten, das Etablieren dafür geeigneter Kostenerfassungshierarchien, das Ermitteln relevanter Kosteneinflussgrößen und eine hierauf abstellende Bildung von Kostenkategorien.

3 Leistungserfassung und Erlösrechnung

Für regulierte Unternehmen, die gegen Entgelt ein breites Leistungsprogramm anbieten und hierfür die Preise stark differenzieren, gestaltet sich der Aufbau einer aussagefähigen *Leistungserfassung* und *Erlösrechnung*[261] aufgrund bestehender Messprobleme i.d.R. schwieriger als für Industriebetriebe, da sie, wie auch die Deutsche Post AG, nur bei vereinzelten Leistungen mit mengenproportionalen Erlösen rechnen können. Der durchschnittliche bzw. anteilige Erlös pro befördertem Brief kann lediglich eine grobe Kennzahl sein, auf die man sich bei der Prognose der Erlöse bei Änderungen der Sendungsvolumina nicht ohne weiteres stützen kann. Insbesondere deswegen ist die Leistungserfassung im Vergleich zur Kostenerfassung in der Praxis deutlich weniger ausgeprägt.

Soll die Erlösrechnung eine gute Basis zur Bewältigung von Planungs- und Kontrollaufgaben sein, müssen die für ungleiche Beförderungsleistungen erzielten Erlöse differenziert erfasst und Erlöse für Zusatzleistungen separat ausgewiesen werden. Bei einem sehr heterogenen Leistungsprogramm sind derartigen Differenzierungsbemühungen schon aus Gründen der Wirtschaftlichkeit Grenzen gesetzt. Außerdem resultieren Erfassungsprobleme aus Verbundbeziehungen, die sich einer exakten Quantifizierung mit der Folge entziehen, dass innerhalb der Erlösrechnung echte Einzelerlöse lediglich für heterogene Leistungsbündel ausgewiesen werden können. Schließlich kommt im Briefdienst, bedingt durch Besonderheiten der Erhebung von Preisen, hinzu, dass sich Teile der Erlöse grundsätzlich nicht leistungsbezogen erfassen lassen. Dies lässt sich am Briefmarkenverkauf zeigen: Den Postfilialen ist zunächst unbekannt, für welche Strecken die von ihnen veräußerten Briefmarken effektiv genutzt werden. Zur Schätzung der erlösmäßig zu beurteilenden Leistungs-Grundgesamtheit müssen ergänzende Sonderrechnungen vorgenommen werden.[262]

4 Brutto- und Nettoerfolgsrechnung

In Vollkostenrechnungssystemen werden sämtliche Kostenarten vollständig auf die Endprodukteinheiten weiterverrechnet, und zwar zum Teil direkt als Einzelkosten, zum Teil indirekt als zugeschlüsselte Gemeinkosten.

Werden nur bestimmte Teile der gesamten Kosten auf die Kostenträger weiterverrechnet, spricht man von einer Teilkostenrechnung. Voll- und Teilkostenrechnung unterscheiden sich nur hinsichtlich der Verrechnung, nicht hinsichtlich der Erfassung der Kosten. Jede Teilkostenrechnung setzt deshalb voraus, dass prinzipiell von der

---

261 Die Erlösrechnung baut wesentlich auf der Leistungsrechnung auf, welche nach neuerem Verständnis eine reine Mengenrechnung darstellt.

262 Vgl. auch Männel, W. (1988), S. 851f.

undifferenzierten Behandlung sämtlicher Kosten Abstand genommen und die Gesamtheit der Kosten in mindestens zwei Kostenkategorien unterteilt wird.[263]

Die Tatsache, dass in Vollkostenrechnungen alle angefallenen Kosten auf die Endprodukteinheiten bzw. den Erlöse daraus überwälzt werden, hat zur Konsequenz, dass den Leistungen ihre vollen Kosten gegenübergestellt werden. Die sich aus dieser Saldierung (Erlöse minus Vollkosten) ergebende Differenz ist daher als Nettoerfolg zu bezeichnen. In Teilkostenrechnungen hingegen zieht man von den Erlösen nur die Kostenelemente ab, die diesen Leistungen frei von jeder Willkür zurechenbar sind, also z.B. Einzelkosten. Als Resultat erhält man hierbei den Bruttoerfolg, d.h. den Deckungsbeitrag zur Finanzierung der Gemeinkosten. Das Vollkostendenken führt dabei zwangsläufig zu einer Nettoerfolgskonzeption, das Teilkostendenken zu einer Bruttoerfolgskonzeption.

Bei der monetären Ergebnisrechnung der Deutschen Post AG muss man die Verbundbeziehungen der Erfolgsvariablen und daraus resultierende Grenzen der Zurechenbarkeit beachten. Dies führt zwangsläufig zur Abkehr von Nettoerfolgen und zur Hinwendung zu einem Rechnen mit Bruttoerfolgen (Deckungsbeiträgen). Diese dienen zugleich der Beurteilung der Auskömmlichkeit von Preisen.[264]

Wie die Gemeinkosten dem einzelnen Dienst angelastet werden sollen, ist ein Problem für jede Art von Kostenrechnung. Die Vollkostenrechnung bemüht sich, dieses Problem mittels eines komplizierten, mit der Kostenartenrechnung beginnenden und dann über die Kostenstellenrechnung zur Kostenträgerrechnung hinführenden Abrechnungsgangs zu bewältigen. Kosten, die sich den Kostenträgern nicht unmittelbar zurechnen lassen, werden innerhalb des mehrstufigen Verrechnungsprozesses so lange aufgeteilt, bis ein anteiliger Kostenbetrag bestimmt ist, der nach Meinung des Kalkulierers auf den einzelnen Kostenträger entfällt oder entfallen soll. Unter dieser notwendigerweise willkürlichen Gemeinkostenschlüsselung leidet systembedingt der Informationsgehalt sämtlicher konzeptioneller Varianten der Vollkostenrechnung.

5 Kalkulation bei Mehrproduktproduktion

Bei Mehrproduktunternehmen, wie den Unternehmen des Postsektors, müssen ferner zwei weitere Gesichtspunkte berücksichtigt werden: Die Produktion im Mehrproduktunternehmen ermöglicht *Synergieeffekte* (z.B. Skalen- und Umfangsvorteile), und es handelt sich dabei technisch gesehen um *Kuppelproduktion*.[265]

---

263 So gibt es z.B. Teilkostenrechnungssysteme, in denen den Kostenträgern nur variable, aber keine fixen Kosten oder nur Einzelkosten, aber keine Gemeinkosten zugerechnet werden. Vgl. genauer bei Hummel, S. / Männel, W. (1993), S. 43 – 45, 47f.

264 Nimmt man z.B. den Postzeitungsdienst, so weisen langjährig ausgewiesene (Voll-) Kostendeckungsgrade von ca. 50% den Weg, durch eine Preiserhöhung oder Verschlechterung des Leistungsangebots die unzureichende Auskömmlichkeit der bisherigen Preise zu verbessern. Eine Beurteilung desselben Leistungsbereichs auf Basis von Bruttoerfolgen würde dagegen angesichts der produktionswirtschaftlich bedingt hohen Verbundbeziehungen im Bereich der Gelben Post zu einem abweichenden Ergebnis kommen, wenn die Erfolgsrechnung positive Deckungsbeiträge auf (Teil-) Geschäftsbereichsebene auswiese. Vgl. Männel, W. (1988), S. 854.

265 Vgl. zum Folgenden Albach, H. / Knieps, G. (1997), S. 53 – 55.

5.1 Synergieeffekte

Die Produktion mit Synergieeffekten ist durch folgende Ungleichung gekennzeichnet:

$$C_g(x_g)+C_l(x_l)<C(x_g+x_l). \tag{42}$$

Dies lässt sich auch folgendermaßen schreiben:

$$C_g(x_g)+C_l(x_l)+SE(x_g+x_l)=C(x_g+x_l) \tag{43}$$

Darin ist $SE(\cdot)$ das Maß an Synergieeffekten bzw. -vorteilen, das bei der gemeinsamen Produktion erzielt wird. $C_g(x_g)$ bzw. $C_l(x_l)$ sind die Stand-alone-Kosten (SAC)[266] der jeweils zu erstellenden Leistung *g* bzw. *l*.

Eine verursachungsgemäße Aufteilung der Synergieeffekte auf die beiden Produkte ist nicht möglich. Die Synergievorteile werden eben durch die Gemeinsamkeit der Produktion beider Produkte erzielt. Folglich handelt es sich bei der Aufteilung von $SE(x_g+x_l)$ auf die beiden Produkte nicht um ein Problem der *Kostenallokation*, sondern um ein Problem der *Verteilung des Synergievorteils* auf die beiden Produkte.

Man darf also ein Verteilungsproblem wie dieses nicht mit einem Allokationsproblem verwechseln. Die Verteilung der Synergievorteile ist ein Entscheidungsproblem, wenn es keinen Markt gibt, der die Preise setzt. Wie die Verteilung erfolgt, wird ausgehandelt. Es ist daher wichtig, sicherzugehen, dass nur die Synergievorteile verteilt und Gemeinkosten so weit wie möglich verursachungsgemäß verrechnet werden.

5.2 Kuppelproduktion

Kuppelproduktion liegt vor, wenn in einem Produktionsprozess zwangsläufig mehrere Leistungen anfallen. Dabei kann das Outputverhältnis fest oder variabel sein. Im Postwesen liegt Kuppelproduktion mit marginal variierbaren Anteilen in der Zustellung vor: Ein Postbote stellt z.B. gleichzeitig Briefe und Päckchen zu.

Die Besonderheit der Kuppelproduktion mit festem Outputverhältnis besteht im Postwesen bei der Zustellung darin, dass die partiellen Ableitungen der Funktion

$$C=f(x_g+x_l); \qquad g = \text{Briefe},\ l = \text{Päckchen} \tag{44}$$

null sind, also

$$\frac{\partial C}{\partial x_{gl}}=0. \tag{45}$$

Die Kosten der Zustellung durch den Postboten stellen also hinsichtlich der Briefe und Päckchen ausschließlich Gemeinkosten dar und sollen nicht geschlüsselt, sondern die Erlöse sollen gepoolt werden: Briefe und Päckchen sind also abrechnungstechnisch wie ein Dienst zu behandeln. Dies ist unter Vermeidung willkürlicher Schlüsselungen die theoretisch einzig richtige Methode.

Liegt Kuppelproduktion mit variablem Outputverhältnis vor, können die Gemeinkosten im Verhältnis der partiellen Grenzkosten aufgeteilt werden. Die partiellen Grenzkosten dürfen dagegen nicht als kurzfristige inkrementelle Kosten missverstanden

---

266 Bei den Stand-alone-Kosten (stand-alone costs) handelt es sich um die Kosten, die entstehen, wenn der Dienst (bzw. jede Gruppe von Diensten) allein angeboten würde.

und als Grundlage für die Preisregulierung verwendet werden; sie gelten nur in unmittelbarer Umgebung der gesamten Gemeinkosten, und es ist nicht gesichert, dass

$$\sum_g \frac{\partial C}{\partial x_g} x_g = C. \tag{46}$$

6 Ansätze der Kostenermittlung

In diesem Abschnitt sollen nun verschiedene in Frage kommende Ansätze für eine Kostenermittlung im Postsektor, die laufend in der Diskussion auftauchen, vorgestellt und kurz beurteilt werden. Hierzu gehören Ingenieurstudien, ökonometrische Modellansätze, die Analyse der Produktprofitabilität, die Prozesskostenrechnung und der Ansatz der vermeidbaren Kosten. Das anschließende Fazit führt die wesentlichen Aussagen der einzelnen Ansätze noch einmal zusammen.

6.1 Ingenieurstudien

Ziel der Ingenieurstudien (engineering-economic models) ist die Bestimmung der Produktionsfunktion auf Basis von Ingenieurdaten und darauf aufbauend die Ableitung der Kosten-Output-Relation als Ergebnis eines implizit angenommenen Optimierungsverhaltens. Die relevanten Kostendaten werden also nicht aus dem Rechnungswesen des Unternehmens ermittelt, sondern mit Hilfe von kleinskaligen Optimierungsmodellen erzeugt. Aufgrund der Nichtlinearitäten innerhalb dieser Optimierungsansätze sind Ingenieurstudien mit erheblichem Computeraufwand verbunden, weshalb typischerweise zur Vereinfachung verschiedene Modellannahmen getroffen werden.[267]

Wenn die Ingenieurstudien auch wertvolle Informationen über die Kosten alternativer hypothetischer Netzstrukturen liefern, weisen sie verschiedene Schwächen auf. Da Ingenieur-Optimierungsansätze den physischen Leistungsprozess simulieren, vernachlässigen sie weitgehend die Kosten des Marketing und die administrativen Kosten. Obwohl theoretisch eine unendliche Anzahl von durchführbaren Lösungen in Frage kommt, die Erarbeitung jeder Lösung aber Kosten verursacht, wird eine Einschränkung der Simulation auf eine angemessene Zahl möglicher Alternativen unabdingbar (bounded rationality).[268] Trotz der genannten Grenzen jedoch können Ingenieurstudien bei der Ermittlung von (Zusatz-) Kosten nützlich sein. Dabei gilt es aber zunächst, eine realistische Annahme über die Strategie des Netzaufbaus und des beabsichtigten Leistungsspektrums zu erarbeiten. Die Entwicklung von Ingenieurstudien bedeutet folglich nicht, dass lediglich die Strategie des völlig neuen Netzaufbaus gewählt wird.

Da Ingenieurstudien die in der Realität üblichen Abweichungen von optimalen Kostenstrukturen durch Friktionen, X-Ineffizienz, Transaktions- und Kontrollkosten ignorieren, sind sie kaum für Kostenvergleiche alternativer real operierender Dienstleister geeignet. Die Ergebnisse unterschiedlicher Ingenieurstudien sind zudem stark von den jeweils zugrunde gelegten Modellannahmen abhängig. Unterschiedliche Modellannahmen sind in Abhängigkeit vom jeweiligen Erkenntniszweck und Informations-

---

[267] Vgl. hierzu insbesondere Albach, H. / Knieps, G. (1997), S. 27f.

[268] Da der globale Verlauf der Kostenfunktion nicht bekannt ist, bleibt letztlich auch offen, ob die gefundene Lösung ein lokales oder globales Minimum darstellt.

bedarf durchaus plausibel, andererseits machen sie einen aussagekräftigen Vergleich zwischen den Ergebnissen unterschiedlicher Ingenieurstudien unmöglich.

6.2 Ökonometrische Modellansätze

Ökonometrische Modellansätze schätzen die Gesamtkostenfunktion eines Postunternehmens, indem sie die (jährlichen) Gesamtkosten als eine Funktion unterschiedlicher Outputs des Unternehmens (z.B. Anzahl der zugestellten Standardbriefe, Päckchen, Pakete) und den Faktorpreisen ausdrücken. Sie basieren in der Regel auf Daten der Finanzbuchhaltung. Diese Modellansätze wurden in der Vergangenheit für unterschiedliche Fragestellungen entwickelt, wobei sowohl Zeitreihenanalysen, als auch "cross-section"-Studien durchgeführt wurden.[269]

Während ökonometrische Kostenstudien für bestimmte Fragestellungen durchaus fruchtbar angewendet werden konnten, sind die bisherigen Studien für die Bestimmung entscheidungsorientierter Zusatzkosten wenig aussagekräftig. Zum einen ist das Aggregationsniveau ökonometrischer Studien zu hoch; selbst „disaggregierte" ökonometrische Ansätze erweisen sich für eine differenzierte Bestimmung von Zusatzkosten als noch zu hoch aggregiert. Zum anderen werden ökonometrische Studien oft mit Daten gespeist, die Vollkostenrechnungen entstammen und folglich auf willkürlichen Gemeinkostenschlüsseln basieren.

6.3 Die Analyse der Produktprofitabilität

Im Zentrum der Analyse der Produktprofitabilität steht die Frage, welche Kosten eingespart würden, würde eine bestimmte Produktgruppe bzw. ein bestimmtes Produkt nicht produziert. Diese Frage zeigt die unmittelbare Relevanz der Bestimmung von *langfristigen* Zusatzkosten (LRIC)[270] von Produktgruppen und Produkten mittels einer geeigneten Kostendeckungsbeitragsrechnung.[271]

Die Produktprofitabilitätsanalyse ist hierarchisch aufgebaut. Werden bei den laufenden Preisen und Absatzvolumina der unterschiedlichen Produkte Erlöse erzielt, welche die Gesamtkosten des Unternehmens decken, werden auch sämtliche Gemeinkosten gedeckt. In der Folge wird entlang der Produkthierarchie – ausgehend von der umfassenderen Definition einer Produktgruppe bis hin zur engsten Definition eines Produkts – die Frage nach dem Deckungsbeitrag einzelner Produktgruppen sowie einzelner Produkte gestellt. Trägt jede Produktgruppe zumindest ihre produktgruppenspezifischen und jedes Produkt mindestens seine produktspezifischen LRIC, besteht kein Anlass, einzelne Produktgruppen oder Produkte aus dem Sortiment zu nehmen, da sich die Gemeinkosten des Unternehmens dadurch nicht reduzieren würden. Es liegt folglich keine Quersubventionierung zwischen Produkten oder Produktgruppen vor. Die willkürliche Aufschlüsselung von produktgruppen- oder unter-

269 Vgl. genaueres und Beispiele bei Albach, H. / Knieps, G. (1997), S. 26f.

270 Vgl. hierzu 2. Kapitel, Abschnitte B und D1.1 dieser Arbeit. Die LRIC eines Produkts bzw. einer Produktgruppe entsprechen den Kosten, die langfristig zusätzlich anfallen, wird ein Produkt bzw. eine Produktgruppe zusätzlich ins Sortiment aufgenommen.

271 Vgl. hierzu Albach, H. / Knieps, G. (1997), S. 29 – 31.

nehmensspezifischen Gemeinkosten auf einzelne Produkte würde zwangsläufig zu ökonomisch nicht fundierten Kostenberechnungen für einzelne Produkte führen.[272]

Für die Frage, ob ein Produkt bzw. eine Produktgruppe im Wettbewerb bereitgestellt wird, muss zwischen direkt zurechenbaren Kosten des Produkts und der Produktgruppe einerseits und den produkt-, produktgruppen- sowie unternehmensspezifischen Gemeinkosten (joint costs) andererseits unterschieden werden. Abhängig von der betrachteten Ebene der Produkthierarchie können die Kosten direkt zurechenbar sein oder Gemeinkosten darstellen. Einer höheren Hierarchie-Ebene (z.B. Produktgruppe) direkt zurechenbare Kosten können folglich für die niedrigere Produktebene produktgruppenspezifische Gemeinkosten darstellen.[273]

Die im Postgesetz geforderten „Kosten der effizienten Leistungsbereitstellung" werden des Öfteren mit den LRIC gleichgesetzt. Kritiker, z.B. Albach, halten daher den Begriff der *Analyse der Produktprofitabilität* für irreführend, da es nicht ausreiche, dass sämtliche Leistungen ihre LRIC genau decken oder nur einen marginalen Deckungsbeitrag erwirtschaften, da die Gesamtkostendeckung ansonsten nicht gewährleistet sei. Die vorliegende Arbeit schließt sich dagegen eher dem Ansatz von Larson und Kovacic an, nach welchen die LRIC aufgrund ihres *langfristigen* Charakters prima facie vorteilhaft sind und den vernünftig antizipierten Grenzkosten entsprechen, die auf laufenden oder antizipierten und nicht – wie z.B. variable Kosten – auf historischen Kosten beruhen.[274]

6.4 Die Prozesskostenrechnung

Die ursprüngliche *Grenzplankostenrechnung* und ihre Erweiterung zur *stufenweisen Grenzkostenrechnung* verzichten auf jegliche Verteilung von Fixkosten auf Kostenträger, so dass diese Systeme für die Verteilung der Fixkosten gemeinsam genutzter Betriebsmittelkapazitäten oder überjährig gebundenen Personalkapazitäten auf einzelne Geschäftseinheiten, Produktgruppen oder Prozesse unbrauchbar sind.[275]

Die *dynamische Grenzplankostenrechnung*, die im Laufe ihrer Entwicklung eine Aufteilung von Fixkosten nach Art der *stufenweisen Fixkostendeckungsrechnung* zulässt, scheitert am selben Problem. Auch nach Zuordnung aller variablen und zurechenbaren fixen Kosten auf die untersuchte Geschäftseinheit würden Unternehmensfix- und Vorleistungskosten auf Unternehmensebene verbleiben, deren Zurechnung für die Bewertung strategischer Alternativen zu klären wäre.[276]

In jüngster Zeit wird daher die *Prozesskostenrechnung*[277] als Weiterentwicklung der traditionellen Vollkostenrechnung auch hinsichtlich einer Anwendung bei der Deut-

---

272 Dies heißt andererseits aber nicht, dass die Informationen aus betriebswirtschaftlichen Kostenrechnungssystemen für die Preisfindung unbrauchbar wären.

273 Vgl. auch Hummel, S. / Männel, W. (1983), S. 64.

274 Vgl. Albach, H. / Knieps, G. (1997), S. 31 und Larson, A.C. / Kovacic, W.E. (1990), S. 20, 22.

275 Vgl. Hummel, S. / Männel, W. (1983), S. 139 – 141.

276 Vgl. Holzwarth, J. (1993), S. 156f.

277 Als Synonyme für den Begriff Prozesskostenrechnung werden oft auch folgende Termini verwendet: Activity Accounting, Transaction Costing, Activity Based Costing, Cost-Driver-Accounting, Vorgangskostenrechnung, prozessorientierte bzw. aktivitätsorientierte Kostenrechnung. Vgl. Schwager, S. (1997), S. 1035.

schen Post AG diskutiert. Ziel der Prozesskostenrechnung ist es, eine eventuell unterschiedliche Inanspruchnahme von Leistungen aus Gemeinkostenbereichen nicht nach volumenabhängigen Durchschnittssätzen als prozentualen Einzelkostenzuschlag oder als Maschinenstundensatz auf die Kostenträger umzulegen, sondern differenziertere Verrechnungssätze zu bilden (Maschinenkostensatz, Rüstkostensatz, Verwaltungskostensatz, leistungsmengeninduzierter und leistungsmengenneutraler Vertriebskostensatz etc.), welche die aktuellen kostentreibenden Faktoren in den jeweiligen Teilprozessen (Einsammlung, Sortierung, Transport Zustellung) berücksichtigen.[278] Diese *Kostensätze für Leistungsprozesse* werden also durch Division der leistungsmengeninduzierten Kostenanteile durch die kostentreibenden Faktoren generiert. Solche Prozesse involvieren in der Praxis meist mehrere Kostenstellen. Es bedarf also der Addition mehrerer Kostensätze aus verschiedenen Kostenstellen, um die *Prozessgesamtkosten* für die Beförderung einer Sendung zu erhalten.[279]

Im Rahmen einer Prozesskostenrechnung gelingt bei repetitiven Leistungen eine weitgehende Proportionalisierung der Kosten des indirekten Bereichs. Es darf jedoch nicht unterstellt werden, dass alle Kosten verursachungsgerecht zugerechnet werden können. Ein letzter Rest ungeklärter Kausalität für nicht weiter aufteilbare Gemeinkosten bleibt stets übrig. Bei der Aufteilung dieser übrig bleibenden, zuzurechnenden Gemeinkosten steht der Kostenrechner vor den Alternativen Schlüsselung oder Deckung. *Schlüsselung* ist stets mit Willkür verbunden.[280] Unter *Deckung* versteht man ein Verfahren, bei dem die Deckungsbeiträge der Produktgruppen den Geschäftsfeldern zugeführt werden müssen und dazu dienen, diejenigen Kosten des Geschäftsfeldes, die nicht über Prozesse den Produktgruppen zugerechnet werden können, zu decken. Die verbleibenden Deckungsbeiträge der Geschäftsfelder werden dann an die Unternehmensbereiche abgeführt und dienen dort zur Deckung der noch nicht verursachungsgerecht auf Prozesse verrechneten Kosten. Die verbleibenden Deckungsbeiträge werden zur Deckung der Kosten an die Zentrale abgeführt. Es wird folglich nach oben abgeführt und nicht nach unten geschlüsselt.[281] Es handelt sich dabei also um einen Bottom-up-Ansatz.

Die Prozesskostenrechnung *könnte* auch als Teilkostenrechnung gestaltet werden, indem nur die leistungsmengeninduzierten Kosten auf die Kostenträger zugerechnet würden. Damit käme man einer adäquaten Lösung des Zurechnungsproblems näher: Aus den Gemeinkosten einer Leistung könnten die mit dieser Leistung abbaubaren Anteile zugerechnet werden. Allerdings können während der langfristigen Wirkungsdauer umgesetzter Alternativen strategischer Entscheidungen nach Anpassung der Potenzialstruktur weitere Gemeinkostenanteile abgebaut werden, die dieser Leistung zuzurechnen wären – diese Zurechnung unterbleibt jedoch. Eine Prozesskostenrechnung kann das Zurechnungsproblem daher weder auf Voll-, noch auf Teilkos-

---

278 Die schweizer Post PTT aktualisierte 1995 ihre Kostenverteilschlüssel im Rahmen des Projekts KOMEPO (KOstenschlüsselungs-MEthode POst). Vgl. genaueres hierzu bei Aeschbacher, W. (1995), S. 26f.

279 Vgl. zum Folgenden auch Horváth, P. / Mayer, R. (1989), S. 71 – 90; Holzwarth, J. (1993), S. 143 – 147; Reiners, F. (1997), S. 61; Bradley, M.D. u.a. (1993), S. 134; Elsenbast, W. u.a. (1995), S. 14 und Schwager, S. (1997), S. 1035.

280 Vgl. hierzu Abschnitt B4.2 dieses Kapitels dieser Arbeit.

281 Vgl. Albach, H. / Knieps, G. (1997), S. 67 – 69.

tenbasis *vollständig* lösen, stellt jedoch im Vergleich zu den anderen Möglichkeiten der Kostenzurechnung die für den Briefdienst sinnvollste Lösung dar.

6.5 Der Ansatz der vermeidbaren Kosten und die Wegfallkostenrechnung

Ein wichtiges Konzept der Regulierungsökonomie ist das der vermeidbaren Kosten.[282] Es wird oft als Ansatz diskutiert, um die aus einer Universaldienstverpflichtung entstehenden finanziellen Lasten zu beziffern.[283] Konzeptionell stellen die vermeidbaren Kosten das Gegenstück zu den Zusatzkosten dar.

Dieser Ansatz der vermeidbaren Nettouniversaldienstkosten basiert auf der restriktiven Annahme, dass durch die Elimination von Postströmen[284] eine Gewinnsteigerung realisiert wird.[285] Die grundlegende Inkonsistenz des Ansatzes liegt darin, dass er Kosteneinsparungen aus dem Aufgeben einer Route auf Basis eines Preises vergleicht, der nur dann angewendet wird, wenn die „vermiedenen Kosten" *nicht* vermieden werden. Der Ansatz lässt auch den Effekt einer Universaldienstverpflichtung auf die Einnahmen unberücksichtigt. Die Einnahmen können berücksichtigt werden, indem die Universaldienstlast als „Gewinnsteigerung[286], die realisiert werden könnte, wenn die Universaldienstverpflichtung hypothetischerweise aufgegeben werden würde", berechnet würde. In diesem Sinn wird der Ansatz der vermeidbaren Kosten die potenzielle Gewinnsteigerung im Fall der Aufgabe der Universaldienstverpflichtung nicht adäquat schätzen.[287]

Eine *erweiterte* Kalkulation der vermeidbaren Kosten eines Postdienstleisters beinhaltet die Untersuchung der Kosten *und Einnahmen*, die mit einzelnen Kunden oder Kundengruppen verbunden sind. Da, wenn überhaupt, nur eine Minderheit der Kunden den Postdienstleistern Nettouniversaldienstkosten auferlegt und für das Netzwerk der Deutschen Post AG in Deutschland die bereits maximal mögliche Größe als erreicht angenommen werden kann,[288] erscheint es plausibel, die Kosten der Leistungsbereitstellung an „verlustbringende" Kunden anhand der vermeidbaren Kosten abzuschätzen. Dabei handelt es sich um die Kosten, die entfielen, wenn diese Kunden – und nur diese – vom Netzwerk getrennt würden. Auf der Einnahmenseite werden alle Einnahmen, die von Kunden gezahlt werden, die Nettouniversaldienstkosten verursachen könnten, als mit diesen Kunden verbundene Einnahmen betrachtet. Zu einem gewissen Teil muss auch das von den *Versendern* entrichtete Porto für Sendungen, die *an* „verlustbringende" Kunden geschickt werden, dem Empfänger als für

---

282 Die vermeidbaren (avoidable) Kosten werden gelegentlich auch als abnehmende (decremental) Kosten bezeichnet.

283 Die Heranziehung der vermeidbaren Kosten geht auf die Elektrizitätserzeugung in den USA zurück. Vgl. Näheres bei Joskow, P.L. (1982), insbesondere S. 89.

284 In Wettbewerbsmärkten jedoch darf man erwarten, dass die Postdienste den in einem quasi-universellen Dienstenetz bestehenden Vorteil nicht aufgeben werden.

285 Außerdem nimmt er Unabhängigkeit der Kosten und Nachfragen über die Routen an. Bei Kosten- und Nachfrageinterdependenzen werden bei Anwendung des Ansatzes der vermeidbaren Kosten nicht notwendigerweise die Aufgaben identifiziert, die das Unternehmen aufgeben möchte. Vgl. Golay, J. / Dobbs, I.M. (1996), S. 44f.

286 Die Gewinnsteigerung ist die Einnahmesteigerung plus die Kostenersparnis.

287 Vgl. Elsenbast, W. u.a. (1995), S. 8; (1994), S. 1 und Elsenbast, W. / Stumpf, U. (1996), S. 22f.

288 Es gibt keinen Haushalt und kein Unternehmen, dem keine Sendungen zugestellt würden.

die Deutsche Post AG einnahmeninduzierende Leistungen gutgeschrieben werden, da auch diese Einnahmen (zumindest teilweise) verloren gingen, würde der Kunde das Netzwerk verlassen. Da sich die Nettouniversaldienstkosten mit dem Niveau der Netzentwicklung verändern, sind bei einem bereits vollständigen Netz die vermeidbaren Kosten aus der Trennung eines Kunden vom Netz gering.[289]

Der für Netzwerke geeignete Ansatz der vermeidbaren Kosten weist niedrigere Kosten aus als die Ansätze alternativer Messmethoden, wie FDC oder SAC. Der Grund für den Unterschied zwischen den Messungen liegt hauptsächlich in den Verbundvorteilen und der Existenz von Gemein- und Verbundkosten.[290] Insbesondere aufgrund dieser Netzeigenschaften ist es umstritten, welcher Anteil der Gesamtkosten eines Postdienstleisters durch Einschränkung der bepreisten Leistung vermeidbar ist, und welcher Teil der Outputentscheidungen unbetroffen bleibt. Üblicherweise existiert eine signifikante Menge residualer oder institutioneller Kosten. Die vermeidbaren Kosten lassen sich also weder vor der Trennung vom Netz, noch danach exakt bestimmen.[291]

Je größer der Zeithorizont ist, desto mehr Kosten sind vermeidbar. Deshalb sind die *langfristigen* Zusatzkosten (LRIC) mit den *langfristigen* vermeidbaren Kosten identisch. Die LRIC entstehen nur bei Nachfrage durch eine Gruppe neuer Konsumenten, die zum bereits existierenden Netz Anschluss suchen. Diese LRIC entsprechen nicht den vermeidbaren Kosten, wenn diese Kunden vom Netz getrennt werden.[292]

Das Wissenschaftliche Institut für Kommunikationsdienste (WIK) nutzt die *Wegfallkostenrechnung* zur näherungsweisen Ermittlung der *langfristig* vermeidbaren, also inkrementellen Kosten und Erlöse verschiedener (defizitärer) Sendungsströme und (Einsammel- bzw.) Zustellgebiete. Als Wegfallkosten einer Teilleistung werden diejenigen Kosten (Quersubventionen) verstanden, die bei einem Abbau oder einer wesentlichen Einschränkung einer (Teil-) Leistung langfristig wegfallen. Die Differenz aus den langfristig wegfallenden Kosten und Erlösen der defizitären Zustellgebiete und den defizitären Sendungsströmen, die in nicht defizitären Zustellgebieten enden, entspricht dann der „Infrastrukturlast der Zustellgebiete".[293] Da jedoch nicht alle Quersubventionen Ergebnis der Universaldienstlast sind, führt dieser Ansatz des WIK zu einer *Über*schätzung der Universaldienstlast der Deutschen Post AG. Möchte man indes die „wahre" Universaldienstlast der Deutschen Post AG ermitteln, müssen auch die zusätzlichen *Verluste aus mangelnder Preisflexibilität* mit berücksichtigt

---

289 Vgl. Cave, M. u.a. (1994), S. 2f., 29, 33. Erfahrungen mit diesem Ansatz wurden in Australien im Postsektor und in Europa im Telekommunikationssektor gemacht. Vgl. Golay, J. / Dobbs, I.M. (1996), S. 44, 61; Cave, M. u.a. (1994), S. 42 und Gallet, C. / Toledano, J. (1997), S. 310.

290 Vgl. Cave, M. u.a. (1994), S. 29.

291 Vgl. Hall, G.R. (1993), S. 227 und Michelfelder, R.A. (1994), S. 154.

292 Die vermeidbaren Kosten beinhalten langfristig auch technologische Entwicklungen und / oder physische Abschreibungen, d.h. es vermindern sich die zu ersetzenden Anlagen etc.

293 Am geeignetsten erfolgt die Sonderrechnung unter Benutzung von Daten, die aus einer Prozesskostenrechnung stammen. Als Wegfallkosten werden hier die Einzelkosten und die leistungsmengeninduzierten Gemeinkosten einer Dienstleistung erfasst. Werden die Kosten durch die Tarife vollständig gedeckt, besteht trivialerweise keine Infrastrukturlast. Vgl. Elsenbast, W. (1994), S. 36f., 39, 41, 47.

werden, welche die durch den WIK-Ansatz ermittelten Lasten mehr als kompensieren. Der WIK-Ansatz *unter*schätzt also die „wahre" Last der Deutschen Post AG.[294]

Neben mangelnder Preisflexibilität lässt sich weitere Kritik an der Wegfallkostenrechnung des WIK anführen: Bei ihrer Anwendung werden lediglich die im Saldo *defizitären* Briefströme als Lasten addiert, wobei positive Ergebnisse aus der Ermittlung „Kosten minus Erträge", also Gewinne, mit einer Last von null anstatt mit einer negativen Last in die Berechnung eingehen (!). Es wäre also möglich, analog die Gewinne aus den lukrativen Briefströmen gegenüberzustellen. Bei Wettbewerb entfällt möglicherweise ein Teil dieser Gewinne automatisch durch das Rosinenpicken der Wettbewerber. Führt die Wegfallkosten bei *Wettbewerb* zu Lasten, handelt es sich *hierbei* um die „wahre" Last. Da nicht erwartet werden kann, dass der entstehende Wettbewerb die flexiblen Preise sofort auf die Untergrenze drücken wird, da nach der sich bislang abzeichnenden Entwicklung möglicher Konkurrenten kein Unternehmen auch nur ansatzweise ihr Netz mit dem der Deutschen Post AG vergleichen kann, wird diese „wahre" Universaldienstlast kaum einen positiven Betrag ausweisen.

6.6 Fazit

Da *Ingenieurstudien* aufgrund der Nichtlinearitäten der Kostenfunktionen mit einem nicht zu unterschätzenden Rechenaufwand verbunden sind, werden i.d.R. vereinfachende Modellannahmen getroffen und nur eine begrenzte Anzahl an Simulationsläufen durchgeführt. Ferner vernachlässigen Ingenieurstudien administrative Kosten. Sie eignen sich zwar zur Ableitung der Kostenfunktionen im Postsektor, die Modellannahmen und der Rechenaufwand schränken ihre Geeignetheit jedoch ein.

Aussagekräftige *ökonometrische Modellansätze* im Postsektor, die i.d.R. Daten der Finanzbuchhaltung verwenden, liegen bisher auch nicht vor bzw. sind zu aggregiert.

Im Gegensatz zu den traditionellen Top-down-Ansätzen, wie z.B. der Vollkostenrechnung, versucht die *Analyse der Produktprofitabilität*, ein Bottom-up-Ansatz, indes herauszufinden, inwieweit ein(e) zusätzliche(r) Dienst(gruppe) seine bzw. ihre zurechenbaren Kosten trägt. Dabei wird nach dienst(gruppen)spezifischen und Gemeinkosten des Unternehmens unterschieden. Hieraus ergibt sich auch, dass die LRIC aufgrund ihres *langfristigen* Charakters prima facie für die Bestimmung der „Kosten der effizienten Leistungsbereitstellung" vorteilhaft sind und den vernünftig antizipierten Grenzkosten entsprechen, die auf laufenden oder antizipierten Kosten beruhen.

Auch bei der *Prozesskostenrechnung* handelt es sich um einen Bottom-up-Ansatz. Ziel der Prozesskostenrechnung ist es jedoch, kostentreibende Faktoren zu extrahieren, anhand derer die Kosten den Diensten zugeordnet werden. Gerade aufgrund ihrer Bottom-up-Eigenschaft scheint sich die Prozesskostenrechnung für eine objektive Ermittlung der Preise im Postsektor noch am besten zu eignen.

Das *Konzept der vermeidbaren Kosten* geht in seiner Struktur im Gegensatz zur Analyse der Produktprofitabilität davon aus, dass das vorhandene Netz lediglich vernachlässigbar an Größe zunehmen kann, d.h. die maximal möglichen Größenvorteile sind ausgeschöpft. Wird nun ein Teilnehmer vom Netz getrennt, entfallen dem Postdienst die sogenannten vermeidbaren Kosten. Je mehr Teilnehmer vom Netz getrennt werden, desto mehr nehmen die kurzfristig wegfallenden Kosten zu. Einen

---

294 Vgl. Kowalewski, K. / Müller, K. (1996), S. 74f., 77f.

Ausweg bildet eine langfristige Durchschnittsbildung, da dieser Ansatz andernfalls zu derart verzerrten Ergebnissen führen würde.

Bei der konkreten Umsetzung einer für die Preisfindung geeigneten Kostenermittlung sind also eine Vielzahl schwieriger und bedeutsamer Detailprobleme zu lösen. Alle Ansätze der Kostenermittlung haben indes gemein, dass hinsichtlich der Zurechnung der Gemeinkosten stets ein letzter Rest ungeklärter Kausalität bestehen bleibt. In der Praxis wird diesbezüglich oft auf willkürliche und deshalb zu vermeidende Gemeinkostenschlüsselungen zurückgegriffen. Werden Preise jedoch anhand solch willkürlicher Kostenzuteilungen gesetzt, handelt es sich um eine ineffiziente Preisbildung, da die Preise nicht die tatsächlichen Kosten und Knappheiten widerspiegeln. Kunden oder Wettbewerber können sich diesen Unterschied zunutze machen, indem sie versuchen, das bestehende Netz zu umgehen. Hiermit beschäftigt sich der folgende Abschnitt.

7 Bypass – das Beispiel Remailing

Bypass,[295] d.h. die Umgehung / Substitution eines Netzes bzw. von Teilen eines Netzes, ist bereits seit den dreißiger Jahren üblich. Beispiele für das Bypass-Problem im Postsektor sind das Remailing, die elektronische Post (E-Mail)[296], das Telefax[297] oder die Bündelung[298] von Post, um einer Gewichtsgrenze auszuweichen. Ebenso ist der Erfolg privater Beförderungsdienste im KEP-Bereich[299] eine Entwicklung, die nicht ignoriert werden kann. Entgegen der Befürchtung der Deutschen Post AG, einen beträchtlichen Teil ihres Geschäftspost-Aufkommens an Online-, E-Mail- und Faxdienste zu verlieren,[300] stieg der Trend der Briefvolumina jedoch weiter.[301]

Bypass ist effizient (ineffizient), wenn die inkrementellen Kosten des regulierten Postdienstleisters aus der Bereitstellung des Dienstes am Kunden höher (niedriger) sind als die inkrementellen Kosten des Bypasses. Ineffizienter Bypass erfolgt, wenn der regulierte Anbieter mehr als die inkrementellen Kosten der Versorgung des Kunden in Rechnung stellt, und ein effizienter Bypass kann verhindert werden, wenn der Postdienstleister weniger als die inkrementellen Kosten des Bypasses verlangt.[302]

---

295 Zur Bypass-Definition vgl. Waldenberger, F. (1990c), S. 30f.

296 Online-Dienste wie T-Online, AOL oder GermanyNet verrechnen einen Preis von null für *inkrementelle* Mitteilungen, die zu anderen Nutzern ihrer Dienste oder zu anderen Internet-Nutzern gesendet werden. Vgl. Wolak, F.A. (1997), S. 162 und o.V. (1995a), S. 27. Nicht bei allen derartigen Diensten ist eine Grundgebühr zu entrichten. Die Kosten für die Telefonverbindung trägt der Benutzer. Im Vergleich zum Porto eines Briefs sind diese Übertragungs- bzw. Verbindungskosten jedoch minimal.

297 Zum Telefaxdienst und dessen Substitutionsbeziehungen zum traditionellen Briefdienst vgl. insbesondere Baldry, T. (1995).

298 Zu den verschiedenen Bündelungsmöglichkeiten vgl. Varian, H.R. (1989), S. 626.

299 Vgl. hierzu 3. Kapitel, Abschnitt E5.

300 Vgl. Gröner, H. / Knorr, A. (1991), S. 191; Knorr, A. (1993), S. 65; Crew, M.A. / Kleindorfer, P.R. (1991a), S. 51; Pieper, F. (1993), S. 6; Dicke, H. u.a. (1995), S. 7; o.V. (1996b), S. 9 und Dobbs, I.M. / Richards, P. (1991), S. 61.

301 Vgl. Nankervis, J. / Rodriguez, F. (1995), S. 269 und Deutsche Post AG (Hg.) (1999), S. 29.

302 Vgl. Mitchell, B.M. / Vogelsang, I. (1991), S. 132.

Die Kontrolle der einzelnen Aktionsparameter, hier also der Preise im Verhältnis zu den tatsächlichen Kosten, zieht aufgrund ihrer zirkularen Interdependenz stets Ausweichreaktionen der regulierten Unternehmen nach sich, auf welche die Regulierungsbehörde durch immer neue Interventionen reagieren muss. Auch hier ist man so mit dem Phänomen interventionistischer Kettenreaktionen, auch *Regulierungsspirale* genannt, konfrontiert, welches hohe Kosten verursacht. Es zeigt sich, dass der reservierte Bereich hierdurch instabil wird und längerfristig gefährdet ist.[303]

Ein Problem der *Preisregulierung* ist insbesondere der Bypass in Form des *Remailing*, das sich nicht nur aufgrund von Kostenunterschieden der nationalen Postdienstleister, deren Ursache Ineffizienz sein kann, sondern auch durch ein ineffizientes Vergütungssystem ergeben kann. Dies lässt sich anschaulich am folgenden Beispiel des internationalen Briefverkehrs darstellen.

In Abhängigkeit vom Bestimmungsland der Sendungen (A, B oder C) werden gewöhnlich drei Varianten des Remailing unterschieden:[304]

- ABA: Im Land A von privaten Expressdiensten eingesammelte und vielfältig aufbereitete Post wird von der Postverwaltung des Landes B über den internationalen Briefdienst wieder nach A zugestellt. Es handelt sich also um einen Reimport.
- ABB: Die im Land A aufgenommene Post verbleibt zur Auslieferung in B.
- ABC: Bei dieser häufigsten Remailvariante sorgt die Post des Landes B dafür, dass die aus A stammenden Sendungen in einen Drittstaat C weiterbefördert werden.

Es handelt sich also um Nachrichtenübermittlung im traditionellen Postdienst mit dem Unterschied, dass die einliefernde Postfiliale im Ausland liegt. Die Gründe für diese Flucht aus dem inländischen Monopolbereich lagen zunächst in der teilweise schlechten Dienstleistungsqualität einiger Staatsposten, später vor allem in einer deutlichen Preisersparnis für die Kunden.

Nicht zuletzt streben nationale Postdienstleister nach Gewinn, indem sie die Schwachpunkte des im Weltpostverein (Universal Postal Union, UPU)[305] geltenden Endvergütungssystems (Terminal Dues) ausnutzen, um Briefvolumen anzuziehen.[306] Terminal Dues der UPU wurden 1969 eingeführt, nachdem man nach fast einem Jahrhundert vom Glauben abkam, dass "a letter generates its own reply", die entstehenden Kosten und Einnahmen der Postdienstleister sich also automatisch ausgleichen würden. Die Terminal Dues wurden stets vereinfacht, damit Postdienstleister

---

303 Vgl. Knorr, A. (1993), S. 17; Stumpf, U. (1992), S. 1f. und Blankart, C.B. / Knieps, G. (1994c), S. 244. Sofern die Gewinne aus einer Umgehung der staatlichen Restriktionen nicht hoch genug sind, kommt der Prozess zum Stillstand. Es tritt ein Gleichgewichtszustand ein. Vgl. Blankart, C.B. / Knieps, G. (1993), S. 8.

304 Vgl. Basedow, J. / Jung, C. (1995), S. 255, 275 – 277; Gröner, H. / Knorr, A. (1991), S. 192 und Stumpf, U. (1993), S. 180.

305 Die UPU wurde 1874 gegründet, um den internationalen Brieftransfer zwischen den Postdienstleistern zu standardisieren und zu koordinieren. Vgl. Campbell, J.I. Jr. (1993), S. 28. Mitglied dürfen nur (ehemals) staatliche Postdienstleister sein.

306 Vgl. Tabor, R. (1991), S. 33.

auf allen Entwicklungsniveaus den Anforderungen an das Rechnungswesen genügen konnten.[307]

Beim internationalen Endvergütungssystem werden allen Briefklassen die gleichen Vergütungen, d.h. Terminal Dues, in Abhängigkeit vom Gewicht zugerechnet. Das System berücksichtigt dabei nicht, dass unterschiedliche Briefklassen einen unterschiedlichen Aufwand hinsichtlich Sortierung, Transport und Zustellung erfordern.[308] Als Folge daraus bilden sich in der Realität „Gewichtsüberschuss-“ und „-defizitländer“ heraus. Erst bei Vorliegen solcher Salden im Briefverkehr zwischen zwei Staaten ist die Post eines Landes, die mehr Briefe exportiert als importiert hat, dazu verpflichtet, ihrer Schwesterpostverwaltung eine Ausgleichszahlung zu leisten, um die mit der Zustellung verbundenen Kosten abzudecken.[309] Die Terminal Dues reflektieren nicht die tatsächlichen Kosten im Bestimmungsland, da sie nicht anhand ihrer tatsächlichen Kostentreiber, also der Stückzahl bzw. dem Volumen, ermittelt werden.[310] Als Folge davon hat sich ein Markt für Remailing, also ineffizienten[311] Bypass, etabliert.[312]

Der zunehmende Erfolg des Remailing ist auf mehrere Gründe zurückzuführen. Einerseits ist die Bereitstellung der traditionellen Postdienste arbeitsintensiv und international nicht handelbar. Innerhalb einer Volkswirtschaft ist dementsprechend erstens mit einer relativen Verteuerung der Postdienste im Wachstumsprozess zu rechnen und zweitens damit, dass das Preisniveau der Postdienste in Staaten mit hohem Einkommen über demjenigen vergleichbarer Dienste in Staaten mit niedrigerem Einkommen liegt. Für das Entstehen und die Richtung von Remailingprozessen ist allerdings weniger das Lohnniveau eines Staates von Belang als vielmehr die Produktivität[313] der jeweiligen Postunternehmen, die wiederum das Preisniveau der Postdienste beeinflusst.

Traditionell waren die internationalen Post- und Flugfrachtsysteme organisatorisch in Einsammlung, Transport und Zustellung getrennt. An beiden Enden der internationalen Transaktion wurden Einsammlung und Zustellung von völlig unterschiedlichen Unternehmen ausgeführt. Dazwischen realisierten die Fluglinien den Lufttransport als

---

307 Vgl. Leavey, T.E. (1993), S. 4.

308 Basieren die Terminal Dues nur auf den Durchschnittskosten pro Gewichtseinheit, wird den leichteren Briefen zu wenig zugerechnet und den schwereren Sendungen zu viel. Vgl. Treworgy, D.E. / Waddell, J.A. (1991), S. 256 und Mitchell, C.J. (1995), S. 112.

309 Diese machen den Löwenanteil der gesamten Beförderungskosten aus.

310 So variieren beispielsweise auch die Transitgebühren und die Luftbeförderungs-Dues in Abhängigkeit von Gewicht und Entfernung, obwohl die Transportkosten eher vom Volumen und der Stückzahl abhängen. Vgl. Campbell, J.I. Jr. (1991), S. 23.

In diesem Fall handelt es sich um die Beförderungsgebühren für den Transport zwischen den jeweiligen Ländern, nicht um die Kosten der Zustellung innerhalb des Ziellands. Deshalb wird hier auch die Entfernung mit berücksichtigt.

311 Ineffizient ist der Bypass deswegen, weil er nicht auf von Kosten- und Effizienzunterschieden beruht, sondern auf falscher Preissetzung.

312 Vgl. Crew, M.A. / Kleindorfer, P.R. (1992a), S. 108f.; Christy, R. (1993), S. 206 und Berger, H. / Knauth, P. (1996), S. 30f.

313 Die Hauptursachen der bestehenden Produktivitätsunterschiede stellen die Wettbewerbsbedingungen und die (Un-) Möglichkeit einer garantierten Verlustabdeckung dar. Vgl. Knorr, A. (1993), S. 68.

Nebenprodukt zum Passagiertransport. Weder der Einsammler, noch der Transporteur, noch der Zusteller konnte oder wollte die Koordination des End-to-End-Dienstes übernehmen. Der Erfolg der Kuriere stellte diese Dreiteilung der internationalen Transportdienste in Frage und zeigte so die Möglichkeiten der Anwendung neuer Technologien in der Bereitstellung des internationalen Transports.[314]

Der internationale Briefverkehr verdeutlicht auch anhand des Remailings, dass die für einen Bypass auf dem Markt der Postdienste aufzuwendenden Transaktionskosten in der heutigen Zeit keine bedeutende Rolle mehr spielen. Die nach Abzug der Transaktionskosten aus dem Bypass resultierenden Vorteile können also sowohl auf die Ineffizienz der traditionellen Postdienste, als auch, wie gezeigt wurde, auf die Ineffizienz des Vergütungssystems zurückgeführt werden.

Außerdem beschränken sich Remailer keineswegs auf den reinen Transportvorgang, sondern offerieren ihren Kunden eine Vielzahl verbundener Dienstleistungen, die genau auf die Bedürfnisse gewerblicher Großkunden zugeschnitten sind. Dazu zählen vor allem die Abholung der Sendungen vom Kunden, das Vorsortieren nach Bestimmungsorten und -ländern, aber auch das Kuvertieren, Adressieren und Frankieren. Es handelt sich also um Dienstleistungen, die von den staatlichen Postverwaltungen in dieser Form lange nicht angeboten wurden.[315] Aufgrund ihrer Vorleistungen und der Fähigkeit, große Sendungsmengen einzuliefern, gelingt es den Remailern, bei den mit ihnen kooperierenden, zueinander im Wettbewerb stehenden Postdienstleistern Mengenrabatte auszuhandeln. Erst in der Summe dieser Kostenvorteile liegt der Schlüssel zum Verständnis der günstigeren Tarife der Remailer.[316]

Als „illegal" wird Remailing in Deutschland daher erst dann bezeichnet, wenn *versandfertige* Sendungen zwecks Portoersparnis an Absendestellen im Ausland transportiert werden, also der durch die Exklusivlizenz geschützte monopolisierte Bereich der Deutschen Post AG betroffen ist.[317] „Legales Remailing" betreibt z.B. die Deutsche Bank AG: Sie schickt ihre Rechnungsdaten an ein Abrechnungszentrum in den Niederlanden, wo sie ausgedruckt, kuvertiert und nach Deutschland versendet werden. Die Sendungen werden also nicht versandfertig transportiert.

Die vom Remailing betroffenen Postdienstleister, z.B. die Deutsche Post AG, kompensieren ihre Defizite aus den nicht vollständig gedeckten Zustellungskosten längst durch entsprechend höhere Portogebühren für Sendungen, die im Inland für eine Zustellung im Ausland eingeliefert werden. Deshalb sind Briefe ins Ausland besonders teuer.[318]

---

314 Vgl. Campbell, J.I. Jr. (1993), S. 8f. Dies führte zur Überlegung, private Dienstleister in die UPU aufzunehmen. Gegner dieser Überlegungen sind z.B. Gharbi, E.M. (1993), S. 37 und Hinds, R. (1993), S. 44.

315 Hinzuweisen ist an dieser Stelle aber auf den ePOST-Briefservice der Deutschen Post AG. Vgl. auch o.V. (1998h), S. 5.

316 Vgl. Heuermann, A. / Schnöring, T. (1985), S. 228; Basedow, J. (1991), S. 170; Emmerich, V. (1989), S. 444; Gröner, H. / Knorr, A. (1991), S. 191, 193; Knorr, A. (1993), S. 70f. und Dobbs, I.M. / Richards, P. (1991), S. 61.

317 Vgl. o.V. (1996c), S. 4, Plagemann, J. (1996), S. 77 und Müller, R. (1996), S. 6.

318 Vgl. Basedow, J. / Jung, C. (1995), S. 276.

Aufgrund der genannten Problembereiche implementierten die fünf nordischen Länder Dänemark, Finnland, Island, Norwegen und Schweden eine *abgeänderte* Version der UPU-Terminal-Dues: Die internordischen Terminal Dues werden errechnet, indem 60% des Portos des Ziellands (dies soll den Zustellkosten im Zielland entsprechen) mit dem *Volumen* der eingehenden Post multipliziert wird. Die gesamte internordische Briefpost wird im Ursprungsland gewogen und in einem jährlichen Bericht über die kumulierten Gewichte eines jeden Brieftyps zwischen den verschiedenen Länderpaaren festgehalten, anhand dessen eine jährliche Ausgleichszahlung erfolgt. Einmal im Jahr werden während einer 14-tägigen Überprüfungsperiode alle internordischen Briefe hinsichtlich Gewicht, Anzahl und Größe untersucht. Anhand dieser Daten wird dann der jährliche Volumenfluss der verschiedenen Brieftypen über Kiloquoten abgeschätzt.

In der nordischen Vereinbarung wurde der Qualitätsaspekt als integraler Bestandteil des Prozesses etabliert: Weicht die Laufzeit der Briefe von derjenigen der heimischen Briefe ab, wird die Gebühr des Ursprungslands an das Zustellland um bis zu 50% reduziert. Hierfür wird die Laufzeit der nordischen Briefe mittels eigens entworfener Systeme laufend extern überprüft. Diese Messung der internationalen Brieflaufzeiten stellt ein wichtiges Mittel dar, um friedlichen Wettbewerb zwischen Postdienstleistern zu etablieren und die an einem funktionierenden Postdienst interessierte Wirtschaft über die Qualität der verschiedenen Dienste zu informieren.[319]

Das Remailing verdeutlicht auch Probleme der Standardisierung von Mindestnormen der Europäischen Kommission, da z.B. die unterschiedlichen Betriebskosten nicht miteinander vergleichbar sind und die zwischenstaatlichen Vergütungen daher für Staaten mit höherem Lohnniveau nachteilig sind.[320] Ebenso spricht das Remailing für die Existenz geringerer Transaktionskosten beim Finden von Partnerfirmen für das Ausnutzen postalischer Standortvorteile.

ABA-Remailing bringt europarechtlich aber auch erwünschte Effekte mit sich. Der unmittelbare Reimport von Briefsendungen eröffnet eine Möglichkeit, sich mit Mitteln des Wettbewerbs gegen ungerechtfertigte Tariferhöhungen bei Inlandssendungen zu wehren. Das dürfte zum einen die nationalen Postdienstleister zur Verbesserung ihrer Leistungsqualität zwingen, zum anderen dürfte es kleineren Unternehmen kostengünstige Alternativen eröffnen, wo sie ansonsten unter dem Druck des Monopolisten zu konzentrationssteigernden Rationalisierungsschritten gezwungen wären. ABA-Remailing unterscheidet sich sachlich nicht von anderen Formen des Reimports, welche von Kommission und EuGH zur Förderung des europäischen Integrati-

---

319 Vgl. genauer bei Bruun, C. (1993), S. 53 – 67; Zumwinkel, K. (1991), S. 15f.; Haldi, J. (1993), S. 317 und Lehmann, F.-X. (1993), S. 321.

320 Z.B. zahlt man für einen in den Niederlanden verschickten Brief nur 50 Pfennig. Dies entspricht weniger als der Hälfte des in Deutschland üblichen Entgelts. Um einen solchen Brief zuzustellen, entstehen der Deutschen Post AG aber Kosten in Höhe von 60 bis 80 Pfennig. 40 Pfennig nur erhält sie von der niederländischen Post. Vgl. Müller, R. (1996), S. 6.

1998 schlossen die europäischen Postunternehmen ein Abkommen, das den Beteiligten erlaubt, ihre Sätze im grenzüberschreitenden Verkehr um bis zu 80% anzuheben. Zur Gruppe der Verweigerer gehörten vor allem die Briten und die Niederländer. Durch eine Klausel im Vertrag, nach der das Postgut der Vertragspartner bevorzugt behandelt werden muss, werden durch unterschiedliche Zustellprioritäten Qualitätsunterschiede provoziert. Vgl. Schnitzler, L. (1998), S. 100 und Elsenbast, W. / Plum, M. (1997), S. 8 – 10.

onsprozesses ausdrücklich zugelassen wurden; aus europarechtlicher Sicht existiert kein Grund, weshalb die gleiche Tätigkeit im Bereich der Post anders beurteilt werden sollte.[321]

Das Problem des Remailing lässt sich nicht durch juristische Sanktionen, sondern nur durch kostenorientierte Endvergütungen im internationalen Geschäft verhindern. Es ist Aufgabe der Postverwaltungen, bilaterale Verträge auf dieser Basis abzuschließen.[322]

Eine Lösung dieses Problems wäre die im folgenden Abschnitt angesprochene „effiziente Preisbildung für Wertschöpfungsstufen“, die den Prozess der Dienstleistungserstellung aufspaltet und die Kosten der Wertschöpfungsstufen einzeln ermittelt.

8 Die effiziente Preisbildung für Wertschöpfungsstufen

Arbeitsteilung zwischen Postunternehmen und Versendern ist effizient, wenn die betreffende Leistung von einem anderen Unternehmen kostengünstiger erstellt werden kann als von dem Unternehmen, das die Leistung bislang integriert erstellt hat. Es kommt die Frage nach dem optimalen Rabatt[323] auf, der für die Eigenerstellung gewährt werden sollte. Wird der Markt liberalisiert, benötigen Wettbewerber zumindest in der Übergangszeit Inputs, die nur durch das bisherige Monopolunternehmen bereitgestellt werden. Im Beispiel des Briefdienstes ist dies z.B. der Zugang zu den Postfachanlangen oder zu Adressänderungen.[324] Solche Inputs stellen Engpassfaktoren dar, die eine marktbeherrschende Stellung begründen. Hier wird die Frage der Preisbildung für die Inputs (Komponenten) als regulatorisches Problem relevant.[325]

Für diese Preisbildung bei Inputgütern hat sich der Ansatz der effizienten Komponentenpreisbildung (efficient component pricing, ECP-Regel) bewährt. Er wird auch Baumol-Willig-Regel (nach ihren Begründern, 1990), Opportunitätskostenregel, Zurechnungsprinzip oder "principle of competitive parity" genannt.[326]

---

321 Vgl. Basedow, J. / Jung, C. (1995), S. 279f.

322 Vgl. Zumwinkel, K. (1991), S. 15f.

323 Der Rabatt ist der Preis, den der Versender für die Vorleistungen zahlen muss, wenn er sie nicht selbst erstellt. Insofern entspricht die Rabattgestaltung der Preissetzung für Vorleistungsebenen. *Rabatte* sollen niedrigere Tarife für Sendungen ermöglichen, die weniger Kosten verursachen. Sie sollen nicht als Mittel angesehen werden, bestimmte Versendergruppen zu begünstigen. Vgl. Mitchell, R.W. (1999), S. 28. Vgl. Näheres in Kapitel 7, Abschnitt G dieser Arbeit.

324 Ein analoges Problem ergibt sich im Telekommunikationssektor. Das etablierte Unternehmen hat über den lokalen Kundenzugang auch bei einer vollständigen Liberalisierung zumindest für eine Übergangszeit ein faktisches Monopol. Wettbewerber sind darauf angewiesen, ihr Netz mit dem des etablierten Unternehmens zusammenzuschalten. Die Bedingungen der Zusammenschaltung, insbesondere die Preisgestaltung, sind seit Jahren Gegenstand intensiver Diskussionen.

325 Die Sicherstellung von diskriminierungsfreiem Wettbewerb bezieht sich jedoch nicht nur auf die Preisgestaltung. Diskriminierungsfreiheit muss auch hinsichtlich der Qualität und der technischen Bedingungen für den Zugang zum postalischen Zustellnetz gelten. Vgl. Pieper, F. (1996), S. 169f.

326 Vgl. Mitchell, R.W. u.a. (1997), S. 185f.; Mitchell, R.W. (1998), S. 3; Cave, M. u.a. (1996), S. 20, 22 und Dobbs, I.M. / Richards, P. (1993), S. 265. Eine detaillierte Darstellung des Ansatzes findet man bei Pieper (1996), S. 107 – 185.

8.1 Formale Darstellung der effizienten Komponentenpreisbildung

Die ECP-Regel beschreibt Vorleistungsrabatte gleich der vom Postdienst vermiedenen Kosten bei Ausübung derselben Funktion. Sind die Kosten des Versenders niedriger, wenn er Arbeitsteilung betreibt, reduzieren sich die volkswirtschaftlichen Kosten der Erstellung von Postdiensten. Ein effizienter Komponentenpreis (Rabatt) hat die Eigenschaft, dass die mit Rabatten versehenen Briefe den gleichen Betrag zu den Overhead-Kosten pro Stück beitragen wie nicht mit Rabatten versehene Briefe.[327] Konsequenterweise ist der prozentuale Aufschlag für Overhead bei rabattfähigen Briefen *höher* als bei „normalen" Briefen.[328] Der Vorleistungsrabatt stellt nicht-Vorleistende nicht schlechter, Vorleistungen erbringende Versender jedoch besser. Die auf der ECP-Regel basierenden Vorleistungsrabatte können deshalb als eine Pareto-Verbesserung bezeichnet werden. So wird sichergestellt, dass ein in den Markt eintretender Wettbewerber nur Erfolg haben kann, wenn er die inkrementellen Kosten des Eingesessenen in den Segmenten unterbieten kann, in denen er konkurriert.[329]

Basis der formalen Darstellung bildet die Marktstruktur der vertikalen Integration und die zugrunde liegenden Annahmen in einem liberalisierten Umfeld. Die Bestimmung der Kosten basiert bei der ECP-Regel auf den durchschnittlichen Zusatzkosten (average incremental costs, *AIC*) des Marktsassen. Damit ein Wettbewerbspreis auf dem unregulierten Endproduktmarkt kostendeckend ist, müssen sowohl die *AIC* aller Produktionsstufen gedeckt, als auch ein Beitrag zur Deckung der fixen Gemeinkosten erwirtschaftet werden. Nimmt man AIC_g als Grundlage für die in den einzelnen Segmenten *g* entstehenden Aufwendungen, muss der Endproduktpreis eines Briefs des etablierten Unternehmens über diesen liegen. Das Unternehmen erzielt somit einen durchschnittlichen Deckungsbeitrag *DB* von[330]

$$DB = p_1 - AIC_0 - AIC_1 > 0. \qquad (47)$$

Der Deckungsbeitrag entspricht den Opportunitätskosten[331], die dem Marktsassen durch Nachfrageverluste zugunsten des Marktneulings entstehen würden. Der Absicht der ECP-Regel zufolge soll der potenzielle Wettbewerber die Opportunitätskosten zusätzlich zu den direkten Kosten des Zustellnetzes tragen. Für die optimale Zugangsgebühr t^* unter den getroffenen Annahmen ergibt sich dann unter Berücksichtigung von (47):[332]

$$t^* = AIC_0 + [P_1 - (AIC_0 + AIC_1)] \text{ bzw.} \qquad (48)$$

[327] Erst wenn der Rabatt in Höhe der Grenzkosten gesetzt wird, erfolgt der minimale Ressourcenverbrauch.

[328] Rechenbeispiele hierzu finden sich bei Mitchell, R.W. u.a. (1997), S. 190f. und Pieper, F. (1996), S. 107 – 173.

[329] Vgl. Cave, M. u.a. (1996), S. 20 und Mitchell, R.W. (1998), S. 34, 43.

[330] Vgl. Scott, F.A. Jr. (1991), S. 188 und Grünter, T. (1996), S. 19.

[331] Die Opportunitätskosten stellen den Deckungsbeitrag dar, der nötig ist, um die Fixkosten des Zustellnetzes zu decken. Dieser ergibt sich aus der Differenz von kostendeckendem Gesamtpreis und der Summe der direkt zurechenbaren Grenzkosten. Vgl. Courtois, C. (1997), S. 212 und Cave, M. u.a. (1996), S. 20.

[332] Vgl. Grünter, T. (1996), S. 19f.

$$t^* = P_1 - AIC_1. \quad (49)$$

Der erste Term in (48) stellt die direkten Kosten des Netzzugangs dar, die dem Vorleister entstehen, der zweite Term in (48) die entgangenen Gewinne, also Opportunitätskosten des Marktsassen auf dem Konkurrenzmarkt. Diese Darstellung entspricht der Kombination aus direkten Kosten und Opportunitätskosten.

Die ökonomische Literatur schließt sich nicht einheitlich dem Konzept der *AIC* an, sondern errechnet den ECP-Preis z.T. auf Basis der Grenzkosten.[333] Die Logik der ECP-Regel wird aber nicht beeinflusst, solange direkt zurechenbare Kosten für die Bestimmung des Zugangspreises relevant sind.

Der ECP-Ansatz beinhaltet zwei Vorteile. Zum einen gibt es oft bereits verfügbare Daten aus dem Rechnungswesen, die relativ nah den modellierten ökonomischen Prozessen entsprechen, die sich dahinter verbergen. Zum anderen hat ein großes Unternehmen typischerweise viele regionale Einrichtungen, welche die gleiche Funktion erfüllen, was eine detaillierte Panel-Analyse ermöglicht. Andererseits handelt es sich bei der ECP-Regel um eine Preissetzungsregel, die den Status Quo erhält sowie Ineffizienzen und Irrtümer der Vergangenheit belohnt.

Ein komplizierender Faktor dieses Ansatzes ist, dass Kostenstudien, die auf dem funktionalen Niveau ausgeführt werden, die Komponentenkosten oft nicht als Funktion des Outputs des Unternehmens schätzen. Die Analyse erforscht indes oft die Beziehung zwischen den Komponentenkosten und dem Niveau des Kostentreibers dieser Komponente.[334] Für jede Komponente müssen also Spezifikationen entwickelt werden, die nicht nur die Komponentenkosten auf das Niveau des Kostentreibers der Komponente beziehen, sondern auch das Niveau des Kostentreibers zum Outputniveau des Unternehmens (Volumen der unterschiedlichen Briefklassen).[335]

Das Ramsey-Modell benötigt Grenzkosten, Elastizitäten und Kreuzpreiselastizitäten, und das ECP-Modell Informationen über Kosteneinsparungen des postalischen Systems, die dem Unterschied in den Grenzkosten bei Vorsortierung durch den Versender entsprechen. Da weder die nötigen Informationen des Ramsey-Modells, noch die des ECP-Modells unmittelbar vorliegen, spricht für das ECP-Modell die im Verhältnis einfachere und zuverlässigere Möglichkeit der Preisschätzung seiner Komponenten.[336]

---

[333] Dies beruht sowohl auf der Ablehnung der Theorie bestreitbarer Märkte, als auch auf unterschiedlichen Auffassungen des Kostenbegriffs. Vgl. Armstrong, M. / Doyle, C. (1994), S. 9f. und Laffont, J.-J. / Tirole, J. (1995), S. 15f. Sie kommen zu dem Ergebnis, dass die ECP-Regel unter den Annahmen einer Ramsey-Preisstruktur und symmetrischen Marktbedingungen optimal ist.

Da Grenzkosten aber nicht von bestehenden Kostenrechnungssystemen bereitgestellt werden, muss auf Kostendaten zurückgegriffen werden, mit denen Grenzkosten angenähert werden können. Dies geschieht üblicherweise durch AIC, abgeleitet aus einer Prozesskostenrechnung.

[334] Kostentreiber sind Aggregate kostenverursachender Outputcharakteristika, wie Stückzahl, Tonnen- oder Kubikmeterkilometer. Die Identifizierung der Kostentreiber ist von der jeweiligen Komponente abhängig, z.B. Stückzahl für die Zustellung, Kubikmeterkilometer für den Transport.

[335] Vgl. Bradley, M.D. u.a. (1997), S. 3f.

[336] Vgl. Mitchell, R.W. u.a. (1997), S. 191f., 199. Trotzdem sei an dieser Stelle auf die im Folgenden Abschnitt 8.2 betrachtete Kritik zur ECP-Regel hingewiesen.

Eine andere Möglichkeit als die Errechnung der Entgeltermäßigung, die jemand erhalten sollte, wenn er einen Teil der Leistung selbst erstellt, bietet die Frage nach dem Preis, den jemand bezahlen sollte, der den verbleibenden Monopolbereich nutzen möchte (Zugangspreis für Inputs). Der optimale Inputpreis setzt sich dann aus den direkten inkrementellen Stückkosten des Inputs und den zusätzlichen Opportunitätskosten für den Inputanbieter für den Verkauf einer Outputeinheit zusammen.[337]

Beide Preisgestaltungsregeln führen zum gleichen Ergebnis.

8.2 Kritische Beurteilung des ECP-Ansatzes

Im Zentrum der Kritik stehen die Schwierigkeiten der Bestimmung der Opportunitätskosten, die Anwendung des Ansatzes auf Mehrproduktunternehmen, die Einhaltung der Nebenbedingung der Kostendeckung, die Nichtberücksichtigung dynamischer Effizienzaspekte und Probleme bei Vorliegen von Größen- und Verbundvorteilen.[338]

Der einfachsten Version des Modells liegen extreme Annahmen zugrunde. So wird angenommen, der Etablierte produziere effizient und verdiene keine Monopolrente. Ein eintretender Wettbewerber, der ein identisches Produkt anbietet, kann also weder den Preis reduzieren, noch die Menge erhöhen. Ebenso wenig muss das Problem eines ineffizienten Bypasses oder der Produktdifferenzierung berücksichtigt werden.[339] Die sich aus diesen Annahmen ergebende Problematik sei im Folgenden kurz dargestellt.

8.2.1 Bestimmung der Opportunitätskosten

Der nach der ECP-Regel zu setzende Inputpreis berücksichtigt neben den zurechenbaren Kosten auch die Opportunitätskosten, die aus dem Verlust des Geschäfts entstehen. Der entgangene Deckungsbeitrag ergibt sich aus der Differenz von Basispreis abzüglich der inkrementellen Kosten der jeweiligen Wertschöpfungsstufen, die kaum annähernd ermittelbar sind. Das Postunternehmen setzt auch nicht notwendigerweise einen auf einer effizienten Produktionsstruktur basierenden Ausgangspreis: Gerade bei Monopolunternehmen spielt die R- und X-Ineffizienz[340], die sich im Laufe der Zeit durch das Fehlen des Wettbewerbsdrucks und daher mangelnder Kostenkontrolle ergab, eine große Rolle. Würde die Kosten- und Preisstruktur des Postunternehmens die Ausgangsbasis zur Berechnung der durch die Wettbewerber zu zahlenden Inputpreise darstellen, wären diese u.U. gezwungen, die Ineffizienz bzw. Monopolgewinne des Postunternehmens mitzufinanzieren.[341]

---

337 Vgl. Dobbs, I.M. / Richards, P. (1993), S. 265, 267; Crew, M.A. (1996), S. 94 und Cave, M. u.a. (1996), S. 20 – 22.

338 Vgl. Crew, M.A. (1996), S. 94.

339 Diese einschränkenden Annahmen können bei einer entsprechenden Anpassung der Regel aufgehoben werden. Vgl. hierzu insbesondere Cave, M. u.a. (1996), S. 20f.

340 *R-Ineffizienz* (Produktionsineffizienz) liegt vor, wenn die Kosten der Produktion bzw. des Güterangebots bei einem optimalen Umfang an Gütern überhöht sind. Diese Art der Ineffizienz ist insbesondere typisch für den öffentlichen Sektor bzw. für ehemals öffentliche Unternehmen. Zur X-Ineffizienz vgl. Kapitel 3, Abschnitt B1 dieser Arbeit.

341 Besondere Relevanz erhält an dieser Stelle das Problem der asymmetrischen Information: Wettbewerber und Regulierer werden kaum Kenntnisse über die tatsächlichen Opportunitätskosten des Postunternehmens erlangen können. Das Postunternehmen selbst hat Anreize, die Opportu-

Betrachtet werden soll nun ein Markt, der vom Monopol in den Wettbewerb überführt wird. Unter dynamischen Gesichtspunkten kann es hier sinnvoll sein, Marktneulingen durch Reduzierung der Zugangspreise Starthilfen zu geben, um Marktstrukturziele zu erreichen.[342] Im Postmarkt hat die Deutsche Post AG zunächst eine überragende Marktstellung durch ihren Marktanteil, den Kundenzugang, das technische Know-how und den Besitz von Engpassfaktoren, die auch kleinere Wettbewerber für die Erstellung der Dienstleistung benötigen. Bei Anwendung der effizienten Komponentenpreisbildung könnte eine Situation entstehen, in der kein Wettbewerber in den Markt eintritt, da der Preis für das von der Deutschen Post AG bereitzustellende Inputgut zu hoch ist – insbesondere wenn in diesen Preis die Ineffizienz und die entgangenen Monopolgewinne eingerechnet werden. Die Anwendung der ECP-Regel ist daher in Märkten, die sich dem Wettbewerb öffnen, möglicherweise zunächst nicht adäquat.

Führt ein Wettbewerber einen *neuen* Dienst ein, erhält der Etablierte keinen Beitrag zu seinen Verbundkosten. Die Opportunitätskosten sind gleich null, und der angemessene Zugangspreis entspricht den inkrementellen Kosten. Tritt unvollkommene Substitution auf, können die Opportunitätskosten anhand des Anteils an Substitution kalkuliert werden. Die Regel fördert so die willkommene Entwicklung neuer Produkte.

8.2.2 Anwendung des Ansatzes bei Mehrproduktunternehmen

Weitere Probleme treten auf, wenn man die Preisregel auf ein Mehrproduktunternehmen anwenden will, wie dies im Postwesen der Fall ist. Der entgangene Deckungsbeitrag, und damit auch der Inputpreis, hängt von der Ausgangspreissetzung für die unterschiedlichen Produkte (z.B. Brief- oder Infopost) ab. Ist z.B. die Zustellung Teil beider angebotenen Produkte, wobei Produktdifferenzierung nur auf den vorgelagerten Wertschöpfungsstufen stattfindet, die sich im Wettbewerb befinden, ergäben sich nach der ECP-Regel unterschiedliche Preise für ein monopolisiertes Gut „Zustellung".

Sofern in der Ausgangssituation höhere Grenzkostenaufschläge bzw. Deckungsbeiträge auf das Produkt Briefpost berechnet wurden, bedeutet der Markteintritt von Wettbewerbern auf der Vorleistungsebene beim Produkt Briefpost höhere Opportunitätskosten für den vormaligen Monopolisten. Wettbewerber, die das Gut Briefpost anbieten, hätten dann einen höheren Preis für die Zustellung zu zahlen als Wettbewerber, die das Gut Infopost anbieten. Dieser Zustand ist jedoch nicht stabil, da das von den Wettbewerbern nachgefragte Inputgut (die Zustellung) ein homogenes Produkt ist. Eine Preisdifferenzierung ließe sich ohne weitgehende Kontrollmaßnahmen nicht aufrecht erhalten – Wettbewerber würden immer die preisgünstigere Variante des Produktes Zustellung nachfragen. Lässt sich also auf der Zustellebene – aufgrund von Arbitrage oder aus wettbewerbsrechtlichen Gründen – keine Produktdifferenzierung aufrechterhalten, kann es dazu kommen, dass das Postunternehmen die Gesamtkosten der Produktion nicht mehr decken kann.

---

nitätskosten so hoch wie möglich anzusetzen. Da es nur sehr schwer möglich sein wird, die unter der Annahme von Wettbewerb effizienten Opportunitätskosten zu ermitteln, ist zu erwarten, dass die postulierte Effizienz der Preisregel nicht erreicht wird.

[342] Vgl. Crew, M.A. / Kleindorfer, P.R. (1992a), S. 94.

Eine strikte Anwendung der aufgestellten Norm für die Rabattgestaltung – nur wenn tatsächlich Kosten wegfallen, wird ein entsprechender Rabatt gewährt – kann zu paradoxen, aber wünschenswerten Ergebnissen führen, wenn die Basispreise ihrerseits nicht kostenorientiert gestaltet waren. So werden effiziente Rabatte Diskriminierungen sichtbar machen, die auf den einheitlichen Basispreis bei unterschiedlich hohen Kosten zurückführbar sind.

8.2.3 Dynamische Effizienz

Betrachtet man liberalisierte Vorleistungsstufen, zielt der Regulierer auf möglichst verzerrungsfreien Wettbewerb ab. Ist auch der Monopolist auf den liberalisierten, vorgelagerten Wertschöpfungsstufen tätig, führt die Anwendung der ECP-Regel zu einer ausschließlich kostenorientierten Preisbildung und mithin auf diesen Wertschöpfungsstufen zu diskriminierungsfreiem Wettbewerb.

Im Vergleich zur (statischen) Ramsey-Preisbildung ist die ECP-Regel mit Wettbewerb kompatibel. Nur bei Wettbewerb entwickeln sich die kostengünstigsten Produktionsmethoden, werden Preise und Qualitäten optimal an die Bedürfnisse der Kunden angepasst und ergeben sich Anreize zu Produktinnovationen. Gerade für die vorgelagerten Wertschöpfungsstufen ist dies ein wichtiger Aspekt, da sie über die technologische Entwicklung einem Wandel bei der Planung von Netzen unterliegen.

Es existiert also ein Trade-off zwischen der effizienten Deckung der Netzfixkosten im Monopol (statische Ramsey-Preisstruktur) und den dynamischen Effizienzgewinnen durch die Einführung von Wettbewerb. Im letzteren Fall muss der Regulierer einen diskriminierungsfreien Wettbewerb sicherstellen. Die ECP-Regel setzt hier an und führt zu einer rein kostenorientierten Preisstruktur.[343]

Allerdings muss mit Blick auf die Anwendung der Preisregel auf den Briefdienst angemerkt werden, dass gerade in Netzindustrien die zurechenbaren Kosten sehr gering sind, mit der Folge geringer Rabatte bzw. hoher Inputpreise für weiterhin monopolisierte Leistungen. Um wettbewerbliche Marktstrukturen zu erreichen, müssen die Neulinge in einer Übergangsphase durch stärkere Preisanreize unterstützt werden. Dies bleibt eine Aufgabe der RegTP.

8.2.4 Größenvorteile und Rabattgestaltung

Das Problem von Größen- und Verbundvorteilen zwischen Sendungsarten und zwischen Abgangs- und Eingangsbearbeitung wurde verschiedentlich bereits angesprochen. Ist die Vorleistungserstellung mit sinkenden variablen Kosten bei zunehmender Menge verbunden, stellt sich die Frage, welches der zu setzende Rabatt ist. Im Normalfall wird der Rabatt durch den Schnittpunkt der Grenzkostenkurven des Postunternehmens und der Vorleister bestimmt. Liegen aber Größen- und Verbundvorteile vor, würde das Postunternehmen durch die Rabatteinführung einen Verlust erleiden, da die wegfallenden Kosten geringer als die Einnahmeverluste sind.[344]

---

343 Die Namengebung als ECP ist insofern missverständlich.

344 Zu berücksichtigen sind dabei auch eventuelle Nachfragereaktionen aufgrund der Rabatteinführung. Wie zuvor erwähnt, können Vorleistungsrabatte bei einigen Versendern zu realen Faktorpreissenkungen führen. In der Folge sind Nachfragesteigerungen möglich, die zu zusätzlichen Deckungsbeiträgen bei dem Postunternehmen führen.

Relevante Größenvorteile finden sich insbesondere auf der Zustellebene; die ECP behandelt jedoch primär das Problem der Rabattgestaltung für *vorgelagerte* Wertschöpfungsstufen. Insofern spielen die Probleme aus den vorhandenen Größenvorteilen im Postsektor bei Anwendung der ECP-Regel keine tragende Rolle.

Andererseits können Netzwerke Größen- oder Umfangs*nach*teile aufweisen, die den nichtintegrierten Unternehmen einen Kostenvorteil geben würden. Zusätzlich besteht die Befürchtung, dass integrierte Netzwerke räuberische Preisbildungstechniken dazu nutzen könnten, nichtintegrierte Unternehmen von der Erweiterung abzuhalten.[345]

8.3 Zusammenfassende Darstellung der ECP-Regel

Das Konzept der Efficient-Component-Pricing-Regel soll die Bestimmung einer geeigneten Zugangsgebühr zu Teilleistungen vereinfachen und gleichzeitig den ökonomischen Anforderungen einer kostendeckenden und allokativ effizienten Gebühr genügen. Die ECP-Regel wurde als partielle Regel zur Berechnung des Preises von Inputgütern konzipiert. Die anfallenden direkten Kosten einer lokalen Kapazitätsausweitung werden mit entstehenden Opportunitätskosten verknüpft.

Als wesentliches Ergebnis lässt sich festhalten, dass die Anwendung der ECP-Regel in den für Wettbewerb geöffneten Bereichen Produktionseffizienz gewährleistet. Die Produktion erfolgt durch den effizientesten Anbieter. Ob sich der Marktsasse dem Preisdruck eines effizienteren Konkurrenten beugt und das Angebot der betreffenden Dienste einstellt, so wie es das Konzept der ECP-Regel vorsieht, bleibt offen.

Die Aussagen bezüglich einer kostendeckenden und allokativ effizienten Lösung müssen differenziert werden. Die Anwendung der ECP-Regel erreicht Kostendeckung für den Fall, dass eine Situation vorgelegen hat, in der das etablierte Unternehmen positive Deckungsbeiträge erwirtschaften konnte. Die existierende Preisstruktur wird dadurch nicht beeinflusst.

Im Postsektor verhindern Engpassfaktoren (z.B. der Zugang zu den Postfachanlagen) und eine überragende Marktstellung der Deutschen Post AG auch nach der Liberalisierung u.U. effiziente Endpreise. Bei einer Festlegung der Zugangspreise nach der ECP-Regel bleibt allokative Ineffizienz über die Einbeziehung der Opportunitätskosten in die Gebühr bestehen. Die RegTP besitzt aufgrund des partiellen Charakters der ECP-Regel keinen direkten Einfluss auf die Endproduktpreise.

Auch wenn die einfache Struktur der ECP-Regel als Vorteil angesehen wird, so lässt der erhebliche Informationsaufwand sowohl bei der Regulierung der Endpreise, als auch bei der Berechnung der Opportunitätskosten berechtigte Zweifel an der Transparenz der Regel aufkommen. Es ist daher nicht ohne weiteres gerechtfertigt, die Informationsanforderungen, die für eine optimale Anwendung der ECP-Regel notwendig sind, als deutlich geringer gegenüber denen einer Ramsey-Regulierung einzustufen.[346]

---

345 Ebenso kann es zum entgegengesetzten Problem der Unbeständigkeit kommen, wenn sich das etablierte Unternehmen dem Eintritt eines ineffizienten Konkurrenten gegenüber sieht, der einen der Outputs des etablierten Unternehmens als ein Zwischenprodukt kauft und mit dem etablierten Unternehmen auf dem Markt für Endprodukte konkurriert. Vgl. Mitchell, B.M. / Vogelsang, I. (1991), S. 141.

346 Vgl. Grünter, T. (1996), S. 39f.

Die ECP-Regel kann bei unausgeglichenen Tarifen auch Anreize für ineffizienten Bypass setzen. Je niedriger die Stand-alone-Kosten (SAC) spezialisierten Marktzutritts sind, umso eher ist ein Verzicht auf Netzzugang als Folge dieser Regulierungsvorschrift zu erwarten. Dieses Problem könnte durch Setzung einer Preisobergrenze zu geschätzten SAC oder durch nichtlineare Tarife gelöst werden.[347]

9 Traditionelle Formen der Preisregulierung

Gesetzlich vor Marktzutritt geschützte Unternehmen können sich ineffizient verhalten, ohne vom Markt gedrängt zu werden. Für die ordnungspolitische Ausgestaltung der Postmärkte *nach* einer umfassenden Marktöffnung ist allerdings erkennbar, dass die traditionellen Formen der Preisregulierung auf Basis von FDC-Methoden[348] die Postunternehmen zu einem Verhalten anspornen würden, das bei vollständiger Konkurrenz zu einer ineffizienten Preisgestaltung führen würde.

Es werden daher nun die traditionellen Formen einer Regulierung der Ertragsrate, allen voran die Rate-of-Return-Regulierung, dargestellt und kritisiert.

9.1 Traditionelle Rate-of-Return-Regulierung (ROR-Regulierung)

Die traditionelle Form der Preisregulierung ist die Cost-plus-, Cost of service- oder Rate-of-Return-Regulierung. Durch die Regulierung der Ertragsrate (Rate of Return, ROR) werden die Preise indirekt auf ihre Angemessenheit hin überprüft. Die Intention besteht darin, die Preise so festzusetzen, dass den regulierten Unternehmen nach Abzug der Betriebskosten kein Monopolgewinn, sondern nur eine „angemessene" Ertragsrate ihres eingesetzten Kapitals verbleibt.[349] In der Bezeichnung kommt aber auch die anfangs bei Anwendung dieser Regulierungsart vorherrschende Annahme zum Ausdruck, es sei möglich, die betriebswirtschaftlichen Kosten des regulierten Unternehmens zu bestimmen. Bezeichnenderweise bürgerte sich zusätzlich zur "Rate-of-Return Regulation" auch der Begriff "Cost-of-Service Regulation" ein. Er bringt zum Ausdruck, dass diese Regulierungsform nicht erst bei den Preisen, sondern bereits bei den Kosten ansetzt.[350]

9.1.1 Grundzüge der Rate-of-Return-Regulierung

Bei der ROR-Regulierung darf das regulierte Unternehmen auf das von ihm eingesetzte Kapital eine Rendite erwirtschaften, die einen vorgegebenen Wert nicht übersteigt.[351] Bezeichnet man die zulässige Rendite mit *r*, lässt sich diese Forderung als

---

[347] Vgl. Albach, H. / Knieps, G. (1997), S. 37f.

[348] Vgl. hierzu Kapitel 4, Abschnitt B 4.1 dieser Arbeit.

[349] Vgl. Müller, J. / Vogelsang, I. (1979), S. 14, 16. Synonym zum Begriff "rate of return" (Ertragsrate, Rendite) einer Investition werden auch die Begriffe "discount rate" (Diskontierungsrate), "hurdle rate" (Hürdenrate) oder "opportunity cost of capital" (Opportunitätskosten des Kapitals) verwendet. Vgl. Brealey, R.A. / Myers, S.C. (1991), S. 13. Die ROR-Regulierung entspricht der Revenue Requirements Regulation. Vgl. Besanko, D. (1985), S. 39.

[350] ROR-Regulierung kann als Versuch einer zweitbesten Lösung gedeutet werden. Vgl. Müller, J. / Vogelsang, I. (1979), S. 18f. Zum Folgenden vgl. Neu, W. / Stumpf, U. (1996), S. 252f.

[351] Dabei orientiert man sich an der ROR von Investitionen mit äquivalentem Risiko eines nichtregulierten, nicht-monopolistischen Unternehmens. Die theoretische Absicht dieser ersten Einschätzung der ROR ist einerseits die Möglichkeit, dass sich der Regulierte das zur Produktion be-

$$r \geq \frac{pq - C}{I} \text{ ausdrücken, wobei} \tag{50}$$

p = Preis (bzw. Preisvektor),

q = Output (bzw. Outputvektor),

C = alle Kosten außer denjenigen, die aus der Zurverfügungstellung des (Eigen- wie Fremd-) Kapitals erwachsen, und

I = Summe aller früheren Investitionen minus Summe aller früheren Abschreibungen (die sogenannte Rate Base).

Die Kernidee ist, r so festzulegen, dass sie dem Kapitalmarktzins für alternative Anlagen (mit gleichem Risiko etc.) auf dem Kapitalmarkt entspricht; Beobachter der tatsächlichen Regulierungsprozesse in den USA gehen aber davon aus, dass r i.d.R. höher festgesetzt wird. C enthält alle anderen Kosten der Produktion aus Arbeits-, Materialeinsatz und Abschreibungen sowie Steuern. Abgesehen von dieser renditebeschränkenden Auflage ist das Unternehmen grundsätzlich frei, Output- und Inputentscheidungen nach eigenem Gutdünken zu treffen.

Die Regulierungsforderung lässt sich auch darstellen als

$$pq \leq C + rI. \tag{51}$$

Die Aufteilung der zulässigen Gesamterlöse in die beiden Blöcke C und rI verdeutlicht die verwendete Begrifflichkeit: Die Kontrolle über rI steht für "Rate-of-Return Regulation" und die Kontrolle über $C+rI$ für "Cost-of-Service Regulation", wobei die Entlohnung des investierten Eigenkapitals als volkswirtschaftliche Kosten der Bereitstellung dieses Kapitals betrachtet wird.

Bei der Forderung nach gerechten und angemessenen Tarifen erscheint ROR-Regulierung zunächst als richtiger Ansatz, da er sowohl dem monopolistischen Anbieter, als auch Abnehmern gegenüber gerecht zu sein verspricht. Er bietet dem regulierten Unternehmen die Möglichkeit, Erlöse zu erwirtschaften, die ihm nach Abzug aller Betriebskosten eine faire Rendite des eingesetzten Kapitals garantieren.[352] Gleichzeitig kommt der Regulierer der Forderung nach gerechten Tarifen bei Anwendung von ROR-Regulierung durch viele Prüfschritte nach. Diese betreffen die Effizienz der durch das Unternehmen vorgenommenen Investitionen, die Wirtschaftlichkeit der Aufwendungen, die Ermittlung der kalkulatorischen Kosten und letztlich die Kalkulation der Tarife auf Basis dieser Kostenelemente und der zulässigen Rendite auf das eingesetzte Kapital. Ferner sind die Behörden gehalten, die Höhe von Kostenansätzen und damit in gewissem Umfang die Produktionseffizienz zu kontrollieren. In der

---

nötigte Kapital auf den Finanzmärkten beschaffen kann, andererseits die Unmöglichkeit, Monopolgewinne erzielen zu können. Die Verwendung des unternehmerischen Risikos als Maßstab für die angemessene Kapitalrentabilität hat unter dem Aspekt der Wettbewerbssimulation also viel für sich. Vgl. Crew, M.A. / Rowley, C.K. (1989), S. 6 und Müller, K. (1997), S. 317.

352 Die Kapitalkosten und damit eine etwaige „faire Rendite" sind je nach Investitions- und Finanzrisiko ein gewogener Durchschnitt aus den Kosten für die Beschaffung von langfristigem Fremdkapital und von Eigenkapital. Vgl. Kaufer, E. (1981), S. 111.

Die Gewinne eines von der ROR-Regulierung betroffenen Unternehmens fluktuieren weniger stark als die unregulierter Unternehmen. Vgl. Lyon, T.P. (1994), S. 1.

Praxis hat dies nur für die Festsetzung der Vorstandsgehälter, in denen man Gewinnverwendung befürchtet, und des Werbeaufwands Bedeutung.[353]

Beim Einsatz der ROR-Regulierung werden die tatsächlichen Kosten mehr oder weniger präzise ermittelt, sind aber nicht unbedingt das Ergebnis effizienter Produktion. Anstrengungen zu größerer Effizienz führen unter Wettbewerbsbedingungen i.d.R. zu höheren Gewinnen und sollten beim regulierten Unternehmen mit einer höheren Rendite belohnt werden. Eine Regulierungsbehörde kann jedoch mit der ihr verfügbaren Information kaum unterscheiden, ob höhere Erträge auf größere Effizienz oder auf die Ausübung von Marktmacht zurückzuführen sind. Sie wird höhere Erträge tendenziell verweigern und dadurch Anreize zu einer effizienteren Produktion negieren. Das Management erhält hieraus eher einen Anreiz, den Regulierer von der Angemessenheit der Kosten zu überzeugen, als diese Kosten zu senken. Daraus ergeben sich gewisse Strategien hinsichtlich Zusammensetzung und Mengen der Inputs.[354]

9.1.2 Der Averch-Johnson-Effekt und seine empirische Evidenz

Das einer ROR-Regulierung unterliegende Unternehmen kann seinen absoluten Gewinn erhöhen, indem es die Berechnungsbasis für den relativen Gewinn, also das eingesetzte Kapital, ausweitet. Werden durch zusätzliches Kapital andere Inputs substituiert, produziert das Unternehmen im Ergebnis ineffizient.[355] Dieser Überkapitalisierungseffekt unter ROR-Regulierung wurde 1962 von Harvey Averch und Leland L. Johnson analysiert und seitdem Averch-Johnson-Effekt genannt.[356] Er ist Ergebnis der „naiven“ ROR-Regulierung, die vor allem von den Regulierungsinstitutionen der Vereinigten Staaten bei den Public Utilities[357] angewandt wurde und auf die Informationslücken des Regulierers zurückzuführen ist.[358]

Das Modell von Averch und Johnson abstrahiert von vielen interessanten Aspekten der Regulierung in der Realität. Es wird angenommen, dass es dem regulierten Unternehmen untersagt ist, mehr als die erlaubten Gewinne in jeder Zeitperiode zu erhalten, obwohl die Gewinne der regulierten Unternehmen in der Realität ober- und unterhalb des erlaubten Niveaus fluktuieren dürfen, solange der durchschnittliche Gewinn über eine Anzahl von Perioden innerhalb der erlaubten Höhe bleibt. Ferner wird angenommen, dass das Unternehmen Kapitalkosten hat, die unabhängig von

---

353 Auf letzteren wirkt man ein, um zu verhindern, dass regulierte Unternehmen durch Öffentlichkeitsarbeit ihr Image so gestalten, dass sie den Regulierungsprozess auf dem Umweg über die öffentliche Meinung in der Hand haben. Vgl. Müller, J. / Vogelsang, I. (1979), S. 15.

354 Vgl. zum Folgenden Neu, W. / Stumpf, U. (1996), S. 253f.

355 Dieses Aufblähen der Kosten durch zu hohen und unproduktiven Kapitaleinsatz wird auch als "Rate Padding" bezeichnet. Vgl. Hillman, J.J. / Braeutigam, R.R. (1989), S. 9f. und Crew, M.A. (1980), S. 1.

356 Der Averch-Johnson-Effekt beschleunigt den technischen Fortschritt in seinem Umfang, da Fortschritt den Kapitalbedarf erhöht. Andererseits werden sich regulierte Unternehmen veranlasst sehen, veraltete Kapitalgüter in Gebrauch zu halten, solange sie noch zur Berechnungsbasis zählen, obwohl kapitalsparende Investitionen diese ersetzen könnten. Vgl. Müller, J. / Vogelsang, I. (1977), S. 10; (1978), S. 94f.

357 Public Utilities sind private Unternehmen, die in Bereichen tätig sind, in denen Marktversagen angenommen wird, und die der Aufsicht einer Regulierungsbehörde unterliegen.

358 Vgl. Busch, B. (1987), S. 14; Baron, D.P. / Taggart, R.A. Jr. (1980), S. 28; Crew, M.A. / Kleindorfer, P.R. (1986), S. 121; Sherman, R. (1989), S. 57 und Berger, H. / Knauth, P. (1996), S. 38.

der vom Regulierer gesetzten fairen Ertragsrate sind, wohingegen in der Realität die Kosten des Fremdkapitals von der Ertragsrate abhängen und der Regulierer die faire Ertragsrate teilweise auf Basis der Kapitalkosten des Unternehmens setzt. Außerdem wird angenommen, das Unternehmen besitzt genaue Informationen über seine Nachfrage und Kosten, wobei ein Unternehmen normalerweise nur Teilinformationen besitzt. Von strategischen Überlegungen, durch welche das Unternehmen in einer Periode Beschlüsse trifft, um die Entscheidungen des Regulierers in späteren Perioden zu beeinflussen, wird ebenso abgesehen.[359]

Der Averch-Johnson-Effekt gilt zwar im langfristigen statischen Gleichgewicht, er tritt aber während Kapazitätserweiterungsperioden nur reduziert oder sogar umgekehrt auf. Es lässt sich nämlich zeigen, dass Marktmacht während der Expansionen von Unternehmen vermindert, und während Verkleinerungen von Unternehmen erhöht auftritt. Grund hierfür ist die Existenz von Anpassungskosten, die einen internen Gewinn oder Verlust kreieren, der wiederum die gesamten Grenzkosten der zusätzlichen Produktion reduziert oder erhöht. Da Branchen im Allgemeinen expandieren, reduziert die Existenz der Anpassungskosten langfristige Marktmacht.[360]

Außerdem wäre auch ein System mit einem hohen Zuverlässigkeitsgrad eine brauchbare Daumenregel, um ein ähnliches Ergebnis wie die Überkapitalisierung nach Averch und Johnson zu erreichen. Eine fallende genehmigte ROR führt zu einer Verschiebung zu kapitalintensiveren Technologien, während eine Erhöhung der Zuverlässigkeit einer bestimmten Technologie zu einem intensiveren Gebrauch dieser Technologie führt.[361]

Der Averch-Johnson-Effekt lässt sich zudem verringern, wenn die Regulierungsbehörde auf Gewinnveränderungen des kontrollierten Unternehmens nicht sofort, sondern mit einer Verzögerung reagiert, da das regulierte Unternehmen dann die Möglichkeit hat, innerhalb dieser Zeitspanne Rationalisierungsgewinne einzufahren, oder es trägt die Opportunitätsverluste aus nicht wahrgenommenen Chancen.[362] Mit wachsender Zeitverzögerung verschwindet die Averch-Johnson-Verzerrung ganz. Es lässt sich jedoch zeigen, dass unabhängig von der Dauer der Verzögerung im Zeitablauf eine Konvergenz zur kostenminimalen Produktion für den Fall zu erwarten ist, dass die Rentabilitätsbeschränkung mit exakter Kostendeckung übereinstimmt.[363]

Das regulierte Unternehmen muss sich aber auch für ein bestimmtes Finanzrisiko und ein bestimmtes operatives Risiko entscheiden. Ein risikoscheues Unternehmen entscheidet sich für eine Kostenstruktur, in welcher die variablen gegenüber den fi-

---

359 Vgl. Train, K.E. (1991), S. 19, 61.

360 Der Effekt gilt nicht nur für den Produktionsfaktor Kapital; auch langfristige Verträge oder Gewerkschaftsvereinbarungen können Anpassungskosten implizieren. Natürlich kann es auch noch andere Begründungen für ein Versagen des Averch-Johnson-Effektes geben; so kann das regulierte Unternehmen unterkapitalisieren, wenn sein Ziel eher die Maximierung von Einnahmen als die Maximierung von Gewinnen ist. Vgl. Pindyck, R.S. (1986), S. 220, 228. Dort findet sich auch eine mathematische Herleitung.

361 Vgl. Crew, M.A. / Kleindorfer, P.R. (1982), S. 103f., 116.

362 Die Verzögerung an sich hat jedoch wohlfahrtsmindernde Wirkungen, da im Vergleich dazu bei vollständiger Konkurrenz annahmegemäß automatisch eine *sofortige* Anpassung an die *wohlfahrtsmaximalen* Preise, Mengen etc. erfolgen würde.

363 Vgl. Müller, J. / Vogelsang, I. (1977), S. 11; Kaufer E. (1980), S. 392 und (1981), S. 130.

xen Kosten begünstigt sind. Beim operativen Risiko wird das Faktoreinsatzverhältnis also in einer Weise verzerrt, die dem Averch-Johnson-Effekt genau entgegenläuft: Der Averch-Johnson-Effekt wird durch die Scheu vor operativem Risiko gedämpft. Ebenso dämpft der Averch-Johnson-Effekt die Auswirkungen des operativen Risikos. Schließlich muss das Unternehmen sich für einen bestimmten Verschuldungsgrad und damit für einen bestimmten Leverage-Effekt entscheiden. Die Renditebeschränkung fixiert zwar eine bestimmte Gesamtkapitalrendite, wodurch das regulierte Unternehmen die Eigenkapitalrendite aber dadurch auf das gewünschte Niveau anheben kann, dass sie den Eigenfinanzierungsgrad reduziert. Warum sollte das regulierte Unternehmen die Kapitalbasis entlang des Averch-Johnson-Pfades[364] ausweiten, wenn es die Eigenkapitalrendite durch eine Reduzierung seines Anteils an der Kapitalbasis ebenso gut erhöhen kann?[365]

Außerdem lässt sich der Averch-Johnson-Effekt vermeiden, wenn anstelle des Kapitals alleine auch Outputgrößen zur Bestimmung der Zielkosten (Kosten der effizienten Leistungsbereitstellung incl. Gewinne) herangezogen werden.[366]

Averch-Johnson-Effekte sind bei *Unsicherheit* viel komplizierter als bei Sicherheit. Alles deutet darauf hin, dass auch andere Parameter als die genehmigte Ertragsrate, die traditionell die gesamte Aufmerksamkeit erhielt, Signifikanz aufweisen.[367]

Das Averch-Johnson-Modell ist aber auch dann von Wert, wenn sich seine Ergebnisse nicht auf die komplexe Situation der realen Welt verallgemeinern lassen.[368]

Neben dem Averch-Johnson-Effekt, also einer strategischen Erhöhung des eingesetzten Kapitals zu Lasten des Inputfaktors Arbeit, gibt es noch weitere Strategien, die durch eine ROR-Regulierung ausgelöst werden können. Diese werden im folgenden Abschnitt 9.1.3 kurz dargestellt. Eine kritische Zusammenfassung der ROR-Regulierung erfolgt daran anschließend in Abschnitt 9.1.4.

---

[364] Zur graphischen Herleitung des Averch-Johnson-Pfades vgl. Kaufer, E. (1980), S. 380 – 384. Er hat die wichtige Eigenschaft, invariant gegenüber Änderungen in der Höhe der zulässigen Rendite zu sein. Damit scheidet die in der Literatur erörterte Möglichkeit aus, durch eine Abstufung der Rendite (graduated fair return) der Überkapitalisierung entgegenzuwirken. Vgl. Kaufer, E. (1980), S. 384.

[365] Allerdings ist zu beachten, dass das regulierte Unternehmen nicht jeden beliebigen Verschuldungsgrad realisieren kann. Operiert es mit einem bestimmten Investitionsrisiko und setzt die Behörde eine bestimmte Gesamtkapitalrendite als Renditebeschränkung fest, kann das Unternehmen seinen Eigenfinanzierungsgrad nur noch in engen Grenzen frei wählen. Ein niedriger Eigenfinanzierungsgrad oder ein hoher Verschuldungsgrad steigern mit Hilfe des Leverage-Effekts zwar die Eigenkapitalrendite. Zugleich erhöhen sie aber sowohl das Risiko der Eigenkapitalrendite wie auch das Konkursrisiko der Fremdkapitalgeber. Weder die Eigenkapital- noch die Fremdkapitalgeber sind deshalb bereit, ein Absinken des Eigenfinanzierungsgrades unter einen bestimmten Schwellenwert zu tolerieren. Insofern bleibt es beim Anreiz, auf den Averch-Johnson-Effekt auszuweichen. Vgl. Kaufer E. (1981), S. 137f.

[366] Vgl. Sherman, R. (1980), S. 23.

[367] Vgl. Crew, M.A. / Kleindorfer, P.R. (1980), S. 67 und zum Averch-Johnson-Effekt unter Unsicherheit genauer Train, K.E. (1991), S. 96 – 98.

[368] Vgl. Train, K.E. (1991), S. 61.

9.1.3 Andere Strategien bei ROR-Regulierung

Gravierender als der Averch-Johnson-Effekt wirkt eine Strategie des Einsatzes überflüssigen Kapitals. Ein derartiger übermäßiger Kapitaleinsatz kann z.B. durch unsichere Erwartungen über die zukünftige Nachfrage motiviert werden. Das Unternehmen hebt dem Regulierer gegenüber die Gefahr möglicher zukünftiger Kapazitätsdefizite hervor und versucht dadurch, die Genehmigung zur Bereitstellung überdimensionierter Kapazitäten zu erwirken.

Die von der Regulierungsbehörde hingenommene Praxis übermäßigen Kapitaleinsatzes ist für das Management attraktiv, da trotz ineffizienter Produktionsweise hohe Gewinne erwirtschaftet werden können. Bei regulierten Dienstleistungen handelt es sich in der Regel um preisunelastische Leistungen, deren Nachfrage auf Preissteigerungen nur geringfügig reagiert. Ein Unternehmen müsste bei übermäßigem Kapitaleinsatz also die Kosten und somit die Preise extrem stark nach oben treiben, um eine fühlbare Nachfragereaktion hervorzurufen.

Für die aus Arbeits- und Materialeinsatz resultierenden Kosten gibt es gleichfalls eine Tendenz zu einem hohen Niveau. Allgemein gilt, dass es zur Erzielung niedriger Kosten immer auch eines entsprechenden Einsatzes des Managements bedarf. Unter ROR-Regulierung würden derartige Anstrengungen allerdings nicht zwangsläufig durch höhere Gewinne belohnt. Sie würden nur vorübergehend, d.h. bis zur nächsten von der Regulierungsbehörde herbeigeführten Tarifanpassung, zu einer verbesserten Gewinnsituation führen. Daraus ergibt sich für das Management ein geringer Anreiz, Kostensenkungen herbeizuführen. Vielmehr erscheint es auch hier lohnender, die bestehenden Kosten der Regulierungsinstanz gegenüber zu rechtfertigen und durchzusetzen.

Der Regulierungsbehörde geht es darum, die Eigenkapitalverzinsung auf die Berechnungsbasis, und zwar zunächst gedanklich bereinigt um den Fremdkapitalanteil, so festzusetzen, dass das Unternehmen genügend Eigenkapital an sich ziehen kann, um Investitionen zur Erfüllung ihrer öffentlichen Aufgaben zu finanzieren.

In der Praxis heißt das, dass sich die Regulierungsbehörden bei der zulässigen Eigenkapitalverzinsung nicht an die Kapitalkosten hielten, sondern darüber hinausgingen. Die Vorstellungen der Regulierungsbehörden über die Kapitalstruktur kommen dadurch zum Ausdruck, dass normalerweise ein zulässiger Durchschnittszinssatz auf die gesamte Berechnungsbasis zugestanden wird. Es bleibt dann den Unternehmen überlassen, ihre Kapitalstruktur so anzupassen, um aus diesem Zinssatz das Beste zu machen. Wichtig ist, dass zwischen Unternehmen und Regulierungsbehörde Regeln etabliert sein müssen, die Kostenansätze und –aufteilungen klären.[369]

9.1.4 Zusammenfassung – die Problematik der ROR-Regulierung

Bei ROR-Regulierung darf das Unternehmen nicht mehr als eine „faire" Ertragsrate auf seine Kapitalinvestitionen verdienen. Das Unternehmen kann Preis, Output- und Inputmenge frei wählen, solange seine Erträge die faire Rate nicht übersteigen. Diese Regulierungsform führt zu suboptimalen Anreizen.

---

[369] Vgl. Müller, J. / Vogelsang, I. (1979), S. 15, 18.

Liegt die vom Regulierer in einem umfangreichen Verfahren gesetzte Ertragsrate oberhalb der Kapitalkosten, setzt das regulierte Unternehmen mehr Kapital ein, als wenn es nicht reguliert wäre. Es nutzt ein ineffizient hohes Verhältnis von Kapital zu Arbeit für seine Outputmenge, d.h. die Outputmenge des Unternehmens könnte billiger mit weniger Kapital- und mehr Arbeitseinsatz produziert werden. Möglicherweise produziert das Unternehmen eine geringere Outputmenge und verlangt dafür einen höheren Preis als im unregulierten Fall. Das Unternehmen könnte seine Outputmenge auch über die Menge im unregulierten Fall erhöhen.[370]

Es sei darauf hingewiesen, dass ein Unternehmen bei ROR-Regulierung jedoch kein Kapital verschwendet.[371] Es produziert bei gegebenem Input die maximale Outputmenge. Lediglich die Wahl der Input-Kombination ist ineffizient, die gewählten Inputs werden aber *effizient* genutzt. Diese Art der Regulierung bei fairer Ertragsrate oberhalb der Kapitalkosten verleitet das regulierte Unternehmen also zur Wahl einer ineffizienten Inputkombination und nicht notwendigerweise zu einer Outputerhöhung.[372]

Setzt der Regulierer die erlaubte Ertragsrate in exakter Höhe der Kapitalkosten, ist das regulierte Unternehmen in vielerlei Hinsicht indifferent. Insbesondere würde es auch dann den gleichen Gewinn erzielen, wenn es die Outputmenge erhöht oder senkt, oder wenn es einen effizienten oder ineffizienten Inputmix wählt. Das Unternehmen würde sogar den gleichen Gewinn erhalten, wenn es das Unternehmen schließen und das Kapital anderweitig einsetzen würde. Da die Gewinne des Unternehmens in jedem dieser Fälle gleich hoch sind, sind all diese Wahlmöglichkeiten gleichwahrscheinlich. Deshalb kann man nicht davon ausgehen, dass eine Regulierung, bei der die faire Ertragsrate in exakter Höhe der Kapitalkosten gesetzt wird, das Unternehmen zu einem bestimmten Verhalten veranlasst.

Liegt die erlaubte Rendite unterhalb der Kapitalkosten, würde das Unternehmen einen höheren Gewinn erzielen, wenn es die Geschäftstätigkeit einstellen und sein Kapital anderweitig einsetzen würde, als wenn es weiterhin aktiv bliebe. Steht ihm diese Möglichkeit gesetzlich offen, wird es diese Option wählen – alles andere widerspräche dem Ziel der Gewinnmaximierung. Andernfalls wird es sein Kapital so weit wie möglich reduzieren, was in einem geringeren Output und einem höheren Preis resultieren könnte.

Das Gesamtbild ist ziemlich enttäuschend. Grundproblem der ROR-Regulierung ist der Anreiz, der auf der investierten Kapitalmenge beruht. Dabei ist es nicht Ziel des Regulierers, das Kapital per se zu erhöhen, sondern dem Unternehmen Anreize zu geben, die Outputmenge zu erhöhen, den Preis zu senken, und zu minimalen Kosten zu produzieren. Andere Regulierungsformen, bei welchen die Anreize eher den Zielen des Regulierers entsprechen, erscheinen daher erfolgreicher.[373]

---

[370] Vgl. Train, K.E. (1991), S. 20f.

[371] Betrachtet man indes die Opportunitätskosten, muss man diese Aussage relativieren.

[372] Das renditenbeschränkte Unternehmen ändert seine Investitionspolitik nicht, wenn sich die Kapitalkosten unterhalb der maximal zulässigen Rendite ändern. Vgl. Kaufer E. (1980), S. 386.

[373] Mit diesen anreizorientierten Tarifen beschäftigt sich insbesondere der Abschnitt E dieses Kapitels der Arbeit.

9.2 Regulierungsmechanismen zur Induzierung optimaler Ergebnisse

In diesem Abschnitt werden nun drei Regulierungstypen untersucht, die der ROR-Regulierung ähneln. Jeder von ihnen begrenzt die Erträge, die das Unternehmen erzielen darf, unterscheidet sich von der ROR-Regulierung jedoch in der Bemessungsgrundlage zur Errechnung der Gewinne. Unter ROR-Regulierung steigen die erlaubten Gewinne mit dem Kapital. Bei den drei in diesem Abschnitt beschriebenen Mechanismen steigen die erlaubten Gewinne mit dem Output, dem Umsatz bzw. mit den Kosten. Es kann gezeigt werden, dass diese Regulierungsmechanismen das Unternehmen unter gewissen Umständen dazu veranlassen, ein Output- und Inputniveau zu wählen, das von sich aus nahe am second-best-Optimum[374] liegt.[375]

Zu den Nachteilen dieser Regulierungstypen existiert eine Fülle an Literatur, die im Grunde auf unzureichende Anreize für Kostensenkungen und auf den Averch-Johnson-Effekt abstellt.[376]

Ein first-best-Ergebnis[377] dagegen kann nur mit Mechanismen erreicht werden, die eher den anreizorientierten Tarifen als den kostenbasierten Tarifen zuzuordnen sind und daher erst im nächsten Abschnitt E dieses Kapitels einer genaueren Analyse unterzogen werden.

9.2.1 Return-on-Output-Regulierung

Bei der Return-on-Output-Regulierung (ROO-Regulierung) wird dem Unternehmen mit jeder *verkauften Outputeinheit* ein gewisser Gewinnbetrag zugestanden. Das Unternehmen darf seine Inputs, das Outputniveau, und den Preis frei wählen, solange seine Gewinne nicht den erlaubten Betrag pro Outputeinheit übersteigen. Bei dieser Regulierungsform erhöht das Unternehmen seinen Output über das Niveau hinaus, das es wählen würde, wenn es nicht reguliert wäre. Es wählt für sein Outputniveau auch eine effiziente Inputkombination und verschwendet keine Inputs. Setzt der Regulierer eine ausreichend niedrige erlaubte Ertragsrate auf den Output, wird das Unternehmen dazu veranlasst, seinen Output praktisch zum second-best-Niveau auszudehnen. Das zweitbeste Ergebnis kann nicht exakt, jedoch von alleine angesteuert werden.

9.2.2 Return-on-Sales-Regulierung

Bei der Return-on-Sales-Regulierung (ROS-Regulierung) darf das Unternehmen mit jeder *monetären Umsatzeinheit* einen gewissen Gewinnbetrag erzielen. Ist der Grenzumsatz bis zum second-best-Output positiv, verhält sich das Unternehmen bei ROS-Regulierung genauso wie bei ROO-Regulierung. Dies folgt aus der Tatsache, dass bei positivem Grenzumsatz die Einkünfte so mit dem Output steigen, dass eine Koppelung der erlaubten Gewinne an die Einkünfte einer Koppelung an den Output

---

[374] Unter einem second-best-Optimum wird ein durch Regulierung induziertes Ergebnis bezeichnet, das die Gewinne der regulierten Unternehmen auf bestimmte Weise beschränkt.

[375] Vgl. zum Folgenden Train, K.E. (1991), S. 69 – 72.

[376] Vgl. Klodt, H. (1996), S. 19; MacDonald, J.M. u.a. (1994), S. 27; Besanko, D. (1985), S. 39f.; Kaufer, E. (1981), S. 133 und Crew, M.A. / Kleindorfer, P.R. (1992a), S. 95.

[377] Ein bei Regulierung erzieltes first-best-Ergebnis zeichnet sich dadurch aus, dass die unter vollständiger Konkurrenz erzielbaren Ergebnisse trotz staatlichen Eingriffs erreicht werden.

entspricht. Bei positiven Grenzeinkünften wird das Unternehmen dazu veranlasst, sich dem second-best-Ergebnis zu nähern. Anders als im Fall der ROO-Regulierung wird es unter ROS-Regulierung jedoch seinen Output nicht weiter ausdehnen, wenn der Grenzumsatz negativ wird. An dieser Stelle führt eine Outputerhöhung unter ROS-Regulierung also zu sinkenden Einkünften und so zu sinkenden erlaubten Gewinnen. ROO und ROS unterscheiden sich also bei negativem Grenzumsatz, da eine Outputerhöhung unter ROO-Regulierung den erlaubten Gewinn erhöht, bei ROS-Regulierung jedoch senkt. Ist das second-best-Ergebnis mit einem negativen Grenzumsatz verbunden, kann eine ROS-Regulierung das Unternehmen dazu veranlassen, sich nur teilweise dem second-best-Ergebnis zu nähern, d.h. nur bis zu dem Punkt, von welchem an die Grenzeinkünfte negativ werden.

9.2.3 Return-on-Cost-Regulierung

Bei der Return-on-Cost-Regulierung (ROC-Regulierung) wird dem Unternehmen ein Gewinnbetrag zugestanden, der von der Höhe seiner Kosten abhängt. Das Unternehmen verhält sich unter ROC-Regulierung genauso wie unter ROS-Regulierung. Genauer gesagt erweitert das Unternehmen den Output und produziert zu niedrigstmöglichen Kosten, solange die Grenzeinkünfte nicht negativ werden. Die Gründe für dieses Verhalten jedoch sind anders als bei ROS-Regulierung. Bei ROC-Regulierung erhöht das Unternehmen seinen erlaubten Gewinn durch eine Erhöhung der Kosten. Solange die Grenzeinkünfte positiv sind, zieht das Unternehmen aus der Output- wie Kostenerhöhung einen Nutzen, weil die zusätzlichen Einkünfte aus dem zusätzlichen Output mithelfen, die Kosten zu decken. D.h. durch eine Outputerhöhung steigen die möglichen Gewinne mit den erlaubten Gewinnen, oder sinken zumindest weniger als im Fall ohne Outputerhöhung. Sind die Grenzeinkünfte jedoch negativ, erhält das Unternehmen höhere Einkünfte, wenn es den Output *nicht* erhöht. Folglich erhöht das Unternehmen ab dem Punkt, von dem ab die Grenzeinkünfte negativ werden, die Kosten (um den erlaubten Gewinn zu erhöhen), nicht aber den Output (als wenn es den möglichen Gewinn so hoch wie möglich erhalten möchte). Kurz gesagt, das Unternehmen beginnt an diesem Punkt mit Verschwendung.

10 Zusammenfassung

Der zurückliegende Abschnitt D befasste sich insbesondere mit den gängigen Formen kostenbasierter Tarife. Nach einer *Klassifizierung* von Kosten und einer Darstellung der Aufgaben der *Kostenrechnung* im Rahmen der Preisermittlung wurde auf die Kalkulation bei *Mehrproduktproduktion* eingegangen, die auch das Postwesen kennzeichnet.

Die daran anschließend betrachteten *Ansätze der Kostenermittlung* sollen in dieser Zusammenfassung des Abschnitts D nochmals herausgestellt werden. Die Idee hinter diesen Konzepten verbindet einerseits Gerechtigkeit und Kostenverursachung, was die Aussage präzisiert, ein Konsument sollte nicht weniger und nicht mehr als die von ihm verursachten Kosten bezahlen. So wurden *Ingenieurstudien* betrachtet, die jedoch mit einem erheblichen Rechenaufwand und daher einschränkenden Modellannahmen verbunden sind. *Ökonometrische Modellansätze* dagegen, die i.d.R. Daten der Finanzbuchhaltung verwenden, liegen für den Postsektor bisher nicht vor bzw. sind zu hoch aggregiert. Die *Analyse der Produktprofitabilität* versucht indes herauszufinden, inwieweit ein(e) zusätzliche(r) Dienst(gruppe) seine bzw. ihre zurechenbaren Kosten trägt. Hieraus ergibt sich auch, dass die *LRIC* aufgrund ihres *langfristigen* Charakters prima facie für die Bestimmung der „Kosten der effizienten Leistungsbereitstellung" vorteilhaft sind und den vernünftig antizipierten Grenzkosten entsprechen. Ziel der *Prozesskostenrechnung* ist es dagegen, kostentreibende Faktoren zu extrahieren, anhand derer die Kosten den Diensten zugeordnet werden. Gerade aufgrund ihrer Bottom-up-Eigenschaft scheint sich die Prozesskostenrechnung für eine objektive Ermittlung der Preise im Postsektor noch am besten zu eignen. Beim *Konzept der vermeidbaren Kosten* geht man dagegen davon aus, dass das vorhandene Netz nur vernachlässigbar an Größe zunehmen kann. Wird ein Teilnehmer vom Netz getrennt, entfallen dem Postdienst die vermeidbaren Kosten. Je mehr Teilnehmer vom Netz getrennt werden, desto mehr nehmen die kurzfristig wegfallenden Kosten zu. Einen Ausweg bildet eine langfristige Durchschnittsbildung, da dieser Ansatz andernfalls zu derart verzerrten Ergebnissen führen würde.

Bei der konkreten Umsetzung einer für die Preisfindung geeigneten Kostenermittlung sind also eine Vielzahl schwieriger und bedeutsamer *Detailprobleme* zu lösen. Alle Ansätze der Kostenermittlung haben indes gemein, dass hinsichtlich der *Zurechnung der Gemeinkosten* stets ein letzter Rest ungeklärter Kausalität bestehen bleibt. In der Praxis wird diesbezüglich oft auf willkürliche und deshalb zu vermeidende Gemeinkostenschlüsselungen zurückgegriffen. Werden Preise anhand solch willkürlicher Kostenzuteilungen gesetzt, handelt es sich um eine ineffiziente Preisbildung, da die Preise nicht die tatsächlichen Kosten widerspiegeln. Kunden oder Wettbewerber können sich diesen Unterschied zunutze machen, indem sie versuchen, das bestehende Netz – zumindest teilweise – zu umgehen. Deshalb beschäftigte sich Abschnitt D7 mit der Problematik des *Bypasses*, dargestellt am Beispiel *Remailing*.

Die gerade in diesem Zusammenhang nötige *Efficient-Component-Pricing-Regel* war Gegenstand des anschließenden Abschnitts D8. Sie soll die Bestimmung einer kostendeckenden und allokativ effizienten Zugangsgebühr zu *Teilleistungen* vereinfachen. Die anfallenden direkten Kosten einer lokalen Kapazitätsausweitung werden mit entstehenden Opportunitätskosten verknüpft. Die Anwendung der ECP-Regel gewährleistet in den für Wettbewerb geöffneten Bereichen Produktionseffizienz.

Abschnitt D9 beschäftigte sich mit *traditionellen Formen der Preisregulierung*. Die dargestellten Ansätze (ROR-, ROO-, ROS- und ROC-Regulierung) stellen verschiedene Formen einer *Gewinnregulierung* dar mit einer jeweils unterschiedlichen Bemessungsgrundlage. Die durch diese Regulierungen induzierten Anreize führen jedoch nicht zu dem Ergebnis, das bei vollkommener Konkurrenz entstehen würde.

E Anreizorientierte Tarife

Eine *Anreizregulierung* steuert das Verhalten der regulierten Unternehmen, indem sie ein bestimmtes Tun oder Unterlassen belohnt. Stimmt das Selbstinteresse der regulierten Unternehmen mit dem Gemeinwohl überein, kann man die Anreizregulierung als ideal bezeichnen. Bei anreizorientierten *Tarifen* beeinflussen *pekuniäre* Mittel in Form einer Gewinnerwartung die Motivation.[378]

Anreizorientierte Mechanismen unterscheiden sich also von ROR-Regulierung, da bei ihnen die Unternehmensgewinne nicht begrenzt werden. Der Regulierer könnte

[378] Vgl. auch Grüske, K.-D. / Recktenwald, H.C. (1995), S. 31.

die Anreizregulierung daher aus Gründen der Verteilungsgerechtigkeit als unpassend empfinden. Die in dieser Regulierungsform verkörperten Anreize dienen jedoch als Basis für den Entwurf verteilungsgerechterer Regulierungsmechanismen.

Die anreizorientierten Tarife werden in zwei Kategorien eingeteilt. Die einen zielen auf eine Verbesserung der Effizienz der Preisbildung ab, die anderen auf X-Effizienz.[379]

Die ersten Ansätze anreizorientierter Regulierung wurden Ende der 1970er Jahre entwickelt. Im Mittelpunkt stand die Vereinfachung des Kontrollaufwands. In der ökonomischen Theorie sind zwar die wohlfahrtsoptimierenden Preise für regulierte Unternehmen, die einer Kostendeckungsregel unterliegen, bekannt, doch fehlen der Regulierungsbehörde oft die nötigen Informationen zur Durchsetzung dieser Preisstruktur, sofern das Unternehmen nicht von sich aus diese Tarife implementiert. Die Anreizschemata basieren auf der Annahme, nur die *Unternehmen* seien über Kosten und Nachfrage informiert und verhalten sich *gewinnmaximierend*. Die Regulierungsbehörde muss nur die Kosten aus dem Rechnungswesen und die Produktionsmengen der letzten Perioden kennen, um effiziente Anreize für die Folgeperiode zu setzen. Dies setzt einen Algorithmus in Gang, der zu wohlfahrtsmaximierendem Verhalten führt.[380]

Generell kennen Manager die Preiselastizitäten ihrer Produkte und die Kostenfunktion des Unternehmens besser als die Regulierer. Effiziente Manager können dem Unternehmen also *größere Gewinne* einbringen. Die Manager befinden sich also aufgrund ihres Informationsvorteils in einer hinsichtlich der Kalkulation und Einführung *wohlfahrtsmaximierender* Tarife[381] gegenüber der Regulierungsbehörde überlegenen Position. Eine derartige wohlfahrtsmaximierende Strategie kann jedoch nicht von gewinnorientierten Managern erwartet werden,[382] sie stellt indes eher eine *unerwünschte* Eigenschaft eines Managers dar.[383]

1 Grundelemente der Anreizregulierung

Anreizregulierungen kombinieren eine oder mehrere Grundelemente, wie z.B. Gewinnbeteiligung[384], indizierte Price-Caps, das Einfrieren der Grundtarife für Privatkunden, die Deregulierung spezifischer Dienste, oder eine allgemeine Deregulierung zu einem Reformpaket. Diese Elemente sind oft an gewisse Bedingungen, wie beispielsweise Qualitätsstandards, gebunden.[385] Die Schlüsselkomponenten einer typi-

---

379 Vgl. Crew, M.A. / Kleindorfer, P.R. (1986), S. 138. Zur X-Ineffizienz vgl. 3. Kapitel, Abschnitt B1 dieser Arbeit.

380 Vgl. Vogelsang, I. / Finsinger, J. (1977), o.S.

381 Bei wohlfahrtsmaximierenden Tarifen zahlt jeder einen Tarif in Höhe der von ihm verursachten Kosten. Im Optimalfall entsprechen die Tarife den Preisen bei freiem Wettbewerb.

382 Von Altruismus sei in diesem Falle abgesehen.

383 Vgl. MacDonald, J.M. u.a. (1994), S. 30; Vogelsang, I. / Finsinger, J. (1977), S. 1 und (1978), S. 2f.

384 Obwohl eine Gewinnbeteiligung in älteren Plänen ziemlich üblich war, beinhaltete kein nach 1993 eingeführter Plan eine Beteiligung an den Gewinnen. Vgl. Tardiff, T.J. / Taylor, W.E. (1996), S. 21.

385 Vgl. MacDonald, J.M. u.a. (1994), S. 28f. und Crew, M.A. (1975a), S. 153.

schen Anreizregulierung sind dabei die in das Schema aufzunehmenden Dienste, die Enge der Verbindung zwischen Einnahmen und Kosten, die Häufigkeit der Preisverordnungen und der Zwang zu Preisanpassungen.[386]

Das wichtigste Element der Anreizregulierung ist die hergestellte Verbindung zwischen Einnahmen und Kosten. Unter ROR-Regulierung[387] hat das Unternehmen keinen Anreiz zur Kostenminimierung.[388] Da der Preis aus Kostendaten vergangener Perioden berechnet wird, führt dies zu einem "informational lag". Schemata, die diese Verzögerung *explizit* nutzen, d.h. zu einem Bestandteil der Preisregulierung avancieren, sind Gegenstand des vorliegenden Abschnitts E. Sie üben einen Sperrklinken-Effekt (ratchet effect) aus, der das Unternehmen im Lauf der Zeit über das Unternehmensziel der Gewinnmaximierung zu einer effizienten Preissetzung veranlasst, wenn der Regulierer die Kostenfunktion des regulierten Unternehmens auch nicht gut beobachten kann.[389]

Das andere extreme Anreizschema ist die fixed-price-Regulierung, bei dem die Umsätze des Unternehmens nicht von diesem selbst beeinflusst und Gewinne nur durch Kostensenkungen erreicht werden können.[390] Zwischen den beiden Extrema ROR- und Fixed-price-Regulierung gibt es kostenteilende und gewinnteilende (sliding-scale) Ansätze, die im Folgenden dargestellt werden.[391]

2 Der Wettbewerbsmarkt als anonymer individueller Anreizmechanismus und dezentraler kollektiver Koordinationsmechanismus

Die Funktion des Wettbewerbs in einer Marktwirtschaft ist als effizienzfördernder, anonym wirkender, individueller Anreizmechanismus definiert. Diese Funktion besteht aus dem Anreiz zur effizienten Produktion der Güter und dem Anreiz zur optimalen Gestaltung der angebotenen Produktpalette. Wettbewerb bewirkt, dass durch laufende Verbesserungen und Innovationen genau diejenigen Produkte, für welche die stärkste Nachfrage besteht, zu minimalen Kosten produziert werden.

Neben Wettbewerb ist die zweite Hauptfunktion eines effizienten Wettbewerbsmarktes diejenige des Marktes. Der Markt agiert als effizienter dezentraler kollektiver Koordinationsmechanismus. Als Koordinationsmechanismus bringt er auf effiziente Art und Weise Angebot und Nachfrage zusammen. Wirtschaftliche Effizienz stellt er dadurch sicher, dass er über den Preismechanismus eine Selektion der wettbewerbsfähigen Anbieter vornimmt und diese so zu Wettbewerb zwingt. Hierin liegt die offen-

386 Vgl. zum Folgenden insbesondere Lyon, T.P. (1994), S. 4 – 12.

387 Vgl. hierzu Abschnitt D 9.1 dieses Kapitels.

388 Dies ist insofern richtig, als der Preis bei der Preisverordnung den Durchschnittskosten gleichgesetzt wird. Diese Sicht ist aber unvollständig, da sie die Anreizeigenschaften des "regulatory lag" ignoriert.

389 Das Unternehmen aber hat Anreize, die Kosten kurz vor einer neuen Preisverordnung zu erhöhen, um Preiserhöhungen durchzusetzen und die Konvergenz der Preise zu den wahren Durchschnittskosten zu verzögern. Eine Lösungsmöglichkeit des Regulierers wäre eine Kostenüberprüfung nach Zufallsintervallen, um dem Unternehmen diese Kalkulierbarkeit zu nehmen.

390 Diese Situation entspricht der des vollkommenen Wettbewerbs: Das Unternehmen hat keinen Einfluss auf den Preis.

391 Vgl. Vogelsang, I. (1992), S. 15.

sichtliche Verzahnung des individuellen wettbewerblichen Anreizprinzips mit dem kollektiven Selektions- und Koordinationsprinzip des Marktes.

Mehrere Funktionen von Markt und Wettbewerb fehlen im paretianischen Standardmodell, das der Regulierungstheorie zugrunde liegt. Dazu gehören die Nutzung dezentraler Informationen und die gesamte Rolle der Innovation.[392]

3 Das Mechanismus-Design nach Bayes – der Principal-Agent-Rahmen

Die theoretische Regulierungsökonomie wurde in letzter Zeit vom *Principal-Agent-Rahmen* (auch *Mechanismus-Design-Ansatz* genannt) dominiert. Dieser Ansatz betont die Informationsasymmetrie zwischen dem *Principal* (hier die Regulierungsbehörde) und seinem *Agent* (dem Unternehmen) mit dem Ziel, optimale Regulierungsentscheidungen abzuleiten, wenn der Regulierer weniger gut über die Produktionsbedingungen informiert ist als das Unternehmen. Bei diesem Ansatz kennt das Unternehmen im Gegensatz zum Principal seine Kosten; dieser aber kann eine subjektive (Bayes'sche) Wahrscheinlichkeitsverteilung über die möglichen Kostenniveaus formulieren.[393]

Das typische Principal-Agent-Modell ist eines adverser Selektion: Die Grenzkosten des Unternehmens werden von einem Effizienzparameter beeinflusst, der dem Unternehmen, nicht aber dem Regulierer, ex ante bekannt ist. Eine ROR-Preissetzung ist unattraktiv, da sie beim Unternehmen keine kostensenkenden Anreize setzt. Ein Fixpreis maximiert zwar den kostensenkenden Anreiz beim Unternehmen, riskiert jedoch, dem Unternehmen große Renten zu lassen. Der Kern der Analyse liegt also im Trade-off zwischen Rentenminimierung und Anreizsetzung.[394]

Die Lösung dieses Trade-offs liegt im Anteil der Einnahmen, die das Unternehmen behalten darf. Effiziente Unternehmen sollten eine Informationsrente erhalten, wenn sie ihren Effizienzparameter offenbaren. Geben sie ihren Effizienzparameter nicht preis, kann man den Grenzpreis oberhalb der Grenzkosten verzerren, um die Informationsrente, die effiziente Unternehmen erhalten, zu reduzieren.[395]

Bei einem optimalen Schema bietet der Regulierer dem Unternehmen eine Auswahl linearer Verträge an. Jeder dieser Verträge enthält eine lump-sum-Zahlung des Unternehmens plus die Festlegung des Kostenanteils, der ex post vom Unternehmen getragen wird. Das Menü ist so gestaltet, dass jeder Unternehmenstyp einen für ihn zu präferierenden Vertrag vorfindet. Das effizienteste Unternehmen wählt einen Fixpreis-Vertrag. Die Schemata müssen so ausgestaltet sein, dass das Unternehmen keinen Anreiz hat, unrealistisch hohe Kosten zu veranschlagen und leicht erreichbare Einsparungen vor der Vorhersage in die eigene Tasche zu stecken. Höhere Kostenvorhersagen müssen mit einem höheren vom Unternehmen zu tragenden Kostenanteil verbunden werden, bei denen das Unternehmen einen kleineren Teil der über die Vorhersage hinaus übrigbleibenden Einsparungen behalten darf. Bei einem sauberen Schemata-Design wird das Unternehmen dazu veranlasst, die eigenen Vorhersagen wahrheitsgetreu anzugeben (Offenbarungsprinzip). Nach Abzug einer ho-

---

[392] Vgl. Günther, B.P. (1998), S. 53, 56 – 60.

[393] Vgl. auch Benz, A. / König, K. (1997), S. 632.

[394] Vgl. Marino, A.M. / Sicilian, J. (1982), S. 195.

[395] Vgl. Crew, M.A. / Kleindorfer, P.R. (1986), S. 141 und Noll, R.G. (1986), S. 168.

hen Entlohnung für die Offenbarung von Informationen verbleibt dem Principal immer noch mehr als bei niedrigerer Entlohnung mit entsprechend weniger Anreizen.[396]

Die Schwächen im Mechanismus-Design liegen einerseits darin, dass die Vorschriften aus politischer Perspektive schwer implementierbar sind, was zum Teil auf die strengen Annahmen zurückzuführen ist. So wird angenommen, der Regulierer kenne die Kostenfunktion des Unternehmens und die Wirkung des Aufwands.

Eine weitere Schwäche ist die Sensitivität der optimalen Schemata hinsichtlich Informationen und Modellspezifikationen. Deshalb wurden Simulationsmodelle generiert, um numerische Ergebnisse zu erhalten. Ferner kann der optimale Anteil der „Kostenteilung" von null bis zu einer von den Zielen des Regulierers abhängigen, der Nachfrageelastizität, dem Kostensenkungspotenzial des Unternehmens, dem Umfang potenzieller Kostenschocks und dem Unsicherheitsniveau des Regulierers hinsichtlich des Kostensenkungspotenzials des Unternehmens variieren.

Aus dynamischer Sicht kann der Sperrklinken-Effekt die Effizienzanreize des Unternehmens unterminieren, da der Regulierer in der zweiten Periode alle Nutzen der Kostenreduzierung entzieht. Findet der Regulierer keine passende langfristige Strategie, wird das optimale Regulierungsschema extrem komplex. Zum Teil auch aufgrund dieser extremen Komplexität des dynamischen Bayes'schen Mechanismus ist ein alternativer, nicht-Bayes'scher Ansatz interessant.

4 Der anonyme Mechanismus-Entwurf

Ein alternativer Ansatz zum Entwurf regulatorischer Mechanismen berücksichtigt viel radikaler die dem Regulierer fehlende Information. Dies kommt in der Annahme zum Ausdruck, dass der Regulierer nicht einmal die Kostenfunktion des Unternehmens kennt. Dieser Zweig der Literatur wird als nicht-Bayesisch (oder „anonym") bezeichnet. Die Analyse ist im Grunde positiver Natur: Erstens sind die involvierten Schemata einfacher als die der Bayes'schen Literatur, und zweitens behandeln sie die Dynamik der Preisanpassung auf handhabbare Weise. Drittens fangen sie auch die Art der Preisflexibilität ein, die bei vielen Price-Cap-Schemata erlaubt ist.[397]

Anonyme Mechanismen bestehen aus einfachen Preisanpassungsregeln, die von einem Regulierer, der zwar auf Zahlen des Rechnungswesens zurückgreifen kann, aber keine Wahrscheinlichkeiten über die Parameter der Kostenfunktion des Unternehmens hat, angewendet werden können. Die ROR-Regulierung[398] ist ein anonymer Mechanismus, bei welchem der Preis den Kosten der vergangenen Periode gleichgesetzt wird. Sie kann durch einen anonymen Mechanismus, der das Unternehmen zu produktiver und allokativer Effizienz führt, verbessert werden. Hierzu wird statt eines einzelnen Dienstes ein Dienstekorb definiert, wie es auch der Price-Cap-

---

396 Vgl. Vogelsang, I. (1992), S. 15. Auf diese Literatur berief sich im speziellen die FCC bei der Einführung von Price-Caps. Vgl. Mitchell, B.M. / Vogelsang, I. (1991), S. 25 und Crew, M.A. / Kleindorfer, P.R. (1986), S. 108.

397 Anstatt einer Beschränkung der individuellen Preise enthalten die Price-Cap-Modelle oft einen gewichteten Durchschnitt der Preise des Unternehmens. Sie lassen dem Unternehmen Flexibilität für die Anpassung der relativen Preise seiner Dienste. Vgl. hierzu die Ausführungen in Abschnitt E6 dieses Kapitels.

398 Vgl. die Abschnitte D 9.1 und E1 dieses Kapitels der Arbeit.

Ansatz[399] vorsieht. Mit dieser Art der Durchschnittspreisbildung unterliegen die Einnahmen einer Deckelung und die Preissenkung eines Mehrprodukt-Monopolisten wird langfristig gefördert.

Die entscheidende Schwäche des anonymen Mechanismus liegt in der Annahme, der Regulierer könne auf seine langfristige Strategie bauen. Sind die Gewinne aber auffallend hoch oder niedrig, unterliegt der Regulierer politischem Druck, die Preissetzungsregel stärker an die ROR-Formel anzupassen. Mit den folgenden kombinierten Mechanismen soll dieser Druck reduziert werden. Es lässt sich jedoch nicht leugnen, dass die anonymen Mechanismen die Verbesserungen zur ROR-Regulierung darstellen.

5 Der Vogelsang-Finsinger-Mechanismus

Vogelsang und Finsinger schlugen 1979 einen Regulierungsmechanismus vor, der das regulierte Unternehmen dazu veranlasst, sich im Zeitablauf an Ramsey-Preise und –Outputs anzunähern: Unter Vogelsang-Finsinger-Regulierung kann das Unternehmen in der *Folgeperiode* jeden Preis verlangen, solange diese Preise, wenn sie mit dem Output der *laufenden* Periode des Unternehmens multipliziert werden, nicht die Kosten des Unternehmens der *laufenden* Periode übersteigen. Bei dieser Abfolge offenbarter Informationen über mehrere Perioden, denen eine darauf begründete Einschränkung folgt, verrechnet ein Einprodukt-Unternehmen im Gleichgewicht Durchschnittskosten, ein Mehrproduktunternehmen Ramsey-Preise.[400]

Der Mechanismus berücksichtigt die Informationsasymmetrie, die bei Regulierung existiert, explizit. Der Regulierer benötigt beim Vogelsang-Finsinger-Mechanismus nicht die Nachfrage- oder Kostenfunktion, die das Unternehmen kennt. Er muss zuvor auch nicht wissen, welches die Ramsey-Preise und –Outputs sind. Der Mechanismus leitet das Unternehmen dorthin, *ohne* dass der Regulierer sie kennt. Außerdem ist der Mechanismus dynamisch, da die Handlungen des Unternehmens in einer Periode die vom Regulierer erlaubten Möglichkeiten der Folgeperiode bestimmen. Der Regulierer nutzt also die ihm durch die Handlungen des Unternehmens in einer Periode offenbarten Informationen, um das Unternehmen in der Folgeperiode einzuschränken.[401]

Das regulierte Unternehmen wird dazu ermuntert, in der *laufenden* Periode sowohl das Potenzial für Kostensenkungen, als auch die Zahlungsbereitschaft der Konsu-

---

399 Vgl. hierzu den folgenden Abschnitt E6 dieses Kapitels.

400 Ramsey-Preise setzt ein reguliertes Mehrproduktunternehmen dann, wenn die Preiselastizität der Kunden Gewinne erlaubt und das Unternehmen seine Erträge einbehalten darf.

401 Vgl. Vogelsang, I. / Finsinger, J. (1979), S. 157f.; 162f. und Train, K.E. (1991), S. 147f.
Neben dem Vogelsang-Finsinger-Mechanismus gibt es noch den Baron-Myerson-Mechanismus, den Loeb-Magat-Mechanismus und den Sappington-Sibley-Mechanismus. All diese Ansätze zielen jedoch nur auf allokativ statische Effizienz ab und lassen vor allem die wichtigen Aspekte der statischen und dynamischen X-Effizienz unberücksichtigt. Diese Mechanismen enthalten eine Subventionskomponente zur Deckung der Defizite, die in einem natürlichen Monopol bei Grenzkostenpreisen entstehen könnten. Deshalb werden sie auch als Surplus-Subsidy-Schemes bezeichnet. Vgl. Günther, B.P. (1998), S. 354f.

menten auszubeuten. Diese beiden Vorteile werden in der Folgeperiode aber den Konsumenten zuteil – die regulatorische Verzögerung wird also explizit genutzt.[402]

Bei Vogelsang-Finsinger-Regulierung hat das Unternehmen jedoch einen Anreiz, höhere Kosten als die aktuell aufgelaufenen zu berichten und / oder Kosten auszuweisen, die höher als die effiziente Leistungsbereitstellung sind. In beiden Fällen kann das Unternehmen für die *Folgeperiode* höhere Preise verlangen, weil höhere Kosten der laufenden Periode berichtet werden. Andererseits kann man davon ausgehen, dass die Gefahr potenziellen Wettbewerbs in profitablen Submärkten eine derartige Informationszurückhaltung des Unternehmens einschränkt.[403]

Um einer Falschdarstellung der Kosten vorzubeugen, kann der Regulierer die Kosten des Unternehmens prüfen. Ist der Regulierer (rechtlich) dazu in der Lage, eine ausreichend hohe Strafe bei Falschdarstellung aufzuerlegen,[404] wird das Unternehmen dazu veranlasst, die Kosten in *jeder* Periode wahrheitsgetreu zu berichten.[405]

Ist dem Unternehmen eine künftige Auferlegung der Vogelsang-Finsinger-Regulierung bekannt, wird es in einer Periode verschwenderisch handeln, damit ihm in der Folgeperiode höhere Preise genehmigt werden. Diese Verschwendung kann mehrere Perioden andauern; im Gleichgewicht jedoch wird das Unternehmen zu effizienten Preisen anbieten. Weiß das Unternehmen vorher *nichts* von der Einführung einer Vogelsang-Finsinger-Regulierung, wird es überhaupt nicht verschwenderisch handeln.[406] Eine derartige Unwissenheit des regulierten Unternehmens kann jedoch nicht erwartet werden. Insofern erscheint eine effiziente Vogelsang-Finsinger-Regulierung unrealistisch.

6 Price Caps

Die regulatorischen Konzepte wurden von der "Price Cap Revolution", die in den frühen 1980er Jahren aus der Regulierung der Telekommunikation in Großbritannien startete, vollständig überholt. Die britische Regierung hörte insbesondere auf Little-

402 Vgl. Vogelsang, I. / Finsinger, J. (1979), S. 170.

403 Vgl. Vogelsang, I. / Finsinger, J. (1979), S. 167, 169 und Train, K.E. (1991), S. 148.

404 In den USA kann die Regulierungsbehörde drohen, dem Unternehmen die Lizenz zu entziehen. Vgl. Vogelsang, I. / Finsinger, J. (1979), S. 167.

405 Ferner sind die Kosten der Überprüfung im Wesentlichen gleich null, weil nur sehr wenige Überprüfungen stattfinden (mit einer Strafe, die hoch genug ist, kann die Häufigkeit einer Überprüfung auf fast null reduziert werden und das Unternehmen trotzdem dazu veranlassen, wahrheitsgetreu zu berichten). Können die Überprüfungen die wahren Kosten des Unternehmens nicht genau bestimmen, kann es passieren, dass dem Unternehmen eine Strafe auferlegt wird, obwohl es wahrheitsgetreu berichtet (d.h. wenn die Überprüfung fälschlicherweise „findet", dass die Kosten niedriger als berichtet sind). Die Wahrscheinlichkeit hierfür liegt jedoch bei nahe null, weil die Häufigkeit der Überprüfungen fast null beträgt und die Wahrscheinlichkeit einer ungerechtfertigten Strafe bei gegebener Überprüfung niedrig ist, da das Unternehmen wahrheitsgetreu berichtet. Ist die maximale Höhe der Strafe begrenzt, kann die Häufigkeit der Überprüfungen nicht nahe null sein und immer noch gleichzeitig Ehrlichkeit induzieren. Die Überprüfungen müssen also häufiger erfolgen. In diesem Fall sind die Chancen einer nicht korrekten Strafe und die Kosten der Überprüfung nicht nahe null, sondern bedeutend positiv. Vgl. Vogelsang, I. / Finsinger, J. (1979), S. 170.

406 Vgl. Vogelsang, I. / Finsinger, J. (1979), S. 167 und Train, K.E. (1991), S. 148f.

child, der 1983 einen neuen Preisregulierungstyp vorschlug.[407] Die vier Charakteristika der Price-Cap-Regulierung[408] lauten wie folgt:[409]

1. Der Regulierer definiert Warenkörbe aus lizenzierten Leistungen. Er legt jeweils einen aggregierten Preis fest, genannt Price Cap. Das regulierte Unternehmen kann die Preise unterhalb oder gleich diesem Price Cap setzen und darf alle Gewinne behalten.
2. Dieser aggregierte Cap nimmt die Form eines Preisindexes oder eines gewichteten Durchschnitts der Preise an. Das Unternehmen darf die Preise der Güter ändern, solange der Index oder der gewichtete Durchschnitt der Preise nicht steigt.
3. Der Regulierer kann festlegen, dass der Price Cap im Laufe der Zeit durch einen zuvor bekannt gegebenen, dem Unternehmen exogenen Anpassungsfaktor angepasst wird. Der Cap kann z.B. an einen Inputpreis-Index gebunden werden.
4. In größeren Intervallen wird der Price Cap vom Regulierer überprüft und möglicherweise verändert. Hierbei soll die Kosten-, Nachfrage- und Gewinnsituation des Unternehmens berücksichtigt werden.

Erfahrungen mit einer Price-Cap-Regel bei Postdiensten liegen aus Australien, Neuseeland, Frankreich, Kanada, Schweden, Großbritannien und den Niederlanden vor. Eine Einführung in Deutschland ist durch die Festlegung in § 21 (1) 2 PostG und § 1 (2) Entwurf PEntgV als Regelfall der Entgeltgenehmigung vorgesehen.[410] Die Interessen der Konsumenten, Unternehmer und der Regulierungsbehörde werden im Price Cap durch die Beschränkung der Preiserhöhungsmöglichkeiten, der Flexibilität der Preisstruktur und der Einfachheit gleichermaßen berücksichtigt. Dieser Vorteil über die traditionelle ROR-Regulierung unterstützte das Price-Cap-Konzept sowohl in der ökonomischen Forschung, als auch in der Wirtschaftspolitik.[411]

Im vorliegenden Abschnitt soll die Price-Cap-Regulierung nun zuerst formal dargestellt werden. Im Anschluss daran erfolgen Analysen hinsichtlich einer Einbeziehung eines Qualitätsindexes in die Preiskontrollformel, der Festlegung des Ausgangstarifniveaus, der Bestimmung des richtigen Preisindexes, des Produktivitätsfaktors sowie der Laufzeit. Nach einer kurzen Anführung der kritischen Punkte rundet eine Zusammenfassung den Abschnitt E6 ab.

---

407 Vgl. Littlechild, S.C. (1983). Vgl. auch Crew, M.A. u.a. (1979), da der Vorschlag von Littlechild als Spezialfall ihres Ansatzes angesehen werden kann.

408 Für den englischen Begriff "Price Cap Regulation" gibt es bislang keine passende griffige Übersetzung. Mit dem Wort "Cap" verbindet sich die Vorstellung, dass dem regulierten Preis eine obere Grenze gesetzt wird. Vgl. Neu, W. / Stumpf, U. (1996), S. 255.

409 Vgl. Train, K.E. (1991), S. 317.

410 Vgl. Näheres bei Cote, L.M. / Takis, W.M. (1997), S. 351; Elixmann, D. / Weber, M. (1994), S. 10f.; Pieper, F. (1993), S. 5; Crew, M.A. / Kleindorfer, P.R. (1992a), S. 97; Neu, W. (1993), S. 235; Overdijk, P. (1997), S. 423 und Neu, W. u.a. (1992), S. 15f.

Zur Anwendung der Price-Cap-Regulierung durch das neue Postgesetz vgl. Kapitel 6, Abschnitt C1 dieser Arbeit.

411 Vgl. Els, M. / Müller, K. (1997), S. 157; Sharkey, T.M / Treworgy, D.E. (1997), S. 160; Klodt, H. (1996), S. 20; Speckbacher, W.A.K. (1995), S. 167 und Vogelsang, I. (1989), S. 22.

6.1 Darstellung des Ansatzes

Der von Littlechild vorgeschlagene Regulierungstyp beginnt mit einer fixen Preisobergrenze (p_{max}) und entwickelt sich im Zeitablauf wie folgt:[412]

$$\Delta p_{max} = \Delta RPI - X, \qquad (52)$$

wobei RPI[413] den Einzelhandelspreisindex darstellt und X den Produktivitätsfaktor (productivity offset), der dazu dient, die Monopolrenten vom regulierten Unternehmen abzuschöpfen. Da das Unternehmen bei dieser Regel anfallende Gewinne behalten darf, hat es einen Anreiz, Kosten zu senken und seine Produktivität zu verbessern.[414]

Wie man unschwer erkennen kann, werden mit dem Verfahren der Preisniveauindexierung also nicht die Preise an sich beschränkt, sondern die *Preisveränderung* wird einer Begrenzung unterworfen.[415]

Bei der Price-Cap-Regel wird das Preisniveau für einzelne Dienste bzw. einen Korb von Diensten für ein Basisjahr festgelegt. Die Regulierungsbehörde darf, geht man von einem Warenkorb aus, die Preise für diese Dienste innerhalb eines Korbes differenzieren.[416] Ein solcher Regulierungsansatz wird für eine vorher bestimmte Anzahl von Jahren festgelegt, damit das Unternehmen auch an den Früchten seiner Anstrengungen zur Steigerung der Effizienz partizipieren kann, also die Gewinne selbst verwenden darf.[417] Während dieser Laufzeit sind Preiserhöhungen bzw. -senkungen im Rahmen eines Preisindexes abzüglich einer Produktivitätsrate[418] erlaubt. Aus ökonomischer Sicht ist diese Flexibilität wünschenswert, da sie unter Außerachtlassung verteilungspolitischer Gesichtspunkte zur Maximierung der Kundenzufriedenheit beiträgt.[419]

Werden mehrere Leistungen in den Price-Cap-Mechanismus integriert, werden die Leistungen im Warenkorb in der Regel anhand der Umsatzanteile der Leistungen am Gesamtumsatz in der vorangegangenen Periode gewichtet. Die Price-Cap-Bedingung erlaubt es dem Unternehmen, einen Preis gegen einen anderen auf Basis der

---

412 Vgl. auch Hart, T. (1999), S. 223 – 228. Littlechild schlug diesen Mechanismus als Mittel der Preisregulierung auf dem Weg zu vollständigem Wettbewerb vor. Vgl. Albon, R. (1991a), S. 247f.

413 RPI bedeutet *Retailed Price Index* (Einzelhandelspreisindex, stellt das britische Äquivalent zum *consumer price index* (CPI) der Vereinigten Staaten dar). Vgl. Koebel, P. (1990), S. 120. Im Folgenden sei verallgemeinernd vom *Preisindex* die Rede.

414 Vgl. MacDonald, J.M. u.a. (1994), S. 27 und Vogelsang, I. (1989), S. 21.

415 Vgl. Müller, K. (1997), S. 326 und Lamouroux, H. (1999), S. 310.

416 Als wegweisender Aufsatz für die Anwendung des Ansatzes für Güterkörbe gilt u.a. Vogelsang, I. / Finsinger, J. (1979). Neu, W. (1993) setzte sich mit der Effizienz eines solchen Ansatzes auseinander.

417 Vgl. Pieper, F. (1996), S. 160

418 Zur optimalen Festsetzung der Produktivitätsrate vgl. Neu, W. u.a. (1992), S. 16 – 20, 43. Schätzungen dieses Parameters dürften im Postwesen zuverlässiger sein als in dynamischeren Sektoren der Volkswirtschaft, wie z.B. der Telekommunikation. Vgl. Neu, W. (1993), S. 235 und Borrmann, J. / Finsinger, J. (1994), S. 182.

419 Vgl. Meierhofer, H. (1997), S. 216; Benz, A. / König, K. (1997), S. 633; Pieper, F. (1993), S. 4; Vogelsang, I. (1994), S. 83; Neu, W. u.a. (1992), S. IV, 10 – 14, 19, 35, 47; Elixmann, D. / Weber, M. (1994), S. 11; Blankart, C.B. (1990a), S. 211 – 220; (1990b), S. 259; Spelthahn, S. (1994), S. 64 – 66 und Blankart, C.B. / Knieps, G. (1995), S. 12.

Mengengewichte aus der Vorperiode auszutauschen. Dieser Effekt wird als direkter Effekt der Price-Cap-Regulierung bezeichnet. Ein zweiter, intertemporaler Effekt ergibt sich daraus, dass die Veränderungen der Einnahmen einer Periode die Position der Price-Cap-Bedingung in den Folgeperioden verändern.[420] Ein entsprechend definierter aggregierter Cap ermöglicht es dem Unternehmen, die Preise so zu verändern, dass seine Gewinne steigen, ohne dass die Konsumentenrente sinkt, oder dass diese sogar ebenso steigt. Die volkswirtschaftliche Wohlfahrt kann deshalb bei Price-Cap-Regulierung aufgrund einer effizienteren Zusammensetzung der Outputs zusätzlich zu den Kostenreduktionen steigen.[421] Je kleiner aber der Umfang eines Korbes gewählt wird – wobei jedem Korb ein anderer Faktor *X* zugewiesen wird –, desto eher führt dies zu einem Mikro-Management des Postdienstes. Dem Problem der Quersubventionierung wird im Rahmen der Price-Cap-Regulierung Rechnung getragen, indem getrennte Warenkörbe für Monopol- und Wettbewerbsdienstleistungen gestaltet werden.[422]

Durch das Setzen positiver und negativer Anreize will die Price-Cap-Regulierung die Marktteilnehmer dazu bewegen, deren Verhalten auf das Erreichen der Regulierungsziele hin anzupassen. Mehr als die meisten anderen Regulierungsinstrumente verwirklicht sie die Konvergenz zwischen dem Interesse des Regulierers und dem des Unternehmens. Die Beziehung zwischen diesen beiden Parteien hat dabei eher den Charakter eines Vertrags als eines Principal-Agent-Verhältnisses.[423]

6.2 Einbeziehung eines Qualitätsindexes in die Preiskontrollformel

Bei den in der Literatur untersuchten Verfahren zur Preisregulierung geht man i.d.R. von einer definierten Leistung aus. Es wird von Qualität und Qualitätsproblemen abstrahiert. Bei den diskutierten und angewandten Preisregulierungsverfahren lässt sich jedoch zeigen, dass es im Interesse von Unternehmensinsidern, Eigentümern etc. liegen kann, eine besonders hohe oder eine besonders niedrige Qualität zu realisieren. Bei einer im Verhältnis zu den Preisen hohen Qualität könnte der Versuch unterstellt werden, Konkurrenten durch "quality gold plating" aus dem Markt zu drängen. Eine relativ niedrige Qualität lässt eher auf mangelnde Konkurrenz schließen.[424]

---

420 Vgl. Abbott, T.A. III / Crew, M.A. (1994), S. 47.

421 Nett und Neu zeigten am Beispiel der Tarifstruktur der Deutschen Telekom AG aus dem Jahr 1993, dass im Übergang zu Price-Cap-Regulierung (mit Möglichkeit zur freien Tarifanpassung) ein Potenzial für Effizienzgewinne in Höhe von fast zwei Milliarden DM verborgen lag. Sie errechneten eine potenzielle Gewinnsteigerung von etwa 900 Mio. DM für das Unternehmen selbst und eine gestiegene Konsumentenrente in Höhe von fast einer Milliarde DM. Aus der freien Bestimmung der Tarifstruktur könnten also eindeutige Pareto-Verbesserungen resultieren, die wegen des Anstiegs der Konsumentenrente für geschäftliche ebenso wie für private Nutzer auch die Verteilungssituation verbessern können. Vgl. Nett, L. / Neu, W. (1996), S. 33f. und Hart, T. (1999), S. 224.

422 Vgl. Lamouroux, H. (1999), S. 310; Neu, W. / Stumpf, U. (1996), S. 256; Pieper, F. (1996), S. 160, 168; Lyon, T.P. (1994), S. 13; Train, K.E. (1991), S. 323 und Tolley, R. / Bernstein, P. (1997), S. 237. Die Definition eines jeden Warenkorbs verursacht hohe Transaktionskosten. Vgl. Crew, M.A. / Kleindorfer, P.R. (1992a), S. 113.

423 Vgl. Hart, T. (1999), S. 225.

424 Es ist daher nicht unwahrscheinlich, dass die sich auf diese Weise ergebenden qualitativen Ineffizienzen größer sind als diejenigen, die ein unregulierter gewinnmaximierender Monopolist aufweisen würde. Dessen Gewinninteresse ist immerhin insofern präferenzorientiert, als er cet.par.

Der Einführung eines Entschädigungsmechanismus im Sinne von Strafzahlungen bei Nichterreichung der festgesetzten Qualitäten liegt die Vorstellung zugrunde, dass Preis und Qualität in ein angemessenes Verhältnis gebracht werden müssen. Grundidee des in diesem Zusammenhang vorgeschlagenen Lösungsansatzes für die Qualitätsregulierung ist die Ausgestaltung der Preiskontrollformel in der Art, dass Abweichungen von den gesetzten Qualitätsstandards zu Einschränkungen bzw. Erweiterungen des Preisgestaltungs- und damit Gewinnspielraums des regulierten Unternehmens führen.

Das Verfahren der Konstruktion und Einbeziehung eines Qualitätsindexes in die Formel des Price Cap lässt sich durch folgende Schritte beschreiben:[425]

a) Identifizierung von Qualitätsdimensionen

b) Definition von Qualitätsstandards

c) Gewichtung der Qualitätsmerkmale

Wahrscheinlich sind die unter Schritt a) definierten Qualitätsmerkmale aus Kundensicht nicht alle gleich wichtig. So mag z.B. das *Erscheinungsbild* der Annahmestellen weniger bedeutend sein als die *Brieflaufzeit*. Deshalb erfolgt unter Schritt c) eine auf Nutzer- und Expertenbefragungen basierende Gewichtung der einzelnen Qualitätsmerkmale. Die Gewichte sollten für Abweichungen von den Standards vorgegeben werden, z.B. für eine 10-prozentige Abweichung vom vorgegebenen Standard für die Laufzeit.

Sind die Gewichte fixiert, ist es möglich, die Durchschnittsqualität als Summe der relativen Leistungsqualität $Q_r(g)$ [momentane Qualität $Q_m(g)$ zu Standard $St(g)$], multipliziert mit dem Gewicht $w(g)$ zu definieren. Die Abweichung von der Leistungsqualität Q^* ist dann definiert als

$$Q^* = \sum Q_r(g)w(g), \text{ mit } Q_r(g) = \frac{Q_m(g) - St(g)}{St(g)}. \qquad (53)$$

d) Qualitätsbeobachtung

Werden alle Standards genau erreicht, sind alle $Q_m(g)$ mit $St(g)$ identisch und die Abweichung von der Leistungsqualität Q^* ist gleich null. Sind die Standards über- oder untererfüllt, ist Q^* positiv bzw. negativ.

e) Verknüpfung der Leistungsqualität mit finanziellen Anreizen

Die Einbeziehung eines Qualitätsindexes in die Preiskontrollformel resultiert in

$$\Delta p = \Pi - X + aQ^* \qquad (54)$$

mit Δp = Preisänderung; Π = Inflationsrate; X = Produktivitätsfaktor; Q^* = Qualitätsindex und a = positiv definierter „Qualitätsanreizfaktor", der die Einbeziehung des Qualitätsindexes in die Preiskontrollformel gewichtet.

---

davon ausgehen kann, dass er seinen Gewinn steigern kann, wenn er seine Qualitätsmerkmale an die Präferenzen der Kunden anpasst. Vgl. Bauer, B. (1996), S. 304f.

[425] Vgl. zum folgenden Modell Bauer, B. (1996), S. 306f., 310.

Bei $Q^* \geq 0$ erhöhen sich die Preissetzungsspielräume des Unternehmens oder bleiben unverändert. $Q^* < 0$ führt zu einer Einschränkung des Preissetzungsspielraums.

Die Aggregation von Qualitätsmessungen für verschiedene Qualitätsdimensionen betont die Flexibilität des Systems. Eine Verfehlung eines oder mehrerer Qualitätsstandards kann durch eine Übererfüllung anderer Standards wettgemacht werden.

Diese Aggregation kann jedoch auch problematisch sein, weil sie die Transparenz bezüglich der aktuellen Leistungsqualität für den Regulierer verschleiert und partielle Leistungsverschlechterungen duldet, solange sie durch Verbesserungen bei anderen Kriterien ausgeglichen werden. Dies kann eine Fehlallokation von Ressourcen zur Folge haben. Dieser Aspekt ist eng mit der Frage verbunden, mit welchem Gewicht der Qualitätsindex in der Preiskontrollformel berücksichtigt werden sollte. Wird der Faktor *a* zu niedrig angesetzt, sind die Anreizwirkungen zu gering und es besteht möglicherweise ein Anreiz zu Qualitätsverschlechterungen. Wird der Qualitätsindex zu stark gewichtet, besteht die Gefahr des „quality gold plating“, d.h. der Überinvestition in Qualität, aber gleichzeitig die Gefahr übermäßiger Einengung des Preissetzungsspielraums im Fall des Nichterreichens der gesetzten Qualitätsstandards.

Schließlich erscheinen Wirksamkeit und Handhabbarkeit einer solchen Vorgehensweise – ähnlich wie bei einem Entschädigungsmechanismus – bei der Realisierung eines bestimmten Spektrums an Qualitätsvarianten umso fraglicher, je heterogener die Präferenzstruktur der Kunden ist.

Die Einbeziehung des Qualitätsindexes in die Preiskontrollformel führt zu einer gewissen Geschlossenheit des Regulierungsansatzes und hat insofern unzweifelhaft theoretische Eleganz. Im Briefdienst bietet sich eine solche Vorgehensweise an, weil eine Erfassung der Qualitätserfahrung jedes einzelnen Versenders nicht erforderlich ist. Es reicht die Erfassung und Messung von Qualität auf Basis repräsentativer Stichproben aus.[426] Insofern scheint es durchaus lohnenswert, über die Konstruktion eines Qualitätsindexes und eine entsprechende Ausgestaltung der Preiskontrollformel nachzudenken. Gleichwohl sei betont, dass die Einbeziehung eines Qualitätsindexes in den Ansatz ein komplexes Instrument ist, das Willkürspielräume eröffnet und hohe Anforderungen an die Kompetenz der Regulierungsbehörde stellt.[427]

6.3 Die Feststellung des Ausgangstarifniveaus

Die Price-Cap-Regulierung setzt zum Zeitpunkt ihrer ersten Anwendung von der Regulierungsbehörde akzeptierte Ausgangstarife voraus.[428] Das Price-Cap-Regime bestimmt dann für die Folgeperioden die zulässigen Tarifveränderungen.[429]

---

426 Derartige Stichproben könnte die RegTP selbst durchführen oder objektive externe Unternehmen, z.B. Unternehmensberatungen oder Marktforschungsinstitute, damit beauftragen. Eine Erfragung der Daten beim betreffenden regulierten Unternehmen scheint aufgrund mangelnder Objektivität nicht sinnvoll.

427 Vgl. Speckbacher, W.A.K. (1995), S. 176.

428 Waren dem Regulierer schon zu Zeiten von Cost-plus-Regulierung (vgl. hierzu Abschnitt D 9.1 dieses Kapitels) Kostenineffizienzen bekannt, hätte er diese bereits unter Cost-plus-Regulierung missbilligt und niedrigere Preise verlangt. Bestätigte der Regulierer den Preis des Unternehmens bei Cost-plus-Regulierung, konnte er die Ineffizienzen nicht kennen. Der Regulierer *vermutet* lediglich Kostenineffizienzen unter Cost-plus-Regulierung, weshalb er zur Price-Cap-Regulierung

Zur Bestimmung des Anfangsniveaus der Tarife[430] sind ebenso wie für den Produktivitätsfaktor Informationen aus dem Unternehmen nötig. Im Prozess, der zur Feststellung des Ausgangstarifniveaus führt, verwischt der Unterschied zwischen ROR- und Price-Cap-Regulierung. Für die Ausgangstarife bestünde eine Vorgehensweise darin, Tarife auf Vergleichsmärkten heranzuziehen und diese als Maßstab zu nutzen. Existieren jedoch keine geeigneten Vergleichsmärkte (etwa weil auf in Frage kommenden Märkten die Unternehmen ebenfalls mit Price Caps reguliert werden und der Regulierer dort sich dem analogen Problem gegenüber sieht), bleibt letztlich nur, die entsprechende Beurteilung anhand von Daten aus dem Unternehmen und dabei auch wieder anhand von Kostendaten vorzunehmen. Es wird deutlich, dass ROR- und Price-Cap-Regulierung nicht vollkommen getrennte Verfahren sein können, in Letzterem jedoch die Häufigkeit der Durchführung der Kostenkontrolle und die Stringenz der Kontrolle über die Kosten einzelner Dienste, die dem Ersteren eigen ist, vermieden wird.[431]

Meist votieren regulierte Unternehmen für Anfangspreise, die den Preisen zum Startzeitpunkt entsprechen und für einen *X*-Faktor in Höhe von ca. 2%. Andere sprechen sich für reduzierte Anfangstarife und höhere Produktivitätsziele aus.[432]

Im deutschen Telekommunikationssektor, der in gewisser Weise als „großer Bruder" des deutschen Postmarkts betrachtet werden kann, ist die Ausgangsbasis für die Preisobergrenze des Korbes nicht die Preisobergrenze der Vorperiode, sondern der Durchschnittspreisindex der Vorperiode. Nicht ausgenutzte Preissenkungsspielräume können also nicht in die nächste Price-Cap-Periode übertragen werden. Dies ist sinnvoll, wenn man davon ausgeht, dass nicht genutzte Preissetzungsspielräume entweder auf den Wettbewerbsdruck zurückzuführen sind oder darauf, dass der *X*-Faktor zu niedrig angesetzt war. In beiden Fällen gibt es keinen Grund, nicht ausgenutzte Preissetzungsspielräume in die nächste Periode zu übertragen. Ein Problem könnte allerdings die Anreizwirkung darstellen. Wird vom regulierten Unternehmen die Gefahr, die Preiselastizität der Nachfrage zu überschätzen, als hoch angesehen, so werden über das geforderte Maß hinausgehende Preissenkungen eher unterlassen, da Fehleinschätzungen nicht durch geringere Preissenkungen in der folgenden Price-Cap-Periode korrigiert werden können. Hier wird die Erfahrung zeigen, ob die-

---

wechselt. Er ist jedoch über das Vorliegen und das Ausmaß der möglichen Kostenreduktionen nicht informiert und kann deshalb vom Unternehmen nicht direkt verlangen, einen niedrigeren Preis zu verrechnen. Vgl. Train, K.E. (1991), S. 322f. und Lamouroux, H. (1999), S. 310.

429 Vgl. Tolley, G. / Bernstein, P. (1997), S. 231; Neu, W. / Stumpf, U. (1996), S. 255 und Lyon, T.P. (1994), S. 12f.

430 Das Wort *Tarifniveau* bezeichnet ein theoretisches Konstrukt, das aus Tausenden von einzelnen Kostenpositionen gebildet wird. In Verbindung mit den zu den einzelnen Tarifen nachgefragten Leistungen liefert das durchschnittliche Tarifniveau die Einnahmen der regulierten Branche. Das *Tarifniveau-Problem* beschäftigt sich mit der Frage, ob die Einnahmen insgesamt hoch genug sind, um die Kosten zu decken und „angemessene" Gewinne zu erzielen. Andererseits bilden die vielen Einzelpositionen eine bestimmte *Tarifstruktur*. Vgl. Kaufer, E. (1981), S. 47 und (1980), S. 379.

431 Vgl. Neu, W. / Stumpf, U. (1996), S. 257f. und Hall, G.R. (1993), S. 224.

432 Vgl. Tardiff, T.J. / Taylor, W.E. (1996), S. 23f.

se Formel dazu führt, dass der Durchschnittspreisindex stets knapp unter der Preisobergrenze bleibt oder nicht.[433]

6.4 Die Bestimmung des richtigen Preisindexes

Der Inflationsindex im Price Cap soll die externen Einflüsse auf die Inputkosten im regulierten Bereich möglichst genau widerspiegeln. Hierzu gehören vor allem geänderte Faktorkosten. Baumol bemerkt dazu, dass die Postdienste eine nicht reduzierbare Arbeitskosten-Komponente aufweisen. Diese Aktivitäten werden durch Kosten charakterisiert, die schneller als die allgemeine Inflationsrate ansteigen.[434] Diese Bedingung wurde *Baumol's Disease* genannt. Sie ist eine intrinsische Eigenschaft der Produktionsfunktion im Postsektor und nicht auf eine mangelnde Produktivität der Arbeitskräfte zurückzuführen.[435]

Müller vergleicht den Einzelhandelspreisindex (EHPI), den Erzeugerpreisindex (PPI), den Index der Tarifgehälter der Angestellten bei Gebietskörperschaften (GEHI), den Preisindex des Bruttosozialprodukts (BSPI) sowie den gemischten WIK-Index (WIKI), der sich aus 0,8 GEHI + 0,2 PPI zusammensetzt, mit den Veränderungsraten des Kostenindexes des Briefdienstes. Dabei zeichnen der EHPI, der BSPI und der WIKI die Bewegungen des Kostenindexes relativ zuverlässig nach. Deshalb darf der GEHI oder der PPI nicht verwendet werden. Weniger wichtig ist dagegen, welchem der drei erstgenannten Indizes man den Vorzug gibt. Jeder dieser drei hat Vor- und Nachteile bei der einen oder anderen Kennziffer. Der EHPI wies die höchste Übereinstimmung im Betrachtungszeitraum auf, der BSPI bietet die breiteste Grundlage und der WIKI liefert in der Kombination der einzelnen Beurteilungskriterien die vielleicht beste Approximation, zumal er von der Logik der Konstruktion langfristig am besten geeignet erscheint.[436]

Regulierer in Großbritannien nutzen den RPI[437] dieses Landes, während die Federal Communications Commission (FCC) in ihren Price-Cap-Plänen einen GNP-Preisindex (general national product price index, GNPPI) anwendet. Bei der Dänischen Post werden alle Vergütungselemente, getrennt nach Personal und Verwaltung, Gebäude, Terminalsystem, Verkaufsförderung und Ausbildung entsprechend der Entwicklung des Indexes des Bruttofaktoreinkommens angepasst.[438]

---

433 Vgl. Lamouroux, H. (1999), S. 312.

434 Im Zusammenhang mit einer kontrollierten Liberalisierung fokussierten die Franzosen 1995 auf die Überwachung des öffentlichen Postdienstes. So nimmt der Regulierer auch an den Preissetzungsprozeduren teil, um sicherzugehen, dass die Tarife des reservierten Sektors nicht schneller als die Inflation ansteigen. Vgl. Petel, Y. (1997), S. 36, 38.

435 Vgl. Müller, K. (1997), S. 328, 330; Sharkey, T.M. (1997), S. 29f.; Stewart, J.F. (1982), S. 169 und Sharkey, T.M / Treworgy, D.E. (1997), S. 180.

436 Näheres bei Müller, K. (1997), S. 328 – 332 und Neu, W. u.a. (1992), S. V, 35 – 43, 48.

437 Vgl. hierzu Abschnitt E 6.1 oben.

438 Vgl. MacDonald, J.M. u.a. (1994), S. 33 und Elsenbast, W. (1995), S. 27, 35f.

Volkswirtschaftsweite Preisindices sind attraktiv, da sie einfach anzuwenden sind und bereits zusammengestellt wurden. Sie sind zu den Aktivitäten eines Postunternehmens definitiv exogen; ein Postsektor-Preisindex wäre dies nicht.[439]

6.5 Die Bestimmung des Produktivitätsfaktors

Die Wahl des Produktivitätsfaktors[440] steuert auch die Gewinnaufteilung auf das Unternehmen und die Konsumenten. Ein höherer Produktivitätsfaktor transferiert einen größeren Teil der Kostensenkungen auf die Konsumenten als ein kleinerer. So wird aus dem Problem der Faktorwahl sowohl ein politisches Problem, als auch eines, das die Fähigkeit zu größtmöglichen Kostensenkungen beeinflusst.[441]

X nimmt also ganz offensichtlich eine Schlüsselstellung über Erfolg oder Misserfolg des Konzepts ein, weshalb es auch nicht verwundert, dass die Überlegungen zum Wert von *X* in der theoretischen Literatur zur Price-Cap-Regulierung den bei weitem größten Raum ausfüllen.[442]

Von besonderer Bedeutung bei der Festlegung des Produktivitätsfaktors ist im Postbereich die Existenz von Altlasten bei der Deutschen Post AG, die aus der hoheitlich-behördlichen Vergangenheit resultieren und deren Abbau durch die Trennung von Hoheit und Betrieb, die Umwandlung des Unternehmens in eine Aktiengesellschaft sowie die beabsichtigte materielle Privatisierung in der zweiten Jahreshälfte 2000[443] möglich und unabdingbar wird. Bei der Festlegung des *X* sollten die erheblichen Rationalisierungspotenziale berücksichtigt werden. Diese sollten dazu führen, dass das *X* für die Geltungsdauer des ersten Price Cap einen relativ höheren Wert zugewiesen bekommt und danach für die folgenden Price Caps verringert wird.[444] Bereits in den letzten Jahren hat die Deutsche Post AG ihre Produktivität derart gesteigert, dass sie diese Fortschritte an die Kunden weitergeben muss.[445]

Bei der Festlegung der Ausgangspreisstruktur sowie der Parameter für Inflation und Produktivitätsfortschritt ist auch der Kapitalbedarf für Automatisierungs- und Rationalisierungsprogramme zu berücksichtigen. Ein niedriges Ausgangspreisniveau bzw. ein hoher Produktivitätsfaktor könnte notwendige Rationalisierungen undurchführbar machen. Folglich würden die Produktivitätssteigerungen hinter den Erwartungen

---

439 Volkswirtschaftsweite Preisindices finden in der Price-Cap-Formel unter der Annahme Verwendung, dass Veränderungen der volkswirtschaftsweiten Inputpreisindices die Veränderungen im Postsektor-Inputpreisindex annähern.

440 In der deutschen Regulierungspraxis wurde bezüglich Zutrittspreisen zum Netz der Deutschen Telekom AG für den Mobilfunkanbieter D2 der historische Unterschied zwischen den Wachstumsraten der Produktivität in der gesamten Volkswirtschaft und im Telekommunikationssektor für die Bestimmung von *X* gewählt. Dahinter steckte die Idee, dass dieses Produktivitätsdifferenzial zukünftig erwartet werden kann und die Entwicklung der Zutrittspreise, die bei Wettbewerb erreicht worden wären, aufzeichnet. Vgl. Klodt, H. (1996), S. 19f. und Lamouroux, H. (1999), S. 310.

441 Vgl. Thompson, H.E. (1992), S. 98, 112.

442 Vgl. Müller, K. (1997), S. 332.

443 Vgl. Deutsche Post AG (Hg.) (1999), S. 7, 23.

444 Vgl. Neu, W. / Stumpf, U. (1996), S. 258 und MacDonald, J.M. u.a. (1994), S. 38.

445 Vgl. o.V. (1999x), S. 26.

bzw. Erfahrungen des Auslands zurückbleiben. Insofern existiert ein Zusammenhang zwischen der Festlegung von Ausgangspreisniveau und Produktivitätsfaktor.[446]

Zur Bestimmung des Produktivitätsfaktors wird auf den Produktionsmöglichkeitenraum eines Unternehmens abgestellt. Hierzu müssen die gesamten Produktionsmöglichkeiten zu zwei Zeitpunkten bekannt sein. In der Praxis liegt diese Information nie vor. Es gibt jedoch eine Möglichkeit, die Produktivitätssteigerung zu messen, wobei nur die Information über die laufende Produktion eines Unternehmens zu jedem Zeitpunkt zählt. Es wird also gemessen, inwiefern sich die Produktionsmöglichkeiten des Unternehmens in der Umgebung des aktuellen Produktionsplans verändern. Dies sagt nichts über die Veränderung der gesamten Produktionsmöglichkeiten aus. Für die Messung des Produktivitätswachstums wird die Wachstumsrate der Inputs von der Wachstumsrate der Outputs abgezogen.[447]

Schwierigkeiten treten auf, wenn ein Unternehmen viele verschiedene Outputs herstellt und dazu auf viele verschiedene Inputs zurückgreift, da jeder Output und jeder Input seine eigene Wachstumsrate hat. Meistens ist das aggregierte Outputwachstum ein einnahmenteilender gewichteter Durchschnitt der individuellen Outputwachstumsraten. Analog ist die aggregierte Inputwachstumsrate ein kostenteilender gewichteter Durchschnitt der individuellen Inputwachstumsraten. Diese Gewichte sind jedoch nur dann korrekt, wenn (i) das Unternehmen die Inputmengen wählt, welche die Kosten der Outputproduktion minimieren; (ii) das Unternehmen die Mengen aller Inputs schnell und ohne Umstellungskosten variieren kann; (iii) die Preise jedes Outputs den Grenzkosten entsprechen oder alternativ der Aufschlag auf die Grenzkosten für jeden Dienst gleich ist; und (iv) die Ertragsrate in beiden Perioden die gleiche ist. Sind eine oder mehrere dieser restriktiven Bedingungen verletzt, ergibt die Messung des Produktivitätswachstums nicht das wahre Produktivitätswachstum.

Die Höhe des Produktivitätsfaktors ist üblicherweise ein Verhandlungsergebnis zwischen dem Regulierer und dem regulierten Unternehmen und basiert auf einem plausiblen Szenario über zukünftige Nachfrage- und Kostenbedingungen. Im Telekommunikationsbereich wurden in Großbritannien *X*-Faktoren im Bereich 3 – 7,5% gesetzt,[448] in den USA 3 – 4% und in Deutschland vor 1998 bei jährlicher Laufzeit 4%, seit 1998 6% bei einer Laufzeit von zwei Jahren.[449] Preisstrukturveränderungen sind zugelassen, was zu einer starken relativen Verbilligung von internationalen und Ferngesprächen mit beitrug.[450] Diese Werte könnten auch im Bereich des Postwesens zumindest für die der Automatisierung zugänglichen Wertschöpfungsstufen gelten, wie z.B. Transport und Sortierung. Obwohl die Zustellung sehr arbeitsintensiv ist, werden Innovationen[451] im Bereich der Sortierung die Arbeitszeiten eines Zustellers bei der Sortierung seiner Post erheblich verkürzen.[452]

---

446 Vgl. Pieper, F. (1996), S. 164 und Tolley, R. / Bernstein, P. (1997), S. 237.

447 Es sei angemerkt, dass es sich hierbei nur um die Input- und Outputmengen der laufenden Produktion zu zwei verschiedenen Zeitpunkten handelt. Vgl. insbesondere Bidwell, M.O. Jr. u.a. (1994), S. 186 – 188.

448 Vgl. Crew, M.A. / Kleindorfer, P.R. (1992b), S. 64.

449 Vgl. auch Lamouroux, H. (1999), S. 311f.

450 Vgl. Vogelsang, I. (1992), S. 26.

451 Es soll jedoch angemerkt werden, dass die optimale Menge an Innovationen nicht notwendigerweise erreicht wird. Zum einen wird das Unternehmen nicht optimal in Produktinnovationen inves-

Basierend auf der Erfahrung von Australien und Neuseeland wurde beim Postdienst bereits ein *X*-Faktor in Höhe von 2% vorgeschlagen. Andererseits zeigen Erfahrungen der Niederlande, dass ein Produktivitätsfaktor von null effizient erscheint. Auch Crew und Kleindorfer schlagen angesichts der hohen Modernisierungsinvestitionen im Postsektor und dem zeitlichen Verzug, bis diese Investitionen wirksam werden, als Ausgangswert für den Produktivitätsfaktor während der ersten Laufzeit einen Wert nahe null vor. Es muss beachtet werden, dass der Wert von *X* auch vom Index der allgemeinen Preissteigerungsrate abhängt. Wird z.B. der EHPI genutzt, hat die Subtraktion von *X* eine größere Wirkung als wenn ein lohnbasierter Index genutzt würde. Letzterer impliziert auch Produktivitätsvariationen.[453]

6.6 Die Bestimmung der Laufzeit des Price Cap

Ein *reiner* Price Cap hat keine zeitliche Begrenzung. Würde man den Price Cap jedoch im Lauf der Zeit nicht an Veränderungen der Kosten und Nachfrage anpassen, könnte das Unternehmen entweder Verluste erleiden oder übermäßig große Gewinne erzielen, wobei keines von beiden erwünscht oder politisch vertretbar wäre. Einerseits ist es wichtig, dem Unternehmen die Möglichkeit zu geben, die Früchte seiner Rationalisierungsanstrengungen zu ernten, andererseits sollte der Regulierer nach einer gewissen Zeit die Möglichkeit erhalten, eventuelle Fehler im Regulierungsansatz zu verbessern. Um diesen Veränderungen Rechnung zu tragen, müssen Price Caps überarbeitet werden; es handelt sich also bei allen implementierten oder einzuführenden Price Caps um „unreine" Price Caps. In einer dynamischen Betrachtungsweise jedoch muss die Möglichkeit strategischen Verhaltens beider Seiten einbezogen werden. Der Regulierer wird sich die während dem ersten Price Cap gewonnenen Informationen zu Nutze machen und die Parameter für den zweiten entsprechend anpassen. Das Unternehmen ist sich darüber natürlich bewusst und hat so Anreize, nicht alle Effizienzpotenziale offenzulegen. Das Unternehmen wird also die wahre Information während der ersten Laufzeit nur dann offenbaren, wenn die in Zukunft anfallenden Rationalisierungsgewinne kompensiert werden. Es ist insbesondere möglich, dass das Unternehmen Verschwendung betreiben wird, um den Regulierer davon zu überzeugen, einen höheren Price Cap zu setzen. Ob sich das Unternehmen suboptimal strategisch verhält, hängt davon ab, wie der neue Cap bestimmt wird – oder präziser, wie das Unternehmen vermutet, dass der Regulierer den neuen Cap festlegen wird. Je seltener eine Überarbeitung des Price Cap erfolgt, desto grö-

---

tieren, weil der Price-Cap es davon abhält, den Preis zu erhöhen, um den Nutzen der Konsumenten aus verbesserten Produkten einzufangen, zum anderen hängen die Kosteneinsparungen aus den neuen Technologien vom Outputniveau des Unternehmens ab. Produziert das Unternehmen weniger als die optimale Outputmenge, werden Technologien, die bei der optimalen Outputmenge effektiv wären, jedoch nicht bei der Outputmenge des Unternehmens, nicht angewendet. Vgl. Train, K.E. (1991), S. 326.

452 In Großbritannien wurden die Grenzkosten der Zustellung (einschließlich der vorbereitenden Tätigkeiten im Haus) auf weniger als 50% (auch langfristig) geschätzt. Vgl. Reay, I. (1995), S. 157f.; Hungenberg, H. / Hutzschenreuther, T. (1998), S. 19; Crew, M.A. / Kleindorfer, P.R. (1992a), S. 113; Gröner, H. / Knorr, A. (1996), S. 240 und Pieper, F. (1996), S. 164. Für verschiedene angewandte Produktivitätsfaktoren im Telekommunikationsbereich der USA vgl. Bidwell, M.O. Jr. u.a. (1994), S. 199 – 201.

453 Vgl. Speckbacher, W.A.K. (1995), S. 176; Campbell, J.I. Jr. (1996b), S. 123 und Crew, M.A. / Kleindorfer, P.R. (1992a), S. 113.

ßer ist der Anreiz für das Unternehmen, in der Zwischenzeit die Kosten zu minimieren. Die Laufzeit des Price Cap im Postbereich sollte daher nach Abschätzung aller Einflussfaktoren zwischen drei und fünf Jahre betragen;[454] für den deutschen Telekommunikationssektor wurde eine Laufzeit von 4 Jahren fixiert.[455]

Ferner könnte festgelegt werden, dass der Tarif einzelner Produkte bei jeder Tarifänderungsrunde lediglich innerhalb einer Bandbreite nach oben oder nach unten von dem Wert, der durch den Cap bestimmt wird, abweichen darf. So könnte die Flexibilität innerhalb eines Korbes kurzfristig nur beschränkt ausgenutzt werden und somit den Preismissbrauch bei Wettbewerb begrenzen. Da die Unternehmen ihre Preise jedoch dann nicht mehr völlig flexibel nach unten anpassen dürfen, wäre die Funktionsfähigkeit des Wettbewerbs durch eine derartige Regelung erheblich behindert. Eine Bandbreite für Tarifänderungen ist daher für den Briefmarkt abzulehnen.

6.7 Kritik des Ansatzes

Einwände gegen die Anwendung einer Price-Cap-Formel ergeben sich aus den Unsicherheiten, die bei der Wahl des Preisindexes, des Produktivitätsfaktors und der Laufzeit auftreten, der Abweichung von einer effizienten Preisstruktur und der Möglichkeit der Quersubventionierung innerhalb eines Warenkorbs.[456]

Problematischerweise sind zur Festlegung des *Anfangsniveaus* der Tarife ebenso wie für den *Produktivitätsfaktor* Informationen aus dem Unternehmen nötig, die der Regulierungsbehörde jedoch nicht vorliegen. Zur Bestimmung des *Preisindexes* lässt sich kein einfach ermittelbarer volkswirtschaftlicher Index heranziehen; ein Postbezogener Index wäre indes hinsichtlich der Aktivitäten der Postunternehmen nicht exogen. Bei der Festlegung der *Laufzeit* eines Price Cap existiert ein Trade-off zwischen einer möglichst langen Laufzeit, um den Unternehmen ihre Gewinne zukommen zu lassen, und einer kurzen Laufzeit, um den Mechanismus möglichst schnell an veränderte Kosten- und Nachfragebedingungen anzupassen.

Da die Anwendung des Price-Cap-Regulierungsregimes zu einer Preisstruktur führt, die, wie Ramsey-Preise, invers proportional von den Preiselastizitäten der Nachfrage abhängt,[457] können ebenso wie bei der Ramsey-Regel die Kritikpunkte hinsichtlich

---

[454] Es soll nicht verschwiegen werden, dass auch diese Angaben der Willkür unterliegen.

[455] In welchem Ausmaß Anpassungen automatisch vorgenommen werden sollen und inwieweit eine formelle Anpassung erforderlich ist, stellt einen wichtigen Faktor dar. Da ein automatischer Mechanismus nicht perfekt sein kann, müssen Price Caps von Zeit zu Zeit formell überholt werden. Automatische Anpassungen jedoch können helfen, die Zeitspanne zwischen den formellen Anpassungen zu verlängern. Je besser eine automatische Anpassung die aktuellen Kostenänderungen des Dienstleisters abbildet, desto länger kann diese Zeitspanne sein. Vgl. Pieper, F. (1996), S. 165; Train, K.E. (1991), S. 325, 327f.; Bidwell, M.O. Jr. u.a. (1994), S. 195f.; Vogelsang, I. (1989), S. 28f.; Sherman, R. (1989), S. 47, 50; Crew, M.A. / Kleindorfer, P.R. (1992a), S. 112; Müller, K. (1997), S. 335 und Neu, W. / Stumpf, U. (1996), S. 258, 260. Neu u.a. halten einen Zeitraum von vier Jahren für angemessen. Vgl. Neu, W. u.a. (1992), S. 45.

[456] Vgl. MacDonald, J.M. u.a. (1994), S. 28 und Pieper, F. (1996), S. 163. Siehe auch Neu, W. (1993).

[457] Vgl. Brennan, T.J. (1991), S. 36. Die Wahrscheinlichkeit hierfür ist umso niedriger, je ähnlicher sich die in einem Korb zusammengefassten Dienste in ihrer jeweiligen Preiselastizität der Nachfrage sind.

der Effizienzeigenschaften der inversen Elastizitätsregel sowie aus der verteilungs- und wettbewerbspolitischen Perspektive angeführt werden.[458]

Bislang wurde auch oft übersehen, dass das Modell der Price-Cap-Regulierung gewinnmaximierende Manager voraussetzt, was nicht immer realistisch ist. Voraussetzung dieser Form der Preisregulierung sind demzufolge entsprechende leistungsorientierte Verträge mit dem Management des Unternehmens, das auf die Gewinn- bzw. Vermögenswertmaximierung zu verpflichten ist. Daneben sollte sichergestellt sein, dass diskretionäre Eingriffe des Politikbereichs weitgehend unterbleiben.[459]

6.8 Price Caps: Eine Zusammenfassung

Bei der Setzung von Price Caps anstelle einzelner Preise verliert die Regulierungsbehörde die Macht, ein bestimmtes Verhältnis zwischen spezifischen Posttarifen zu diktieren, gewinnt hinsichtlich der Eindämmung von Ineffizienz und Monopolrenten aber neue Autorität. Die Parameter des Price Cap weisen dabei eine enge Beziehung zu den Kostensenkungsanreizen und der Maximierung des Stockholder-Value auf. Ebenso haben sie einen Effekt auf die Kapitalkosten und somit auch auf die Wachstumsrate der von den Konsumenten gezahlten Tarife.[460]

Von großer Bedeutung bei Price-Cap-Regulierung ist der nur geringe Anreiz für die regulierten Unternehmen, mit nichtoptimalen Mengen in Wettbewerbsmärkte einzutreten bzw. wettbewerbsverzerrende Quersubventionierungen vorzunehmen.[461]

Die Vorteile der Price-Cap-Regulierung im Vergleich zu kostenbasierten Regulierungsansätzen sind somit erheblich:[462]

- Der Anreiz zur Realisierung von Produktivitätsfortschritten und damit Kostensenkungen ist wesentlich höher;
- da mittel- bis langfristig deutlich weniger Informationen benötigt werden, ist der Regulierungsaufwand deutlich niedriger;
- die Unternehmen können ihre Preisstruktur flexibler an Nachfrageveränderungen anpassen, da nicht der einzelne Preis, sondern der Durchschnitt der Preise reguliert wird und
- bei überdurchschnittlichen Produktivitätsfortschritten im Postsektor ist der Anstieg der Durchschnittspreise in diesem Sektor geringer als die allgemeine Preissteigerungsrate.

Um einen effizienten Price Cap zu setzen, ist die genaue Ermittlung der Kriterien für die Laufzeit, den Preisindex, den Produktivitätsfaktor und das Niveau der Aus-

458 Die für eine Ramsey-Preisbildung nötigen Kenntnisse über Kosten- und Nachfragedaten entfallen hier, da das Unternehmen von sich aus Ramsey-Preise wählt und die erforderlichen Daten daher offenbart.

459 Vgl. Berger, H. / Knauth, P. (1996), S. 38.

460 Vgl. Campbell, J.I. Jr. (1997a), S. 18 und Thompson, H.E. (1992), S. 97. Ferner muss die *RPI-X*-Formel um Gewinnziele, vorzugsweise in Form einer Kapitalrendite, mit Anreizen für das Management und die Beschäftigten ergänzt werden. Auch Strafen für Fehler sollten möglich sein. Vgl. Dearing, S.R. (1991), S. xvii.

461 Vgl. Knauth, P. (1993), S. 137.

462 Vgl. Lamouroux, H. (1999), S. 311.

gangstarife nötig. Bei der Heranziehung von Erfahrungen anderer Länder sind jedoch Anpassungen aufgrund der jeweils unterschiedlichen Bedingungen zu beachten.[463]

Für eine rechtzeitige Festlegung der Warenkörbe und Price Caps spricht die damit erleichterte Einführung der neuen Währungseinheit Euro bei der Deutschen Post AG, um konsumentenfreundliche, „runde" Beträge für die in den jeweiligen Körben zusammengefassten Dienste der Deutschen Post AG im Einzelhandel zu erhalten.

7 Sliding-Scale-Regulierung

Die meisten der in den USA für öffentliche Versorgungsbetriebe eingeführten Price-Cap-Mechanismen beinhalten Grenzen, wie viel Gewinn oder Verlust das Unternehmen machen darf, bevor die Kunden an den Gewinnen beteiligt werden; solche Grenzen werden auch als „Zonen der Vernunft" bezeichnet. Schemata mit Gewinnbeteiligung sind Varianten der Sliding-Scale-Regulierung, die bereits rund 50 Jahre bekannt ist. Eine Gewinnbeteiligung hilft, das Potenzial für große Preis-/ Kostendiskrepanzen, die unter reinen Price Caps auftreten, zu vermindern. Gleichzeitig stellt sie größere Kostenreduktionsanreize als die ROR-Regulierung, die als ein Typ dieser Aufteilungsregulierung betrachtet werden kann: Die Kunden erhalten die restlichen Gewinne in Form zukünftig niedrigerer Preise. Es kann gezeigt werden, dass die Pflicht, zumindest einen kleinen Teil der Gewinne abzugeben, einen reinen Price Cap unter Kostenunsicherheit immer verbessert. Die Gewinnbeteiligung sichert zu, dass sich der Preis ex post nicht allzu sehr von den Kosten entfernt. Da Price Caps im Vergleich zu anderen Regulierungsregimes dem Unternehmen oft große Renten lassen, ist Gewinnbeteiligung besser geeignet, diese zu entziehen und ähnelt oft der Performance des optimalen Bayes'schen Regulierungsmechanismus.[464]

8 Anreizverträge und Kompensationszahlungen

Die Price-Cap-Regulierung wurde von neueren Entwicklungen der Principal-Agent-Theorie herausgefordert, bei der argumentiert wurde, dass die Price-Cap-Regulierung zwar einige Probleme löst, andere jedoch erst generiert. Aus dieser Sicht wäre ein *Anreizvertrag* der optimale Vertrag für das regulierte Unternehmen, der sowohl Elemente des Price Cap, als auch der Cost-plus-Regulierung beinhaltet.[465]

Mit Anreizverträgen wird erstens sichergestellt, dass Privatkunden nur noch inflationär bedingte Tariferhöhungen erleben, zweitens beinhalten sie Investitionen in Technologie und die Wahrscheinlichkeit für eine schnellere Einführung neuer Dienste.[466]

Die Regulierungsbehörde offeriert bei Anreizverträgen einen Basisplan, wobei das regulierte Unternehmen alternativ einen anderen Price Cap mit einer höheren Kapitalverzinsungsrate, aber auch einem höheren Produktivitätsfaktor vorschlagen kann. Das alternative Regime muss Pareto-superior zum Basisplan sein. Je höher also die ausgewählten Abschreibungsraten, desto höher darf der verlangte *X*-Faktor sein.

---

463 Vgl. hierzu die Problematik der Vergleichsmarktkonzepte in Abschnitt F dieses Kapitels.

464 Vgl. Lyon, T.P. (1994), S. 13f.; Bidwell, M.O. Jr. u.a. (1994), S. 203 und MacDonald, J.M. u.a. (1994), S. 29.

465 Vgl. detaillierter bei Klodt, H. (1996), S. 20 – 28; Crew, M.A. / Kleindorfer, P.R. (1992a), S. 98 – 103 und (1992b), S. 65 – 77.

466 Vgl. MacDonald, J.M. u.a. (1994), S. 41.

Wählt das Unternehmen eine Alternative, so stellt dies eine Pareto-Verbesserung dar, da nicht nur das Unternehmen, sondern auch die Konsumenten unter der Annahme besser gestellt werden, die Nachfrage bleibe auf demselben Niveau.[467]

Bei einem Anreizvertrag erhalten effizientere Unternehmen höhere *Kompensationszahlungen*, wenn sie – dem Ziel eines Anreizvertrags entsprechend – ihre Kosten offenbaren. Der Anreiz zur Kostenoffenbarung muss einer dynamischen Betrachtung unterzogen werden (Mehr-Perioden-Spiel), um strategisches Verhalten von vornherein zu umgehen. Hierfür werden auch Informationen über die Kosten aus der ersten Periode für die Setzung der Bedingungen der zweiten Periode herangezogen usw.

Das Unternehmen maximiert seine diskontierten Gewinne *nach* der Kompensationszahlung, die sich aus der Kompensationszahlung und den Einnahmen abzüglich der Kosten zusammensetzen. Der Regulierer muss nur die aktuell realisierten Preise und Mengen des Unternehmens, also einfach beobachtbare Daten, kennen.[468]

Nach einem Plan der FCC wurde für die Regulierung von AT&T eine Kombination aus Price-Cap- und ROR-Regulierung eingeführt. Sie beinhaltete einen *X*-Faktor von 3,3% und eine erlaubte Ertragsrate von 11,25%, mit symmetrischer Aufteilung der darüber liegenden Gewinne auf das Unternehmen und die Konsumenten (in Form einer Preissenkung in der Folgeperiode). Der Plan erlaubt es AT&T vertraglich, auch einen *X*-Faktor in Höhe von 4,3% zu wählen, wenn es seine Ertragsrate um einen Prozentpunkt erhöht. Dieser Plan ist jedoch *ineffizient*, da er weder eine Qualitätskontrolle, noch innovative Preissetzungsmethoden, z.B. tageszeitabhängige Zugangspreise, ermutigt.[469]

8.1 Formale Darstellung

Der gemeinsame Startpunkt zu Price Caps und Anreizverträgen ist die Informationsasymmetrie zwischen Regulierer und reguliertem Unternehmen. Es sei angenommen, dass der Regulierer die Marktleistung beobachten kann, aber nur begrenzte Informationen über die Parameter der Kostenfunktion des regulierten Unternehmens hat. Die Kostenfunktion des regulierten Unternehmens lässt sich wie folgt darstellen:[470]

$$C = (\mu - e)q + (\eta - Ae), \tag{55}$$

wobei μ und η die anfänglichen Grenz- und Fixkosten (sie stellen gemeinsam die anfängliche Effizienz dar) bezeichnen, q sei der Output, A eine Konstante zur Dar-

---

467 Vgl. Crew, M.A. / Kleindorfer, P.R. (1992b), S. 67f., 75.

468 Regulierer nutzten auch Veränderungen auf dem Namensschild des regulierten Unternehmens als Entschuldigung für die Aufgabe von Kostenschätzungen auf historischer Basis und bestraften die Unternehmen dafür, dass diese nicht ihre genauen aktuellen und zukünftigen Projektkosten kannten. Vgl. Noll, R.G. (1986), S. 185.

Ferner entstehen Anreize zu Kostenreduktion und Produktinnovationen. Andererseits können inflationäre Tendenzen, Nachfragereduktionen und –ausweitungen den Unternehmen Verluste bringen. Vgl. Finsinger, J. / Vogelsang, I. (1980a), S. 1, 3f. und (1980b), S. 6f.

469 Solange der Regulierer dem Unternehmen immer eine gewisse Rente zahlen muss, um an die Informationen zu gelangen, kann Effizienz im neoklassischen Sinn nicht erreicht werden. Vgl. Crew, M.A. / Kleindorfer, P.R. (1992a), S. 103 und (1992b), S. 65f.

470 Dieser Abschnitt basiert im Wesentlichen auf Kloth, H. (1996), S. 21 – 25.

stellung der Anstrengungen, und *e* das *Niveau* der Anstrengungen in Form von z.B. Innovations- oder anderen Kosten, das zur Senkung der Grenz- und Fixkosten führt.

Das Nutzenniveau des Managements wird durch

$$U = (pq - C) - \gamma(e) \qquad (56)$$

dargestellt, wobei der erste Term die Gewinne und $\gamma(e)$ die Last der Anstrengungen, die aufgrund einer effizienzsteigernden Strategie entstehen, repräsentiert.

Um den optimalen Regulierungsvertrag zu entwerfen, müssen verschiedene Fälle unterschieden werden, die sich auf die unterschiedlichen Typen asymmetrischer Information beziehen (vgl. Tabelle 5).

Tabelle 5: Optimale Verträge bei asymmetrischer Information

Fall	Asymmetrische Information über				Beobachtbarkeit der Kosten		Optimaler Vertrag
	Effizienz		Anstrengungen				
	Ja	Nein	Ja	Nein	Ja	Nein	
(1)		✓		✓	✓		(symmetrische Information)
(2)	✓		✓			✓	Fixpreis
(3a)		✓	✓		✓		Fixpreis
(3b)	✓			✓	✓		Cost-plus
(3c)	✓		✓		✓		Anreiz

Quelle: Vgl. Kloth, H. (1996), S. 21.

- Fall 1:
  Ist eine ex-post-Kontrolle möglich und kennt der Regulierer sowohl die effizienten Kosten des regulierten Unternehmens (μ und η), als auch dessen Anstrengungen zur Kostenkontrolle (*e*), wird die Regulierungsaufgabe trivial, da keine relevante Informationsasymmetrie existiert. In diesem Fall kann der Regulierer die volkswirtschaftlich optimale Marktleistung vollständig beschreiben und korrespondierende Regulierungen auf Preise und Output legen.
- Fall 2:
  Ist keine ex-post-Beobachtung der Kosten möglich, ist dagegen ein Vertrag mit einem Fixpreis optimal, weil die Regulierungsinstitution die Kostenangaben des regulierten Unternehmens nicht verifizieren kann. Bei perfekten Kapitalmärkten spielt es keine Rolle, ob der Fixpreis für die gesamte Regulierungsperiode gilt, oder ob er allmählich durch eine Price-Cap-Regel reduziert wird.
- Fall 3:
  Wenn eine Beobachtung der Kosten ex post möglich ist und
  a) der Regulierer die Effizienz, aber nicht die Anstrengungen beobachten kann (moralisches Risiko), ist ein Fixpreis (oder Price Cap) der optimale Vertrag, da der Preis in Höhe der Durchschnittskosten festgelegt werden kann und das Unternehmen keinen Anreiz zu ineffizienter Produktion hat.
  b) der Regulierer die Anstrengungen, aber nicht die Effizienz beobachten kann (adverse Selektion), ist eine Cost-plus-Regulierung die optimale Lösung, weil übertriebene Kostenmeldungen des regulierten Unternehmens von der ex-post-Kostenkontrolle berichtigt werden können. In diesem Fall würde ein Fixpreis-Vertrag zu überhöhten Preisen und einem suboptimalen Output führen, was in allokativen Verzerrungen auf der Nachfrageseite des regulierten Marktes enden würde.

c) der Regulierer weder die Anstrengungen, noch die Effizienz beobachten kann (moralisches Risiko plus adverse Selektion), erweist sich ein *Anreizvertrag* als Kompromiss zwischen Fixpreis- und Cost-plus-Regulierung als optimale Lösung.

Die Idee des im Fall 3c) nötigen Anreizvertrags wird nun in Abbildung 3 dargestellt. Der Regulierer schätzt ohne jede weitere Information über Effizienz und Anstrengungen, dass die Kosten des regulierten Unternehmens zwischen C_{min} und C_{max} liegen. Die aktuellen Kosten können vom Regulierer nur ex post beobachtet werden. Bei einem *Fixpreis* müsste der Regulierer den Preis $p_{fp}(=C_{max})$ setzen, um die Teilnahmebedingung zu erfüllen. Unter einem *Cost-plus-Regulierungsregime* wäre die erlaubte Preisobergrenze gleich den aktuellen Kosten (inklusive einer Kapitalverzinsung). Beim *Anreizvertrag* bietet der Regulierer verschiedene Verträge an, und das Unternehmen wählt frei einen Punkt der Kurve in Abbildung 3. Die angebotenen Verträge liegen also auf der Anreizvertragskurve und entsprechen dem folgenden Typ:

$$p_{max} = F + oC \text{ ; mit } F = F(o) \text{ und } dF/do < 0. \quad (57)$$

F entspricht einer Kompensationszahlung in Form genehmigter einbehaltener Gewinne, *C* sind die vom Unternehmen veröffentlichten Kosten. Beim veröffentlichten Kostenniveau von C_{max} wird der Kostenoffenbarungsparameter *o* gleich eins und *F* geht gegen null, bei C_{min} dagegen ist *o* gleich null und *F* erreicht sein Maximum.

Abbildung 3: Preisobergrenzen bei unterschiedlichen Regulierungskonzepten

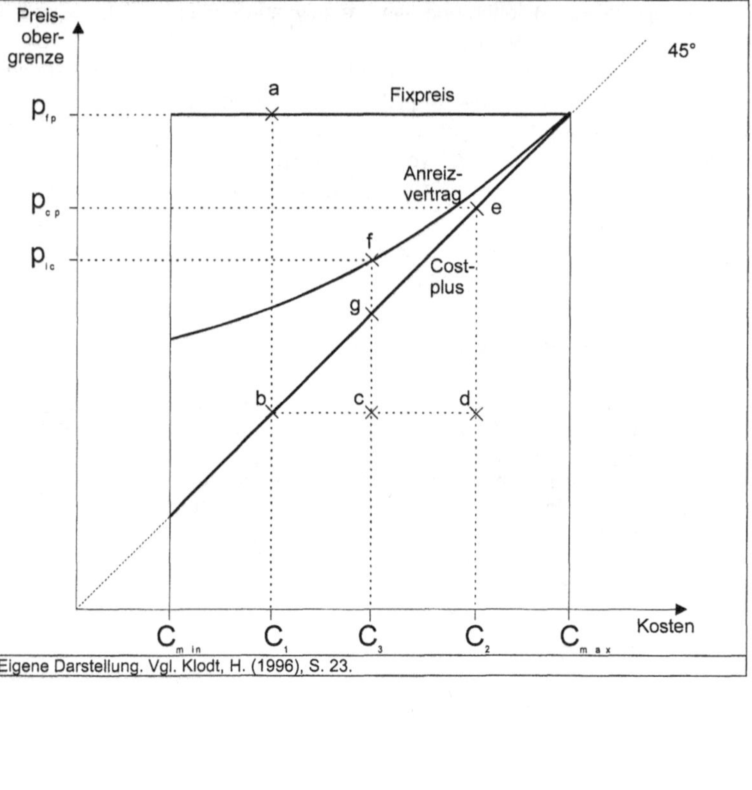

Quelle: Eigene Darstellung. Vgl. Klodt, H. (1996), S. 23.

Für diese Extremfälle entsprechen die Anreizvertragschemata einer Cost-plus- bzw. einer Fixpreis-Regel. Bei jedem anderen Kostenniveau handelt es sich um eine Mischung beider. Jeder individuelle Vertrag hat lineare Kosten; die Setzung der Preisobergrenzen über das gesamte Kostenspektrum kann jedoch auch nichtlinear sein.

Um die Unterschiede zwischen den drei Regulierungskonzepten Fixpreis-Regel, Cost-plus-Regulierung und Anreizvertrag darzustellen, wird angenommen, das Unternehmen könne seine aktuellen Kosten bestenfalls auf C_1 reduzieren.[471] Wird es jedoch dazu gezwungen, alle Kostensenkungen über niedrigere Preise an die Konsumenten weiterzugeben, hält es sich mit den Anstrengungen zurück und die aktuellen Kosten liegen z.B. auf dem Niveau von C_2.

- Unter einer *Fixpreis-Regel* gibt es kein moralisches Risiko, das Unternehmen realisiert ein Kostenniveau von C_1. Es existieren also keine Ineffizienzen beim regulierten Unternehmen. Der verlangte Preis indes deckt nicht die Grenzkosten, liegt jedoch bei p_{fp}, was zu einer suboptimalen Nachfrage und damit korrespondierenden allokativen Verzerrungen auf nachgelagerten Märkten führt.
- Unter *Cost-plus-Regulierung* entsprechen die Preise den Durchschnittskosten p_{cp}, das Kostenniveau aber erreicht aufgrund suboptimaler Anstrengungen C_2.
- Bei einem *Anreizvertrag* hat das Unternehmen einen Anreiz zur Kostenreduzierung, weil es nicht dazu gezwungen wird, alle Produktivitätsgewinne an die Konsumenten weiterzugeben. Daher wird das realisierte Kostenniveau zwischen C_1 und C_2 (also z.B. C_3) liegen und das Preisniveau p_{ic} niedriger als p_{fp} und vielleicht auch niedriger als p_{cp} sein.

Die bei einer Fixpreis-Regel vom regulierten Unternehmen extrahierbare Informationsrente wird durch die Strecke $\overline{ab}$ in Abbildung 3 wiedergegeben. Unter einer Cost-plus-Regulierung gibt es keine Informationsrente für das Unternehmen, jedoch eine Allokationsineffizienz in Höhe $\overline{de}$ wegen mangelhafter Anstrengungen. Beim Anreizvertrag erhält das Unternehmen eine Informationsrente in Höhe von $\overline{fg}$, und es kommt zu einer allokativen Effizienz in Höhe von $\overline{cg}$. Das Konzept der Anreizvertrag-Regulierung ist also ein Versuch, den Trade-off zwischen den angebotsseitigen Verzerrungen einer Cost-plus-Regulierung und den nachfrageseitigen Verzerrungen einer Fixpreis-Regel auszubalancieren.

Die konkreten Parameter des Anreizvertragschemas sollten von der relativen Wichtigkeit der Informationsasymmetrien über Effizienz und Anstrengungen abhängen. Sind die Effizienzüberlegungen am wichtigsten, sollte die Anreizvertragskurve von Abbildung 3 näher an der Cost-plus-Kurve liegen, während eine hohe Gewichtung der Anstrengungsüberlegungen in einer Annäherung der Anreizvertragskurve an die Fixpreis-Kurve reflektiert werden sollte. Deshalb ist die Anreizvertragskurve in Abbildung 3 nach oben gekrümmt: Wählt das regulierte Unternehmen einen Anreizvertrag in der Nähe von C_{min}, so offenbart es eine relativ hohe Effizienz und eine große Reaktion auf Anreize. Aus diesen Gründen sollte die Anreizvertragskurve bei niedrigen Kostenniveaus fast so linear wie die Funktion des Fixpreises verlaufen.

---

[471] Es sei angemerkt, dass c_{min} nicht die aktuellen Kostensenkungspotenziale darstellt, sondern lediglich die Schätzung des Regulierers.

Ein zweiter Aspekt ist das relative Gewicht der allokativen Verzerrungen auf der Angebots- und Nachfrageseite. Erhalten die Ineffizienzen der Angebotsseite die höchste Gewichtung, sollte die Anreizkontraktkurve ziemlich flach und nahe an der Fixpreis-Kurve verlaufen. Andererseits gilt: "It is generally optimal to make price more responsive to actual cost when consumers' surplus is the objective, even at the cost of reducing incentives for efficient production."[472] In Wirklichkeit ist ein solches Feintuning des Anreizvertrags illusorisch, weil die relevanten Informationen nicht verfügbar sind.[473]

In der Praxis tendieren Verträge zu auffälliger Unvollständigkeit. Je komplexer aber ein Vertrag ist, desto mehr Schutz wird sichergestellt. Die Komplexität führt sowohl zu Kosten der Vertragsvorbereitung, als auch zum potenziellen Verlust an Flexibilität. Dieses Verhältnis stellt einen Trade-off dar.[474]

8.2 Zusammenfassung zu Anreizverträgen mit Kompensationszahlungen

Kann die Regulierungsbehörde die Kostensituation ex post beobachten, sollte sie diese Information nutzen und Anreizverträge generieren, welche die Effizienzgewinne in Form von Kompensationszahlungen unter den Produzenten und Konsumenten aufteilen. Bei einem solchen Regulierungsregime kann der Regulierer den Trade-off zwischen der Minimierung der Summe der allokativen Ineffizienzen auf der Angebots- bzw. der Nachfrageseite ausbalancieren.

In einer Welt mit moralischem Risiko und adverser Selektion jedoch kann man annehmen, dass das regulierte Unternehmen unter einer Anreizvertragsregulierung weniger effizient als unter einer Price-Cap-Regulierung sein wird. Man kann aber auch erwarten, dass das Preisniveau niedriger sein wird, was den Konsumenten zugute kommt.

Bisher wurde in diesem Zusammenhang noch nicht auf die optimale Dauer der Regulierungsverträge eingegangen. So kann ein Price-Cap-Vertrag, der nach relativ kurzen Zeitintervallen wieder neu ausgehandelt wird, das Problem des moralischen Risikos nicht lösen, da das regulierte Unternehmen berücksichtigt, dass Effizienzgewinne von heute zu niedrigeren Preisobergrenzen von morgen führen. Von den verfügbaren Regulierungstypen benötigt lediglich die ROR-Regulierung keine periodischen Revisionen. Dies begründet einen Einwand gegen Price Caps und Anreizverträge.

Hinsichtlich der Anwendung der unterschiedlichen Ansätze in der Praxis lässt sich generell feststellen, dass Energieversorgungsunternehmen zum Teil kostenaufteilende Schemata und Telefongesellschaften umfangreiche Sliding-Scale-Pläne haben. Der Postsektor dagegen konnte bisher leider nur in wenigen Ländern von der Cost-plus-Regulierung gelöst werden. Auf wesentliche Erfahrungen des Auslands geht deshalb der folgende Abschnitt ein. Insgesamt zeigt sich hier eine Präferenz für den

---

472 Vgl. Kloth, H. (1996), S. 25.

473 Mit weniger komplexen Anreizvertragsformen der Regulierung gibt es Erfahrungen der regionalen Bell Operating Companies aus verschiedenen US-Staaten. 19 Staaten wenden für die zusätzlichen Gewinne eine lineare Aufteilung zwischen dem regulierten Unternehmen und seinen Konsumenten an. Unter den verbleibenden Staaten benutzen 17 eine Cost-plus-Regulierung.

474 Vgl. Crew, M.A. / Crocker, K.J. (1992), S. 131f.

Price-Cap-Ansatz, dessen Ziel es ist, durch die dem Verfahren inhärente Möglichkeit der Unternehmen, die Gewinne zu behalten, Anreize zur Entwicklung neuer Produkte und Kostensenkungen bereitzustellen.

9 Erfahrungen des Auslands

Um auf dem deutschen Postmarkt effiziente Kriterien für anreizorientierte Regulierungsformen wählen zu können, wird die Regulierungsbehörde auf Erfahrungen ausländischer Postdienstleister zurückgreifen. Natürlich müssen die Eigenheiten des jeweiligen Landes bzw. dessen Regulierung entsprechend berücksichtigt werden; eine Eins-zu-eins-Adaption wird nie möglich sein. Da es auch nur wenige ökonomische Vergleiche nationaler Postsysteme gibt,[475] muss die Postökonomie konsequenterweise primär auf Studien einzelner nationaler Postdienste vertrauen. Im Folgenden sollen daher lediglich die Länder Australien, Großbritannien, Neuseeland, Schweden und die USA betrachtet werden, da sie in ihren anreizorientierten Strukturen den Preisbildungsmöglichkeiten des aktuellen deutschen Postgesetzes am meisten ähneln.

9.1 Australien

Nach dem Prices Surveillance Act muss *Australia Post* vorgeschlagene Preisänderungen für alle reservierten Dienste anzeigen. Der Prices Surveillance Act wird von der Prices Surveillance Authority verwaltet. Während diese Behörde nur eine beratende Rolle hat, ist sie als Leiter öffentlicher Untersuchungen und aufgrund ihrer veröffentlichten Empfehlungen einflussreich. Der postalische Basistarif, der sich auf den volumenmäßig größten Briefdienst bezieht, unterliegt einem Price-Cap-Regime.[476]

Die Leistungsverbesserung aus der Transformation der Australia Post von einer konservativen Bürokratie in eine dynamische Unternehmung unter dieser Anreizregulierung wurde bei Castro / Maddock dargestellt.[477] Die Preise aller Sendungen fielen seit der Einführung von Price Caps im Jahr 1985 um durchschnittlich 5%, wobei die Preise für Standardbriefe bei einer Outputsteigerung von 43% um 15% sanken. Während die reale Marge der Standardbriefe im Laufe der zehnjährigen Periode von 1985 bis 1995 unverändert blieb, wurden andere Dienste seit der Einführung von Price Caps eindeutig lukrativer. Der Gesamteffekt führte 1985 zu einer nominalen Gewinnsteigerung von 24 Millionen, 1995 zu 331 Millionen australischen Dollar,[478] was einem 8-fachen realen Wachstum entspricht.[479]

Die Manager hatten wenig Anreize, einige der weniger profitablen traditionellen Aktivitäten weiterzuführen. Sie klagten darüber, dass wohl kaum von ihnen erwartet werden könne, Wettbewerbsstandards zu leisten, während sie gleichzeitig dazu verpflichtet sind, geringmengige und unprofitable Dienste anzubieten.

---

475 Soweit dies möglich war, verglichen Cohen u.a. 21 nationale Postdienste. Vgl. Cohen, R.H. u.a. (1997), S. 83.

476 Vgl. Castro, M.C. (1995), S. 30.

477 Vgl. deshalb zum Folgenden Castro, M. / Maddock, R. (1997), S. 260f.

478 Ein australischer Dollar entspricht 77 US cents.

479 Australia Post zahlte 1995 $123 Millionen Unternehmenssteuern und eine Dividende von $120 Millionen. Die Gewinne aus gewöhnlicher Geschäftstätigkeit beliefen sich auf 15,6%.

9.2 Großbritannien

Kernelemente der Regulierung in Großbritannien sind zum einen das Fremdfinanzierungslimit (external financing limit); Investitionen werden beim Post Office (P.O.) also ausschließlich über den Cash Flow finanziert. Zum anderen erfolgt eine Rentabilitätsregulierung ähnlich einem Price Cap: Jedem Geschäftsbereich wird für einen Zeitraum von drei Jahren als Rentabilitätsziel die prozentuale Absenkung der realen Stückkosten, also der Gewinn vor Steuern im Verhältnis zum durchschnittlich eingesetzten Kapital, vorgegeben. Ferner herrscht im Bereich der Briefbeförderung Effizienzdruck durch potenziellen Wettbewerb: Bei zu hohen Gebühren oder schlechter Dienstgüte kann der Wirtschaftsminister private Wettbewerber zulassen. Dies schränkt insbesondere den Spielraum des P.O. ein, durch überhöhte Gewinne im Monopolbereich die Wettbewerbsbereiche intern zu subventionieren und dort einen sozial unerwünschten Verdrängungswettbewerb mittels Preisen, die unter den Kosten liegen, zu betreiben.[480]

Wie bereits erwähnt, unterscheidet das P.O. seit 1968 zwischen First- und Second-Class-Post. Die Briefe der ersten Klasse werden in der Nacht sortiert; die Kosten hierfür sind daher höher. Nach einer Erhöhung der Preise der First-Class-Post wurde jedoch der Vorwurf laut, es handele sich hierbei um eine Anwendung des Ramsey-Prinzips, da eine gestiegene Nachfrage mit höheren Preisen „belohnt" wurde.[481]

In Großbritannien besteht ein Monopol für die nationale Briefbeförderung bis zu einer Preisgrenze von £1, was dem 4-fachen des Preises eines First Class Letters entspricht.[482]

9.3 Neuseeland

Preiserhöhungen der New Zealand Post (NZP) sind entsprechend einem Price Cap nur noch im Rahmen der Erhöhung der allgemeinen Verbraucherpreise abzüglich eines X=2 im ersten Jahr, danach nur noch eines X=1 möglich. Ferner ist das neuseeländische Postwesen durch folgende Eigenschaften gekennzeichnet:[483]

- Der Monopolbereich der NZP ist auf eine Gewichtsgrenze von 200 Gramm festgesetzt, und die Preisgrenze beträgt 0,80 NZ-$, was weniger als dem doppelten Preis eines Standardbriefs der NZP entspricht.
- Der Anteil des Monopolbereichs beträgt weniger als 41%.[484]
- Der Staat als Eigentümer von NZP legt eine Dividende fest, die NZP an den Staat abführen muss.

---

480 Vgl. Schöttner, H. (1996), S. 179f. Das P.O. erwirtschaftet seit Jahrzehnten Gewinne, ohne auf staatliche Subventionen angewiesen zu sein. Unter wirtschaftlichen Gesichtspunkten zählt das P.O. daher zu den erfolgreichsten Postunternehmen in der EU. Vgl. Heuermann, A. / Schnöring, T. (1985), S. 68.

481 Vgl. Albon, R. (1991a), S. 243.

482 Eine Ausnahme vom Monopol stellt die Beförderung von Weihnachtskarten durch karitative Organisationen dar.

483 Vgl. Toime, E. (1991), S. 276f. und Ranganathan, K. / Dey, R. (1997), S. 57 und genauer Schöttner, H. (1996), S. 193f.

484 Ausgenommen vom Monopol sind Dokumentenaustausch, juristische Post, E-Mail und Botendienste.

- Die Postzustellung auf dem Land erfolgt zum Teil durch private Unternehmen. Die Vergabe von Versorgungsgebieten befindet sich im Wettbewerb und ist damit effizient. Haushalte, die über Unternehmen versorgt werden, müssen eine jährliche Pauschale von 80 NZ-$ entrichten.
- Von den etwa 1,3 Millionen Zustelladressen werden mehr als 95% an sechs Wochentagen bedient; bei weniger als 0,1% der Adressen erfolgt eine Zustellung zwischen ein- und viermal pro Woche.

9.4 Schweden

In Schweden wurde das Briefmonopol 1993 aufgehoben. Sweden Post reagierte mit einer Senkung des Preisniveaus für Großkunden um ca. 15 - 25%, der Schließung von 40 der 56 Sortieranlagen sowie dem Abbau von 20% des Zustellpersonals.[485]

Bis zum Ablauf des Jahres 1996 galt in Schweden die Vereinbarung der Regierung mit Sweden Post, dass jedermann unter normalen Bedingungen fünf Tage pro Woche Post erhalten sollte. Sweden Post sollte Päckchen zu Einheitspreisen und einzelne Briefe zu „vernünftigen" Einheitspreisen befördern. Sie erhielt keine Entschädigung für die Aufrechterhaltung des Postdienstes, da man annahm, dass sie aufgrund ihrer dominanten Position und der Größen- und Verbundvorteile die entsprechenden Einkünfte selbst aufbringen könnte. Diese Vereinbarung beinhaltete auch einen Price Cap auf die Briefe der Privatpersonen: Der Preis für die Zustellung von Briefen bis zu 500 Gramm durfte höchstens um die durchschnittliche Veränderung des Nettopreisindexes über eine dreijährige Periode erhöht werden. Ansonsten kann die schwedische Post ihre Preise frei setzen.[486]

Seit 1997 kann die schwedische Regierung eine Verpflichtung zu einer finanziellen Beteiligung zur Sicherung des Universaldienstes erlassen. Diese finanzielle Abgabe soll nur dann erhoben werden, wenn Sweden Post oder jeder andere Anbieter den Universaldienst nicht ohne finanzielle Entschädigung aufrechterhalten kann. Derzeit besteht aufgrund der dominanten Position von Sweden Post noch keine Notwendigkeit, dieses System des gemeinsam finanzierten Universaldienstes zu aktivieren.

Von allgemeinem Belang ist das gleiche Recht für alle Anbieter auf Zugang zur postalischen Infrastruktur, wie z.B. zu den Postfächern oder Adressänderungen. Sweden Post verlangt für den Zugang zu ihren Postfächern von ihren Wettbewerbern sogenannte (die schwedische Post nennt sie so) „marktorientierte" Tarife. Diese sollten aber eher auf einer neutraleren Basis kalkuliert werden, da es sich bei den Postfächern um essenzielle Einrichtungen des Postsektors handelt.[487]

9.5 USA

Nicht nur in Deutschland, sondern auch in den USA wurde die Grenze des Monopolbereichs über den Preis fixiert. So darf ein Brief nach dortigem Recht nur dann von einem Expressdienst befördert werden, wenn die Gebühr hierfür mindestens drei

---

485 Vgl. insbesondere Selander, S. (1997), S. 62 – 66. Faktisch war seit 1991 der private Anbieter City Mail in Stockholm aktiv. Genaueres hierzu bei Nerep, E. (1997), S. 87f.

486 Vgl. auch Schöttner, H. (1996), S. 184f.

487 Sweden Post sieht diese Postfächer als Privateigentum an, und nicht als etwas im Interesse eines gut funktionierenden Postmarktes.

Dollar beträgt. Die Preisgrenze von drei Dollar belässt jedoch weiterhin über 80% der Einnahmen des United States Postal Service (USPS) im reservierten Bereich.[488]

Der USPS muss jede *im Wettbewerb befindliche Leistung* so bepreisen, dass sie ihre langfristigen Grenzkosten (ca. 2/3 der Kosten) deckt und einen „vernünftigen“ Beitrag zu den Overhead-Kosten (ca. 1/3 der Kosten) beiträgt.[489] Für die Entscheidung, welches Beitragsniveau zu den Overhead-Kosten als vernünftig erachtet wird, müssen noch Faktoren wie z.B. der Wert des Dienstes für den Versender, der Effekt auf den Wettbewerb, und das öffentliche Interesse i.w.S. berücksichtigt werden. Leistungen, bei deren Angebot der USPS eine marktbeherrschende Stellung innehat, unterliegen in einem gemeinsamen Korb einem Price Cap.[490]

Die PRC[491] kann so weder das *Niveau* der Posttarife, insbesondere den von der amerikanischen Bevölkerung gezahlten Gesamtbetrag an Porto, noch die *Effizienz* der Tarife, insbesondere die Menge der Postdienste, die für einen gegebenen Geldbetrag gekauft wird, beeinflussen. Sie kann also z.B. den USPS nicht davon abhalten, die Tarife zu erhöhen, um Verschwendung zu finanzieren. Ebenso wenig kann die PRC es dem USPS verbieten, die Posttarife künstlich niedrig zu halten und zur Kostendeckung Schulden aufzunehmen.

Eine zentrale Eigenschaft des amerikanischen Ansatzes war Transparenz. Um eine offene Diskussion unter den betroffenen Parteien zu erreichen, wird die Veröffentlichung der Kosten und veranschlagten Preise des Postdienstes als grundlegend erachtet. Bis vor kurzem stellte der USPS detaillierte Informationen über die Kosten und Einkünfte zur Verfügung, nachdem er von der PRC dazu aufgefordert wurde. In den aktuelleren Fällen jedoch begann der USPS, den Zugang zu gewissen Informationen aus Wettbewerbsgründen zu verweigern.

9.6. Zusammenfassung der Auslandserfahrungen

Die ehemaligen Staatsposten aller fünf dargestellten Länder unterliegen bei den Briefsendungen bis zu einer bestimmten Gewichtsgrenze einem Price Cap[492] oder einer dem Price Cap ähnlichen Rentabilitätsregulierung. Durchweg steigerte sich – nicht zuletzt durch die Einführung von Wettbewerb – die Effizienz, was zu (höheren) Gewinnen für das Unternehmen und Preissenkungen für die Kunden führte.

---

488 Vgl. Campbell, J.I. Jr. (1997a), S. 13. Die Beförderung von Sendungen mit einem Gewicht von mehr als einem Kilogramm verletzt zwar das Monopol, wird aber nicht verfolgt. Vgl. Schöttner, H. (1996), S. 186. Technisch gesehen handelt es sich beim Monopol des USPS um ein Einnahmen-Monopol. In den USA gilt die sogenannte "mail box rule", nach der nur der USPS den privaten Briefkästen Sendungen zuführen darf. Dritte dürfen nur dann einen Brief zustellen, wenn das richtige Porto darauf angebracht und entwertet wurde. Vgl. Cohen, R.H. u.a. (1998), S. 3.

489 Präziser ausgedrückt legt das Gesetz von 1970 fest, dass "each class of mail or type of mail service bear[s] the direct and indirect postal costs attributable to that class or type plus that portion of all other costs of the Postal Service reasonably assignable to such class or type". *Attributable* (zurechenbare) Kosten entsprechen ungefähr dem üblicheren Ausdruck der langfristigen Grenzkosten. In der Postterminologie der USA werden die anderen Kosten als "institutional costs" bezeichnet; hier wird die allgemeinere Bezeichnung "Overhead" benutzt. Vgl. mehr bei Tolley, G. / Bernstein, P. (1997), S. 225 und Cohen, R.H. (1998), S. 8.

490 Vgl. Näheres bei Campbell, J.I. Jr. (1997a), S. 15f. und Sharkey, T.M. (1997), S. 29.

491 Vgl. Genaueres in Kapitel 2, Abschnitt E dieser Arbeit.

492 In Großbritannien und Schweden beträgt dessen Laufzeit 3 Jahre.

Auf diesen in den einzelnen Ländern zwar unterschiedlich ausgeprägten, aber gestiegenen (potentiellen) Wettbewerb ist auch die Einführung mehrteiliger (z.B. hinsichtlich der Zustellung) oder qualitätsdifferenzierender (z.B. hinsichtlich der Laufzeit) Tarifsysteme zurückzuführen.

Ferner wurde nicht nur im deutschen Postgesetz, sondern auch in Schweden ein Ausgleichsfonds für die Versorgung mit Briefdienstleistungen vorgesehen.[493] Da Sweden Post jedoch alle Gebiete anstandslos versorgt, wurde er bislang noch nicht aktiviert.

Auch der für alle Anbieter in Schweden fixierte Zugang zu „wesentlichen Einrichtungen", wie Postfachanlagen, findet sich im deutschen Postgesetz wieder.[494]

Die Erfahrungen anderer Länder bei der Anwendung verschiedener Preisregulierungen, insbesondere auch hinsichtlich der anreizorientierten Tarife, können zur Beurteilung der auf dem deutschen Markt für Briefdienstleistungen zu erwartenden ökonomischen Wirkungen beitragen. Sie weisen durchweg erstrebenswerte Ergebnisse auf, weshalb die Nutzung dieser Ansätze auch bei den Briefdienstleistungen in Deutschland ausschließlich empfohlen werden kann.

10 Anreizregulierung – ein Fazit

Anreizregulierung ist kein "one-size-fits-all"-Ansatz. Der ideale Anreizplan variiert in Abhängigkeit von Rechtsprechungen, Regulierungszielen und Ressourcen. Die in einen Anreizplan integrierten Leistungsmaße sollten Maße sein, die das regulierte Unternehmen kontrollieren kann und die zentralen Ziele des Plans reflektieren.

Gut entworfene Anreizregulierungen führen zu "win-win"-Möglichkeiten, die allen Beteiligten Vorteile bringen: Konsumenten, regulierten Unternehmen, und Regulierern als Vertreter einer Volkswirtschaft. Die Wohlfahrt der Konsumenten kann oft durch die Ausstattung des regulierten Unternehmens mit vorsichtig strukturierten Wahlmöglichkeiten zwischen Anreizregulierungsplänen gefördert werden. Die Eigenschaften eines idealen Anreizregulierungsplans variieren im Allgemeinen mit der Art und dem Ausmaß des Wettbewerbs in der jeweiligen Branche. Die Anreize der Regulierer, Wettbewerb in der Branche zu forcieren, können mit der Art der laufenden Anreizregulierungspläne variieren.[495] Aufgrund der größeren Anreize für Kostensenkungen, die ein reiner Price Cap beinhaltet, können die Konsumenten bei einem reinen Price-Cap-Plan besser als bei einem Gewinnbeteiligungsplan gestellt sein. Innerhalb der Grenzen aus Buchführung und Rechnungsprüfung sind auch die Informationsanforderungen für die Regulierungsbehörde niedrig; sie muss jedoch, wie bei jeder Regulierung, ein Auge auf die Einhaltung der geforderten Qualität werfen.

Hohe Gewinne unter einem Anreizplan konstituieren beim regulierten Unternehmen eine hohe Wahrscheinlichkeit, dass der Plan wie beabsichtigt wirkt. Die langfristigen Gewinne eines regulierten Unternehmens können bei Gewinnbeteiligung höher als unter einem reinen Price-Cap-Regime ohne Gewinnbeteiligung sein. Die Stärke der Anreizregulierung liegt im Anreiz für das regulierte Unternehmen, selbst die effiziente

[493] Vgl. hierzu Kapitel 5 dieser Arbeit.

[494] Vgl. § 28 PostG und Kapitel 7, Abschnitt E dieser Arbeit.

[495] Vgl. Sappington, D.E.M. / Weisman, D.L. (1996), S. 18.

Preisstrukur zu finden. Die Anreizregulierungspläne unterscheiden sich hauptsächlich darin, wie nahe die Preise sich im Lauf der Zeit den Kosten annähern. Eine höhere Zeitpräferenzrate der Unternehmen beschleunigt diesen Prozess. Die Konvergenz hin zu effizienten Tarifen wird davon nicht berührt.[496] Die Rate neu in den Markt Eintretender bestimmt dabei den Trade-off zwischen Rentenaushöhlung und Innovationsanreizen.[497]

Einige Prinzipien der Gestaltung von Anreizplänen können als allgemeine Anleitung für Regulierer bereitgestellt werden:[498]

1. *Price Caps* (eigentlich aggregierte Einnahmen-Caps) sollten eher auf Dienstkörbe vergeben werden als auf einzelne Dienste. Dies reduziert oder eliminiert die Notwendigkeit, Fixkosten auf verschiedene Dienste zu verteilen. Der erste Price Cap sollte dabei ehrgeizig gesetzt werden, um die Anreize zu Produktivitätsverbesserungen zu maximieren.
2. Bei der Tarifanpassung können *kosten- oder gewinnteilende Regeln* eingeführt werden. Anstatt der Kosten der letzten Periode sollten eher die *Durchschnittskosten* des Unternehmens seit der letzten Tarifanpassung genutzt werden.
3. Die *Zeitspanne* zwischen den Tarifanpassungen sollte vergrößert werden. Dies kann durch Tarifanpassungen zu festen Intervallen und die Indizierung des Price Caps anhand ökonomischer Bedingungen geschehen. Alternativ hierzu kann eine „Zone der Vernunft" unnötige Tarifanpassungen vermeiden helfen.
4. Das Unternehmen sollte den Kunden *optionale* Tarifpläne anbieten dürfen, solange es auch die Grundtarife anbietet.

F Vergleichsmarktkonzepte

Zur Preisfestlegung könnte die Regulierungsbehörde auch auf Vergleichsmarktkonzepte in Form des Vergleichswettbewerbs (yardstick competition)[499] bzw. darüber hinausgehend auf das Konzept der Maßstabsregulierung (yardstick regulation)[500] zurückgreifen. Im einfacheren Fall (yardstick competition) stellt die Regulierungsbehörde missbrauchsverdächtige Preise des dominanten Anbieters den Preisen auf vergleichbaren Märkten gegenüber. Ein derartiger Vergleich ist zwangsläufig ungenau, da stets die ceteris-paribus-Bedingung für die von der Wettbewerbsintensität unabhängigen preisbestimmenden Faktoren gelten müsste.[501] Preisänderungen der

---

496 Bei kurzsichtigem Management ist die Konvergenz schneller; deshalb kann der Mechanismus der Demsetz-Auktion als der mit der schnellsten Konvergenz angesehen werden. Vgl. Castro, M.C. (1993), S. 89; Vogelsang, I. / Finsinger, J. (1977), S. 9 – 11; (1978), S. 21 – 23; und Finsinger, J. / Vogelsang, I. (1980b), S. 4f., 15. Demsetz' Vorschlag einer Auktion scheint ein Mittel zu sein, die Märkte ohne Notwendigkeit einer derartigen Regulierung operieren zu lassen. Vgl. Crew, M.A. / Kleindorfer, P.R. (1986), S. 3, 153; Train, K.E. (1991), S. xiii, 298 und Crew, M.A. / Rowley, C.K. (1989), S. 9.

497 Vgl. Lyon, T.P. (1994), S. 16 und Vogelsang, I. / Finsinger, J. (1978), S. 27.

498 Vgl. auch Lyon, T.P. (1994), S. 16f.

499 Yardstick heißt wörtlich übersetzt Maßstab/ Elle/ Zollstock; es drückt aus, dass ein Unternehmen an den anderen „gemessen" wird. Spelthahn, S. (1994), S. 68.

500 Zur Maßstabsregulierung (yardstick regulation) vgl. Bös, D. (1991), S. 80 – 83.

501 Weiter bestünde auf monopolisierten Märkten stets die Gefahr, dass zwei suboptimale Marktergebnisse miteinander verglichen werden.

Post in Singapur unterliegen z.B. einem solchen Yardstick-Wettbewerb: Der Tarifmechanismus setzt seit 1995 die Brieftarife unterhalb der durchschnittlichen Tarife von Hong Kong, Taiwan und Südkorea fest (zuvor wurden die Preise anhand der Benchmark von 10 Ländern gemessen).[502] Generell vertraut auch der Gesundheitssektor auf Yardstick-Wettbewerb.

Yardstick-Wettbewerb bietet hohe Kostenminimierungsanreize, während er gleichzeitig indirekt Veränderungen im ökonomischen Umfeld berücksichtigt. Die Gewinne sind von den Kosten des eigenen Unternehmens vollständig getrennt; nur Schocks, die alle Unternehmen betreffen, werden in der Entlohnungsstruktur berücksichtigt.

Ein Vergleichsmarktkonzept dient also der Feststellung von Machtmissbrauch. Es kann in drei Ausprägungen angewandt werden:

Beim *räumlichen* Vergleichsmarktkonzept wird das Marktergebnis des „verdächtigen" Marktes mit dem eines räumlich – z.B. durch nationale Grenzen oder geografische Barrieren – getrennten Markts für die gleichen Güter verglichen. Der Vergleichsmarkt muss dabei wirksamem Wettbewerb unterliegen. Das räumliche Vergleichsmarktkonzept krankt vor allem daran, dass kaum zwei Märkte zu finden sind, die wirklich vergleichbare Strukturen aufweisen, so dass ein unterschiedliches Marktergebnis lediglich auf unterschiedliche Verhaltensweisen zurückzuführen wäre. Regional getrennte Märkte verfügen meist über unterschiedliche Faktorausstattungen, Absatzmöglichkeiten oder auch Technologien. Selbst „ähnliche" Märkte sind nur schwer zu identifizieren, und die Unterschiede in den Marktstrukturen sind meist nicht quantifizierbar.

Beim *zeitlichen* Vergleichsmarktkonzept werden die Marktergebnisse ein und desselben Marktes zu zwei Zeitpunkten bzw. während zweier Zeiträume unterschiedlicher Wettbewerbsintensität verglichen, um einen möglichen Machtmissbrauch zu identifizieren. Bei diesem Konzept ist es zwar nicht notwendig, einen zweiten vergleichbaren Markt zu finden, da ja der Markt mit sich selbst verglichen wird. Dennoch bestehen ähnliche Probleme wie beim räumlichen Vergleichsmarktkonzept: Um eine Vergleichbarkeit der Marktergebnisse zu gewährleisten und deren Unterschiede auf die Verhaltensweisen zurückführen zu können, müssen die Marktstrukturfaktoren gleich bzw. die Unterschiede in den Marktstrukturfaktoren quantifizierbar sein. Die Unterschiede in der Marktstruktur werden besonders deutlich, wenn zwischen den beiden Betrachtungszeitpunkten bzw. –räumen technischer Fortschritt eingesetzt hat oder externe Schocks am Faktor- oder Gütermarkt aufgetreten sind.

Beim *sachlichen* Vergleichsmarktkonzept werden entweder die Marktergebnisse eines Unternehmens auf (mindestens) zwei sachlich getrennten Märkten mit unterschiedlicher Wettbewerbsintensität betrachtet. Alternativ können die Marktergebnisse mit denen eines Unternehmens verglichen werden, das ähnliche Güter unter wettbewerblichen Bedingungen anbietet. In beiden Fällen bestehen die gleichen Probleme hinsichtlich Identifizierung und Quantifizierung gleicher oder vergleichbarer Marktstrukturfaktoren. Beim Vergleich von Marktergebnissen vergleichbarer Güter kommt hinzu, dass eine Vergleichbarkeit der Güter im Sinn des Verbrauchers nur schwer feststellbar ist.

502 Vgl. Ranganathan, K. / Dey, R. (1997), S. 58.

Im Gegensatz zu einer kostenbasierten Ableitung von Entgelten werden diese bei den Vergleichsmarktkonzepten durch den Transfer von Entgelten bzw. Entgeltniveaus vergleichbarer, liberalisierter Märkte auf den bundesdeutschen Markt abgeleitet.[503] Bei der Übertragung dieser Entgelte auf den inländischen Markt stellen Vergleichsmarktkonzepte also auf einen „Als-ob-Wettbewerb" ab. Trotz der damit verbundenen Schwierigkeiten finden die drei Vergleichsmarktkonzepte sowohl in der deutschen Wettbewerbsrechtsprechung, als auch in den Entscheidungen des Europäischen Gerichtshofs (EuGH) Anwendung.[504] Die Vergleichbarkeit der zu vergleichenden Leistung als auch der herangezogenen Märkte stellt stets das Kernproblem des Verfahrens dar. Beide Problemfelder werden im Folgenden kurz angesprochen.

1 Definition und Vergleichbarkeit der Leistungen

In Vergleichsmarktkonzepten werden verschiedene Kriterien als Indikatoren für eine Validität von Fremdvergleichen herangezogen. Diese sind etwa die technische Ausstattung und Qualität, die Haltbarkeit sowie die Zuverlässigkeit eines materiellen Gutes, aber auch die Art und das Ausmaß einer Dienstleistung. Überträgt man diese Kriterien auf die Problematik der Preisgestaltung von Postleistungen, erscheinen Massenleistungsfähigkeit, Schnelligkeit, Netzbildungsfähigkeit, Berechenbarkeit (Dauer, Distanz), Häufigkeit der Verkehrsverbindung, sowie Sicherheit und Bequemlichkeit als mögliche Kriterien zur Beurteilung der Vergleichbarkeit von Diensten. Hieraus wird deutlich, dass die oft zugrunde gelegte Leistung der Zustellung nie hinsichtlich sämtlicher Kriterien vollständig homogen ist.

Daher ist es theoretisch notwendig, das Entgelt der zum Vergleich herangezogenen Leistung um Abweichungen in den Kriterien zu bereinigen. Dies ist im Fall des Vergleichs von Postgebühren jedoch aufgrund einer in der Regel eingeschränkten Informationsbasis nur bedingt möglich, so dass immer Ungenauigkeiten verbleiben. Um einen Leistungsvergleich zu ermöglichen, muss die Leistung so ausgewählt werden, dass sie auf sämtlichen Vergleichsmärkten in analoger Form angeboten bzw. durch adäquate Umrechnung vergleichbar wird.

Betrachtet man die Entwicklung im Bereich der Preisgestaltung bei Postleistungen für liberalisierte Länder (USA, UK etc.), wird in der Regel die Leistung *Zustellung* betrachtet, da diese für neue Anbieter von beträchtlicher Bedeutung ist. Diese Leistung kann als Warenkorb oder Einzelleistung definiert und verglichen werden. Für den Warenkorb kann ein einheitliches Leistungsniveau angegeben werden, das sich auf eine unspezifische (d.h. kilometer- und zeitunabhängige) Leistung bezieht. Insofern wären Leistungen, die auf Warenkörben mit gleichen Bestandteilen basieren, direkt vergleichbar.

Werden Einzelleistungen angegeben, so sind die Kriterien zur Definition dieser Einzelleistungen genau zu erfassen und zu spezifizieren, um einen Preisvergleich für Teilleistungen durchführen zu können. Da Einzelleistungen meist unterschiedliche Abgrenzungen aufweisen, sind diese zu Vergleichszwecken mit Hilfe eines Nutzungsmusters zu einem Niveau (ggf. Warenkorb) zu verdichten.

---

503 Vgl. § 3 (3) Entwurf Post-Entgeltregulierungs-Verordnung (PEntgV) in der Fassung vom 2.12.1998.

504 Vgl. Burger, A. (1997), S. 884.

2 Auswahl und Vergleichbarkeit der herangezogenen Märkte bzw. Länder

Für den Vergleich von Postleistungen bieten sich Länder mit vergleichbarem wirtschaftlichen Niveau sowie liberalisierten Postmärkten an. Als Indikatoren für die Vergleichbarkeit von Märkten lassen sich z.B. die nachstehenden Kriterien heranziehen:

- Stand der ökonomischen Entwicklung, z.B. anhand vom Bruttosozialprodukt (BSP), BSP pro Kopf,
- infrastrukturelle und geografische Vergleichbarkeit, z.B. anhand von Bevölkerungsdichte, flächenmäßiger Verteilung der Bevölkerung, Flächendeckung des Netzes des Marktsassen,
- Ausprägung des Postverhaltens und Verkehrsaufkommens, z.B. anhand von Verkehrsverteilungen, Dienstenutzung u.a.,
- Grad der Liberalisierung und Regulierung, z.B. anhand des Zeitpunkts der Deregulierung, Anzahl der Wettbewerber, Rolle der Regulierungsbehörde,
- Art der Entgeltfindung für Postleistungen, z.B. unter Berücksichtigung von Universaldienstlast, Regulierungs- und Gesetzgebungseinflüssen.

Aufgrund der Vielzahl der Kriterien existieren faktisch keine Vergleichsmärkte, die hinsichtlich sämtlicher dieser Kriterien identische Ausgangsvoraussetzungen bieten.

Anstatt einen Vergleichsmarkt auszuwählen, der die höchste durchschnittliche Analogie mit dem Heimatmarkt aufweist, sollte daher eine Mehrzahl verschiedener Vergleichsmärkte für einen Vergleich herangezogen werden, um kompensatorische Effekte zwischen den Märkten bzw. Leistungen zu nutzen.

Bei der Erhebung der Entgelte und Daten ist einerseits auf die Zuverlässigkeit der Quellen (z.B. die jeweilige Regulierungsbehörde) und andererseits auf die Aktualität der Informationen zu achten, da sich auch die Preise für Postleistungen verändern.

Die Preise können auch weitere Komponenten, wie z.B. Beiträge zur Finanzierung der Universaldienstlast, beinhalten, was eine direkte Vergleichbarkeit erschwert. Es ist deshalb bei der Datenerfassung darauf zu achten, welche Preiskomponenten in den jeweiligen Länderdaten enthalten sind. Natürlich ist bei der Erfassung der Länderdaten auch darauf zu achten, dass sie einen einheitlichen Bezugspunkt[505] aufweisen, zeitnah und objektiv nachprüfbar sind, um eine einwandfreie Vergleichbarkeit herzustellen.

Sofern länderspezifische Besonderheiten über eine Aggregation ausgeglichen werden, bietet ein Vergleichsmarktkonzept eine gute Möglichkeit, Erfahrungen liberalisierter ausländischer Märkte auf inländische Märkte zu übertragen.

3 Abbildung des bundesdeutschen Nutzungsmusters

Die erhobenen Daten aus den Vergleichsmärkten müssen auf die Gegebenheiten des bundesdeutschen Marktes übertragen werden, um sie vergleichen zu können.[506]

[505] Z.B. das gleiche Berechnungsjahr.

[506] Da insbesondere das Sendungsverhalten in den USA ein anderes Nutzungsmuster aufweist, würde ein Verzicht auf eine Anpassung im Rahmen des Vergleichs deutliche Verzerrungen hervorrufen und die „als-ob"-Bedingung des Vergleichsmarktkonzeptes wäre nicht eingehalten.

Daher sind Informationen über das Nutzungsmuster in Deutschland nötig, die sich zusammensetzen aus

- der Verteilung des Sendungsaufkommens über Entfernungen,
- der Verteilung des Sendungsaufkommens über die Zeit,
- der durchschnittlichen Sendungsmenge,
- des durchschnittlichen Sendungsgewichts und –formats.

Eine Übertragung ausländischer Preise für Postleistungen erfolgt durch deren Gewichtung anhand der beiden oben angegebenen Verteilungen, d.h. durch eine Transformation der Entfernungs- und Zeitniveaus der zugrunde gelegten Länder auf das deutsche Niveau.

4 Methode der Währungsumrechnung

Die in ausländischer Währung vorliegenden Preise von Briefdienstleistungen sind in Deutsche Mark bzw. in Euro umzurechnen.

Diese Umrechnung kann mit Hilfe von Wechselkursen oder Kaufkraftparitäten erfolgen. Generell sollten bei der Umrechnung von Preisen für "tradable goods"[507] Wechselkurse verwendet werden. Für die Preisumrechnung für "non-tradable goods"[508] sollten hingegen Kaufkraftparitäten herangezogen werden. Die Beförderungsleistung setzt sich jedoch sowohl aus tradable, als auch aus non-tradable goods zusammen, deren Gewichtung nicht genau bestimmt werden kann und daher umstritten ist. Die Wechselkursmethode ist zwar mit weniger Schwierigkeiten verbunden; insbesondere aufgrund ihrer vernünftigen Ergebnisse bei den non-tradable goods erscheint die Kaufkraftparitätenmethode jedoch zielführender.

5 Bestimmung des Preisniveaus für Briefdienstleistungen und seine Extrapolation über die Zeit

Unter Berücksichtigung des bundesdeutschen Nutzungsmusters und nach Durchführung der Währungskonvertierung sind die Preise für Briefdienstleistungen aus den Vergleichsländern zu einem Preisniveau für Briefdienstleistungen zu verdichten. Zu diesem Zweck sind gezielt einzelne Vergleichsmärkte auszuwählen und zu einem gewichteten oder ungewichteten Mittelwert zusammenzufassen.[509] Auf dieser Basis ist es dann möglich, internationale Briefbeförderungspreise in einem einheitlichen und damit vergleichbaren Format darzustellen. Die Ergebnisse können in einem weiteren Schritt auf zwei Arten genutzt werden:

- Einerseits ist es möglich, Empfehlungen für die Höhe der Briefpreise in Deutschland abzugeben und

---

507 Tradable goods sind handelbare Güter, die dadurch charakterisiert sind, dass sich ihre Preise auf internationalen Märkten bilden. Zu den tradable goods zählt im Postsektor z.B. der Transport.

508 Non-tradable goods sind nicht handelbare Güter, deren Preise auf lokalen, d.h. isolierten Märkten gebildet werden. Auf dem Postmarkt handelt es sich z.B. bei der Zustellung durch Beamte um einen Dienst, dessen Preis auf einem isolierten Markt festgelegt wurde.

509 Da keine Angaben über mögliche Gewichtungsfaktoren vorliegen, kommen neben einer Gleichgewichtung z.B. die Relationen der Bevölkerung zweier Staaten oder deren Landesgröße als Gewichtungsfaktoren in Betracht.

- andererseits können Preise aus Verträgen oder von Teilleistungen mit Hilfe der Prämissen zum bundesdeutschen Nutzungsverhalten als gewichtetes Mittel zu einem Niveau für Briefpreise aggregiert und verglichen werden.

Da die erhobenen Länderdaten in der Regel bereits endgültige oder Vergangenheitspreise darstellen, Preise auf dynamischen Märkten sich jedoch schnell verändern sowie meist eine fallende Tendenz aufweisen, müssen diese um einen bestimmten Prozentsatz (z.B. extrapolierter Erfahrungswert aus der Vergangenheit) vermindert werden, wenn sie als Anhaltspunkte für zukünftige Briefbeförderungspreise dienen sollen.

6 Kritische Würdigung des Vergleichsmarktkonzepts

Die Problematik des Vergleichsmarktkonzepts ist evident: Vergleichsmärkte lassen sich allenfalls näherungsweise heranziehen, da andere Märkte immer durch ein mehr oder weniger stark abweichendes institutionelles Umfeld geprägt sind. Unterschiedliche Historien mit unterschiedlichen marktlichen und politischen Strukturen verhindern genauso einen direkten Vergleich wie die kaum jemals identische Zielsetzung der Regulierung, die zu unterschiedlichen Preisstrukturen und möglicherweise anderen Unternehmensstrukturen führen kann. Es lässt sich schwerlich ein Kriterium finden, das einen externen Markt zum geeigneten Vergleichsmarkt macht. Entscheidet sich der Regulierer für einen Vergleichsmarkt, so ist diese Auswahl immer durch eine gewisse Willkür gekennzeichnet. Auch beinhaltet die Vergleichsmarktbetrachtung immer die Gefahr, dass ein ehemaliger, sich noch in der Umstrukturierung befindlicher Monopolist an wettbewerblichen Preisen gemessen wird, die aus Sicht des Regulierers zwar wünschenswert erscheinen mögen, für dieses Unternehmen zum gegebenen Zeitpunkt jedoch schlechterdings nicht realisierbar sind. Die Möglichkeit zur graduellen Anpassung an das neue Wettbewerbsumfeld wird dadurch eingeschränkt.[510]

Sollte die Regulierungsbehörde über einen bloßen Ergebnisvergleich hinausgehen und z.B. vorschreiben, dass die Preise, welche die *Wettbewerber* vom dominanten Anbieter für erbrachte Leistungen verlangen, nicht ohne Begründung unter den Preisen liegen dürfen, die dieser ihnen für vergleichbare Dienstleistungen in Rechnung stellt (yardstick regulation), bestünden prinzipiell die gleichen Schwierigkeiten.[511]

G Zusammenfassung

Verschiedene Markttypen implizieren verschiedene durch den Wettbewerb auferlegte Bedingungen hinsichtlich der Tarifoptimierung.[512] Von den vorgestellten Preisbildungsansätzen führen lediglich die *linearen* Tariftypen der *Grenzkostenpreise* zu einem Wohlfahrtsoptimum.[513] Oft wurde insbesondere die *Spitzenlast-Preisbildung* für den Briefdienst empfohlen. Sie zeigt nur bei der Interpretation und Operationalisie-

---

510 Vgl. Hart, T. (1999), S. 222f.

511 Vgl. Blankart, C.B. / Knieps, G. (1996), S. 214; Fritsch, M. u.a. (1993), S. 171; Borrmann, J. / Finsinger, J. (1994), S. 123f. und Braubach, U. (1992), S. 251f.

512 Vgl. Mitchell, B.M. / Vogelsang, I. (1991), S. 127.

513 Diese Aussage gilt, sofern vom Sonderfall abgesehen wird, dass auch ein zweiteiliger Tarif unter sehr restriktiven Annahmen zu einem Wohlfahrtsoptimum führen kann.

rung der marginalen Kapazitätskosten Inkonsistenzen. Dennoch ergeben sich aus diesem Ansatz Erkenntnisse für eine verursachungsgerechte Kostenzurechnung.[514]

Bei Kenntnis entsprechender Kosten- und Nachfragedaten erfüllen Preisbildungsmodelle wie die *Ramsey-Preisbildung*, die Preisbildung anhand *vollständig verteilter Kosten* und *mehrteilige Tarife* bereits in ihrer ersten Anwendungsperiode die Nebenbedingungen Kostendeckung und / oder Wohlfahrtsmaximierung.

Einteilige und auch mehrteilige Preissetzungsoptionen weisen Vor- und Nachteile auf. Die effizientere Optionen muss im Einzelfall ermittelt werden. So sind nichtlineare Tarife ein effektives Mittel gegen ineffizienten Bypass: Mengenrabatte für größere Kunden können die Effekte duplizierender Investitionen vermeiden. In monopolisierten homogenen Postnetzen sind eher Durchschnittskostenpreise optimal, in stark heterogenen Postnetzen überwiegen die Vorteile zwei- und mehrteiliger Tarife. Durch eine mehrperiodige Fixkostenerhebung bei mehrteiligen Tarifen könnten jedoch bedeutende Marktzutrittsschranken errichtet werden, die eine grundsätzliche Ineffizienz unregulierter mehrteiliger Tarife nahe legen.

Neuere Preisgestaltungsmodelle, die an der Lösung des Informationsproblems ansetzen, sind z.B. *optionale* Tarife, bei welchen die erforderlichen Informationen zumindest teilweise durch die eigene Wahl der Konsumenten bereitgestellt werden. Sind die entsprechenden Nachfragedaten nicht bekannt, erfüllen diese Modelle leider nicht gleich in der ersten Anwendungsperiode die erforderlichen Nebenbedingungen. Wird ein optional angebotenes Tarifmodell einem vorhandenen und weiterhin existierenden Tarif vorgezogen, führt dies stets zu einer Pareto-Verbesserung.

Ebenso aufgrund des Informationsproblems wurden *anreizorientierte Tarife*, insbesondere *Price Caps*, als eher moderne Konzepte dargestellt und empfohlen. Um einen effizienten Price Cap zu setzen, ist die genaue Ermittlung der Kriterien für die Laufzeit, den Preisindex, den Produktivitätsfaktor und das Niveau der Ausgangstarife nötig. Die Vorteile eines Price Cap im Vergleich zu kostenbasierten Regulierungsansätzen sind erheblich. So ist der Anreiz zur Realisierung von Produktivitätsfortschritten und damit Kostensenkungen wesentlich höher, der Informations- und somit Regulierungsaufwand jedoch deutlich niedriger. Die Unternehmen können ihre Preisstruktur flexibler an Nachfrageveränderungen anpassen, da nicht der einzelne Preis, sondern der Durchschnitt der Preise reguliert wird; und bei überdurchschnittlichen Produktivitätsfortschritten im Postsektor ist der Anstieg der Durchschnittspreise in diesem Sektor geringer als die allgemeine Preissteigerungsrate.

Ein weiterer vorgestellter, im Postgesetz vorgesehener Ansatz ist das Vergleichsmarktkonzept. Hierbei stellt die Regulierungsbehörde missbrauchsverdächtige Preise des dominanten Anbieters den Preisen auf vergleichbaren Märkten gegenüber. Ein derartiger Vergleich ist jedoch zwangsläufig ungenau, da andere Märkte immer durch ein mehr oder weniger stark abweichendes institutionelles Umfeld geprägt sind. Es lässt sich schwerlich ein Kriterium finden, das einen externen Markt zum geeigneten Vergleichsmarkt macht.

Aus den vorstehenden Ausführungen wird deutlich, dass weder ein rein kostenbasierter Ansatz, noch eine alleinige Anwendung des Vergleichsmarktkonzepts zu ei-

---

514 Vgl. auch Pieper, F. (1996), S. 186.

nem „einzig richtigen" Preis für Postleistungen führen wird. Um dennoch zu einer validen Ableitung des Preis(niveau)es für Postleistungen in Deutschland zu gelangen, sind beide Methoden zugrunde zu legen.[515] Dies erfordert bei einer kostenbasierten Entgeltermittlung die Verwendung einer Prozesskostenrechnung, bei Anwendung des Vergleichsmarktkonzepts die Einbeziehung vieler unterschiedlicher Vergleichsmärkte.

Da in den meisten Ländern die Kosten für Briefdienstleistungen derzeit auf Basis einer Vollkostenrechnung ermittelt werden und geplant ist, die Kosten zukünftig auf Basis der LRIC zu ermitteln, wird dies allein bereits zu einer Preissenkung führen. Um dieser Senkung Rechnung zu tragen, kann man die Preise um einen Abschlag für den Wechsel der Kostenrechnungssysteme vermindern.

Es ist nicht beabsichtigt, die hier beschriebenen Konzepte und Preisregulierungsmechanismen *direkt* anzuwenden. Eine effektive Regulierung muss in der realen Umwelt viele Faktoren berücksichtigen – politisch, psychologisch, praktisch –, so dass die Anwendung eines speziellen ökonomischen Modells zur Bestimmung eines fairen Preises aufgrund der vorhandenen Ungenauigkeiten äußerst naiv wäre. Sie stellen lediglich dar, was Erik Erikson als den wahren Beitrag eines Gedankenfelds identifiziert, nämlich "a way of seeing things".[516]

Ziel des zurückliegenden vierten Kapitels war es, die unterschiedlichen Preisregulierungskonzepte mit ihren jeweiligen Absichten, Vor- und Nachteilen vorzustellen und einzuordnen, um mit diesen Ergebnissen im nun folgenden dritten Teil der Arbeit in der detaillierteren Analyse der Preisregulierung beim Briefdienst die im Postgesetz fixierten Methoden der Preisregulierung hinsichtlich ihrer volkswirtschaftlichen Vorteilhaftigkeit beurteilen zu können.

---

515 Dies wird auch von § 3 (3) Entwurf PEntgV gefordert. Vgl. hierzu genauer Kapitel 6, Abschnitt B 2.2 dieser Arbeit.

516 Vgl. Train, K.E. (1991), S. 4.

III. TEIL: DIE ANWENDUNG DES REGULIERUNGSINSTRUMENTARIUMS IM POSTGESETZ UND DIE FOLGEN FÜR DIE DEUTSCHE POST AG

Im Lichte anderer Märkte scheint die gesetzliche Sicherstellung eines Universaldienstes unnötig. Durch die Nachfrage der Konsumenten ist auch in ländlichen Bereichen die Versorgung mit Lebensmitteln, Bekleidung, Wohnungen, Medizin, Ärzten, Computer, Fernseher und Benzin sichergestellt. Die Behauptung, der Privatmarkt könne ohne ein Monopol keine Briefe befördern und zustellen, scheint vor dem Hintergrund der Realität, gemessen an diesen anderen Gütern, unsinnig.[1] Auch private Kurier- und Paketdienste stellen in ländlichen Gebieten zu – gerade wegen des Wettbewerbs sind sie dazu angehalten, ihre Kunden zufrieden zu stellen. Eine staatliche Versorgung mit Postdienstleistungen erscheint deshalb als nicht notwendig. Aufgrund der monopolistischen Vergangenheit und der marktbeherrschenden Stellung der Deutschen Post AG bei der Briefpost bedarf es jedoch noch so lange einer Regulierung der Entgelte[2] und einer Sicherstellung einer einheitlichen Basisqualität, bis auch der Wettbewerb auf dem Briefdienstmarkt als fair bezeichnet werden kann.

In diesem letzten Hauptteil der Arbeit wird deshalb die Grundversorgungs- und Entgeltregulierung des neuen Postgesetzes genauer analysiert. Hierzu befasst sich Kapitel 5 Bezug nehmend auf Abschnitt 3 PostG mit dem Universaldienst und seiner Finanzierung über einen *Ausgleichsfonds*. Dieser Universaldienst, also die Sicherstellung einer flächendeckenden Grundversorgung mit Postdienstleistungen, soll im Sinne der Regulierung nach § 2 (2) 3 PostG zu „erschwinglichen Preisen“ erfolgen. Insofern unterliegt auch der Universaldienst der Entgeltregulierung und wird an dieser Stelle der Arbeit behandelt. Das anschließende Kapitel 6 bezieht sich auf die *Entgeltregulierung* in Abschnitt 5 PostG, wobei das Price-Cap-Verfahren, die Kosten der effizienten Leistungsbereitstellung sowie das Verhältnis zum Kartellrecht eine tragende Rolle einnehmen. Kapitel 7 beschäftigt sich nach Abschnitt 6 PostG mit dem offenen Dienstezugang und der Preisregulierung bei Teilleistungen. An dieser Stelle wird auch auf die Möglichkeiten und Vorteile aus einer Preisdifferenzierung eingegangen.

---

1 Vgl. Ferrara, P.J. (1996), S. 27f.; (1990), S. 3; Wojtek, R. (1996), S. 9 und Estrin, S. / de Meza, D. (1991), S. 101.

2 Zwischen den Begriffen *Entgelt* und *Preis* besteht kein relevanter Unterschied. Gegenstand der Preiskontrolle ist die für eine bestimmte Postdienstleistung vom marktbeherrschenden Anbieter verlangte Gegenleistung. Da die Preiskontrolle weitgehend auf die Vergleichbarkeit der Gegenleistung gegenüber Wettbewerbern und Nachfragern angewiesen ist, kann das Entgelt nur in geeigneter Weise in Geld bemessen werden.

5. KAPITEL: DER UNIVERSALDIENST UND SEINE FINANZIERUNG ÜBER DEN AUSGLEICHSFONDS

Sollen trotz einer Einführung von Wettbewerb volkswirtschaftlich erwünschte Infrastrukturziele erfüllt werden, muss über deren Finanzierung entschieden werden. Eine Möglichkeit ist die offene Subventionierung aus dem Staatshaushalt. Diese Variante ließe sich dadurch rechtfertigen, dass ein Universaldienst im Postwesen außer individuell zurechenbaren Beförderungsdienstleistungen auch positive Externalitäten erzeugt, indem er zur Integration und Kohärenz der Gesellschaft des Landes beiträgt.[3] Es ist jedoch zu berücksichtigen, dass die Nutzungsintensität bei Postdiensten individuell verschieden ist und daher mit einer Finanzierung des Universaldienstes durch die Gesamtheit der Steuerzahler auch Fragen der Verteilungsgerechtigkeit tangiert wären. Hinzu kommt, dass zudem ineffiziente intersektorale Verzerrungen[4] generiert würden und eine solche Mittelbeschaffung darüber hinaus auch schnell an die Grenzen der politischen Durchsetzbarkeit stieße.[5]

Die zweite Möglichkeit besteht darin, sämtliche Firmen zu verpflichten, einen bestimmten Bereich von Diensten zu sozial verträglichen Preisen unter Kosten anzubieten, also Quersubventionierung zu betreiben. Eine flexiblere, dritte Möglichkeit bestünde darin, ein finanzwirtschaftliches Ausgleichssystem über einen Ausgleichsfonds einzurichten. Dieses ist so gestaltet, dass defizitäre Leistungen subventioniert werden, während lukrative Dienste einer Abgabe unterliegen. Ein derartiges Ausgleichssystem vermeidet es, die Last sozial erwünschter Subventionierungen asymmetrisch dem etablierten Unternehmen aufzubürden. Im Gegensatz zur internen entstehen bei dieser externen Subventionierung allerdings Verwaltungskosten der Erhebung.[6] Es wird also eine Abgabe in Form einer (impliziten) Steuer erhoben, die von Konsumenten gezahlt wird, die niedrige Kosten verursachen, um den subventionierten Dienst an höhere Kosten verursachende Kunden zu finanzieren. Dies führt im Wesentlichen zu einem umverteilenden Steuer-Subventions-System.[7]

Die Sicherstellung des Universaldienstes erfolgt nach Abschnitt 3 PostG über einen von der RegTP organisierten Ausgleichsfonds. Stellt die RegTP ein postalisch unterversorgtes Gebiet fest, verpflichtet sie entweder ein marktbeherrschendes Unternehmen eines angrenzenden Gebiets, oder sie schreibt die Versorgung des vernachlässigten Gebietes aus. Dies geschieht jedoch erst dann, wenn ein Gebiet nicht ausreichend freiwillig mit Postdiensten versorgt wird. Erst durch diese Ausschreibungen oder die administrative Vergabe wird das theoretische Konstrukt des Ausgleichsfonds in eine konsistente Reform überführt. Private Unternehmen konkurrieren in der Ausschreibung unterversorgter Gebiete also *um* den Markt bzw. die Sub-

3 Postgüter haben insofern den Charakter eines Mischgutes. Vgl. Weigel, W. (1992), S. 165f.

4 Derartige Verzerrungen ergeben sich z.B. aus einer Subventionierung des Briefdienstes, deren Gelder den im Wettbewerb befindlichen Paketdienst unterstützen.

5 Vgl. Borrmann, J. / Finsinger, J. (1994), S. 139f.

6 Vgl. Cave, M. u.a. (1994), S. 54; Knieps, G. (1987b), S. 280f.; Horn, M. u.a. (1988), S. 75 und Blankart, C.B. / Pommerehne, W.W. (1985), S. 434.

7 Vgl. Cremer, H. u.a. (1997), S. 32.

vention, was sich von der Konkurrenz *auf* einem Markt unterscheidet.[8] Trotz der Verpflichtung eines Unternehmens, das Gebiet mit Universaldienstleistungen zu versorgen, sei es aufgrund der Verpflichtung oder nach gewonnener Ausschreibung, können auch andere Unternehmen im gleichen Gebiet ihre Dienste anbieten, sie erhalten jedoch keine Ausgleichsleistung aus dem Ausgleichsfonds der RegTP. Sie sind auch nicht verpflichtet, einen Universaldienst zu leisten.

Bei einem Ausgleichsfonds handelt es sich um ein flexibles Instrument. Er kann eine Feinsteuerung anstreben und beinhaltet große Anreize zur Kosteneffizienz. Können die regulierten Postdienstleister im Wettbewerb die Kosten der Universaldienstverpflichtung decken und einen normalen Ertrag erwirtschaften, reduzieren sich die Kompensationszahlungen auf null, und der Ausgleichsfonds verteilt keine Mittel um.[9] Eine Auflösungsautomatik des Fonds ist aber nicht angezeigt, da jederzeit wieder ein Marktversagen eintreten und den Regelungsbedarf aktualisieren könnte.[10]

A Die Gewährleistung des Universaldienstes nach § 12 PostG

Universaldienstleistungen sind nach § 11 (1) PostG ein Mindestangebot an Postdienstleistungen, die flächendeckend in einer bestimmten Qualität und zu einem erschwinglichen Preis erbracht werden. Der Universaldienst ist auf lizenzpflichtige Postdienstleistungen und solche, die zumindest in Teilen beförderungstechnisch mit lizenzpflichtigen Postdienstleistungen erbracht werden können, beschränkt, und umfasst nur solche Dienstleistungen, die allgemein als unabdingbar angesehen werden. Dabei wurde die Bundesregierung durch § 11 (2) PostG ermächtigt, Inhalt und Umfang des Universaldienstes sowie die Mindestqualität der Dienstleistungen einschließlich der Qualitätsmerkmale für das Annahme- und Zustellnetz (Briefkästen; Einrichtungen, in denen Verträge über Brief- oder Paketbeförderungsleistungen abgeschlossen und abgewickelt werden können; Briefauslieferung) und für die Brieflaufzeiten sowie die Maßstäbe für die Bestimmung des Preises einer Universaldienstleistung festzulegen.[11] Die RegTP ist für die Kontrolle der Einhaltung dieser

---

8 Dieser erstmals von Demsetz erwähnte Unterschied wird in der Literatur auch als Franchise-Bidding-Ansatz bezeichnet. Vgl. Crew, M.A. / Harstad, R. (1992), S. 117 und Hillman, J.J. / Braeutigam, R.R. (1989), S. 6.

9 Vgl. Elsenbast, W. / Stumpf, U. (1996), S. 24f.

10 Vgl. auch Gramlich, L. (1995), S. 216.

11 Auf die unterschiedlichen Qualitätsauflagen, die in dieser Arbeit aufgrund des Schwerpunkts der Preisregulierung nur von untergeordneter Relevanz sind, soll an dieser Stelle lediglich hingewiesen werden. So siehe zur *Flächendeckung* z.B. Kruse, J. (1993), S. 211, 225f.; Gramlich, L. (1995), S. 196; Borrmann, J. / Finsinger, J. (1994), S. 161, 165, 167, 170 – 177; Fritsch, M. u.a. (1993), S. 165; Borrmann, J. (1995), S. 157; Ferdinand, C. (1992), S. 3, 11, 20f., 23f.; 25 und Crux, R. (1996). *Postalische Qualitätsparameter* werden bei Ernst, M. / Walpuski, D. (1996), S. 163f., 170; Bauer, B. (1992a), S. 6f. und (1996), S. 294 – 296, 306 und Geddes, R.R. (1996), S. 83 behandelt. Zur *effizienten Setzung von Mindeststandards und Sanktionsmechanismen* vgl. Crew, M.A. / Kleindorfer, P.R. (1991b), S. 52, 55; Elsenbast, W. (1997a), S. 239 – 262; Kruse, J. (1985), S. 119, 382; (1989), S. 24f. und (1993), S. 81, 238f.; Borrmann, J. / Finsinger, J. (1994), S. 97f., 100 – 102, 104 – 112; Kommission der Europäischen Gemeinschaften (1995), S. 29; Bögelein, M. (1990), S. 158, 303; Horn, M. u.a. (1988), S. 42, 67, 389; Stumpf, U. / Pieper, F. (1992), S. 23; Borrmann, J. (1995), S. 95, 100f.; Heuermann, A. / Schnöring, T. (1985), S. 165; Rohde, J. (1987), S. 105, 116; Finsinger, J. (1991), S. 33f., 263f.; Spelthahn, S. (1994), S. 53; de Meza, D. (1991), S. 59; Blankart, C.B. / Pommerehne, W.W. (1985), S. 436 – 440; Cox, H. (1991), S. 41;

Maßstäbe zuständig. Diese Mindestqualitäten wurden, wie in Kapitel 2, Abschnitt B dieser Arbeit ausgeführt, durch Verabschiedung der Post-Universaldienstleistungsverordnung (PUDLV) am 4.11.1999 fixiert.

Wird die in der PUDLV definierte Universaldienstleistung nicht ausreichend oder angemessen erbracht, so ist nach § 12 (1) PostG jeder Lizenznehmer, dessen im lizenzierten Bereich erzielter Umsatz im vorangegangenen Kalenderjahr mehr als eine Million Deutsche Mark betragen hat, verpflichtet, nach Maßgabe der §§ 13 bis 17 PostG dazu beizutragen, dass die Universaldienstleistung erbracht werden kann.[12]

B Die administrative Auferlegung von Universaldienstleistungspflichten nach §§ 13 und 52 PostG

Stellt sich heraus, dass eine Universaldienstleistung nicht ausreichend oder angemessen erbracht wird, veröffentlicht die Regulierungsbehörde eine diesbezügliche Feststellung in ihrem Amtsblatt. Sie kündigt an, nach § 13 (2) bis (4) sowie den §§ 14 bis 17 PostG vorzugehen, sofern sich kein Unternehmen innerhalb eines Monats nach der Veröffentlichung bereit erklärt, die Universaldienstleistung ohne Ausgleich nach § 15 PostG (vgl. hierzu den folgenden Abschnitt C) zu erbringen. Nach Ablauf dieser Frist kann die Regulierungsbehörde einen Lizenznehmer, der auf dem räumlich relevanten oder einem räumlich angrenzenden Markt lizenzpflichtige Postdienstleistungen erbringt und auf diesem Markt marktbeherrschend ist, auf bürokratischem Wege zur Erbringung dieser Universaldienstleistung verpflichten.

Nach § 52 PostG kann indes bis zum 31. Dezember 2002 ausschließlich die Deutsche Post AG zur Universaldiensterstellung verpflichtet werden.

Ein derartig verpflichtetes Unternehmen kann jedoch nach § 15 PostG (vgl. hierzu den folgenden Abschnitt C dieses Kapitels) eine Ausgleichsleistung von der RegTP verlangen, also Auszahlungen aus dem Ausgleichsfonds veranlassen. Hierfür müsste die Deutsche Post AG jedoch den Behördenweg antreten und wie in einer neuen Portorunde ihre Kostensituation aufschlüsseln und folglich auch ihre Gewinnspannen offenbaren. Ein Gewinnspannenkonzept kann sich allerdings nicht nur auf den Vergleich mit den Wettbewerbsmärkten beschränken. Notwendig ist dabei auch die Ermittlung betriebsnotwendiger Kosten, damit Kosten, die nur aufgrund der starken Marktstellung aufrechterhalten werden können, bei der Beurteilung der Preise unberücksichtigt bleiben. Damit wird deutlich, dass die wettbewerbspolitische Problematik einer derartigen Preismissbrauchsaufsicht, unabhängig von möglichen grundsätzlichen Einwendungen, vor allem in der praktischen Umsetzbarkeit liegt. Dies betrifft nicht nur kosten- und gewinnbasierte Ansätze, sondern auch die Vergleichsmarktkonzepte.[13] Vermutlich kommt die Deutsche Post AG aber mit dem jet-

---

Gröner, H. / Knorr, A. (1995), S. 63f.; (1996), S. 241; Blankart, C.B. (1987), S. 234; Müller, K. (1997), S. 346; Bauer, B. (1992a), S. 9, 19 – 24; (1992b), S. 22 und (1996), S. 304, 306f., 310. Sanktionen bei Nichterreichen von Qualitätszielen konnten auf *europäischer* Ebene ebenso wenig durchgesetzt werden wie ein europäischer Regulierer. Vgl. van der Haegen, A. (1996), S. 136.

12 Vgl. hierzu später Abschnitt E dieses Kapitels.

13 Vgl. Lamouroux, H. (1999), S. 307.

zigen Preis für einen Standardbrief in Höhe von DM 1,10, der bis Ende August 2000 fixiert ist, gut aus: Sie kündigte bereits an, es werde keine Erhöhung geben.[14]

Sollte sich also ein defizitäres, d.h. zu erschwinglichen Preisen nur mit Verlusten versorgbares Gebiet, offenbaren, so ist die Deutsche Post AG selbst dafür verantwortlich, ob ihr die Pflicht zur Versorgung dieses Gebiets nach § 13 (2) und (3) PostG auferlegt wird bzw. ob es nach § 14 PostG (vgl. hierzu Abschnitt D dieses Kapitels) zu einer Ausschreibung kommt oder nicht: Sie könnte auch alle defizitären Gebiete freiwillig versorgen. Eventuelle Ausgleichs*abgaben* in den Fonds hätte sie nach § 16 PostG (vgl. hierzu Abschnitt E dieses Kapitels) erst dann zu leisten, wenn sie auch Ansprüche auf eine Ausgleichs*leistung* nach § 15 PostG geltend machen würde.

Die administrative Auferlegung von Universaldienstpflichten jedoch ist keine geeignete Vergabemethode, weil sie schlechterdings nicht wettbewerbskonform ist. Das Regulierungsumfeld liberalisierter Postmärkte muss jederzeit bemüht sein, die maximalen Effizienzsteigerungen der Märkte zu unterstützen und muss sich deshalb auch anreizorientierter Methoden bedienen.[15]

C Die Ausgleichsleistung nach § 15 PostG

Das Tätigwerden der RegTP im Rahmen des Ausgleichs*fonds* setzt also voraus, dass mindestens ein Unternehmen, dem die Pflicht zur Versorgung eines von den freien Marktkräften vernachlässigten Gebietes auferlegt wurde, eine Ausgleichsleistung beantragt. Ein verpflichteter Lizenznehmer kann nach § 15 (1) PostG einen Ausgleich[16] von der RegTP verlangen, wenn seine *LRIC der effizienten Leistungsbereitstellung* einschließlich einer *angemessenen Verzinsung des eingesetzten Kapitals* nachweislich die Erträge der Dienstleistung übersteigen.[17] Diese *Erträge* sind auf Grundlage der durch Rechtsverordnung nach § 11 (2) PostG festgelegten erschwinglichen Preise zu berechnen: Nach § 6 (1) PUDLV gilt der Preis für die Universaldienstleistung als *erschwinglich*, wenn er den am 31. Dezember 1997 geltenden realen Preis für die durchschnittliche Nachfrage eines Privathaushalts nach dieser Universaldienstleistung nicht übersteigt. Hierdurch wird sichergestellt, dass die von Privathaushalten durchschnittlich nachgefragten Briefdienstleistungen bezogen auf den 31. Dezember 1997 nominal, d.h. in Höhe der Veränderungsrate des entsprechenden Preisindexes, nicht aber real ansteigen dürfen. Diese Vorgabe bezieht sich nicht auf Einzelpreise der von den Privathaushalten nachgefragten Leistungen, sondern auf das durchschnittliche Preisniveau der von der Durchschnittsnachfrage erfassten Briefbeförderungsleistungen. Durch die Festlegung des erschwinglichen

---

14 Vgl. auch Paterak, J. (1999b), S. 72.

15 Vgl. Hart, T. (1999), S. 295.

16 Ein derartiger Ausgleich entspricht einer Subvention. Unter *Subventionen* werden staatliche Zahlungen oder geldwerte Leistungen an Unternehmen ohne rechtliche Gegenleistung verstanden. Zusammen mit den Transferzahlungen über öffentliche Kassen werden die Subventionen zu den Einkommensübertragungen gezählt.

Subventionen sollen die Aufrechterhaltung bestehender oder die Einrichtung neuer rentabler Faktorkombinationen sichern, was mit verschiedenen wirtschafts- und sozialpolitischen Zielen begründet werden kann. Vgl. Hamm, W. (1987), S. 60.

17 Vgl. auch Hart, T. (1999), S. 292 – 295.

Preises als Höchstpreis soll verhindert werden, dass wettbewerblich bedingter Preisdruck in Ballungsgebieten durch einen Preisanstieg in der Fläche kompensiert wird.

Wurde ein Unternehmen zur Erbringung von Universaldienstleistungen verpflichtet, so gilt nach § 6 (2) PUDLV der Preis als erschwinglich, der sich an den *Kosten der effizienten Leistungsbereitstellung* orientiert, es sei denn, dass eine rechtliche Verpflichtung oder ein sachlich gerechtfertigter Grund für einen Aufschlag besteht. Die Ausgleichsleistung aus dem Fonds wird nach § 15 (2) PostG nach Ablauf des Kalenderjahres gewährt, in dem ein Defizit bei der Diensteerstellung entsteht, also jährlich.

Für die Feststellung der Kosten der effizienten Leistungsbereitstellung ist die Auslegung des *Effizienzbegriffs* von grundlegender Bedeutung. Für die Erreichung der Gesamteffizienz ist die Allokationseffizienz bei Abwesenheit von Produktionseffizienz (technische Effizienz, Minimalkostenkombination) unmöglich.[18] Bei Allokationseffizienz entsprechen die der technischen Effizienz zugefügten Preis- bzw. Mengen- und Qualitätstatbestände genau den Präferenzen der Individuen (Pareto-Optimum). Es liegt keine Quersubventionierung vor. Derzeit kann nicht davon ausgegangen werden, dass die Verbraucherinteressen angemessen berücksichtigt sind. Da die Minimalkostenkombination der Deutschen Post AG empirisch nicht exakt ermittelbar ist, besteht ein Potenzial für Effizienzsteigerungen in unbekannter Höhe.

Damit die Kosten der effizienten Leistungsbereitstellung für jeden Dienst einzeln ermittelt werden können, muss die Frage nach den innerbetrieblichen Verrechnungspreisen gestellt werden, um eine unternehmensinterne Quersubventionierung zu vermeiden. Sollte eine Lösung des Problems der Querfinanzierung von Wettbewerbsbereichen der Deutschen Post AG auf längere Sicht nicht möglich sein, weil entweder der Umfang der Quersubventionierung nicht sicher erkannt oder erkannte Quersubventionierung, die den Wettbewerb behindert, nicht abgestellt werden kann, müsste grundsätzlich an eine Aufteilung der Deutschen Post AG in rechtlich unabhängige und damit getrennt Rechnung legende Unternehmen gedacht werden. Man kann hier an eine Aufteilung in zwei Unternehmen denken (lizenzierter Bereich und freier Wettbewerbsbereich). Auch wäre eine Aufteilung nach britischem Vorbild denkbar (Paket-, Brief-, Schalterdienst). Das mögliche Argument, dass nach einer Aufteilung des Unternehmens das Problem der „richtigen" Verrechnungspreise für die gegenseitig in Anspruch genommenen Leistungen bleibt, hat kein besonderes Gewicht. Das Beispiel der Abrechnung der Inanspruchnahme der Schalter der Deutschen Post AG durch die Deutsche Postbank AG, das im Wesentlichen die Frage beinhaltet, ob die Kosten der Deutschen Post AG oder die Preise für Schalter „vom Markt" der Abrechnung zugrunde gelegt werden, zeigte, dass es zwischen selbstständigen Unternehmen zu einer offensiveren Auseinandersetzung über den anzusetzenden Preis als innerhalb des Unternehmens kommt.[19] Folge dieses Kampfs war der Aufkauf der Postbank AG durch die Deutsche Post AG.[20]

Im Falle einer *Ausschreibung* nach § 14 PostG, wie sie im folgenden Abschnitt D dieses Kapitels dargestellt wird, gewährt die RegTP nach § 15 (3) einen Ausgleich in

18 Vgl. Hillman, J.J. / Braeutigam, R.R. (1989), S. 49.

19 Vgl. Berger, H. (1996), S. 332.

20 Vgl. auch o.V. (1998d), S. 96.

Höhe des *Ausschreibungsergebnisses*. Dieser hängt je nach verwendetem Ausschreibungsverfahren von der Höhe der geforderten Ausgleichsleistung ab.

D Die Ausschreibung von Dienstleistungen nach § 14 PostG

Das Postgesetz enthält ein Novum, das längerfristig bei der Erbringung des Universaldienstes von erheblicher Bedeutung sein kann: die Ausschreibung defizitärer Universaldienstleistungen. Es sei jedoch wieder darauf hingewiesen, dass durch die Ausschreibung andere Unternehmen nicht in ihrer Möglichkeit eingeschränkt werden, ebenso Elemente der ausgeschriebenen Universaldienstleistungen zu erbringen.

Legt ein Unternehmen, das nach § 13 (2) oder (3) PostG zur Erbringung einer Universaldienstleistung verpflichtet werden soll, mit hinreichender Begründung und in hinreichend glaubhafter Weise dar, dass es durch die Verpflichtung einen wirtschaftlichen Nachteil erleiden würde und es hierfür einen Ausgleich nach § 15 PostG verlangen könnte, so hat die RegTP nach § 14 (1) PostG diejenige Dienstleistung, die den Nachteil verursacht, auszuschreiben. Die RegTP kann von einer Ausschreibung absehen, wenn eine Ausschreibung als nicht zweckmäßig erscheint.

Das Postgesetz beschränkt also das Einsatzfeld von Universaldienstauktionen[21] auf die Dienste, bei deren Erstellung ein Kompensationsanspruch durch den marktbeherrschenden Anbieter, welcher mit der Erstellung des Universaldienstes beauftragt werden kann, nachgewiesen wird.[22]

Die ausgeschriebene Dienstleistung ist nach § 14 (2) an denjenigen leistungsfähigen, zuverlässigen und fachkundigen Bewerber zu vergeben, der den geringsten finanziellen Ausgleich dafür verlangt.[23] Dieser Aspekt wird näher in Abschnitt C betrachtet.

Ferner hat die Regulierungsbehörde nach § 14 (3) die Regeln für die Durchführung des Ausschreibungsverfahrens festzulegen. Auf diese festzulegenden Regeln wird im Postgesetz nicht weiter eingegangen; sie nehmen daher großen Raum in Abschnitt C2 ein.

Bei der Fixierung der Ausschreibungsbedingungen besteht die Zielsetzung darin, Verzerrungen oder Beschränkungen des Wettbewerbs zu vermeiden und die Transaktionskosten des Verfahrens zu minimieren. Dabei sind die Beschreibung der vom Lizenznehmer zu erbringenden Leistung, Sanktionen für den Fall einer Unterschrei-

---

[21] Das Wort *Auktion* (lat. augere) bedeutet „ansteigen". Vgl. McAfee, R.P. / McMillan, J. (1987), S. 702.

Bei monopolistischem Angebot eines einzelnen Objekts oder einer einzelnen Partie vieler Einheiten ein und desselben Gutes spricht man von einer *Auktion*, bei der die Nachfrager konkurrieren. Liegt jedoch ein Nachfragemonopol vor, so spricht man von einer *Ausschreibung* (*Submission; competitive bidding*). Die Auktion entspricht somit der (Angebots-) Monopolpreisbildung und die Ausschreibung der Preisbildung im Monopson. Vgl. Borchert, M. / Grossekettler, H. (1985), S. 16; Gabler (1993), S. 289 und Plott, C.R. (1989), S. 1128. Wie in der gesamten Preis- und Wettbewerbstheorie lassen sich die Lösungen für Angebotsmonopole in analoge Lösungen für Nachfragemonopole übersetzen, indem lediglich die Marktseiten vertauscht werden. Vgl. Güth, W. (1995), S. 1f. Da die Bezeichnung *Ausschreibung* im öffentlichen Sektor, der Begriff *Auktion* in der Literatur gebräuchlicher ist, werden beide Begriffe in dieser Arbeit synonym verwendet.

[22] Vgl. Elsenbast, W. (1997b), S. 1, V.

[23] Diese subventionsähnlichen Ausgleichszahlungen implizieren allerdings zusätzliche direkte Kosten oder Wohlfahrtsverluste. Vgl. hierzu genauer Grüske, K.-D. (1985), S. 253 – 255.

tung gegebener Mindeststandards sowie die Festlegung der Zulassungsvoraussetzungen für die Teilnahme an der Ausschreibung von Bedeutung. Im Gegensatz zu einer bedingungslosen Lizenzerteilung soll auch von einer strikten zeitlichen Befristung der Gültigkeitsdauer der Lizenz ausgegangen werden.[24]

1 Kriterien zur Bewertung von Leistungsfähigkeit, Zuverlässigkeit und Fachkunde eines Anbieters

Sowohl wettbewerbliche als auch fiskalische Gründe sprechen dafür, den Kreis potenzieller Teilnehmer an einer Auktion weitgehend offen zu halten: Erstens können niedrigere Ausgleichsforderungen erzielt werden, und zweitens erhöht dies die Wahrscheinlichkeit, dass die Unternehmensressourcen in die Verfügungsgewalt des produktivsten Anbieters gelangen, wodurch die Wettbewerbschance jenes Unternehmens verbessert wird. Drittens kann so vermieden werden, dass von der Ausschreibung ausgeschlossene Interessenten eventuell auf einem anderen Weg und dann in Konkurrenz zu den bietenden Unternehmen auf den Markt drängen; dies würde den Anpassungsdruck auf die bietenden Unternehmen zusätzlich erhöhen.[25]

Bei jeder Art von Konkurrenzaufrufen ist dabei die wettbewerbspolitische Frage zu lösen, wie aus den potenziellen Diensteanbietern diejenigen ausgesondert werden können, die keine Gewähr für eine sach- und zeitgerechte Erfüllung der fraglichen Leistungen bieten, um die Eintrittswahrscheinlichkeit von Vertragsstörungen zu minimieren. Dabei erscheint es sinnvoll, Lizenzen ausschließlich bei Vorliegen eines Nachweises über die Leistungsfähigkeit, Zuverlässigkeit und Fachkunde zu erteilen. Die Schwierigkeit besteht im Finden von eligiblen Anbietern, die finanzielle und operationale Kompetenz besitzen.[26]

Bei Auktionen wird ein unmittelbarer Zusammenhang zwischen Effizienz und Zahlungsbereitschaft der Bieter[27] unterstellt. Zu bedenken ist auch, dass der RegTP zumindest zwei Gebote vorliegen müssen[28] und nicht alle Bieter ein ernstgemeintes Gebot abgeben werden, sondern unter Umständen lediglich „Flagge zeigen“ wollen, um zu späteren Vergabeverfahren zugelassen zu werden. Nachteilig ist auch, dass der letztlich erfolgreiche Bieter die Höhe der Ausgleichsleistung erst bei Erteilung des Zuschlags erfährt, was zu einer gewissen Planungsunsicherheit führt.

Ein Weg, die Teilnehmerzahl möglichst groß und den Marktzutritt möglichst offen zu halten, wäre der generelle Verzicht der RegTP auf Befähigungsnachweise jeglicher Art. Stattdessen sollte die Pflicht zur Beibringung von Bürgschaften oder die Hinterlegung einer Garantiesumme in Betracht gezogen werden. Diese historisch bewährte Vorgehensweise besäße den entscheidenden Vorzug, die Aufgabe der Eignungsprüfung auf die Finanzmärkte zurückzuverlagern, derjenigen Institution also, die in

---

24 Vgl. Gröner, H. / Knorr, A. (1995), S. 51, 71.

25 Vgl. Monopolkommission (1990), S. 25.

26 Vgl. Dobbs, I.M. / Richards, P. (1991), S. 74; Blankart, C.B. (1994), S. 431; Rocke, B. / Müller, R. (1985), S. 243; o.V. (1996c), S. 4; Gramlich, L. (1995), S. 191 und insbesondere Gröner, H. / Knorr, A. (1995), S. 73 – 84, 105. Näheres siehe dort.

27 Als *Bieter* sollen im Folgenden die Teilnehmer am Auktionsprozess bezeichnet werden.

28 Die Bieterzahl, die ausreicht, einen „gesunden“ Wettbewerb in der Ausschreibung zu generieren, beträgt drei oder vier. Vgl. Merewitz, L. / Zupan, M.A. (1993), S. 76.

marktwirtschaftlichen Ordnungen diese Aufgaben am zuverlässigsten und unbestechlichsten auszuüben vermag. Dies würde auch die Kollusionsgefahr unter den potenziellen Lizenznehmern verringern.[29]

2 Regeln zur Durchführung eines Ausschreibungsverfahrens

Grundlegend ist das Verständnis von Auktionen als ein mehrstufiges, nicht kooperatives Spiel.[30] Auf der ersten Stufe wählt die RegTP als Auktionator und Agent der Nutzer die Ausschreibungsregeln. Auf der zweiten Stufe bzw. bei mehrstufigen Auktionen auf allen folgenden Stufen wählen die Bieter ihre Strategien und Gebote; bei mehrstufigen Auktionen ziehen sie zusätzlich die Gebote und gegebenenfalls ihre Vermutungen hinsichtlich der Strategien der anderen Bieter in Betracht. Relevant sind also die Anzahl der Bietrunden, der Informationsaustausch während der Auktion, die Vergaberegel, die gewährte Kompensationszahlung und der Informationsstand der Bieter über die Verteilung der individuellen Wertschätzungen. Ferner kommt bei der Versteigerung mehrerer Gebiete das Kriterium hinzu, ob die Auktionen simultan[31] oder sequentiell erfolgen.

In der Auktionstheorie wird angenommen, dass sich die Auktionsteilnehmer rational verhalten, d.h. die ihnen vorliegenden Informationen optimal nutzen und ihren Nutzen maximieren. Zusätzlich wird unterstellt, dass die Regeln und die Wahrscheinlichkeitsverteilungen über den Wert des Universaldienstauftrags allen Auktionsteilnehmern bekannt sind (common knowledge).[32]

Die Vorteile einer expliziten Subventionierung über eine Zwischenorganisation wie den Ausgleichsfonds gegenüber direkten Transfers an bestimmte Empfänger dürften für die Geber i.d.R. überwiegen, da sie Informations- und Transferkosten sparen. Die Unkenntnis des Destinatars spielt dagegen für die redistributiven Motive keine entscheidende Rolle. Die RegTP als Ausschreibungsinstanz strebt nicht nach Gewinn, sondern verfolgt redistributive Ziele. Hier liegt allerdings auch der entscheidende Nachteil der RegTP: Sie ist ebenso wenig wie der Staat gezwungen, effizient und effektiv zu handeln, so dass die typischen Mängel des Staates weitgehend übertragbar sind.[33]

Bezüglich der redistributiven Effektivität von Abgaben bzw. Subventionen lässt sich feststellen, dass die beabsichtigte Traglast bzw. Förderung in der Regel von der ef-

---

29 Vgl. Gröner, H. / Knorr, A. (1996), S. 243.

30 So kann nach Milgrom und Weber zwischen Auktionen mit einem Bayesianischen Nash-Gleichgewicht und Gleichgewichten in dominanten Strategien unterschieden werden. Vgl. Näheres bei Elsenbast, W. (1997b), S. 23 – 28 und Milgrom, P.R. / Weber, R.J. (1982).

Eine Diskussion der Vergabe der Universaldienstverpflichtung durch Auktionen im Telekommunikationssektor findet sich bei Hart, T. (1999), S. 295 – 299.

31 Ein Nachteil simultaner Auktionen besteht darin, dass die einzelnen Betreiber keine Kontrolle über die insgesamt erworbene Anzahl der Verträge haben, d.h. sie können ihre Mengen nicht kalkulieren, was jedoch schon für das Gebot selbst erforderlich wäre. Eine Alternative hierzu wäre es, den Unternehmen, die den Zuschlag erhalten, die Option zu geben, zuviel erworbene Teilnetze sofort nach der Auktion zurückzugeben, um diese gleich erneut versteigern zu können. Vgl. Kruse, J. (1993), S. 204.

32 Näheres bei Elsenbast, W. (1997b), S. 19 – 24.

33 Vgl. auch Grüske, K.-D. (1985), S. 438.

fektiven abweicht. Die Richtung dieser Abweichungen hängt von den konkreten Angebots- und Nachfrageelastizitäten ab. Der in der Realität unklare Überwälzungsprozess erschwert einen wirkungsvollen Einsatz des Abgaben- und Subventionssystems für redistributive Zwecke; Ausmaß und Richtung der Ineffektivitäten bleiben ebenfalls ungeklärt. Ähnliches gilt für Ausweichlasten, die auf Substitutionseffekten beruhen.[34]

Der Ausgleichsfonds stellt ein institutionelles Arrangement dar, das durch eine explizite externe Subventionierung bzw. Besteuerung die universelle Versorgung eines Landes mit gewissen postalischen Leistungen garantiert, indem die Versorgung bestimmter Regionen, Sendungsarten und Wertschöpfungsstufen ausgeschrieben wird. Das Neue an dieser Idee besteht im Wesentlichen darin, lukrative und defizitäre Teilnetze getrennt voneinander zu betrachten. Endogen ergeben sich förderungswürdige Teilgebiete, die mit Hilfe von Subventionen bedient werden[35] bzw. lukrative Teilgebiete, deren Postdienstleister eine Abgabe in den Fonds zu entrichten haben.[36]

Die Auktionierung der defizitären Universaldienste sollte in einem zeitlich ausreichenden Abstand vor dem Beginn der Beauftragung stattfinden. Der zeitliche Abstand kann als ausreichend bezeichnet werden, wenn er es dem in der Auktion erfolgreichen Unternehmen ermöglicht, seine Planungen hinsichtlich des betreffenden Postnetzes umzusetzen. Diesbezüglich dürfte ein Jahr ausreichen.[37]

2.1 Definition der auszuschreibenden Grundversorgungsleistungen

Bevor die RegTP die Versorgung einer Region mit Briefdienst(teil-)leistungen ausschreiben kann, muss dieser Gegenstand der Ausschreibung eindeutig und endgültig fixiert werden.[38] Die auszuschreibende Grundversorgungs(teil-)leistung ist dabei von der Unterversorgung eines Gebietes abhängig. Werden alle Gebiete freiwillig ausreichend versorgt, entfällt die Notwendigkeit einer Ausschreibung.

---

34 Hiermit werden natürlich die Ziele der Besteuerung verletzt. Vgl. Grüske, K.-D. (1985), S. 226, 237, 253.

35 In Großbritannien besteht für das P.O. im Paket- und Kurierdienst kein Kontrahierungszwang für einen Universaldienst. Ein Ergebnis der Preispolitik ist, dass das P.O. aus einer unternehmerischen Entscheidung heraus weiterhin einen das ganze Land umfassenden Paketdienst anbietet, bei dem das Prinzip der Tarifeinheit im Raum bei den gewöhnlichen Paketen weitgehend erhalten ist. Dieses Ergebnis ist um so bemerkenswerter, als man üblicherweise die Aufrechterhaltung eines Universaldienstes als soziale Verpflichtung ansieht, für deren Erfüllung der Betreiber Subventionen oder Schutzrechte fordert. Das P.O. begreift den von ihr gebotenen Universaldienst als Wettbewerbsvorteil auf dem wettbewerblich organisierten Paketmarkt. Vgl. Heuermann, A. / Schnöring, T. (1985), S. 145, 176f., 182, 232.

36 Vgl. Laaser C.-F. (1991), S. 227 und Borrmann, J. / Finsinger, J. (1994), S. 178. Das Erfordernis, eine externe Subventionierung zu bestimmen und über deren Finanzierung zu entscheiden, kann zu erheblichem Widerstand gegen verschiedene traditionelle Subventionierungen führen. Tritt ein solcher Widerstand auf, zeigt dies jedoch nicht die Unmöglichkeit der Erreichung erwünschter Infrastrukturziele, sondern lediglich, dass gewisse traditionelle Infrastrukturziele nicht mehr erwünscht sind. Vgl. Knieps, G. (1987a), S. 13 und Knieps, G. / von Weizsäcker, C.C. (1989), S. 487f.

37 Vgl. Elsenbast, W. (1997b), S. 61.

38 Vgl. Borrmann, J. (1995), S. 137, 146 – 154 und Güth, W. (1995), S. 3f.

Eine Ausschreibung auf einem niedrigen Niveau (einzelne Wertschöpfungsstufen, Teilleistungen) hat dabei insbesondere den Vorteil, dass die Vermengung von profitablen und defizitären Dienstleistungen vermieden wird.[39]

Die verschiedenen Produktionsstufen sind in unterschiedlichem Umfang von Größenvorteilen gekennzeichnet und diese wiederum in ungleichem Ausmaß ordnungspolitisch relevant: Wie in Kapitel 1 dieser Arbeit gezeigt wurde, sind Größenvorteile vor allem bei der Zustellung und der Einsammlung postalischer Sendungen vorzufinden, während sie bei der Sortierung von untergeordneter Bedeutung sind. Beim Transport besitzen sie aufgrund der Existenz der bestehenden wettbewerbsintensiven Transportnetze (z.B. im Speditionsbereich) keine ordnungspolitische Relevanz. Daraus lässt sich die Folgerung ableiten, dass auf der Wertschöpfungsstufe des Transports kein Erfordernis für eine Ausschreibung besteht, während die Größenvorteile bei Zustellung und Einsammlung der Sendungen eine Ausschreibung nahe legen.[40] Aufgrund vorliegender Verbundvorteile im Bereich der Sortierung bietet es sich an, die Abgangs- und Eingangsbearbeitung gemeinsam auszuschreiben. Es erscheint wahrscheinlich, dass auch Verbundvorteile zwischen der Einsammlung und der Zustellung bestehen. Grundsätzlich kann eine Ausschreibung aufgrund einer einzelnen Zustellroute[41] oder auch auf dem Niveau eines Zustellstützpunktes erfolgen. Bei einem höheren Aggregationsniveau (Briefzentrum) ist die Wahrscheinlichkeit größer, dass profitable und defizitäre Universaldienstleistungen zusammen vergeben werden. Dies birgt einerseits die Möglichkeit der Quersubventionierung und somit die Gefahr der Verdrängung kleiner, effizienter Anbieter. Gleichzeitig wird der notwendige Kompensationsbetrag schlechter kalkulierbar, da Wettbewerb nicht ausgeschlossen wird. Eine separate Ausschreibung hat den Vorteil, das Ausschreibungsverfahren auf den relevanten Kern zu beschränken. Sie lässt Wettbewerb dort zum Zuge kommen, wo er sich als funktionsfähig und damit als das unter Effizienzgesichtspunkten überlegene ordnungspolitische Modell erweist, wenn das Universaldienstziel nicht aufgegeben werden soll.[42]

---

39 Vgl. Elsenbast, W. (1997b), S. 13.

40 Ob es sich hier um Größen- oder Verbundvorteile handelt, hängt von der Definition der Güter ab. Betrachtet man die Einsammlung bzw. den Transport einer bestimmten Sendungsart als ein Gut und die Einsammlung bzw. den Transport einer anderen Sendungsart als ein anderes Gut, so handelt es sich um Verbundvorteile. Sieht man beide Wertschöpfungsstufen selbst als Gut an, so handelt es sich um Größenvorteile.

Aufgrund der Verbundvorteile zwischen der Zustellung und der Einsammlung ist es volkswirtschaftlich sinnvoll, beide Stufen gemeinsam auszuschreiben

41 Im Prinzip sollte die RegTP weitgehend unabhängig vom Produktionssystem der Deutschen Post AG die genauen Ausschreibungsobjekte festlegen. Trotzdem dürfte sie zur Vermeidung einer Kostenduplizierung – zumindest bei der Erstausschreibung – annäherungsweise vom vorhandenen Produktionssystem ausgehen.

42 Außerdem erzeugt eine getrennte Ausschreibung verschiedener Produktionsstufen Transparenz bei der Entbündelung der verschiedenen Dienstleistungen in Teildienstleistungen, für die auf diese Weise ein System separater Preise geschaffen werden kann.

Bei der Ausschreibung ganzer Postdienstleistungen hingegen müssen keine Transaktionskosten getragen werden, die aus der Schaffung eines Preissystems für Teildienstleistungen verschiedener Anbieter resultieren würden.[43]

Wird der Ausschreibungsgegenstand regional abgegrenzt, werden für die RegTP Informationen generiert. Sie kann die sich aus den regionalen Ausschreibungen ergebenden Preise einander gegenüberstellen und so bei erheblichen Preisunterschieden zwischen ansonsten vergleichbaren Regionen Hinweise erhalten, in welchen Regionen sich möglicherweise eine Submissionskollusion gebildet hat. Eine Situation mit mehr Informationen ist einer mit weniger Informationen vorzuziehen, sofern deren Bereitstellung mit hinreichend geringen Kosten verbunden ist. Erwähnenswert ist auch ein weiterer Vorteil eines regional begrenzten Ausschreibungsverfahrens: Während einem Postdienstleister bei einer landesweiten Ausschreibung ein diskretionärer Handlungsspielraum bezüglich der regionalen Verwendung der Ausgleichsleistung eröffnet wird, kann bei einer regional getrennten Ausschreibung eine nicht gewünschte regionale Verwendung derselben (weitgehend) vermieden werden. Erfolgt etwa eine Ausschreibung der regionalen Briefzentren, so bestünde die Möglichkeit der Auflage, jedes Briefzentrum als eine rechtlich selbstständige Tochtergesellschaft zu führen.[44] Dies schließt zwar nicht aus, dass beim Kauf und Verkauf von Vermögensgegenständen weiterhin Ressourcen über verzerrte Verrechnungspreise innerhalb eines marktbeherrschenden Konzerns zwischen Mutter- und Tochtergesellschaft übertragen werden. Aber auch hier wäre bereits der Zwang hilfreich, ab einem bestimmten Schwellenwert beim Verkauf von Vermögensgegenständen diese auch anderen potenziellen Nachfragern anbieten zu müssen. Damit wird ein Anreiz geschaffen, die Verrechnungspreise den tatsächlichen Marktwerten der betreffenden Aktiva anzunähern.[45]

Die Ausschreibungen sollten jedoch aus Transaktionskostengründen lediglich den Universaldienst in vernachlässigten, geografisch spezifizierten Gebieten umfassen. Die unterschiedlichen Wertschöpfungsstufen des Universaldienstes sollten also nicht getrennt voneinander ausgeschrieben werden. Damit wäre auch sichergestellt, dass dem Dienstleister keine Verbundvorteile des jeweiligen Dienstes genommen würden.

---

43 Dies sind Verhandlungs- und Spezifikationskosten beim Vertragsabschluss und Kontrollkosten bei der Durchführung der Verträge. Einschränkend ist anzumerken, dass diese Transaktionskosten durch ein geeignetes Ausschreibungsverfahren, welches hinreichend viele Parameter festlegt, begrenzt werden können. Außerdem fallen anstatt der eingesparten unternehmensexternen Kontrollkosten in gewissem Umfang unternehmensinterne Koordinations- und Kontrollkosten an.

44 Im Bereich der Telekommunikation wurde z.B. in den USA das Telekommunikationsunternehmen AT&T als marktbeherrschendes Unternehmen dazu verpflichtet, seine nach geografischen Merkmalen differenzierbare Telekommunikationssparte jeweils als rechtlich selbstständiges Unternehmen führen. Vgl. o.V. (1995f), S. 19; o.V. (1995b), S. 27 und o.V. (1995c), S. 13.

45 Vgl. Emmerich, V. (1989), S. 430f. Im gleichen Zusammenhang schlägt die Europäische Kommission für die Anbieter des Briefdienstes vor, in ihrer internen Rechnungslegung getrennt Konten für jeden Dienst des reservierten Bereichs einerseits und für die nicht-reservierten Dienste andererseits zu führen, wie sie dies auch tun müssten, wenn die betreffenden Dienste von verschiedenen Unternehmen durchgeführt würden. Sie erstellen in ihrem Jahresgeschäftsbericht eine Bilanz und eine Gewinn- und Verlustrechnung für die reservierten Dienste einerseits und die nicht-reservierten Dienste andererseits, um sicherzustellen, dass kein ineffizienter – und unfairer – Ressourcentransfer vom einen Bereich in den anderen zum Zweck der Verdrängung potenzieller Wettbewerber stattfindet. Vgl. Kommission der Europäischen Gemeinschaften (1995), S. 25, 28.

Als Universaldienst wurde in § 1 (1) PUDLV die Beförderung von adressierten Briefsendungen bis zu einem Gewicht von 2 kg, von Paketen bis zu einem Gewicht von 20 kg sowie von periodisch erscheinenden Zeitungen und Zeitschriften zusammengefasst. Nach § 1 (2) PUDLV gilt dies auch für die Sendungsformen Einschreib-, Wert-, Nachnahme- und Eilsendung.

2.2 Ausschreibungsverfahren

Grundsätzlich sind fünf Lizenzvergabeverfahren in Betracht zu ziehen: Lotterien[46], Einzelgenehmigungsverfahren, freihändige Vergaben, Ausschreibungen und Versteigerungen (Auktionen).[47] Auktionen kommen in Frage, wenn Leistungen keinen Standardwert vorweisen, der Preis von Nachfrage- und Angebotsbedingungen zu einer bestimmten Zeit abhängt und möglicherweise von künftigen Bedingungen beeinflusst wird, so z.B. bei der Etablierung neuer und der Erweiterung vorhandener Märkte. Die Preise müssen für jede Transaktion neu festgelegt werden. Auktionen finden in der deutschen ökonomischen Literatur jedoch nur wenig Beachtung.[48]

Für die institutionelle Ausgestaltung einer Auktion werden grundsätzlich vier Verfahren unterschieden: die Englische[49], (ansteigende, progressive, verbale, offene), die Holländische (degressive), die verdeckte Niedrigstpreis- sowie die Vickrey-Auktion[50]. Die Verfahren unterscheiden sich darin, ob sie ein-[51] oder mehrstufig und ob die Gebote offen[52] oder verdeckt[53] sind, was insbesondere für die Wahrscheinlichkeit von Submissionskollusion und Eintrittsblockierung relevant ist. Alle Verfahren lassen sich durch einen Reservationspreis und Bietgebühren modifizieren.[54]

---

46 Lotterien und Verfahren nach dem Prinzip "First-come first-serve" scheiden a priori aufgrund ihrer Willkür aus. Vgl. Elsenbast, W. (1997b), S. 3.

47 Vgl. zur Definition insbesondere Fußnote 21 in diesem Kapitel.

48 Vgl. Gröner, H. / Knorr, A. (1995), S. 78 – 84; Moldovanu, B. (1999), S. 36; Blankart, C.B. (1994), S. 425 und McAfee, R.P. / McMillan, J. (1987), S. 701.

49 Die „englische Auktion" erhielt ihren Namen, weil derartige Auktionsformen traditionell von den englischen Kunstauktionshäusern benutzt werden.

50 Die Vickrey-Regel geht auf einen Aufsatz von Vickrey aus dem Jahr 1961 zurück: Vickrey, W. (1961). Bereits 1797 nutzte Johann Wolfgang von Goethe diesen Mechanismus, um seinen Marktwert zu testen. Vgl. Moldovanu, B. (1999), S. 36.

Eine weniger gebräuchliche Form der Ausschreibung stellt die *all-pay-Auktion* dar, bei der das höchste Gebot den Zuschlag erhält, aber jeder seine gebotene Summe zahlen muss. *Split-award-*Auktionen werden von Elsenbast dargestellt. Vgl. Elsenbast, W. (1997b), S. 37 – 39. Die Liste weiterer Ausschreibungsarten kennt kein Ende. Vgl. Bulow, J. / Roberts, J. (1989), S. 1063.

51 Bei einstufigen Ausschreibungsverfahren darf jeder Bieter nur einmal bieten. Er kann nicht mehr auf die Gebote der anderen Bieter reagieren. Vgl. Kruse, J. (1993), S. 189. Einstufige Auktionen sind immer geheim. Vgl. Elsenbast, W. (1997b), S. 20.

52 Offene Auktionen werden nur als mehrstufige Auktionen durchgeführt. Vgl. Elsenbast, W. (1997b), S. 20.

53 Bei *offenen* Geboten wird die Höhe der Gebote (ebenso wie die Identität der Bieter) den anderen Bietern bekannt gegeben. Bei *verdeckten* Geboten wird dagegen beides grundsätzlich nicht automatisch bekannt. Die eventuelle nachträgliche Bekanntgabe ist hier von der Informationspolitik der Regulierungsbehörde abhängig. Vgl. Kruse, J. (1993), S. 191f.

54 Vgl. Näheres bei Kruse, J. (1993), S. 142, 189; Milgrom, P.R. / Weber, R.J. (1982), S. 1089; Gröner, H. / Knorr, A. (1995), S. 82; McAfee, R.P. / McMillan, J. (1987), S. 702 und Bulow, J. / Ro-

Ebenso eindrucksvoll wie die historische Langlebigkeit von Auktionen ist auch die Verschiedenartigkeit der Situationen, in welchen sie eingesetzt werden. Die einzige Gemeinsamkeit dieser Situationen ist die Notwendigkeit, einen Preis für jeden verkauften Posten festzustellen. Dabei ist das charakteristische Merkmal einer Auktion das Vergleichen der Gebote. Die einfachste Erklärung für ihre Popularität ist die Tatsache, dass sie oft zu effizienten und stabilen Ergebnissen im Pareto-Optimum führen.[55] Ferner können Auktionen die Teilnehmer dazu bringen, Informationen preiszugeben. Sie machen auch individuelle Präferenzen in Form von Geboten sichtbar. Diese Offenlegung von Geboten kann auch unabhängiges Ziel einer Auktion sein.[56]

Mit der Auktionslösung bestünde also auch im Postsektor ein Zwang zu effizienter Leistungserstellung. Unternehmen, die alle Produktivitäts- und Rationalisierungsreserven ausschöpfen, haben dabei keinen Markttest zu befürchten.[57]

Damit bei der Implementierung eines Ausschreibungsverfahrens alle potenziellen Effizienzen ausgeschöpft werden können, ist die Wahl des optimalen Auktionsdesigns von Bedeutung. Da aus den jeweiligen Verfahren bestimmte Strategien der Bieter resultieren, welche die Vorteilhaftigkeit der unterschiedlichen Auktionsverfahren beeinflussen, werden diese im folgenden Abschnitt in Abhängigkeit von den in Frage kommenden Verfahrensweisen analysiert.

In § 14 (2) PostG wurde festgelegt, dass im Falle einer Auktion derjenige Bieter den Zuschlag erhalten sollte, der den geringsten finanziellen Ausgleich dafür verlangt. Dies weist darauf hin, dass für Ausschreibungen der RegTP im Postwesen das Niedrigstpreisverfahren angewendet werden soll. Da dieses Verfahren jedoch, was sich anhand der Spieltheorie feststellen lässt, den Bietern strategische Spielräume öffnet, wird es in dieser Arbeit *nicht* als das volkswirtschaftlich optimale beurteilt. Die Begründung hierzu liefern die folgenden Abschnitte.

2.2.1 Die Berücksichtigung der Bietstrategien potenzieller Postdienstleister

Bei der Untersuchung von Bietstrategien soll überprüft werden, inwieweit bestimmte Bietstrategien in Abhängigkeit vom gewählten Ausschreibungsverfahren mit Kollusionen einhergehen und ob anreizkompatible Mechanismen existieren, die Gebote in Höhe der tatsächlichen Kosten gewährleisten.

Bisher wurde eine gegenseitige Unabhängigkeit der Gebote der verschiedenen Anbieter bei der Ausschreibung unterstellt. Diese Annahme ist solange plausibel, wie davon ausgegangen werden kann, dass sich hinreichend viele Bieter an der Ausschreibung beteiligen werden. Im Fall der *Niedrigstpreisregel*, in der derjenige Bieter den Zuschlag erhält, der den geringsten finanziellen Ausgleich verlangt, kann jeder

---

berts, J. (1989), S. 1063. Die Auktionstheorie befindet sich trotz vielfältiger Bemühungen noch nicht in ihrer Ausreifungsphase. Güth, W. (1995), S. 3.

55 Vgl. Milgrom, P.R. (1987), S. 1f. Ein Beispiel für eine zeitlich befristete Versteigerung stellt etwa die Ausschreibung der cellularen Mobilfunknetze D2, E1 und E2 dar, die für einen Zeitraum von 15 Jahren an private Firmenkonsortien vergeben wurden. Vgl. auch Fritsch, M. u.a. (1993), S. 160, 178.

56 Vgl. Moldovanu, B. (1999), S. 36.

57 Vgl. Laaser, C.-F. (1991), S. 232, 297.

Bieter erwarten, dass ein Gebot, welches nur geringfügig über seinen eigenen Durchschnittskosten liegt, nicht zum Zuge kommt.[58]

Beteiligen sich an einer Ausschreibung hingegen nur wenige und wird dies von den Bietern auch korrekt antizipiert, so ist zu erwarten, dass strategisch überhöhte Gebote abgegeben werden. So könnte ein Bieter seinen Gewinn erhöhen, wenn er wüsste, dass alle anderen Bieter Angebote abgeben, die höher sind als sein Gebot. In einer Situation mit nur wenigen zu erwartenden Konkurrenten kann es sich daher für einen Bieter lohnen, Informationen über die zu erwartenden Kosten und Gebote der anderen Bieter zu sammeln. Sein Bietverhalten hängt daher auch von seiner Risikoeinstellung, vom erwarteten Verhalten der anderen Bieter sowie der erwarteten Anzahl der Konkurrenten ab.[59] In solch oligopolistischen Situationen ist es daher nicht gesichert, dass der Bieter mit den tatsächlich geringsten Kosten auch den Zuschlag in der Auktion erhält.[60]

Um den Gewinnaufschlag der Bieter zu minimieren, bieten sich zwei unterschiedliche Verfahren an. Einerseits sollte eine hohe Zahl tatsächlicher Bieter angestrebt werden. Um dies zu erreichen, werden potenzielle Bieter vor der jeweiligen Ausschreibung kostenlos von der RegTP über die Ausschreibung informiert. Die Kosten der Beteiligung an einer Ausschreibung werden für die Bieter dabei minimiert, wenn sie lediglich einen Parameter (den finanziellen Ausgleich) zu nennen haben.[61]

Andererseits könnte nach der sogenannten *Vickrey-Regel* verfahren werden, bei welcher der Bieter mit der niedrigsten Ausgleichsforderung den Zuschlag sowie den geforderten Ausgleich in Höhe des *zweitniedrigsten* Gebots erhält. Hier bestimmt sich der Gewinn endogen aus dem Verfahren. Es kann eine optimale Strategie für die Bieter formuliert werden, bei der die Wahl des eigenen Gebots von den Geboten der anderen Bieter unabhängig ist.[62]

Je nachdem, ob nach einer verdeckten Auktion zum Niedrigst- oder zum Zweitpreisgebot (Vickrey-Auktion) verfahren wird, induziert dies spieltheoretische Überlegungen der potenziellen Bieter. Jeder von ihnen entscheidet sich entsprechend seines subjektiven Werts für das jeweilige Teilgebiet für einen Bietpreis. Im folgenden sei angenommen, dass mindestens zwei Bieter an einer Auktion teilnehmen.[63]

---

58 Es wird hier angenommen, jeder Bieter gebe bei einer hohen Bieterzahl ein Gebot in Höhe seiner Durchschnittskosten ab. Vgl. Blankart, C.B. / Knieps, G. (1995), S. 9f. und Blankart, C.B. (1994), S. 428.

59 Je kleiner die Zahl der zu erwartenden Konkurrenten ist, desto größer ist cet.par. der Aufschlag eines Bieters auf seine Durchschnittskosten. Vgl. Borrmann, J. / Finsinger, J. (1994), S. 146.

60 Vgl. Blankart, C.B. (1994), S. 428.

61 Vgl. Braubach, U. (1992), S. 252 und Ring, A. (1993), S. 104. Darüber hinaus ist im Postwesen aufgrund der traditionell einfachen Technologie ohnehin eine hinreichende Bieterzahl zu erwarten. Angesichts der großen Zahl privater KEP-Unternehmen ist längerfristig mit vielen potenziellen Postdienstleistern zu rechnen. Außerdem können die (potenziellen) Bieter sowohl vor als auch nach einer Ausschreibung über die Anzahl und die Identität der Bieter im Unklaren gelassen werden. Vgl. Borrmann, J. / Finsinger, J. (1994), S. 147.

62 Vgl. Milgrom, P.R. (1989), S. 8.

63 Der ausgeschlossene Fall eines einzigen Bieters ist uninteressant. Vgl. Jacquemin, A. / Slade, M.E. (1989), S. 453; Bulow, J. / Roberts, J. (1989), S. 1061f.; Milgrom, P.R. / Weber, R.J. (1982), S. 1091 und Güth, W. (1995), S. 3.

2.2.1.1 Ergebnisse einer geheimen Auktion zum Niedrigstpreisgebot

In der Standardform der Auktion wird der Zuschlag dem Bieter mit der niedrigsten Ausgleichsforderung erteilt. Man spricht in diesem Fall von der Niedrigstpreisregel. Eigentlich würde man vermuten, dies sei ein sicheres Verfahren, um einerseits implizit die höchste Zahlungsbereitschaft für die Erlangung eines Vertrags für ein bestimmtes Teilgebiet zu ermitteln und andererseits damit auch den Anbieter zu finden, der dieses Teilgebiet zu den niedrigsten Kosten versorgen kann. Damit wäre für die Abgabenzahler das Gebot der geringstmöglichen Belastung erfüllt (Preispostulat) und in der Gesamtwirtschaft gleichzeitig dem Wirtschaftlichkeitsgebot genüge getan, wonach ein bestimmtes Ziel mit minimalem Mitteleinsatz zu erreichen ist (Effizienzpostulat). Indes zeigt eine nähere Betrachtung, dass diese Forderungen schon in den einfachsten Fällen möglicherweise nicht erfüllt werden.[64]

Es sei angenommen, dass alle Gebote der Wettbewerber voneinander unabhängig sind (*independence assumption*) und dass die Bieter die Kosten, welche ihnen bei der Versorgung eines betreffenden Gebiets entstehen, kennen (*private values assumption*), wobei diese individuelle Kostenschätzung jedoch Fehleinschätzungen unterworfen ist. Um diesem Problem zu begegnen, wird von der *private values assumption* abgewichen und angenommen, alle Bieter hätten die gleichen Voraussetzungen und die gleiche Kostenfunktion. Dies entspricht der sogenannten *common values assumption*.[65]

Angenommen, alle Bieter i einer Ausschreibung können ein gegebenes Gebiet zu den gleichen Kosten C versorgen, aber sie sind sich ex ante nicht ganz im Klaren darüber, wie hoch diese Kosten tatsächlich ausfallen werden. Einige schätzen sie zu hoch, andere zu tief; die Fehleinschätzungen FE_i, die sie dabei begehen, sind voneinander unabhängig. Für die individuellen Gebote G_i gilt somit:

$$G_i = C + FE_i. \qquad (58)$$

Grundlage der Gebote sind also die wahren Kosten C.[66]

Die Regulierungsbehörde hat dabei die Möglichkeit, den jeweiligen Vertrag an einen der n risikoneutralen[67] Bieter zu vergeben. Jeder Bieter kennt den Wert ν, den er dem Teilnetz beimisst. Da die Regulierungsbehörde und die anderen Bieter diesen Wert nicht kennen, erscheint er ihnen als Zufallsvariable. Weiter sei angenommen, dass alle Beteiligten die individuellen Werte der Bieter als voneinander unabhängige Faktoren aus einer gemeinsamen Verteilung $F(\nu)$, mit $F(\underline{\nu}) = 0$ als Untergrenze und $F(\overline{\nu}) = 1$ als Obergrenze, sehen.[68]

---

[64] Vgl. Blankart, C.B. (1994), S. 425f.; Borrmann, J. / Finsinger, J. (1994), S. 85 und Kruse, J. (1993), S. 227.

[65] Vgl. Milgrom, P.R. (1989), S. 4f.

[66] Vgl. Blankart, C.B. (1994), S. 427f.

[67] Es wurde bisher stets davon ausgegangen, dass alle Beteiligten risikoneutral sind. Man beachte jedoch, dass ein Bieter, der an mehreren Auktionen teilnimmt, sich intern versichern kann. Zumindest wenn die Anzahl der Auktionen, an denen man aktiv teilnimmt, sehr groß ist, scheint Risikoneutralität eine natürliche Annahme. Vgl. Güth, W. (1995), S. 23.

[68] Vgl. Bulow, J. / Roberts, J. (1989), S. 1061f. und Milgrom, P.R. / Weber, R.J. (1982), S. 1091.

Bei der verdeckten Niedrigstpreisauktion sind die Bieter geneigt, ihren Gewinn um einen Risikoaufschlag zu erhöhen, d.h. ein höheres Gebot abzugeben, um im Fall des Zuschlags bei Kostenunterschätzungen keine Verluste hinnehmen zu müssen. Das Ergebnis dieser Bietstrategie ist allerdings nicht immer effizient, d.h. der ausgewählte Anbieter produziert nicht notwendigerweise zu den geringsten Kosten.

2.2.1.2 Beurteilung einer Auktion nach der *Vickrey*-Regel

Bei einer Auktion nach der Vickrey-Regel erhält derjenige Bieter den Zuschlag, der den geringsten finanziellen Ausgleich für die Versorgung des Gebiets verlangt. Er erhält jedoch einen Ausgleich in Höhe des zweitniedrigsten verlangten finanziellen Ausgleichs. Diese Differenz in Form eines Gewinnes ist exogen bestimmt und damit dem strategischen Kalkül des Bieters entzogen. Da er den Gewinn also nicht beeinflussen kann, stellt er sich am besten, wenn er eine Zahlungsbereitschaft in Höhe seiner Kosten (d.h. in Höhe des ihm entgangenen Alternativprojektes) offeriert. Je mehr Bieter vorhanden sind, desto niedriger ist der durchschnittliche Bietpreis des zweitniedrigsten Bieters. Geht die Bieterzahl gegen unendlich, sagt die Interpretation für das Bieten eine extreme Rivalität voraus: Jeder bietet nur noch in Höhe der eigenen Opportunitätskosten. Durch diese Aufdeckung der wahren Kosten wird sichergestellt, dass der Bieter mit den niedrigsten Kosten den Zuschlag erhält.[69]

Angenommen, jeder Bieter gibt seinen wahren Wert in einer Vickrey-Auktion bekannt, so wird ein Unternehmen mit dem subjektiven Wert ν des Vertrags die Ausschreibung mit der Wahrscheinlichkeit $F^{(n-1)}(\nu) \equiv [F(\nu)]^{(n-1)}$ gewinnen, welches genau der Wahrscheinlichkeit entspricht, dass alle anderen Bieter Gebote oberhalb von ν abgeben. Seine vorhersehbare Ausgleichszahlung AZ_v ist dann

$$AZ_v(\nu) \equiv \int_{\underline{\nu}}^{\nu} AZ_t dF^{(n-1)}(AZ_t) = \nu F^{(n-1)}(\nu) - \int_{\underline{\nu}}^{\nu} F^{(n-1)}(AZ_t) dAZ_t \tag{59}$$

und sein zu empfangender Ausgleich (AZ_t) im Falle des Zuschlags ist

$$\mathrm{B}(\nu) \equiv \frac{AZ_v(\nu)}{F^{(n-1)}(\nu)} = \nu - \frac{\int_{\underline{\nu}}^{\nu} F^{(n-1)}(AZ_t) dAZ_t}{F^{(n-1)}(\nu)}, \tag{60}$$

also der Wert des zweitniedrigsten Gebots, sofern ν das niedrigste ist.[70]

---

[69] Vgl. Vickrey, W. (1961), S. 20; Blankart, C.B. (1994), S. 436; McAfee, R.P. / McMillan, J. (1987), S. 707, 711; Milgrom, P.R. / Weber, R.J. (1982), S. 1089; Holt, C.A. (1980), S. 439f. und Milgrom, P.R. (1989), S. 6. Für die Alternative der Auktionen mit endogenen Mengen, die hier keine Verwendung aufgrund fehlender Homogenität der versorgten Regionen finden, siehe Milgrom, P.R. (1989), S. 11 – 13, 18.

Ein Verfahren, in dem bei einer Ausschreibung ein Vertrag an denjenigen vergeben wird, der den geringsten Ausgleich fordert, ist formal keine Ausschreibung im Sinne der Verdingungsordnung für Leistungen (VOL). Bei einer echten Ausschreibung nach der VOL erhält der wirtschaftlich günstigste Bieter den Auftrag. Vgl. Rocke, B. / Müller, R. (1985), S. 242f.

[70] Vgl. Bulow, J. / Roberts, J. (1989), S. 1061f. und Milgrom, P.R. / Weber, R.J. (1982), S. 1091.

Dieses „ehrliche Bieten“ ist die einzige nicht dominierte Strategie: Sie ist anreizkompatibel. Eine Abweichung des Gebots vom Wert würde das Ergebnis der Ausschreibung in zwei Fällen beeinflussen: Veranschlagt der Bieter höhere Kosten, wird er nicht der niedrigstbietende sein, obwohl der Vertrag für ihn den höchsten Wert aufweist (so erhält er überhaupt keinen anstatt eines positiven Überschusses). Gibt er ein Gebot unterhalb seiner Kosten ab, „erhält“ er den Zuschlag, erleidet aber Verluste (da der Bieter mit dem zweitniedrigsten Gebot seine Kosten auch unterbietet).[71] Wenn jeder Bieter die Bietstrategien seiner Konkurrenten korrekt antizipiert und seine eigene Strategie daraufhin optimal anpasst, führen diese Strategien in ihrer Gesamtheit zu einem Nash-Gleichgewicht des Bietspiels.[72]

Interessanterweise schreiben die öffentlich-rechtlichen Auktionsvorschriften bisher fast ausschließlich die nicht-anreizkompatible Niedrigstpreisregel vor. Man könnte vermuten, dass das Gebot der sparsamen Verwendung öffentlicher Mittel zur Ablehnung der anreizkompatiblen Vickrey-Regel bei Ausschreibungen der öffentlichen Hand geführt hat, da die öffentliche Hand hier mehr zahlt, weil der Preis durch das zweitniedrigste statt durch das niedrigste Gebot festgelegt wird. Diese Argumentation ist jedoch einseitig, da unterschiedliche Preisregeln auch unterschiedliche Gebote implizieren.[73]

Vorteile der Vickrey-Regel:

- Ein wesentlicher Vorteil der Vickrey-Regel liegt darin, dass bei Wettbewerb stets der kostengünstigste Bieter den Zuschlag erhält. Er erhält zwar mehr, als er gefordert hat, der Vergabepreis entspricht aber auch den Kosten des jeweiligen Bieters.
- Das bei Auktionen auftretende Problem des Fluchs des Gewinners[74] wird vermindert, jedoch nicht gelöst.
- Außerdem ist das Vickrey-Verfahren einfach und für jedermann verständlich. Bei komplexen Sachverhalten ist dessen Anwendung freilich schwieriger; aber in dieser Hinsicht leisten auch andere Ausschreibungsverfahren nicht mehr.[75]

Nachteile der Vickrey-Regel:

- Die RegTP muss völlig vertrauenswürdig sein. Sie darf insbesondere nicht der Versuchung unterliegen, das zweitniedrigste Gebot nachträglich zu senken, um einen niedrigeren Ausgleich zu realisieren. Nur so sehen die Bieter von strategischem Verhalten tendenziell ab.[76]

---

71 Weshalb eine mögliche Drittpreisregel wieder Ineffizienz im Ausschreibungsverfahren hervorruft und deshalb nicht angewandt werden sollte, vgl. Vickrey, W. (1961), S. 23.

72 Eine korrekte Antizipation der Bietstrategien der Konkurrenten bedeutet nicht eine korrekte Antizipation derer Gebote; sie besagt lediglich, wie sie bei angenommener teilweiser Information bieten würden. Vgl. Milgrom, P.R. (1989), S. 8; Güth, W. (1995), S. 5; Bulow, J. / Roberts, J. (1989), S. 1061f. und Milgrom, P.R. / Weber, R.J. (1982), S. 1091.

73 Vgl. Güth, W. (1995), S. 6f. und McAfee, R.P. / McMillan, J. (1987), S. 702.

74 Vgl. hierzu Abschnitt D 2.2.2.2 dieses Kapitels.

75 Vgl. Milgrom, P.R. (1989), S. 8 und Blankart, C.B. (1994), S. 437.

76 Eine Lösung dieses Problems wäre die nachträgliche Publikationspflicht der Gebote.

- Die Bieter kennen bei der Angebotsabgabe nur den Niedrigstpreis in der Höhe ihres Angebots. Der tatsächliche Preis und damit der Gewinn, den sie realisieren, ist ihnen zu diesem Zeitpunkt noch nicht bekannt. Indes erscheint diese Ungewissheit nicht schwerwiegend, da die Bieter in ihren Gewinnerwartungen nie enttäuscht werden: Der Gewinn ist stets mindestens so hoch wie der ihres Alternativprojekts.
- Gibt es nur einen Bieter, ist der Preis unbestimmt. Die Ausschreibung muss dann wiederholt, oder es müssen Selbstkostenerstattungspreise berechnet werden.[77]
- Das Vickrey-Verfahren ist relativ kartellfreundlich, d.h. Bieterkartelle[78] sind bei geringer Kostenstreuung der Anbieter stabiler als unter der Niedrigstpreisregel.[79]

Der vierte Nachteil ist der gravierendste. Da der von einem Kartell vorab als späterer Sieger designierte Bieter im Falle der Vickrey-Regel zu tatsächlichen Kosten anbietet, während alle anderen Kartellmitglieder ein unattraktiveres Angebot abgeben, hat ein potenzieller Kartellbrecher, der das niedrigste Angebot geringfügig unterbietet, auch nur einen geringfügigen Gewinn zu erwarten. Dieser kann aber die Repressalien, die von den betrogenen Kartellmitgliedern ausgehen werden, i.d.R. nicht aufwiegen. Anders dagegen bei der Niedrigstpreisregel. Dort lohnt es sich für einen Kartellbrecher, das Angebot des vorab bestimmten Siegers geringfügig zu unterbieten, da er dann fast den gesamten zuvor ausgehandelten Gewinnaufschlag vereinnahmen kann.[80]

Eine Kartellabsprache kann in ihrer Wirksamkeit sowohl durch abweichende Mitglieder, als auch durch Kartellaußenseiter beeinträchtigt werden. Abweichende Mitglieder können durch Unterbieten des designierten Gewinners die Absichten der Vereinbarung vereiteln, Außenseiter von überhöhten Geboten profitieren und dadurch deren Gewinnsteigerungen, die durch Kartellabsprachen möglich sind, mindern.[81]

Neben den Bietstrategien beeinflussen auch die im Folgenden dargestellten inhärenten Eigenschaften des Postwesens die Vorteilhaftigkeit der verschiedenen Ausschreibungsverfahren, die auch in eine abschließende Bewertung einfließen sollen.

---

77 Dieser Fall wird jedoch im vorliegenden Modell ausgeschlossen.
Bei Festpreisverträgen ist der Anbieter an Kostenüber- und -unterschreitungen zu 100%, bei Selbstkostenerstattungsverträgen zu 0% beteiligt. Anreizverträge liegen dazwischen. Vgl. Blankart, C.B. (1994), S. 428f., 439.

78 *Kartelle* sind Vereinigungen rechtlich selbstständig bleibender Unternehmen, die ein gemeinsames ökonomisches Ziel verfolgen. Die theoretisch einfachste Form eines Kartells ist ein *Preiskartell.* Zu einem Preiskartell kommt es am ehesten dann, wenn auf dem Markt homogene Güter angeboten werden; der Markt ist dann transparent, wodurch es dem Kartell erleichtert wird, einen einheitlichen Preis festzusetzen. Vgl. Borchert, M. / Grossekettler, H. (1985), S. 101f.

79 Vgl. genauere Ausführungen bei Blankart, C.B. (1994), S. 437 – 439 und Güth, W. (1995), S. 16 – 18. Die Kartellstabilität unter der Vickrey-Regel hängt auch von der Kostenverteilung der Bieter ab. Vgl. Finsinger, J. (1986), S. 44; Milgrom, P.R. (1987), S. 19 und McAfee, R.P. / McMillan, J. (1987), S. 708.

80 Vgl. Müller, K. (1997), S. 400. Tatsächlich wurde gezeigt, dass es für einen Bieter mit dem Wert v rational ist, das oben definierte Gebot $B(v)$ abzugeben. Aus dem optimalen Gebot $B(v)$ folgt im Ergebnis ein Gleichgewicht der Einnahmen.

81 Vgl. Güth, W. (1995), S. 16.

2.2.2 Mögliche Durchführungsprobleme bei Ausschreibungen im Postwesen

Durchführungsprobleme bei Ausschreibungen können in Irreversibilitäten und Überkapazitäten, im Fluch des Gewinners, oder in einer Submissionskollusion begründet liegen. Die nun folgenden Teilabschnitte gehen hierauf näher ein.

2.2.2.1 Irreversibilitäten und Überkapazitäten

Funktionsprobleme bei Ausschreibungen können auftreten, wenn die effizienteste Technologie die Nutzung langlebiger, irreversibler Produktionsfaktoren erfordert. Dies impliziert für den gegebenenfalls erforderlichen Verkauf irreversibler Investitionen eine wettbewerbsneutrale Bewertung der Aktiva, um effiziente Technologieentscheidungen zu ermöglichen. Versorgungssektoren mit relativ ausgereifter oder standardisierter Technologie, wie z.B. das Postwesen, weisen entsprechend weniger Probleme auf.[82]

Versunkene Kosten und zunehmende Skalenerträge – Asymmetrien zwischen dem Marktsassen und Newcomern

Versunkene Kosten sind wettbewerbspolitisch immer dann bedeutsam, wenn sie in Verbindung mit zunehmenden Skalenerträgen auftreten. Von der günstigen Möglichkeit „entweder Skalenerträge oder versunkene Kosten" kann beim Postwesen allerdings nicht a priori ausgegangen werden. Dies konnte auch bereits in Kapitel 2, Abschnitt D3 dieser Arbeit gezeigt werden. Die Kombination zunehmender Skalenerträge mit versunkenen Kosten erschwert den Wettbewerb im Fall einer erneuten Ausschreibung.

Schreibt die RegTP einen Universaldienst aus, könnten eventuelle Irreversibilitäten auch dazu führen, dass der Marktsasse einem anderen Bietkalkül unterliegt als potenzielle Newcomer. Die Asymmetrie besteht darin, dass der Marktsasse bei einer hinreichenden Anzahl potenzieller Bieter bereit sein wird, bei der Ausschreibung ein Gebot zwischen seinen variablen und seinen totalen Durchschnittskosten abzugeben, in das die versunkenen Kosten aus der Monopolzeit nicht einkalkuliert werden. Für Newcomer dagegen ist lediglich ein Angebotspreis akzeptabel, der mindestens so hoch ist wie deren jeweilige totale Durchschnittskosten. Kann ein potenzieller Markteindringling den Universaldienst zu niedrigeren Durchschnittskosten anbieten als ein etablierter Anbieter, setzt er sich folglich in der Ausschreibung nicht unbedingt durch. Versunkene Kosten schützen so etablierte Anbieter vor Konkurrenz in der Ausschreibung und erlauben die Aufrechterhaltung von Ineffizienz.[83] Ein Ausweg wäre der Vergleich der Gebote marktbeherrschender Unternehmen mit solchen, die für vergleichbare Gebiete abgegeben wurden. Natürlich gilt es zu berücksichtigen, dass Unternehmen auch in einem Gebiet ihre Dienste anbieten und erbringen dürfen, für das ein anderer Anbieter die Ausschreibung für sich entschieden hat und einen finanziellen Ausgleich erhält. So werden kleinere Unternehmen also *nicht* daran gehindert, simultan zum verpflichteten Unternehmen Investitionen zu tätigen, die

---

[82] Vgl. Kruse, J. (1989), S. 32f.

[83] Vgl. Fritsch, M. u.a. (1993), S. 141; Spelthahn, S. (1994), S. 59; Horn, M. u.a. (1988), S. 46 und Borrmann, J. / Finsinger, J. (1994), S. 85f.; Blankart, C.B. / Pommerehne, W.W. (1985), S. 438; Averch, H. / Johnson, L.L. (1962), S. 1052 und Blankart, C.B. / Knieps, G. (1995), S. 10f.

sie bei der nächsten Ausschreibung in eine vergleichbare Situation wie den Verpflichteten versetzen können.

Die Probleme Beamtenstatus und Pensionsverpflichtungen
Ist einer der Bieter bei der Ausschreibung staatlichen Auflagen (z.B. beim Faktor Arbeit) ausgesetzt (Mobilitätsbarrieren), denen andere Bieter nicht unterliegen, ist das Gebot des fairen Wettbewerbs verletzt. Im Fall der Inflexibilität aufgrund des Beamtenstatus und der Pensionsverpflichtungen handelt es sich beim Marktsassen um nachhaltige finanzielle Nachteile. Da diese Restriktionen so schwerwiegend sein können, dass sie ihn zum Verlassen des Marktes zwingen, ist nicht garantiert, dass ein Ausschreibungsverfahren eine effiziente Auswahl zwischen den Bietern trifft.[84]

Überkapazitäten des Marktsassen – Nachteile für Newcomer
Ein weiteres Problem, das es bei der Ausschreibung von Universaldienstleistungen zu berücksichtigen gilt, sind mögliche Überkapazitäten des Marktsassen, die für Newcomer von Nachteil sind. Bei der Ausschreibung von Universaldienstleistungen im Postbereich lassen sich hinsichtlich Überkapazitäten grundsätzlich zwei verschiedene Problemkreise unterscheiden, das strukturelle und das temporäre Problem.[85]

Ein *strukturelles* Problem würde auftreten, wenn es im Postwesen Anreize gäbe, aus strategischen Gründen Überkapazitäten aufzubauen, die als Marktzutrittsbarriere wirken und potenzielle Anbieter abschrecken würden. Eine Preisfixierung würde es zudem ermöglichen, die Kosten von Überkapazitäten auf die Marktgegenseite abzuwälzen.[86]

Bei diesen Strategien etablierter Anbieter kommt der Selbstbindung (commitment) eine besondere Rolle zu. Eine Abschreckungsstrategie eines etablierten Anbieters ist also nur dann glaubwürdig, wenn sie dem potenziellen Neuling keine Gewinne erlaubt. Voraussetzung hierfür ist, dass es sich bei den Überkapazitäten des etablierten Anbieters um langlebige Investitionsgüter handelt, die weitgehend irreversibel sind. Andernfalls könnte der potenzielle Marktneuling erwarten, dass der Marktsasse seine aggressive Haltung nach dem Markteintritt aufgibt. Ferner müssen die Konsequenzen eines Markteintritts, wie zu erwartenden Gewinn von null, für den Newcomer ersichtlich sein.

Da sunk costs bei der Erstellung postalischer Dienstleistungen, wie in Kapitel 1, Abschnitt D1 analysiert, nur eine vernachlässigbare Rolle spielen, kann die Schlussfolgerung abgeleitet werden, dass kein strukturelles Problem hinsichtlich eines möglichen Anreizes zum Aufbau von Überkapazitäten im Postwesen gegeben ist.

Zum anderen könnte ein *temporäres* Problem beim Übergang zu einem Ausschreibungssystem bestehen, da die Deutsche Post AG als Marktsasse bis dahin z.B. gro-

---

84 Vgl. Borrmann, J. / Finsinger, J. (1994), S. 86 – 97. Verschiedene Problemlösungsmöglichkeiten wurden bei Dicke, H. u.a. (1995), S. 47f.; Borrmann, J. (1995), S. 85, 87f.; Zumwinkel, K. (1991), S. 13; Neumann, K.-H. (1994), S. 2; Heuermann, A. / Schnöring, T. (1985), S. 25 – 32 und Lisson, P. (1996) diskutiert.

Werden dänische Beamte darum ersucht, die Post zu verlassen, haben sie Anrecht auf drei Jahresgehälter. Vgl. Olsen, M. (1999), S. 1.

85 Vgl. zum Folgenden Borrmann, J. / Finsinger, J. (1994), S. 132 – 136.

86 Vgl. Monopolkommission (1990), S. 318 und Kapitel 2, Abschnitt D dieser Arbeit.

ße Bestände an Sortiermaschinen aufgebaut haben wird. Diese Kapazitätserweiterung ist zudem der Kontrolle durch den Kapitalmarkt entzogen.[87] Während dieses Übergangs muss mit einem ruinösen Konkurrenzkampf gerechnet werden, wobei es Aufgabe der Regulierungsbehörde ist, diesen zu unterbinden.

2.2.2.2 Fluch des Gewinners

Bei Unsicherheit, insbesondere bei common-values-Auktionen, kann es zum Phänomen des sogenannten *Fluch des Gewinners* (winner's curse) kommen. Dieser Effekt besagt, dass genau der Bieter in der Auktion erfolgreich sein wird, der die optimistischsten Erwartungen hinsichtlich der Auftragserteilung hat und somit die geringste Kompensationsforderung abgibt. Allerdings besteht bei ihm auch das höchste Risiko einer Überschätzung des wahren Wertes. Dieses Phänomen soll anhand eines einfachen Ausschreibungsmodells erläutert werden. Den Zuschlag für ein ausgeschriebenes Gebiet erhalte der Bieter, der bereit ist, die spezifizierte Leistung zur geringsten finanziellen Ausgleichsleistung zu erbringen. Gegeben seien folgende Bedingungen:[88]

- Die Kosten aus der Versorgung des betreffenden Gebietes[89] waren dem einzelnen Bieter ex ante nicht bekannt.
- Diese Kosten aus der Versorgung des betreffenden Gebietes sind für alle Interessenten ex post identisch.[90]
- Jeder Bieter gebe ein Gebot ab, das exakt seinen geschätzten Durchschnittskosten entspricht. Es werden keine strategisch zu niedrigen Gebote abgegeben.

Es werde nach der Niedrigstpreisregel verfahren. Allgemein kann man feststellen, dass eine geforderte Ausgleichsleistung entweder deswegen niedrig war, weil die Kosten des Bieters tatsächlich niedrig waren oder weil sie von ihm unterschätzt wurden. Bei den im Modell unterstellten ex post identischen Kosten kann jedoch nur der

---

87 Die fehlende Kontrolle durch den Kapitalmarkt legt die Annahme nahe, dass die Deutsche Post AG als Privatunternehmen in öffentlicher Hand größere Kapazitäten aufbauen wird, als ein privates Unternehmen mit normalem Risikokalkül dies getan hätte. Die Auflagen im Bereich der Fremdkapitalaufnahme sind so vor dem Hintergrund der Steuerung der Kreditaufnahme des nationalisierten Sektors insgesamt zu sehen. Vgl. Heuermann, A. / Schnöring, T. (1985), S. 50; Knorr, A. (1993), S. 23f. und Bögelein, M. (1990), S. 158.

Als Lösung bietet sich an, von externen Finanzierungsexperten prüfen zu lassen, ob die Investitionen (hypothetisch) durch den Kapitalmarkt finanziert worden wären. Da sich jedoch z.B. die Briefzentren bereits in Betrieb befinden, könnte hier nur noch eine ex-post-Kontrolle durchgeführt werden, deren praktische Relevanz begrenzt ist. Außerdem ist es problematisch, bei einem negativen Ergebnis der Prüfung mit Sanktionen der RegTP zu drohen.

Ob Kostendeckung erreicht wird, ist auch davon abhängig, welche Erwartungen über zukünftige Daten (z.B. Zinssätze, Absatzmengen) der Kalkulation zugrunde gelegt werden. Da es ex ante jedoch unmöglich ist, zwischen strategischer Kapazitätspolitik und einer an Effizienzkriterien orientierten Investitionspolitik nach intersubjektiv überprüfbaren Kriterien zu unterscheiden, erscheint eine Sanktionsdrohung hier als ein fragliches Instrument.

88 Hierbei handelt es sich *nicht* um *notwendige* Bedingungen. Vgl. Borrmann, J. / Finsinger, J. (1994), S. 143f.

89 Diese Kosten enthalten auch die geschätzten Opportunitätskosten des Kapitals, d.h. eine Schätzung der marktüblichen Verzinsung.

90 Dies ist die common values assumption. Vgl. Milgrom, P.R. (1989), S. 5.

zweite Fall eintreten. Dieses Phänomen kann natürlich als normales, unternehmerisches Risiko einer Auktion bewertet werden. Die entscheidende Frage allerdings ist, ob dies auch volkswirtschaftliche Effizienzrisiken beinhaltet. Denn unter den genannten Bedingungen wird tendenziell das risikofreudigste Unternehmen den Zuschlag erhalten, welches nicht unbedingt das effizienteste sein muss. Ein Unternehmen, das sich mit den betreffenden Techniken und Märkten schon länger beschäftigt, die Risiken besser kennt und in seinem Gebot eine adäquate Risikovorsorge vornimmt, würde nicht zum Zuge kommen. Es kann nach dem Postgesetz zusätzlich zum in der Ausschreibung siegreichen Bieter in dem betreffenden Gebiet seine Leistungen anbieten, erhält dafür jedoch keine finanzielle Ausgleichsleistung. Bei einem mehrstufigen Verfahren fände ein gegenseitiges Lernen statt, welches die Gefahr des Fluchs des Gewinners zwar nicht ausschließen, wohl aber vermindern würde. Insofern ist dieses Phänomen allenfalls in völlig neuen Situationen, z.B. bei noch ungewohnten Auktionen, empirisch relevant. Die genannten Lerneffekte werden sich bereits nach einer kurzen Übergangsphase einstellen und die Unternehmen werden weitgehend unabhängige, auf individuell verschiedenen Faktoren basierende Kostenstrukturen aufweisen.[91]

Auch lassen sich systematische Funktionsmängel sowie ein kollektiver Handlungsbedarf aus dem Phänomen des Fluchs des Gewinners grundsätzlich nicht ableiten.[92]

Vorschriften in der Verdingungsordnung für Leistungen (VOL), die z.B. besagen, dass „Angebote, deren Preise in einem offenbaren Missverhältnis zur Leistung stehen, ausgeschieden“ werden, mögen dazu geeignet sein, die Streuung der Angebotspreise zu kappen und damit den Winner's-Curse-Effekt zu reduzieren. Jedoch hat sich der Gesetzgeber hiermit ein äußerst kartellfreundliches Klima eingehandelt: Anstatt einer Gegenwirkung zu dem schon immanent in der öffentlichen Auftragsvergabe vorhandenen Hang zum Kartell unterstützen die VOL diesen noch. Jene Hypothese wird durch die immer wieder aufgedeckten Kartellfälle im öffentlichen Vergabewesen gestützt.[93]

Eine andere Möglichkeit, dem Fluch des Gewinners entgegenzuwirken, besteht in einer Durchführung der Auktion nach der Vickrey-Regel. Da hier das beste Gebot zur zweitgünstigsten Finanzierung zum Zuge kommt, ist eine kleine Absicherung gegen ein Verschätzen seitens des günstigsten Bieters gegeben, wenn dies auch nur eine positive Nebenwirkung der Vickrey-Regel darstellt, deren Hauptabsicht es ist, effizientere Bietstrategien bei den Bietern hervorzurufen. Hier aber besteht wiederum der wesentliche Nachteil der Kartellfreundlichkeit der Vickrey-Regel.

2.2.2.3 Submissionskollusion

Eine Voraussetzung für die Funktionsfähigkeit des Auktionsmechanismus ist die Abwesenheit von Kartellen. Ist diese Bedingung nicht erfüllt, müssen in der Ausschrei-

---

91 D.h. die common values assumption ist eine realitätsferne Annahme. Vgl. Finsinger, J. / Borrmann, J. (1992), S. 92, 95; Borrmann, J. / Finsinger, J. (1994), S. 144 – 146; Blankart, C.B. (1994), S. 427; Kruse, J. (1993), S. 144f.; Milgrom, P.R. (1987), S. 17 und Finsinger, J. (1988), S. 64. Die Gefahr möglicher Insolvenzen der ausgewählten Universaldienstleister wird aufgrund der Lerneffekte ebenso verringert. Vgl. Elsenbast, W. (1997b), S. 29.

92 Vgl. Kruse, J. (1989), S. 22f.

93 Vgl. Blankart, C.B. (1994), S. 432.

bung Ineffizienzen aufgrund erhöhter Ausgleichsforderungen befürchtet werden. Die Wahrscheinlichkeit effizienzmindernder Kollusionen ist cet.par. umso größer, je weniger Unternehmen an einer Auktion teilnehmen.[94]

Die Relevanz der Fragestellung ist insofern evident, als der empirische Befund[95] die Hypothese nahe legt, dass Auktionen im Vergleich zu anderen Märkten häufiger von Absprachen betroffen sind. Bei Kartellabsprachen entscheidet dabei in der Regel nur ein Punkteguthaben über das zum Zuge kommende Unternehmen, Standortvorteile und Know-how bleiben unberücksichtigt. Aus diesen und anderen Gründen haben Absprachen für die Konsumenten neben rein finanziellen auch noch andere Nachteile.[96]

Die hohe Absprachenzahl lässt sich einerseits auf Besonderheiten der Vergabevorschriften in Deutschland zurückführen, andererseits gibt es aber auch inhärente kartellfördernde Elemente der Ausschreibung. Während die auf privaten Märkten vorzufindende Heterogenität des Leistungsangebots die Kartellbildung ebenso erschwert wie der Umstand, dass die bezahlten Preise oft nicht öffentlich sind, werden die Leistungen bei Ausschreibungen genau spezifiziert, also homogenisiert. Anbieter, die eine Kartellabsprache treffen wollen, brauchen sich infolgedessen nur noch über einen Parameter, also den Preis, einigen. Ferner wird der Vergabepreis im Allgemeinen offengelegt, sobald der Zuschlag erteilt wird. Folglich kann ein Kartellbrecher leicht identifiziert werden und die anderen Kartellmitglieder können sein Verhalten sanktionieren.[97]

Kartelle heben die Vergabepreise über das Wettbewerbsniveau und verursachen langfristig Überkapazitäten, so dass die Unternehmen von dem „Mehrerlös" letztlich gar nicht profitieren. Überkapazitäten führen aber zu instabilen Wettbewerbsverhältnissen und zu dem Druck, die Absprachen zu unterlaufen.[98]

---

94 Vgl. Gröner, H. / Knorr, A. (1995), S. 41; Train, K.E. (1991), S. 298 und Borrmann, J. / Finsinger, J. (1994), S. 148.

95 Laut eines von der Bauindustrie in Auftrag gegebenen Gutachtens wird ungefähr die Hälfte aller Bauaufträge von Absprachen beeinflusst. Bauaufträge der öffentlichen Hand machen aber nur ein Viertel aller Aufträge aus. Da Absprachen bei privaten Aufträgen relativ selten vorkommen, müssen diese auf die öffentliche Hand konzentriert sein. Es sind also fast alle öffentlichen Aufträge von Absprachen betroffen. Vgl. Finsinger, J. (1983), S. 8f., 16; (1986), S. 39 – 44; (1988), S. 66 und Blankart, C.B. (1994), S. 429.

96 Vgl. Blankart, C.B. (1994), S. 433. Zur Funktionsweise von Kartellen vgl. auch Jacquemin, A. / Slade, M.E. (1989), S. 425 – 430.

97 Vgl. Blankart, C.B. (1994), S. 429f. und Milgrom, P.R. (1987), S. 27. Außerdem wird die Kartellierbarkeit und Kartellstabilität umso größer sein, je höher die Irreversibilitäten sind. Vgl. Kruse, J. (1985), S. 378.

98 Es könnte deshalb sein, dass die Klagen über eine Tendenz zu ruinösem Wettbewerb im Baumarkt eine Folge der häufigen Absprachen und der daraus resultierenden falschen Kapazitätsanpassung sind. Vgl. Bögelein, M. (1990), S. 205 und Finsinger, J. (1983), S. 16; (1988), S. 65.

In einem allgemeineren Modell könnten möglicherweise noch weitere Konsequenzen aufgedeckt werden: So ließe sich z.B. zeigen, dass sich der auf der Preisebene unterbundene Wettbewerb auf anderen Ebenen dafür umso stärker durchsetzt. Eine typische Ausweichreaktion des Wettbewerbs ist z.B. die Qualitätskonkurrenz, d.h. es kommt zu übermäßig kostenintensiver Produktion. Vgl. Blankart, C.B. (1994), S. 435.

Um dem Problem der Submissionskollusion bei der Ausschreibung von Universaldienstleistungen entgegenzuwirken, muss das Kartellrecht selbst bei einer niedrigen Entdeckungswahrscheinlichkeit mit hinreichend hohen Sanktionen für Absprachen eine wohlfahrtssteigernde abschreckende Wirkung entfalten. So könnte versucht werden, das Ausbrechen aus einem Kartell (Cheating) zu fördern, da Kartellvereinbarungen prinzipiell als instabil angesehen werden können: Jeder Kartellist könnte durch ein Unterlaufen der Kartellabsprache seinen Gewinn erhöhen, solange sich die anderen Kartellisten an die Vereinbarung halten. Die für das Cheating erforderlichen Preiszugeständnisse lassen sich aber i.d.R. nur schwer entdecken, es sei denn, die RegTP gibt den Vertragspreis bekannt und beseitigt so Kartelldisziplin.[99]

Einstufige Ausschreibungsverfahren haben den Vorzug, ein beträchtliches Risiko für jeden einzelnen Beteiligten in der Submissionskollusion zu beinhalten, da für die anderen Kartellisten hohe Cheating-Anreize bestehen. Dagegen ist die wohlfahrtssteigernde Drohung des Cheating bei mehrstufigen Ausschreibungsverfahren sehr viel schwächer, da andere Kartellisten den Cheater ihrerseits in Tit-for-Tat-Situationen („wie du mir, so ich dir") gleich wieder unterbieten könnten. Insofern entfielen die Vorteile des Cheating, und die Kartelldisziplin wäre deutlich stärker.[100] Weiter sollte beim Ausschreibungsverfahren nicht mit verdeckten, sondern mit offenen Geboten gearbeitet werden. Um die Markttransparenz zu fördern, sollte die RegTP sowohl die Identität der Bieter, als auch die Höhe der Gebote veröffentlichen.

Bei der Ankündigung der Ausschreibung sollten möglichst viele potenzielle Bieter angesprochen werden, so dass auch die Konkurrenz durch Außenseiter intensiviert würde, da eine große Zahl von Bietern Preisabsprachen tendenziell verhindert.[101]

Abschließend sei darauf hingewiesen, dass sich auch bei völliger Abwesenheit von Kollusionen bei Versteigerungsverfahren nicht zwangsläufig der effizienteste Anbieter durchsetzen wird. Streut das individuelle Risikogebahren der Anbieter unterschiedlich, kann nie mit letzter Sicherheit ausgeschlossen werden, dass die Leistungen zu volkswirtschaftlich überhöhten Preisen erstellt werden.[102]

2.2.2.4 Die Probleme in kurzer Zusammenfassung

Bei der Frage der *Irreversibilitäten* lässt sich festhalten, dass es aufgrund der im Postwesen nicht ausgeprägten versunkenen Kosten kaum zu Asymmetrien zwischen den Wettbewerbern kommen wird. Die verbleibenden Irreversibilitäten sind dabei relativ zu anderen Branchen als gering einzustufen.[103] Ein ruinöser Wettbewerb aufgrund irreversibler Kostenstrukturen zielt allenfalls auf die Personalkosten für Beamte der Deutschen Post AG ab, welche für Letztere eine irreversible Kostenstruktur dar-

99 Vgl. Finsinger, J. / Borrmann, J. (1992), S. 96, 98 und Borrmann, J. (1995), S. 144.

100 Vgl. Kruse, J. (1993), S. 191 und Borrmann, J. / Finsinger, J. (1994), S. 150.

101 Vgl. Borrmann, J. (1995), S. 145 und Horn, M. u.a. (1988), S. 66.

102 Vgl. Elsenbast, W. (1997b), S. V und Gröner, H. / Knorr, A. (1995), S. 84.

103 Es sei an dieser Stelle darauf hingewiesen, dass die Funktionsfähigkeit eines Markts erst dann wirklich beeinträchtigt wird, wenn die versunkenen Kosten ein hohes Ausmaß annehmen. In geringem Umfang treten sie auf allen realen Märkten auf. Selbst auf solchen Märkten, welche dem Ideal des bestreitbaren Marktes besonders nahe kommen (z.B. dem Luftverkehrsmarkt), sind versunkene Kosten zu beobachten. Vgl. Panzar, J.C. (1991), S. 224f.

stellen. Dem bleibt entgegenzuhalten, dass die Deutsche Post AG über reichlich Markterfahrung und langlebige Investitionsgüter verfügt, die auf ihre Monopolstellung und die Vorteile der staatlichen Finanzierung zurückzuführen sind. Ruinöser Wettbewerb im Allgemeinen ist auf dem Markt für Briefdienstleistungen allerdings nicht zu erwarten, was sich anhand des Nebeneinanders privater Paketdienste zeigt. Flächendeckung wird hier nicht nur durch Zwang und mit Hilfe von Subventionen, sondern auch aus Marketinggründen – ohne Subventionen – betrieben.

Was das Problem der *Überkapazitäten* bei Ausschreibungen betrifft, so ist dieses Problem für den Postsektor untypisch. Die Investitionen der Deutschen Post AG stellen für sie einen Wettbewerbsvorteil dar.

Der *Fluch des Gewinners* ist leider institutionell nicht leicht vermeidbar, da dieses Problem nicht im Ausschreibungsverfahren selbst, sondern auf einem Fehler des Bieters beruht. Dieser hat sich bei der Kalkulation seiner Kosten „einfach" nach unten verschätzt. Er hätte sein Gebot lediglich um einen Risikoaufschlag erhöhen müssen.

Submissionskollusionen lassen sich durch Auflagen nicht vollständig vermeiden; vielmehr sind sie in jedem Markt anzutreffen. Auswege hierzu lägen in einer Förderung einer großen Bieterzahl, z.B. durch eine gezielte Information potenzieller Bieter, in geeigneten Vergabevorschriften bzw. in erhöhten Cheating-Anreizen.

Zusammenfassend lassen sich für jeden der angesprochenen Problemkreise adäquate Lösungsansätze implementieren und im Ausschreibungsverfahren fixieren.

2.2.3 Fazit: Das geeignetste Ausschreibungsverfahren für das Postwesen

Bei vernachlässigbaren Synergien und einer geringen Teilnehmerzahl (d.h. einer hohen Kollusionsgefahr) ist eine (simultane) einstufige geheime Niedrigstpreisauktion zu bevorzugen. Ist bei den Auktionsobjekten hingegen ein hinreichendes Bietinteresse festzustellen, sollte eine simultane mehrstufige geheime Niedrigstpreisauktion Anwendung finden. Bei relevanten Synergien zwischen den Auktionsobjekten sollte es zusätzlich möglich sein, kombinatorische Angebote abzugeben. Diese sind der Komplexität und damit sowohl der Anzahl der auszuschreibenden Universaldienstleistungen, als auch dem gewählten Auktionstyp anzupassen. Auch im Postgesetz wurde die Niedrigstpreisauktion in § 14 (2) festgeschrieben. Bei geringer Kollusionsgefahr und hinreichendem Bietinteresse jedoch wäre eine simultane einstufige geheime Vickrey-Auktion (mit möglicherweise kombinatorischen Geboten) aufgrund ihrer anreizkompatiblen Mechanismen vorzuziehen. Hinweise auf eine mögliche Kartellierung könnte die RegTP durch eine Gegenüberstellung der Gebote vergleichbarer Teilgebiete erhalten.

Das Ergebnis aus Niedrigstpreisauktion und Vickrey-Regel ist bei symmetrischen, risikoneutralen Bietern mit voneinander unabhängigen Geboten das gleiche, da in beiden Auktionen der Bieter mit der niedrigsten Forderung gewinnt. Dieses Ergebnis beider Auktionen ist daher Pareto-optimal.[104]

---

[104] Vgl. Bulow, J. / Roberts, J. (1989), S. 1061f. und Milgrom, P.R. / Weber, R.J. (1982), S. 1091. Über den Effekt der Periodenlänge eines gleichgewichtigen Spiels ist nur wenig bekannt. Für Beispielstudien siehe Näheres bei Fudenberg, D. / Tirole, J. (1989), S. 296.

In der aktuelleren Literatur wird zwar betont, dass der Einfluss der Auktionsregeln auf das Bietverhalten von Beobachtern u.U. nicht direkt wahrgenommen wird. Es ist aber trotzdem davon auszugehen, dass Auktionsteilnehmer, die sich mit den Regeln der Auktion vertraut machen bzw. darin eingewiesen werden, potenziell eine rationale Strategie entwickeln. Natürlich erscheint es auch mithin realistisch, dass weitere psychologische und taktische Elemente – wie Bluff oder signalisierendes, kollusives Verhalten – eine Rolle spielen und bei der Entwicklung der eigenen Bietstrategie nicht zwangsläufig rationales Verhalten der Mitbieter unterstellt wird.[105]

Aus den erfahrungsgemäß überhöhten Geboten bei den bisherigen öffentlich initiierten Ausschreibungen würde sich für den Ausgleichsfonds des Postgesetzes die Vickrey-Regel, bei welcher der Bieter mit der geringsten finanziellen Forderung einen Ausgleich in Höhe des zweitniedrigsten Gebotes erhält, *entgegen* der Fixierung des Niedrigstpreisverfahrens in § 14 (2) PostG aus der Sicht dieser Arbeit als *vorteilhafter* empfehlen.

2.3 Vertragsdauer

Werden Universaldienstleistungen im Postwesen ausgeschrieben, stellt die zeitliche Befristung der Vertragsdauer eine Möglichkeit dar, nicht ganz auf die disziplinierende Wirkung des intramodalen Wettbewerbs zu verzichten. Deshalb müssen sämtliche während der Laufzeit relevanten Bedingungen bereits im Ausschreibungswettbewerb reflektiert werden und Bestandteil des Vertrags sein, den der Gewinner der Ausschreibung mit der RegTP eingeht.[106]

Es wird nicht verkannt, dass trotz einer gezahlten Ausgleichsleistung an den Vertragsnehmer auch andere Postdienstleister in dem betrachteten Gebiet Leistungen anbieten und erbringen dürfen. Diese erhalten jedoch keine Ausgleichszahlungen.

Folglich müssen überzeugende und umsetzbare Kriterien für die Bestimmung der ökonomisch optimalen Vertragsdauer herausgearbeitet werden, die jedoch je nach Teilmarkt differieren kann und daher im Postgesetz keinen konkreten Niederschlag findet. Kruse hat diese Kriterien im Wesentlichen zusammengestellt.[107]

2.3.1 Determinanten der optimalen Vertragslaufzeit

Die optimale Laufzeit eines Vertrags wird unter Effizienzgesichtspunkten durch Irreversibilitäten, Kosten, Unsicherheit und Wettbewerbsdruck beeinflusst. Diese Determinanten und die Konkretisierung einer Spanne für die Laufzeit im Postwesen sollen in Anlehnung an Borrmann[108] nun näher analysiert und präzisiert werden.

Irreversibilitäten

Mit einer Verlängerung des ausgeschriebenen Zeitraums nehmen die durch Irreversibilitäten erzeugten volkswirtschaftlichen Kosten pro Periode ab. Wird regelmäßig

---

105 Vgl. auch Elsenbast, W. (1997b), S. Vf., 29.

106 Die Wettbewerbswirkung tritt erst vollständig bei Folgeausschreibungen ein. Sie verursacht weitere Transaktionskosten und wurde als *fundamentale Transformation* bezeichnet. Vgl. Müller, K. (1997), S. 400; Kruse, J. (1985), S. 353 und Gröner, H. / Knorr, A. (1995), S. 51.

107 Vgl. Kruse, J. (1985), S. 354 – 359.

108 Vgl. Borrmann, J. (1995), S. 186f.

neu ausgeschrieben, antizipieren die Bieter im Ausschreibungsprozess, dass in der nächsten Periode ein anderer Anbieter den Zuschlag und damit eine finanzielle Ausgleichsleistung erhalten könnte. Daraus resultiert dann das Problem, dass die optimale Laufzeit eines Teils der Investitionsobjekte mit der kostenminimalen Technologie länger als der ausgeschriebene Zeitraum ist.[109] Handelt es sich um irreversible Investitionen, kalkulieren die Unternehmen entweder mit einem kürzeren Abschreibungszeitraum mit dem Resultat höherer Kosten und damit höherer Gebote im Ausschreibungsverfahren, oder sie investieren in eine suboptimale Technologie mit kürzerer Laufzeit. Beide Varianten führen zu Ineffizienzen und damit zu Wohlfahrtsverlusten.[110]

Wie bereits in Kapitel 1, Abschnitt D1 erläutert, spielen versunkene Kosten im Postwesen als Sektor mit relativ geringen irreversiblen Kosteneigenschaften eine nur unwesentliche Rolle.[111] Deshalb können zur Förderung der Produktionseffizienz vergleichsweise kurze Vertragsperioden gewählt werden.[112]

Kosten der Ausschreibungsverfahren

Eine seltener stattfindende Ausschreibung vermindert die von der RegTP und den Unternehmen zu tragenden Kosten der Ausschreibungsverfahren. Diese Kosten sind jedoch vernachlässigbar, wenn die Vertragsbedingungen soweit festgelegt sind, dass die Unternehmen als Gebote lediglich einen Preis abgeben müssen und die Notwendigkeit von Preis-Leistungs-Vergleichen somit entfällt.[113]

Unsicherheit aufgrund der Dynamik des Marktes

Bei einer längeren Vertragslaufzeit können durch Unsicherheit hervorgerufene Ineffizienzen entstehen, da sich die Kosten- und Nachfragebedingungen auf realen Märkten fortlaufend ändern. Der durch ein Ausschreibungsverfahren ermittelte Preis kann zu einem späteren Zeitpunkt so möglicherweise nicht mehr optimal sein. Jeder der beiden Vertragspartner trägt das Risiko einer zu seinem Nachteil unerwarteten Veränderung der relevanten Umweltbedingungen.[114]

---

109 Solange die betrachteten Investitionen reversibel sind, ergibt sich kein Problem, da die Anlagen nach dem Ablauf des Vertrags einer anderen Verwendung zugeführt werden können.

110 Hier wird ein Problem kurzer Laufzeit betrachtet. Die gleichen Effekte bezüglich ineffizienter Technologiewahl gelten aber auch generell für jede Periodenlänge, wenn das Ende gerade bevorsteht. Vgl. Kruse, J. (1993), S. 144, 249; Blankart, C.B. / Pommerehne, W.W. (1985), S. 437; Ring, A. (1993), S. 103 und Horn, M. u.a. (1988), S. 67. Inflexibilitäten entstehen auch aus Arbeitsverträgen, Managementanreizen sowie langfristigen Verträgen mit Kunden. Vgl. Shapiro, C. (1989), S. 393.

111 Mobilitätsbarrieren sind bei der Deutschen Post AG beim Faktor Arbeit zu beobachten. Vgl. hierzu genauer Borrmann, J. / Finsinger, J. (1994), S. 92 – 97; Gröner, H. / Knorr, A. (1995), S. 51f. und Blankart, C.B. / Pommerehne, W.W. (1985), S. 438.

112 Vgl. Elsenbast, W. (1997b), S. 61.

113 Schwankungen der Dienstgüte bei einem häufigen Wechsel der Lizenznehmer lassen sich theoretisch zwar nicht ausschließen, spielen in der Praxis aber kaum eine Rolle. Ein Beispiel der NZP hierzu findet sich bei Gröner, H. / Knorr, A. (1995), S. 54. Die Lizenzdauer dort beträgt drei Jahre.

114 Vgl. Carlton, D.W. (1989), S. 942. Erstens ist es prinzipiell unmöglich, vollständige Verträge zu schließen, und zweitens gelangt man beim Schließen unvollständiger Verträge ab einer endlichen Zahl von Klauseln in den Bereich prohibitiver Transaktionskosten. Vgl. Gröner, H. / Knorr, A. (1995), S. 53.

Im Postwesen jedoch werden aufgrund des niedrigen technologischen Niveaus lediglich bei der Sortierung postalischer Sendungen Prozessinnovationen erwartet.[115] Insofern stellen längere Vertragslaufzeiten im Postsektor kein Problem dar.

Wettbewerbsdruck
Wettbewerbsdruck führt zu Effizienz. Trotz Ausschreibung der Universaldienstleistung in einem Gebiet dürfen auch andere Postdienstleister als der Verpflichtete die Kunden im betreffenden Gebiet versorgen. Es herrscht also eingeschränkter Wettbewerb in den vergebenen Gebieten, da die Konkurrenten dort keinen Ausgleich und somit geringere Einnahmen erhalten. Unter der Annahme, dass die Deutsche Post AG als marktbeherrschender Anbieter effizient produziert, ist die Wahrscheinlichkeit, dass deutlich effizientere Newcomer zusätzlich in den Markt eintreten, im Vergleich zu anderen Sektoren der Volkswirtschaft als eher gering anzusetzen. Die Begründung dafür liegt in der weitgehend fehlenden Dynamik des Postsektors, da letztere sich, wie eben erwähnt, im Wesentlichen auf Produktivitätsfortschritte bei der Sortierung beschränken dürfte. Da jedoch nicht davon ausgegangen werden kann, dass im Produktionsprozess der Deutschen Post AG alle potenziellen Effizienzen ausgeschöpft sind, ist doch mit regem Wettbewerb zu rechnen – auch, wenn dieser sich auch anfangs erst noch entwickeln muss. Die Konkurrenten sind bei Folgeausschreibungen jedenfalls prädestiniert dafür, dem aktuellen Versorger die Subvention abzujagen. Insofern spricht der – zumindest rudimentär vorhandene – Wettbewerbsdruck für eine kurze Vertragslaufzeit.

Gäbe es also lediglich Irreversibilitäten und Kosten der Ausschreibungsverfahren, hätte der optimale ausgeschriebene Zeitraum eine unendliche Länge. Existierten dagegen lediglich Unsicherheit und Wettbewerbsdruck, läge die Länge des optimalen ausgeschriebenen Zeitraums bei null.[116]

In Tabelle 6 werden diese Determinanten des optimalen Ausschreibungszeitraums nochmals bezüglich ihrer Relevanz im Postwesen zusammengefasst.

Tabelle 6: Determinanten des optimalen Ausschreibungszeitraums im Postwesen

Determinante	Relevanz im Postwesen
Irreversibilitäten	unwesentlich
Kosten des Verfahrens	vernachlässigbar: keine Preis-Leistungs-Vergleiche
Unsicherheit	kaum: Sektor ist innovationsträge
Wettbewerbsdruck	vorhanden

Quelle: Eigene Darstellung.

Für eine formale und graphische Betrachtung werden die sozialen Kosten der Irreversibilitäten und Kosten der Ausschreibungsverfahren zu S_P aggregiert und als

---

115 Vgl. Crew, M.A. / Kleindorfer, P.R. (1992a), S. 4, 8 – 11.

116 Vgl. auch zum Folgenden Borrmann, J. (1995), S. 183 – 185.

Außerdem besteht die Möglichkeit, bei einer jährlichen Verrechnung der Subvention bzw. Steuer eine *optionale* Laufzeit zu finden. Dies bedeutet, dass das Unternehmen, das den Zuschlag erhielt, das Ende selbst bestimmen kann. D.h. es kann selbst bestimmen, ob eine erneute Auktion z.B. nach zwei oder drei Jahren stattfindet. Der untere Rand der Option (Mindestlaufzeit) würde festgelegt aufgrund einer Prognose über die minimale Amortisationszeit und der obere Rand (Höchstlaufzeit) durch die intermodalen Reallokations-Erfordernisse. Vgl. Kruse, J. (1993), S. 201f.

Funktion des ausgeschriebenen Zeitraums z betrachtet. Aufgrund des positiven Einflusses auf die Länge des optimalen Zeitraums sei diese Funktion mit P bezeichnet:

$$S_P = P(z). \tag{61}$$

Weiter werden die durch Unsicherheit und Wettbewerbsdruck erzeugten sozialen Kosten zu S_N aggregiert und ebenfalls als Funktion des ausgeschriebenen Zeitraums a betrachtet. Aufgrund des negativen Einflusses auf die Länge des optimalen ausgeschriebenen Zeitraums sei diese Funktion mit N bezeichnet:

$$S_N = N(z). \tag{62}$$

Gesucht sei das globale Minimum von

$$S_{P+N} = P(z) + N(z) \tag{63}$$

auf dem Intervall $]0;\infty[$ und damit der optimale ausgeschriebene Zeitraum.

Um die Darstellung zu vereinfachen, sei vorausgesetzt, das S_{P+N} zweifach differenzierbar sei. Weiter kann aufgrund der obigen Annahmen über die Determinanten des optimalen Ausschreibungszeitraums als gesichert gelten, dass $P(z)$ streng monoton fallend bzw. $N(z)$ streng monoton steigend verläuft[117].

Da ein Randminimum von S_{P+N} nicht in Betracht kommt, ist nun nach einem inneren Minimum zu suchen. Bei gegebener Differenzierbarkeit ist eine notwendige Bedingung für ein inneres (lokales) Minimum von S_{P+N} an der Stelle z^* gegeben durch

$$\frac{dP(z^*)}{dz} = -\frac{dN(z^*)}{dz}. \tag{64}$$

Liegen mehrere lokale Minima vor, ist unter ihnen nach dem globalen Minimum zu suchen. Der Fall genau eines globalen Minimums von S_{P+N} und damit genau eines endlichen optimalen ausgeschriebenen Zeitraums z^* ist in Abbildung 4 dargestellt.[118]

2.3.2 Optimaler Ausschreibungszeitraum im Postwesen

Trotz bzw. aufgrund der Kontroversität der Determinanten kann also genau ein optimaler ausgeschriebener Zeitraum abgeleitet werden. Das verwendete Instrumentarium erlaubt zwar keine exakte Bestimmung dieses Zeitraums, es lassen sich aber Vergleiche mit anderen Sektoren anstellen. Das Postwesen kann so als ein Sektor angesehen werden, der bei geeigneter institutioneller Ausgestaltung des Ausschreibungsverfahrens einen im Vergleich eher kurzen optimalen Ausschreibungszeitraum aufweist. Dies wirkt sich insoweit positiv aus, als dass zusätzlich zum Wettbewerb *auf* dem Markt der Wettbewerb *um* den Markt häufiger zum Tragen kommt und damit die Selektionsdrohung und die Effizienzanreize höher sind. Kürzere Laufzeiten brin-

---

117 Sind S_P bzw. S_N im gesamten Definitionsbereich differenzierbar, so gilt demnach jeweils für alle z: $\frac{dP(z)}{dz} \leq 0$ bzw. $\frac{dN(z)}{dz} \geq 0$.

118 Da die exakten Kurvenverläufe nicht bekannt sind, kann auch die Darstellung in dieser Arbeit lediglich schematisch erfolgen.

gen auch ein geringeres Risiko von signifikanten Umweltveränderungen mit sich und erlauben eine flexiblere Anpassung an veränderte Gegebenheiten.[119]

Abbildung 4: Optimaler ausgeschriebener Zeitraum

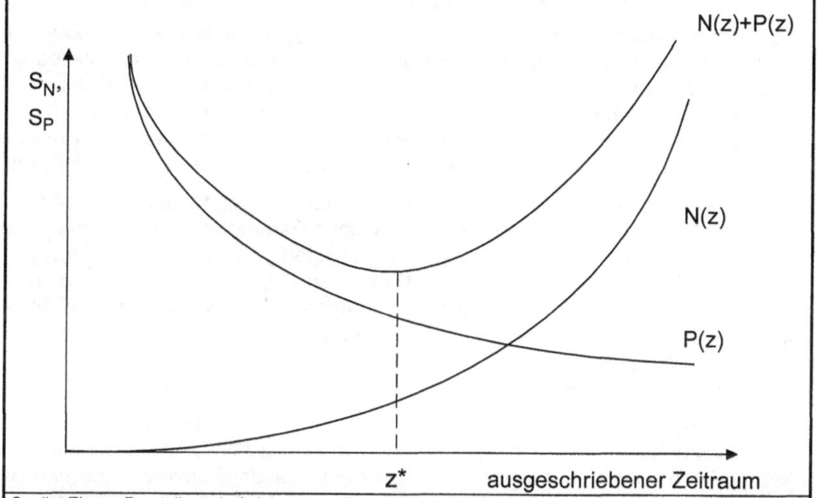

Quelle: Eigene Darstellung, in Anlehnung an Borrmann, J. (1995), S. 185.

Hätte der Gesetzgeber allerdings eine periodische Überprüfung der Preise im Wege der Befristung angestrebt, hätte er die Befristung als Soll-Vorschrift formuliert.

2.4 Herstellung der Vergleichbarkeit verschiedener Angebote

Ein Problem, das bei der Festlegung der Ausschreibungsbedingungen zu lösen ist, ist auch die Herstellung der Vergleichbarkeit verschiedener Angebote. Dies bedingt vor Einleitung des Verfahrens eine genaue Beschreibung der zu erbringenden Leistung sowie aller Vertragsbedingungen. Im Extremfall einer rein konstruktiven Leistungsbeschreibung werden die Interessenten durch die RegTP faktisch gezwungen, bei ihrem Gebot ausschließlich auf einen Aktionsparameter abzustellen.[120] So ist auch nach § 14 (2) PostG die Vergabe der ausgeschriebenen Dienstleistung an den Bewerber vorgesehen, der den geringsten finanziellen Ausgleich dafür verlangt.

---

[119] Vgl. Müller, J. / Vogelsang, I. (1978), S. 332; Kaufer E. (1980), S. 398 und (1981), S. 151. Gröner und Knorr sprechen sich nicht für eine Anpassung der Vertragsdauer an die Amortisationsdauer der für den Marktzutritt zu tätigenden Investitionen aus, da diese den Unternehmen einen Großteil des wirtschaftlichen Risikos abnehmen würde und mit den Grundsätzen einer marktwirtschaftlichen Ordnung unvereinbar sei. Die zu erwartenden Gewinne dürften für viele Unternehmen für eine Betätigung im Postwesen bzw. auf einzelnen Teilmärkten Anreiz genug für einen Marktzutritt bieten. Vgl. Gröner, H. / Knorr, A. (1995), S. 52 und Kruse, J. (1985), S. 354, 358. Die Vertragslaufzeit bei der Bahn in Großbritannien beträgt 7 Jahre. Vgl. Link, H. (1997), S. 160.

[120] Vgl. Gröner, H. / Knorr, A. (1995), S. 72. Borrmann analysiert auch die Ausschreibung mit mehr als einem Parameter. Vgl. hierzu Borrmann, J. (1995), S. 175 – 180.

In diesem Fall ist das Problem der Auswahl des günstigsten Angebots auf einfache Weise gelöst. Sofern nicht zwei Bieter exakt dasselbe Gebot abgeben,[121] ist eine eindeutige Rangordnung der Gebote gegeben, so dass der Regulierungsbehörde kein diskretionärer Handlungsspielraum gegeben ist.

Ein Vorteil einer Ausschreibung, bei welcher nur eine Variable über den Zuschlag entscheidet, ist, dass die RegTP für Preis-Leistungs-Vergleiche keine Ressourcen aufzuwenden braucht. Weiter ist das Verfahren transparent, d.h. das Ergebnis ist intersubjektiv überprüfbar. Die Kosten der Entscheidungsfindung bei den Bietern sind niedriger als bei Ausschreibungen, in denen mehrere Variablen über die Erteilung des Zuschlags bestimmen, da die Bieter hier nur einen Parameter festlegen müssen.

Eine Beschränkung auf eine Variable erscheint jedoch nur dann sinnvoll, wenn sich die Angebote hinsichtlich aller anderen wesentlichen Parameter nicht oder nur irrelevant unterscheiden. Um ihre Vergleichbarkeit zu sichern, muss also eine Homogenisierung der Bieterleistungen stattfinden. Diese kann dadurch zustande kommen, dass alle anderen als wichtig angesehenen Parameter fixiert werden. In einer abgeschwächten Form kann sich die RegTP auch darauf beschränken, Mindeststandards für relevante Qualitätsmerkmale vorzugeben. Ein Übertreffen der minimalen Qualität würde in diesem Fall bei der Erteilung des Zuschlags nicht berücksichtigt.

Die RegTP könnte auch gegenüber den anbietenden Unternehmen einen umfassenden Verhandlungsspielraum besitzen, der jedoch wieder höhere Anforderungen an das Management stellt und Möglichkeiten zur Beeinflussung, Bevorzugung und Bestechung eröffnet. So könnten mit der Vergabe Beauftragte das Ziel verfolgen, Unternehmen zu begünstigen, denen sie sich verpflichtet fühlen. Eine solche Begünstigung wird erschwert, wenn eine Ausschreibung durchgeführt und ihre korrekte Durchführung hinreichend kontrolliert wird. Ausschreibungsverfahren sind also auch ein Instrument zur Beschränkung derartiger diskretionärer Handlungsspielräume.[122]

Eine Ausschreibung kann zwar grundsätzlich als marktkonformes Instrument angesehen werden; es ist jedoch zu berücksichtigen, dass nicht die einzelnen Wirtschaftssubjekte selbst Angebote einholen, sondern die RegTP stellvertretend für diese Auflagen formuliert und deren Erfüllung bewertet. Dieser Prozess der Formulierung der Auflagen ist kein dezentraler Marktmechanismus; der sogenannte „Wettbewerb als Entdeckungsverfahren“ kommt lediglich auf der Angebotsseite zum Zug. Insofern kann der Ausschreibungsmechanismus allenfalls eine Kostenminimierung unter den als Nebenbedingungen anzusehenden Auflagen erreichen. Da nur eine Variable über den Zuschlag entscheidet, ist die Anzahl der Nebenbedingungen groß und der ordnungspolitische Eingriff relativ hoch.

Auf unregulierten Wettbewerbsmärkten ist die Kartellbildung oft schwierig, da die angebotenen Leistungen hinreichend heterogen sind. Wird allerdings bei einer Ausschreibung die zu erbringende Leistung durch eine Vielzahl von Nebenbedingungen so genau spezifiziert, dass letztlich nur eine Variable über den Zuschlag entscheidet,

---

121 Sollten mehrere Bieter das gleiche Gebot abgeben, könnte dem Bieter mit der höchsten Qualität der Zuschlag erteilt werden. Andere in Frage kommende Verfahren sind das Losverfahren oder eine Neuausschreibung.

122 Vgl. Milgrom, P.R. (1989), S. 20; Crew, M.A. / Kleindorfer, P.R. (1992a), S. 97 und Finsinger, J. / Borrmann, J. (1992), S. 85.

findet eine Homogenisierung des Angebots statt. In diesem Fall müssen sich die Bieter nur noch über den Bietpreis einigen, wenn sie ein Kartell bilden wollen. Daher beinhaltet dieses Ausschreibungsverfahren ein kartellförderndes Element.[123]

Ein Ausschreibungsmodell mit nur einer entscheidenden Variable kann aufgrund der folgenden Punkte dennoch unter dem Gesichtspunkt der Herstellung der Vergleichbarkeit verschiedener Angebote empfohlen werden:

- Eine detaillierte Kenntnis der Präferenzen der Nachfrager ist nicht erforderlich.
- Der Regelmechanismus ist so ausgestaltet, dass die Regulierungsbehörde dazu veranlasst wird, das Ziel der Effizienz zu verfolgen. Wird nämlich das Ziel der Minimierung der Ausgleichszahlung vorgegeben, so bedeutet dies gleichzeitig die Bereitstellung des Gutes Universaldienst zu den niedrigsten Kosten.[124]
- Die aufzuwendenden Ressourcen für die Bewertung sind vernachlässigbar. Sie beschränken sich weitgehend auf Ermittlung der günstigsten Ausgleichszahlung.
- Das Verfahren weist einen hohen Grad an Transparenz auf. Veröffentlicht die Regulierungsbehörde die Gebote, ist das Ergebnis intersubjektiv überprüfbar.[125]
- Die Kosten der Entscheidungsfindung der Bieter sind relativ klein. Im Unterschied zu wertenden Auswahlverfahren, in die auch Qualitätsparameter eingehen, müssen hier nur Zahlungsforderungen abgegeben werden.

Prinzipiell ist eine volumenunabhängige Vergütung zu bevorzugen, um das Kontrollproblem hinsichtlich der Menge der erstellten Dienstleistungen zu vermeiden, welches bei Abwesenheit von Dienstezusammenschluss aus Sicht des Regulierers besteht. Eine Preisanpassung während der Vertragsdauer bei einer hinreichend kurzen Laufzeit des ausgeschriebenen Vertrags kann ausgeschlossen werden. Alternativ bietet sich eine Indexierung der Kompensation analog zu einem Price Cap an. Bei starken Schwankungen der Sendungsvolumina ist ergänzend auch eine volumenabhängige Anpassung möglich, z.B. eine Änderung der Vergütungen für die Dienstleistungserstellung um $y(x)$%, wenn sich das Volumen um x% oder mehr ändert.[126]

2.5 Gewährleistung der Versorgungssicherheit

Ein funktionsfähiges Postwesen ist eine Grundvoraussetzung wirtschaftlichen Handelns und privater Bedürfnisbefriedigung und wird insofern als Teil der gesamtwirtschaftlichen Infrastruktur angesehen. Als solche sollen die Postdienstleistungen einheitlich, zuverlässig im Sinne von störungsfrei, universell nutzbar, schnell und allgemein zugänglich sein.[127] Beim Übergang zu Universaldienstleistungen, deren Anbieter verpflichtet bzw. durch Ausschreibungsverfahren bestimmt werden, können jedoch Probleme hinsichtlich der Versorgungssicherheit auftreten. So ist erstens die Frage zu beantworten, wie die Insolvenzwahrscheinlichkeit gesenkt werden kann.

---

123 Vgl. Finsinger, J. (1991), S. 166 und Blankart, C.B. (1994), S. 429f.

124 Die Präferenzen der Konsumenten werden hier nicht erwähnt, da (vereinfachend) von einem homogenen Angebot aufgrund der geforderten Auflagen ausgegangen wird.

125 Es kann allerdings Effizienzgründe für die RegTP geben, die Gebote dennoch nicht zu veröffentlichen. Offensichtlich handelt es sich hier um einen Trade-off.

126 Vgl. Elsenbast, W. (1997b), S. 75f.

127 Vgl. Grossekettler, H. (1993), S. 13; Braubach, U. (1992), S. 59 und Borcherding, T.E. u.a. (1982), S. 130 – 135.

Zweitens ist zu klären, wie im Fall einer Insolvenz eines verpflichteten Anbieters verfahren werden soll. Drittens muss festgelegt werden, was passieren soll, wenn ein verpflichtetes Unternehmen während der Vertragslaufzeit freiwillig aus dem Markt austreten und die Leistungen nicht mehr anbieten möchte.[128]

Senkung der Insolvenzwahrscheinlichkeit

Ausgangspunkt der Betrachtung sei das Ziel der Senkung der Insolvenzwahrscheinlichkeit. Zu diesem Zweck sollte die RegTP Anforderungen an das Eigenkapital der Dienstleister stellen und deren Einhaltung kontrollieren. Dies bedeutet, dass die RegTP nicht nur bei der Erteilung des Zuschlags im Ausschreibungsverfahren, sondern darüber hinaus in regelmäßigen Abständen überprüfen müsste, ob ein den erlassenen Vorschriften genügendes Eigenkapital zur Verfügung steht. Der Nachteil dieser Vorgehensweise liegt darin, dass die RegTP nicht zu vernachlässigende Kosten (monitoring costs) aufzuwenden hätte.[129]

Eine andere Möglichkeit zur Senkung der Insolvenzwahrscheinlichkeit besteht darin, die Postdienstleister zu verpflichten, eine Kaution zu hinterlegen. Dies hätte den Vorzug, dass dabei keine Kontrollkosten anfielen. Andererseits würde es die Postdienstleister zwingen, einen bestimmten Geldbetrag zum risikolosen Zinssatz anzulegen, so dass deren Kapitalkosten erhöht werden, falls die Verzinsung der Kaution unter dem Zinssatz liegt, zu dem die Anbieter Finanzmittel beschaffen können.

Da die Pflicht zur Hinterlegung einer Kaution Anreize schaffen kann, die Verschuldung zu erhöhen, sollte die Kontrolle des Eigenkapitals mit der Pflicht zur Leistung einer Kautionszahlung gekoppelt werden.

Verfahren im Fall einer Insolvenz

Damit die Versorgungssicherheit auch gewährleistet ist, wenn es zu einer Insolvenz eines verpflichteten Anbieters kommt, sollte ein anderer Postdienstleister (z.B. aus einer angrenzenden Region, ein gerade nicht zum Zug gekommener Bieter oder ein Konkurrent) verpflichtet werden können, die Versorgung des ansonsten möglicherweise „brach liegenden" Gebietes zu übernehmen. Im Lizenzierungsverfahren könnte theoretisch jeder Antragsteller dazu verpflichtet werden, eine solche Aufgabe gegebenenfalls wahrzunehmen. Ein auf diesem Weg verpflichteter Anbieter könnte dann ebenso wie im Fall der administrativen Vergaben vor einer Ausschreibung eine Ausgleichsleistung von der RegTP verlangen, die anhand der Kosten der effizienten Leistungsbereitstellung abzüglich der Erträge aus dem jeweiligen Gebiet ermittelt wird.[130] Ein nicht zum Zuge gekommener Bieter könnte im Falle seiner Verpflichtung dagegen in Höhe seiner vormals geforderten Ausgleichsleistung zur Versorgung des Gebietes entlohnt werden. In diesem Fall sollte es sogar möglich sein, dass ein anderer Anbieter gefunden wird, der freiwillig diese Funktion ausübt.[131]

---

128 Vgl. zum Folgenden insbesondere Borrmann, J. (1995), S. 132 – 134.

129 Vgl. Gramlich, L. (1995), S. 204.

130 Vgl. hierzu Kapitel 5, Abschnitt B dieser Arbeit.

131 Eine Bypass-Strategie (Ausweichen vor der Steuer etc.), die Unternehmen reizt, im Unternehmensverbund (bzw. Kartell) Insolvenzen vorzutäuschen, um in den Genuss höherer Subventionen zu kommen, sollte jedoch unterbunden werden.

Freiwillige Auflösung des Vertrags

Schließlich ist noch der Fall zu klären, dass ein Unternehmen freiwillig den Markt verlassen möchte und nicht mehr bereit ist, Postdienstleistungen anzubieten.

Um auch hier die Versorgungssicherheit gewährleisten zu können, sollte explizit die Pflicht zur Erbringung der Postdienstleistungen während der Vertragslaufzeit festgelegt werden. Möchte ein verpflichteter Anbieter vorab aus dem Markt austreten, so sollte es ihm jedoch möglich sein, bei der RegTP eine vorgezogene Wiederausschreibung des unterversorgten Gebiets zu beantragen, sofern er bereit ist, die dadurch verursachten zusätzlichen Kosten zu übernehmen. Ferner sollte ihm beim Ausscheiden aus dem Vertrag, der ja eine Verpflichtung darstellt, eine Konventionalstrafe auferlegt werden.

Um Unternehmen mit geringen finanziellen Mitteln sowie Spekulanten wirksam von einer Teilnahme an einer Auktion abzuschrecken, legte z.B. die FCC in den Durchführungsbestimmungen amerikanischer Mobilfunknetze generell fest, dass sowohl vor, als auch nach der Auktion Zahlungen zu leisten sind. Darüber hinaus dient die Vorabzahlung als Pfand bei einem Fehlverhalten des Lizenznehmers. Die Höhe der vorab zu leistenden Zahlungen definiert den Umfang der Lizenzgebiete, in denen der potenzielle Lizenznehmer bietberechtigt ist. Ein Netzbetreiber, der in vielen Lizenzgebieten aktiv sein möchte, ist somit gezwungen, eine hohe Vorabzahlung zu leisten. Der Betrag wird bei einer erfolgreichen Auktionsteilnahme anschließend mit dem Gebot verrechnet bzw. bei vorzeitigem Ausscheiden wieder zurückgezahlt.[132] Dieses Verfahren könnte auch auf das deutsche Postwesen übertragen werden, damit nur finanzstarke und mit einem echten Interesse an einem Auktionsgewinn verfügende Unternehmen zum Zuge kommen können.

E Die Ausgleichsabgabe nach § 16 PostG

Um Ausgleichsleistungen und / oder ausschreibungsbedingte Subventionen nach § 15 PostG zahlen zu können, muss sich die RegTP diese finanziellen Mittel aus dem Ausgleichsfonds holen: Bei Gewährung eines Ausgleichs nach § 15 PostG ist nach § 16 (1) PostG *jeder* Lizenznehmer[133], dessen Umsatz im lizenzierten Bereich in dem Kalenderjahr, für das ein Ausgleich gewährt wird, mehr als eine Million Deutsche Mark betragen hat (Bedingung zur Abgabeverpflichtung), verpflichtet, zu dem von der RegTP zu leistenden Ausgleich durch eine Ausgleichsabgabe beizutragen. Die Höhe der Abgabe bemisst sich nach dem Verhältnis des Umsatzes des Lizenznehmers zum Gesamtumsatz aller nach dieser Bedingung verpflichteten Lizenznehmer.

Die jeweilige Abgabe soll jährlich im nachhinein von den Postdienstleistern an den Ausgleichsfonds der RegTP gezahlt werden, um einerseits positive Anreizwirkungen auch für die privaten Konkurrenten der Deutschen Post AG zum raschen Aufbau eines engmaschigen Abhol- und Zustellnetzes zu schaffen, deren Entfaltungschancen

---

[132] Vgl. Tewes, D. (1997), S. 17.

[133] Dies betrifft also auch bereits vor dem 31. Dezember 2002 alle Lizenznehmer, die nach § 1 PostG Briefdienstleistungen bis zu einem Gewicht von 1000 g befördern, aber *nicht* zur Erstellung einer Universaldienstleistung verpflichtet werden *können*. Sie könnten also zur Zahlung einer Ausgleichsabgabe in den Fonds sogar für solche Postdienstleistungen verpflichtet werden, die sie selbst nicht anbieten dürfen(!).

angesichts notwendiger Anfangsinvestitionen aber nicht durch eine sofortige Abgabenlast geschmälert werden sollen.[134]

Wird den Postunternehmen eine derartige Abgabenverpflichtung auferlegt, stellt sich die Frage, ob diese umsatzabhängige Abgabe ökonomisch sinnvoll ist. Andere Bemessungsgrundlagen wären Gewinne oder die zeitliche Auslastung. Wahrscheinlich wird die umsatzabhängige Abgabe direkt den Kunden als eine Art Zuschlag auferlegt, und / oder sie ist Teil der Interconnection-Zahlungen zwischen den Anbietern.[135]

Blankart und Knieps, auf welche folgende Darstellung ansatzweise zurückgeht, betrachten in ihrem Aufsatz kritisch verschiedene mögliche Abgabenerhebungen.[136]

1 Breitfundierte oder selektive Abgabe

Aus Sicht der traditionellen Finanzwissenschaft sind Abgaben, so auch jene zur Deckung der Ausgaben des Ausgleichsfonds, so zu erheben, dass ein möglichst geringer Wohlfahrtsverlust durch Zusatzlasten (excess burden) und Folgekosten (compliance costs) entsteht. Das finanzwissenschaftliche „Ideal" ist daher die sogenannte Pauschal-, Kopf- oder lump-sum-Steuer. Sie stellt indes mehr einen Referenzpunkt als eine reale Möglichkeit dar, denn eine Steuer ohne allokative Auswirkungen und ohne eine Erzeugung von Zusatzlasten ist realitätsfern. Dort, wo eine Steuer ansetzt, bewirkt sie einen Substitutionseffekt und eine Zusatzbelastung der Besteuerten. Bei breitfundierten Steuern mag die Zusatzlast geringer ausfallen, jedoch würde in diesem Fall die Finanzierung des Ausgleichsfonds faktisch aus dem allgemeinen Steuertopf erfolgen, dessen Belastung aber mit Hilfe des Ausgleichsfonds vermieden werden soll.[137]

Eine derartige fixe, von allen Postdienstleistern jährlich zu erbringende Lizenzabgabe wäre zwar die einfachste Lösung. Da sie jedoch nicht nach einer mit der Unternehmensgröße zusammenhängenden Bemessungsgrundlage differenziert, würde sie auf eine pauschale Postdienstleistersteuer hinauslaufen und wäre so als volkswirtschaftlich nicht gewünschte Wettbewerbsverzerrung abzulehnen, da insbesondere Neuunternehmen mit noch geringem Umsatz stark von ihr betroffen wären. Die Folge davon wäre eine Fixierung der Marktstruktur, weshalb die Abgabe besser an einer unternehmensgrößenbezogenen Bemessungsgrundlage, wie Produktionsfaktoren, Output oder Umsätze, ansetzen sollte.

Aus diesem Grund ist eine selektive, postspezifische Abgabe nicht ganz von der Hand zu weisen. Nutzen und Kosten wären institutionell stärker aneinander gebun-

---

134 Die Simultaneität dieses Investitions- und Abgabenproblems wird oft vernachlässigt. Vgl. Knieps, G. (1994), S. 30. Nach Gröner und Knorr scheiden deshalb die üblichen betriebswirtschaftlichen Kennzahlen wie Umsatz oder Gewinn, aber auch der Marktanteil oder das Sendungsaufkommen der betroffenen privaten Unternehmen aus. Vielmehr sollte ein spezifischer Infrastrukturindikator entwickelt werden. Vgl. Gröner, H. / Knorr, A. (1995), S. 67.

135 Vgl. Cave, M. u.a. (1994), S. 56; (1996), S. 28 und Reeb, D.J. / Howe, E.T. (1985), S. 74.

136 Vgl. Blankart, C.B. / Knieps, G. (1995), S. 15 – 18.

137 Vgl. Müller, K. (1997), S. 387f. Zur Systematisierung der Folgen von Abgaben siehe Grüske, K.-D. (1985), S. 225 – 231, 252f. Werden die Gesamtsubventionen einfach auf die Zahl der Konsumenten verteilt, so werden aus den einheitlichen Gebühren Kopfsteuern. Die Besteuerung ist nur abhängig davon, ob jemand Konsument ist oder nicht; diese Entscheidung ist auch im einfachsten Modell nicht endogen gegeben. Vgl. Bös, D. (1981), S. 49 und Weigel, W. (1992), S. 253.

den,[138] im Weiteren würde eine solche postspezifische Abgabe belastungsmäßig an das bisherige System reservierter Dienste anknüpfen. Insofern blieben die Lastenverteilungen ähnlich; die Effizienz jedoch wäre verbessert.[139]

2 Markt-, mengen- oder wertbezogene Abgaben

Nach dem Gerechtigkeitsprinzip äquivalenter Lastenaufteilung (Äquivalenzprinzip) sollen diejenigen, die einen größeren (marginalen) Nutzen aus einer Investition ziehen, auch stärker zu ihrer Finanzierung beitragen. Dieses Äquivalenzprinzip ist am ehesten bei einer wertbezogenen Abgabe realisiert, bei der diejenigen Nutzergruppen mit niedrigen Nachfrageelastizitäten den größten Beitrag leisten müssen.[140]

Bei tangiblen Dienstleistungen wie den Postdiensten eignet sich als Bemessungsgrundlage[141] eher eine Abgabe auf den Output, d.h. eine Art Mengensteuer: Briefe lassen sich zählen, wiegen und entsprechend belasten.[142] Eine solche Mengenbelastung muss überwacht werden, um eine Belastungshinterziehung zu verhindern.[143]

Ein einnahmen- oder outputbasiertes Beitragssystem zur Universaldienstverpflichtung bietet gegenüber einem gewinnbasierten System potenzielle Verbesserungen: Es ist einfacher administrierbar und führt zu geringeren Störungseffekten. Im einfachsten Fall können die Beiträge zu den Universaldienstkosten proportional zu einem einfachen Outputmaß, wie in diesem Fall dem Umsatz, festgelegt werden. Nachteilig an dieser Form der Abgabe ist allerdings, dass sie auch im Fall von Verlusten wie eine Substanzsteuer wirkt.

3 Die Abgabe im deutschen Postwesen

Die Ausgleichsabgabe des § 16 PostG ist eine Abgabe, die nur dann erhoben wird, wenn es ein mit Postdienstleistungen unterversorgtes Gebiet gibt, für dessen Versorgung die RegTP einen Postdienstleister verpflichtet und dieser dafür einen finanziellen Ausgleich verlangt. Die zur Finanzierung der Verpflichtung erhobene Abgabe betrifft nur die Postdienstleister mit einem jährlichen Umsatz von mindestens einer Million DM im lizenzierten Bereich. Insofern handelt es sich bei ihr um eine selektive umsatzbezogene Abgabe, die nur im Falle einer Unterversorgung erhoben wird, und wiederum nur von umsatzstarken Unternehmen zu zahlen ist.[144]

---

[138] Zum sogenannten *Verbundprinzip* nach Recktenwald vgl. genauer Recktenwald, H.C. (1983), S. 667 – 670; Stalder, I. (1992), S. 44f. und Grüske, K.-D. (1985), S. 214, 266 – 268.

[139] Vgl. Knieps, G. (1987b), S. 269 und Gramlich, L. (1995), S. 190.

[140] Vgl. Knieps, G. (1994), S. 28.

[141] Bei der Gliederung nach der Natur der *Bemessungsgrundlage* geht es darum, ob eine physische Größe wie die Anzahl der Stücke, ihr Gewicht oder Volumen Angelpunkt für die Berechnung der Steuer ist oder aber ihr jeweiliger Preis; daraus ergibt sich die Entscheidung in Mengen- und Wertsteuern. Vgl. Weigel, W. (1992), S. 243.

[142] Auf solchen Gewichtskriterien basieren auch, wie bereits erwähnt, die im internationalen Postverkehr üblichen Endvergütungen.

[143] Vgl. Grüske, K.-D. (1985), S. 334.

[144] Der Vorteil dieser umsatzbezogenen Abgabe liegt darin, dass vertikal integrierte Firmen im Postbereich, wie z.B. die Deutsche Post AG, steuerlich gleich behandelt werden wie Weiterverarbeiter. Insofern gibt es hier keine Wettbewerbsverzerrungen.

Die Zweckbestimmung einer Ausgleichsabgabe zielt nicht auf eine dauerhafte finanzielle Belastung der Pflichtigen ab, sondern wird überflüssig und bringt bestimmungsgemäß dann geringere oder keine Einnahmen, wenn die Grundversorgung angemessen funktioniert.

F Der Ausgleichsfonds – ein Resümee

Der im Postgesetz vorgesehene Ausgleichsfonds ermöglicht verschiedene Ausgestaltungsmöglichkeiten mit jeweils Vor- und Nachteilen. Er beinhaltet Ausgleichsforderungen der verpflichteten Unternehmen bzw. ein geeignetes Ausschreibungsverfahren, zu fixierende Vertragsbedingungen und insbesondere das in dieser Form einmalige Finanzierungssystem des Universaldienstes. Die Fondsaufgabe besteht in der marktneutralen, d.h. postsektorinternen, und diskriminierungsfreien Finanzierung der Universaldienstkosten.[145] Letztere werden, soweit sie nachgewiesen sind, proportional zu den Netto-Umsätzen auf alle Unternehmen verteilt, die Postleistungen erbringen und einen Jahresumsatz von mehr als einer Million DM aufweisen.

Aus normativer Sicht mag das Modell des Ausgleichsfonds zwar lediglich eine Second-best-Lösung sein, aus realpolitischer Sicht ist sie dem Fortbestand des derzeitigen regulierten Monopolzustands aber vorzuziehen. Auf Auflagen kann beim Ausgleichsfonds allerdings nicht ganz verzichtet werden. Zu bedenken ist aber, dass auch jede andere Lösung ohne den Ausgleichsfonds, sei es Regulierung oder freier Wettbewerb, Auflagen benötigt, da Externalitäten, teilnetzübergreifende Kosten, Irreversibilitäten sowie Skalenerträge mit dem Postnetz unauflöslich verbunden sind.[146]

Sowohl das Ausgleichsvolumen, als auch die tatsächlichen Einnahmen aus der umsatzabhängigen Abgabe hängen von der im Zeitablauf schwankenden Nachfrage nach den Postdienstleistungen ab. Temporäre Überschüsse oder Defizite sind bei dieser Lösung ausgeschlossen, da sich die Abgabe immer anhand der geforderten Ausgleichsleistung bestimmt.[147]

Der Ausgleichsfonds hat den Vorteil, die effizienzfördernden Kräfte des Wettbewerbs aufrechtzuerhalten, ohne verteilungspolitische Ziele preisgeben zu müssen. Im Gegensatz zur Monopollösung wird Marktzutritt erlaubt, wobei die Versorgung postalisch vom Markt unterversorgter Gebiete durch den finanzwirtschaftlichen Eingriff eines Ausgleichsfonds sichergestellt wird. Da ein Ausgleichsfonds wettbewerbsähnliche, anreizkompatible Mechanismen enthält, ergäbe sich nicht nur eine Erhöhung der Effizienz, sondern es wäre auch das Problem interventionistischer Kettenreaktionen vermieden. Ein weiterer Vorteil liegt in der Gleichbehandlung aller Wettbewerber. So ist auch die Deutsche Post AG nach dem Wegfall der Monopolstellung nicht mehr

---

Ein Nachteil der umsatzbezogenen Abgabe besteht im Abgrenzungsproblem. Es stellt sich das Problem einer Aufteilung in abgabenpflichtige und nichtabgabenpflichtige Wertschöpfung. Bei Postdiensten entsteht dieses Problem weniger, da sich Sendung und Inhalt nicht ohne weiteres mischen lassen. Vgl. Blankart, C.B. / Knieps, G. (1994c), S. 248; Knieps, G. (1987b), S. 281; Recktenwald, H.C. (1983), S. 650f.; Weigel, W. (1992), S. 268; Gramlich, L. (1995), S. 190 und Blankart, C.B. / Pommerehne, W.W. (1985), S. 434.

145 Vgl. Stumpf, U. (1997a), S. 5.

146 Vgl. Müller, J. (1994), S. 256; Blankart, C. B. / Knieps, G. (1995), S. 18f.

147 Vgl. Blankart, C.B. / Knieps, G. (1994c), S. 248f. und Horn, M. u.a. (1988), S. 75.

vor Wettbewerb und den Konsequenzen ineffizienter Unternehmensführung geschützt.[148]

Entfaltet die Drohung spontanen Marktzutritts einen zu geringen Wettbewerbsdruck, wird dieser durch die Institutionalisierung der Ausschreibungen der Dienstleistungen in unterversorgten Gebieten verstärkt.[149] Mit dem Ausgleichsfonds wird also die Hoffnung verbunden, den Marktkräften dort zur Entfaltung zu verhelfen, wo sie ohne ihn versagen würden.[150]

Als weiterer Vorteil erweist sich, dass ein mit einem Ausgleichsfonds gekoppelter wettbewerblicher Markt ein viel flexibleres und mächtigeres Instrument hinsichtlich der Einführung von Anreizen zur Kosteneffizienz ist als ein Price Cap,[151] da die Unternehmen bei einem Price Cap, der ihnen relativ hohe Gewinnmöglichkeiten öffnet, weder augenblicklich, noch in vollem Ausmaß zur Nutzung des gesamten Effizienzpotenzials veranlasst werden. Im Wettbewerb sind die betroffenen Unternehmen indes gezwungen, *sofort* das *gesamte* Effizienzpotenzial auszuschöpfen, um Gewinne zu erzielen.

Die Stärke des Ausgleichsfonds liegt auch darin, dass sich die Zahl der auszuschreibenden Gebiete und der Fondsumfang endogen aus dem Verfahren heraus ergeben. Exogen vorgegeben ist die Qualität der zu erbringenden Postdienstleistungen.[152]

Ebenso wird durch die mit Hilfe des Ausgleichsfonds herbeigeführte Aufdeckung des Subventionsbedarfs ein politisches Nutzen-Kosten-Kalkül ermöglicht: Die Kosten werden sichtbar, was bei interner Subventionierung nicht der Fall ist. Diese lassen sich dann auch den Vorteilen eines Universaldienstes gegenüberstellen.

Nicht zu unterschätzen ist auch der Effekt, dass Marktneulingen der Zutritt in profitable Gebiete ermöglicht wird, ohne dass ihnen Rosinenpicken unterstellt werden kann, da sie ebenfalls dem Wettbewerb unterliegen. Auch das Problem der Fremdvergabe von Leistungen ist bei der Deutschen Post AG heute oft ein Politikum, löst sich unter einem System wie dem vorgestellten aber aus dem Wettbewerbskalkül der Unternehmen.[153]

Einen erwähnenswerten Effekt bringt auch der Innovationswettbewerb mit sich. Da der Ausgleichsbildungsprozess in einer dynamischen Welt mit laufenden Prozessinnovationen noch nicht beendet ist, wird es über den Innovationswettbewerb zu weiteren Senkungen der Ausgleichsleistungen kommen; u.U. wird gar keine Ausgleichsleistung mehr erforderlich sein. Die Überlegung zeigt, dass der Ausgleichsfonds cet. par. eine Schrumpfungs- und keine Wachstumstendenz aufweist. Eine Ausuferung

---

148 Vgl. Knieps, G. (1987a), S. 15 und Blankart, C.B. / Knieps, G. (1989), S. 166.

149 Gebiete, deren Betreiber häufiger Kritik unterworfen sind, ziehen in besonderem Maße neue Anbieter an. Vgl. Kruse, J. (1985), S. 382.

150 Vgl. Fritsch, M. u.a. (1993), S. 279 und Finsinger, J. (1991), S. 164.

151 Vgl. genaueres bei Elsenbast, W. / Stumpf, U. (1996), S. 25f.

152 Vgl. Blankart, C.B. / Knieps, G. (1995), S. 12f. und Fritsch, M. u.a. (1993), S. 160.

153 Vgl. Knieps, G. (1987a), S. 15 und Cohen, R.H. u.a. (1998), S. 1. Das Konzept der *Business Migration*, also die Zerlegung der gesamten Wertschöpfungskette des Unternehmens, und ihre anschließende Untersuchung auf ihren Beitrag zur Wertschöpfung, kann bei dieser "make-or-buy"-Entscheidung Hilfestellungen geben. Vgl. Groothuis, U. (1999), S. 168.

des Fonds braucht also aus rein ökonomischen Gründen nicht befürchtet zu werden.[154]

Der Ausgleichsfonds ist jedoch auch dem Missbrauch ausgesetzt. So haben politische Interessengruppen einen Anreiz, sich immer mehr Dienste über ihn finanzieren zu lassen. Dieser Einwand ist allerdings nur dann berechtigt, wenn die RegTP nach Regeln Beschlüsse trifft, die einen solchen Missbrauch erlauben.[155]

Auf die Setzung der Parameter durch die RegTP soll jedenfalls noch nicht verzichtet werden. So sind die Abgrenzung der Gebiete, die Entgelte der Briefdienstleistungen, deren Qualität sowie ein Ausschreibungsverfahren mitsamt den nötigen Sanktionsmechanismen festzulegen bzw. zu überprüfen. Dabei verdienen die im Postwesen vorhandenen Spezifika, wie die teilnetzübergreifenden Leistungen, besondere Beachtung.

Wie sich eindeutig erkennen lässt, überwiegen die Vorteile eines Ausgleichsfonds die Nachteile dieses Umverteilungsinstruments. Neben nicht zu unterschätzenden wettbewerbspolitischen Implikationen durch die Öffnung des bisher monopolisierten Postmarkts führt dieser Fonds in positiver Abhängigkeit von der Stärke des Wettbewerbs auf dem jeweiligen Markt zur Nutzung maximaler Effizienzanreize.

6. KAPITEL: DIE ENTGELTREGULIERUNG NACH ABSCHNITT 5 POSTG

Im Interesse der gesamtwirtschaftlichen Wohlfahrt unterlag die Änderung von Posttarifen stets der Genehmigung des Ministeriums für Post und Telekommunikation, welches mit dem neuen Postgesetz durch die RegTP ersetzt wurde. Eine Regulierung der Posttarife wird jedoch auch weiterhin als essenziell angesehen, um den Missbrauch einer marktbeherrschenden Stellung zu verhindern, und ist eine Aufgabe der RegTP.[156]

Abschnitt 5 des Postgesetzes befasst sich deshalb mit der Entgeltregulierung. Er umfasst die §§ 19 – 27, die sich im Wesentlichen mit der Genehmigungsbedüftigkeit der Entgelte, den Maßstäben, Arten und Verfahren der Entgeltgenehmigung, der Entscheidung über die Entgeltgenehmigung, der Abweichung von genehmigten Entgelten sowie der Überprüfung von Entgelten befassen. Mit diesen Themen setzen sich die folgenden Ausführungen auseinander.

---

[154] Wichtig ist hier allerdings, dass die institutionelle Gestaltung des Fonds so beschaffen sein muss, dass nicht interessenpolitische und bürokratische Gründe zu einer ungewollten Expansion des Fonds in Richtung neuer Aufgaben führen. Vgl. Blankart, C.B. / Knieps, G. (1989), S. 165f. und (1994c), S. 248f.

Der NZP gelang es im Rahmen einer Ausschreibung von Postdienstleistungen bereits in der zweiten Vergabephase bei inhaltlich unveränderten Lizenzbedingungen und insgesamt steigender Bieterzahl, jährlich Kosten von umgerechnet ca. 550.000 DM einzusparen. Vgl. Gröner, H. / Knorr, A. (1995), S. 55 und Steele, I. (1991), S. 285.

[155] Vgl. auch Averch, H. / Johnson, L.L. (1962), S. 1052.

[156] Vgl. auch Ranganathan, K. / Dey, R. (1997), S. 49.

A *Genehmigungsbedürftige Entgelte nach § 19 PostG*

§ 19 PostG unterwirft die Entgelte für lizenzpflichtige Postdienstleistungen eines marktbeherrschenden Anbieters der vorherigen Genehmigung durch die RegTP. Eine solche *ex-ante-Kontrolle* von Preisen geht wesentlich über die kartellrechtliche Preisaufsicht für marktbeherrschende Unternehmen hinaus, die auch für Preise von Unternehmen mit einer marktbeherrschenden Stellung grundsätzlich nur eine nachträgliche Missbrauchsaufsicht vorsieht, und stellt somit eine *ordnungspolitische Ausnahme* dar.

Entgelte eines marktbeherrschenden Anbieters für nicht lizenzpflichtige Postdienstleistungen unterliegen dagegen nach § 25 PostG nur einer *ex-post-Missbrauchsaufsicht*. Entgelte für lizenzpflichtige und andere Postdienstleistungen, für die der jeweilige Anbieter keine marktbeherrschende Stellung hat, unterliegen keiner Preisaufsicht.

Wichtigstes Argument für eine ex-ante-Regulierung des marktbeherrschenden Unternehmens im Postsektor ist, dass im Ausgangspunkt eine monopolistische Marktstruktur vorliegt, die es dem Marktsassen ermöglicht, aufkommenden Wettbewerb zu unterbinden. Zudem stellt die Deutsche Post AG für neue Wettbewerber Inputfaktoren bereit, da kein Wettbewerber vom ersten Tag an ein bundesweites Zustellnetz betreiben können wird. Erst mit diesen Inputfaktoren werden Newcomer in die Lage versetzt, in Konkurrenz zum etablierten Unternehmen zu treten.[157] Aus dieser Konstellation leitet sich ein möglicher Anreiz des etablierten Unternehmens ab, beim Angebot dieser Inputfaktoren neue Wettbewerber gegenüber eigenen Geschäftsbereichen zu diskriminieren.[158]

Die ex-ante-Preiskontrolle ist daher als Ausnahme vom allgemeinen ordnungspolitischen System auf Zeit angelegt und daher nur solange aufrecht zu erhalten, wie auf den relevanten Märkten noch kein funktionsfähiger Wettbewerb hergestellt ist. Der Gesetzgeber ist deshalb verpflichtet, die Notwendigkeit der ex-ante-Preiskontrolle im Zeitablauf zu überprüfen und sie aufzuheben, sobald die Marktkräfte zur Erfüllung der Ziele des § 2 PostG[159] ausreichen.

---

157 Wettbewerb und Regulierung schließen sich so nicht aus; ein bestimmtes Maß an Regulierung ermöglicht erst die Errichtung eines funktionsfähigen Wettbewerbs. Die Eintrittsmenge beeinflusst das nötige Ausmaß der Regulierung der Branche. Vgl. Hungenberg, H. / Hutzschenreuther, T. (1998), S. 16 und Ireland, N. (1991), S. 89. Mit steigendem Wettbewerb sollte es keinen Bedarf an einer Diensteverpflichtung oder Preisregulierung geben. Die allgemeinen Wettbewerbsregeln sollten ausreichen. Vgl. Wojtek, R. (1996), S. 13.

158 Vgl. o.V. (1999a), S. 17 und Pieper, F. (1996), S. 21.

159 Nach § 2 PostG sind die Ziele der Regulierung des Postwesens die Wahrung der Interessen der Kunden sowie die Wahrung des Postgeheimnisses, die Sicherstellung eines chancengleichen und funktionsfähigen Wettbewerbs, auch in der Fläche, auf den Märkten des Postwesens, die Sicherstellung einer flächendeckenden Grundversorgung mit Postdienstleistungen zu erschwinglichen Preisen (Universaldienst), die Wahrung der Interessen der öffentlichen Sicherheit, sowie die Berücksichtigung sozialer Belange.

Nach Art. 10 (1) GG hat die RegTP den verfassungsmäßigen Auftrag, die Unverletzlichkeit des *Postgeheimnisses* für die Bürger zu garantieren. L.T.U.-Vertriebsgesellschaft (1995), S. 58 – 60; Heuermann, A. (1987), S. 98 und Rohde, J. (1987), S. 110. Das *Briefgeheimnis* dient dem Schutz der verschlossenen Briefe und Schriftstücke vor dem widerrechtlichen Öffnen durch Unbefugte. L.T.U.-Vertriebsgesellschaft (1995), S. 58.

Das Genehmigungsverfahren für Postdienstleistungen eines marktbeherrschenden Anbieters erfolgt in zwei Verfahrensstufen: Die *ex-ante-Kontrolle* hat vor der Genehmigungsentscheidung nur im Hinblick auf den *Preishöhenmissbrauch* des § 20 (2) 1 PostG finalen Charakter. Eine nachträgliche Kontrolle dieses Tatbestands findet nach § 24 PostG im Rahmen des Genehmigungsverfahrens nicht statt. Dagegen werden die *Untersagungsgründe des Behinderungs- und Diskriminierungsmissbrauchs* i.S.v. § 20 (2) 2 und 3 PostG vor der Genehmigungsentscheidung nach § 21 (3) 2 nur auf „offenkundige" Verstöße überprüft. Anders als für den Preishöhenmissbrauch erlaubt § 24 PostG für diese Tatbestände eine *weitere Überprüfung* und *auch nach erteilter Genehmigung* gegebenenfalls eine Untersagung. Die weitgehende Beschränkung der ex-ante-Preiskontrolle auf den Preishöhenmissbrauch soll es der RegTP ermöglichen, in relativ kurzen Fristen Entgelte zu genehmigen. Die ex-ante-Preisregulierung bedeutet nicht, dass die RegTP die Entgelte selbst festlegen darf. Die Preisfestsetzungshoheit bleibt grundsätzlich bei den Unternehmen.

B Maßstäbe der Entgeltregulierung nach § 20 PostG

Nach § 20 (1) PostG haben sich genehmigungsbedürftige Entgelte an den Kosten der effizienten Leistungsbereitstellung zu orientieren und dürfen nach § 20 (2) PostG weder Aufschläge enthalten, die der Anbieter nur aufgrund seiner marktbeherrschenden Stellung durchsetzen kann, noch Abschläge enthalten, welche die Wettbewerbsmöglichkeiten anderer Unternehmen auf einem Markt für Postdienstleistungen in missbräuchlicher Weise beeinträchtigen, noch einzelne Nachfrager gegenüber anderen Nachfragern gleichartiger Postdienstleistungen bevorzugen.

Liegen die Voraussetzungen des § 20 PostG vor, besteht grundsätzlich ein Anspruch auf die Genehmigung. Das Tatbestandsmerkmal der *Kosten der effizienten Leistungsbereitstellung* ist ein unbestimmter Rechtsbegriff, dessen Auslegung anhand der Zielsetzung der Entgeltregulierung zu erfolgen hat, die Kunden vor überhöhten Preisen zu schützen und die Postmärkte dem Wettbewerb zu öffnen (§ 2 (2) PostG). Ein Ermessensspielraum steht der RegTP nicht zu.

Hat im Rahmen der Prüfung der Genehmigungsfähigkeit nach § 20 PostG eine Interessenabwägung zu erfolgen, sind aufgrund des Grundsatzes der Privatwirtschaftlichkeit die Interessen der Deutschen Post AG ebenso zu berücksichtigen wie die Betätigungsfreiheit aller anderen Anbieter. Es wäre daher nicht zutreffend, aus der einseitigen Erwähnung der Verbraucher- und Konkurrenteninteressen in der Gesetzesbegründung den Schluss zu ziehen, dass die Interessen des marktbeherrschenden Unternehmens sowie die wirtschaftlichen Vermögensinteressen der Eigentümer desselben nicht beachtenswert wären.

C Arten und Verfahren der Entgeltgenehmigung nach § 21 PostG

Nach § 21 (1) 1 PostG genehmigt die RegTP Entgelte auf Grundlage der auf die einzelne Dienstleistung entfallenden *Kosten der effizienten Leistungsbereitstellung* oder nach § 21 (1) 2 PostG auf Grundlage der von ihr vorgegebenen *Maßgrößen* für die durchschnittlichen Änderungsraten der Entgelte für einen Korb zusammengefasster Dienstleistungen. Die Bestandteile dieser *Körbe* werden jedoch im Gegensatz zur einzelnen Postdienstleistung nicht vom Unternehmen, sondern nach § 21 (4) PostG nur durch die nach § 21 (4) PostG zu erlassende Rechtsverordnung festgelegt.

Im Entwurf dieser in § 21 (4) PostG geforderten Post-Entgeltregulierungsverordnung (PEntgV) vom 2.12.1998 kommt nach § 1 (1) Entwurf PEntgV das Verfahren zur Genehmigung von Entgelten anhand der Kosten der effizienten Leistungsbereitstellung nur als *Ausnahmeverfahren* in Betracht. Diese Ausnahmeregelung impliziert, dass erhebliche Gründe einer Aufnahme einer Dienstleistung in einen Korb entgegenstehen müssen, damit dieses Verfahren Anwendung finden kann. Als Beispiel für Dienstleistungen, die nicht in einen Korb aufgenommen werden können, sind etwa neue Dienstleistungen zu nennen. Bei diesen liegen noch keine Umsatzzahlen aus der Vergangenheit vor, was aber wiederum erforderlich ist, um die Umsatzgewichte der jeweiligen Dienstleistungen in einem Korb zu bestimmen.

1 Das Maßgrößenverfahren als Regelfall

In § 1 (2) Entwurf PEntgV wird das in § 21 (1) 2 PostG vorgesehene Maßgrößen-(Price-Cap-) Verfahren[160] als Regelfall der Entgeltgenehmigung festgelegt. Diese allgemeine Vorzugsstellung des Price-Cap-Verfahrens gegenüber der Genehmigung der Entgelte anhand der Kosten der effizienten Leistungsbereitstellung nach § 21 (1) 1 PostG wird durch die Vorteile einer höheren Flexibilität und Planungssicherheit für das regulierte Unternehmen, und für die RegTP durch den Vorteil des integrierten Anreizes zu Kosteneinsparungen bei der Wahrnehmung der Regulierungsauflagen begründet.[161]

Aus strategischer Sicht würde die Deutsche Post AG die Maximierung der Gewinne über die Preise ihrer Dienste anstreben.[162] Der aktuell genehmigte Preis stellt für künftige Genehmigungen dabei eine Preisobergrenze dar, da von einem monopolistischen Preis ausgegangen werden muss. Der Regulierer jedoch kann die Preise nicht einfach nach unten „korrigieren", da er Gefahr laufen muss, dass die neuen Preise unter den tatsächlichen Kosten der Diensteerstellung liegen. Die Deutsche Post AG würde folglich Verluste erzielen und sich vom Markt zurückziehen, was die Sicherstellung der Versorgung mit Postdienstleistungen gefährden könnte. Für diesen Prozess der Annäherung an das Wettbewerbspreisniveau erweist sich ein Price Cap als vorteilhafteste Preissetzungsregel. Da davon ausgegangen werden kann, dass sich auch bei Annahme derzeit effizienter Strukturen die Produktivität nur verbessern kann, muss der Faktor *X*[163] im Price Cap auf jeden Fall im positiven Bereich gesetzt werden.[164]

Ferner sind in dieser Vorschrift die Grenzen normiert, innerhalb derer verschiedene Dienstleistungen für die Zwecke des Maßgrößenverfahrens in einem Korb zusammengefasst werden können: Unterscheidet sich die erwartete Stärke des Wettbewerbs bei den betroffenen Dienstleistungen wesentlich, sind verschiedene Körbe zu bilden. Damit soll verhindert werden, dass die Flexibilität des Price-Cap-Verfahrens dazu benutzt wird, missbräuchlich Wettbewerbsvorteile bei im intensiven Wettbewerb

---

160 Vgl. hierzu ausführlich Kapitel 4, Abschnitt E6 dieser Arbeit. Die Bezeichnung *Maßgrößenverfahren* ist lediglich eine „Übersetzung" des Begriffs *Price-Cap-Verfahren*.

161 Vgl. Lamouroux, H. (1999), S. 308 und auch Ranganathan, K. / Dey, R. (1997), S. 49.

162 Aufgrund der erwiesenen beschränkten Substitutionsmöglichkeiten für Briefe wird der Gewinn hier ohne weiteres als abhängig von den Kosten und Preisen betrachtet.

163 Vgl. hierzu insbesondere Kapitel 4, Abschnitt E 6.1 dieser Arbeit.

164 Vgl. hierzu auch Klodt, H. (1986).

angebotenen Dienstleistungen zu Lasten von Dienstleistungen zu erzielen, bei denen der Wettbewerb (noch) nicht intensiv ist. Voraussetzung für die Anwendung des Price-Cap-Verfahrens ist die genaue Definition eines Dienstes bzw. Abgrenzung eines Marktes. Hierfür muss auf strukturelle Separierungskonzepte zurückgegriffen werden, um die volkswirtschaftlichen Ressourcen korrekt zu bewerten.

Mit den Vorgaben zur Korbbildung wird eine Anpassung der Tarife an die zugrunde liegende Kostenstruktur (Rebalancing) nicht verhindert. Dies muss die RegTP bereits aufgrund der Vorschriften des Postgesetzes ermöglichen.

Mit der Bildung der Maßgrößen nach § 21 (1) 2 PostG beschäftigt sich § 4 (1) Entwurf PEntgV. Danach hat die RegTP zunächst das *Ausgangstarifniveau* der in einem Korb zusammengefassten Dienstleistungen festzustellen. Die diesbezügliche Problematik wurde bereits in Kapitel 4, Abschnitt E 6.3 dieser Arbeit erörtert: Aufgrund des Mangels an Vergleichsmärkten gibt es leider meist keine andere Möglichkeit, als die entsprechende Beurteilung anhand von Kostendaten aus dem Unternehmen vorzunehmen.

Die Maßgrößen für die Genehmigung nach § 1 (2) Entwurf PEntgV umfassen dabei zum einen eine gesamtwirtschaftliche *Preissteigerungsrate*, wie sie in Kapitel 4, Abschnitt E 6.4 dieser Arbeit erläutert wurde. Dieser Inflationsindex des Price Cap soll die externen Einflüsse auf die Inputkosten im regulierten Bereich möglichst genau widerspiegeln. Zum anderen beinhalten die Maßgrößen die zu erwartende *Produktivitätsfortschrittsrate X* des regulierten Unternehmens, wie auch bereits in Kapitel 4, Abschnitt E 6.5 dieser Arbeit dargelegt wurde. Die Höhe des Produktivitätsfaktors ist dabei i.d.R. ein Verhandlungsergebnis zwischen dem Regulierer und dem regulierten Unternehmen und basiert auf einem plausiblen Szenario über zukünftige Nachfrage- und Kostenbedingungen. Bei der Festlegung des *X* sollten die erheblichen Rationalisierungspotenziale dazu führen, dass das *X* für die Geltungsdauer des ersten Price Cap einen relativ höheren Wert zugewiesen bekommt und danach für die folgenden Price Caps verringert wird. Ferner enthalten die Maßgrößen die für die Einhaltung der Anforderungen nach § 20 (2) PostG geeigneten und erforderlichen Bedingungen.

§ 4 (3) Entwurf PEntgV sieht vor, dass bei der Vorgabe der Maßgrößen, insbesondere bei der Festlegung der Produktivitätsfortschrittsrate, das Verhältnis des Ausgangsentgeltniveaus zu den Kosten der effizienten Leistungsbereitstellung berücksichtigt werden muss. Diese Vorschrift erscheint vor dem Hintergrund des Ziels effizienter Preise jedoch verwirrend, da das Niveau des Ausgangsentgelts in keiner Verbindung zu den effizienten Tarifen und Kostenstrukturen steht.

Nach § 4 (4) Entwurf PEntgV sind außerdem bei der Vorgabe von Maßgrößen die Produktivitätsfortschrittsraten von Unternehmen auf vergleichbaren Märkten mit Wettbewerb zu berücksichtigen. Kapitel 4, Abschnitt F dieser Arbeit verwies jedoch auf die Schwierigkeiten, die mit den Vergleichsmarktkonzepten verbunden sind. Nach § 4 (5) Entwurf PEntgV hat die RegTP neben dem Inhalt der Körbe auch zu bestimmen, für welchen Zeitraum die Maßgrößen unverändert bleiben,[165] und anhand welcher Referenzzeiträume der Vergangenheit weitere Dienstleistungen in einen bestehenden Korb aufgenommen, Dienstleistungen aus einem Korb herausge-

---

165 Vgl. hierzu insbesondere Kapitel 4, Abschnitt E 6.6 dieser Arbeit.

nommen oder Preisdifferenzierungen bei bereits in einen Korb aufgenommenen Dienstleistungen durchgeführt werden können.

Werden bei einem Price Cap obere und untere Grenzen für die Verzinsung des eingesetzten Kapitals gesetzt, kann der Vorteil reduzierter Transaktionskosten, oft als Nutzen des Price Cap bezeichnet, viel geringer als ursprünglich angenommen sein. Price Caps *können* effizienzfördernd, müssen es jedoch nicht sein. Setzt der Regulierer zu Beginn für einen bestimmten Korb ein zu niedriges Cap oder fordert er eine zu hohe Produktivitätsrate, hat das Unternehmen wenig Investitionsanreize, weil es mit einer Unterdeckung seines Kapitals rechnen muss. Die Folge einer derartigen Regulierung wäre, dass die Konsumenten keine Nutzen kostensparender oder serviceverbessernder Innovationen erfahren würden. Das Unternehmen wird seine Märkte aufgrund ineffizienter Preissetzung durch Wettbewerb erodiert sehen.[166] Aus diesem Grund wird die RegTP bei der Formulierung des Ausgangstarifniveaus und des Produktivitätsfaktors anfangs tendenziell Zurückhaltung zeigen und maximale Entgelte in Höhe des aktuellen Preisniveaus fordern.

Der erheblichen Vorteile der Price-Cap-Regulierung werden in der Zukunft nur dann zum Tragen kommen können, wenn das grundsätzliche Konzept konsequent in die Praxis umgesetzt wird. Allerdings wird man auch bei einem widerspruchsfreien Price-Cap-Verfahren nicht auf eine kostenbasierte bzw. eine auf Vergleichsmarktkonzepten beruhende Entgeltregulierung verzichten können. Auch bei der ex-ante-Entgeltregulierung, für welche die Price-Cap-Regulierung ohnehin nur in Frage kommt, wird von Zeit zu Zeit eine Überprüfung der Entgelte dahingehend vorgenommen werden müssen, ob sie sich an den Kosten der effizienten Leistungsbereitstellung orientieren.[167]

2 Das Entgeltgenehmigungsverfahren anhand der Kosten der effizienten Leistungsbereitstellung als Ausnahmeverfahren

Damit die Regulierungsinstanz auf die regulierten Unternehmen einen Zwang zur effizienten Produktion ausüben kann, muss sie in der Lage sein, die notwendigen Kosten zu ermitteln, d.h. die Kosten, die unter den Bedingungen des Wettbewerbs entstehen würden. Dies ist das zentrale Problem jeder kostenbasierten Regulierung.

Besonders problematisch ist dabei außerdem die korrekte Kostenzuordnung von Gemeinkosten bei Mehrproduktunternehmen, der für Postunternehmen mit einem Spektrum von verschiedenen Dienstleistungen typischen Situation. Das Problem entsteht dann, wenn ein Unternehmen einerseits Leistungen zu regulierten Entgelten in einem Bereich anbietet, in dem es eine marktbeherrschende Stellung hat, und andererseits Produkte in einem Bereich anbietet, in dem es stärkerem Wettbewerb ausgesetzt ist. Es besteht dann ein Anreiz, die Gemeinkosten zu einem möglichst großen Anteil den Produkten zuzuordnen, die der Regulierung unterliegen.

Neben dem grundsätzlichen Problem der korrekten Kostenermittlung und der Festlegung der zulässigen Kapitalverzinsung liegt der Nachteil kostenbasierter Regulierung auch darin, dass mit diesem Verfahren erhebliche Aufwendungen verbunden sind,

---

166 Vgl. Crew, M.A. / Kleindorfer, P.R. (1992b), S. 59.

167 Vgl. Lamouroux, H. (1999), S. 313.

sowohl bei der Regulierungsinstanz als auch bei den regulierten Unternehmen. Ferner fehlt jegliche Anreizwirkung.[168]

2.1 Der Umfang der Kostennachweise

§ 2 Entwurf PEntgV bezieht sich auf den Umfang der vom beantragenden Unternehmen bei einem Entgeltantrag nach § 21 (1) 1 PostG vorzulegenden Nachweise. Hier wird der für die Beurteilung eines Antrags auf Entgeltgenehmigung erforderliche Umfang der Kostennachweise abschließend festgelegt. Diese Nachweise umfassen

- eine detaillierte Leistungsbeschreibung einschließlich Angaben zu deren Qualität und einen Entwurf der Allgemeinen Geschäftsbedingungen (AGBs),
- Angaben über den erzielten Umsatz der fünf zurückliegenden Jahre sowie den im Antragsjahr und den in den darauf folgenden vier Jahren erwarteten Umsatz,
- Angaben über die Absatzmengen und, soweit möglich, Angaben über die Preiselastizität der Nachfrage im Zeitraum nach Nummer 2,
- Angaben über die Entwicklung der einzelnen Kosten nach Absatz 2 (Kostennachweise) und die Entwicklung der Deckungsbeiträge im Zeitraum nach Nummer 2,[169]
- Angaben zu den finanziellen Auswirkungen auf die Kunden, insbesondere im Hinblick auf die Nachfragestruktur von Privat- und Geschäftskunden, sowie auf Wettbewerber, welche die betreffende Leistung als Vorleistung beziehen, und
- bei Entgeltdifferenzierungen Angaben zu den Auswirkungen auf die betroffenen Kundengruppen, zwischen denen differenziert wird, sowie eine sachliche Rechtfertigung für die beabsichtigte Differenzierung.

Sie sind dem beantragenden Unternehmen zumutbar und müssten der RegTP in jedem Fall vorgelegt werden. Dagegen würde es dem Ziel einer effizienten Entgeltregulierung zuwiderlaufen, wenn die RegTP die in § 22 PostG fixierte Frist[170] auch noch dazu verwenden müsste, fehlende Nachweise einzufordern.

Die Kostennachweise nach § 2 (1) 4 Entwurf PEntgV umfassen nach § 2 (2) Entwurf PEntgV die Kosten, die sich der Leistung unmittelbar zuordnen lassen (Einzelkosten) und die Kosten, die sich der Leistung nicht unmittelbar zuordnen lassen (Gemeinkosten). Beim Nachweis der Gemeinkosten ist zu erläutern, wie die Gemeinkosten

---

[168] Vgl. Lamouroux, H. (1999), S. 308f.

[169] Deckungsbeiträge im Sinne des § 2 (1) 4 Entwurf PEntgV ermitteln sich rechnerisch als Überschuss der Einzelerlöse über die Einzelkosten eines bestimmen Kalkulationsobjektes. Sie geben Auskunft darüber, in welchem Umfang das einzelne Kalkulationsobjekt (z.B. eine bestimmte Dienstleistung) zur Deckung der Gemeinkosten beiträgt.

[170] Läuft eine befristete Genehmigung aus, so ist nach § 22 (1) PostG der Antrag für eine sich anschließende Genehmigung spätestens zehn Wochen vor dem Ablauf der Frist der RegTP vorzulegen. Nach § 22 (2) PostG muss die RegTP innerhalb von sechs Wochen nach Eingang eines Antrags entscheiden; sie kann die Frist jedoch durch eine Mitteilung an den Antragsteller um bis zu vier Wochen, d.h. also auf maximal zehn Wochen, verlängern.

der jeweiligen Dienstleistung zugeordnet werden.[171] Im Rahmen der Kostennachweise nach Satz 1 sind außerdem

- die Ermittlungsmethode der Kosten,
- die Höhe der Personalkosten, der Abschreibungen, der Zinskosten des eingesetzten Kapitals, der Sachkosten,
- die im Nachweiszeitraum erzielte und erwartete Kapazitätsauslastung und
- die der Kostenrechnung zugrundeliegenden Einsatzmengen für die Leistung einschließlich der zugehörigen Preise,[172] insbesondere die für die Erstellung der Leistung beanspruchten Teile der Beförderungskette und die Kosten dieser darzulegen.

Die unter Nummer 1 geforderte Ermittlungsmethode ist wesentliche Voraussetzung zur Überprüfung der Kosten der effizienten Leistungsbereitstellung und der Angemessenheit von Kostenbestandteilen. Um die im Rahmen des Verfahrens zur Genehmigung von Entgelten nach § 21 (1) 1 PostG geforderten Kostenunterlagen nachvollziehen zu können, ist vom Antragsteller das Kalkulationsverfahren zu erläutern. Hier sind die den Kalkulationen zugrundeliegenden Kalkulationsgrundsätze und Bewertungsvorschriften offenzulegen. Ferner ist darzulegen, nach welchen Kostenzurechnungsprinzipien (vgl. hierzu ausführlich Kapitel 4, Abschnitt B4 dieser Arbeit)[173] die Gemeinkosten auf die jeweiligen Produktgruppen bzw. Postdienstleistungen verteilt wurden. Es ist daher auch erforderlich, die Gemeinkosten nach den beanspruchten Kosten- und Kalkulationsbereichen aufzugliedern.

2.2 Die Maßstäbe zur Ermittlung genehmigungsfähiger Entgelte

§ 3 Entwurf PEntgV dient dazu, den in § 20 (1) PostG normierten Begriff „Kosten der effizienten Leistungsbereitstellung" in einer Weise zu konkretisieren, die der volkswirtschaftlichen (im Unterschied zur betriebswirtschaftlichen) Ausrichtung der Regulierung entspricht. Es wurde also ein genereller Maßstab beschrieben, welcher der Entgeltregulierung zugrunde gelegt und in diesem Abschnitt deskriptiv aufgezeigt wird. Bei diesem Maßstab werden kontinuierlich anfallende kalkulatorische Kosten in angemessenem Umfang berücksichtigt. Eine exakte Vorwegfestlegung genehmigungsfähiger Kosten der Höhe nach – etwa hinsichtlich genehmigungsfähiger Abschreibungssätze oder kalkulatorischer Eigenkapitalverzinsung – ist damit jedoch nicht verbunden.[174]

---

171 Dieser letzte Halbsatz ist so zu verstehen, dass insbesondere auszuweisen ist, wie die Gemeinkosten des Gesamtunternehmens, des Geschäftsbereichs und der Leistungsgruppe der einzelnen Leistung zugeordnet werden.

172 Die erwähnten zugehörigen Preise umfassen etwa Zins- und Lohnsätze.

173 Bei diesen regulatorischen Aufteilungsschlüsseln für Kosten handelt es sich indes nur um ein äußerst grobes Regulierungskonzept; eine Kostenzuteilung anhand der *tatsächlich verursachten* Kosten wäre volkswirtschaftlich gesehen effizienter. Daraus folgt, dass der Vorteil des geringeren Informationsaufwands der kostenorientierten Preisbildung im Briefdienst nur wenig Relevanz besitzt. Eine Anwendung aus allein diesem Grund kann nicht empfohlen werden.

174 Die Kalkulation der Universaldienstkosten sollte bereits nach den Vorgaben der Europäischen Kommission auf Basis der effizienten Leistungsbereitstellung erfolgen. Vgl. Stumpf, U. (1997b), S. 291, 297 und Cave, M. u.a. (1994), S. 2.

Nach § 3 (1) Entwurf PEntgV muss die RegTP die vom beantragenden Unternehmen vorgelegten Nachweise[175] dahingehend prüfen, ob und inwieweit sich die beantragten Entgelte an den Kosten der effizienten Leistungsbereitstellung im Sinn des Absatzes 2 orientieren und den Anforderungen des § 20 (2) PostG entsprechen. Bei der Prüfung der Effizienz der Leistungsbereitstellung werden die Entscheidungen des Unternehmens bezüglich seines Dienstleistungsangebots berücksichtigt. Die Deutsche Post AG drängt zudem darauf, die Kosten der effizienten Leistungsbereitstellung auf Basis der vorhandenen Produktions- und Unternehmensstruktur zu ermitteln, damit das regulierte Unternehmen das effiziente Kostenniveau auch mittel- bis langfristig erreichen könne.

In § 3 (2) Entwurf PEntgV wird festgelegt, dass sich die Kosten der effizienten Leistungsbereitstellung aus den *LRIC*[176] und einem angemessenen Zuschlag für leistungsmengenneutrale Gemeinkosten ergeben, jeweils einschließlich eines dem unternehmerischen Risiko angemessenen Gewinnzuschlags, soweit diese Kosten für die Leistungsbereitstellung notwendig sind. Darüber hinaus zeigt sich die Deutsche Post AG auch an der Anerkennung eines *angemessenen Beitrags zur Steigerung des Unternehmenswertes* interessiert, um für ihre potenziellen Aktionäre attraktiver zu sein.

§ 3 (3) Entwurf PEntgV legt fest, dass die RegTP im Rahmen des Absatzes 1 prüft, ob bei der Ermittlung, Berechnung und Zuordnung der Kosten des beantragenden Unternehmens allgemein anerkannte betriebswirtschaftliche Grundsätze zugrunde liegen. Ist dies der Fall, erkennt die RegTP die Kosten an, soweit dem nicht andere Gründe entgegenstehen. Die RegTP kann außerdem die Preise solcher Unternehmen als Vergleich heranziehen, die entsprechende Leistungen auf vergleichbaren Märkten im Wettbewerb anbieten. Dieser explizite Hinweis auf das Vergleichsmarktkonzept[177] folgt zum einen allgemeiner wettbewerbsrechtlicher Praxis und stellt zum anderen klar, dass nicht theoretische Modellrechnungen (die damit nicht ausgeschlossen werden), sondern reale, im Wettbewerb stehende Unternehmen als Vergleichsbasis bei der Beurteilung der Kosten im Hinblick auf ihre Effizienz im Vordergrund stehen sollen.[178] Bei der Heranziehung von Vergleichsmärkten sind natürlich

---

[175] Vgl. Kapitel 6, Abschnitt B 2.1 dieser Arbeit.

[176] Die Nettokosten des Infrastrukturauftrags für Briefdienstleistungen bestimmen sich aus der Differenz der inkrementellen Kosten und der inkrementellen Erlöse der Sendungsströme im Briefdienst, deren Erstellung betriebswirtschaftlich nicht rentabel ist. Als betriebswirtschaftlich nicht rentabel werden die Sendungsströme identifiziert, bei deren Erstellung inkrementelle Kosten anfallen, die nicht durch die inkrementellen Erlöse gedeckt werden. Vgl. Elsenbast, W. (1994), S. 12f., 31.

[177] Vgl. hierzu genauer Kapitel 4, Abschnitt F dieser Arbeit.

[178] Bei genauerer Betrachtung findet man in der Rechtsprechung des EuGH drei Methoden für die Überprüfung der Preise marktbeherrschender Unternehmen. Die erste besteht in einem Vergleich der Preise mit den Kosten des Anbieters. Sie stößt bei Mehrproduktunternehmen oft auf fast unlösbare Probleme, weil sich deren Fixkosten nicht klar zurechnen lassen. Bei der zweiten Methode, dem Vergleichsmarktkonzept, wird ein hypothetischer Wettbewerbspreis ermittelt. Hierfür vergleicht man den Preis der monopolisierten Dienstleistung mit den Preisen auf verwandten, jedoch räumlich oder sachlich verschiedenen Märkten, die wettbewerblich organisiert sind. Der dritte Weg zur Ermittlung von Preismissbräuchen ist die sogenannte *Sockeltheorie*. Dabei geht es nicht um die absolute Höhe des neuen Preises, sondern um die Angemessenheit der Preiserhöhung; Prüfgegenstand ist also allein der Unterschied zwischen altem und neuem Preis. Nachdem Gene-

die Besonderheiten zu berücksichtigen, die sich aus unterschiedlichen Rahmenbedingungen ergeben. Die Deutsche Post AG ist an dieser Stelle an einem *Strukturzuschlag mit angemessener Sicherheitsmarge* auf die Vergleichsmarktpreise interessiert, wobei indes davon ausgegangen werden kann, dass bei einer Verwendung des Vergleichsmarktkonzepts bereits die Unterschiede der verglichenen Märkte angemessen berücksichtigt werden, ein *zusätzlicher* Strukturzuschlag mit einer Sicherheitsmarge, der sich lediglich aus der Tatsache der Verwendung eines Vergleichsmarktkonzepts begründet, also abzulehnen ist.

In § 3 (4) Entwurf PEntgV ist festgelegt, dass die Kosten der effizienten Leistungsbereitstellung als Maßstab nicht abschließend zu verstehen sind, sondern dass Aufwendungen über die effizienten Kosten hinaus im Rahmen der Entgeltgenehmigung unter bestimmten Bedingungen berücksichtigt werden, wenn hierfür eine rechtliche Verpflichtung besteht oder eine sonstige Rechtfertigung nachgewiesen werden kann. Dabei sind insbesondere die Kosten für die Einhaltung der wesentlichen Arbeitsbedingungen, die im lizenzierten Bereich üblich sind, sowie die Kosten einer flächendeckenden Versorgung mit Postdienstleistungen und die Kosten aus der Übernahme von Versorgungslasten für die Beschäftigten, die aus der Rechtsnachfolge der Deutschen Bundespost entstanden sind, zu berücksichtigen.

Diese Berücksichtigung setzt Effizienz auch hinsichtlich der besonderen Lasten voraus; diese sind jedoch nicht unbedingt als effizient zu bezeichnen. So sind Abbaupfade nötig, um langfristig effizient Postdienstleistungen bereitstellen zu können.

2.3 Effizientes Preissystem und effizienter Markt

Ein *effizientes Preissystem* beinhaltet prima facie, dass Fernbriefe versendende Kunden mehr für den Dienst bezahlen müssen als Kunden, die lediglich Ortsbriefe abschicken. Andernfalls entsprächen die Kosten nicht der effizienten Leistungsbereitstellung. Insoweit können höhere Preise für die Zustellung in zustellungsteuren Gebieten[179] nicht als diskriminierend bezeichnet werden. Wenn allerdings – wie private Anbieter in bereits geöffneten Marktnischen belegen – ein einheitlicher Preis für das gesamte Land aus transaktionskosten- und werbetechnischen Überlegungen heraus effizienter ist und der Nachfrage entspricht, ist dies auch für die Kunden der effiziente Marktpreis.[180]

Bei ausreichendem Wettbewerb kommt ein fairer Preis zustande, der den wahren Wert eines Gutes reflektiert. Beim *wahren Wert* handelt es sich um einen Gleichgewichtspreis, der die *gesamte* verfügbare Information zu diesem Zeitpunkt beinhaltet. Dies führt zur Definition eines *effizienten Marktes*. Sie kann in Abhängigkeit von der Definition der „verfügbaren Information" drei unterschiedliche Intensitäten annehmen. Die *schwache* Form (oder Zufallstheorie) sagt aus, dass die Preise alle Informationen

---

ralanwalt van Gerven anlässlich einer drohenden Erstreckung des niederländischen Postmonopols auf Eilkurierdienste die Missbrauchshandlung der Post u.a. darin gesehen hatte, dass der Verbraucher genötigt wäre, „... einen Preis zu bezahlen, der höher ist als der Preis ... aufgrund des normalen Spiels von Angebot und Nachfrage ...", erscheint das Vergleichsmarktkonzept im Bereich der Postdienstleistungen als fundierter, vielleicht sogar als bevorzugter Prüfmaßstab, der jedoch praktisch selten verfügbar ist. Vgl. Basedow, J. / Jung, C. (1995), S. 240f.

179 Vgl. hierzu Kapitel 1, Abschnitt C1 dieser Arbeit.

180 Vgl. Ferrara, P.J. (1996), S. 28.

über Vergangenheitspreise beinhalten. Man kann in diesem Fall also durch das Suchen nach Preismustern keine zusätzlichen Renten erzielen – die Preisveränderungen sind also zufällig. Der Markt ist in der schwachen Form am wenigsten effizient. Die *semistarke* Form besagt, dass die Preise neben den Vergangenheitspreisen jegliche öffentlich zugängliche Information, z.B. Informationen aus den Geschäftsberichten, reflektieren. Bei der *starken* Form der Effizienz spiegeln die Preise alle erwerbbaren Informationen wider, inklusive selten bekannter Insiderinformationen. In diesem Fall wären die Preise *immer* fair, und *niemand* könnte die Preise genauer vorhersagen.[181]

Übertragen auf das deutsche Postwesen muss hinsichtlich der Effizienz der Preise berücksichtigt werden, dass noch kein ausreichender Wettbewerb auf dem Markt für Briefdienste vorliegt, was jedoch eine Voraussetzung für einen effizienten Preis, unabhängig von der verfügbaren Information, darstellt. Bezüglich der Informationen reflektieren die Preise einerseits Vergangenheitspreise, andererseits veröffentlicht die Deutsche Post AG auch Geschäftsberichte, d.h. öffentlich zugängliche Informationen. Die Preise passen sich jedoch aufgrund bürokratischer Genehmigungsstrukturen und mangelnden Wettbewerbs nur mit großen Verzögerungen an ein effizientes Niveau an. Trotz öffentlicher Informationen können die Preise an dieser Stelle nur als *schwach effizient* anerkannt werden.

2.5 Das eingesetzte Kapital und seine angemessene Verzinsung

Die im Postgesetz verankerte *angemessene Verzinsung des eingesetzten Kapitals* eröffnet für die Definition des Wortes „angemessen“ großen Spielraum. Üblicherweise orientiert man sich bei relativ langfristigen Investitionen am Zinssatz 10-jähriger Anleihen. Es stellt sich aber die Frage, ob diese Verzinsung als einzige im Gesetz vorgesehene Gewinnmöglichkeit ausreicht, um den Fortbestand des Unternehmens zu sichern.

Einerseits muss man mit der „richtigen“ Definition des Kapitalstocks für Effizienz und die Abschaffung von Monopolpreisen sorgen, andererseits müssen die Kapitalkosten des Unternehmens bestimmt werden. Diese Phase dient der Garantie fester, ausreichend hoher Einkünfte, um Investoren anzuziehen.

Diese beiden Schritte des regulatorischen Prozesses beabsichtigen einen Trade-off zwischen Politikzielen. Einerseits sollen übermäßige Gewinne des Monopolisten vermieden werden, andererseits ist jedoch eine angemessene Kapitalverzinsung notwendig und volkswirtschaftlich wünschenswert. Wird einem regulierten Unternehmen eine angemessene Verzinsung versagt, ist dies gleichbedeutend mit einer Enteignung des Kapitals. Es könnte weder seine Kapitalinvestitionen ausdehnen, um neue Kunden zu bedienen, noch in neue Technologien investieren, die eine neue oder höhere Dienstequalität mit sich brächten. Die beiden ersten Schritte dienen also der Förderung eines ausreichenden Gewinns auf die entsprechende Investition, damit der regulierte Dienst adäquate Kapitalinvestitionen anziehen kann.[182]

---

181 Vgl. Brealey, R.A. / Myers, S.C. (1991), S. 293 – 295, 309f., 916.

182 Vgl. Noll, R.G. / Owen, B.M. (1989), S. 299; Dubin, J.A. / Navarro, P. (1982), S. 141, 146 und Kaufer, E. (1981), S. 102.

Der dritte Schritt des Prozesses ist die Integration der Abschreibungen und Operationskosten des Dienstes in die Tarifgrundlage und erlaubte Gewinnrate. Die Abschreibungsregel beeinflusst die Basis des investierten Kapitals, auf die eine bestimmte Rendite erwirtschaftet werden darf. Gelingt es dem Unternehmen zu verhindern, dass alle Abschreibungen von der Renditebasis abgezogen werden, hat es eine höhere Kapitalbasis und kann, ohne die Renditegrenzen zu überschreiten, absolut mehr Gewinne erwirtschaften.[183] Aus der Höhe der gesamten Nettoinvestitionen und der Höhe der darauf erlaubten Rendite ergeben sich die Kosten, die der Nachfrager mit seinem Preis für die Investitionen zu begleichen hat. Deshalb spielt sowohl die Ermittlung der Rendite- oder Kapitalbasis wie auch die Festlegung der maximal tolerierten Rendite eine große Rolle in der Kostenkontrolle durch die RegTP. Die Summe stellt die *Einkommensforderung* des Unternehmens dar, die bei den Kunden erzielt werden kann. Relevant ist, inwieweit die Gewinnerwartungen der Unternehmen beeinträchtigt werden, denn letztes Ziel jeder Investition ist es, Erträge zu erwirtschaften, die über die Kapitalverzinsung bei einer Anlage der Gelder auf den Finanzmärkten hinausgehen.[184]

Revenue-Caps und *Revenue-per-Customer-Caps*, d.h. ex ante festgelegte Gewinnbegrenzungen, werden oft als eine Alternative zur Price-Cap-Regulierung vorgeschlagen, welche in Kapitel 4, Abschnitt E6 dieser Arbeit dargestellt wurde. Beschränkungen von Gewinnerwartungen induzieren indes stets den Anreiz zur Kostenerhöhung oder zur Proliferation der Aktivitäten in marginal unprofitable und verschwenderische Bereiche.[185] Unbeschränkte Gewinnerwartungen implizieren dagegen immer maximale Anreize zur Kostenminimierung.[186]

Der regulatorische Rahmen sollte hier möglichst so gestaltet sein, dass die Anbieter postalischer Universaldienstleistungen bei politisch gewünschter Qualität den maximalen Gewinn erreichen. In diesem Fall würden Postunternehmen dieses Qualitätsniveau freiwillig anstreben, da eine Konsistenz zwischen den politisch gewünschten und den individuellen Zielen besteht.[187]

---

183 Die Eigenkapitalrendite der Deutschen Post AG liegt derzeit bei 20 Prozent. Vgl. Schnitzler, L. (1999c), S. 66. Im Jahre 1998 lag sie nach Steuern bei 16,8%. Vgl. Deutsche Post AG (Hg.) (1999), S. 87. Sie ist damit im Vergleich mit dem Zinssatz 10-jähriger Anleihen um ein Vielfaches zu hoch. Dies ist ein Ergebnis der Exklusivlizenz, welche die Deutsche Post AG mit der Aufgabe erhielt, Rückstellungen für Pensionsverpflichtungen zu erzielen. Letztere werden im wahrsten Sinne des Wortes also aus der Portokasse der Kunden bestritten.

Übersteigt der Marktpreis den Buchwert wesentlich, verdienen die Aktionäre, oder sie erwarten zusätzliche Einnahmen zu Lasten der Kunden. Liegt andererseits der Marktpreis signifikant unterhalb des Buchwertes, subventionieren die Aktionäre die Kunden. Entsprechen sich Marktpreis und Buchwert im Wesentlichen, werden weder die Aktionäre, noch die Kunden vom jeweils anderen subventioniert. Vgl. Thompson, H.E. (1985), S. 22.

184 Eine Unternehmung wird aus der Sicht der Kapitalgeber betrachtet, die nur dann Kapital zur Verfügung stellen, wenn attraktive Gewinne erzielt werden. Vgl. Holzwarth, J. (1993), S. 23, 44; Kaufer, E. (1981), S. 108f. und Klodt, H. (1984), S. 65.

185 Siehe auch Kapitel 4, Abschnitt D 9.1.2 dieser Arbeit zum Averch-Johnson-Effekt.

186 Vgl. Crew, M.A. / Kleindorfer, P.R. (1996), S. 39 – 42 und Kaufer, E. (1979), S. 8f., 64f.

187 Dies setzt übrigens nicht voraus, dass die RegTP den Anbietern hohe ökonomische Gewinne erlaubt. Ist der ökonomische Gewinn eines Postunternehmens bei allen anderen Qualitätsniveaus negativ und bei der gewünschten Qualität lediglich geringfügig größer als null, ist eine solche Konsistenz bereits hergestellt.

Das langfristige Erfolgsminimum von null bezieht sich auf das Eigenkapital des Unternehmens. Der Erfolg wird durch das Eingehen von Investitions- und Kapitalstrukturrisiken erzielt. Das Investitionsrisiko ist die mit einer Maßnahme verbundene Unsicherheit über zukünftige Zahlungen bei voller Eigenfinanzierung, ein Kapitalstrukturrisiko (Leverage-Effekt) kommt hinzu, wenn Teile des Kapitals zu einem vom Investitionsrisiko unabhängigen Zinssatz fremdfinanziert werden. Die Kapitalstruktur einzelner Maßnahmen kann jedoch nicht angegeben werden, wenn keine gesonderte Projektfinanzierung vorliegt. Das Kapitalstrukturrisiko wird auf der Ebene der Gesamtunternehmung getragen. Darum kann der Erfolg für einzelne Maßnahmen nur auf das investierte Kapital, nicht auf das Eigenkapital bezogen werden. Die Verwendung des unternehmerischen Risikos als Maßstab für die faire Kapitalverzinsung hat unter dem Gesichtspunkt der Wettbewerbssimulation durch Regulierung viel für sich. Findet man Branchen mit der gleichen Risikoklasse wie ein reguliertes Unternehmen, so kann man ihm die dort vorgefundene Kapitalverzinsung auch zugestehen.[188]

Die RegTP wird versuchen, sich bei der Bestimmung der zulässigen Kapitalverzinsung an den Kapitalkosten zu orientieren. Die Kapitalmärkte zur Unternehmensfinanzierung sind dabei nicht vollkommen, es existieren Informationsbeschaffungs-, Haftungs- und Steuerprobleme. Aufgrund des unterschiedlichen Risikos von Fremd- und Eigenkapital sowie bestehender Risikoaversion muss die Zinserwartung des Eigenkapitals höher als die des Fremdkapitals sein.

Die Ausgaben für Zinsen und ähnliche Aufwendungen der Deutschen Post AG waren in den letzten Jahren sehr gering und lagen 1998 bei weniger als 1% der Gesamtkosten. Im Vergleich dazu machten die Personalkosten bei der Deutschen Post AG 1998 nur noch rund 66% der Gesamtkosten aus,[189] die Materialkosten knapp 15%.[190] Im Gegensatz dazu liegen die Personalkosten beim USPS deutlich höher bei knapp 77%. Die Kapitalkosten des USPS sind so niedrig wie die der Deutschen Post AG.[191]

Die Einordnung des Potenzialfaktors Finanzkapital als Kostengut ist problematisch, da für das Eigenkapital im strengen Sinn keine Kosten anfallen, sondern der Eigenkapitalgeber für die Bereitstellung von Kapital ein Entgelt in Form eines Gewinnes erwartet. Darüber hinaus resultiert für die Zwecke der Selbstkosten- und Preiskalkulation aus dieser Vorgehensweise eine mangelnde Transparenz des kalkulierten Preisniveaus, da weder die mit diesem Verfahren tatsächlich kalkulierten Gewinnanteile, noch die darauf zu beziehenden ertragssteuerlichen Wirkungen erkennbar sind. Bei Vorgabe eines einheitlichen Zinssatzes wird die Verzinsung des Eigenkapitals abhängig von den tatsächlich gezahlten Fremdkapitalzinsen. Zur Vermeidung dieser Nachteile sind für das verzinsliche Fremdkapital die anfallenden Zinsaufwendungen zu verrechnen und separat davon eine angemessene Rendite für das zu verzinsende Eigenkapital in die (Gewinn-) Kalkulation einzubeziehen.[192]

---

188 Vgl. Holzwarth, J. (1993), S. 48 und Müller, J. / Vogelsang, I. (1979), S. 16f.

189 Vgl. hierzu auch Kapitel 1, Abschnitt A dieser Arbeit.

190 Vgl. Deutsche Post AG (Hg.) (1999), S. 59, 68 und 87 sowie eigene Berechnungen.

191 Vgl. United States Postal Service (1999); ferner Norsworthy, J.R. u.a. (1991), S. 156 und Christensen, D.C. u.a. (1993), S. 242f.

192 Vgl. von Zwehl, W. (1998), S. 48; Männel, W. / Distler, H. (1997), S. 45; Männel, W. (1997), S. 11 und Reiners, F. (1997), S. 55, 58f.

Die meisten Autoren, die sich mit der Unternehmensbewertung beschäftigen, verwenden als Diskontierungssatz das gewichtete Mittel aus den Kosten von Fremd- und Eigenkapital (Weighted Average Cost of Capital).[193] Für das Fremdkapital setzen sie den Marktzinssatz abzüglich des Steuervorteils durch das Geltendmachen der Zinsaufwendungen an. Der Zinssatz auf das Eigenkapital kann unter Anwendung einer Kapitalmarkttheorie, z.B. dem Capital Asset Pricing Model (CAPM), berechnet werden. Das CAPM, das auf Gedanken von Markowitz zurückgeht, fußt auf der Annahme, dass Investoren bei höherem Risiko einer Anlage einen höheren Erwartungswert des Gewinns erwarten, dass sie sich mithin risikoavers verhalten. Dieses Verhalten sorgt – empirisch nachprüfbar – dafür, dass die Preise von Wertpapieren sich auf einem Niveau einpendeln, das eine Kapitalrendite verspricht, die um so höher ist, je höher das Risiko ist. Das Risiko wird als Standardabweichung der erwarteten Rendite gemessen. Bezogen auf Investitionen besagt das CAPM, dass das Unternehmen als potenzieller Investor nur dann bereit ist, Kapital zu investieren, wenn die Investition eine ihrem Risiko entsprechend höhere Kapitalrentabilität erwarten lässt als risikofreie Anlagen, wie z.B. Staatsanleihen.[194]

Nach dem CAPM ist der Diskontierungszinssatz die Summe des Zinssatzes für risikofreie Anleihen und eines zusätzlichen Zinssatzes, der dem Investitions- oder Geschäftsrisiko der untersuchten Geschäftseinheit entspricht. Der zusätzliche Zinssatz ergibt sich aus dem Verhältnis des Geschäftsrisikos zum Risiko des Aktien-Gesamtmarktportfolios; dieses Verhältnis wird auch als Beta (β) bezeichnet.[195] Für die Analyse nach Steuern ist der Diskontierungssatz mit dem Faktor (1 – Grenzsteuersatz) zu multiplizieren.[196]

Das Gesamtrisiko einer Kapitalanlage lässt sich in das marktbedingte, systematische Risiko und in das wertpapierindividuelle, unsystematische Risiko aufspalten. Letzteres kann durch die Bildung von effizienten Portefeuilles vollständig beseitigt werden. Das systematische Risiko lässt sich dagegen nicht durch Diversifizierung eliminieren und wird deshalb von einem Investor nur in Kauf genommen, wenn die Anlagemöglichkeit einen entsprechend höheren Ertrag verspricht. Das CAPM berücksichtigt nur das systematische Risiko, da nach der Theorie ausschließlich diese Risikokomponente vom Markt durch eine zu erwartende höhere Rendite entgolten wird. Eine Überrendite im Sinne des CAPM liegt vor, wenn die Rendite eines Wertpapiers höher ausfällt als die entsprechend seines β-Faktors postulierte Gleichgewichtsrendite.

Für Geschäftseinheiten einer Unternehmung oder für nicht börsennotierte Unternehmen gibt es keinen Aktienkurs, anhand dessen ein Risikoindikator festgemacht werden könnte, so dass das Beta geschätzt werden muss. Als Anhaltspunkte können

193 Die für das insgesamt betriebsnotwendige Kapital gemischt finanzierter Unternehmen veranschlagten kalkulatorischen Zinsen sind ihrem Ansatz nach eher den kalkulatorischen Anderskosten zuzuordnen. Vgl. Männel, W. (1997), S. 5 und von Zwehl, W. (1988), S. 161.

194 Vgl. Holzwarth, J. (1993), S. 63.

195 Vgl. Rudolph, B. (1986), S. 892f. und Reiners, F. (1997), S. 59f., 62. Betas können sich jedoch im Laufe der Zeit verändern. Es kann ein separates Beta für jedes Projektjahr existieren. Man kann also vom CAPM zur diskontierten Cash-Flow-Formel für langlebige Anlagen wechseln. Vgl. Brealey, R.A. / Myers, S.C. (1991), S. 183 und Steiner, M. / Kleeberg, J. (1991), S. 171 – 182.

196 Vgl. Brealey, R.A. / Myers, S.C. (1991), S. 206f., 916 und Holzwarth, J. (1993), S. 99.

Branchen-Betas oder die Betas börsennotierter Unternehmen mit ähnlichem Risiko herangezogen werden.[197]

Wenn schließlich das Investitionsrisiko für das Unternehmen und den Markt neu und somit eine Bewertung am Markt noch nicht erfolgt ist (Innovationsrisiko), kann man aus dem Kapitalmarktmodell keine Anhaltspunkte für den Kapitalkostensatz dieses innovativen Investitionsprojekts ableiten.[198]

Für die Angemessenheit der Kapitalkosten ist entscheidend, was für das „Paket aus kalkulatorischen Abschreibungen und kalkulatorischen Zinsen" angesetzt wird. Treffen bei der Gebührenkalkulation Abschreibungen auf Basis von Wiederbeschaffungszeitwerten und kalkulatorische Zinsen auf Basis nominalverzinster fortgeführter Anschaffungsausgaben zusammen, kommt es zu einer doppelten Berücksichtigung inflationärer Wirkungen: Die Inflation wird einmal durch die kalkulatorischen Abschreibungen und ein zweites Mal durch die kalkulatorische Verzinsung berücksichtigt, denn sowohl die Abschreibungsbasis, als auch der Zinsfuß enthalten einen Inflationsausgleich.[199]

2.6 Kritik an der kostenorientierten Entgeltermittlung

Zielsetzung der kostenorientierten Entgeltermittlung ist es, die Kosten für die Erstellung von Briefdienstleistungen im eigenen Land objektiv aus der Kostenrechnung eines Briefdienstleisters abzuleiten, der zu bepreisenden Leistung zuzurechnen und mit einem Zuschlag für eine angemessene Verzinsung des für die Leistungserbringung eingesetzten Kapitals zu versehen. Aufgrund der sich in der Umsetzung ergebenden folgenden Probleme wird die Anwendbarkeit des Konzepts jedoch erschwert:

Die Ermittlung der Kosten
Die Ermittlung der einer (Teil-) Dienstleistung zuzurechnenden Kosten setzt voraus, dass diese verursachungsgemäß erfasst, d.h. der betreffenden Leistung (z.B. Zu-

---

197 In den beiden Fällen, in denen Betas anderer Branchen oder Gesellschaften herangezogen werden, müssen diese korrigiert werden. Die am Kapitalmarkt messbaren Schwankungen der Wertpapiererträge spiegeln die Summe aus Geschäftsrisiko und Finanzrisiko wider. Werden solche Betas verwendet, so müssen sie um das Finanzrisiko der Referenzgesellschaft oder der Branche bereinigt werden ("unlevering"). Die Bereinigung erfordert die Kenntnis der Eigenkapitalquote und des Grenzsteuersatzes der entsprechenden Gesellschaft oder Branche. Vgl. Holzwarth, J. (1993), S. 100.

198 Vgl. Rudolph, B. (1986), S. 894.

199 Das OVG Münster stellte im August 1994 fest, dass es betriebswirtschaftlichen Grundsätzen durchaus entspreche, wenn bei den Abschreibungen Wiederbeschaffungszeitwerte Verwendung finden. Bei der Bemessung der kalkulatorischen Zinsen dürfe man jedoch nur von historischen Anschaffungsausgaben ausgehen. Vgl. von Zwehl, W. (1998), S. 48, 50 und Ickenroth, B. / Schmidt, F. (1997), S. 6f.

Die Differenz von Wiederbeschaffungs- und Anschaffungspreis der inflationsbedingt teureren Ersatzinvestitionen muss durch die Thesaurierung von Gewinnen oder durch Außenfinanzierung aufgebracht werden. Ist eine neue Produktionstechnologie erforderlich, treten verstärkt Probleme bei der Anziehung zusätzlichen Kapitals auf. Vgl. Männel, W. / Distler, H. (1997), S. 46; Reiners, F. (1997), S. 56 und Crandall, R.W. (1982), S. 125. Dies ist jedoch davon abhängig, inwieweit eine Berücksichtigung der Besteuerung der Differenz zwischen wiederbeschaffungs- und anschaffungswertorientierten Abschreibungen in der Preiskalkulation und das zwischenzeitliche verzinsliche Anlegen der Abschreibungsgegenwerte erfolgt. Vgl. Pampel, J.R. / Viertelhaus, M. (1997), S. 15 und Adam, D. (1998), S. 47

stellung eines Briefes, der von einem anderen Anbieter eingesammelt wurde, durch die Deutsche Post AG) zugeordnet werden. Da eine entsprechende Zuordnung bei der Deutschen Post AG bislang nur zum Teil erfolgte bzw. aufgrund der Überführung vom Monopolanbieter zum Wettbewerbsunternehmen noch in dezidierter Form erarbeitet werden muss, erscheint kurzfristig eine exakte Zuordnung kaum möglich.

Die Prüfung der effizienten Leistungsbereitstellung

Voraussetzung des kostenbasierten Ansatzes ist zudem, dass die Ist-Kosten-Struktur eine effiziente Leistungsbereitstellung widerspiegelt. Dies kann jedoch angesichts der bisherigen Monopolstellung der Deutschen Post AG für Deutschland bezweifelt werden. Bereits erkennbare Restrukturierungsmaßnahmen stützen diese Vermutung.

Ist eine solche Vermutung zu bejahen, so bietet sich einerseits die Möglichkeit, die Kosten der Leistungserstellung mit Hilfe von Ingenieurmodellen abzuleiten, wie sie in Kapitel 4, Abschnitt D 6.1 dieser Arbeit beschrieben wurden, oder andererseits durch Anwendung von Aufschlägen auf die aktuelle Kostenstruktur der Deutschen Post AG zu ermitteln. Beide Ansätze beinhalten jedoch Ungenauigkeiten und vermögen daher die Problematik nur bedingt in einer Näherungslösung aufzulösen.

Die Ermittlung eines Gewinnzuschlags

Schließlich ist, um eine angemessene Verzinsung des eingesetzten Kapitals bei der Deutschen Post AG zu gewährleisten, ein Gewinnaufschlag auf die Kosten zu ermitteln. Mögliche Größen, die in die Diskussion gebracht werden könnten, sind z.B. die durchschnittliche Rendite der Deutschen Post AG, der Kapitalmarktzins oder ein Opportunitätszins. Da keine eindeutige Richtgröße zur Bestimmung des Zinsfußes existiert, eröffnet dies einen Spielraum, der Platz für kontroverse Diskussionen lässt.

3 Fazit

Generell erscheint es aufgrund der dargelegten Problemfelder nicht möglich, zum heutigen Zeitpunkt objektiv richtige Preise für (Teil-) Leistungen im Briefdienst für Deutschland allein auf den Kosten der effizienten Leistungsbereitstellung basierend zu ermitteln. Ein auf exakte Unternehmensdaten angewiesener Regulierungsansatz wird daher scheitern – was letztlich bedeutet, dass die Argumente eines beachtlichen Anteils der Wissenschaftler und Politiker die Anforderungen eines realitätsorientierten Regulierungskonzeptes völlig außer Acht ließen. Daher sieht der Entwurf PEntgV die zusätzliche Verwendung des Vergleichsmarktkonzepts vor, das in Kapitel 4, Abschnitt F dieser Arbeit beschrieben wurde.

Die Maßstabsregulierung als Regelfall erhält an dieser Stelle ihre ökonomische Berechtigung, da sie die Informationsasymmetrie zwischen Regulierer und Reguliertem berücksichtigt und explizit Anreize zu zielkonformem Verhalten aller Akteure (Gesetzgeber, Regulierer, Unternehmen) setzt. Auf den kurzfristigen Abbau von Monopolrenten wird hier zugunsten einer mittelfristigen Realisierung der erwünschten Wettbewerbsintensität also verzichtet. Durch diese mittelfristige Perspektive wird dem bisherigen Monopolisten Deutsche Post AG die Anpassung an das Wettbewerbsumfeld erleichtert. Eine solche Abwägung kann funktionsfähigen Wettbewerb ermöglichen, ohne den Marktsassen gleichzeitig in seinem Bestand zu gefährden.

D Das Verhältnis zum Kartellrecht

Die Versagungsgründe des § 20 PostG lehnen sich weitgehend an die im Kartellrecht nach §§ 22, 26 GWB a.F. für die Preismissbrauchsaufsicht entwickelten Grundtatbestände des Ausbeutungsmissbrauchs durch überhöhte Preise (Preiserhöhungsmissbrauch), des Behinderungs- und Diskriminierungsmissbrauchs durch ungerechtfertigt niedrige Preise und des Missbrauchs durch Diskriminierung von Nachfragern an. Hinsichtlich der Tatbestandsvoraussetzung der Marktbeherrschung wird in § 4 PostG ausdrücklich auf den § 22 GWB a.F. (§ 19 GWB n.F.) verwiesen.[200]

Nach § 2 (3) PostG bleibt das GWB im Verhältnis zum PostG unberührt. Was die Preiskontrolle anbelangt, so kann man jedoch davon ausgehen, dass die §§ 19 – 32 PostG den §§ 19, 20 (1) GWB n.F.[201], die den gleichen Tatbestand kartellrechtlich regeln, als Spezialnormen vorgehen. Das ergibt sich insbesondere aus der spezifischen Regelung des Entgeltregulierungsverfahrens und den Rechtsfolgen von Verstößen gegen § 20 PostG, die im Kartellrecht anders geregelt und mit dem System der Entgeltregulierung nicht kompatibel sind.

---

[200] Seit dem 1.1.1999 ist die Neufassung des Gesetzes gegen Wettbewerbsbeschränkungen (GWB) in Kraft. Gegen die Ersetzung des bisherigen § 22 GWB durch den neuen § 19 GWB bestehen keine Bedenken, da die Marktbeherrschungsdefinition des bisherigen § 22 GWB trotz Änderung der Vorschrift in eine unmittelbar wirksame Verbotsnorm beibehalten wurde. Die Definition der Marktbeherrschung nach § 22 a.F. / § 19 n.F. GWB beinhaltet auch eine Verweisung auf die Kriterien für die Marktbeherrschung und Marktabgrenzung, die in der Rechtsprechung zu § 22 GWB a.F. entwickelt wurden.

Gemäß § 19 (1) GWB n.F. ist die missbräuchliche Ausnutzung einer marktbeherrschenden Stellung durch ein oder mehrere Unternehmen verboten. Nach bisherigem Recht musste die Kartellbehörde derartiges Verhalten erst untersagen. Die Einschaltung der Kartellbehörde kann folglich nunmehr unterbleiben.

Eine marktbeherrschende Stellung liegt nach § 19 (2) GWB n.F. vor, soweit ein Unternehmen als Anbieter oder Nachfrager einer bestimmten Art von Waren oder gewerblicher Leistungen (§19 (2) 1:) ohne Wettbewerber ist oder keinem wesentlichen Wettbewerb ausgesetzt ist oder (§ 19 (2) 2:) eine im Verhältnis zu seinen Wettbewerbern überragende Marktstellung hat; hierbei sind insbesondere sein Marktanteil, seine Finanzkraft, sein Zugang zu den Beschaffungs- und Absatzmärkten, Verflechtungen mit anderen Unternehmen, rechtliche oder tatsächliche Schranken für den Marktzutritt anderer Unternehmen, der tatsächliche oder potenzielle Wettbewerb durch innerhalb oder außerhalb des Geltungsbereichs des GWB ansässige Unternehmen, die Fähigkeit, sein Angebot oder seine Nachfrage auf andere Waren oder gewerbliche Leistungen umzustellen, sowie die Möglichkeit der Marktgegenseite, auf andere Unternehmen auszuweichen, zu berücksichtigen. Nach § 19 (2) GWB n.F. sind zwei oder mehr Unternehmen marktbeherrschend, soweit für eine bestimmte Art von Waren oder gewerblichen Leistungen zwischen ihnen kein wesentlicher Wettbewerb besteht und soweit sie in ihrer Gesamtheit die Voraussetzungen des Satzes 1 erfüllen. Ferner wird unter den Voraussetzungen des § 19 (3) GWB n.F. Marktbeherrschung für ein Unternehmen vermutet, wenn es einen Marktanteil von mindestens einem Drittel hat. Vgl. insbesondere Gutzeit, M. / Goger, K. (1999), S. 145f.

[201] In § 20 GWB n.F., welcher das wettbewerbsrechtliche Diskriminierungsverbot und das Verbot unbilliger Behinderung enthält, ist durch die Novelle das Verbot des Verkaufes unter Einstandspreis ausdrücklich hinzugetreten. Gemäß § 20 (4) GWB n.F. dürfen Unternehmen mit gegenüber kleineren Wettbewerbern überlegener Marktmacht diese nicht dazu ausnutzen, solche Wettbewerber unbillig zu behindern. Eine solche Behinderung zeigt sich insbesondere in dem nicht nur gelegentlichen Anbieten von Waren unter dem Einstandspreis, es sei denn, es liegt ein sachlicher Grund dafür vor.

Nach § 21 (3) und § 3 PostG ist vor Erteilung der Genehmigung lediglich der Tatbestand des Preishöhenmissbrauchs anhand von § 20 (2) 1 PostG abschließend zu prüfen, während die endgültige Überprüfung eines Behinderungs- oder Diskriminierungsmissbrauchs einem nachträglichen Prüfverfahren nach § 24 PostG weiterhin offen steht.[202] Stellt die RegTP nach Erteilung der Genehmigung im nachträglichen Prüfverfahren doch noch einen Behinderungs- oder Diskriminierungsmissbrauch fest, hat sie das betreffende Unternehmen zunächst nach § 24 (3) PostG aufzufordern, die Entgelte unverzüglich zu ändern. Erst, wenn das Unternehmen dieser Aufforderung nicht nachkommt, kann die RegTP nach § 24 (4) PostG die Entgelte für unwirksam erklären. Sowohl aus dem Wortlaut dieser Normen, als auch aus dem Wesen einer Genehmigung kann man schließen, dass die Entgelte aufgrund der erteilten Genehmigung zivilrechtlich wirksam sind und bis zu einer Unwirksamkeitserklärung nach § 24 (4) PostG auch dann wirksam bleiben, wenn nachträglich ein bereits im Zeitpunkt der Genehmigung objektiv vorliegender Verstoß gegen § 20 (2) 2 oder 3 PostG festgestellt wird. Die Genehmigung soll Rechtssicherheit verleihen; ihr kommt daher wie der Unwirksamkeitserklärung konstitutive Wirkung zu. Das Prinzip der Rechtssicherheit verlangt gerade im Massenverkehr der Briefdienstleistungen, dass für den Anbieter ebenso wie für die Kunden über die Wirksamkeit oder Unwirksamkeit der Preise Klarheit besteht.

Mit dieser Regelung ist folglich eine parallele oder ergänzende Anwendung der §§ 19, 20 (1) GWB nicht vereinbar. Mit dem Zweck des Genehmigungsverfahrens, Rechtssicherheit über die zivilrechtliche Wirksamkeit der Entgelte zu schaffen, und mit dem Wesen der Genehmigung wäre es bereits nach dem GWB a.F., das noch kein unmittelbar anwendbares Missbrauchsverbot enthielt, nicht vereinbar, wenn das Bundeskartellamt befugt wäre, nach Erteilung der Genehmigung durch die RegTP einen Preishöhenmissbrauch nach dem GWB festzustellen und die Anwendung der von der RegTP genehmigten Preise zu verbieten. Die Genehmigung soll im Entgeltregulierungsverfahren des PostG dem Antragsteller gewährleisten, den beantragten Preis innerhalb kürzester Zeit setzen zu dürfen. Durch die Kombination der verfahrensrechtlichen Vorschriften der §§ 21 (3) und 24 PostG soll der Preishöhenmissbrauch nach einer erteilten Genehmigung keiner nachträglichen Kontrolle unterliegen. Eine nachträgliche Untersagung der von der RegTP genehmigten Entgelte durch das Bundeskartellamt wegen Preishöhenmissbrauchs würde das System der Entgeltregulierung brechen. Dies wäre auch der Fall, wenn das Bundeskartellamt nach Ablauf der zweimonatigen Entscheidungsfrist des § 24 (2) PostG ohne Unwirksamkeitserklärung der RegTP wegen Behinderungs- oder Diskriminierungsmissbrauchs noch berechtigt wäre, die Entgelte aufgrund dieser Tatbestände zu verbieten. Wegen dieser Abweichungen ist davon auszugehen, dass die §§ 19 – 27 PostG die kartellrechtliche Preiskontrolle verdrängen und damit auch die Zuständigkeit des Bundeskartellamts zur Anwendung des GWB hierfür ausgeschlossen wird.

Nach Inkrafttreten der 6. GWB-Novelle am 1.1.1999 kommt noch hinzu, dass jetzt auch die unmittelbare Geltung des Missbrauchsverbots des § 19 GWB n.F. mit dem System der Entgeltregulierung in Abschnitt 5 des PostG unvereinbar ist. Eine Lösung dieser Normenkonkurrenz ist nur denkbar, wenn die zusätzliche Anwendung des

---

[202] Vgl. hierzu auch Abschnitt A dieses Kapitels.

GWB im Bereich der Preiskontrolle ausgeschaltet wird. Das GWB findet subsidiär Anwendung, wenn im PostG keine Spezialregelung getroffen ist.

Die Zuständigkeit für die Ausübung der Preiskontrolle nach Abschnitt 5 PostG liegt also nicht bei dem für die kartellrechtliche Preismissbrauchsaufsicht zuständigen Bundeskartellamt, sondern bei der nach § 44 PostG errichteten Regulierungsbehörde. Das ergibt sich auch bereits aus dem Wortlaut der §§ 19, 21, 22, 24, 25, 26 und 32 PostG.

Dabei ist jedoch die Besonderheit zu beachten, dass die für die Anwendung der Abschnitte 5 und 6 PostG allein zuständige RegTP über die Abgrenzung räumlich und sachlich relevanter Märkte sowie die Feststellung einer marktbeherrschenden Stellung nach § 48 PostG nur im Einvernehmen mit dem Bundeskartellamt entscheiden kann. Diese Vorschrift steht nicht der Praxis entgegen, die Abgrenzung des relevanten Marktes bei Erteilung einer Genehmigung im konkreten Fall offen zu lassen. Auch dazu bedarf es aber des Einvernehmens mit dem Bundeskartellamt. Soll jedoch ein Genehmigungsantrag abgelehnt werden, so ist eine konkrete Abgrenzung des relevanten Marktes und das erteilte Einvernehmen des Bundeskartellamts unverzichtbar.

1 Der relevante Markt

Den Postmärkten als Forschungsfeld wurde erst jüngerer Zeit Interesse zuteil, da die Existenz spezieller und exklusiver Rechte postökonomische Studien von vorneherein weitgehend irrelevant machten. Trotz der Öffnung von Postmärkten (wie z.B. in Schweden) wurde angenommen, dass der ehemals nationale Postdienstleister so *marktbeherrschend* ist, dass eine rigorose und detaillierte Diskussion der Postmärkte als nicht notwendig erachtet wurde.

Gerade die überragende Marktstellung der ehemals nationalen Postdienstleister jedoch erfordert eine Beurteilung, inwieweit diese Anbieter jeweils *aufgrund* ihrer marktbeherrschenden Stellung missbräuchlich auf dem Markt agieren können. Diese notwendige Feststellung von Marktbeherrschung setzt die Bestimmung des *geografisch* und *sachlich* relevanten Marktes voraus. Erst dann kann festgestellt werden, ob der Anbieter einer Postdienstleistung auf diesem Markt marktbeherrschend i.S.v. § 19 PostG ist. Nach § 48 PostG entscheidet die RegTP einvernehmlich mit dem Bundeskartellamt über die Abgrenzung sachlich und räumlich relevanter Märkte und die Feststellung einer marktbeherrschenden Stellung.

Der relevante Dienstleistungsmarkt im Rahmen der kartellrechtlichen Missbrauchsaufsicht umfasst dabei alle Dienstleistungen, die sich aufgrund ihrer Merkmale zur Befriedigung eines gleichbleibenden Bedarfs besonders eignen und mit anderen Dienstleistungen in nur geringem Maße austauschbar sind. Zuerst kommt es also auf die Austauschbarkeit aus Sicht der Nachfrager an (Nachfragesubstitution nach dem Bedarfsmarktkonzept). Die Austauschbarkeit aus Sicht der Anbieter (Angebotssubstitution) ist jedoch ebenso bei der Bestimmung der relevanten Märkte und der Stärke der Position der Anbieter auf diesen Märkten von Bedeutung. Die Marktposition eines Unternehmens mit nominell 50% Marktanteil wird erheblich dadurch relativiert, dass auf benachbarten Märkten tätige Unternehmen die dort vorhandenen Ressourcen ohne große technische Schwierigkeiten und ohne Einsatz hoher finanzieller Mittel auch für die Tätigkeit auf dem relevanten Markt einsetzen können (Angebotsumstellungsflexibilität).

1.1 Sachlich relevanter Markt

Die wichtigsten Abgrenzungskriterien für einen *sachlich* relevanten Markt sind: regulatorische Vorgaben; Universalität; einzelne Leistungsmerkmale wie Schnelligkeit, Verlässlichkeit, Zusatzleistungen wie Sendungsverfolgungssysteme, Übersendung von Auslieferungsnachweisen, Möglichkeit der Sachwertversicherung; besondere Transportmerkmale, z.B. bei der Versendung von Lebens- und Arzneimitteln, Organen oder Gefahrstoffen; das Sendungsgewicht; der Beförderungspreis und Sonderformen der Preisgestaltung, z.B. Rabatte[203].

Zur Abgrenzung unterschiedlicher Dienstmärkte im Postsektor wurde stets die *Kombination* mehrerer Leistungsmerkmale in der Gesamtbetrachtung herangezogen.[204] Dies geschah nicht zuletzt in § 51 PostG bei der Definition der Exklusivlizenz anhand der Abgrenzungskriterien Gewicht und Preis. Nur selten wird die Definition eines separaten Dienstmarkts durch lediglich ein Kriterium gerechtfertigt, wie etwa die taggleiche Zustellung beim Stadtkurierdienst, der Zustellungszeitpunkt bei der Terminzustellung oder die erhöhte Beförderungszuverlässigkeit beim Transport von Wertgegenständen. Letztlich liegt dies an der hohen Angebotsumstellungsflexibilität, die es einem Postdienstleister i.d.R. erlaubt, seine Leistung ohne unverhältnismäßige Zusatzinvestitionen so umzustellen, dass er ein besonderes Qualitätsmerkmal in der Leistung eines Wettbewerbers innerhalb kurzer Zeit auch anbieten oder substituieren kann. Daher wird sich eine neue Dienstleistung eines Postunternehmers erst dann vom vorhandenen Angebot abgrenzen, wenn diese Leistung den Nachfragern durch die Kombination mehrerer Leistungsmerkmale besonders wertvoll oder einzigartig erscheint.

1.2 Räumlich relevanter Markt

Der *räumliche* Markt ist das Gebiet, in dem die objektiven Wettbewerbsbedingungen bezüglich des betreffenden Dienstes für alle Konsumenten gleich sind. Bei der Beurteilung des räumlichen Markts müssen alle Themen wie Preisbildung, Transferierbarkeit des Angebots und der Nachfrage, Existenz von Kosten oder anderen Eintrittsbarrieren, lokale Eigenheiten des Konsumentenmarkts, wie Markenloyalitäten oder nationale und kulturelle Charakteristika, und Konsumentenmobilität berücksichtigt werden. Die Abgrenzung des räumlich relevanten Markts erfolgt wie bei der sachlichen Marktabgrenzung anhand der Austauschmöglichkeiten aus der Sicht der Abnehmer. Sie bezieht sich damit auf ein bestimmtes geografisches Gebiet, in dem Anbieter und Nachfrager der zuvor in sachlicher Hinsicht abgegrenzten Postdienstleistungen miteinander in Austauschbeziehungen stehen.[205]

Die Grenzen des räumlich relevanten Markts werden durch die Art der jeweiligen Postdienstleistung und die Möglichkeiten der Wirtschaftssubjekte zum Austausch

---

203 Vgl. hierzu Kapitel 4, Abschnitt D8 dieser Arbeit.

204 Vgl. auch Teil I dieser Arbeit.

205 Quantitative Methoden sind vorzuziehen, wo immer sie verfügbar sind. Die Analyse der Preisbildung kann eine signifikante, objektive und quantifizierbare Beweisquelle sein. Vgl. Reay, I. (1997), S. 358 – 360.

entsprechender Dienstleistungen bestimmt, die in räumlicher Hinsicht regelmäßig nicht unbeschränkt sind. Infolge des aus tatsächlichen oder rechtlichen Gründen begrenzten Dienstleistungsaustauschs ist das Ergebnis der Marktabgrenzung ein weiter oder enger gefasstes geografisches Gebiet, in dem die dort tätigen Anbieter miteinander um die in diesem Gebiet ansässigen Abnehmer konkurrieren.

Eine deutsche Entscheidungspraxis zur Marktabgrenzung im Postsektor ist nur in begrenztem Umfang vorhanden. Regelmäßig steht für die Frage der Marktbeherrschung zunächst der sachlich relevante Markt im Vordergrund. Demgegenüber geht das Bundeskartellamt auf die räumliche Abgrenzung des relevanten Marktes nur am Rande ein und vermeidet soweit möglich eine Festlegung auf ein bestimmtes Gebiet.

In der Praxis der Europäischen Kommission stellt die Homogenität der Wettbewerbsbedingungen ein zentrales Kriterium der räumlichen Marktabgrenzung dar. Historisch bedingt werden entsprechende Unterschiede in den Wettbewerbsbedingungen in näherer Zukunft fortbestehen. Ohne zwischen verschiedenen sachlichen Märkten für unterschiedliche Postdienste zu differenzieren, weist die Europäische Kommission darauf hin, dass die jeweiligen Hoheitsgebiete der Mitgliedstaaten, in erster Linie wegen der ausschließlichen Rechte der Postbetreiber und der bestehenden Beschränkungen bei der Erbringung von Postdiensten, gesonderte räumliche Märkte darstellen.[206] Dies gilt gleichermaßen für die Zustellung von Inlandssendungen wie für die Zustellung von eingehenden grenzüberschreitenden Sendungen im Inland.[207] Grundlage der Beurteilung der Marktbeherrschung bilden folglich regelmäßig nationale Märkte.[208] Diese von der Europäischen Kommission benutzte Definition relevanter Märkte basiert auf willkürlich festgelegten Kriterien und ist daher zu kritisieren. Die international agierenden und erfolgreichen KEP-Dienste sind ein Beispiel dafür, dass die nationalen Grenzen bei den Postmärkten keine Rolle spielen. Aus diesen Gründen dürfte es bei einer europaweiten Liberalisierung der *Briefmärkte* in den Jahren nach 2002 auch zu einer Europäisierung der *Briefdienste* kommen.

2 Marktbeherrschende Stellung

Nach § 19 (2) 1 GWB n.F. ist ein Unternehmen marktbeherrschend, wenn es entweder „keinem wesentlichen Wettbewerb ausgesetzt ist“ oder „eine im Verhältnis zu seinen Wettbewerbern überragende Marktstellung hat“. Durch die Verweisung auf § 19 GWB n.F. wird in den Tatbestand der „Marktbeherrschung“ des § 19 PostG auch das marktbeherrschende Oligopol ausdrücklich aufgenommen: Nach § 19 (2) 2 PostG sind „zwei oder mehr Unternehmen marktbeherrschend, soweit zwischen Ihnen für eine bestimmte Art von Waren oder gewerbliche Leistungen ein wesentlicher Wettbewerb nicht besteht und sie in ihrer Gesamtheit keinem wesentlichen Wettbewerb ausgesetzt sind oder im Verhältnis zu ihren Wettbewerbern eine überragende

206 Vgl. Basedow, J. / Kieninger, E.-M. (1995), S. 171f.

207 Für die Bestimmung des relevanten Marktes ist daher das Herkunftsland eingehender Auslandssendungen ohne Bedeutung.

208 Trotz der europaweiten Aktivitäten der beteiligten Unternehmen lehnte die Kommission über die nationalen Grenzen hinausreichende räumliche Märkte mit der Begründung ab, dass Preise und Marktanteile von Mitgliedstaat zu Mitgliedstaat der Gemeinschaft stark unterschiedlich seien und führte dies insbesondere auf von einander abweichende Arbeitskosten und den unterschiedlichen Stand der Liberalisierung der jeweiligen nationalen Märkte für Postdienste zurück.

Marktstellung haben werden". Nach § 4 PostG sind die Marktbeherrschungsvermutungen von § 19 (3) GWB n.F. im Rahmen der Entgeltregulierung des PostG anwendbar. Danach wird vermutet, dass ein Unternehmen marktbeherrschend ist, wenn es einen Marktanteil von mindestens einem Drittel hat und mehrere Unternehmen zusammen marktbeherrschend sind, wenn die maximal drei führenden Unternehmen einen Marktanteil von 50% oder die maximal fünf führenden Unternehmen einen Marktanteil von 2/3 erreichen.

Diese im GWB fixierten Kriterien unterliegen wiederum der Willkür. Entscheidend für die Marktmacht jedoch ist der Spielraum des jeweiligen Anbieters in der Bestimmung der Qualität und Preise seiner Güter. Folglich kann ein Unternehmen auch bei einem Marktanteil von 100% auf einem bestreitbaren Markt keine Marktmacht aufweisen.

Als Folge der gesetzlichen Monopolstellung der Deutschen Post AG hat diese nicht nur den größten Marktanteil, sondern verfügt auch über eine starke Finanzkraft[209], die Kontrolle über den Distributionsapparat, Markteintrittsbarrieren, Zugang zu Inputgütern und ihren Erfahrungshorizont sowie einem Vorsprung hinsichtlich Erfahrung, Technologie, Kundenbeziehungen, Good-Will etc.[210]

Unter Wettbewerb würden nicht nur die Markteintritte selbst, sondern schon die potenzielle Konkurrenz eine disziplinierende Wirkung auf den etablierten Monopolisten ausüben. Das Monopolunternehmen sähe sich zu einer Geschäftsstrategie veranlasst, die potenzielle Konkurrenten nicht zum Wettbewerb einlüde. Überhöhte Preise und Monopolrenten werden dadurch weniger wahrscheinlich. Allein schon potenzielle Konkurrenz kann die Rentabilität von Unternehmen negativ beeinflussen und die Marktmacht eingesessener Firmen mindern. Insbesondere die staatlichen Maßnahmen, die den Marktzugang für Neueinsteiger erleichtern, führen zu mehr Konkurrenz unter den eingesessenen Firmen und beeinflussen so die Firmenrentabilität.[211]

---

209 Das Beurteilungskriterium der *Finanzkraft* dient vor allem der Beurteilung des möglichen „Abschreckungspotenzials", das von den finanziellen Ressourcen eines überragenden Marktteilnehmers ausgehen kann und das dadurch tatsächliche oder potenzielle Wettbewerber in ihrer verstoßenden Dynamik entmutigen könnte. Für die Beurteilung des wettbewerblichen Verhaltens von Postunternehmen dürfte dieses Kriterium angesichts der Intensität des Wettbewerbs bei den zunehmend global tätigen Post- und KEP-Unternehmen aber keine große Rolle spielen. Im Verhältnis der großen Postunternehmen zu kleineren Anbietern hat sich der „Abschreckungseffekt" in der Vergangenheit (jedenfalls in Deutschland) nicht nachteilig auf die Entwicklung des Wettbewerbs im Postsektor ausgewirkt. Auch fällt gegen das Beurteilungskriterium der Finanzkraft im Hinblick auf den „Abschreckungseffekt" ins Gewicht, dass das PostG durch § 28 (Teilleistungszugang) ausdrücklich Regeln über den Marktzutritt und –zugang kleinerer Unternehmen normiert hat.

210 Vgl. Cave, M. u.a. (1996), S. 81 und Nerep, E. (1997), S. 83. Eine marktbeherrschende Stellung ist dann anzunehmen, wenn das betreffende Unternehmen sich in der Lage sieht, sein Verhalten auf dem relevanten Markt gegenüber den Wettbewerbern sowie seinen Abnehmern und Lieferanten weitgehend unabhängig zu gestalten. Vgl. Deipenbrock, G. (1994), S. 299. Selbst bei völliger Liberalisierung des Postsektors wäre vermutlich in bestimmten Bereichen, wie z.B. in ländlichen Gebieten und bei Privatkunden, eine marktbeherrschende Stellung der Deutschen Post AG und insofern ein Regulierungstatbestand gegeben. Vgl. Pieper, F. (1996), S. 20.

211 Vgl. o.V. (1998b), S. 11 – 13; Nerep, E. (1997), S. 105; Busch, B. (1987), S. 10 und Crew, M.A. / Young, A. (1977), S. 16f. Die Investitionsentscheidung eines Neulings ist abhängig von a) den zu erwartenden Renten, b) Markteintrittsbarrieren, c) der erwarteten Reaktion des Marktsassen, d) den Erwartungen über andere potenzielle Neueintreter und deren Verhalten, e) den eigenen Res-

2.1 Die Beziehung zwischen Marktmacht und Machtmissbrauch

Machtmissbrauchsbehörden müssen sich aber nicht nur mit dem Missbrauch von Marktmacht innerhalb des relevanten Marktes auseinandersetzen, sondern auch mit der Situation, dass Unternehmen mit marktbeherrschender Stellung wettbewerbsfeindliche Effekte außerhalb des relevanten Markts auf benachbarten Märkten generieren. Die Machtmissbrauchsbehörden können diese Effekte ohne einer Änderung oder Vergrößerung des relevanten Markts selbst aufdecken und auswerten. Art. 86 EGV deckt jegliches Verhalten ab, das die Struktur des Markts mit Marktmacht beeinflusst, ungeachtet dessen, wo das Verhalten selbst stattfindet.[212] Zum einen scheint die Dienstmarktdefinition also kein Schlüsselelement der Machtmissbrauchsanalyse nach Art. 86 EGV zu sein, zum anderen spielt die Definition des Dienstmarkts bei der Abgrenzung des Raums, in welchem der Missbrauch entdeckt wird, keine klare Rolle. Eine marktbeherrschende Stellung auf einem Markt braucht also kein Bestimmungsfaktor für missbräuchliches Verhalten zu sein, und es muss auch nicht bewiesen werden, dass zwischen den beiden Sektoren eine Querfinanzierung stattfand. Dies verwässert und löscht die Verbindung zwischen der Tatsache des Innehabens von Marktmacht und „deren“ Missbrauch.[213]

Eine andere, vielleicht wichtigere Schlussfolgerung ist, dass ein geografisches Preisdifferenzial nicht ausschließlich als legal bezeichnet werden kann, wenn die Wirkung des Differenzials auf unterschiedlichen Dienst- oder geografischen Märkten auftritt. Im Gegensatz dazu scheint es in der Natur eines geografischen Preisdifferenzials zu liegen, dass das dominante Unternehmen bei Preisdiskriminierung und räuberischer Preisbildung die Unterschiede in der Wettbewerbsintensität der Märkte ausnutzt.[214]

2.2 Marktbeherrschung in der Marktentwicklungsphase

Die rechnerischen Marktanteile von Unternehmen, die durch vorstoßenden Wettbewerb in innovativen und sehr dynamischen Produktmärkten als Newcomer präsent sind, verdienen eine behutsamere Bewertung. Handelt es sich um einen *innovativen Markt*, dessen Entwicklung wegen der zu erwartenden Markteintritte anderer Unternehmen kurzfristig nicht absehbar ist, so weist der rechnerische Marktanteil von 100%, den das Pionierunternehmen in der Marktentwicklungsphase erzielt, auf *keine* marktbeherrschende Stellung hin. Die Marktstellung dieses Prozessmonopolisten unterliegt daher in der Marktentwicklungsphase nicht den Marktbeherrschungsregeln, da es sich lediglich um temporäre Vorsprünge handelt. Im Postsektor kommt dem entscheidende Bedeutung für die Bewertung der Marktposition von Postunternehmen, die neue Produkte einführen, zu. Kann man den jeweils neu eingeführten Dienst als einen eigenen sachlich relevanten Markt begreifen, dessen Entwicklung eine starke Dynamik zu entfalten verspricht, wird die präventive Preisaufsicht der §§ 19 – 27 PostG auf diese Märkte zunächst nicht angewendet.

---

sourcen des Neulings sowie f) den irreversiblen Kosten der Informationsbeschaffung und Entscheidungsfindung. Vgl. Caves, R.E. / Porter, M.A. (1975), S. 6.

212 Siehe Bundeszentrale für politische Bildung (1992), S. 63 – 65.

213 Vgl. Sanfilippo, L. (1995), S. 72 – 75 und Schultz, H. (1999), S. 6.

214 Vgl. Nerep, E. (1997), S. 111f.

Nach § 2 (1) Entwurf PEntgV[215] kann der erforderliche Umfang der Kostennachweise bei Entgeltanträgen von *geringer wirtschaftlicher Bedeutung* auch reduziert werden. Zur regional begrenzten und zeitlich maximal auf ein Jahr befristeten Erprobung neuer Dienstleistungen (Betriebsversuch) genügt dann die vorherige Anzeige des Unternehmens, um nicht durch das förmliche Genehmigungsverfahren ein flexibles Agieren am Markt durch Einführung innovativer Dienstleistungen zu verhindern.[216]

Damit es im Fall eines Betriebsversuchs nicht zu mangelnder Kontrolle des regulierten Unternehmens kommt, scheint die Einführung einer Umsatzobergrenze für Betriebsversuche sinnvoll, die z.B. anhand des prozentualen Anteils am Gesamtumsatz im lizenzpflichtigen Bereich festgesetzt werden könnte.

E Die Entgeltregulierung – Fazit

Ziel der Entgeltregulierung nach Abschnitt 5 Postgesetz und der Post-Entgeltregulierungsverordnung ist es, mit Hilfe der Regulierungsbehörde einen fairen Wettbewerb auf allen Postmärkten herzustellen und zu fördern. Um das tendenziell von Unternehmen mit marktbeherrschender Stellung zu erwartende Durchsetzen unfairer Preise gegenüber Konkurrenten und Kunden zu vermeiden, bedürfen die Preise in lizenzpflichtigen Postbereichen der Genehmigung. Das diesbezügliche Genehmigungsverfahren für Postdienstleistungen eines marktbeherrschenden Anbieters erfolgt in zwei Stufen: Zuerst überprüft eine *ex-ante-Kontrolle* den zu genehmigenden Preis *vor* einer Genehmigungsentscheidung hinsichtlich eines möglichen *Preishöhenmissbrauchs*. Eine *weitere Überprüfung* auch *nach erteilter Genehmigung* ist i.d.R. nur bezüglich der Tatbestände des *Behinderungs- und Diskriminierungsmissbrauchs* möglich.

Für dieses Preisgenehmigungsverfahren soll als Regelfall das Maßstabsverfahren in Form eines Price Caps angewendet werden, bei welchem diejenigen Dienstleistungen der genehmigungsbedürftigen Preise zu einem Korb an Dienstleistungen zusammengefasst werden, welche untereinander ähnliche Wettbewerbsintensitäten erwarten lassen. Für diesen Korb legt die RegTP zunächst das Ausgangsentgeltniveau der zusammengefassten Dienstleistungen fest. Anschließend erfolgt die Genehmigung der einzelnen Preise, indem ausgehend vom festgelegten Ausgangsentgeltniveau die gesamtwirtschaftliche Preissteigerungsrate positiv und die zu erwartende Produktivitätsfortschrittsrate des regulierten Unternehmens negativ berücksichtigt werden. Zur Bestimmung des Ausgangsentgeltniveaus und des Produktivitätsfaktors sollte die RegTP Unternehmen als Vergleich heranziehen, die entsprechende Leistungen auf vergleichbaren Märkten im Wettbewerb anbieten. Diese anreizregulierte Form der Regulierung mit exogenen Maßstäben hat die außerordentlichen Vorzüge, sowohl die Effizienz beim regulierten Unternehmen zu fördern, als auch der RegTP nur geringe Informationsanforderungen aufzuerlegen.

Können gewisse Dienste nicht zu Körben zusammengefasst werden, weil für sie z.B. noch keine Erfahrungswerte der Preiselastizität der Nachfrage für die Bestimmung des Ausgangsentgeltniveaus und / oder des Produktivitätsfaktors vorliegen, werden deren Preise durch die Ermittlung ihrer Kosten der effizienten Leistungsbereitstellung

---

215 Vgl. hierzu auch Abschnitt B 2.1 dieses Kapitels.

216 Vgl. Runyon, M.T. (1996), S. 6 und Comarow, M. (1996), S. 110.

genehmigt. Neben dem grundsätzlichen Problem einer korrekten Kostenermittlung und der Festlegung der zulässigen Kapitalverzinsung liegt der Nachteil dieser im Ergebnis realitätsfernen, kostenbasierten Regulierung jedoch auch darin, dass mit diesem Verfahren erhebliche Aufwendungen verbunden sind, sowohl bei der RegTP als auch bei den regulierten Unternehmen. Ferner fehlt jegliche Anreizwirkung zu einer effizienteren Diensteerstellung bzw. Preisbildung.

Da von dieser Entgeltregulierung lediglich marktbeherrschende Unternehmen betroffen sind, wurde als Abschluss dieses Kapitels auch das Verhältnis des Postgesetzes zum Kartellrecht analysiert. Damit marktbeherrschende Anbieter auf dem deutschen Markt für Briefdienstleistungen, z.B. die Deutsche Post AG, bei der schrittweisen Marktöffnung ihre Vormachtstellung nicht missbrauchen, unterliegen die von ihnen geforderten Entgelte der Genehmigung durch die RegTP. Zur Feststellung einer *marktbeherrschenden Stellung* bedienen sich die Vorschriften des Postgesetzes den Normen des Gesetzes gegen Wettbewerbsbeschränkungen. Das alleinige Recht zur *Preiskontrolle* obliegt jedoch der RegTP, womit auch die Zuständigkeit des Bundeskartellamts zur Anwendung des GWB hierfür ausgeschlossen wird. Die Bestimmungen des Postgesetzes gehen dem Gesetz gegen Wettbewerbsbeschränkungen also als Spezialregelung voraus, entkräften es jedoch nicht, sondern sind im Gegensatz dazu enger und orientieren sich an den dort fixierten Definitionen. Die Entgeltregulierung kommt mit Hilfe dieser Spezialregelung des Postgesetzes ihrem Ziel, nämlich der Förderung des Wettbewerbs durch Vermeidung unfairer Preise von Seiten des marktbeherrschenden Unternehmens, näher und bereitet auf diese Weise sowohl den Marktsassen Deutsche Post AG, als auch dessen Konkurrenten auf einen fairen Wettbewerb vor.

Ziel der Marktöffnung ist die Erhöhung der Wettbewerbsintensität, damit insgesamt eine stärkere Orientierung des Angebots an den Verbraucherbedürfnissen und ein Absinken der Einzelpreise für Postdienstleistungen erwartet werden kann. Hiervon werden auch positive Auswirkungen auf das Verbraucherpreisniveau ausgehen.

7. KAPITEL: OFFENER DIENSTEZUGANG UND DIE PREISREGULIERUNG BEI TEILLEISTUNGEN

A Gesetzliche Grundlage und Einführendes

Nach § 28 (1) 1 PostG hat ein marktbeherrschender Lizenznehmer, soweit dies nachgefragt wird, Teile der von ihm auf dem beherrschten Markt erbrachten Beförderungsleistungen gesondert anzubieten, sofern ihm dies wirtschaftlich zumutbar ist.

Der im Postgesetz vom Gesetzgeber eingeführte Begriff der *Teilleistung* ist aber nicht definiert. Das Postgesetz spricht lediglich von „Teilen der Beförderungsleistung“. Diese Beschreibung könnte theoretisch zu einer maximalen Zerlegung der Wertschöpfungskette auf Seiten des marktbeherrschenden Unternehmens führen, was weder praktikabel noch gewollt ist. Das andere Extremum würde die Blockade der generellen Pflicht aus § 28 PostG durch eine mangelnde Schnittstellenschaffung darstellen.

Nach dem Wortlaut von § 28 PostG gilt die Teilleistungspflicht nur bei lizenzpflichtigen Postdienstleistungen. Betroffen sind demnach nur Teile der Beförderungsleistung für Briefsendungen, deren Einzelgewicht nicht mehr als 1000 g beträgt.[217]

Diese in § 28 (1) 1 PostG fixierte Verpflichtung besteht gegenüber einem anderen Postdienstleister nach § 28 (1) 2 PostG nur dann, wenn das nachfragende Unternehmen nicht selbst marktbeherrschend ist und wenn sonst Wettbewerb auf demselben oder einem anderen Markt unverhältnismäßig behindert würde.[218] Nach § 28 (1) 3 PostG darf der marktbeherrschende Lizenznehmer eine nachgefragte Teilleistung verweigern, wenn dadurch die Funktionsfähigkeit seiner Einrichtungen oder die Betriebssicherheit gefährdet würde oder die vorhandenen Kapazitäten für die nachgefragte Leistung im Einzelfall erschöpft sind.[219]

Grundsätzlich könnte man die Leistung des Briefdienstes z.B. anhand der fünf Wertschöpfungsstufen aus Kapitel 1, Abschnitt B dieser Arbeit aufteilen. Fragt also z.B. ein nicht marktbeherrschender Wettbewerber bei einem marktbeherrschenden Anbieter, aller Wahrscheinlichkeit nach der Deutschen Post AG, lediglich deren Wertschöpfungsstufe *Zustellung* in der Zielregion der Sendungen nach, erhält er somit das Recht auf den Zugang zum Netz der Deutschen Post AG. Dies könnte dazu führen, dass er im Fall eines Standardbriefs selbst die Wertschöpfungsstufen Einsammlung, Abgangssortierung, Transport und Eingangssortierung erstellt und im Anschluss daran seine Sendungen ins Netz der Deutschen Post AG einspeist, um sie von ihr im Rahmen ihrer Teilleistung „Zustellung" zustellen zu lassen.

Ein derartiger Zugang muss *diskriminierungsfrei* sein, d.h. die Zugangsbedingungen hinsichtlich Einlieferungsmöglichkeiten, Qualität, Zugangspreis (oder Rabatt) und der sonstigen Einlieferungsbedingungen müssen für alle Einlieferer und Postunternehmen mit den jeweils gleichen Voraussetzungen gleich sein. Ein diskriminierungsfreier Zugang für alle potenziellen Anbieter ist Voraussetzung für Wettbewerb.[220]

Ein Monopolist wird seinen Konkurrenten einen diskriminierungsfreien Zugang zu seinen Diensten sicher nicht freiwillig anbieten. Strategien und Pläne werden dazu entwickelt, um abzusichern, dass der Konsument das *eigene* Unternehmen wählt, nicht das des Konkurrenten. Vor diesem Hintergrund erscheint der Zwang, ein Konkurrenzunternehmen mit Diensten zu versorgen, merkwürdig. Noch sonderbarer ist es, im Zusammenhang mit dem Postsektor über diese Forderung nachzudenken, da ein jeder Zugang zum postalischen Netz erhalten und z.B. Briefe, die außerhalb der eigenen Zustellregion zugestellt werden sollen, einem Briefkasten des dominanten

---

217 Vgl. § 5 (1) PostG.

218 Unklar ist an dieser Stelle, ob der Anspruchsteller nur den tatsächlichen Zugang, also die effektive Nutzung einer Einrichtung, oder auch einen Vertragsschluss über diese Nutzung begehren kann.

219 Vgl. auch Bundesministerium für Post und Telekommunikation (1995), S. 9 und Elsenbast, W. (1997b), S. 70. Ebenso muss das Vorgehen für den Fall geklärt werden, dass mehrere Anspruchsteller vorhanden sind und die Erfüllung aller Ansprüche eine Unmöglichkeit oder Unzumutbarkeit begründen würde. Vgl. Dreher, M. (1999), S. 838f. Genaueres siehe dort.

220 Vgl. Hay, G.A. (1989), S. 196; Rahmeyer, F. (1999), S. 74; Günther, B.P. (1998), S. 338 und Pieper, F. / Stumpf, U. (1996), S. 280.

Postdienstleisters zuführen kann. Dieser kann die Sendung eines Konkurrenten nicht von denen der eigenen Kunden unterscheiden. Wurde das richtige – also das volle – Porto bezahlt, wird die Sendung zugestellt.[221]

Um jedoch alle in Frage kommenden volkswirtschaftlichen Effizienzvorteile ausschöpfen zu können, wäre es für die Deutsche Post AG sinnvoll, Vorleistungen auf Seiten der Kunden und / oder Konkurrenten zuzulassen und hierfür z.B. Rabatte für diese teilleistungsrelevanten Vorleistungen anzubieten, sofern diese Teilleistungen von den Konkurrenten offensichtlich effizienter erstellt werden können.[222]

Mit der Regelung sowohl der Bereitstellungskriterien, als auch der Preisregulierung orientiert sich das Postgesetz an den ausführlicheren Parallelregelungen der §§ 35 – 39 Telekommunikationsgesetz.[223] Dabei wirft die Knappheit, mit der die breit gespannte Problematik in § 28 PostG behandelt wird, nicht unerhebliche Auslegungsprobleme auf. Die Schwierigkeiten werden durch die Tatsache verstärkt, dass die Festlegung von Entgelten über die (Mit-) Benutzung vorhandener Netze den naturgemäß bestehenden Interessengegensatz zwischen Netzinhaber einerseits und Zugangsuchenden andererseits überbrücken muss. Auf Seiten des Netzinhabers besteht Bedarf, durch die Preise für Teilleistungen auch einen Teil der Gemeinkosten für die Netzbereitstellung zu decken, da der insoweit notwendige Deckungsbeitrag sonst in anderen Bereichen erwirtschaftet werden muss und dort zwangsläufig zu Preiserhöhungen führt. Der Zugangssuchende hingegen ist an möglichst niedrigen Preisen interessiert, die aus ordnungspolitischer Sicht nicht die Höhe erreichen sollen, die den Zugangssuchenden aus wirtschaftlichen Gründen davon abhält, vom Zugang Abstand zu nehmen. Das Postgesetz versucht hier, eine Brücke zwischen den gegensätzlichen Interessen mit dem Gebot des § 28 (2) 2 zu schlagen, wonach bei der Genehmigung bzw. Überprüfung der Preise für Teilleistungen die anteiligen Kosten der gesamten Beförderungskette angemessen zu berücksichtigen sind.

Verpflichtungen, Wettbewerbern Zugang zum Netz oder die Übernahme aus dem Netz zu ermöglichen, können sich außer im Rahmen von § 28 PostG auch bei der Gewährleistung des Universaldienstes stellen. Stellt z.B. der die Beförderung erbringende Marktteilnehmer in bestimmten Gebieten, in denen die Zustellung besonders kostenintensiv ist, die Zustellung ein, setzt dies die Regulatorik der §§ 13 – 17 PostG in Gang. Führt diese dazu, dass die Zustellung von einem anderen Dienstleister als demjenigen erbracht wird, der den Rest der Beförderung leistet, muss letzterer die Übergabe der Sendungen gewährleisten. Auch an dieser Stelle wird als Preisregulierungskriterium das Gebot der angemessenen Berücksichtigung der anteiligen Kosten der gesamten Beförderungskette aus § 28 (2) 3 angewendet.

Die folgenden Abschnitte zur Thematik des offenen Dienstezugangs und der Teilleistungen beschäftigen sich in Abschnitt B mit der Teilleistungspflicht und der Problematik der Schnittstellen, in Abschnitt C mit der Definition teilleistungsrelevanter Vorleistungen. Abschnitt D erläutert den Dienstezugang durch Kunden (Downstream Access) und Abschnitt E denselben durch alternative Postdienste. In Abschnitt F wird die Entgeltregulierung bei Teilleistungen dargestellt. Abschnitt G beschäftigt sich

---

221 Vgl. Allen, J.R. (1997), S. 390, 393.

222 Vgl. Mitchell, R.W. (1999), S. 28 und Kapitel 1, Abschnitt D2 dieser Arbeit.

223 Vgl. insbesondere Wissenschaftliches Institut für Kommunikationsdienste (1998).

daran anschließend mit den verschiedenen Möglichkeiten einer Preisdifferenzierung. In Abschnitt H erfolgt eine abschließende Ableitung der möglichen Folgen des offenen Dienstezugangs für die Deutsche Post AG.

B Teilleistungspflicht und Problematik der Schnittstellen

Die Lösung der Problematik beim Finden einer angemessenen und zumutbaren Zahl an Schnittstellen setzt bei der *sachlichen Abgrenzbarkeit*, die in der Vorgängerregelung zu § 28 (1) PostG, § 5 Postkundenschutzverordnung, enthalten ist, an. Nach diesem Kriterium kann man bei der Suche nach Schnittstellen von der Gestaltung des Prozesses der Leistungserstellung beim verpflichteten Lizenznehmer, wie er in Kapitel 1, Abschnitt B dieser Arbeit dargestellt wurde, ausgehen. Es ist also zu entscheiden, wo die sachlichen Grenzen einer einzelnen Leistungseinheit liegen. Objektives Kriterium ist dabei, dass sich die bei der Schaffung der Schnittstellen vorgebrachten Argumente vor der Organisations- und Infrastruktur des marktbeherrschenden Lizenznehmers rechtfertigen lassen. Es besteht somit keine Pflicht des marktbeherrschenden Lizenznehmers zur Investition in die Schaffung von Schnittstellen, die in seiner Organisations- und Infrastruktur nicht vorhanden sind. Ausgehend hiervon kann man die in § 4 Nr. 3 PostG erwähnten Abschnitte der Beförderungskette, das Einsammeln, das Weiterleiten und die Auslieferung von Briefsendungen, als Vorgaben zur Schaffung von Schnittstellen betrachten. Können die Sortiereinrichtungen so ausgegliedert werden, dass objektiv eine separate Inanspruchnahme möglich ist, müssen auch diesbezüglich Schnittstellen geschaffen werden.

Entlang der Wertschöpfungskette von Postdienstleistungen können zwei Arten von Schnittstellen unterschieden werden: horizontale Schnittstellen zwischen Anbietern auf derselben Wertschöpfungsstufe, und vertikale Schnittstellen zwischen Anbietern auf verschiedenen Wertschöpfungsstufen.

Bei der Schnittstellenproblematik geht es insbesondere um zwei zusammenhängende Fragen. Erstens: Ist eine Integration verschiedener Anbieter über Schnittstellen hinweg aus Unternehmenssicht sinnvoll? Und zweitens: Ist die von den Anbietern betriebswirtschaftlich bevorzugte Lösung volkswirtschaftlich effizient?[224]

Die Untersuchung der Schnittstellen konzentriert sich auf die für den zeitkritischen Produktionsprozess wichtige zeitliche Koordination der einzelnen Anbieter. Ebenso wichtig für eine effiziente Produktion ist die produktionstechnische Kompatibilität.[225]

---

224 Vgl. hierzu genauer Günther, B.P. (1998), S. 328f.

225 Zur Regelung dieses korrekten "Handovers" gibt es verschiedene Möglichkeiten der Setzung von Kompatibilitätsstandards hinsichtlich Formaten, Gewichtsgrenzen, öffentlichen (Postleitzahlen) und internen Codes (Barcodes), Parametern für ein gemeinsames Tracking-and-Tracing-System sowie den technischen Erfordernissen für ein einheitliches Verfahren zur Messung der Laufzeit. Vgl. Rohde, J. (1987), S. 115 – 117 und Monopolkommission (1995), S. 15. Die entstehenden Interdependenzen im Konsum lassen sich aber nur voll ausschöpfen, wenn einheitliche Kompatibilitätsstandards existieren. Vgl. Thum, M. (1994), S. 465; Crew, M.A. / Kleindorfer, P.R. (1992a), S. 4; Borrmann, J. (1995), S. 109; Albon, R. (1991b), S. 34; Borrmann, J. / Finsinger, J. (1994), S. 114f.; Blankart, C.B. / Knieps, G. (1994b), S. 450; (1995), S. 9 und (1994c), S. 245. Zum Begriff der Kompatibilität vgl. Pfeiffer, G. (1990b), S. 180f.

Zur Festlegung der Kompatibilitätsstandards im Postwesen kommen fünf Koordinationsmechanismen in Frage: Die Festlegung und Durchsetzung der Normen durch den Staat (Bürokratielösung), durch Traditionen (Traditionslösung), durch den Markt (Marktlösung), durch private Nor-

Eine dritte Komponente ist der Anreiz der Anbieter zur Kooperation miteinander. In einem horizontal und vertikal verknüpften Wertschöpfungsprozess bestehen zwar grundsätzlich für alle Anbieter Kooperationsanreize; es kann jedoch starke Anreize geben, die Zusammenarbeit an den Schnittstellen statt durch gleichberechtigte Kooperation durch hierarchische Lösungen zu gestalten.

An dieser Stelle muss auch berücksichtigt werden, dass an den Schnittstellen zwischen den Anbietern nicht nur die Produkte, also die Sendungen, ausgetauscht werden. Es gibt an den Schnittstellen auch einen monetären Fluss, der in die vom gewählten Verrechnungsmodus abhängige Richtung läuft. Außerdem werden an den Schnittstellen auch Informationen zwischen den betroffenen Akteuren ausgetauscht. Diese können gleichzeitig in beide Richtungen fließen und sowohl den Produkt-, als auch den Geldfluss betreffen. Bei einer verzögerten Bereitstellung nötiger Informationen könnte es sich um eine wettbewerbsfeindliche Praktik handeln.[226]

C Teilleistungsrelevante Vorleistungen versus Teilleistungen

Vorleistungen der Kunden oder Wettbewerber führen nur dann zu einer Teilleistungspflicht des marktbeherrschenden Lizenznehmers, wenn sie zwischen dem Anfangs- und dem Endpunkt der vom marktbeherrschenden Lizenznehmer erbrachten Wertschöpfungskette liegen. Nur dann handelt es sich bei den Leistungen der Kunden oder Wettbewerber um teilleistungsrelevante Vorleistungen, welche daraufhin zu einer Teilleistung auf Seiten des marktbeherrschenden Lizenznehmers führen. Zur Vermeidung terminologischer Unklarheiten muss zwischen diesen beiden Begriffen genau unterschieden werden: Der Kunde oder Wettbewerber erbringt keine Teilleistung, sondern eine teilleistungsrelevante Vorleistung. Die Teilleistung erbringt daraufhin der marktbeherrschende Lizenznehmer.

Umfasst der Prozess der Wertschöpfung bei der Deutschen Post AG also nach § 4 Nr. 3 PostG die Stufen des Einsammelns, des Weiterleitens oder des Ausliefern von Briefsendungen an den Empfänger, stellt das Einsammeln den Anfangspunkt der Kette dar, das Ausliefern den Endpunkt. Erbringt ein Kunde oder Wettbewerber beispielsweise die Leistungsstufen des Einsammelns und des Weiterleitens, werden diese Teile des Prozesses nun als *teilleistungsrelevante Vorleistungen* bezeichnet.

---

mungsinstitutionen (Komiteelösung) sowie durch hybride Mechanismen, welche Markt und Komitees miteinander verbinden (hybride Lösung). Verschiedene Autoren haben die Vor- und Nachteile dieser Bandbreite an Möglichkeiten untersucht. Vgl. Hart, T. (1994), S. 59 – 62; Finsinger, J. (1991), S. 270; Thum, M. (1994), S. 473 – 475; Monopolkommission (1995), S. 157; Williamson, O.E. (1989), S. 140f. und Farrell, J. / Saloner, G. (1988), S. 235 – 251. Insgesamt erscheinen die Varianten der Setzung von Standards durch Komitees oder hybride Mechanismen gegenüber einer ausschließlichen Marktkoordination, der Traditionslösung und einer Setzung von Standards durch die staatliche Bürokratie überlegen. Andererseits sollte auch überlegt werden, ob eine Setzung von Standards überhaupt dem Wettbewerb förderlich ist, da eine Standardisierung oft Innovationen verhindert oder verzögert, welche die Dienstequalität über den Standard anheben oder bei einem niedrigeren Standard die Kosten reduzieren würden. Zur erfolgreichen Vermarktung solcher Innovationen werden daher neben Entwicklungskosten auch Aufwendungen für eine Lobby notwendig, um eine Änderung des Mindeststandards durchzusetzen. Abgesehen davon können nationale, isolierte Standards, die von internationalen Standards abweichen, nichttarifäre Handelshemmnisse darstellen. Vgl. Monopolkommission (1995), S. 161 und Müller, J. / Vogelsang, I. (1978), S. 97.

226 Vgl. Guerin-Calvert, M.E. (1989), S. 351.

Um den Prozess der Briefbeförderung zu vervollständigen, ist also noch eine von der Deutschen Post AG zu erbringende *Teilleistung*, die Auslieferung, nötig.

Die Vorleistungen des Kunden sind folglich nur dann für die Deutsche Post AG als marktbeherrschendem Lizenznehmer *teilleistungsrelevant*, wenn sie einen Teil der ansonsten von ihr erbrachten Beförderungsleistung darstellen. Tätigkeiten wie z.B. das Frankieren, Kuvertieren bzw. Entkuvertieren liegen außerhalb der eigentlichen Beförderungsleistungen und führen daher nicht zu einer Teilleistung auf Seiten der marktbeherrschenden Deutschen Post AG.

Für die Teilleistungsrelevanz der Vorleistung eines Kunden oder Wettbewerbers ist nicht entscheidend, ob die Deutsche Post AG, welche die betreffende Leistung dann nicht mehr erbringen muss, deswegen *Kosteneinsparungen* realisiert.[227] Der Gesichtspunkt der Kosteneinsparung kommt nur insoweit zum Ausdruck, als der Kunde oder Wettbewerber nur dann einen *Anspruch auf Preisvergünstigungen* hat, wenn die Deutsche Post AG durch die Vorleistung des Kunden oder Konkurrenten Kosten sparen kann. Diese Vorleistung kann daher auch teilleistungsrelevant sein, wenn die Deutsche Post AG dadurch keine Kosten spart; allerdings hat der Kunde oder Konkurrent dann, trotz Vorleistung, den Preis für das Vollprodukt zu zahlen. Aus diesem wirtschaftlichen Grund wird sich das Problem der Teilleistungspflicht gegenüber Kunden oder Wettbewerbern, die eine nicht kostenwirksame Vorleistung erbringen, kaum stellen.[228]

Erfolgt für die Teilleistungen eine Preissetzung anhand der in Kapitel 4, Abschnitt D8 vorgestellten und analysierten ECP-Regel, was gemeinhin empfohlen wird, gibt es vier Möglichkeiten hinsichtlich der Rabattgestaltung: (1) Der Rabatt wird in Höhe der einfachen Kostendifferenz zwischen den *Gesamtkosten* bei Erstellung der gesamten Leistungskette durch die Deutsche Post AG und den *Kosten der bloßen Erstellung der Teilleistung* gesetzt; (2) der Rabatt wird in Höhe der durchschnittlichen zusätzlichen Kosteneinsparungen, die mit dem Teilleistungssystem verbunden sind, gesetzt; (3) der Rabatt wird in Höhe der Grenzkosten plus der Opportunitätskosten der Vorleistung gesetzt, und (4) der Rabatt wird in Höhe der *marginalen* Ersparnisse gesetzt.[229]

Die Zugangsmöglichkeiten zum Netz eines marktbeherrschenden Anbieters sind einerseits von Bedeutung, wenn spezifische Bestandteile des Netzes einen Engpassfaktor darstellen, und andererseits, falls bestimmte Teilleistungen von privaten Versendern kostengünstiger erbracht werden können, ansonsten aber die Nutzung des Netzes des marktbeherrschenden Anbieters effizienter ist. Im Postwesen ist im We-

227 Der Versender kann die Beförderungskosten seiner Sendungen einerseits durch Eigen- oder Dritterstellung von Vorleistungen wie Sortierung oder Transport und andererseits durch bestimmte physische Eigenschaften wie Maschinenfähigkeit und –lesbarkeit beeinflussen. Es ergeben sich niedrigere Kosten, wenn bestimmte Netzteile nicht genutzt werden, Bearbeitungsschritte entfallen oder kostengünstiger ausgeführt werden können. Deshalb sollten für solche günstiger zu befördernden Sendungen Rabatte gewährt werden. Vgl. genauer bei Pieper, F. / Stumpf, U. (1996), S. 270f. und Günther, B.P. (1998), S. 316.

228 Eine nicht kostenwirksame Vorleistung könnte jedoch eine erhöhe Qualität mit sich bringen.

229 Wird der Rabatt in Höhe der marginalen Ersparnisse gesetzt, werden so viele Teilleistungen wie möglich vom günstigeren Anbieter erstellt. Vgl. Mitchell, R.W. (1998), S. 3f. und Rodríguez, R.R. / Sherman, R. (1996), S. 172.

sentlichen der zweite Punkt relevant.[230] Daraus ergeben sich wettbewerbspolitische Fragen hinsichtlich der Koppelung der Teilnetze. Dies sind die sogenannten Interconnection-, Verbindungs- oder Zusammenschlussprobleme.[231] Betrachtet werden muss dabei die Frage, ob ein dominanter Lizenznehmer Wettbewerbern den Zugang zu seinem Netz verwehren kann, zu welchen Bedingungen ein solcher Dienstezugang erfolgen muss[232] und wie jene festgelegt werden.[233]

Die unterschiedliche Motivierung der Teilleistungspflicht gegenüber Kunden einerseits und Wettbewerbern andererseits wurde im Postgesetz nicht nur durch die Trennung beider Gruppen, sondern auch durch die Festlegung unterschiedlicher Voraussetzungen für die jeweilige Teilleistungsverpflichtung fixiert. Beide Gruppen werden daher in dieser Arbeit in den folgenden Abschnitten D bzw. E getrennt voneinander behandelt.

D Downstream Access – Dienstezugang durch Kunden

Downstream access bietet als eine Art Mittelweg bei der Frage nach Entbündelung die Möglichkeit, Briefe in das Netz des marktbeherrschenden Anbieters einzuspeisen, ohne später an einem anderen Übergang zwischen Wertschöpfungsstufen wieder Aufgaben der Wertschöpfungskette übernehmen zu können bzw. zu müssen. Wäre ein Brief also einmal im Netz der Deutschen Post AG angelangt, wird er auch von ihr zugestellt.

Ziel von § 28 PostG ist es in erster Linie, *Kunden* die Möglichkeit einzuräumen, Teile der Beförderungskette in Eigenleistung auszuführen, wenn diese die entsprechende Vorleistung kostengünstiger erbringen können. Dies soll gewährleisten, dass der Kunde in diesen Fällen den möglichen Kostenvorteil nutzen kann und vom marktbeherrschenden Anbieter nicht in jedem Fall das Vollprodukt abnehmen muss.[234]

Die Arbeitsteilung zwischen der Deutschen Post AG als marktbeherrschendem Anbieter und den Versendern ist volkswirtschaftlich effizient, wenn alle Tätigkeiten von der Deutschen Post AG auf Versender verlagert werden, die diese kostengünstiger als die Deutsche Post AG erbringen können.[235]

---

230 Vgl. Elsenbast, W. (1997b), S. IV, 8.

231 Zur Frage der *Interconnection* vgl. Pfeiffer, G. (1990c), S. 160f. Zielsetzung der Interconnection ist die Allerreichbarkeit von Postkunden, wie sie in internationalen Bereichen bereits praktiziert wird. Vgl. Raffalski, A. (1997), S. 4.

232 Dienstezugangspreise (access charges) bringen inhärente Verzerrungen mit sich. Vgl. Gramlich, L. (1995), S. 191. Insbesondere die optimale Höhe der access charges nimmt breiten Raum in der Literatur ein.

233 Die Festlegung von Entgelten und Dienstezusammenschaltungen hängen untrennbar mit Lizenzauflagen, Universaldienstpolitik und Verbraucherschutz zusammen. Vgl. Neu, W. / Neumann, K.-H. (1993), S. 1 und o.V. (1995d), S. 27.

234 Vgl. Allen, J.R. (1997), S. 395.

235 Die Effizienz der Erbringung von Vorleistungen durch den einzelnen Einlieferer hängt von seiner Einlieferungsmenge ab. Darüber hinaus können Versender von Massensendungen diese wesentlich kostengünstiger als die Deutsche Post AG vorsortieren, da die Sortierung der Adressen dem Computer übertragen und das Mailing dann in der vorsortierten Reihenfolge gedruckt und weiter bearbeitet werden kann. Vgl. Crew, M.A. / Kleindorfer, P.R. (1995), S. 118f., 122 und Pieper, F. / Stumpf, U. (1996), S. 274 – 278. Dort wird der Sachverhalt auch grafisch erläutert.

Aus Sicht des Versenders resultiert Arbeitsteilung in einer Steigerung der allgemeinen Effizienz, niedrigeren Kosten im Postsektor und in einem besseren Service. Dabei gibt es unterschiedliche Typen der Arbeitsteilung:[236]

1. Das Erbringen der Vorleistung mit der gleichen Technologie wie die Deutsche Post AG.
2. Das Erbringen der Vorleistung mit einer effizienteren Technologie als die Deutsche Post AG. Der Versender könnte z.B. mit nur einer Arbeitsstufe das gleiche Ergebnis erreichen, wozu der Postdienstleister zwei oder mehr Arbeitsstufen benötigt. Dies beträfe z.B. die Sortierung der Briefe auf alle fünf Stellen der Postleitzahl.
3. Arbeitsteilung zugunsten der Qualität eines Dienstes. Sendungen, die eine längere Bearbeitungszeit eines Postdienstleisters, z.B. bei der Sortierung, beanspruchen, sind z.B. eher verspätet als bereits vorbearbeitete, d.h. vorsortierte Sendungen.
4. Einsparungen durch die Einlieferung der Sendungen ins Briefzentrum der Bestimmungsregion. Es entfallen Einsammlung, Abgangssortierung und Transport durch die Deutsche Post AG. Eine Variante dieses Typs stellt ein Bündelungsrabatt für Briefe von der gleichen in die gleiche Bestimmungsregion dar. Sollen z.B. zwei Briefe von München nach Hamburg verschickt werden, so könnte durch eine entsprechende Rabattgestaltung eine Bündelung der beiden Briefe forciert werden, damit nicht jeder Brief einzeln bearbeitet werden muss und so zu Kosten führt.

Solange die Grenzkosten der Deutschen Post AG über denen der Versender liegen, ist eine Erhöhung des Umfangs der Arbeitsteilung vorteilhaft. Das effiziente Ausmaß der Arbeitsteilung ist erreicht, wenn die letzte Einheit der erbrachten Vorleistung genau soviel zusätzliche Kosten auf Versenderseite verursacht, wie der Deutschen Post AG zusätzliche Kosten entstünden, wenn sie die Leistung selbst erstellte.

Der Umfang der sich ergebenden Arbeitsteilung wird durch die Gestaltung des Dienstezugangs und die Preispolitik der Deutschen Post AG bestimmt. Die effiziente Arbeitsteilung stellt sich ein, wenn die Deutsche Post AG Zugangsmöglichkeiten für vorsortierte Einlieferungen einräumt *und* die Vorsortierung mit einem Rabatt honoriert, der den Versendern die richtigen Anreize vermittelt. Versender erbringen Vorleistungen, wenn der dafür eingeräumte Rabatt mindestens so hoch ist wie ihre Grenzkosten. Für die Deutsche Post AG bedeutet dies, dass sie die Rabatthöhe an ihren Grenzkosten zu orientieren hat, soll sich eine effiziente Arbeitsteilung ergeben.

Zwischen Erstellung, Druck und Vorsortieren eines Mailings bestehen Verbundvorteile, die nur auf Versenderseite anfallen. In welchem Umfang die Vorsortierung durch Versender kostengünstiger ist, hängt davon ab, ob die Sendungen, wenn sie nicht vorsortiert wären, die regionalen Sortierzentren in Spitzen- oder Schwachlastperioden durchlaufen würden. Sendungen, die das postalische Netz mit einem niedrigen Qualitätsziel durchlaufen, können von der Deutschen Post AG kostengünstig auch selbst vorsortiert werden, da ihre Bearbeitung auf Schwachlastperioden verlagert werden kann, in denen die Sortiermaschinen sonst unterausgelastet blieben.

Hinsichtlich der Transportfunktion sind Versender mit ähnlichen Kostenstrukturen konfrontiert wie die Deutsche Post AG. Eine kostengünstige Erbringung eigener

---

236 Vgl. Mitchell, R.W. (1999), S. 28 – 32.

Leistungen im Transportbereich durch den Versender setzt allerdings neben günstigeren Transportkonditionen insbesondere größere Sendungsmengen voraus. Bei kleineren Mengen kann die Deutsche Post AG aufgrund der Bündelungseffekte deutlich günstiger Transportleistungen erbringen als ein Versender.

Kunden ist die Erbringung von Briefbeförderungsleistungen im Bereich der gesetzlichen Exklusivlizenz nicht untersagt, da sie diese Vorleistungen lediglich im Hinblick auf ihre eigenen Briefsendungen und daher nicht, wie von § 51 (1) 1 PostG gefordert, „gewerbsmäßig" erbringen. Aus diesem Grund ist es Kunden gestattet, von der Deutschen Post AG Teilleistungen auch im Hinblick auf Briefsendungen zu fordern, deren Einzelgewicht maximal 199 g und deren Einzelpreis bis zu DM 5,50 beträgt.

Die Deutsche Post AG als marktbeherrschender Lizenznehmer ist vor diesem Hintergrund dazu verpflichtet, ihr Angebot auf die Bedürfnisse der Nachfrage auszurichten, d.h. entsprechend differenzierte Leistungen anzubieten und gesondert zu tarifieren. Ziel des Postgesetzes bei der Normierung der Teilleistungspflicht gegenüber Kunden ist es, den noch als noch unzureichend angesehenen Grad der Arbeitsteilung im Postsektor erhöhen. Dieses Ziel impliziert, dass die verschiedenen Abschnitte der Beförderungsleistung nicht mehr durch den marktbeherrschenden Lizenznehmer, sondern im Zusammenwirken von Kunden und verpflichteten Unternehmen erbracht werden.

Eine *Nachfrage* im Sinn von § 28 PostG ist nur anzunehmen, wenn die *Anfragen* auf Erbringung einer spezifischen Teilleistung *nachhaltig* erfolgen. Eine starre Grenze, ab welchem Ausmaß diese Nachhaltigkeit erreicht ist, kann nicht gezogen werden. Eine einmalige Anfrage reicht i.d.R. nicht. Die erstmalige Anfrage nach einer Teilleistung kann jedoch das Kriterium der „Nachfrage" erfüllen, wenn sich erkennen lässt, dass es sich hierbei um den Beginn einer sich abzeichnenden Entwicklung handelt. Ist also erkennbar, dass ein gleichgeartetes Interesse vergleichbarer Kunden besteht, und existiert z.B. auf den Vergleichsmärkten bereits ein derartiges Angebot, dann lässt sich schon durch die erstmalige Nachfrage eines Kunden die Teilleistungspflicht des marktbeherrschenden Unternehmens begründen.

Die Verpflichtung der Deutschen Post AG, entsprechend der Nachfrage den Kunden Teilleistungen anzubieten, besteht generell nur, sofern ihr dies wirtschaftlich zumutbar ist. Aufgrund der Festlegung auf Gründe der „wirtschaftlichen" Zumutbarkeit sind die Gründe im finanziellen Bereich zu suchen. Aufgrund der Preisbildungsregeln und der dadurch gewährleisteten Kostendeckung beschränken sich die Gründe allerdings auf einen für die Zugangsgewähr notwendigen einmaligen Aufwand, der nach den Preisbildungsregeln des § 28 (2) PostG nicht mit den Entgelten abgedeckt wird.

Die Teilleistung für einen Kunden ist also nicht wirtschaftlich zumutbar, wenn der Aufwand beim marktbeherrschenden Lizenznehmer für die Ermittlung der zuordenbaren Einzelkosten und der anteiligen Gesamtkosten und / oder die durch die Teilleistung notwendig werdende einmalige Neuorganisation des Beförderungsprozesses zu den vom Kunden eingesparten Kosten in keinem angemessenen Verhältnis steht. Ein festes Verhältnis lässt sich in diesem Zusammenhang nicht bestimmen, da die Unverhältnismäßigkeit auch von der absoluten Größenordnung abhängt.

Ferner darf der Lizenznehmer die Teilleistung verweigern, wenn hierdurch die Funktionsfähigkeit seiner Einrichtungen oder die Betriebssicherheit gefährdet würde oder die vorhandenen Kapazitäten für die nachgefragte Leistung im Einzelfall erschöpft sind. Letzteres ist jedoch nur dann denkbar, wenn die für die Teilleistungserbringung erforderlichen Kapazitäten bei der Deutschen Post AG so effizient ausgelastet sind, dass nie freie Kapazitäten zur Verfügung stehen. I.d.R. bestehen aber Schwach- und Spitzenlastzeiten. Dabei ist nicht zu unterschätzen, dass vorsortierte bzw. im Zielgebiet eingelieferte Sendungen auch die Spitzenlast in den Abendstunden der Abgangssortierung mildern und so zu niedrigeren Bearbeitungskosten beitragen. Der Ablehnungsgrund der Kapazitätserschöpfung macht gleichzeitig deutlich, dass die Deutsche Post AG nicht dazu verpflichtet ist, ihre Kapazitäten aufgrund einer Nachfrage nach Teilleistungen zu erweitern.

Die volkswirtschaftliche Wirkung der Vorleistungsrabatte auf die Wettbewerbsdynamik des Postmarkts (zumindest hinsichtlich der Produktionsstufen Sortierung und Transport) kann wesentlich sein. Dies lässt sich anschaulich am Beispiel des USPS zeigen, der als Antwort auf steigende Tarife und ein geringes Mengenwachstum Vorleistungsrabatte einführte.[237] Die bei weitem größte Wirkung hatten die Rabatte des USPS jedoch auf das Wachstumsmuster der Standardsendungen. Seit der Einführung von Vorleistungsrabatten wuchs das Gesamtvolumen der Standardsendungen bis 1994 um stattliche 79%, wobei das Wachstum nicht vorbearbeiteter Sendungen bei lediglich 9% lag. Downstream Access führte beim USPS auch zu einer gestiegenen Produktivität: Seit der Einführung von Vorleistungsrabatten 1977 stieg das Briefaufkommen pro Beschäftigtem um fast 65%, was einer jährlichen Steigerung von 2,5% im Lauf der letzten 20 Jahre entspricht.[238] Diese Entwicklungen hatte weder die amerikanische Regulierungsbehörde PRC, noch der USPS vorhergeahnt.[239]

Der USPS eröffnet bisher mehr Downstream Access als die Postdienste in den meisten anderen Ländern. Er vergibt z.B. für ca. 45% des Standardbriefvolumens Rabatte für Vorsortierung, Barcodierung und Transport in die Bestimmungsregion. Die Arbeitsteilungsprogramme des USPS gründen dabei auf das Konzept der ECP-Regel.[240] 43% der Standardsendungen und 91% der Massensendungen werden in der Bestimmungsregion eingeliefert. Es wird also mehr als die Hälfte des Gesamtvolumens von 200 Mrd. Sendungen rabattiert. Die Versender verrichten ca. 60% dieser Arbeitsteilung, während Dritte sich um den Rest kümmern. Der Gesamtbetrag der Rabatte für Arbeitsteilung beläuft sich auf fast $ 13 Mrd. im Vergleich zum Gesamtvolumen von $ 60 Mrd. Die Einsparungen des USPS aus der Arbeitsteilung bei Standardbriefen belaufen sich auf $ 3,4 Mrd., bei Massensendungen auf fast $ 9 Mrd. Zur Vereinfachung kostenbasierter Arbeitsteilung für Massensendungen besteht der

---

237 In den USA liegt die Zustellung weiterhin ausschließlich in den Händen des USPS.

238 Die Vorleistungsrabatte führten bei allen Versendern zu niedrigeren Tarifen. So konnten auch die Steuerzahler entlastet werden, da der USPS keine öffentlichen Zuschüsse mehr benötigte. Am bemerkenswertesten an der Elimination der öffentlichen Unterstützung des USPS ist, dass die Posttarife weniger als die allgemeine Inflationsrate stiegen. Am meisten profitierten hiervon die Steuerzahler, während die Versender aus der Senkung der realen Tarife einen Nutzen zogen. Vgl. Tolley, G. / Bernstein, P. (1997), S. 214, 216f., 220f., 223.

239 Vgl. Cohen, R.H. u.a. (1995), S. 8f., 13.

240 Siehe auch Kapitel 4, Abschnitt D8 dieser Arbeit.

Preisplan aus über 60 verschiedenen Rabatten. Die Vorsortierrabatte betragen ca. 40% des Standardtarifs.[241]

Bei der neuseeländischen Post ist Downstream Access ebenso möglich. Das britische P.O. bietet Rabatte für vorsortierende Großkunden an, aber keinen späteren Zugang zur Wertschöpfungskette. Australia Post ermöglicht Downstream Access für die Vorleistung der Barcodierung in Verbindung mit der Freistempelung durch Frankiermaschinen. Sie bietet hierfür Nachlässe von rund 4% im Vergleich zum Vollprodukt.[242]

E Dienstezugang durch alternative Postdienste

In zweiter Hinsicht zielt § 28 PostG darauf ab, auch Wettbewerbern den Zugang zu den Diensten des marktbeherrschenden Lizenznehmers Deutsche Post AG zu ermöglichen. Dies verdeutlicht, dass der Gesetzgeber bei der Normierung der Teilleistungspflicht gegenüber Wettbewerbern von der Vorstellung ausging, die *essential facilities doctrine*, d.h. die Regelung über die Zugangsgewähr zu wesentlichen Einrichtungen, lasse sich auf den Postsektor übertragen. Die *essential facilities doctrine* besagt dem Grundsatz nach, dass der Inhaber einer für die Betätigung auf einem bestimmten Markt wesentlichen Einrichtung seinen Wettbewerbern die (Mit-) Benutzung dieser Einrichtung zu gestatten hat, wenn die Wettbewerber andernfalls das Tätigwerden auf dem betroffenen Markt wegen der unverhältnismäßig hohen Investitionskosten oder aus anderen zwingenden Gründen unterlassen würden.[243] Die *essential facilities doctrine* wurde 1912 im U.S.-amerikanischen Recht für die (Mit-) Benutzung von Eisenbahnnetzen entwickelt und hat ihre maßgebliche Bedeutung im Recht der leitungsgebundenen Energieversorgung sowie im Telekommunikationsbereich. Im Postsektor hingegen sind noch keine einschlägigen Entscheidungen oder Urteile ergangen.

Die große Gefahr besteht darin, dass die Gerichte oder Regulierer jede Einrichtung als *essenziell* bezeichnen, die ihrem Eigentümer einen Wettbewerbsvorteil verschafft, und Zugang zu dieser Einrichtung gewähren. Das Problem besteht also in der richtigen Definition von *essenziell* und der entsprechenden Zutrittsbepreisung.[244]

Der Grund dafür, dass der offene Netzzugang im Postsektor in der Praxis keine nennenswerte Rolle gespielt hat, dürfte darin liegen, dass die im Postsektor vorzufindenden Infrastrukturen nicht mit den physischen Netzen vergleichbar sind, für die bisher eine *open network provision* (ONP, Netzzugang) vorgeschrieben ist. Ein physischen

---

241 Vgl. Mitchell, R.W. (1999), S. 33; Cohen, R.H. / Chu, E.H. (1997), S. 117; Cohen, R.H. (1998), S. 8f.; Cohen, R.H. u.a. (1995), S. 3; Sharkey, T.M / Treworgy, D.E. (1997), S. 169f. und Hudgins, E.L. (1996b), S. xx.

242 Diese Berechnung erfolgt basierend auf den durchschnittlichen, von Australia Post vermiedenen Kosten. Vgl. Crew, M.A. (1996), S. 95; Castro, M.C. (1995), S. 31 und eigene Berechnungen nach Australia Post (2000).

243 Es ist nicht relevant, ob sich die Infrastruktur in öffentlichem oder privatem Eigentum befindet. Vgl. Courtois, C. (1997), S. 210. Die fehlende tatsächliche und wirtschaftliche Möglichkeit der Wettbewerber, sich selbst entsprechende Einrichtungen zu schaffen, kann indizieren, dass die Monopolstellung nicht nur auf eigener Leistung, sondern auf einer unangemessenen Monopolisierungsabsicht beruht. Vgl. Dreher, M. (1999), S. 833.

244 Vgl. Kovacic, W.E. (1995), S. 59, 62f. und (1992), S. 5.

Netz mit festen Übertragungswegen existiert im Postsektor nicht. Zwar gibt es bestimmte Transportwege, die ebenso wie die Zustellrouten regelmäßig befahren werden; entscheidend an der postalischen Infrastruktur ist jedoch die darüberstehende Organisation der Arbeitsprozesse, die mit dem physischen Netz nicht unmittelbar im Zusammenhang steht. Es ist viel schwieriger, die Schnittstellen für den Zugang zu einer solchen Organisationsstruktur zu finden und dort eine reibungslose „Übergabe" einer Dienstleistung zu bewerkstelligen, als Zugang zu einem physischen Netz zu gewährleisten. Aus diesen Gründen bietet sich anstelle des Begriffs *Netzzugang* der Begriff *Dienstezugang* (open services provision, OSP) an.[245] Es stellt sich damit jedoch auch das Problem der von der RegTP festzulegenden Preise für die jeweiligen Dienstleistungen und die Frage der Verteilung des möglichen kooperativen Überschusses.[246]

Prinzipiell sind alle Varianten der Zusammenschaltung mit dem Netz eines anderen Anbieters möglich. Die Zusammenschaltung kann komplexe Formen annehmen, wenn mehrere Postdienste in unterschiedlichen Regionen bestehen und ihre Netze miteinander verknüpfen. Interregionale Sendungen können auch ohne Einschalten der Deutschen Post AG befördert werden.[247]

Wenn auch viele Ressourcen zur Erreichung einer effizienten Allokation bei der Definition der Eigentums- und Verfügungsrechte das Recht zum Ausschluss anderer Nutzer beinhalten, so könnte bei komplementären Teilnetzen im Postwesen die Forderung abgeleitet werden, die Netzbetreiber sollten zu einer OSP verpflichtet werden, um dem Missbrauch von Monopolmacht entgegenzutreten.

Die Entwicklung in den liberalisierten Bereichen des Postsektors – insbesondere der Beförderung von Briefen mit einem Einzelgewicht ab 200 g – belegt weiterhin, dass die Investitionskosten für den Aufbau einer postalischen Infrastruktur offensichtlich keine Höhe erreichen, die bei Wettbewerbern einen potenziellen Markteintritt verhindert. Gerade im Bereich des Transportwesens sind die irreversiblen Kosten für den Aufbau des „Netzes" äußerst gering, wenn überhaupt vorhanden. Es gibt daher im Postsektor kaum die vom Gesetzgeber für die Regelung in § 28 (1) PostG vorausgesetzten *bottleneck resources.*[248]

Da der Gesetzgeber die grundsätzliche Entscheidung für eine Teilleistungspflicht auf Seiten des marktbeherrschenden Lizenznehmers getroffen hat, sind Überlegungen zur potenziellen Verhinderung des Marktzutritts im Wesentlichen im Kriterium der wirtschaftlichen Zumutbarkeit zu berücksichtigen.

---

245 Dadurch würde sich auch die Preisstruktur verändern. Vgl. Faulhaber, G.R. (1975), S. 966.

246 Vgl. Blankart, C.B. / Knieps, G. (1994a), S. 2; Borrmann, J. (1995), S. 117; Borrmann, J. / Finsinger, J. (1994), S. 121 und Colonescu, C. / Schmitt, N. (1998), S. 15. Ähnliche Probleme existieren auch im Bereich der Telekommunikation. Vgl. o.V. (1995f), S. 19. Freiwillige Vereinbarungen über die Dienstleistungen und Gewinne der beteiligten Firmen haben sich in den USA schon lange bewährt. Vgl. Averch, H. / Johnson, L.L. (1962), S. 1060.

247 Vgl. Pieper, F. / Stumpf, U. (1996), S. 278.

248 Solange einzelne Unternehmen Engpassfaktoren kontrollieren, besitzen sie Marktmacht gegenüber (potenziellen) Rivalen und können das Entstehen von Wettbewerb behindern. Vgl. Schwandt, F. (1996), S. 164. Lediglich der Zugang zu Postfachanlagen und Adressänderungen werden als bottleneck resources angesehen.

Das Kriterium der wirtschaftlichen Zumutbarkeit gewinnt vor dem kartellrechtlichen Hintergrund der *essential facilities doctrine* im Rahmen der Teilleistungspflicht gegenüber Wettbewerbern eine weitreichendere Bedeutung als im Rahmen der Teilleistungspflicht gegenüber Kunden. In diesem Zusammenhang ist der Gesichtspunkt entscheidend, dass der Deutschen Post AG die Bereitstellung der ihr gehörenden Produktionsmittel für Wettbewerber nur dann als Pflicht auferlegt werden kann, wenn umgekehrt dem Nachfrager die Investition zum Aufbau der vergleichbaren Produktionsmittel nicht zugemutet werden kann. Dies findet sich auch in der Parallelregelung § 19 (4) 4 GWB n.F. und ergibt sich ansonsten aus dem Begriff der *essential facility*.

Der Aufbau einer parallelen Infrastruktur für eine Teilleistung ist einem Wettbewerber immer dann wirtschaftlich unzumutbar, wenn dieser Aufbau für einen der Deutschen Post AG *vergleichbaren* Wettbewerber unrentabel wäre. *Nicht* entscheidend ist hingegen, ob der Aufbau für das *nachfragende* Unternehmen unrentabel wäre.

Der nur beschränkten Übertragbarkeit der *essential facilities doctrine* auf das Postnetz entsprechend steht die Teilleistungsverpflichtung gegenüber Wettbewerbern neben den gegenüber Kunden anwendbaren Voraussetzungen (Marktbeherrschung des Verpflichteten, vorhandene Nachfrage, technische Unzumutbarkeit und Unmöglichkeit) unter noch zwei weiteren Einschränkungen mit kartellrechtlichem Ursprung: Der nachfragende Postdienstleister darf nicht seinerseits auf dem betreffenden Markt marktbeherrschend sein, und die Teilleistungsverpflichtung besteht nur, wenn der Wettbewerb auf dem beherrschten oder einem anderen Markt *ohne* diese Teilleistung unverhältnismäßig behindert würde. Infolge der ersten Einschränkung ist die Deutsche Post AG immer dann nicht zur Teilleistung verpflichtet, wenn der nachfragende Anbieter von Postdienstleistungen auf dem von der Deutschen Post AG beherrschten oder einem anderen Markt für Postdienstleistungen marktbeherrschend ist. Der nachfragende Anbieter von Postdienstleistungen muss dabei nachweisen, dass ansonsten der Wettbewerb auf dem beherrschten oder einem dritten Markt unverhältnismäßig behindert würde. Nach § 20 (1) GWB n.F. wird unter *Behinderung* jedes Verhalten verstanden, das die wettbewerbliche Betätigungsfreiheit eines anderen Unternehmens nachteilig beeinflusst. Dieser Behinderungsbegriff ist im Rahmen von § 28 (1) 2 PostG jedoch nicht auf den oder die Wettbewerber anzuwenden, sondern auf den Wettbewerb an sich. Dies setzt einen höheren Beeinträchtigungsgrad voraus als die Behinderung eines einzelnen Wettbewerbers. Eine *Behinderung* des Wettbewerbs liegt also erst dann vor, wenn die Marktstruktur selbst so beeinträchtigt wird, dass den Wettbewerbern insgesamt das Tätigwerden oder -sein auf dem Markt erschwert oder unmöglich gemacht wird. Dieser Grad der Behinderung kann als *unverhältnismäßig* eingestuft werden. Der Begriff „unverhältnismäßig" eröffnet der RegTP größte Willkür.

Die Behinderung des Wettbewerbs kann auf dem beherrschten oder einem dritten Markt, auf dem die Deutsche Post AG nicht unbedingt eine führende Marktstellung einnehmen muss, eintreten. Zwischen beiden Tatbeständen ist zu differenzieren, da die Teilleistungsverpflichtung nur auf dem beherrschten Markt und nur gegenüber Wettbewerbern besteht, die auf diesem Markt tätig sind oder werden wollen. Eine Behinderung des Wettbewerbs auf einem dritten Markt liegt vor, wenn sich nachweisen lässt, dass sich die Deutsche Post AG durch die Weigerung zur Teilleistung auf dem beherrschten Markt Umsätze sichern kann, die sie zur Quersubventionierung defizitärer Leistungen auf einem anderen Markt einsetzt.

Bei der Prüfung der nötigen *Unverhältnismäßigkeit* einer Behinderung wiegen die Rechtfertigungsgründe für eine Absage der Teilleistungspflicht umso schwerer, je weniger Restwettbewerb auf dem beherrschten oder dem dritten Markt vorhanden und je größer das Versorgungsdefizit der Verbraucher ist. Auch die Konkretisierung eines „geringen Restwettbewerbs" sowie eines „großen Versorgungsdefizits" bleibt offen und unterliegt der Willkür auf Seiten der RegTP.

Von den Ausnahmen in § 51 (1) 2 PostG abgesehen, dürfen Wettbewerber – anders als die Kunden – grundsätzlich nicht im Bereich der gesetzlichen Exklusivlizenz tätig werden.[249] Wettbewerber haben daher grundsätzlich keinen Anspruch auf Teilleistungen hinsichtlich der Beförderung von Briefsendungen mit einem Einzelgewicht von weniger als 200 g und einem Einzelpreis von bis zu DM 5,50.

F Die Entgeltregulierung bei Teilleistungen

Einerseits könnte die Regulierungsbehörde die Bedingungen des offenen Dienstezugangs selbst bestimmen, andererseits könnte sie auch auf die direkte Einflussnahme auf den Verhandlungsprozess verzichten. Eine Festlegung der Zugangspreise durch die RegTP hätte den Vorteil, einem Machtmissbrauch durch den dominanten Netzbetreiber Deutsche Post AG direkt entgegenzuwirken. Andererseits wären mit einer Fixierung der Zugangskonditionen durch die RegTP erhebliche allokative Ineffizienzen innerhalb des Systems zu erwarten.[250]

Werden die Zugangsbedingungen dem freien Spiel der Marktkräfte überlassen, besteht der Vorteil, dass Newcomer keinen Anreizen ausgesetzt sind, auf die Suche

---

[249] Die Exklusivlizenz gilt nach § 51 (1) 2 PostG nicht für Dienstleistungen, die von Universaldienstleistungen trennbar sind, besondere Leistungsmerkmale aufweisen und qualitativ höherwertig sind. Die RegTP erteilte z.B. im November 1998 eine Lizenz an die Firma Citipost GmbH mit der Einschränkung, Citipost müsse den Briefservice von Anfang an in einem Gebiet von mindestens 2500 Quadratkilometern erbringen. Diese Vorschrift diene der Übersichtlichkeit der konkurrierenden Angebote. Vgl. o.V. (1998c), S. 8. Ob Citipost tatsächlich das gesamte Gebiet versorgt oder Sendungen an entlegene Regionen in das Netz der Deutschen Post AG einspeist, kann nur kontrolliert werden, wenn der „qualitative Unterschied" offensichtlich nicht Teil des Dienstleistungsangebots der Deutschen Post AG ist.

Das Kölner Verwaltungsgericht entschied dagegen, das Angebot der Norddeutschen Briefkurier GmbH sei nicht qualitativ höherwertig, obwohl diese die Sendungen beim Kunden abholt, frankiert und das Porto (für einen Standardbrief 80 Pfennig zzgl. Umsatzsteuer; die Deutsche Post AG berechnet 1,10 DM und ist von der Umsatzsteuer befreit) nachträglich in Rechnung stellt. Die Briefe werden am Folgetag vor 12 Uhr zugestellt – die anfängliche Zustellung noch am Einlieferungstag ist wegen des hohen Sendungsaufkommens nicht mehr möglich. Das Gericht zog in seinem Urteil *ausschließlich* die Brieflaufzeit als qualitatives Merkmal heran. Vgl. Paterak, J. (1999a), S. 48 und auch o.V. (1999d), S. 12. Ähnlich erging es auch dem Kurierdienst Itzehoe (KDI) (vgl. Goldschmitt, W.H. (1998), S. 8 und o.V. (1999t, S. 25) und dem City Brief Service (CBS) (vgl. o.V. (1998k), S. 26). Die Firma Germail aus Itzehoe – gleicher Inhaber wie CBS – möchte über einen anderen Weg zu einem Kundenstamm kommen. Sie holen bundesweit Standardbriefe für DM 1,07 DM bei Großkunden ab und speisen sie ins Netz der Deutschen Post AG ein. Die Differenz in Höhe von 3 Pfennig trägt bis zum Ablauf der Exklusivlizenz eine internationale Investorengruppe. Danach möchte Germail den gleichen Service bieten wie die Deutsche Post AG. Vgl. Paterak, J. (1999b), S. 73.

[250] Vgl. Kovacic, W.E. (1992), S. 11; (1996), S. 53; Ferdinand, C. (1992), S. 38; Neu, W. / Neumann, K.-H. (1993), S. 3f.; Borrmann, J. / Finsinger, J. (1994), S. 123f. und Dobbs, I.M. / Richards, P. (1991), S. 74.

nach (technologischen) Alternativen für einen Zugang zu ihren Kunden zu verzichten. Bei einer Einigung über die Zugangskonditionen ist aber darauf zu achten, dass das Recht zur Interconnection nur gewährt wird, wenn langfristig alle durch die Interconnection verursachten Kosten gedeckt sind.[251] Dieses selbstständige Festlegen der Zugangskonditionen durch die Marktteilnehmer verursacht Transaktionskosten, die bei Marktteilnehmern mit nur wenigen Teilbereichen innerhalb des Gesamtnetzes erheblich sein können.[252] Dem widerspricht aber die Tatsache, dass solche Transaktionskosten z.B. bei Remailingprozessen in einem relativ zu den Einsparungen nur geringen Maße vorliegen. Das Auffinden finanziell attraktiverer Marktpartner, wenn auch über z.B. ungünstigere Transportstrecken, kann sich als lohnend erweisen.

Ferner muss der Preismechanismus über verschiedene Wertschöpfungsstufen hinweg und zwischen unterschiedlichen Akteuren auf derselben Wertschöpfungsstufe Angebot und Nachfrage koordinieren, denn der Endkunde – egal ob Versender oder Empfänger – kann nicht jede Wertschöpfungsstufe separat beauftragen und bezahlen. Dies würde prohibitive Transaktionskosten verursachen, wozu allein schon die enormen Informationskosten, die für einen solchen Marktüberblick nötig wären, viel beitrügen.[253]

Trotz hoher Transaktionskosten ist eine exakte Abrechnung der ausgetauschten Sendungen an dem jeweiligen Übergabepunkt, also zwischen den betreffenden Wertschöpfungsstufen der Sendungen, notwendig. Dies ist zum einen im Interesse aller beteiligten Unternehmen, um nicht übervorteilt zu werden. Zum anderen könnte eine Abrechnungsmethode, die systematische Ungenauigkeiten aufweist, von Arbitrageuren ausgenutzt werden; sie wäre also nicht beständig. Hier liegt ein deutlicher Unterschied zur Telekommunikation, wo aufgrund der Schalt- und Übertragungstechnik eine automatisierte Abrechnung zwischen verschiedenen Anbietern beinahe zu Nullkosten möglich ist. Zur Minimierung der Transaktionskosten werden auf Postmärkten bei der Verrechnung der Wertschöpfungsstufen untereinander langfristige Kontrakte abgeschlossen werden müssen.

Das heißt jedoch nicht, dass zwischen dem Annahmeunternehmen einerseits und allen in die weitere Beförderung eingebundenen Sortier-, Transport- und Zustellunternehmen andererseits *jede* Sendung individuell abgerechnet werden müsste.[254]

Mit der Festlegung der Entgeltregulierungsmaßstäbe traf der Gesetzgeber in § 28 (2) PostG im Vergleich zu den anderen Bereichen, in denen OSP vorgesehen ist, eine relativ detaillierte Regelung. Die vergleichbare Regelung in § 19 (4) 4 GWB n.F. spricht wesentlich unspezifischer nur vom „angemessenen Entgelt". Die maßgebliche

251 Vgl. Neu, W. / Neumann, K.-H. (1993), S. 3f. und Borrmann, J. (1995), S. 118 – 120.

252 Befragte private Postunternehmen in den USA konstatierten größere administrative Probleme mit den USPS als dominantem Anbieter als mit anderen privaten Postdienstanbietern. Vgl. Merewitz, L. / Zupan, M.A. (1993), S. 79 und Borrmann, J. / Finsinger, J. (1994), S. 125.

253 Vgl. Günther, B.P. (1998), S. 317für, 321.

254 Werden die Dienstleistungen auf den einzelnen Stufen der vertikalen Wertschöpfungskette von unterschiedlichen Unternehmen angeboten, sind Laufzeitziele und Kontrollen für die einzelnen Teilnetze nötig. Eine Kontrolle durch den Endkunden über ein Haftungssystem ist nur möglich, wenn der Zeitpunkt der Übergabe einer Sendung von Teilnetz zu Teilnetz jeweils registriert wird.

Die Schwedische Post führte bereits 1989 eine *Zeitgarantie* für inländische Kleingüter ein. Im Falle einer Verspätung zahlt sie das Porto zurück. Vgl. Dahlsten, U. (1991), S. 96.

Formulierung findet sich, neben dem Verweis auf die §§ 19, 20 bzw. 25 PostG, in § 28 (2) 3 PostG, nach dem bei der Genehmigung bzw. Überprüfung der Entgelte für Teilleistungen die *anteiligen* Kosten der *gesamten* Beförderungskette *angemessen* zu berücksichtigen sind (*Berücksichtigungsgebot*). § 28 (2) 1 und 2 PostG sehen außerdem ein zusätzliches Kriterium für die Entscheidung vor, ob die Entgelte *genehmigungspflichtig* i.S. der §§ 19 – 27 oder lediglich *überprüfbar* i.S.v. § 25 PostG sind. Mit diesen Definitionen setzen sich die folgenden Ausführungen auseinander.

1 Genehmigungspflicht nach §§ 19, 20 PostG

Nach § 28 (2) 1 PostG müssen die Entgelte für diese nach § 28 (1) PostG anzubietenden Teilleistungen nach den §§ 19 und 20 PostG genehmigt werden, wenn die Teilleistungen von dem nach § 28 (1) PostG verpflichteten Lizenznehmer in seine Allgemeinen Geschäftsbedingungen (AGBs) aufgenommen werden. Diese Vorschrift setzt eine über § 19 PostG hinausgehende Voraussetzung für die Genehmigungspflicht von Teilleistungsentgelten, ohne den § 19 PostG zu verdrängen. Von Bedeutung ist dies im Hinblick auf § 19 Satz 2 PostG, nach dem Entgelte von Beförderungsleistungen, die ab einer Mindesteinlieferungsmenge von 50 Briefsendungen angewendet werden, nicht genehmigt werden müssen.

Entgelte für Teilleistungen, die nach § 19 Satz 1 und 2 PostG nicht genehmigungsbedürftig sind, unterliegen auch dann nicht der Genehmigungspflicht, wenn die Teilleistungen vom teilleistungsverpflichteten Lizenznehmer in seine AGBs aufgenommen werden. Zu beachten ist allerdings, dass § 19 Satz 2 PostG gemäß § 53 PostG bis zum 31.12.2002 nicht für die Beförderung von Briefsendungen im Rahmen der Exklusivlizenz gilt. Dies bedeutet, dass Entgelte für Teilleistungen im Exklusivbereich immer genehmigt werden müssen, wenn sie vom teilleistungsverpflichteten Lizenznehmer in seine AGBs aufgenommen werden.

Nach § 28 (2) 1 PostG ist entscheidend, dass die Teilleistungen, nicht aber die dafür verlangten Preise, in die AGBs aufgenommen werden. Die Deutsche Post AG kann sich daher nicht dadurch der Genehmigungspflicht entziehen, dass sie die Preise individuell aushandelt, wenn das Teilleistungsangebot in den AGBs gemacht wird.

Der Begriff der AGBs ist mangels einer eigenen Definition im Postgesetz gemäß der Begriffsbestimmung in § 1 AGB-Gesetz auszulegen. AGBs sind danach für eine *Vielzahl* von Verträgen vorformulierte Vertragsbedingungen, die eine Vertragspartei der anderen Vertragspartei bei Abschluss eines Vertrags stellt. Sie liegen also nicht vor, wenn die Vertragsbedingungen zwischen den Vertragsparteien *ausgehandelt* wurden. Werden Teilleistungen am Markt nur vereinzelt nachgefragt, wird man die diesbezüglichen Verträge im Zweifel individuell aushandeln. Die Entgelte sind dann nicht genehmigungspflichtig, sondern lediglich überprüfbar.

Der Maßstab für die Höhe des Entgelts im Genehmigungsverfahren ist zunächst § 28 (2) 1 PostG i.V.m. §§ 19 und 20 PostG. Zusätzlich sind dabei die anteiligen Kosten der gesamten Beförderungskette zu berücksichtigen. Damit kann der Preis für die Teilleistung nicht zur wirtschaftlichen Unzumutbarkeit führen. Der einmalige, bei der Deutschen Post AG entstehende Aufwand für die Schaffung einer Schnittstelle begründet außerdem eine wirtschaftliche Unzumutbarkeit, wenn er bezüglich der Bedeutung der Teilleistung für den Wettbewerber unverhältnismäßig hoch ist.

Über den Bereich des § 28 PostG hinaus sind die Kriterien für die Preisregulierung gemäß Absatz 2 auch im Rahmen der Zugangsgewähr zu Postfachanlagen und der Gewähr des Zugangs zu Informationen über Adressänderungen anwendbar. Dies ergibt sich aus § 29 PostG. Die Verpflichtungen zur Zugangsgewährung zu Postfachanlagen und Adressänderungen sind also Anliegen des Postgesetzes, die mit dem Zugang zum postalischen „Netz" zusammenhängen.

Der Antrag der hannoverschen Citipost GmbH auf Zugang zu den Postfachanlagen der Deutschen Post AG wurde von letzterer jedoch erst nach drei Monaten mit einem Angebot in Höhe von 30 Pfennig pro Brief beantwortet. Da dies der Citipost GmbH zu teuer war, ersuchte sie die RegTP nach einer objektiven Entscheidung, die nach weiteren drei Monaten auf 17 Pfennig pro Brief fiel.[255] Die RegTP sollte grundsätzlich, bevor sie zu entsprechenden Maßnahmen greift, abwarten, ob die betroffenen Unternehmen nicht von sich aus das gewünschte Verhalten an den Tag legen.[256]

2 Nachträglich überprüfbare Teilleistungsentgelte

Nach § 28 (2) 2 PostG sind Entgelte für Teilleistungsangebote, die nicht in den AGBs enthalten sind, gemäß § 25 PostG nachträglich überprüfbar. Der Wortlaut der Vorschrift ist insofern irreführend, als er die nachträgliche Überprüfbarkeit nur von dem Kriterium abhängig macht, ob das Teilleistungsangebot in den AGBs enthalten ist. Gemäß § 19 Satz 2 PostG fallen aber außerhalb des Exklusivbereichs auch Teilleistungsentgelte, die ab einer Mindesteinlieferungsmenge von 50 Stück anzuwenden sind, unter die nach § 25 PostG nachträglich überprüfbaren Entgelte. Zusätzlich zu den Kosten der effizienten Leistungsbereitstellung sind natürlich auch hier die anteiligen Kosten der gesamten Beförderungskette angemessen zu berücksichtigen.

3 Angemessene Berücksichtigung der anteiligen Kosten der gesamten Beförderungskette

Gemäß § 28 (2) 3 PostG müssen sowohl bei der Genehmigung, als auch bei der Überprüfung von Teilleistungsentgelten die anteiligen Kosten der gesamten Beförderungskette angemessen berücksichtigt werden (Berücksichtigungsgebot).

Dem zum Erbringen von Teilleistungen verpflichteten Unternehmen muss es dabei ermöglicht werden, den Konkurrenzunternehmen für die von ihnen in Anspruch genommenen Teilleistungen einen kostendeckenden Preis und einen angemessenen Gewinnzuschlag zu berechnen. Dem verpflichteten Unternehmen ist insbesondere nicht zuzumuten, nicht kostendeckende Teile seiner Beförderungskette Wettbewerbern zu Vorzugspreisen anzubieten. Daher sind auch Kosten, die in anderen als den vom Konkurrenten in Anspruch genommenen Teilen der Beförderungskette entstehen, bei der Entgeltfestsetzung angemessen zu berücksichtigen. Insbesondere könnten bei der alleinigen Berücksichtigung des Maßstabs der Kosten der effizienten Leistungsbereitstellung Kosten unberücksichtigt bleiben, deren Deckungsbeitrag

---

[255] Bis dahin suchten die Beschäftigten der Citipost GmbH täglich Anschriften von ca. 500 Postfachadressen heraus und stellten die Briefe an der Haustür zu. Vgl. Paterak, J. (1999b), S. 72f.

[256] Vgl. Kovacic, W.E. (1996), S. 53; Ferdinand, C. (1992), S. 38; Neu, W. / Neumann, K.-H. (1993), S. 3f.; Borrmann, J. / Finsinger, J. (1994), S. 123 und Dobbs, I.M. / Richards, P. (1991), S. 74.

gleichwohl über den Teilleistungspreis erwirtschaftet werden muss.[257] Das Berücksichtigungsgebot ist danach ein Korrekturmechanismus für den Fall, dass der aufgrund der Maßstäbe des § 20 PostG ermittelte Preis für die Teilleistung nicht zur Kostendeckung in anderen Abschnitten der Beförderungskette führt. Konsequenterweise muss dieser Mechanismus allerdings auch in umgekehrter Richtung angewendet werden. Dies kann dann bedeutsam sein, wenn die konkret in Anspruch genommene Teilleistung sehr hohe zuordenbare Kosten verursacht, diese Kosten jedoch – im horizontalen oder vertikalen Verhältnis – an einer anderen Stelle gedeckt werden.

3.1 Anteilige Berücksichtigung

Bei der Berücksichtigung der *anteiligen* Kosten werden die Kosten nach einem bestimmten Verhältnis berücksichtigt. Hierzu kommen zwei Berechnungsmuster in Betracht: Erstens könnte damit das Verhältnis gemeint sein, in dem die durch die Nachfrage nach der betreffenden Teilleistung zu der bei der Erbringung des Vollprodukts zu verzeichnenden Inanspruchnahme der betreffenden Teilleistung steht (vertikale Anteiligkeit). Zweitens könnte das Verhältnis der Höhe der Kosten für die Teilleistung zur Höhe der Kosten für das Vollprodukt gemeint sein, das durch die Vorleistung des Kunden oder Wettbewerbers wegfällt (horizontale Anteiligkeit). Eine strenge Entscheidung für das eine oder andere Modell ist dem Postgesetz nicht entnehmbar. Vor dem Hintergrund der *angemessenen* Berücksichtigung ist vielmehr die im jeweiligen Einzelfall verhältnismäßige Betrachtung zu wählen. Sie kann auch in einer Mischform bestehen. Entscheidend ist, dass diejenige Form gewählt wird, die im Hinblick auf die Kosten der gesamten Beförderungskette angewendet wird.

Bei einem vertikal integrierten, regulierten Unternehmen sollte die Preisuntergrenze für die Teilleistung den inkrementellen Kosten des Dienstes entsprechen, plus der impliziten Opportunitätskosten der Produktion und des Verkaufs der Teilleistung. Die angemessene Preisuntergrenze, die das regulierte Unternehmen für die Preisbildung nutzen sollte, entspricht dann dem Netto-Incremental-Cost-Test.[258]

3.2 Die Kosten der gesamten Beförderungkette

Die Kosten der *gesamten* Beförderungskette sind zu berücksichtigen. Damit sind auch die Kosten gemeint, die in anderen als den vom Wettbewerber in Anspruch genommenen Teilen der Beförderungskette entstehen. Auch hier kommen entweder die Kosten in Betracht, die durch die Erbringung sämtlicher Teilleistungen dieser Art entstehen (vertikale Berücksichtigung) oder die Kosten, die durch die Erbringung des Vollprodukts, im Hinblick auf das die Teilleistung nachgefragt wird, hervorgerufen werden (horizontale Berücksichtigung). Entscheidend für die Frage, welche der beiden Methoden gewählt wird, ist, dass der verpflichtete Lizenznehmer nicht gezwungen wird, den jeweils nachgefragten Teil seines Vollproduktes zu Preisen anzubieten, die ihm keine Kostendeckung mehr erlauben. Welche Methode gewählt wird, ist damit letztlich eine Frage des konkreten Einzelfalls.

---

[257] Vgl. hierzu insbesondere die ECP-Regel in Kapitel 4, Abschnitt D8 dieser Arbeit.

[258] Vgl. Larson, A.C. / Parsons, S.G. (1994), S. 68. Nach Kloth, H. (1996), S. 27 sollte sich die Struktur der Zugangspreise an den Grenzkosten mit einem proportionalen Aufschlag für die Deckung der Fixkosten orientieren.

Da es für den OSP nachfragenden Anbieter jedoch uninteressant sein sollte, welche Bearbeitungsstufen die Deutsche Post AG überhaupt anbietet, erscheint eine horizontale Berücksichtigung der Kosten der Teilleistung wettbewerbsfördernder, da die betreffende Teilleistung dann unabhängig von den anderen von der Deutschen Post AG angebotenen (Teil-) Leistungen bewertet wird.

Für die Bewertung des Zugangs zu den Diensten des marktbeherrschenden Anbieters ist jedoch eine allein auf Produktionskostenunterschiede abstellende Untersuchung nicht hinreichend. Da die Verträge meist längerfristiger Natur sind, sind sie unvollständig. Dies erzeugt Abhängigkeiten, deren Relevanz sich besser anhand der Transaktionskostentheorie erklären lassen. Ökonomisch relevante Unterschiede der transaktionsspezifischen Kooperationsformen liegen primär in den unterschiedlichen Eigentumsrechten, Informations- und Kontrollmöglichkeiten begründet.[259]

3.3 Angemessene Berücksichtigung

Mit der letzten Komponente, der *angemessenen Berücksichtigung*, wird der Verhältnismäßigkeitsgrundsatz in das Berücksichtigungsgebot aufgenommen. Damit ergibt sich zugleich, dass kaum feste und generell günstige Grenzen der Angemessenheit gezogen werden können. Entscheidend ist die Kostensituation des Einzelfalls.

Unter diese angemessen zu berücksichtigen Kosten fallen auch die nach § 20 (2) PostG notwendigen Aufwendungen für die Einhaltung der wesentlichen Arbeitsbedingungen, wie sie im lizenzierten Bereich üblich sind, sowie die Kosten eine flächendeckenden Versorgung mit Postdienstleistungen und die Kosten aus der Übernahme von Versorgungslasten für die Beschäftigten, die aus der Rechtsnachfolge der Deutschen Bundespost entstanden sind.

Gleichfalls gilt der Grundsatz, dass Wettbewerber und Kunden nur dann einen Anspruch auf Preisnachlässe für erbrachte Vorleistungen haben, wenn beim Marktbeherrscher dadurch tatsächlich Kosteneinsparungen realisiert werden. Erbringt ein Kunde oder Wettbewerber eine teilleistungsrelevante Vorleistung, führt dies nur dann zu einem gegenüber dem Vollprodukt verminderten Preis, wenn die beim Marktbeherrscher eingesparte Beförderungsleistung kostenwirksam ist.[260]

Die Angemessenheit bedeutet außerdem, dass der marktbeherrschende Lizenznehmer nicht verpflichtet ist, den Kunden oder Wettbewerbern die Teilleistung zu denselben finanziellen Konditionen zur Verfügung zu stellen, die er konzernintern verrechnet, da der einen Marktpreis kennzeichnende Gewinnaufschlag in einer konzerninternen Leistungsverrechnung nicht angesetzt wird.

4 Implikationen bei der Errechnung der Zugangspreise

Es gibt kaum Zweifel darüber, dass die Regulierungsbehörden bei der Preisregulierung des OSP den Cost-plus-Ansatz, wie er in Kapitel 4, Abschnitt D9 dieser Arbeit analysiert wurde, aufgeben sollten, da dieser Regulierungstyp mit allokativen Ineffizienzen bei den regulierten Unternehmen einhergeht. Können sie keine verlässlichen Informationen über die Kostenstruktur der regulierten Unternehmen erlangen, sollten sie bei der Festlegung von Preisobergrenzen auf Fixpreisverträge, wie in Kapitel 4,

---

[259] Näheres vgl. bei Elsenbast, W. (1995), S. 51f.

[260] Vgl. auch Mitchell, R.W. (1998), S. 40.

Abschnitt E8 dieser Arbeit beschrieben, zurückgreifen. Diese Verträge sollten vorzugsweise als Price-Cap-Regel verhandelt werden, bei der zuvor festgelegte Senkungen der Preisobergrenze allmähliche Reduktionen der allokativen Ineffizienzen fördern können. Eine Price-Cap-Regel, wie in Kapitel 4, Abschnitt E6 dieser Arbeit erläutert, würde jedoch auch dazu führen, dass die Anbieter von OSP eine Rente realisieren könnten, die sich aus ihrem Informationsvorteil gegenüber der RegTP ergibt. Tendenziell überteuert sich dadurch jedoch der OSP für neue Konkurrenten, während ein etabliertes Unternehmen dadurch Wettbewerbsschutz gegenüber privaten Wettbewerbern erhält.[261]

Wird der ein Gebiet universal versorgende Lizenznehmer durch eine Ausschreibung bestimmt, kann es volkswirtschaftlich effizient sein, wenn dieser siegreiche Bieter bestimmte Wertschöpfungsstufen des Universaldienstes von anderen Unternehmen erbringen lassen kann, um dem Kunden die gesamte Wertschöpfungskette günstiger anbieten zu können. Durch die Verpflichtung des marktbeherrschenden Anbieters ist gewährleistet, dass der erfolgreiche Bieter zumindest auf einen Anbieter zurückgreifen kann. Da die Ausschreibung des Universaldienstes eine effiziente Arbeitsteilung gewährleistet, sollten die Anforderungen an die Teilleistungspreise im Fall einer gemeinsamen Erstellung der gesamten Wertschöpfungskette für den erfolgreichen Bieter verbindlich *vor* der Auktion vereinbart werden, da sie für die Bestimmung des Minimalgebotes (und u.U. auch der Bietstrategie) wichtig sind.[262]

G Preisdifferenzierung

Bei Preisdifferenzierung verkauft ein Anbieter zum gleichen Zeitpunkt und am gleichen Ort das gleiche Produkt an verschiedene Käufergruppen zu unterschiedlichen Preisen. Voraussetzung hierfür ist einmal, dass der Anbieter die Nachfrager in Gruppen mit unterschiedlichen Nachfrageelastizitäten einteilen kann, und zum anderen, dass ein Wiederverkauf des Gutes zwischen den Konsumenten (oder Konsumentengruppen) nicht möglich ist. Je nach Grad der Marktsegmentierung lassen sich verschiedene Formen der Preisdifferenzierung unterscheiden, die jeweils zu einer unterschiedlichen Erhöhung des Unternehmensgewinns führen. Im Fall der Preisdifferenzierung erster Ordnung (vollkommene Preisdifferenzierung) gelingt es dem Monopolisten, jede Mengeneinheit zu einem anderen Preis zu verkaufen bzw. die gesamte Konsumentenrente in Produzentenrente umzuwandeln sowie die gleiche Produktionsmenge wie im Fall der Grenzkosten-Preisbildung herzustellen und abzusetzen. Preisdifferenzierung zweiter Ordnung (deglomerative Preisdifferenzierung) bedeutet, dass der Monopolist den Gesamtmarkt je nach Zahlungsbereitschaft der Käufer und aufzuwendender Marktsegmentierungskosten in mehrere Teilmärkte zerlegt.[263]

Für die Analyse der kostendeckenden Preisbildung eines *Mehr*produktunternehmens wird angenommen, dass die Nachfragekurven auf den Märkten bei einem gegebenen Preis unterschiedliche Preiselastizitäten aufweisen. Ein Einheitspreis auf den Märkten führt zu einem unterschiedlichen Rückgang der Produktionsmenge und

---

261 Vgl. Kloth, H. (1996), S. 26 und Klodt, H. u.a. (1997), S. 93.

262 Vgl. Elsenbast, W. (1997b), S. 71 und Günther, B.P. (1998), S. 379.

263 Vgl. Rahmeyer, F. (1999), S. 71.

Konsumentenrente. Damit ist er nicht wohlfahrtsmaximierend. Ramsey-Preise[264] sind dagegen unter der Nebenbedingung effizient, dass die Gewinne nicht-negativ und der Wohlfahrtsverlust gegenüber der Grenzkosten-Preisbildung[265] minimiert wird.[266]

Preisdifferenzierung (multiple Preisbildung) ermöglicht es, Produktvarianten auf die Präferenzen der Konsumenten zuzuschneiden. Dies ist im Allgemeinen profitabler als der Versuch, alle Präferenzen mit nur einer Produktvariante zu befriedigen.[267]

Nach § 6 (3) PUDLV ist für Postdienstleistungen, für die gemäß § 51 PostG eine Exklusivlizenz besteht, weiterhin ein Einheitstarif anzuwenden. Dies gilt aber nicht für Entgelte von Beförderungsleistungen, die eine Mindesteinlieferungsmenge von 50 Stück je Einlieferungsvorgang voraussetzen. Ebenso wenig berührt dies das Recht des Universaldienstanbieters, mit Kunden individuelle *Preisabsprachen* zu treffen.

Der sich daraus ergebende, von der RegTP zu genehmigende politische Einheitspreis ist also als ein partieller Verzicht auf Grenzkostenpreise wegen zu hoher Transaktionskosten zu verstehen.[268] Die Forderung, nicht zwischen Nutzern zu diskriminieren, bedeutet aber nicht notwendigerweise, dass es sich um landesweit einheitliche Tarife handeln muss.[269]

Wird darauf verzichtet, die Tarifeinheit im Raum vorzuschreiben und sind zudem die Ersparnisse der Transaktionskosten einer freiwilligen einheitlichen Tarifierung bei unterschiedlicher Verkehrsdichte vernachlässigbar,[270] so könnten sich regionale Preisunterschiede herausbilden.[271]

---

264 Siehe hierzu Kapitel 4, Abschnitt B3 dieser Arbeit.

265 Vgl. Genaueres in Kapitel 4, Abschnitt B1 und B2 dieser Arbeit.

266 Vgl. Rahmeyer, F. (1999), S. 72.

267 Vgl. Kwoka, J.E. Jr. (1989), S. 47.

268 Vgl. Heuermann, A. / Schnöring, T. (1985), S. 39. *Politisch* wird ein Preis genannt, wenn seine Höhe durch staatlichen Eingriff mit dem Ziel festgesetzt wird, per Saldo Wählerstimmen zu gewinnen. Der Wählerstimmengewinn kann dabei absolut oder relativ, also im Sinne der Verlustvermeidung, aufgefasst werden. Dieses macht es für den Politiker erforderlich, eine diskretionäre, gruppenorientierte Preispolitik zu betreiben. Vgl. Blankart, C. B. / Knieps, G. (1995), S. 1; (1994c), S. 239f., Blankart, C.B. (1994), S. 412, 421 und auch Knorr, A. (1993), S. 128. Die Masse der Wähler beurteilt die allgemeine Preisentwicklung anhand der Preise einzelner, sogenannter strategischer Güter. Zu diesen gehören insbesondere die Güter, deren Preise der Staat kraft Eigentumsrechts an den sie erstellenden Unternehmen beeinflussen kann. Hier bringen Preiserhöhungen der Regierung stets Stimmenverluste bei nicht ins Gewicht fallenden Stimmengewinnen ein. Vgl. Schmidtchen, D. (1987), S. 273f. und Bös, D. (o.J.), S. 5.

Die gleiche Vielfalt an Briefen wie heute könnte mit einem besseren System verarbeitet werden; wenn man aber den Einheitspreis aufgeben würde, könnten die standardisierten Briefe sogar zu niedrigeren Kosten verarbeitet und deshalb zu niedrigeren Preisen angeboten werden. Reagieren die Versender auf diese Wahlmöglichkeit, würde sich die Vielfalt an Briefen einschränken und die postalischen Kosten würden im Ergebnis sinken. Vgl. Sherman, R. (1991), S. 205.

269 Vgl. Wojtek, R. (1996), S. 10.

270 Dies ist keineswegs gesichert, da die Einführung eines differenzierten Tarifsystems im Vergleich zum geringen Sendungsaufkommen beträchtliche Transaktionskosten für die Kunden (z.B. Informationskosten) und die Unternehmen (z.B. Kontrollkosten) mit sich brächte, die betriebswirtschaftlich kaum zu rechtfertigen wären. Insofern könnte sich die Tarifeinheit im Raum auch ohne gesetzliche Verpflichtung zumindest in manchen Staaten durchsetzen. Vgl. Stumpf, U. / Pieper, F. (1992), S. 8 und Gröner, H. / Knorr, A. (1995), S. 50. Als Beispiel hierfür sei auf die USA verwie-

Bei linearen Tarifen[272] sind die Gesamtausgaben der Konsumenten proportional zur gekauften Menge. Optimale lineare Tarife können gewisse Formen von Preisdiskriminierung quer über Dienste und / oder Konsumenten offen legen. Preisdiskriminierung von Unternehmen mit Marktmacht wird oft als unfair angesehen. Sie hat einen Januskopf – sie kann sowohl wettbewerblichsfeindlich (Preisdiskriminierung), als auch wohlfahrtssteigernd eingesetzt werden.[273] Im Fall einer horizontalen und perfekten Preisdiskriminierung profitmaximierender Unternehmen steigt zweifellos die gesellschaftliche Wohlfahrt.[274] Bei einer Segmentierung eines Marktes in unterschiedliche Sub-Märkte (auch Preisbildung nach Kundengruppen genannt) fällt die Beurteilung profitmaximierender Monopolisten gemischt aus. Im Wesentlichen steigt (sinkt) die Wohlfahrt, wenn das Gesamtoutput steigt (sinkt).[275]

Muss das Unternehmen insgesamt kostendeckend arbeiten, bleibt als Lösung nur eine stärker an den Kosten orientierte Preispolitik.[276] Natürlich muss auch in Rechnung gestellt werden, dass eine solche regionale Tarifdifferenzierung sowohl auf der Kunden-, als auch auf der Anbieterseite mit Kosten verbunden ist. Es müsste an jedem Versendepunkt für jede Zieladresse ein gesondertes Porto ermittelt werden.[277]

Auch nach dem neuen Postgesetz kann die RegTP beim Universaldienst über die Genehmigungspflicht der Entgelte die von ihr präferierte Preisgestaltung verwirklichen und die Preise der wichtigsten Postdienste den Marktkräften entziehen.[278]

Als mögliche *Elemente der Preisdifferenzierung* wurden im Postgesetz folgende kostenrelevanten Merkmale identifiziert: Format, Gewicht und Güterwert der Sendungen, Verkehrsdichte, Massen- oder Einzelannahme der Sendungen, Transportweite (Ort, Region, Fern), Laufzeitziel der Sendungen, Vorleistungen des Versenders, Masseneinlieferungen in bestimmte Zustellbereiche, Attraktivität des Zustellbereichs sowie Großkunden-, Postfach- oder Flächenzustellung.[279]

Im Unterschied zur Preis*differenzierung* wird Preis*diskriminierung* als jeder Unterschied in den Preisen verstanden, die derselbe Anbieter zwei oder mehr verschiedenen Käufergruppen für dasselbe Gut in Rechnung stellt. Dieser Unterschied beruht

---

sen, wo die privaten Kurierunternehmen ihren Expressdienst – mit Ausnahme von Alaska und Hawaii – flächendeckend zum Einheitspreis anbieten, ohne gesetzlich dazu verpflichtet zu sein. Vgl. Knorr, A. (1993), S. 51.

271 Vgl. Blankart, C. B. / Knieps, G. (1995), S. 4; (1993), S. 5; (1994c), S. 241; Heuermann, A. u.a. (1987), S. 460 und Knieps, G. / von Weizsäcker, C.C. (1989), S. 483.

272 Vgl. hierzu Kapitel 4, Abschnitt B dieser Arbeit.

273 Vgl. Cave, M. u.a. (1996), S. 24.

274 Dies trifft im Monopolfall bei Abwesenheit von Transaktionskosten aufgrund von Diskriminierung zu. Horizontale Diskriminierung tritt bei nichtlinearer Preisbildung auf.

275 Eine detaillierte Ableitung findet sich bei Mitchell, B.M. / Vogelsang, I. (1991), S. 43 – 48.

276 Die hier angesprochene Tarifdifferenzierung unterscheidet sich von der in der Literatur dargestellten Preisdifferenzierung ersten bis dritten Grades, bei der im Gegensatz zur hier angesprochenen zu unterschiedlichen Preisen verkauft wird, diese sich jedoch *nicht* durch Kostenunterschiede begründen lassen.

277 Vgl. Pieper, F. (1996), S. 87f.

278 Vgl. auch Basedow, J. (1991), S. 162; Neu, W. u.a. (1992), S. 47; Müller, J. / Vogelsang, I. (1978), S. 195 und Borrmann, J. / Finsinger, J. (1994), S. 179.

279 Vgl. Günther, B.P. (1998), S. 311f. und Rahmeyer, F. (1999), S. 71.

also auf unterschiedlichen Nachfragereigenschaften, nicht auf Kostendifferenzen. Bietet das dominante Unternehmen seinen Konkurrenten Zugang zu den eigenen Diensten an, tritt oft Preisdiskriminierung in Abhängigkeit von der Wettbewerbsposition des anderen Anbieters auf, die nicht die tatsächlichen Kosten widerspiegelt. In solchen Fällen erhöht das marktbeherrschende Unternehmen durch den Verkauf zu unterschiedlichen Preisen auf unterschiedlichen Märkten seine Gewinne.[280] Die Nachfrager werden also nach ihrer Verhandlungsmacht geordnet und mit „Grenzkosten" belastet, die den Grad ihrer Machtlosigkeit reflektieren. Preisdiskriminierung bedeutet somit eine Umverteilung der Einkommen zugunsten der Nachfragergruppe mit dem Grenzkostenpreis. Diese Nachfragergruppe wird von den anderen intern subventioniert. Diese Definition impliziert die Festlegung von Kriterien für das Gruppieren von Kunden und die Identifikation homogener Dienste.[281]

Um eine Tarifeinheit im Raum sicherzustellen, wurde großer politischer Aufwand betrieben. Es ist jedoch erwiesen, dass die Stückkosten der Beförderung von Briefen von bzw. an *Unternehmen* kostengünstiger ist, da bei ihnen im Regelfall mehr Post anfällt und weitere Wege für jeden Brief, also innerhalb des Betriebes, entfallen. Privatkunden wurden also im Verhältnis zu Geschäftskunden durch nicht marktgerechte Kräfte geschützt und begünstigt, Geschäftskunden dagegen *aufgrund* identischer Preise und *trotz* Kostendifferenzen diskriminiert. Die Folgen davon waren nicht zum Vorteil der Privatkunden: Aufgrund der relativ hohen Preise für Unternehmen im Vergleich zu deren relativ großen Briefvolumina stiegen diese verstärkt um auf andere Kommunikationsmittel, z.B. Telefon, Fax, E-Mail. Wenngleich das Sendungsaufkommen der Deutschen Post AG einen Anstieg verzeichnete, reduzierten sich die potenziellen Sendungsvolumina, die bei einer an der Kostenstruktur orientierten Preisstruktur aufgelaufen wären. Hierdurch ergaben sich höhere den einzelnen Briefen zuzurechnende Gesamtkosten der Deutschen Post AG als bei einem größeren Sendungsaufkommen und damit verbunden niedrigeren Beförderungspreisen, die auch den Privatkunden zugute gekommen wären. Die Ergebnisse entsprachen also nicht dem verfolgten Ziel und hatten für die Privatkunden negative Effekte.[282]

In den folgenden Abschnitten werden nun verschiedene Möglichkeiten für eine Preisdifferenzierung im Postwesen aufgezeigt und diskutiert.

1 Umsatz- und sendungsmengenabhängige Rabatte

Sendungsmengenabhängige bzw. *Volumenrabatte* beziehen sich auf die Summe der vom Kunden nachgefragten Dienste, während sich *Umsatzrabatte* auf die Summe der von einem Kunden generierten Umsätze aus den verschiedenen nachgefragten Diensten beziehen. Im Postwesen gewinnen aufgrund der inhärenten Heterogenität der Postdienste Rabatte in Abhängigkeit vom getätigten Gesamtumsatz an Rele-

[280] Preisdiskriminierung ist von den verfügbaren Aktiva des Eingesessenen abhängig. Vgl. Guerin-Calvert, M.E. (1989), S. 350f.; Crew, M.A. (1975a), S. 71; Kaufer, E. (1981), S. 68 und Caves, R.E. / Porter, M.A. (1975), S. 36.

[281] Vgl. Kaufer E. (1980), S. 69, 398; Rahmeyer, F. (1999), S. 74; Günther, B.P. (1998), S. 358; Cave, M. u.a. (1996), S. 84; Areeda, P. / Turner, D.F. (1975), S. 724 und Train, K.E. (1991), S. 72, 88, 90 – 93.

[282] Natürlich beinhalten derartige Preisverzerrungen Effizienzkosten und Wohlfahrtsverluste. Vgl. auch Erickson, E.W. (1985), S. 148, 155.

vanz; sendungsmengenabhängige Rabatte dagegen sind über verschiedene Qualitäten und Dienste hinweg nur schwer aggregierbar. Bei homogenen, nicht vorsortierten Sendungen und einem Preis in Abhängigkeit von einer bestimmten Mindesteinlieferungsmenge indes handelt es sich um sendungsmengenabhängige Rabatte.

Sowohl Umsatz-, als auch Mengenrabatte erfordern bei größeren Nachfragemengen eine höhere Elastizität als bei kleineren. Bei Wettbewerb weisen größere Kunden eine elastischere (unternehmensspezifische) Nachfrage auf. Dies ist zumindest z.T. auf Informations- und beim Anbieterwechsel entstehende Kosten zurückzuführen, die beide jeweils vom gesamten Kommunikationsbedürfnis des Kunden abhängen.

In der Regel müssen die Konsumenten eine Gebühr zahlen, um von Umsatzrabatten zu profitieren. In der Praxis wird die zusätzliche Gebühr oft vermieden, indem die Rabatte wie bei einem fallenden Blocktarif auf zusätzliche Umsätze beschränkt werden.[283] Volumenrabatte dagegen werden auf einen bereits bestehenden, nichtoptimalen Tarif aufgesetzt (der Rabatt gilt z.B. nur ab einer gewissen Sendungsmenge) und führen bei größeren Volumina zum gleichen Ergebnis wie ein Umsatzrabatt.[284]

Diese Sachverhalte spiegeln sich in § 19 Satz 2 PostG wider, nach welchem die Entgelte von Beförderungsleistungen ab einer Mindesteinlieferungsmenge von 50 Briefsendungen keiner Genehmigungspflicht unterliegen. Der typische Anwendungsfall dieses Satzes sind Stufenrabatte, die für bestimmte – steigende – Einlieferungsmengen bestimmte – steigende – Preisreduktionen für die Einzelsendungen vorsehen. Die Rabattstaffel kann z.B. so gestaltet sein, dass bis zur Einlieferungsmenge von 50 Stück der Normaltarif angewendet wird, für Einlieferungsmengen zwischen 50 und 100 Stück der Normaltarif um *x* Pfennig pro Stück, und für Einlieferungsmengen zwischen 100 und 150 Stück der Normaltarif um *2x* pro Stück usw. reduziert wird. Die Anwendbarkeit dieser Vergünstigungen ist nicht auf exakte Geldbeträge angewiesen, sondern lässt sich auch prozentual zum Normaltarif ausdrücken. Die Mindestmenge muss auch nicht über Stückzahlen definiert werden; sie muss lediglich in der Umrechnung zu einer Mindestmenge von 50 Stück führen. Ein Beispiel hierfür sind Gewichtstarife für Briefsendungen derselben Art. Setzt der Anbieter für diese Briefsendungen ein bestimmtes Höchstgewicht fest, z.B. 300 g, dann führen seine Tarife für Gewichte ab insgesamt 15 kg automatisch zu Mindesteinlieferungsmengen von 50 Stück. Soweit daher die Gewichtstarife im gewählten Beispiel für 15 kg und aufwärts gelten, sind sie nach § 19 Satz 2 PostG von der Genehmigungspflicht befreit.

§ 19 Satz 2 PostG legt nicht fest, ob die Einlieferung, die für die Mindestmenge entscheidend ist, innerhalb einer bestimmten Periode stattfinden kann oder nur zu einem bestimmten Zeitpunkt. In der Praxis sind beide Modelle denkbar: Rabatte können sowohl für die Einlieferung hoher Stückzahlen während eines einzelnen Einliefe-

---

283 Umsatzrabatte können als anreizkompatibler Mechanismus angesehen werden, der den Käufern Mengenverpflichtungen aufzwingt. Vgl. Mitchell, B.M. / Vogelsang, I. (1991), S. 111f., 126f.

284 In der Praxis scheinen Umsatzrabatte kein perfekter Weg zu sein, um nichtlineare Ausgabenpläne über verschiedene Dienste zu generieren. Derartige Rabatte scheinen Mittel darzustellen, um die Gewinne zu steigern und die Kunden auch bei Wettbewerb an sich zu binden. Volumenrabatte wurden ab und an als räuberisch kritisiert, z.B. als AT&T den Telpak-Tarif mit großen Rabatten für private Kunden einführte, um die Auswirkungen der privaten Versorgung mit Mobiltelefonen zu reduzieren.

rungsvorgangs gewährt werden wie auch für die Einlieferung bestimmter Mindeststückzahlen innerhalb eines Tages, einer Woche, eines Monats etc.

Die sendungsmengenabhängige Ausnahme in § 19 Satz 2 PostG wird hingegen nicht angewendet, wenn ein Tarif zwar für Einlieferungsmengen von 50 Stück und mehr anwendbar ist, er diese Einlieferungsmenge jedoch nicht voraussetzt. Setzt z.B. eine Rabattstaffelung die erste Rabattstufe erst bei einer Mindesteinlieferungsmenge von 250 Stück fest und sieht sie bei Einlieferungsmengen von 1 bis 250 Stück den Normaltarif vor, dann unterliegt der Preis dieser ersten Rabattstufe – Marktbeherrschung vorausgesetzt – für die *gesamte* erste Rabattstufe der Preisgenehmigungspflicht, da für seine Anwendbarkeit eine Einlieferung von mindestens 50 Stück keine Voraussetzung ist.

2 Entfernungsabhängige Tarife

Kostendifferenzen zwischen Sendungen können auch dann entstehen, wenn unterschiedliche Transportrelationen (Entfernung, Transportmittel) durchlaufen werden und / oder unterschiedliche Sortierzentren beansprucht werden.[285]

Je nach der Anzahl der Sortier- und Transportstufen, die bei der Beförderung eines Briefes anfallen, könnten nach zunehmenden Kosten Orts-, Regional- und Fernbriefe unterschieden werden. Ortsbriefe verbleiben im Zustellbereich des Absenders oder gehen maximal in einen benachbarten Zustellbereich; die Bearbeitung in Sortierzentren und Regional- sowie Ferntransporte entfallen völlig. Regionalbriefe werden im Einzugsgebiet des Sortierzentrums zugestellt, in dem sie versendet wurden; hier entfällt jeglicher Ferntransport und ein Teil der Abgangsbearbeitung, und somit cet.par. auch ein Teil der Bearbeitungskosten. Fernbriefe durchlaufen alle möglichen Schritte der Abgangs- und Eingangssortierung sowie den Ferntransport.[286]

Als Ortsgrenze können die durch Postleitzahlen voneinander abgegrenzten Leiträume gewählt werden, so dass keine neuen Abgrenzungskriterien eingeführt werden müssen. Für die Deutsche Post AG entstünde dadurch kein zusätzlicher Aufwand, da die Sendungen ohnehin nach Postleitzahlen sortiert werden.[287] Eine weitere Erleichterung der Sortiervorgänge kann dadurch erzielt werden, dass bereits bei den Briefkästen eine getrennte Sammlung nach Orts-, Regional- und Fernbriefen erfolgt.

---

285 Vgl. Pieper, F. / Stumpf, U. (1996), S. 271f. und 286f.

286 Diese Art der Preisdifferenzierung ist auf heutigen Postmärkten noch nicht sehr verbreitet. Eine Preisreduktion für lokale Briefe gibt es z.B. bei der spanischen Post. Dort gibt es einen Ortstarif, zumal dort auch im Vergleich zu den USA das Postmonopol nicht für die Ortspost gilt. Eine Sendung innerhalb Madrids wird z.B. nur mit 40% des überregionalen Tarifs berechnet. Vgl. insbesondere zum Folgenden Braubach, U. (1992), S. 207 – 216 und Cohen, R.H. u.a. (1995), S. 7. Eine derartige Preisdifferenzierung ist jedoch mit einigen Transaktionskosten verbunden und wäre deshalb nicht für alle Kunden lohnend. Vgl. Günther, B.P. (1998), S. 315f. Die Deutsche Telekom AG vereinfachte daher z.B. 1999 ihre Tarife zugunsten der Vergleichbarkeit von sechs auf zwei Zeitzonen und von drei auf zwei Entfernungszonen. Der freie Wettbewerb auf dem Telekommunikationsmarkt in Deutschland hatte im Laufe des ersten Jahres seine Wirkung voll entfaltet und zu massiven Preissenkungen geführt. Vgl. Bauer, A. (1998), S. 23; o.V. (1998i), S. 23; Horn, P. (1998), S. 2 und Weidelich, F. (1998), S. 1.

287 Eine Leistungsdifferenzierung in Anhängigkeit der Absende- und Zustellräume existiert bereits. Bei den tarifbedingten Sendungen innerhalb eines Leitraums gilt die Laufzeit E+2, die Vorgabe für Sendungen in einen anderen Leitraum beträgt E+4.

Die Einführung dreier derartiger Tarifstufen dürfte kaum größere Schwierigkeiten aufwerfen. Die Postkunden sind i.d.R. mit dem Postleitzahlensystem vertraut, es bedarf lediglich eines gewissen Informationsaufwands, um die Tarifänderung publik zu machen. Auch hinsichtlich der Akzeptanz stehen einer solchen Tarifdifferenzierung vermutlich keine allzu großen Hindernisse entgegen. Dass Briefsendungen innerhalb eines Ortes geringere Kosten verursachen als Sendungen, die über die Ortsgrenze hinaus gehen, erscheint den Nachfragern vermutlich plausibel.[288]

Die Verteilungswirkungen des Tarifs sind relativ neutral, da die Nachfrager i.d.R. Briefe in viele verschiedene Entfernungen versenden. Kritik könnte evtl. die Tatsache hervorrufen, dass die Leiträume unterschiedlich groß sind und die Bewohner kleinerer Leiträume daher vermutlich relativ weniger Sendungen der niedrigen und mehr Sendungen der höheren Tarifstufe aufzugeben hätten als die Bewohner größerer Leiträume.[289]

Der dreistufige Tarif würde durch die Nutzung des bereits vorhandenen Postleitzahlensystems kaum zu zusätzlichen Transaktionskosten führen. Selbst die einmaligen Kosten einer Umrüstung oder Erneuerung der Briefkästen könnten mit einer dauerhaften Reduktion der Sortierkosten ausgeglichen werden.[290] Die Komplexität der Tarifstruktur könnte zusätzlich durch Fixierung eines einheitlichen, von weiteren Qualitätsmerkmalen unabhängigen Tarifs für lokale Sendungen gering gehalten werden. Eine Preisdifferenzierung nach bestimmten Kostenmerkmalen würde ausschließlich für außerlokale Sendungen gelten, was auch den bestehenden Kostendifferenzen entspräche.[291]

3 Regionale Preisdifferenzierung

Neben unterschiedlich hohen Transportkosten und einer daraus resultierenden entfernungsabhängigen Preisdifferenzierung im vorigen Teilabschnitt entstehen auch in Abhängigkeit vom Zustellgebiet einer Sendung, genauer gesagt in Abhängigkeit von der jeweiligen Besiedlungsdichte in der Zustellregion, unterschiedliche Kosten für qualitativ gleiche Briefsendungen: In Ballungsräumen sind die Zustellkosten aufgrund der dort realisierbaren Dichtevorteile niedriger als in dünn besiedelten Gebieten. Dieser Sachverhalt wurde in Kapitel 1, Abschnitt C1 dieser Arbeit bereits dargestellt. Ein

---

288 Bei Nichteinhaltung der Entgeltvorschriften kann die Deutsche Post AG entweder Nachporto vom Empfänger der Sendung verlangen oder sie kann nicht ausreichend freigemachte Sendungen erst nach der regulären Brieflaufzeit zustellen, so dass dem geringeren Entgelt auch eine geringere Leistungsqualität entspricht.

289 Eine vergleichbare Situation ist im Bereich der Telekommunikation bei den Orts- und Ferngesprächen gegeben und wird dort grundsätzlich akzeptiert.

290 In Großstädten kann man oft bereits Briefkästen mit zwei Einwurfschlitzen entdecken. Die Sendungen werden in diesen Fällen nach „innerstädtischen" und „außerstädtischen" Zielen getrennt; der Versender aber zahlt für beide Leistungen das gleiche Porto.

Man muss jedoch beachten, dass nur die wenigsten Unternehmen als Großversender ihre Korrespondenz in öffentliche Briefkästen einwerfen; meist wird sie in der Postfiliale abgegeben oder im Unternehmen abgeholt und müsste für die oben besprochenen Zwecke auch in diesen Fällen bereits vom Versender – wiederum ohne einen entsprechenden Rabatt – vorsortiert worden sein.

291 Auf eine mit der Entfernung bzw. Komplexität einer Strecke zunehmende Kostendifferenz zwischen schnell und weniger schnell beförderten Sendungen weisen Dobbs und Richards hin. Vgl. Dobbs, I.M. / Richards, P. (1991), S. 81.

in ländlichen Gebieten geringeres Zustellvolumen resultiert aus den größeren Entfernungen zwischen den Zustellpunkten und aufgrund der geringeren Bevölkerungsdichte. Da die Zustellkosten also in Abhängigkeit von der jeweiligen Zustellregion erheblich differieren können und ihr Anteil an den Gesamtkosten hoch ist, erscheint eine regionale Preisdifferenzierung aus Effizienzgesichtspunkten besonders geboten. Ein beständiges Preissystem muss diesen Unterschieden durch entsprechende Preisdifferenzen oder Ballungsraumrabatte Rechnung tragen.[292]

Eine Preisstruktur, die diese Art der Kostenunterschiede berücksichtigt, könnte ebenso auf dem Postleitzahlensystem aufbauen wie die entfernungsabhängigen Tarife. Beim derzeit geltenden System sind fünf Tarifstufen denkbar. Auch drei- oder zweistufige Tarife sind möglich, wobei ein zweistufiger Tarif, der sich aus einem Normaltarif und einem erhöhten Entgelt für Sendungen in die kleinsten Orte zusammensetzt, die praktikabelste Lösung darstellen würde.[293]

4 Preisbildung in Abhängigkeit vom Laufzeitziel

Die Nachfrage nach Dienstleistungen der Deutschen Post AG ist zyklischen Schwankungen unterworfen. In Abhängigkeit des Auslastungsgrads der vorhandenen Kapazitäten variieren die Kosten der Leistungserstellung z.B., wenn dasselbe Sortierzentrum zu unterschiedlichen Zeiten bei unterschiedlicher Kapazitätsauslastung durchlaufen wird. Zu Zeiten der Jahresspitzenauslastung, vor Weihnachten, verursacht die einzelne Beförderungsleistung höhere Grenzkosten als in verkehrsschwachen Zeiten, etwa im Sommer. Auch für Briefsendungen, die infolge der Laufzeitvorgabe E+1 in den Abend- und Nachtstunden sortiert werden müssen und beim Transport mehr Direktverkehre zwischen Sortierzentren sowie schnellere Transportmittel beanspruchen, entstehen höhere Kosten als für weniger eilige Sendungen (vgl. dazu Kapitel 4, Abschnitt B2 dieser Arbeit). Diesen Aspekt berücksichtigt die Deutsche Post AG ansatzweise bei den tarifermäßigten Briefsendungsarten, die eine längere Laufzeit als Briefe haben.[294]

Eine Anwendung der Spitzenlast-Preisbildung für Briefe, bei der *nur* nach unterschiedlichen Beförderungsgeschwindigkeiten differenziert wird, würde es den Nachfragern von Briefdienstleistungen ermöglichen, zwischen verschiedenen Leistungsqualitäten bzw. Laufzeiten zu jeweils unterschiedlichen Preisen zu wählen. Effiziente Spitzenlast-Tarifierungen werden mit steigendem Wettbewerb immer wichtiger. Ihnen käme insbesondere für die stationäre Briefbearbeitung eine große Bedeutung zu.[295]

Eine Zweiteilung des Entgelts für Standardbriefe ist bei der Deutschen Post AG grundsätzlich möglich. Auch der Weltpostvertrag gestattet ausdrücklich eine Einteilung der Briefsendungen in zwei *Qualitätsklassen* sowie eine entsprechende Preis-

---

[292] Vgl. Günther, B.P. (1998), S. 316 und Pieper, F. / Stumpf, U. (1996), S. 285. Langfristig ermutigt die Verfügbarkeit und die niedrigen Kosten der Postdienste in „teuren", z.B. ländlichen, Gebieten die Kunden, in diesen Teilen zu bleiben, anstelle näher an größere Populationszentren zu ziehen, wo die Dienste günstiger in der Bereitstellung sind. Sie werden auch entmutigt, alternative Kommunikationskanäle (Telefon, Fax) zu nutzen. Vgl. Golay, J. / Dobbs, I.M. (1996), S. 47. Die Lenkungswirkung der Preise bleibt also aus.

[293] Für Briefe aus dem Ausland erscheinen derartige mehrstufige Tarife jedoch ungeeignet.

[294] Vgl. Pieper, F. / Stumpf, U. (1996), S. 271f. und Günther, B.P. (1998), S. 316.

[295] Vgl. Crew, M.A. / Kleindorfer, P.R. (1992a), S. 54 und Pieper, F. (1996), S. 127.

differenzierung. Großbritannien, Neuseeland, Dänemark, Japan, die USA und die Schweiz bedienen sich bereits erfolgreich derartiger Systeme.

Eine weitere Anwendung der Spitzenlast-Preisbildung im Briefdienst ist die *saisonale* Preisdifferenzierung entsprechend der Kapazitätsauslastung. Auch hier empfiehlt sich eine zwei- oder dreistufige Tarifeinteilung für Schwach-, Normal- und Spitzenlastperioden. Die Einführung eines höheren Entgelts für Sendungen, die innerhalb der letzten Wochen vor Weihnachten verschickt werden, würde in der Öffentlichkeit zwar vermutlich als eine gezielt auf Privathaushalte ausgerichtete Portoerhöhung stark kritisiert werden; es sollte von den Privathaushalten jedoch berücksichtigt werden, dass außer dem ohnehin hohen Anteil der gewerblichen Briefsendungen (80%), der die Spitzenlast verursacht, auch viel Weihnachtspost von Unternehmen verschickt wird, welche die Portoerhöhungen also ebenso tragen würden.[296] Den etwas entgegengesetzten Weg schlug Australia Post ein: Sie gibt für die Versendung von *Grußkarten* in den Monaten November und Dezember Preisnachlässe in Höhe von rund 11%.[297]

Ebenso könnte die Einsammlung und Sortierung der Sendungen an einem *Sonntag* höher bepreist werden, da damit höhere Personalausgaben verbunden wären, sollen die Sendungen noch am darauffolgenden Montag zugestellt werden. „Normal" frankierte Briefsendungen könnten erst am Dienstag zugestellt werden. Andererseits würde die „Sonntagspost" freistehende Kapazitäten in der Sortierung nutzen, da der Großteil der üblichen Geschäftspost fehlt. Dies würde den genannten Effekt teurerer Beförderungsentgelte aus Sonntagszuschlägen wieder relativieren.[298]

Indes wird von manchen Praktikern des Postwesens eingewandt, die Ausscheidung der Sendungen mit längeren Laufzeiten führe zu höheren Kosten, was einen höheren statt einen niedrigeren Preis rechtfertigen würde. Die Erfahrungen der bereits in dieses System involvierten Länder widerlegen diese These jedoch.

5 Format, Gewicht und Wert der Sendungen

Format, Gewicht und Wert einer Sendung beeinflussen die Kosten auf jeder Wertschöpfungsstufe. Erstens ist das manuelle Handling größerer und schwererer Sendungen aufwendiger. Zweitens sind solche Sendungen oft nicht oder nur eingeschränkt maschinenfähig. Drittens beanspruchen sie sowohl beim Transport i.e.S., wie auch bei der Zustellung mehr Transportkapazität. Deshalb sind heute schon in nahezu allen Postunternehmen Sendungen, die ein Standardformat und -gewicht überschreiten, teurer bepreist.[299] Ähnlich verhält es sich mit Wertsendungen. Diese

---

[296] Ferner existieren auch bei den meisten Konsumgütern saisonale Preisschwankungen in Abhängigkeit von der geäußerten Nachfrage.

[297] Vgl. Australia Post (2000).

[298] Diese Überlegungen gelten auch für den Fall einer freiwilligen Sonntags*zustellung*. Ob die Kapazitäten wirklich unterausgelastet sind, hängt auch von der Menge der auf die Zustellung vorzubereitenden Infopost ab.

[299] Vgl. Günther, B.P. (1998), S. 315. Als erste Post der Welt gab die NZP 1988 innerhalb bestimmter Grenzwerte die im Briefdienst bislang weltweit dominierende Tarifierung nach dem Gewicht für alle Inlandsbriefsendungen auf. Stattdessen hängt der vom Kunden zu entrichtende Betrag nun fast ausschließlich von der Größe und dem Volumen der zu befördernden Sendungen ab. Darüber hinaus kann dieser noch durch die Wahl zwischen den Versandarten *Post* und *Fast Post* die

erfordern auf allen Stufen der Wertschöpfungskette eine gesonderte und daher finanziell aufwendigere Behandlung, ähnlich dem Kurierdienst, und werden daher von der Deutschen Post AG seit geraumer Zeit mit diesem kombiniert angeboten.

6 Zusammenfassende Beurteilung der Preisdifferenzierung

Für eine ökonomisch effiziente Preisstruktur im Briefdienst der Deutschen Post AG müssen diejenigen Maßnahmen der Preisdifferenzierung ausgewählt werden, die für das Preissystem den größten Effizienzgewinn oder Nutzenzuwachs ermöglichen. Die Kriterien für Preisdifferenzierungen sollten die zu den stärksten Streuungen der Gesamtkosten führenden Kostenmerkmale sein, um so eine höchstmögliche Orientierung der Preisstruktur an den Kostenverläufen zu erreichen.

Die Effizienzgewinne einer Preisdifferenzierung sind umso größer, je elastischer die Nachfrage nach den betrachteten Produkten reagiert.[300] Da die Preiselastizität der Nachfrage nach Briefdienstleistungen, wie in Kapitel 1, Abschnitt A dieser Arbeit erwähnt, als hoch eingeschätzt werden kann, ergibt sich für den Briefdienst trotz der Verbindung mit dem Transaktionskostenargument die Empfehlung einer differenzierteren Preisstruktur. Insbesondere für Großkunden stellt Preisdifferenzierung eine operationale Möglichkeit dar.[301]

Von den in diesem Abschnitt der Arbeit vorgeschlagenen Preisdifferenzierungen versprechen insbesondere die entfernungsabhängigen und die regionalen Differenzierungsvarianten eine weitestmögliche Kostenorientierung und sind daher geeignet, die gegenwärtige Tarifstruktur im Briefdienst zu ergänzen. Darüber hinaus führen an der Spitzenlast ausgerichtete Differenzierungsmerkmale, wie z.B. das Qualitätsmerkmal Laufzeit, zu einer effizienteren Preisdifferenzierung und sollten daher ernsthaft in Erwägung gezogen werden. Ferner sollten vorhandene Differenzierungen, z.B. in den Bereichen der Vorsortierung, gestrafft oder aufgegeben werden, wenn sie sich nicht am Grenzkostenverlauf ausrichten.[302]

In Tabelle 7 werden Preisdifferenzierungen den unterschiedlichen Wertschöpfungsstufen gegenübergestellt. Daraus wird ersichtlich, welche Differenzierung an welcher Stelle der Wertschöpfungskette relevant ist. Dies wiederum ist ein wichtiger Bestimmungsfaktor für die Probleme der Preiserhebung, -ermittlung und -verrechnung.[303]

---

für ihn günstigere Beförderungsgeschwindigkeit bestimmen. Anfangs waren drei Umschlagsgrößen vorgesehen. NZP weitete dieses Einstufungssystem auch auf den internationalen Briefdienst aus, reduzierte die Stufen im Inland später aber auf zwei. Da das Volumen einer Sendung die Transportkosten wesentlich stärker beeinflusst als ihr Gewicht, gelang durch das neue System eine bessere Anpassung der Tarife an die tatsächlichen Produktionskosten. Die offensichtlichen ökonomischen Vorteile dieses bislang einzigartigen Systems liegen insbesondere in einer erheblichen Einsparung von Transaktionskosten begründet.

300 Bei hohen Elastizitätswerten sind die Wohlfahrtsverluste, die durch Preisabweichungen von den Grenzkosten entstehen, höher; dieser Zusammenhang begründet die Quasi-Optimalität von Ramsey-Preisen. Vgl. hierzu Kapitel 4, Abschnitt B3 dieser Arbeit.

301 Vgl. Golay, J. / Dobbs, I.M. (1996), S. 43.

302 Es bleibt darauf hinzuweisen, dass für die im Rahmen der Exklusivlizenz angebotenen Dienste nach § 6 (3) PUDLV bis zum Ablauf des Jahres 2002 ein Einheitstarif zwingend ist.

303 Vgl. Günther, B.P. (1998), S. 316f.

Tabelle 7: Preisdifferenzierungen und Wertschöpfungsstufen der Postmärkte

	WERTSCHÖPFUNGSSTUFEN			
PREISDIFFERENZIERUNG	Annahme	Sortierung	Transport	Zustellung
Massen- und Einzelannahme	■	□	□	□
Unterschiedliche Formate, Gewichte, Werte	◘	■	■	◘
Orts-, Regional- und Fernbeförderung	◘	■	■	□
Laufzeitziel schnell oder langsam	□	■	■	□
Vorsortierung und andere Vorleistungen	□	■	■	◘
Massensendungen für Zustellbereiche	□	□	□	■
Unterschiedlich attraktive Zustellbereiche	□	□	□	■
Großkunden-, Postfach- und Flächenzustellung	□	□	□	■
■ = hohe Relevanz	◘ = mittlere Relevanz			□ = niedrige Relevanz
Quelle: Eigene Darstellung, in Anlehnung an Günther, B.P. (1998), S. 317.				

Sind die Kostenstrukturen, die hinter den Differenzierungsmerkmalen stehen, auch für die Kunden nachvollziehbar, wird der mögliche Vorwurf, es handele sich um ein „Tarifchaos", nicht aufkommen, da die Tarife verständlich anstatt irreführend wären.

Die in Tabelle 7 illustrierten Preisdifferenzen kommen nur zum Tragen, wenn auf den spezifischen nationalen Postmärkten die in der linken Spalte der Tabelle aufgeführten Kostentreiber eine Rolle spielen. Eigenschaften der Topografie oder Demografie wie die Unterschiede in der Attraktivität der Zustellbereiche oder die Nachfragerwünsche bezüglich Laufzeit können von Land zu Land sehr unterschiedlich sein.

H Folgen des offenen Dienstezugangs für die Deutsche Post AG

Um das Ziel eines effizienten Wettbewerbs auf dem Postsektor zu verwirklichen, sichert das Postgesetz neben einem freien Zugang zum Markt auch diskriminierungsfreie Zugangsmöglichkeiten zu den Diensten der marktbeherrschenden Anbieter. Letztere, aller Wahrscheinlichkeit nach die Deutsche Post AG, wird ihren Konkurrenten kaum freiwillig einen entsprechenden Zugang anbieten. Um aber alle in Frage kommenden volkswirtschaftlichen Effizienzvorteile ausschöpfen zu können, sollen die Kunden bzw. Konkurrenten ihre effizienter erbrachten teilleistungsrelevanten Vorleistungen mit Teilleistungen der Deutschen Post AG kombinieren können.

Die *Festlegung von Entgelten* über die (Mit-) Benutzung der vorhandenen Netze verstärkt den naturgemäß bestehenden Interessengegensatz zwischen dem Netzinhaber einerseits und den Zugangsuchenden andererseits. Da der Netzinhaber durch die Preise für Teilleistungen auch einen Teil seiner Gemeinkosten für die Netzbereitstellung decken möchte, der Zugangssuchende hingegen an möglichst niedrigen Preisen interessiert ist, versucht das Postgesetz hier, eine Brücke zwischen den gegensätzlichen Interessen mit dem Gebot des § 28 (2) 2 zu schlagen, wonach bei der Genehmigung bzw. Überprüfung der Preise für Teilleistungen die anteiligen Kosten der gesamten Beförderungskette angemessen zu berücksichtigen sind.

Verrichtet ein Konkurrent eine Wertschöpfungsstufe zu einem Preis, der unter den Erstellungskosten der Deutschen Post AG liegt, sollte jedoch auch die Deutsche Post AG die Möglichkeit besitzen, auf diese günstigere Teilleistung zurückgreifen zu können. Die Reziprozitätspflicht fehlt hier aber; gesetzlich ist nur der Zugang zum Netz des marktbeherrschenden Unternehmens sichergestellt. Die Pflicht zum *gegenseitigen* Dienstezugang wäre aus Allokationsgesichtspunkten jedoch volkswirtschaftlich effizienter. Verhandlungslösungen bieten hier einen Ausweg an, stellen aber nur eine freiwillige Verpflichtung dar. Ist die Fremderstellung einer Wertschöpfungsstufe kostengünstiger als die Eigenerstellung dieser Dienstleistung durch die Deutsche Post AG, würden die durch diesen Teilleistungswettbewerb vermiedenen Kosten ihre Gewinne erhöhen. Dieses Argument beruht auf dem Prinzip der Kosteneffizienz.[304]

Ist die Summe der Kosten der Konkurrenten und der Deutschen Post AG bei der gemeinsamen Bereitstellung des Briefdienstes geringer als wenn die Deutsche Post AG diesen Dienst alleine bereitstellen würde, so ist diese gemeinsame Bereitstellung volkswirtschaftlich wünschenswert und sollte daher gesetzlich möglich sein bzw. von der RegTP forciert werden.[305] Ist jedoch die Erstellung eines vertikal integrierten Dienstes allein durch die Deutsche Post AG günstiger, bedeutet dies nicht automatisch, dass vertikal integrierte Dienste aufgrund einer zentralen Koordination effizienter erbracht werden. *Koordination* entsteht nicht zwangsläufig aus gemeinsamem Besitz und Kontrolle. Eine effizientere Koordination könnte aus jedem unabhängigen Diensteanbieter resultieren, dessen Schnittstellen mit denen anderer Anbieter kompatibel sind. Außerdem haben untereinander im Wettbewerb stehende, überschaubare Unternehmen einen Anreiz zu gerechterer Personalentlohnung und der Vermeidung von z.B. Streiks.[306] Die *Kompatibilität* der Übergabepunkte der Sendungen führt also dazu, dass mehrere Wettbewerber dauerhaft im Markt bestehen können. Sie fördert aber nicht nur den Wettbewerb, sondern ist auch für die Unternehmen von Vorteil. Eine Strategie jederzeitiger Kompatibilität senkt das Risiko ruinösen Wettbewerbs; dabei steigen sowohl die aggregierten Unternehmensgewinne, als auch die Konsumentenrenten.[307] Sie wäre also aus volkswirtschaftlicher Sicht effizient.[308]

Die im Postgesetz fixierte Pflicht zum Teilleistungszugang fördert also den Wettbewerb und damit die volkswirtschaftliche Effizienz. Die Deutsche Post AG sollte dabei nicht übersehen, dass sie trotz der Pflicht, ihren Konkurrenten bzw. Kunden Zugang zu ihrem Netz zu gewähren, durch die Setzung effizienter Preisdifferenzierungen die auf dem Markt nachgefragten Sendungsvolumina leicht zu ihrem Vorteil ausweiten könnte.

---

304 Es macht hier keinen Unterschied, ob der Marktsasse Gewinn- oder Wohlfahrtsmaximierung als Ziel verfolgt Vgl. auch Panzar, J.C. (1993), S. 95f. und Hudgins, E.L. (1996b), S. xxi.

1998 plante die Deutsche Post AG die Vergabe der Postzustellung an Fremdfirmen mit Hilfe von Ausschreibungen. Ungefähr 10% der Zustellbezirke der Deutschen Post AG wären davon betroffen, eine Pilotphase in Freiburg wurde erfolgreich abgeschlossen. Die Deutsche Post AG rechnete mit einem Einsparpotenzial durch Outsourcing von rund 30%. Die Postgewerkschaft drohte mit Streik. Als problematisch erwiesen sich auch die Arbeitsbedingungen bei den beauftragten Unternehmen, insbesondere die erheblich niedrigere Bezahlung der Zusteller. Vgl. Höhn, H. (1998a), S. 1 und (1998b), S. 3.

305 Vgl. Crew, M.A. / Kleindorfer, P.R. (1995), S. 118f., 122.

306 Vgl. Adie, D.K. (1996), S. 124, 127.

307 Vgl. o.V. (1999b), S. 20.

308 Die Deutsche Post AG jedoch wird an dieser Stelle als marktbeherrschender Anbieter eine gegensätzliche Ansicht vertreten.

IV. TEIL: DAS POSTGESETZ, DER WETTBEWERB UND DIE DEUTSCHE POST AG – EIN RESÜMEE

Ziel der vorliegenden Arbeit war es, anhand einer ökonomischen Analyse der theoretischen Ansätze zur Preisregulierung und des deutschen Postgesetzes eine Beurteilung zu ermöglichen,

- ob die Macht der marktbeherrschenden Deutschen Post AG mit den im Postgesetz tatsächlich festgelegten Grundversorgungs- und Preisregulierungsverfahren beschränkt wird,
- inwieweit davon die Wettbewerbsfähigkeit der Deutschen Post AG betroffen ist und
- inwiefern das Postgesetz folglich dem Wettbewerb zuträglich ist.

In diesem letzten Teil der Arbeit sollen die wesentlichen Ergebnisse der ökonomischen Analyse des Postgesetzes sowie die sich daraus ergebenden Folgen für die marktbeherrschende Deutsche Post AG noch einmal resümiert werden.

Da die europäische Entwicklung im Postsektor in den letzten Jahren das Ziel verfolgte, den bislang monopolisierten Markt der Briefdienste für den Wettbewerb zu öffnen, leiteten die Verantwortlichen in Deutschland über mehrere Postreformen eine Privatisierung des ehemals öffentlichen Unternehmens Deutsche Bundespost hin zur heutigen Deutschen Post AG ein und ließen sie in kleinen Schritten am Wettbewerb in den verschiedenen Postdienstmärkten teilhaben. Zuletzt wurden mit der Verabschiedung des neuen Postgesetzes am 22. Dezember 1997 die Bedingungen für die finalen Phasen dieses langwierigen Prozesses der Marktöffnung im Postsektor fixiert.

Zu diesen Konditionen gehört die Etablierung der Regulierungsbehörde ebenso wie die Einführung einer auf fünf Jahre befristeten Exklusivlizenz für die Deutsche Post AG für Sendungen unter 200 g mit einem Preis von bis zu 5,50 DM. Die Exklusivlizenz beinhaltet im Wesentlichen die ertragreichen Standardbriefsendungen und dient zur Finanzierung der Altlasten, welche die Deutsche Post AG als Erbe aus ihrer Vergangenheit als öffentliches Unternehmen übernahm. Insofern ist auch heute noch vom „Postmonopol" die Rede, welches aber nach dem Willen des Gesetzgebers mit dem Ablauf des Jahres 2002 endgültig fallen soll. Wird die Exklusivlizenz nicht verlängert, ist für die Zeit danach mit regem Wettbewerb und einer Senkung der Posttarife zu rechnen, was sich schon auf den benachbarten Märkten der verschiedenen Wettbewerbsdienste zeigt. Die bereits existierenden Konkurrenten bereiten sich bis zum Jahr 2003 auf die völlige Marktöffnung vor und werden ihre bis dahin gesammelten Erfahrungen auch auf den Briefdienstmarkt übertragen.

Damit der monopolisierte und nach Ablauf der Exklusivlizenz zumindest marktbeherrschende Anbieter Deutsche Post AG gegenüber seinen Wettbewerbern keine unfairen, d.h. nicht mit dem Wettbewerb zu vereinbarenden Preise setzen kann, unterliegen letztere der Genehmigung und Überprüfung durch die Regulierungsbehörde. Sie werden anhand des Maßstabsverfahrens, also einer Price-Cap-Regulierung, oder aus den Kosten der effizienten Leistungsbereitstellung anhand eines kostenbasierten Ansatzes bestimmt.

Das Postgesetz regelt auch die Sicherstellung der universalen Versorgung mit Postdienstleistungen. Wird die Bedienung eines Gebietes eingestellt, kann die RegTP einen marktbeherrschenden Postdienstleister dazu verpflichten, das vernachlässigte Gebiet zu bedienen, oder sie kann dieses Gebiet ausschreiben.

Ebenso wurde im Postgesetz fixiert, dass marktbeherrschende Anbieter ihren nicht marktbeherrschenden Konkurrenten Zugang zu wesentlichen Einrichtungen ihres Netzes, wie Postfächer und Adressänderungen, ermöglichen müssen. Können sich Zugangsuchende und die Deutsche Post AG hinsichtlich der für den Zugang zu diesen Einrichtungen oder Teilleistungen zu entrichtenden Preise nicht einigen, kann die RegTP als Schlichtungsstelle angerufen werden und diese Preise festlegen.

Die ökonomischen Auswirkungen dieser Entwicklungen werden nun noch einmal zusammenfassend dargestellt.

A Die Einschränkung der Marktmacht der Deutschen Post AG durch im Postgesetz fixierte Grundversorgungs- und Preisregulierungsverfahren

Vom Marktsassen Deutsche Post AG wird erwartet, dass sie die Preise für Wettbewerbsdienste senkt, neue Produkte einführt, und in aggressive Werbekampagnen investiert.[1] Um in diesem Zusammenhang zu verhindern, dass sie unlauteren Wettbewerb in Form nicht marktgerechter Investitionen und der Setzung räuberischer Preise betreibt, unterliegen die Preise und Gewinnaufschläge der Deutschen Post AG als marktbeherrschendem Unternehmen der Entgeltgenehmigung und –überprüfung durch die RegTP. Letztere hat ebenso die Aufgabe, die Sicherstellung einer flächendeckenden Grundversorgung mit Postdienstleistungen (Universaldienst) zu *erschwinglichen Preisen* zu sichern.

1 Die Sicherstellung des Universaldienstes

Die Deutsche Post AG als Marktsasse und Inhaberin der Exklusivlizenz versorgt derzeit das gesamte Gebiet der Bundesrepublik Deutschland mit Postdienstleistungen. Stellt sie jedoch die Versorgung eines Teilgebietes ein, kann die RegTP einen auf einem benachbarten Gebiet marktbeherrschenden Lizenznehmer dazu verpflichten, den entsprechenden Dienst zu erbringen. Während der Laufzeit der Exklusivlizenz kann hierfür nur die Deutsche Post AG verpflichtet werden; in aller Regel wird sie auch danach noch der marktbeherrschende Anbieter auf einem benachbarten Gebietes sein und auf diese Weise zum Zuge kommen. Wird ihr die Pflicht zur Versorgung des vernachlässigten Gebietes administrativ auferlegt, kann sie einen finanziellen Ausgleich von der RegTP verlangen, wenn die Erträge aus dem betreffenden Gebiet die entsprechenden Kosten nicht decken. Um einen derartigen Ausgleich zu erhalten, muss sie ihre Kostensituation offen legen, damit anhand der Kosten der effizienten Leistungsbereitstellung und evtl. unter Heranziehung eines Vergleichsmarkts die Höhe der Ausgleichsleistung festgelegt werden kann.

---

1 Vgl. Kovacic, W.E. (1995), S. 45. Die Werbeinvestitionen in sowohl Print-, als auch TV-Medienkampagnen sind bereits deutlich sichtbar. Dazu passt auch das Formel-1-Engagement in Form des Werbevertrags mit dem Jordan-Team und H.H. Frentzen. Vgl. Mahnke, H.-J. (1999b), S. 19; o.V. (1999y), S. 1 und Gotta, F. (1999), S. 19.

Neben der administrativen Vergabe des vernachlässigten Gebietes kann die RegTP die Versorgung dieses Gebietes auch ausschreiben. Sie wird diese Möglichkeit i.d.R. vorziehen, wenn erkennbar ist, dass auch ein oder mehrere nicht marktbeherrschende(s) Unternehmen in der Lage sein könnte(n), das vernachlässigte Gebiet, evtl. mit einer Ausgleichsleistung, günstiger zu versorgen als der marktbeherrschende Anbieter Deutsche Post AG. Im Falle der Ausschreibung erhält nach dem Postgesetz derjenige Bieter den Zuschlag, der den niedrigsten finanziellen Ausgleich zur Versorgung des Gebietes fordert. Aufgrund der negativen Erfahrungen[2] mit einem derartigen Niedrigstpreisverfahren im öffentlichen Sektor wird in dieser Arbeit jedoch das Zweitpreisverfahren aufgrund der Ergebnisse aus der Spieltheorie als volkswirtschaftlich effizientere Lösung empfohlen, da es in diesem Fall zu insgesamt niedrigeren Geboten käme. An dieser Stelle führt das im Postgesetz fixierte Ausschreibungsverfahren also zu überhöhten Geboten und daher zu einer teureren, ineffizienten Versorgung des Marktes.

Damit diese über Ausgleichsleistungen und Ausschreibungsgebote zu finanzierende Bedienung dieser Gebiete nicht auf Kosten des allgemeinen Staatshaushalts erfolgt, sind alle Lizenznehmer des Postsektors, deren Umsatz jährlich mehr als eine Million DM beträgt, dazu verpflichtet, durch Ausgleichsabgaben in den Ausgleichsfonds zur Finanzierung der Versorgung dieser Gebiete beizutragen. Dieser intrasektorale Fonds ist effizient, wenn alle unterversorgten Gebiete ausgeschrieben werden und keiner administrativen Vergabe unterliegen.

2 *Einschränkung der Marktmacht durch Preisregulierung*

Für die Preisregulierung der Briefdienste ist für den Regelfall das Maßstabsverfahren vorgesehen. Dieser in der Literatur als Price-Cap-Verfahren bezeichnete anreizkompatible Mechanismus stellt bei der Überführung eines Monopols in den Wettbewerb ein zweckmäßiges Verfahren dar, um monopolistisch überhöhte Preise im Zuge einer Effizienzsteigerung an das Wettbewerbsniveau anzupassen.

Können einzelne Dienste jedoch nicht mit anderen Dienstleistungen zu einem Korb zusammengefasst werden, da z.B. noch keine Erfahrungswerte hinsichtlich ihrer Nachfrageelastizität vorliegen, welche als Kriterium für die Zusammenlegung zu Körben dient, wird das Konzept der effizienten Leistungsbereitstellung angewendet. Hierbei werden die Erstellungskosten des Dienstes anhand der langfristigen inkrementellen Kosten (LRIC) zuzüglich eines angemessenen Gewinnzuschlags mit einem kostenbasierten Ansatz ermittelt und auf dieser Grundlage die Preise für den entsprechenden Dienst genehmigt.

Da bei Anwendung eines kostenbasierten Ansatzes eine verursachungsgerechte Zuschlüsselung der Gemeinkosten angestrebt wird, scheiden die traditionellen Methoden regulatorischer Aufteilungsschlüssel a priori aus der Liste der anwendbaren Konzepte aus. Da die Deutsche Post AG bereits alle Einwohner Deutschlands zu ihren Kunden zählen darf, können die Kosten auch nicht auf der vermeidbaren Basis geschätzt werden. Vielmehr muss mit Ingenieurstudien oder einer Prozesskostenrechnung gearbeitet werden, deren Ziel es ist, eine verursachungsgerechte Auftei-

---

2 I.d.R. werden überhöhte Gebote abgegeben, d.h. die Erstellung erfolgt nicht zu den günstigsten Kosten.

lung der Gemeinkosten des Unternehmens zu erreichen. Auch in diesem Fall kann die RegTP einen Vergleich mit anderen Märkten bzw. Unternehmen auf vergleichbaren Märkten durchführen.

3 Die Preisregulierung bei Teilleistungen

Sollen in Verbindung mit dem gesetzlich fixierten offenen Dienstezugang zu wesentlichen Einrichtungen des marktbeherrschenden Lizenznehmers die Preise für *Teilleistungen* bestimmt werden, bietet sich hierfür die effiziente Komponentenpreisbildung an. Die RegTP tritt in diesem Zusammenhang als Schlichtungsstelle nur dann in Aktion, wenn sich die Anbieter nicht selbst über einen Preis einigen können. Die von der Deutschen Post AG als marktbeherrschendem Anbieter festgelegten Zugangspreise zu ihrem Netz unterliegen somit auch dem Einfluss der RegTP.

Je mehr anreizorientierte Aspekte, wie das Price-Cap-Verfahren bei den Preisregulierungsmethoden oder Ausschreibungen zur Bestimmung des effizientesten Universaldienstleisters, in der künftigen Regulierungspraxis angewendet werden, desto effizientere Ergebnisse wird die Preisregulierung des Postmarktes vorweisen können.

Die Marktmacht der Deutschen Post AG wird somit mit den im Postgesetz fixierten Grundversorgungs- und Preisregulierungsverfahren durch die Exklusivlizenz derzeit einerseits gefördert, andererseits jedoch durch die Macht der RegTP und die Zugangsberechtigungen der Konkurrenten ausgehöhlt.

B Herausforderungen für die Deutsche Post AG im Wettbewerb

Für die Deutsche Post AG bedeutet diese Begrenzung ihrer Marktmacht, dass sie ihre Strategien in jeder Hinsicht neu ausrichten muss, da sie der neue Wettbewerb vor in Deutschland noch nie dagewesene Herausforderungen stellt.

1 Chancen für die Deutsche Post AG

Die Chancen für die Deutsche Post AG liegen in der strategischen, organisatorischen und internationalen Ausrichtung sowie in der Anpassung ihrer Führungssysteme und der Unternehmensverfassung.

1.1 Strategische Neuausrichtung

Grundlage jeder strategischen Neuausrichtung muss ein klares Verständnis davon sein, wie sich das Unternehmen zukünftig gegenüber seinen Kunden und Wettbewerbern positionieren möchte. Dieses Verständnis wird durch die Unternehmensstrategie geschaffen. In einer Wettbewerbsgesellschaft sind marktorientierte Strategien der Schlüssel zum Erfolg. Die Deutsche Post AG wird bei dieser Neuausrichtung mit einem Dilemma konfrontiert: Sie muss sich auf Markt- und Wettbewerbsbedingungen einstellen, die es noch nicht gibt. Sie kann also nur Maßnahmen ergreifen, die auf Annahmen über die zukünftige Entwicklung der Wettbewerbslandschaft beruhen oder die der Vorbereitung auf den zukünftigen Wettbewerb dienen. Insofern kann in diesem Zusammenhang eher von einer Transformationsstrategie als von einer konkreten Wettbewerbsstrategie gesprochen werden.[3]

---

3 Vgl. Hungenberg, H. / Hutzschenreuther, T. (1998), S. 12.

Neue Technologien und die Internationalisierung der Weltwirtschaft führen gerade in alten Branchen zu massivem Wettbewerb. Wettbewerb ist dabei aber nur ein Faktor. Soll der Briefdienstmarkt funktionieren, müssen die verschiedenen Unternehmen auch kooperieren, um miteinander konkurrieren zu können. Für eine erfolgreiche Strategie ist Kooperation also ebenso wichtig wie Wettbewerb. Hierzu sollte zuerst an der Suche nach Möglichkeiten, dies ohne staatliche Eingriffe zu erreichen, angesetzt werden.[4]

Zur strategischen Neuausrichtung gehört auch die Definition der eigenen Ziele hinsichtlich Qualitäts- und Kundenorientierung sowie Kostensenkung.

Qualitätsorientierung
Soll von einer Preissenkung abgesehen werden, stellt eine Qualitätserhöhung der Dienste der Deutschen Post AG, die sich nicht in steigenden Preisen niederschlägt, aufgrund der im Vergleich bereits hohen Preise für die Briefbeförderung die einzig wirksame Methode dar, gegenüber Konkurrenten, die sich eher als „Billiganbieter" etablieren dürften, wettbewerbsfähig zu bleiben.[5] Die Deutsche Post AG übererfüllte zwar stets die ihr bislang staatlich auferlegten Mindestqualitäten, jedoch könnte sich dieses Qualitätsniveau im Wettbewerb zumindest teilweise als nicht nachfragekonform erweisen. So gibt es bereits eine Nachfrage nach taggleicher Zustellung von Sendungen. Einige Konkurrenten der Deutschen Post AG mussten sich darauf schon aufgrund der Lizenzbedingungen spezialisieren: Sie dürfen nur dann Briefsendungen befördern, wenn die Qualität ihrer Dienste deutlich von der Qualität der Dienste der Deutschen Post AG abweicht. Ebenso wenig ist die Nachfrage nach Beförderungsleistungen zu unterschätzen, bei denen von vornherein feststeht, dass der Empfänger die Sendung zur Zeit der Auslieferung nicht in Empfang nehmen kann und die Sendung z.B. vor der Wohnungstür hinterlassen werden soll; die Deutsche Post AG dagegen ist auch bei Vorliegen eines derartigen ausdrücklichen Wunsches des Versenders nicht befugt, Sendungen bei Abwesenheit des Empfängers aus der Hand zu geben. Die Konkurrenten der Deutschen Post AG gewinnen auch durch diese „Leistung" Marktanteile.

Der gute Ruf der bisherigen Qualitätsorientierung der Deutschen Post AG – gemessen an den staatlich auferlegten Normen, nicht am Wettbewerb – zeigt sich in einem Gerichtsurteil des Landesarbeitsgerichts Köln. Danach dürfe sich der Absender einer Sendung ohne weiteres auf die Einhaltung der für den Normalfall von der Deutschen Post AG festgelegten Brieflaufzeiten verlassen. Trifft ein fristgebundenes Schriftstück dagegen trotz Zusage einer pünktlichen Auslieferung durch einen privaten Kurier-

---

Natürlich basiert eine Unternehmensstrategie auf einer vernünftigen Marktforschung. Ob es jedoch Sinn macht, wie in der Leitregion 57 geschehen, Pensionäre brieflich dazu aufzufordern, „regelmäßig alle Informationen über von Wettbewerbern zugestellte Sendungen" der Deutschen Post AG zukommen zu lassen, und sich bei ihnen dafür mit einem „Postwertzeichen-Jahrbuch mit druckfrischen Postwertzeichen im Wert von über Hundert DM" zu bedanken, sei dahingestellt. Unter den Angeschriebenen waren viele Pflegefälle im weit fortgeschrittenen Alter. Vgl. o.V. (1998n), S. 32.

4 Vgl. Thurow, L.C. (1988), S. 863f.

5 Vgl. von Weizsäcker, C.C. (1988), S. 20f. und Dicke, H. u.a. (1995), S. 12.

dienst zu spät bei Gericht oder Behörde ein, ist der Absender dafür verantwortlich, wenn er sich ohne weitere Nachprüfung auf das Versprechen verlassen hat.[6]

Im Paketsektor zeigte eine Studie jedoch auf, dass die Konsumenten bei den *Konkurrenten* der Deutschen Post AG hinsichtlich Zuverlässigkeit, Zustellqualität, Wahrung des Postgeheimnisses und Laufzeit von Paketen *bessergestellt* werden. Nur bei den Preisen der Deutschen Post AG können die Konkurrenten nicht mithalten.[7] Nach Meinung der Wettbewerber quersubventioniert die Deutsche Post AG ihren Paketdienst mit Mitteln, die mit der Exklusivlizenz im Briefsektor erwirtschaftet werden.

Kundenorientierung

Eine zunehmende Kundenorientierung des ehemals nationalen Postdienstleisters beinhaltet eine Umstrukturierung der Tarife: Die Tarifstruktur sollte die Kostenstruktur der Postdienstleister reflektieren. Orientieren sich die Preise nicht an der Kostenstruktur, werden einige Kunden stets auf Kosten anderer Kunden diskriminiert. Außerdem sollten die Möglichkeiten zur Arbeitsteilung zwischen der Post und ihren Kunden und Konkurrenten ausgebaut werden. Ebenso sollte der elektronische Wettbewerb nicht nur als Bedrohung, sondern auch als Herausforderung für die Deutsche Post AG gesehen werden, die mit einer adäquaten Strategie, z.B. in Form von Preisdifferenzierungen, angegangen werden muss.[8] Wie die Erfahrung anderer Länder und die Preissetzung bei internationalen Sendungen zeigt, existiert ein Kundeninteresse an der Möglichkeit, bei Preissenkungen längere Laufzeiten der Sendungen in Kauf zu nehmen.

Die Kundenorientierung als vorrangiges Transformationsziel der Deutschen Post AG muss sich gleichermaßen im Leistungsangebot – Qualität, Innovation und Differenzierung – ausdrücken, wie in der persönlichen Behandlung jedes einzelnen Kunden.[9]

Die Deutsche Post AG aber macht sich jedoch erst Sorgen über die Versorgung ihrer Kunden, seitdem andere Unternehmen auftauchen und diese Kunden besser versorgen.[10] So stellt die Aufstellung von Briefkästen in Bremens Straßenbahnen und die Zustellung der dort eingeworfenen Sendungen bis 24 Uhr am gleichen Tag im Großraum Bremen eine Antwort auf private Kurierdienste dar.[11] Die von Konkurrenten der Deutschen Post AG eingeführten Sendungsverfolgungssysteme wurde mittlerweile auch von ihr implementiert, um im Kampf um die Kunden mithalten zu können.

Nach dem *Deutschen Kundenbarometer* sind die Privatkunden der Briefpost mit dem Beschwerdemanagement zu 59% *un*zufrieden: Beschweren sich jedoch Kunden über verspätete Sendungen, so sollten sie nicht lediglich mit einem Hinweis auf eine Studie zur Laufzeitmessung abgespeist werden.[12]

---

6 Vgl. o.V. (1999e), S. 143.

7 Vgl. Elsenbast, W. (1996b), S. 24.

8 Vgl. Plum, M. (1997), S. 286.

9 Vgl. Hungenberg, H. / Hutzschenreuther, T. (1998), S. 13.

10 Vgl. Bovard, J. (1990), S. 22.

11 Dieser Pilotversuch wendet sich hauptsächlich an Berufspendler, die auf dem Heimweg noch Geschäftspost verschicken wollen. Vgl. o.V. (1999r), S. 132. Oft werden diese sonst von privaten Kurierdiensten in den Abendstunden ausgeliefert.

12 Vgl. Pritzl, T. (1998), S. 140; Hildebrandt, A. (1997), S. 13 und o.V. (1997), S. 13.

Kostensenkung

Der intensivierte Wettbewerb zwingt Unternehmen zu effizientem Kostenmanagement und der schlanken Gestaltung unternehmerischer Kernprozesse.[13]

Als Monopolanbieter befindet sich die Deutsche Post AG im internationalen Vergleich und in der Gegenüberstellung zu potenziellen Konkurrenten in einer ungünstigen Kostensituation. Die Personalkosten sind durch die ineffizienten Arbeitsweisen, die aus der öffentlichen Verwaltung erhalten blieben, unvertretbar hoch; gleichzeitig führte das Fehlen unternehmerischer Planungs- und Kontrollsysteme zu massiven Überinvestitionen, die zu enormen Belastungen bei den Kapitalkosten führen. Diese Kosten müssen auf ein „halbwegs" konkurrenzfähiges Niveau gesenkt werden.[14]

1.2 Organisatorische Neuausrichtung

In einer sich fortwährend ändernden Umwelt unterliegen Unternehmen dem ständigen Zwang, sich bei der Organisationsgestaltung an veränderte Wettbewerbssituationen anzupassen, um Transaktionskosten einzusparen und so ihre Konkurrenzfähigkeit zu sichern. Das Ziel dynamischer Unternehmen besteht also darin, diesen Anpassungsdruck durch Produkt- und Prozessinnovationen und –imitationen bestmöglich zu beantworten und gleichzeitig selbst die Unternehmensumwelt aktiv zu beeinflussen. Dies lässt sich ohne Veränderungen im Unternehmen selbst nicht erreichen. Daraus folgt die Anforderung, dass auch die Organisationsstruktur der Deutschen Post AG einem fortwährenden geplanten Wandel unterliegen muss. Die Anpassungsfähigkeit der Organisation ist ein wichtiger Erfolgsfaktor für die Sicherung von Wachstum und Rentabilität. Der permanente Wettbewerbsdruck zwingt sie also fortwährend dazu, diejenige Kombination lateraler (d.h. marktlicher) und hierarchischer (d.h. unternehmensinterner) Organisationsgestaltung zu suchen, die ihre Koordinationskosten (Such-, Informations-, Entscheidungs-, Kontroll- und Konfliktkosten) minimiert.[15]

Das effektivste Mittel, die Verantwortung der Deutschen Post AG zu verbessern, ist Wettbewerb. Er gibt den Managern und Beschäftigten den Anreiz, einen zufriedenstellenden Service zu einem konkurrenzfähigen Preis zu bieten. Die Beschäftigten müssen verstehen, dass ihre Arbeitsplätze von der Kundenzufriedenheit abhängen.[16]

Das Problem des derzeitigen Systems sind aber weniger die Beschäftigten der Deutschen Post AG, sondern vielmehr das institutionelle Arrangement und die Anreize, unter welchen sie arbeiten müssen. Volle Marktanreize wären hier von Vorteil.[17]

---

13 Vgl. Jeschke, K. (1998), S. 369.

14 Vgl. Hungenberg, H. / Hutzschenreuther, T. (1998), S. 13.

15 Vgl. genauer bei Albach, H. (1988), S. 80f.

16 Vgl. Rohrabacher, D. (1996), S. 116. Ein weiterer, schwer quantifizierbarer Vorteil der Privatisierung kann der gesteigerte Anreiz sein, der aus der laufenden Kursmessung der Aktien resultiert. Im Allgemeinen wird die Erfolgsmessung der Organisation in Abhängigkeit von den Aktienkursen nicht alle Probleme der Deutschen Post AG lösen können; sie erlaubt es dem Management jedoch, die Konsequenzen einiger seiner Entscheidungen besser zu verstehen. Vgl. Cote, L.M. / Takis, W.M. (1997), S. 348.

17 Vgl. Ferrara, P.J. (1996), S. 30. In Privatunternehmen haben Manager zwei Anreize, um die Gewinne des Unternehmens zu maximieren. Zum einen können sie meist Teile der Gewinne ihres Handeln entweder direkt durch ihre Teilhaberschaft, oder indirekt mittels Boni etc. behalten. Zum

1.3 Internationale Ausrichtung

Der internationale Logistikmarkt durchläuft derzeit eine Phase dramatischer Neuausrichtung. Der beobachtbare rasante Konzentrationsprozess wird vor allem durch zwei Faktoren ausgelöst. Zum einen kommt die Europäisierung und Globalisierung der Wirtschaft zum Tragen, und der zweite Hauptfaktor ist in der Deregulierung der Transport- und der europäischen Postmärkte im speziellen zu sehen.[18]

Um bei der vollständigen Liberalisierung auf dem europäischen Markt von vornherein als European Player dabei sein zu können, bereiten sich die Kurier-, Express- und Paket-Unternehmen (KEP-Unternehmen) bereits mit internationalen Partnern auf diesen bislang noch monopolisierten Markt vor. Während die privaten Wettbewerber längst grenzüberschreitende, durchgängige Systemstrukturen aufgebaut haben, mit denen sie gegenüber den früher staatlichen Postgesellschaften im Vorteil sind, bleibt letzteren nichts anderes übrig, als sich durch Engagements außerhalb ihrer Heimatmärkte zu europäisieren.[19]

Dabei ist davon auszugehen, dass sich im europäischen Markt für Post- und KEP-Dienstleistungen langfristig fünf, eventuell maximal sieben Anbieter erfolgreich etablieren können. Das war das Resümee des 5. Europäischen KEP-Kongresses des Deutschen Verkehrsverlags. Die fünf KEP-Giganten sind neben der Deutschen Post AG die Postgesellschaften Frankreichs, Großbritanniens und der Niederlande sowie der US-Integrator United Parcel Service.[20]

Das Heimatland der Deutschen Post werde Europa sein müssen, erklärte der Vorstandsvorsitzende der Deutschen Post AG, Dr. Klaus Zumwinkel, zum Fernziel. Dies will er im Frachtbereich durch gezielte Beteiligungen, Kooperationen und Neugründungen geeigneter Logistikunternehmen erreichen; oberste Priorität gilt dabei einem hohen Qualitätsstandard. Neben der Präsenz in einzelnen Ländern zählt auch die Produkt- und Angebotspalette. Das Wettbewerbsumfeld erfordert, dass die Briefdienstleister die *gesamte* Palette integrierter Logistikdienstleistungen weltweit abdecken können.[21]

---

anderen sinkt der Marktwert des Unternehmens unter ihr Potenzial, wenn die Manager es verfehlen, die Gewinne des Unternehmens zu maximieren, und Außenstehende könnten das Unternehmen kaufen, das Management auswechseln und daran anschließend Gewinne erzielen. Vgl. Abbott, T.A. III (1993), S. 256.

Einen Erfolg ihrer Strategie konnte die Deutsche Post AG bereits verbuchen: Ihr flächendeckendes Filialnetz und ihre geschlossene EDV-Struktur ermöglicht es ihr, Konzerttickets via Schalter und Mailorder zu verkaufen. Vgl. o.V. (1998e), S. 154.

18 Vgl. Freinik, J. (1999), S. 61 und Walkhoff, H. (1995), S. 234 – 236.

19 Vgl. z.B. Haupenthal, F. (1999), S. 63; o.V. (1999g), S. 32; o.V. (1999h), S. 32; o.V. (1999i), S. 32; o.V. (1999j), S. 32; o.V. (1999k), S. 32; o.V. (1999l), S. 32; o.V. (1999m), S. 32; o.V. (1999n), S. 33; o.V. (1999o), S. 20; o.V. (1999p), S. 15; o.V. (1999q), S. 15; Freinik, J. (1999), S. 61 und Zumwinkel, K. (1999), S. 62.

20 Vgl. Sommer, M. (1999), S. 63; Freinik, J. (1999), S. 61; Elsenbast, W. (1996a), S. 21 und Mahnke, H.-J. (1999a), S. 21.

Die Untersuchung einer großen Bank kommt zu dem Ergebnis, dass nach der Liberalisierung des *Strommarkts* nur ein *Drittel* der deutschen Gemeinde- und Stadtwerke im Wettbewerb überleben werden. Vgl. Rödl & Partner (Hg.) (1999), S. 16.

21 Vgl. o.V. (1998a), S. 5; o.V. (1998f), S. 5; o.V. (1998j), S. 31; o.V. (1999s), S. 17; o.V. (1999u), S. 25; o.V. (1999v), S. 25; o.V. (1999w), S. 13 und Zumwinkel, K. (1999), S. 62.

Die Briefdienstleistungen, die dem Wettbewerb noch bis zum Jahresende 2002 entzogen sind, repräsentieren das mit Abstand größte Potenzial im Bereich der Brief- und KEP-Märkte. Langfristig könnte daher im Zuge der Liberalisierung dieser Märkte der Unterschied zwischen Brief- und Paketzustellung verschwinden.[22]

Die nationalen und internationalen Logistikzukäufe der Deutschen Post AG in Höhe von über 10 Milliarden DM bergen auch Risiken. Die zugekauften Logistikunternehmen müssen geordnet, die Datenverarbeitungs- und Sendungsverfolgungssysteme integriert werden. Das Geld für diese Expansionsstrategie entstammt hauptsächlich der Quersubventionierung aus den Monopolgewinnen im Briefdienst, obgleich diese nach Gesetz in Form erschwinglicher Preise für Briefdienstleistungen an die Bürger weiterzugeben sind. Die Deutsche Post AG verfügt durch ihre Exklusivlizenz über eine gesicherte Einnahmequelle. Dort erwirtschaftet sie nachweislich höhere Erträge, als für die Erfüllung der Dienstleistungsverpflichtung tatsächlich notwendig ist. Sie nutzt nach Meinung der Wettbewerber und deren Verbände also ihre gesetzlich geschützte Monopolstellung im Briefdienst dazu, gegen ihre Konkurrenten im Frachtsektor einen gezielten Verdrängungswettbewerb zu betreiben. Die Deutsche Post AG wiederum behauptet, die Unternehmenskäufe würden vor allem durch den Verkauf von Immobilien finanziert, die sie für ihren Betrieb nicht mehr benötigt, sowie durch ihren Cashflow.[23]

Für den europäischen KEP-Markt ist zu erwarten, dass sich die Wettbewerber, selbst wenn es nur fünf sein sollten, um die Gunst jedes einzelnen Kunden streiten werden. Erfahrungen in anderen Märkten (EDV, Mineralölindustrie, Automobilbranche) zeigen, dass auch eine überschaubare Zahl von Anbietern für einen ausreichenden Wettbewerbsdruck sorgen kann.[24]

1.4 Anpassung der Führungssysteme und der Unternehmensverfassung

Um den Erfolg der strategischen und organisatorischen Neuausrichtung zu sichern, sind Führungssysteme notwendig, die fortwährend geschäftsorientiertes, flexibles und ergebnisbewusstes Handeln unterstützen. Nötig sind ebenso Anstrengungen, durch die Schaffung von Planungs- und Kontrollsystemen sowie von Mitarbeiteranreiz- und Entwicklungssystemen die Führbarkeit des Unternehmens zu verbessern.[25]

Da die Deutsche Post AG die Preise nicht völlig frei setzen und somit keine höheren Gewinne erzielen darf als die RegTP ihr genehmigt, besteht eine gewisse Wahrscheinlichkeit, dass sie dem Management keine effizienten Gehaltstrukturen oder

---

Mitglieder der dänischen Postgewerkschaften ziehen einen Verkauf von Post Danmark ernsthaft ins Kalkül. Dabei wären sie einem deutschen Arbeitgeber nicht abgeneigt, sofern er bessere Arbeitsbedingungen bieten kann – sie kritisieren als Ursache vieler Streiks bei Post Danmark eine schlechte Planung und Unterbesetzungen. Vgl. Olsen, M. (1999), S. 7.

Zu Unternehmenszusammenschlüssen in den Bereichen Telekommunikation und Internet vgl. Picot, G. (1999), S. 61 – 70.

22 Vgl. Freinik, J. (1999), S. 61 und Sommer, M. (1999), S. 63.

23 Vgl. Moritz, W. (1999), S. 16; o.V. (1999x), S. 26; Paterak, J. (1999c), S. 108; Schnitzler, L. (1999a), S. 63f.; (1998), S. 100; o.V. (1998g), S. 5; Salz, J. (1999), S. 57; o.V. (1998l), S. 25; o.V. (1998m), S. 1; Wojtek, R. (1999), S. 62 und insbesondere Gröner, H. / Knorr, A. (1999).

24 Vgl. Freinik, J. (1999), S. 61 und Dobbenberg, P. (1993), S. 215.

25 Vgl. Hungenberg, H. / Hutzschenreuther, T. (1998), S. 14.

Kompensationspläne bieten kann. Da dieses Personal aber im freien Wettbewerb abwandert, wird es schwer sein, effiziente Manager bei eingeschränkten Verdienstmöglichkeiten zu halten bzw. anzuwerben. Die RegTP verlangt von der Deutschen Post AG jedoch, die effizientesten Managementpraktiken einzuführen, wenn sie eine vernünftige Verzinsung des eingesetzten Kapitals erzielen möchte, da Kosteneinsparungen erfahrungsgemäß positiv mit dem Verdienst der Manager korrelieren. Bessere Verdienstmöglichkeiten und daher einen Ansporn zu effizienter Unternehmensführung gibt es jedoch nur auf dem völlig unregulierten Wettbewerbsmarkt.[26]

Durch den Börsengang der Deutschen Post AG wird sich die Eigentümerstruktur hin zu einem Unternehmen ändern, dessen Handlungen und Ergebnisse einer Marktbewertung unterliegen. Von dieser Marktbewertung wird langfristig abhängen, ob die Deutsche Post AG die Kapitalmittel erhält, die sie für Investitionen und Strategien benötigt, die ihrerseits Voraussetzung für ein Bestehen im zukünftigen Wettbewerb sind.[27] Sie investiert daher monatlich rund zehn Millionen DM in eine TV-Werbekampagne, die ihr Image völlig ändern soll. Analysten sind bereits der Meinung, dass die Aktie der Deutschen Post AG ähnlich viel Interesse beim Publikum wie die Emission der Deutschen Telekom AG auslösen könnte.[28]

2 *Problembereiche der Deutschen Post AG unter Wettbewerb*

Der wesentliche Nachteil der Deutschen Post AG unter Wettbewerb besteht darin, dass ihre Preise möglicherweise nicht in einer angemessenen Relation zu den korrespondierenden Kosten stehen, da ihre Preisgestaltung durch behördliche Einflüsse verzerrt ist. Für neue Anbieter bestehen daher in einzelnen Regionen sowie für Kunden- und Produktgruppen erhebliche Spielräume zu einem selektiven Preiswettbewerb. Die Deutsche Post AG muss also damit rechnen, dass gerade in den attraktiven Marktsegmenten ein besonders intensiver Wettbewerb mit Preissenkungen entstehen wird.

Unter Wettbewerb ist es deshalb insbesondere wichtig, *Preisflexibilität* und die Möglichkeit zu haben, schnell mit Preisänderungen reagieren zu können.[29] Die Analyse zeigt, dass die Deutsche Post AG jedoch nicht ausreichend Flexibilität besitzt, um unreguliertem Wettbewerb gegenüberzutreten. Kann eine Knappheit nicht im Preis widergespiegelt werden, müssen Überschusskapazitäten aufgebaut werden. Eine nachfrageabhängige, flexible Preisbildung würde also zu einer niedrigeren vorgehal-

---

26 Sind zwei Unternehmen identischen exogenen Einflüssen ausgesetzt, einschließlich Inputpreise, Kundendichte, etc., dann unterscheiden sich ihre Outputpreise nur aufgrund unterschiedlicher Managementfähigkeiten. Vgl. Smiley, R. (1985), S. 111 – 113, 120.

27 Vgl. o.V. (1999b), S. 21 und Kovacic, W.E. (1994), S. 113f. United Parcel Service (UPS), Konkurrent der Deutschen Post AG im Paketbereich, ging am 9.11.1999 in New York an die Börse. Hinsichtlich des Börsenwertes steht UPS an der Spitze der in den USA jemals erfolgten Börsengänge. Analysten erwarten, dass der Börsengang von UPS auch Konkurrenten Rückenwind verschafft. Vgl. Jacobi, R. (1999), S. 33. UPS macht 83% seines Umsatzes in den USA, was rund 6% des Bruttoinlandsprodukts der USA darstellt. Die Gewinne in den USA müssen jedoch seit Jahren Verluste im internationalen Service ausgleichen. Eine Erfolgsgeschichte kann die UPS-Aktie erst schreiben, wenn das Unternehmen auch im internationalen Geschäft gut verdient. Vgl. Baumann, M. / Gorgs, C. (1999), S. 91 – 93.

28 Vgl. Paterak, J. (1999c), S. 108.

29 Vgl. Awerbuch, S. (1989), S. 67, 83.

tenen Kapazität führen.[30] Dies führt schließlich zur Elimination von Quersubventionierung. Ohne Preisflexibilität kann die finanzielle Überlebens- und Wettbewerbsfähigkeit der Deutschen Post AG gefährdet sein.[31]

Preisflexibilität einschließlich der Möglichkeit, Mengenrabatte einzuräumen, steht sowohl mit Wettbewerbsprinzipien, als auch mit der amerikanischen Praxis im Einklang, bei der Preisdifferenzierungen zwischen Kunden aus Wettbewerbs- oder Kostengründen erlaubt sind. Oft nutzte man in den USA hierfür Preisuntergrenzen, die auf den inkrementellen Kosten basieren und erkannte, dass dies Privatkunden bei der Maximierung ihres Beitrags zu den Gemeinkosten unterstützt und räuberische Preisbildung vermeidet. Kann die Deutsche Post AG die Preise also nicht so frei verändern wie ihre Konkurrenten und analoge Rabattierungen anbieten, resultiert dies in ineffizientem Eintritt von Wettbewerbern, welche die Preise für bestimmte Dienste und Kunden frei unterhalb derer der Deutschen Post AG setzen könnten, obwohl ihre Kosten oberhalb derer der Deutschen Post AG lägen. Der Eintritt von Wettbewerbern mit höheren Kosten unter einem solchen "price umbrella" könnte im Vergleich zur Fähigkeit der Deutschen Post AG, ihre Preise an das Wettbewerbsniveau anzupassen, so substanzielle Effizienzverluste durch Überkapazitäten und höhere Kosten mit sich bringen.[32]

Die Wettbewerber der Deutschen Post AG werden sich bei den von ihnen angebotenen Sendungsarten zwar auf das Geschäft mit Großkunden spezialisieren; da letztere aber nicht nur Bewohner von Ballungsräumen erreichen wollen, hat die Deutsche Post AG durch ihr Angebot einer flächendeckenden Zustellung ihnen gegenüber einen Wettbewerbsvorteil. Dieser hebt sich jedoch zumindest teilweise auf, wenn die Deutsche Post AG einem Kontrahierungszwang bei selektiver Nutzung unterliegt, d.h. Wettbewerber liefern den Teil, den sie aus Kostengründen *nicht* zustellen *wollen*, bei der Deutschen Post AG ein, die diese Sendungen dann zustellen *muss*.

C Die Förderung des Wettbewerbs durch das Postgesetz

Die Erfahrungen des Telekommunikationssektors zeigen, dass die Kombination der Wettbewerbskräfte, technologischen Veränderungen und regulatorischen Antworten für die Konsumenten zu substanziellen Nutzen in Form niedrigerer Preise und neuer Dienste führen.[33] Ähnliches zeichnet sich bereits jetzt bei der schrittweisen Öffnung der Postmärkte ab.

Das Verhalten der einzelnen Anbieter erklärt sich vor dem Hintergrund wettbewerbsstrategischer Positionierungen (Kundenzugang, Preis-/ Kostenführerschaft, Produktangebot, Internationalität, Know-how-Basis, Finanzkraft). Da kein Anbieter alle we-

---

30 Vgl. Stobbe, A. (1969), S. 12 und Crew, M.A. / Schlenger, D.L. (1985), S. 177.

31 Vgl. Abbott, T.A. III / Crew, M.A. (1994), S. 43f. Auch der USPS befürwortet eine flexiblere Preisgestaltung und Regulierung. Da ihm keine Möglichkeiten für Mengenrabatte bei potenziellen Geschäftskunden mit großen Mengen offen stehen, stellt dies für ihn einen Wettbewerbsnachteil dar, der zu erheblichen Marktanteilsverlusten führte. Ironischerweise legte sogar die Regierung der USA mit Federal Express einen Mengenrabatt von ca. 70% für Sendungen mit der Zustellung am darauffolgenden Morgen vertraglich fest. Vgl. Ware, H. (1997), S. 377.

32 Preisobergrenzen sollten nur in Bereichen eingeführt werden, in denen kein effektiver Wettbewerb existiert. Vgl. auch Ware, H. (1997), S. 379f.

33 Vgl. Kaserman, D.L. / Mayo, J.W. (1994), S. 109.

sentlichen Voraussetzungen alleine erfüllt, gehen die Wettbewerber den Weg, sich über Kooperationen mit solchen Unternehmen, die über komplementäre Stärken verfügen, auf den Wettbewerb vorzubereiten. Darüber hinaus sind die Unternehmen bestrebt, die Anzahl der autonom handelnden Marktteilnehmer und damit die Wettbewerbsintensität zu verringern. Auch die Deutsche Post AG stellt sich diesen wettbewerbsstrategischen Anforderungen. Ihr besonderer Wettbewerbsvorteil liegt in ihrer Erfahrung und im Kundenzugang. Als Marktsasse unterhält sie als einziger Anbieter Geschäftsbeziehungen zu allen Kunden und verfügt über ein flächendeckendes Zustellnetz. Die Schwächen der Newcomer liegen demgegenüber vor allem in jenen Nachteilen, die aus ihrer geringen Größe erwachsen (Flächendeckung, Degressionseffekte, Verhandlungsmacht, Know-how-Basis).

Hätte die Deutsche Post AG den gleichen Spielraum für wettbewerbliches Verhalten wie private Konkurrenten, würde eine Universaldienstverpflichtung keinen Wettbewerbsnachteil darstellen. Bei einer kostenorientierten Tarifierung einschließlich erlaubter Tarifdifferenzierung durch Vorleistungs- und Mengenrabatte etc. wäre Rosinenpicken nicht möglich. Die Deutsche Post AG hat aufgrund ihrer Erfahrung, der bestehenden Infrastruktur, des Know-hows, des flächendeckenden Angebots, ihres Rufes, des Marketings und des Markennamens, auch unter der Annahme vorliegender Ineffizienz, die vermutlich in einem gewissen Ausmaß vorliegt, Wettbewerbsvorteile. Dazu gehört auch das nur bei der Deutschen Post AG vorhandene Geflecht an internationalen Vereinbarungen im Briefverkehr. Der Wettbewerb würde die Deutsche Post AG auch zu Effizienz und Innovationen anspornen. Die Öffnung des Postsektors für den Wettbewerb hätte demnach volkswirtschaftliche Vorteile, ohne dass es zu einer Gefährdung der Grundversorgung mit postalischen Leistungen käme.

Insgesamt gesehen fördert das neue Postgesetz den Wettbewerb auf dem deutschen Postsektor, da es einerseits die Möglichkeiten zu einem Missbrauch der Marktmacht durch die Deutsche Post AG einschränkt, indem es die vom marktbeherrschenden Anbieter verlangten Preise der strengen Kontrolle und Überprüfung durch die Regulierungsbehörde unterstellt, und andererseits neu auf den Markt tretenden Wettbewerbern den Zugang zu wesentlichen Einrichtungen der Deutschen Post AG ermöglicht. Die sich langsam etablierenden Konkurrenten werden sich jedoch leider erst mit dem Ablauf der Exklusivlizenz, d.h. frühestens im Jahr 2003, ernsthaft am Marktgeschehen beteiligen können.

Einerseits erfreut sich die Deutsche Post AG an ihrer Exklusivlizenz, die sie gleichsam zur Alleinherrscherin über den deutschen Markt der Briefdienste macht. Andererseits bereitet sie sich mit großem Engagement auf ihren Börsengang vor – auf den Eintritt in den vollkommensten aller Märkte. Kann sich die Deutsche Post AG auf dem Aktienmarkt behaupten, beweist das gleichzeitig ihre Reife für einen offenen Markt der Briefdienste.

Literaturverzeichnis

Abbott, T.A. III (1993): Comments, in: Crew / Kleindorfer (1993), S. 256 – 259.

Abbott, T.A. III / Crew, M.A. (1994): Dynamic Pricing under Static Regulation. The Case of UBP, in: Crew (1994), S. 43 – 64.

Adam, D. (1998): Wiederbeschaffungswertorientierte Bewertung in der Kostenrechnung, in: Kostenrechnungspraxis, 42. Jg., S. 44 – 47.

Adie, D.K. (1989): Monopoly Mail, New Brunswick / New Jersey.

Adie, D.K. (1990): Why Marginal Reform of the U.S. Postal Service Won't Succeed, in: Ferrara (1990), S. 73 – 92.

Adie, D.K. (1996): Breaking Up the Postal Monopoly, in: Hudgins (1996b), S. 121 – 130.

Aeschbacher, W. (1995): Welche Kosten verursacht ein A-Brief?, PTT-Revue 10/95, S. 26 – 27.

Albach, H. (1988): Maßstäbe für den Unternehmenserfolg, in: Henzler (1988), S. 69 – 83.

Albach, H. / Knieps, G. (1997): Kosten und Preise in wettbewerblichen Ortsnetzen, Baden-Baden.

Albon, R. (1991a): Postal Rate-Making Procedures and Outcomes in Various Countries, in: Crew / Kleindorfer (1991c), S. 233 – 249.

Albon, R. (1991b): The Future of Postal Services, London.

Allen, J.R. (1997): Competitor Access To The Postal Pipeline. The New Zealand Experience, in: Crew / Kleindorfer (1997), S. 389 – 398.

Arbeitsgemeinschaft Selbständiger Unternehmer e.V. (1987): Mehr Marktwirtschaft im Postwesen!, Bonn.

Areeda, P. / Turner, D.F. (1975): Predatory Pricing and Related Practices Under Section 2 of the Sherman Act, in: Harvard Law Review, 88. Jg., 1975, S. 697 – 733.

Areeda, P. / Turner, D.F. (1978): Antitrust Law, Boston / Toronto.

Armstrong, M. / Doyle, C. (1994): Access Pricing, Entry and the Baumol-Willig-Rule, Discussion Paper No. 9422, Department of Economics, University of Southampton.

Arnet, M. (1996): A Regional Cost Benefit Analysis of the Universal Service in Switzerland, in: Stumpf / Elsenbast (1996b), S. 63 – 67.

Australia Post (2000): [http://www.auspost.com.au/index.asp?link_id=1.136; 01/2000].

Averch, H. / Johnson, L.L. (1962): Behaviour of the Firm under Regulatory Constraint, in: American Economic Review, Bd. 52, 1962, S. 1052 – 1069.

Awerbuch, S. (1989): Efficient Income Measures and the Partially Regulated Firm, in: Crew (1989), S. 65 – 88.

Azumi, T. (1995): On the Structure of Inter-Firm Postal Demand, in: Crew / Kleindorfer (1995), S. 191 – 205.

Azumi, T. / Umemura, K. (1995): Analysis of Economics of Scale in Small Package Carrier Service in Japan, in: Crew / Kleindorfer (1995), S. 207 – 222.

Baldry, T. (1995): Substitutionsbeziehungen zwischen traditionellen Briefdiensten und neuen Formen der Telekommunikation, Wissenschaftliches Institut für Kommunikationsdienste, Diskussionsbeitrag Nr. 149, Bad Honnef.

Baron, D.P. / Taggart, R.A. Jr. (1980): Regulatory Pricing Procedures and Economic Incentives, in: Crew (1980), S. 27 – 49.

Barton, R.A. (1990): The Need for Alternatives to the Postal Monopoly, in: Ferrara (1990), S. 103 – 105.

Basedow, J. (1991): Die Auswirkungen der Deregulierung im Transportwesen auf die Postdienste, in: Speckbacher (1991), S. 156 – 177.

Basedow, J. (Hg.) (1995): Das neue Wirtschaftsrecht der Postdienste, Heidelberg.

Basedow, J. / Jung, C. (1995): Das Postmonopol – Ökonomische Zwecke und europarechtliche Grenzen, in: Basedow (1995), S. 179 – 289.

Basedow, J. / Kieninger, E.-M. (1995): Postmärkte – Regulierungskonflikte und regulierungsbedingte Wettbewerbsverzerrungen nach Freigabe der Postmärkte für private Anbieter, in: Basedow (1995), S. 131 – 178.

Basedow, J. u.a. (1995): Postagenturen – Wirtschaftsrechtliche Rahmenbedingungen des Angebots von Postschalterleistungen durch Private, in: Basedow (1995), S. 1 – 129.

Bauer, A. (1998): Ein mutiger und riskanter Schritt der Telekom, in: Süddeutsche Zeitung Nr. 249, 29.10.1998, S. 23.

Bauer, B. (1992a): Ansätze zur Erfassung und Regulierung der Qualität in den Monopolbereichen der DBP POSTDIENST, Wissenschaftliches Institut für Kommunikationsdienste, Diskussionsbeitrag Nr. 85, Bad Honnef.

Bauer, B. (1992b): Ansätze zur Erfassung und Regulierung der Qualität in den Monopolbereichen der DBP TELEKOM, Wissenschaftliches Institut für Kommunikationsdienste, Diskussionsbeitrag Nr. 88, Bad Honnef.

Bauer, B. (1996): Möglichkeiten und Grenzen einer Qualitätsregulierung in wettbewerblichen Ausnahmebereichen des Postwesens, in: Berger / Knauth (1996), S. 289 – 312.

Baumann, M. / Gorgs, C. (1999): Global fördern, in: WirtschaftsWoche Nr. 46, 11.11.1999, S. 91 – 93.

Baumanns, M. (1996): European Postal Policy Update, in: Stumpf / Elsenbast (1996b), S. 1 – 5.

Becker, G.S. (1989): Political Competition Among Interest Groups, in: Shogren (1989), S. 13 – 27.

Benson, B.L. / Greenhut, M.L. (1986): Special Interests, Bureaucrats, and Antitrust. An Explanation of the Antitrust Paradox, in: Grieson (1986), S. 53 – 90.

Benz, A. (1997a): Privatisierung und Regulierung der Bahn, in: König / Benz (1997), S. 162 – 199.

Benz, A. (1997b): Privatisierung und Regulierung im Post- und Fernmeldewesen, in: König / Benz (1997), S. 262 – 346.

Benz, A. / König, K. (1997): Privatisierung und staatliche Regulierung – eine Zwischenbilanz, in: König / Benz (1997), S. 606 – 650.

Berg, S.V. / Tschirhart, J. (1988): Naturally monopoly regulation. Principles and Practice, Cambridge / Mass.

Berger, H. (1996): Funktion und Struktur der staatlichen Postpolitik, in: Berger / Knauth (1996), S. 315 – 333.

Berger, H. / Knauth, P. (1996): Zur Notwendigkeit einer Änderung des Ordnungsrahmens im Postsektor, in: Berger / Knauth (1996), S. 11 – 45.

Berger, H. / Knauth, P. (Hg.) (1996): Liberalisierung und Regulierung der Postmärkte, München.

Berger, H. u.a. (Hg.) (1990): Lexikon der Telekommunikationsökonomie, Heidelberg.

Besanko, D. (1985): On the Use of Revenue Requirements Regulation under Imperfect Information, in: Crew (1985), S. 39 – 58.

Bidwell, M.O. Jr. (1996): Structuring Markets – Determining the Optimal Amount of Regulation. A Discussion of the Changing Electricity Industry, in: Crew (1996), S. 111 – 126.

Bidwell, M.O. Jr. u.a. (1994): Issues in Incentive Regulation. TFP in State Regulatory Reform – Theory versus Practice, in: Crew (1994), S. 185 – 213.

Blankart, C.B. (1980): Ökonomie der öffentlichen Unternehmen, München.

Blankart, C.B. (1987): Privatisierung im Postwesen: Möglichkeiten und Grenzen, in: Windisch (1987), S. 205 – 244.

Blankart, C.B. (1990a): Strategies of Regulatory Reform: An Economic Analysis with some Remarks on Germany, in: Majone (1990), S. 211 – 222.

Blankart, C.B. (1990b): RPI-minus-X-Regel, in: Berger u.a. (1990), S. 259.

Blankart, C.B. (1994): Öffentliche Finanzen in der Demokratie, München.

Blankart, C.B. / Knieps G. (1991): Netzökonomik, Wirtschaftswissenschaftliche Dokumentation, TU Berlin, Diskussionspapier 154, Berlin.

Blankart, C.B. / Knieps, G. (1989): Grenzen der Deregulierung im Telekommunikationsbereich? Die Frage des Netzwettbewerbs, in: Seidenfus (1989), S. 149 – 172.

Blankart, C.B. / Knieps, G. (1992): Market or State in Public Services – A Public Choice Approach, o.O.

Blankart, C.B. / Knieps, G. (1993): Das Konzept der Universaldienste im Bereich der Telekommunikation. Vortragsmanuskript zur Konferenz zur Neuen Politischen Ökonomie der Regulierung, Deregulierung und Privatisierung in Münster, 15.-17.09.1993, revidierte Fassung, Freiburg i.Br.

Blankart, C.B. / Knieps, G. (1994a): Das Konzept der Universaldienste im Bereich der Telekommunikation, in: Jahrbuch für Neue Politische Ökonomie, Bd. 13, S. 238 – 253.

Blankart, C.B. / Knieps, G. (1994b): Kommunikationsgüter ökonomisch betrachtet, in: Homo Oeconomlcus, 1994, Bd. XI (3), S. 449 – 464.

Blankart, C.B. / Knieps, G. (1994c): Market-Oriented Open Network Provision, Diskussionsbeitrag 9, Institut für Verkehrswissenschaft und Regionalpolitik, Albert-Ludwigs-Universität Freiburg i.Br.

Blankart, C.B. / Knieps, G. (1995): Infrastrukturfonds als Instrumente zur Realisierung politischer Ziele, Institut für Verkehrswissenschaft und Regionalpolitik, Diskussionsbeitrag 18, Universität Freiburg i.Br.

Blankart, C.B. / Knieps, G. (1996): Effiziente Instrumente der Infrastrukturfinanzierung: Die Infrastrukturfondslösung im Postbereich, in: Berger / Knauth (1996), S. 201 – 223.

Blankart, C.B. / Pommerehne, W.W. (1985): Zwei Wege zur Privatisierung öffentlicher Dienstleistungen: Wettbewerb auf einem Markt und Wettbewerb um einen Markt – Eine kritische Beurteilung, in: Milde / Monissen (1985): Rationale Wirtschaftspolitik in komplexen Gesellschaften, Stuttgart u.a., S. 431 – 442.

Bletschacher, G. / Klodt, H. (1992): Strategische Handels- und Industriepolitik, Tübingen.

Blum, U. / Mönius, M.A. (1998): Versunkene Kosten und Wirtschaftspolitik, in: Wirtschaftswissenschaftliches Studium, 27. Jg., 1998, S. 7 – 13.

Bögelein, M. (1990): Ordnungspolitische Ausnahmebereiche. Marktwirtschaftliche Legitimation und wirtschaftspolitische Konsequenzen, Wiesbaden.

Borcherding, T.E. u.a. (1982): Comparing the Efficiency of Private and Public Production: The Evidence from Five Countries, in: Journal of Economics, Suppl. 2, 1982, S. 127 – 156.

Borchert, M. / Grossekettler, H. (1985): Preis- und Wettbewerbstheorie, Stuttgart u.a.

Borrmann, J. (1995): Effiziente Verfahren der Ausschreibung von Universaldienstleistungen im Postwesen, Berlin.

Borrmann, J. / Finsinger, J. (1994): Voraussetzungen und Methoden effizienter Verfahren der Ausschreibung von Universaldienstleistungen im Postbereich aus regulatorischer Sicht, Wissenschaftliches Institut für Marktentwicklung und Management GmbH, Wien / Köln.

Bös, D. (1979): Optimale Besteuerung und öffentliche Unternehmen, o.O.

Bös, D. (1981): Economic Theory of Public Enterprise, Berlin u.a.

Bös, D. (1991): Privatization. A Theoretical Treatment, Oxford.

Bös, D. (o.J.): Öffentliche Preisbildung zwischen normativer und positiver Theorie, Bonn.

Bosch, A. / Veit, R. (1994): Hemmnisse der Wettbewerbsordnung unter besonderer Berücksichtigung der Privatisierung öffentlicher Unternehmen, Abschlußbericht zu dem im Rahmen der laufenden wirtschaftspolitischen Beratung 1994 durchgeführten Forschungsauftrag, Walter-Eucken-Institut, Freiburg i.Br.

Bovard, J. (1990): The Slow Death of the U.S. Postal Service, in: Ferrara (1990), S. 11 – 29.

Bradley, M.D. / Colvin, J. (1995): An Economic Model of Postal Delivery, in: Crew / Kleindorfer (1995), S. 137 – 153.

Bradley, M.D. u.a. (1993): Measuring Product Costs for Ratemaking. The United States Postal Service, in: Crew / Kleindorfer (1993), S. 133 – 157.

Bradley, M.D. u.a. (1997): Issues in Measuring Incremental Cost in a Multi-Function Enterprise, in: Crew / Kleindorfer (1997), S. 3 – 21.

Braeutigam, R.R. (1989): Optimal Policies for Natural Monopolies, in: Schmalensee / Willig (1989b), S. 1289 – 1346.

Braubach, U. (1992): Deregulierung der Postdienste, Köln.

Braubach, U. (1996): Marktversagen im unregulierten Postbereich?, in: Berger / Knauth (1996), S. 93 – 121.

Brealey, R.A. / Myers, S.C. (1991): Principles of Corporate Finance, New York u.a.

Brennan, T.J. (1991): Regulating by Capping Prices, in: Einhorn, M.A. (Hg.) (1991): Price caps and incentive regulation in telecommunications, Massachusetts, S. 33 – 45.

Breyer, S. (1990): Regulation and Deregulation in the United States: Airlines, Telecommunications and Antitrust, in: Majone (1990), S. 7 – 58.

Brümmerhoff, D. (1992): Finanzwissenschaft, München / Wien.

Bruun, C. (1993): Nordic Measurements 1991. Service Performance and Terminal Dues Settlement, in: Crew / Kleindorfer (1993), S. 53 – 68.

Bulow, J. / Roberts, J. (1989): The Simple Economics of Optimal Auctions, in: Journal of Political Economy, 1989, Bd. 97, S. 1060 – 1090.

Bundesamt für Post und Telekommunikation (1994): Post und Telekommunikation in der amtlichen Statistik, Mainz.

Bundesministerium für Post und Telekommunikation (1995): Eckpunkte eines künftigen Regulierungsrahmens im Postbereich, Stand: 13.06.1995, Bonn.

Bundesministerium für Wirtschaft (1995): Bundeswirtschaftsminister Dr. Günter Rexrodt zum künftigen Regulierungsrahmen im Postbereich, Pressemitteilung, 16.06.1995, o.S., Bonn.

Bundeszentrale für politische Bildung (1992): Europäische Gemeinschaft. Europäische Union. Die Vertragstexte von Maastricht, Bonn.

Burger, A. (1997): Vergleichsmarktkonzepte, in: Wirtschaftswissenschaftliches Studium, 26. Jg., 1997, S. 884.

Busch, B. (1987): Regulierung des Post- und Fernmeldewesens, Köln.

Butler, S.M. (1990): How to Privatize the Postal Service, in: Ferrara (1990), S. 107 – 115.

Campbell, J.I. Jr. (1991): International Postal Reform. An Application of the Principles of Rowland Hill to the International Postal System, in: Crew / Kleindorfer (1991c), S. 17 – 31.

Campbell, J.I. Jr. (1993): The Future of the Universal Postal Union, in: Crew / Kleindorfer (1993), S. 7 – 33.

Campbell, J.I. Jr. (1995): A Review of Efforts to Develop a New Policy Framework for Postal Services in the European Union, in: Crew / Kleindorfer (1995), S. 1 – 25.

Campbell, J.I. Jr. (1996a): The Postal Monopoly Law: A Historical Perspective, in: Hudgins (1996b), S. 9 – 22.

Campbell, J.I. Jr. (1996b): The Legal Definition of Universal Service in Postal and Telecommunications Sectors, in: Stumpf / Elsenbast (1996b), S. 115 – 132.

Campbell, J.I. Jr. (1997): Legislative Proposals to Reform the Postal Law in the United States, in: Stumpf / Plum (1997), S. 9 – 23.

Campbell, J.I. Jr. (1997): The Roots of Deregulation. Why Aviation and Telecommunications But Not the Post Office?, in: Crew / Kleindorfer (1997), S. 321 – 341.

Carlton, D.W. (1989): The Theory and the Facts of How Markets Clear: Is Industrial Organization Valuable for Understanding Macroeconomics?, in: Schmalensee / Willig (1989a), S. 909 – 946.

Castro, M. / Maddock, R. (1997): The Universal Service Obligation for Post. Some Australian Calculations, in: Crew / Kleindorfer (1997), S. 258 – 269.

Castro, M.C. (1993): Comments, in: Crew / Kleindorfer (1993), S. 86 – 89.

Castro, M.C. (1995): Deregulation of Australia's Postal Services, in: Crew / Kleindorfer (1995), S. 27 – 40.

Cave, M. (1996): Meeting Universal Service Obligations in Competitive Telecommunications Markets. Lessons for the Postal Sector, in: Stumpf / Elsenbast (1996b), S. 95 – 114.

Cave, M. u.a. (1994): Meeting Universal Service Obligations in a Competitive Telecommunications Sector, Brüssel / Luxemburg.

Cave, M. u.a. (1996): Competition Aspects of Access Pricing, Brüssel / Luxemburg.

Caves, R.E. (1986): Vertical Restraints in Manufacturer-Distributor Relations. Incidence and Economis Effects, in: Grieson (1986), S. 29 – 51.

Caves, R.E. (1989): International Differences in Industrial Organization, in: Schmalensee / Willig (1989b), S. 1225 – 1250.

Caves, R.E. / Porter, M.E. (1975): From Entry Barriers to Mobility Barriers. Conjectural Decisions and Contrived Deterrence to New Competition, Paisley.

Cazals, C. u.a. (1997): Scale Economies and Natural Monopoly in the Postal Delivery. Comparison Between Parametric and Non Parametric Specifications, in: Crew / Kleindorfer (1997), S. 65 – 80.

Chermak, J.M. / Patrick, R.H. (1994): Incentives in Pipeline Pricing and Capacity, in: Crew (1994), S. 157 – 184.

Christensen, D.C. u.a. (1993): U.S. Postal Service Productivity. Measurement and Performance, in: Crew / Kleindorfer (1993), S. 237 – 255.

Christy, R. (1993): Comments, in: Crew / Kleindorfer (1993), S. 204 – 206.

Cohen, R.H. (1996): Remarks, Graphic Communications Assiciation Conference, 27.-29. März, San Antonio.

Cohen, R.H. (1998): Remarks, European Council of Postal Regulators (CERP)/Postal Round Table, 24.-25. September 1998, La Hague.

Cohen, R.H. / Chu, E.H. (1996): Benefits of Letter Mail Monopoly. Measuring Returns to Scale in Delivery, in: Stumpf / Elsenbast (1996b), S. 83 – 94.

Cohen, R.H. / Chu, E.H. (1997): A Measure of Scale Economies for Postal Systems, in: Crew / Kleindorfer (1997), S. 115 – 132.

Cohen, R.H. u.a. (1993a): A Cost Comparison of Serving Rural and Urban Areas in the United States Postal Service, Wissenschaftliches Institut für Kommunikationsdienste, Diskussionsbeitrag Nr. 114, Bad Honnef.

Cohen, R.H. u.a. (1993b): Rural Delivery and the Universal Service Obligation. A Quantitative Investigation, in: Crew / Kleindorfer (1993), S. 161 – 176.

Cohen, R.H. u.a. (1995): Cost Avoidance, Cost Difference, and Presort Discounts, überarbeitetes Präsentationspapier, The Workshop in Postal and Delivery Economics, 7.-10. Juni 1995, Naantali.

Cohen, R.H. u.a. (1997): A Cross Sectional Comparison and Analysis of Productivity for 21 National Postal Administrations, in: Crew / Kleindorfer (1997), S. 83 – 114.

Cohen, R.H. u.a. (1998): An Analysis of the Potenzial for Cream Skimming in the U.S. Residential Delivery Market, überarbeitetes Präsentationspapier, The Evolving Structure of Postal and Delivery Industries, 11.-14. Juni 1997, Helsingør.

Colonescu, C. / Schmitt, N. (1998): Market Segmentation, Market Integration and Tacit Collusion, Working Paper No. 166, Center for Economic Studies, München.

Comarow, M. (1996): Problems with Privatization, in: Hudgins (1996b), S. 103 – 111.

Corlett, W. / Hague, D.C. (1953): Complementarity and the Excess Burden of Taxation, Review of Economic Studies, Vol. 21, 1953, S. 21 – 30.

Costich, E.R. / Willette, W.G. (1995): Regulation of Unregulated Firms. The Postal Service and UPS, in: Crew / Kleindorfer (1995), S. 237 – 245.

Cote, L.M. / Takis, W.M. (1997): The Future of the U.S. Postal Service. An Assessment of Option, in: Crew / Kleindorfer (1997), S. 342 – 355.

Cotton-Betteridge, J.A. (1993): The Regulation of International Mail Services, in: Crew / Kleindorfer (1993), S. 45 – 48.

Courtois, C. (1997): Monopolies and European Community Competition Law. Current Problems, in: Crew / Kleindorfer (1997), S. 205 – 213.

Cox, H. (1991): Zur Reform der nationalen Postdienste in ausgewählten europäischen Ländern, in: Speckbacher (1991), S. 27 – 48.

Crandall, R.W. (1982): The Use of Environmental Policy to Reduce Economic Growth in the Sun Belt. The Role of Electric-Utility Rates, in: Crew (1982), S. 125 – 140.

Crandall, R.W. (1990): Entry, Divestiture and the Continuation of Economic Regulation in the United States Telecommunications Sector, in: Majone (1990), S. 59 – 71.

Cremer, H. u.a. (1995): Alternative Scenarios for the Reform of Postal Services. Optimal Pricing and Welfare, in: Crew / Kleindorfer (1995), S. 247 – 267.

Cremer, H. u.a. (1997): Cost and Benefits of Universal Service Obligations in the Postal Sector, in: Crew / Kleindorfer (1997), S. 22 – 41.

Crew, M.A. (1975a): Theory of the Firm, London / New York.

Crew, M.A. (1975b): Optimal plant mix in peak load pricing, in: Scottish Journal of Political Economy, Vol. XXII, No. 3, November 1975, S. 277 – 291.

Crew, M.A. (1980): Introduction to Issues in Public-Utility Pricing and Regulation, in: Crew (1980), S. 1 – 5.

Crew, M.A. (1985): Introduction to Analyzing the Impact of Regulatory Change in Public Utilities, in: Crew (1985), S. 1 – 4.

Crew, M.A. (1996): Competition in Postal Service: International Perspectives, in: Hudgins (1996b), S. 91 – 101.

Crew, M.A. (Hg.) (1980): Issues in Public-Utility Pricing and Regulation, Lexington / Toronto.

Crew, M.A. (Hg.) (1982): Regulatory Reform and Public Utilities, Lexington / Toronto.

Crew, M.A. (Hg.) (1985): Analyzing the Impact of Regulatory Change in Public Utilities, Lexington / Toronto.

Crew, M.A. (Hg.) (1989): Deregulation and Diversification of Utilities, Boston u.a.

Crew, M.A. (Hg.) (1992): Economic Innovations in Public Utility Regulation, Boston u.a.

Crew, M.A. (Hg.) (1994): Incentive Regulation for Public Utilities, Boston u.a.

Crew, M.A. (Hg.) (1996): Pricing and Regulatory Innovations under Increasing Competition, Boston u.a.

Crew, M.A. / Crocker, K.J. (1992): Flexibility versus Completeness in Long Term Contractual Relationships: Contracting Between Utilities and IPPs, in: Crew (1992), S. 131 – 145.

Crew, M.A. / Dansby, R.E. (1982): Cost-Benefit Analysis of Local Measured Service, in: Crew (1982), S. 35 – 61.

Crew, M.A. / Harstad, R. (1992): Franchise Bidding with Vickrey Auctions: How to Regulate Utilities?, in: Crew (1992), S. 117 – 130.

Crew, M.A. / Kleindorfer, P.R. (1974): Peak Load Pricing with a Diverse Technology, Paisley.

Crew, M.A. / Kleindorfer, P.R. (1980): Public-Utility Regulation and Reliability with Application to Electric Utilities, in: Crew (1980), S. 51 – 75.

Crew, M.A. / Kleindorfer, P.R. (1982): Electricity Pricing and Plant Mix under Supply and Demand Uncertainty, in: Crew (1982), S. 101 – 123.

Crew, M.A. / Kleindorfer, P.R. (1986): The Economics of Public Utility Regulation, Cambridge.

Crew, M.A. / Kleindorfer, P.R. (1991a): Peak-Load Pricing of Postal Service and Competition, in: Crew / Kleindorfer (1991d), S. 37 – 56.

Crew, M.A. / Kleindorfer, P.R. (1991b): Quality and Price Differentiation in Postal Service, in: Speckbacher (1991), S. 50 – 67.

Crew, M.A. / Kleindorfer, P.R. (1991c): Rowland Hill's Contribution as an Economist, in: Crew / Kleindorfer (1991d), S. 1 – 11.

Crew, M.A. / Kleindorfer, P.R. (1992a): The Economics of Postal Service, Boston u.a.

Crew, M.A. / Kleindorfer, P.R. (1992b): Incentive Regulation, Capital Recovery and Technological Change in Public Utilities, in: Crew (1992), S. 57 – 79.

Crew, M.A. / Kleindorfer, P.R. (1995): Pricing in Postal Service under Competitive Entry, in: Crew / Kleindorfer (1995), S. 117 – 136.

Crew, M.A. / Kleindorfer, P.R. (1996): Price Caps and Revenue Caps. Incentives and Disincentives for Efficiency, in: Crew (1996), S. 39 – 52.

Crew, M.A. / Kleindorfer, P.R. (Hg.) (1991d): Competition and Innovation in Postal Services, Boston u.a.

Crew, M.A. / Kleindorfer, P.R. (Hg.) (1993): Regulation and the Nature of Postal and Delivery Services, Boston u.a.

Crew, M.A. / Kleindorfer, P.R. (Hg.) (1995): Commercialization of Postal and Delivery Services. National and International Perspectives, Boston u.a.

Crew, M.A. / Kleindorfer, P.R. (Hg.) (1997): Managing Change in the Postal and Delivery Industries, Boston u.a.

Crew, M.A. / Rowley, C.K. (1989): Feasibility of Deregulation. A Public Choice Analysis, in: Crew (1989), S. 5 – 20.

Crew, M.A. / Schlenger, D.L. (1985): Opportunities for Regulation and Rate Design of Innovative Metering Technology in Water Utilities, in: Crew (1985), S. 161 – 181.

Crew, M.A. / Stewart, D.B. (1974): On Safety Margins and Profit Maximization in the Theory of the Firm, Paisley.

Crew, M.A. / Young, A. (1977): Paying by Degrees, London.

Crew, M.A. u.a. (1979): Incentives for Efficiency in the Nationalised Industries. Beyond the 1978 White Paper, in: Journal of Industrial Affairs, S. 11 – 15.

Crew, M.A. u.a. (1997): Peak Loads and Postal Services. Some Implications of Multi-Stage Production, in: Crew / Kleindorfer (1997), S. 42 – 64.

Crux, R., Direktor Geschäftsbereich Unternehmensentwicklung, Deutsche Post AG, Generaldirektion (1996): Qualitätsentwicklung bei der Deutschen Post AG, Vortrag, 4.6.1996, Nürnberg.

Currie, K.A. (1996): Regulation, Competition and Rural Telephone Companies, in: Crew (1996), S. 185 – 205.

Dahlsten, U. (1991): Wettbewerbsstrategien der schwedischen Post, in: Speckbacher (1991), S. 89 – 97.

Dansby, R.E. (1980): Spatial Considerations in Public-Utility Pricing, in: Crew (1980), S. 125 – 143.

de Meza, D. (1991): Sorting-Out Prices, in: Crew / Kleindorfer (1991c), S. 57 – 60.

Dearing, S.R. (1991): Foreword, in: Crew / Kleindorfer (1991c), S. xi – xviii.

Deipenbrock, G. (1994): Grundzüge des Europarechtes, in: Archiv für Post und Telekommunikation, 4/1994, S. 285 – 301.

Del Polito, G.A. (1990): A Call for Private Third Class Mail Delivery. The Rationale, in: Ferrara (1990), S. 93 – 101.

Del Polito, G.A. (1996): Mass Mailer Problems, in: Hudgins (1996b), S. 33 – 40.

Deutsche Post AG (Hg.) (1996): Geschäftsbericht 1995, Bonn.

Deutsche Post AG (Hg.) (1997): Geschäftsbericht 1996, Bonn.

Deutsche Post AG (Hg.) (1998): Geschäftsbericht 1997, Bonn.

Deutsche Post AG (Hg.) (1999): Geschäftsbericht 1998, Bonn.

Dewey, D. (1986): Antitrust and Its Alternatives. A Complete Guide to the Welfare Tradeoffs, in: Grieson (1986), S. 1 – 27.

Dicke, H. u.a. (1995): Zur Reform des Postwesens in Deutschland, vervielfältigtes Manuskript, Institut für Weltwirtschaft, Kiel.

Diederich, H. u.a. (Hg.) (1987): Die Deutsche Bundespost im Spannungsfeld der Wirtschaftspolitik, Heidelberg.

DiLorenzo, T.J. (1996): Natural Monopoly Myths: Lessons for Postal Service, in: Hudgins (1996b), S. 63 – 75.

Dobbenberg, P. (1993): The International Mail Market in the 1990s, in: Crew / Kleindorfer (1993), S. 207 – 216.

Dobbs, I.M. / Golay, J. (1996): Costing the Universal Service Obligation. The Profitability, Distributional and Welfare Consequences of Retaining Uniform Prices, in: Stumpf / Elsenbast (1996a), S. 41 – 62.

Dobbs, I.M. / Richards, P. (1991): Assessing the Welfare Effects of Entry into Letter Delivery, in: Crew / Kleindorfer (1991), S. 61 – 88.

Dobbs, I.M. / Richards, P. (1993): Policy Implications of Postal Network Access, in: Crew / Kleindorfer (1993), S. 261 – 271.

Dreher, M. (1999): Die Verweigerung des Zugangs zu einer wesentlichen Einrichtung als Mißbrauch der Marktbeherrschung, in: Der Betrieb, 52. Jg., S. 833 – 839.

Dubin, J.A. / Navarro, P. (1982): Regulatory Climate and the Cost of Capital, in: Crew (1982), S. 141 – 166.

Eckel, C.C. / Vermaelen, T. (1989): The Finance Fallout from Chernobyl. Risk Perceptions and Regulatory Response, in: Crew (1989), S. 183 – 201.

Eickhof, N. (1986): Staatliche Regulierung zwischen Marktversagen und Gruppeninteressen – Ein Beitrag zur Weiterentwicklung der Regulierungstheorie, in: Jahrbuch für Neue Politische Ökonomie, 1986, Bd. 5, S. 122 – 139.

Eickhof, N. (1997): Staatliche Regulierung und kartellrechtliche Branchenfreistellungen, in: Wirtschaftswissenschaftliches Studium, 26. Jg., 1997, S. 562 – 567.

Elixmann, D. / Weber, M. (1994): Die Privatisierung und Aktienplazierung der niederländischen Post- und Telekommunikationsgesellschaft Koninklijke PTT Nederland N.V. (KPN), Wissenschaftliches Institut für Kommunikationsdienste, Diskussionsbeitrag Nr. 135, Bad Honnef.

Elixmann, D. u.a. (1994): Internalization of Telco Carriers in Mobile Markets – An Evaluation of Motives and Driving Forces, Wissenschaftliches Institut für Kommunikationsdienste, Diskussionsbeitrag Nr. 130, Bad Honnef.

Ellig, J. (1992): The Environmental Impact of Public Utility Regulation, in: Crew (1992), S. 21 – 36.

Els, M. / Müller, K. (1997): Fair Competition on Postal Markets – Key Elements, in: Stumpf / Plum (1997), S. 141 – 158.

Elsenbast, W. (1994): Eine Methode zur Bestimmung der Infrastrukturlast im Briefdienst, Wissenschaftliches Institut für Kommunikationsdienste, Diskussionsbeitrag Nr. 127, Bad Honnef.

Elsenbast, W. (1995): Kooperation im Schalterbereich der Post – Ein europäischer Vergleich, Wissenschaftliches Institut für Kommunikationsdienste, Diskussionsbeitrag Nr. 147, Bad Honnef.

Elsenbast, W. (1996a): Darstellung und Analyse der Finanzdienste von La Poste, Wissenschaftliches Institut für Kommunikationsdienste, Diskussionsbeitrag Nr. 158, Bad Honnef.

Elsenbast, W. (1996b): Die Infrastrukturverpflichtung im Postbereich aus Nutzersicht, Wissenschaftliches Institut für Kommunikationsdienste, Diskussionsbeitrag Nr. 162, Bad Honnef.

Elsenbast, W. (1997a): Do we Have the Right Standards for Universal Service, in: Stumpf / Plum (1997), S. 239 – 262.

Elsenbast, W. (1997b): Ausschreibung defizitärer Universaldienste im Postbereich, Wissenschaftliches Institut für Kommunikationsdienste, Diskussionsbeitrag Nr. 176, Bad Honnef.

Elsenbast, W. / Plum, M. (1997): Towards a new regulatory framework for cross-border mail, in: WIK Newsletter, 1997, Nr. 29, Bad Honnef, S. 8 – 10.

Elsenbast, W. / Stumpf, U. (1996): The Cost of Universal Service Obligations in a Competitive Environment, in: Stumpf / Elsenbast (1996b), S. 15 – 39.

Elsenbast, W. u.a. (1995): Estimating the Universal Service Burden of Public Postal Operators, Wissenschaftliches Institut für Kommunikationsdienste, Diskussionsbeitrag Nr. 150, Bad Honnef.

Emmerich, V. (1989): Deutsche Bundespost, in: Oberender (1989): S. 413 – 452.

Erickson, E.W. (1985): Deregulation and Natural Gas Supply and Demand, in: Crew (1985), S. 141 – 159.

Ernst, M. / Kopf, J. (Hg.) (1993): Elemente volkswirtschaftlicher Forschung und Lehre, Berlin.

Ernst, M. / Walpuski, D. (1993): Verkehrswissenschaftliche Implikationen der Telekommunikation, in: Ernst / Kopf (1993), S. 99 – 122.

Ernst, M. / Walpuski, D. (1996): Nachfragebeziehungen zwischen Post- und Telekommunikationsdienstleistungen, in: Berger / Knauth (1996), S. 159 – 173.

Estrin, S. / de Meza, D. (1991): Delivering Letters: Should it be Decriminalized?, in: Crew / Kleindorfer (1991c), S. 93 – 108.

Ewers, H.-J. (1994): Privatisierung und Deregulierung bei den Eisenbahnen – Das Beispiel der Deutschen Bundesbahn und der Deutschen Reichsbahn, in: Jahrbuch für Neue Politische Ökonomie, 1994, Bd. 13, S. 178 – 208.

Ewers, H.-J. / Wein, T. (1989): Gründe und Richtlinien für eine Deregulierungspolitik, Wirtschaftswissenschaftliche Dokumentation, TU Berlin, Diskussionspapier 139, Berlin.

Farrell, J. / Saloner, G. (1988): Coordination through committees and markets, in: RAND Journal of Economics, 1988, Bd. 19, S. 235 – 252.

Faulhaber, G.R. (1975): Cross-Subsidization: Pricing in Public Enterprises, in: American Economic Review, Bd. 65, 1975, S. 966 – 977.

Feldstein, M.S. (1972): Distributional Equity and the Optimal Structure of Public Prices, in: American Economic Review, Bd. 62, 1972, S. 32 – 36.

Ferdinand, C. (1992): Ökonomische und regulatorische Aspekte der gemeinsamen Schalternutzung: Das Flächendeckungsgebot, Wissenschaftliches Institut für Kommunikationsdienste, Diskussionsbeitrag Nr. 86, Bad Honnef.

Ferrara, P.J. (1990): Ending the Postal Monopoly, in: Ferrara (1990), S. 1 – 10.

Ferrara, P.J. (1996): Postal Service Problems: The Need to Free the Mails, in: Hudgins (1996b), S. 23 – 32.

Ferrara, P.J. (Hg.) (1990): Free the Mail, Washington D.C.

Finsinger, J. (1983): Zur Stabilität von Submissionskartellen, Wissenschaftszentrum Berlin, Diskussionspapier Nr. 83/29, Berlin.

Finsinger, J. (1986): Der Submissionswettbewerb, Bern / Stuttgart.

Finsinger, J. (1988): Unzutreffende Argumente gegen eine Liberalisierung der Baumärkte, in: Schwarz (1988b), S. 62 – 68.

Finsinger, J. (1991): Wettbewerb und Regulierung, München.

Finsinger, J. / Borrmann, J. (1992): Wettbewerbspolitische Implikationen der öffentlichen Auftragsvergabe, in: Smekal / Thöni (1992): Wirtschaftsförderung und öffentliche Auftragsvergabe, Veröffentlichungen der Universität Innsbruck, Bd. 189, Innsbruck, S. 83 – 98.

Finsinger, J. / Vogelsang, I. (1980a): A Decentralized Method for Utility Regulation: A Further Comment, Berlin.

Finsinger, J. / Vogelsang, I. (1980b): Alternative Institutional Frameworks for Price Incentive Mechanisms, Berlin.

Fleishman, J.L. (1983): The Future of the Postal Service, New York.

Freinik, J. (1999): Die schnellen Transportdienste erhöhen den Mehrwert, in: Handelsblatt Nr. 62, 30.3.1999, S. 61.

Frierman, M.A. (1991): Comments. Marginal Experiments, Unintended Results, in: Crew / Kleindorfer (1991c), S. 215 – 218.

Fritsch, M. u.a. (1993): Marktversagen und Wirtschaftspolitik, München.

Fudenberg, D. / Tirole, J. (1989): Noncooperative Game Theory for Industrial Organization: An Introduction and Overview, in: Schmalensee / Willig (1989a), S. 259 – 327.

Gabler Wirtschaftslexikon (1993), Wiesbaden.

Gallet, C. / Toledano, J. (1997): The Cost of the Universal Postal Service in a Competitive Environment. Lessons from Telecommunications, in: Crew / Kleindorfer (1997), S. 304 – 318.

Geddes, R.R. (1996): Patterns of Private Delivery, in: Hudgins (1996b), S. 79 – 89.

Gerloff, T. (1997): Privatisierung und Regulierung aus der Sicht der Deutschen Post AG als betroffenem Unternehmen, in: König / Benz (1997), S. 221 – 234.

Gharbi, E.M. (1993): Comments, in: Crew / Kleindorfer (1993), S. 34 – 38.

Gibson, S.L. (1996): E-mail, Faxes, and Personal Computers: Telecommunications Alternatives, in: Hudgins (1996b), S. 53 – 61.

Gilbert, R.J. (1989): Mobility Barriers and the Value of Incumbency, in: Schmalensee / Willig (1989a), S. 475 – 535.

Golay, J. / Dobbs, I.M. (1996): Universal Service Obligation and Reserved Sector, in: Stumpf / Elsenbast (1996b), S. 41 – 62.

Goldberg, R.C. u.a. (1986): Competition and Collusion, Side by Side. The Corrugated Container Antitrust Litigation, in: Grieson (1986), S. 105 – 125.

Goldman, M.B. u.a. (1984): Optimal Nonuniform Pricing, in: Review of Economic Studies, Bd. 51, 1984, S. 305 – 319.

Goldschmitt, W.H. (1998): Kuriere, schneller als die Post und einträglicher – aber auch legal?, Badische Zeitung Nr. 167, 53. Jg., 23.07.1998, S. 8.

Gotta, F. (1999): Auf der Piste geht die Post ab, in: Die Welt Nr. 269, 18.12.1999, S. 19.

Gramlich, L. (1995): Rechtliche Möglichkeiten der Finanzierung von Infrastrukturleistungen im Post- und Telekommunikationsbereich durch die Einrichtung eines Infrastrukturfonds, in: Archiv für Post und Telekommunikation, 1995, S. 189 – 216.

Grande, E. (1997): Vom produzierenden zum regulierenden Staat. Möglichkeiten und Grenzen von Regulierung bei Privatisierung, in: König / Benz (1997), S. 576 – 591.

Grieson, R.E. (Hg.) (1986): Antitrust and Regulation, Lexington / Toronto.

Gröner, H. / Knorr, A. (1991): Kooperation und Wettbewerb nationaler Postdienste, in: Speckbacher (1991), S. 186 – 207.

Gröner, H. / Knorr, A. (1995): Marktöffnung im Postwesen durch Lizenzierung?, Tübingen.

Gröner, H. / Knorr, A. (1996): Lizenzierung als Instrument der Marktöffnung, in: Berger / Knauth (1996), S. 225 – 246.

Gröner, H. / Knorr, A. (1999): Verdrängungswettbewerb im Frachtpostsektor?, Tübingen.

Groothuis, U. (1999): Grenzenlose Spannung, in: WirtschaftsWoche Nr. 20, 13.5.1999, S. 168 – 170.

Grossekettler, H. (1993): Privatisierung, Deregulierung und Entbürokratisierung. Zeichen des Zeitgeistes oder ordnungspolitische Daueraufgabe?, Wissenschaftliche Gesellschaft für Marketing und Unternehmensführung e.V., Arbeitspapier Nr. 80, Münster.

Gruenspecht, H.K. / Lave, L.B. (1989): The Economics of Health, Safety, and Environmental Regulation, in: Schmalensee / Willig (1989b), S. 1507 – 1550.

Grünter, T. (1996): Marktzutrittsregulierung auf Telekommunikationsmärkten: Eine Diskussion der „Efficient Component Pricing“-Regel, Diplomarbeit, Universität Bonn.

Grüske, K.-D. (1985): Personale Verteilung und Effizienz der Umverteilung. Analyse und Synthese, Göttingen.

Grüske, K.-D. (1998): Materialien zur Vorlesung „Effizienz im öffentlichen Sektor“, Nürnberg.

Grüske, K.-D. / Recktenwald, H.C. (1995): Wörterbuch der Wirtschaft, Stuttgart.

Grzesiak, T. / Reenberg, T. (1995): Measuring Quality of Service of International Mail, in: Crew / Kleindorfer (1995), S. 79 – 91.

Guerin-Calvert, M.E. (1989): Vertical Integration as a Threat to Competition. Airline Computer Reservations Systems, in: Kwoka / White (1989), S. 338 – 370.

Günther, B.P. (1998): Theorie der effizienten Regulierung und Regulierungsbedarf auf Postmärkten, Bamberg.

Güth, W. (1995): Preisregeln für Auktionen und Ausschreibungen, in: Zeitschrift für Wirtschafts- und Sozialwissenschaften, 1995, Bd. 115, S. 1 – 26.

Gutzeit, M. / Goger, K. (1999): Das neue Kartellrecht im Überblick, in: Wirtschaftswissenschaftliches Studium, 28. Jg., 1999, S. 145 – 147.

Haldi, J. (1993): Measuring Performance in Mail Delivery, in: Crew / Kleindorfer (1993), S. 303 – 320.

Haldi, J. (1995): Comments, in: Crew / Kleindorfer (1995), S. 41 – 44.

Haldi, J. / Merewitz, L. (1997): Cost and Returns from Delivery to Sparsely Settled Rural Areas, in: Crew / Kleindorfer (1997), S. 237 – 257.

Hall, G.R. (1993): Regulatory Systems For Postal Rates, in: Crew / Kleindorfer (1993), S. 221 – 234.

Hamlen, W.A. Jr. / Hamlen, S.S. (1989): Decentralizing Pricing in Natural Monopolies, in: Crew (1989), S. 89 – 105.

Hamm, W. (1987): Bereiche und Instrumente der Wirtschaftspolitik, in: Diederich u.a. (1987), S. 31 – 65.

Hanusch, H. (1994); Nutzen-Kosten-Analyse, München.

Hart, T. (1994): Neue Politische Ökonomie. Eine Analyse ihrer Forschungsfelder, in: Grüske (Hg.) (1994): Forum Finanzwissenschaft, Bd. 10, Nürnberg.

Hart, T. (1999): Europäische Telekommunikationspolitik, Aachen.

Haupenthal, F. (1999): Wer mehr bezahlt, bekommt auch eine bessere Leistung geboten, in: Handelsblatt Nr. 62, 30.3.1999, S. 63.

Hay, G.A. (1989): Practices That Faciliate Cooperation. The *Ethyl* Case, in: Kwoka / White (1989), S. 183 – 207.

Hedrich, C.-C. (1993): Die Privatisierung der Sparkassen, Baden-Baden.

Henderson, J.S. (1985): Cost Estimation for Vertically Integrated Firms. The Case of Electricity, in: Crew (1985), S. 75 – 94.

Hendricks, W. / Koenker, R. (1980): Demand for Electricity by Time of Day. An Evaluation of Experimental Results, in: Crew (1980), S. 165 – 181.

Henzler, H.A. (Hg.) (1988): Handbuch Strategische Führung, Wiesbaden.

Henzler, H.A. / Späth, L. (1995): Sind die Deutschen noch zu retten?, München.

Herriott, S.R. (1989): Competition and Cooperation in Deregulated Bulk Power Markets, in: Crew (1989), S. 143 – 163.

Heuermann, A. (1987): Formen von Diensten der DBP, in: Diederich u.a. (1987), S. 79 – 103.

Heuermann, A. / Schnöring, T. (1985): Die Reorganisation der Britischen Post. Ansätze zu einem Vergleich mit der Deutschen Bundespost, Berlin u.a.

Heuermann, A. u.a. (1987): Die Fernmeldepolitik in den USA, Großbritannien und Japan – Ansätze zu einem Vergleich mit der Bundesrepublik Deutschland, in: Diederich u.a. (1987), S. 415 – 461.

Hildebrandt, A. (1997): Verprellt, Hannoversche Allgemeine Zeitung, 15.11.1997, S. 13.

Hillman, J.J. / Braeutigam, R.R. (1989): Price Level Regulation for Diversified Public Utilities, Boston u.a.

Hinds, R. (1993): Comments, in: Crew / Kleindorfer (1993), S. 39 – 44.

Hofmann, H. (1995): Measuring the Performance of the Public Postal Service Provider in Germany, in: Crew / Kleindorfer (1995), S. 67 – 78.

Hofmann, H. (1996): Produktions- und Angebotsstrukturen im Postsektor, in: Berger / Knauth (1996), S. 123 – 146.

Höhn, H. (1998a): Post will an Briefträgern sparen, Badische Zeitung Nr. 167, 53. Jg., 23.07.1998, S. 1.

Höhn, H. (1998b): Der Postbote ist auf K. nicht mehr gut zu sprechen, Badische Zeitung Nr. 167, 53. Jg., 23.07.1998, S. 3.

Holmstrom, B.R. / Tirole, J. (1989): The Theory of the Firm, in: Schmalensee / Willig (1989a), S. 61 – 133.

Holt, C.A. (1980): Competitive Bidding for Contracts under Alternative Auction Procedures, in: Journal of Political Economy, 1980, Bd. 88, S. 433 – 445.

Holzwarth, J. (1993): Strategische Kostenrechnung?, Stuttgart.

Horn, M. u.a. (1988): Deregulierungsmaßnahmen in den USA. Schlußfolgerungen für die Bundesrepublik Deutschland, Baden-Baden.

Horn, P. (1998): Die Macht der Telephonkunden, in: Beilage der Süddeutschen Zeitung Nr. 278, 2.12.1998, S. 2.

Horváth, P. / Mayer, R. (1989): Prozeßkostenrechnung. Der neue Weg zu mehr Kostentransparenz und wirkungsvolleren Unternehmensstrategien, in: Controlling, 1. Jg. (1989), S. 71 – 90.

Hudgins, E.L. (1996a): Introduction: A Private Postal Service for the 21st Century, in: Hudgins (1996b), S. xvii – xxvii.

Hudgins, E.L. (Hg.) (1996b): The Last Monopoly, Washington, D.C.

Hummel, S. / Männel, W. (1983): Kostenrechnung 2, Wiesbaden.

Hummel, S. / Männel, W. (1993): Kostenrechnung 1, Wiesbaden.

Hunderkäß, D. (1999): Zusteller Deutsche Post AG, Gespräch am 14.4.1999, Fürth.

Hungenberg, H. / Hutzschenreuther, T. (1998): Postreform, in: Die Betriebswirtschaft, 58. Jg., 1998, S. 7 – 21.

Hyman, L.S. / West, H. (1989): Diversification, Deregulation, and Competition. Cost of Capital Implications for Electric Utilities, in: Crew (1989), S. 165 – 181.

Ickenroth, B. / Schmidt, F. (1997): Kostenmodelle für Telekommunikationsortsnetze, in: WIK Newsletter, 1997, Nr. 29, Bad Honnef, S. 5 – 8.

Industry Commission (1992): Mail, Courier and Parcel Services, Report No. 28, 30.10.1992, Canberra.

Ireland, N. (1991): Comments, in: Crew / Kleindorfer (1991c), S. 89 – 91.

Jacobi, R. (1999): Anleger reißen sich um UPS, in: Süddeutsche Zeitung Nr. 260, 10.11.1999, S. 33.

Jacquemin, A. / Slade, M.E. (1989): Cartels, Collusion, and Horizontal Merger, in: Schmalensee / Willig (1989a), S. 415 – 473.

Jeschke, K. (1998): Contracting, in: Wirtschaftswissenschaftliches Studium, 27. Jg., 1998, S. 368 – 370.

Joskow, P.L. (1982): Industrial Cogeneration and Electricity Production in the United States, in: Crew (1982), S. 63 – 99.

Kaestner, R. / Kahn, B. (1992): The Impact of IntraLATA Competition on Local Exchange Company Prices, in: Crew (1992), S. 37 – 55.

Kaiser, G.E. (1980): Competition in Normt American Telecommunications: Implications for West Germany, in: Mestmäcker (1980): Kommunikation ohne Monopole, Baden-Baden, S. 91 – 126.

Kaserman, D.L. / Mayo, J.W. (1994): Long-Distance Telecommunications. Expectations and Realizations in the Post-Divestiture Period, in: Crew (1994), S. 83 – 111.

Kaufer, E. (1979): Technischer Wandel in der Marktwirtschaft, in: Kaufer, E. / Hinz, H. / Hoppmann, E. (1979): Innovationspolitik und Wirtschaftsordnung, Köln u.a., S. 1 – 12.

Kaufer, E. (1980): Industrieökonomik, München.

Kaufer, E. (1981): Theorie der Öffentlichen Regulierung, München.

Kaufer, E. (1985): Die Bedeutung internationaler Kurierdienste im internationalen Handel, Baden-Baden.

Kendall, R.L. Jr. (1993a): Comments, in: Crew / Kleindorfer (1993), S. 158 – 159.

Kendall, R.L. Jr. (1993b): Comments, in: Crew / Kleindorfer (1993), S. 177.

Kessner, E. (1998): Adverse Selektion auf Versicherungsmärkten, in: Wirtschaftswissenschaftliches Studium, 27. Jg., 1998, S. 303 – 306.

Keuter, A. (1997): IDATE '97 – „20 Years or The Prehistory of Cyberspace ... Shaping the Future, in: WIK Newsletter, 1997, Nr. 29, Bad Honnef, S. 10 – 11.

Klaus, J. / Schleicher, H. (1983): Räumliche Wirtschaftspolitik, München.

Klenk, J. u.a. (1994): Privatisierung in Transformations- und Entwicklungsländern, Wiesbaden.

Klodt, H. (1984): Produktivitätsschwäche in der deutschen Wirtschaft, Tübingen.

Klodt, H. (1986): Statistics on Labour Productivity in West Germany, Kiel.

Klodt, H. (1995): Grundlagen der Forschungs- und Technologiepolitik, München.

Klodt, H. (1996): Regulating Network-Based Industries. The Case of Telecommunications, Kiel.

Klodt, H. u.a. (1997): Tertiarisierung der deutschen Wirtschaft, Tübingen.

Knauth, P. (1993): Institutionelle Änderungen im Bereich von Bahn und Post, in: Ernst / Kopf (Hg.) (1993), S. 123 – 140.

Knauth, P. / Dommermuth, F. (1997): Reorganisation of the Postal Sector in Germany, in: Stumpf / Plum (1997), S. 43 – 60.

Knieps, G. (1985): Entstaatlichung im Telekommunikationsbereich, Tübingen.

Knieps, G. (1987a): Dienstleistungspolitik der DBP und Ordnungspolitik, in: Diederich, u.a. (1987), S. 129 – 175.

Knieps, G. (1987b): Zur Problematik der internen Subventionierung in öffentlichen Unternehmen, in: Finanzarchiv, N.F. 1987, Bd. 45, Tübingen, S. 268 – 283.

Knieps, G. (1987c): Deregulierung im Luftverkehr, Tübingen.

Knieps, G. (1990): Deregulations in Europe: Telecommunications and Transportation, in: Majone (1990), S. 72 – 100.

Knieps, G. (1994): Preis- und Investitionsentscheidungen im Verkehrsbereich, in: Schriftenreihe der Deutschen Verkehrswissenschaftlichen Gesellschaft: Stauprobleme im Verkehr – Ursachen und Lösungsansätze, Reihe B, B 167, 1994, S. 24 – 40.

Knieps, G. / von Weizsäcker, C.C. (1989): Telekommunikation, in: Oberender (1989): S. 453 – 490.

Knieps, G. u.a. (1981): Die Rolle des Wettbewerbs im Fernmeldebereich, Baden-Baden.

Knieps, G. u.a. (1982): Telecommunications Policy in West Germany and Challenges from Technical and Market Development, in: Journal of Economics, Suppl. 2, 1982, S. 205 – 222.

Knorr, A. (1993): Monopol oder Wettbewerb bei den Postdiensten?, Fuchsstadt.

Koebel, P. (1990): Deregulation of the Telecommunications Sector: A Movement in Line with Recent Technological Advances, in: Majone (1990), S. 110 – 123.

Kommission der Europäischen Gemeinschaften (1992): Grünbuch über die Entwicklung des Binnenmarktes für Postdienste, KOM(91) 476 endg., Brüssel.

Kommission der Europäischen Gemeinschaften (1995): Vorschlag für eine Richtlinie des Europäischen Parlaments und des Rates über gemeinsame Vorschriften für die Entwicklung der Postdienste und die Verbesserung der Dienstequalität in der Gemeinschaft, KOM(95) 227 endg. – 95/0221 (COD), in: Amtsblatt der Europäischen Gemeinschaften, Nr. C 322/22, 1995, S. 22 – 30, Brüssel.

König, K. / Benz, A. (1997): Zusammenhänge von Privatisierung und Regulierung, in: König / Benz (1997), S. 13 – 79.

König, K. / Benz, A. (Hg.) (1997): Privatisierung und staatliche Regulierung, Baden-Baden.

Kovacic, W.E. (1992): The Antitrust Law and Economics of Essential Facilities in Public Utility Regulation, in: Crew (1992), S. 1 – 20.

Kovacic, W.E. (1994): The Law and Economics of Privacy. Applications to Regulated Utilities, in: Crew (1994), S. 113 – 124.

Kovacic, W.E. (1995): The Application of Legal Safeguards Against Predation to the Postal Services Industry, in: Crew / Kleindorfer (1995), S. 45 – 65.

Kovacic, W.E. (1996): Commissions, Courts, and the Access Pricing Problem, in: Crew (1996), S. 53 – 63.

Kovacic, W.E. (1997): Predatory Pricing Standards and Competition in Postal Areas, in: Stumpf / Plum (1997), S. 67 – 78.

Kowalewski, K. / Müller, K. (1996): The Cost of Universal Service Obligation – the German Perspective, in: Stumpf / Elsenbast (1996b), S. 69 – 82.

Krause, G. (1999): The supply of public inputs in a federation with asymmetric information, Working Paper, University of Würzburg, Würzburg.

Kruse, J. (1985): Ökonomie der Monopolregulierung, Göttingen.

Kruse, J. (1989): Ordnungstheoretische Grundlagen der Deregulierung, in: Seidenfus (1989), S. 9 – 36.

Kruse, J. (1993): Lizenzierung und Wettbewerb im Mobilfunk, Berlin u.a.

Kwoka, J.E. Jr. (1989): International Joint Venture. General Motors and Toyota, in: Kwoka / White (1989), S. 46 – 79.

Kwoka, J.E. Jr. / White, L.J. (1989): The Antitrust Revolution, Glenview u.a.

L.T.U.-Vertriebsgesellschaft (Hg.) (1995): Das Dienstleistungsangebot der Deutschen Post AG, Bremen.

Laaser, C.-F. (1991): Wettbewerb im Verkehrswesen. Chancen für eine Deregulierung in der Bundesrepublik, Tübingen.

Laffont, J.-J. / Tirole, J. (1995): Creating Competition Through Interconnection. Theory and Practice, Diskussionspapier, International Telecommunications Society (ITS) Workshop, 9.-11. April 1995, Wellington, Neuseeland.

Lamouroux, H. (1999): Price-Cap-Regulierung und Telekommunikationsgesetz: Theorie und Praxis, in: Wirtschaftsdienst, 79. Jg., S. 307 – 313.

Lane, J.-E. (1997): Why Public Joint-Stock Companies? , in: König / Benz (1997), S. 592 – 605.

Larson, A.C. / Kovacic, W.E. (1990): Predatory Pricing Safeguards in Telecommunications Regulation: Removing Impediments to Competition, in: St. Louis University Law Journal, 35. Jg., 1990, S. 1 – 38.

Larson, A.C. / Parsons, S.G. (1994): An Economic Analysis of Transfer Pricing and Imputation Policies for Public Utilities, in: Crew (1994), S. 65 – 82.

Leavey, T.E. (1993): Issues Facing the International Postal Service, in: Crew / Kleindorfer (1993), S. 1 – 6.

Lehmann, F.-X. (1993): Comments, in: Crew / Kleindorfer (1993), S. 321 – 322.

Leibenstein, H. (1966): Allocative Efficiency versus X-Efficiency, in: American Economis Review, Jg. 56 (1966), S. 392 – 415.

Lenard, T.M. (1993): Comments, in: Crew / Kleindorfer (1993), S. 128 – 132.

Lenard, T.M. (1996): Competing Carriers, in: Hudgins (1996b), S. 43 – 52.

Lenard, T.M. u.a. (1992): Stand-Alone Costs, Ramsey Prices, and Postal Rates, in: Journal of Regulatory Economics, Bd. 4, 1992, S. 243 – 262.

Link, H. (1997): Möglichkeiten und Grenzen von Privatisierungen im Bereich Bahn aus der Sicht der Wirtschaftswissenschaften, in: König / Benz (1997), S. 139 – 161.

Lisson, P., Konzernbeauftragter der Deutschen Bahn AG für den Freistaat Bayern (1996), Diskussion, 22.1.1996, Nürnberg.

Littlechild, S.C. (1983): Regulation of British Telecommunications' Profitability, London.

Lyon, T.P. (1994): Incentive Regulation in Theory and Practice, in: Crew (1994), S. 1 – 26.

MacDonald, J.M. u.a. (1994): Incentive Regulation in Telecommunications. Why States Don't Choose Price Caps, in: Crew (1994), S. 27 – 42.

Mahnke, H.-J. (1999a): Kurierdienste rücken zusammen, in: Die Welt Nr. 36, 12.2.1999, S. 21.

Mahnke, H.-J. (1999b): Die Post poliert ihr Image auf, in: Die Welt Nr. 294, 16.12.1999, S. 19.

Majone, G. (Hg.) (1990): Deregulation or Re-regulation? Regulatory Reform in Europe and the United States, London / New York.

Männel, W. (1988): Besonderheiten der internen Rechnungslegung öffentlicher Unternehmungen und Verwaltungen, in: Zeitschrift für Betriebswirtschaft, 1988, 58. Jg., S. 839 – 856.

Männel, W. (1997): Zur Problematik des Rechnens mit kalkulatorischen Kosten, in: Kostenrechnungspraxis, Sonderheft 1/97, S. 5 – 12.

Männel, W. / Distler, H. (1997): Substanzerhaltung durch kalkulatorische Abschreibungen und kalkulatorische Gewinnbestandteile, in: Kostenrechnungspraxis, Sonderheft 1/97, S. 43 – 54.

Marino, A.M. / Sicilian, J. (1982): Residential Energy Conservation and Public Utilities. Regulatory Strategy, in: Crew (1982), S. 183 – 211.

McAfee, R.P. / McMillan, J. (1987): Auctions and Bidding, in: The Journal of Economic Literature, 1987, Bd. 25, S. 699 – 738.

Meier, S. / Baldry, T. (1997): Competition In Postal Markets. The German Direct Mail Market, in: Crew / Kleindorfer (1997), S. 399 – 416.

Meierhofer, H. (1997): Privatisierung und Regulierung aus der Sicht des Bundesamtes für Post und Telekommunikation als Regulierungsbehörde, in: König / Benz (1997), S. 210 – 220.

Merewitz, L. / Zupan, M.A. (1993): Franchise Bidding, Contracting Out, and Worksharing in the Production of Postal Services: Can They Collect, Sort, and Deliver?, in: Crew / Kleindorfer (1993), S. 69 – 85.

Mestmäcker, E.-J. (1993): Recht in der offenen Gesellschaft, Baden-Baden.

Michelfelder, R.A. (1994): Electric Utility Resource Planning, Conservation Valuation, and Environmental Costing, in: Crew (1994), S. 143 – 155.

Milgrom, P.R. (1987): Auction Theory, in: Bewley (Hg.) (1987): Advances in Economic Theory. Fifth World Congress, Cambridge u.a., S. 1 – 32.

Milgrom, P.R. (1989): Auctions and Bidding: A Primer, in: Journal of Economic Perspectives, 1989, Bd. 3, S. 3 – 22.

Milgrom, P.R. / Weber, R.J. (1982): A Theory of Auctions and Competitive Bidding, in: Econometrica, 1982, Bd. 50, S. 1089 – 1122.

Mitchell, B.M. / Vogelsang, I. (1991): Telecommunications Pricing, Cambridge u.a.

Mitchell, C.J. (1995): A Consumers' Group's View of New Services, Quality, and Regulation, in: Crew / Kleindorfer (1995), S. 109 – 116.

Mitchell, R.W. (1998): Postal Worksharing: Welfare, Technical Efficiency, and Pareto Optimality. Paper presented at the Sixth Conference on Postal and Delivery Economics. The Center for Research in Regulated Industries at Rutgers University, Montreux, Switzerland.

Mitchell, R.W. (1999): Teaming Up with the USPS to Save Money and Increase Efficiency, in: Mailing Systems Technology, Mai/Juni 1999, S. 28 – 33.

Mitchell, R.W. u.a. (1997): Postal Pricing: Ramsey Prices and Efficient Component Prices, in: Stumpf / Plum (1997), S. 185 – 200.

Moldovanu, B. (1999): Subtiler Mechanismus, in: WirtschaftsWoche Nr. 45, 4.11.1999, S. 36.

Monopolkommission (1990): Wettbewerbspolitik vor neuen Herausforderungen. Hauptgutachten 1988/89, Baden-Baden.

Monopolkommission (1995): German Monopolies Commission 1984 – 1993, Baden-Baden.

Moritz, W. (1999): Die Post kauft ein und niemand kennt die Geldquellen, in: Handelsblatt Nr. 222, 16.11.1999, S. 16.

Mühlenkamp, H. (1994): Kosten-Nutzen-Analyse, München / Wien.

Müller, J. (1994): Kommentar, in: Jahrbuch für Neue Politische Ökonomie, Bd. 13, S. 254 – 256.

Müller, J. / Vogelsang, I. (1977): Ist eine Effizienzsteigerung der öffentlichen Verwaltung durch Anwendung des Instrumentariums der amerikanischen „Public Utility Regulation“ möglich?, Berlin.

Müller, J. / Vogelsang, I. (1978): Staatliche Regulierung, Baden-Baden.

Müller, J. / Vogelsang, I. (1979): Regulierung öffentlicher Unternehmen in den USA, Köln / Frankfurt.

Müller, K. (1997): Die Postdienste aus der Sicht der Institutionenökonomik, Frankfurt u.a.

Müller, R. (1996): Warum wird die Bahn-Card über Holland verschickt?, in: Nürnberger Zeitung Nr. 106, 8.5.1996, S. 6.

Nankervis, J. / Rodriguez, F. (1995): Aggregate Letter Traffic Demand in the United Kingdom and the Economy, in: Crew / Kleindorfer (1995), S. 269 – 284.

National Competition Council (1997): Review of the Australian Postal Corporation Act 1989, Options Paper, September 1997, o.O.

Nerep, E. (1997): Current Competition Law Issues in Regard to the De- (Re-) Regulation of the Swedish Postal Services Market, in: Stumpf / Plum (1997), S. 79 – 140.

Nett, L. / Neu, W. (1996): Effiziente Telefontarife der Deutschen Telekom im Rahmen einer Price-Cap-Restriktion, Wissenschaftliches Institut für Kommunikationsdienste, Diskussionsbeitrag Nr. 159, Bad Honnef.

Neu, W. (1993): Comments, in: Crew / Kleindorfer (1993), S. 235 – 236.

Neu, W. / Neumann, K.-H. (1993): Interconnection Agreements in Telecommunications, Bad Honnef.

Neu, W. / Stumpf, U. (1996): Preisregulierung in monopolisierten Bereichen des Postsektors, in: Berger / Knauth (1996), S. 247 – 261.

Neu, W. u.a. (1992): Preisregulierung im Monopolbereich des Postdienstes, Wissenschaftliches Institut für Kommunikationsdienste, Diskussionsbeitrag Nr. 92, Bad Honnef.

Neumann, K.-H. (1987): Rahmenbedingungen für die Kommunikationspolitik der DBP, in: Diederich u.a. (1987), S. 69 – 77.

Neumann, K.-H. (1994): Wohin mit den Pensions(alt)lasten der Postbeamten?, in: WIK Newsletter, 1994, Nr. 14, Bad Honnef.

Neumann, M. (1991): Theoretische Volkswirtschaftslehre II. Produktion, Nachfrage und Allokation, München.

Neumann, M. (1994): Theoretische Volkswirtschaftslehre III. Wachstum, Wettbewerb und Verteilung, München.

Nikali, H. (1995): Replacement of Letter Mail by Electronic Communications to the Year 2010, in: Crew / Kleindorfer (1995), S. 223 – 235.

Noam, E.M. (1985): Economies of Scale and Regulation in CATV, in: Crew (1985), S. 95 – 110.

Noll, R.G. (1986): State Regulatory Responses to Competition and Divestiture in the Telecommunications Industry, in: Grieson (1986), S. 165 – 200.

Noll, R.G. (1989): Economic Perspectives on the Politics of Regulation, in: Schmalensee / Willig (1989b), S. 1253 – 1287.

Noll, R.G. / Owen, B.M. (1989): The Anticompetitive Uses of Regulation: United States v. AT&T, in: Kwoka / White (1989), S. 290 – 337.

Norsworthy, J.R. u.a. (1991): Productivity and Cost Measurement for the United States Postal Service. Variations among Regions, in: Crew / Kleindorfer (1991c), S. 141 – 168.

o.V. (1995a): Wachsendes Interesse an digitalen Diensten, in: Frankfurter Allgemeine Zeitung, 15.03.1995, Nr. 63, S. 27.

o.V. (1995b): Bötsch hält Post-Fonds für erwägenswert, in: Süddeutsche Zeitung, 08.03.1995, Nr. 32, S. 27.

o.V. (1995c): Fonds soll Post-Leistungen finanzieren, in: Die Welt Nr. 32, 08.03.1995, S. 13.

o.V. (1995d): Gutachter uneinig: Telekom-Aufsicht durch Kartellamt oder Ministerium, in: Süddeutsche Zeitung Nr. 271, 24.11.1995, S. 27.

o.V. (1995e): Gelbe Post übertrifft die Erwartungen, in: Nürnberger Zeitung Nr. 134, 13.6.1995, S. 8.

o.V. (1995f): Zahl der Telekom-Wettbewerber wird nicht begrenzt, in: Frankfurter Allgemeine Zeitung Nr. 74, 28.3.1995, S. 19.

o.V. (1996a): Elektronische Post auf dem Vormarsch, in: Nürnberger Zeitung Nr. 6, 9.1.1996, S. 12.

o.V. (1996b): Bricht der Post der Umsatz weg?, in: Nürnberger Zeitung Nr. 19, 24.1.1996, S. 9.

o.V. (1996c): Die Post stellt sich dem Wettbewerb, in: Nürnberger Zeitung Nr. 107, 9.5.1996, S. 4.

o.V. (1996d): Das Briefmonopol soll bis 2002 erhalten bleiben, in: Frankfurter Allgemeine Zeitung Nr. 103, 3.5.1996, S. 17, 19.

o.V. (1996e): Kartellamt prüft die Post, in: Nürnberger Zeitung Nr. 16, 20.1.1996, S. 11.

o.V. (1997): Sechs Tage von Hannover nach Hamburg, Hannoversche Allgemeine Zeitung, 15.11.1997, S. 13.

o.V. (1998a): Deutsche Post AG, Bonn: Nach erfolgreicher Halbzeit bereit zum Sturm, WirtschaftsKurier Nr. 7, 40. Jg., Juli 1998, S. 5.

o.V. (1998b): Begrenzte Marktmacht. Die Disziplinierung etablierter Firmen, in: WZB-Mitteilungen 80, Juni 1998, S. 11 – 13.

o.V. (1998c): Klage gegen Regulierer, in: WirtschaftsWoche Nr. 51, 10.12.1998, S. 8.

o.V. (1998d): Mehr Kunden am Schalter, in: WirtschaftsWoche Nr. 51, 10.12.1998, S. 96.

o.V. (1998e): Konzertkarten von der Post, in: WirtschaftsWoche Nr. 48, 19.11.1998, S. 154.

o.V. (1998f): Nach erfolgreicher Halbzeit bereit zum Sturm, in: WirtschaftsKurier Nr. 7, 40. Jg., Juli 1998, S. 5.

o.V. (1998g): Express-Sendungen rund um die Welt, in: WirtschaftsKurier Nr. 7, 40. Jg., Juli 1998, S. 5.

o.V. (1998h): Briefe flattern durch den digitalen Äther, in: WirtschaftsKurier Nr. 7, 40. Jg., Juli 1998, S. 5.

o.V. (1998i): Telekom plant massive Preissenkungen, in: Süddeutsche Zeitung Nr. 249, 29.10.1998, S. 23.

o.V. (1998j): Deutsche Post beteiligt sich mit 50 Prozent an britischer Securicor, in: Süddeutsche Zeitung Nr. 253, 3.11.1998, S. 31.

o.V. (1998k): Post AG löst Prozeßflut aus, in: Süddeutsche Zeitung Nr. 253, 3.11.1998, S. 26.

o.V. (1998l): Post AG und Danzas fusionieren zum führenden Frachtkonzern in Europa, in: Süddeutsche Zeitung Nr. 286, 11.12.1998, S. 25.

o.V. (1998m): Post will mit Übernahme Führung in Europa ausbauen, in: Die Welt, 11.12.1998, S. 1.

o.V. (1998n): Pensionäre als Spione, in: Focus Nr. 42, 6. Jg., 12.10.1998, S. 32.

o.V. (1999a): Europäische Netzindustrien, in: WZB-Mitteilungen 83, März 1999, S. 16 – 19.

o.V. (1999b): Märkte für Netzprodukte, in: WZB-Mitteilungen 83, März 1999, S. 19 – 21.

o.V. (1999c): Briefe zu Spitzenpreisen, in: WirtschaftsWoche Nr. 32, 5.8.1999, S. 12.

o.V. (1999d): Sinkende Preise, in: WirtschaftsWoche Nr. 28, 8.7.1999, S. 12.

o.V. (1999e): Sicherer mit der Post, in: WirtschaftsWoche Nr. 32, 5.8.1999, S. 143.

o.V. (1999f): Arbeitszeit von Postzustellern, in: Der Betrieb, 52. Jg,. S. 746.

o.V. (1999g): Paket- und Logistiksparte von Nedlloyd wird übernommen, in: WirtschaftsKurier Nr. 4, 41. Jg., April 1999, S. 32.

o.V. (1999h): Der KEP-Markt im Fusionsfieber, in: WirtschaftsKurier Nr. 4, 41. Jg., April 1999, S. 32.

o.V. (1999i): Beteiligung von La Poste, in: WirtschaftsKurier Nr. 4, 41. Jg., April 1999, S. 32.

o.V. (1999j): The Post Office steigt ein, in: WirtschaftsKurier Nr. 4, 41. Jg., April 1999, S. 32.

o.V. (1999k): Trotz Wirtschaftskrise Wachstum in Asien, in: WirtschaftsKurier Nr. 4, 41. Jg., April 1999, S. 32.

o.V. (1999l): TNT optimiert die Transportkette, in: WirtschaftsKurier Nr. 4, 41. Jg., April 1999, S. 32.

o.V. (1999m): Vorreiter bei der Euro-Umstellung, in: WirtschaftsKurier Nr. 4, 41. Jg., April 1999, S. 32.

o.V. (1999n): Jede Sendung geht ins Netz, in: WirtschaftsKurier Nr. 4, 41. Jg., April 1999, S. 33.

o.V. (1999o): Englisches Packpapier, in: Frankfurter Allgemeine Zeitung Nr. 9, 12.1.1999, S. 20.

o.V. (1999p): Die Konzentration auf dem Logistik-Markt schreitet voran, in: Frankfurter Allgemeine Zeitung Nr. 9, 12.1.1999, S. 15.

o.V. (1999q): Britische Post übernimmt den deutschen Paketdienst German Parcel, in: Frankfurter Allgemeine Zeitung Nr. 9, 12.1.1999, S. 15.

o.V. (1999r): Rollende Briefe, in: WirtschaftsWoche Nr. 40, 30.9.1999, S. 132.

o.V. (1999s): Post kauft in Frankreich zu, in: Frankfurter Allgemeine Zeitung Nr. 235, 8.10.1999, S. 17.

o.V. (1999t): Kurierdienst verletzt nicht das Postmonopol, in: Süddeutsche Zeitung Nr. 256, 5.11.1999, S. 25.

o.V. (1999u): Deutsche Post offenbar vor großer Übernahme, in: Suddeutsche Zeitung Nr. 264, 15.11.1999, S. 25.

o.V. (1999v): Post will Nummer eins bei Luftfracht werden, in: Süddeutsche Zeitung Nr. 265, 16.11.1999, S. 25.

o.V. (1999w): Post-Tochter wird Nummer eins in der Luftfracht, in: Handelsblatt Nr. 222, 16.11.1999, S. 13.

o.V. (1999x): Post muss bis 2005 noch 12 000 Filialen betreiben, in: Süddeutsche Zeitung Nr. 254, 3.11.1999, S. 26.

o.V. (1999y): Deutsche Post steigt in die Formel 1 ein, in: Die Welt Nr. 293, 15.12.1999, S. 1.

Oberender, P. (Hg.) (1989): Marktökonomie, München.

OECD (1989): Predatory Pricing, Paris.

Olsen, M. (1999): Ballade-koncernen, in: Berlingske Søndag Nr. 120, 251. Jg, 4. sektion, S. 1, 7.

Ordover, J.A. / Saloner, G. (1989): Predation, Monopolization, and Antitrust, in: Schmalensee / Willig (1989a), S. 537 – 596.

Ordover, J.A. / Willig, R.D. (1986): Perspectives on Mergers and World Competition, in: Grieson (1986), S. 201 – 218.

Overdijk, P. (1997): Postal Services. Competition in the Netherlands – Current Situation, in: Crew / Kleindorfer (1997), S. 417 – 424.

Pampel, J.R. / Viertelhaus, M. (1997): Substanzerhaltung und kalkulatorische Abschreibung in der Praxis – eine Auswertung von Verbandsempfehlungen, in: Kostenrechnungspraxis, Sonderheft 1/97, S. 14 – 23.

Panzar, J.C. (1989): Technological Determinants of Firm and Industry Structure, in: Schmalensee / Willig (1989a), S. 3 – 59.

Panzar, J.C. (1991): Is Postal Service a Natural Monopoly?, in: Crew / Kleindorfer (1991c), S. 219 – 228.

Panzar, J.C. (1993): Competition, Efficiency, and the Vertical Structure of Postal Services, in: Crew / Kleindorfer (1993), S. 91 – 105.

Paterna, P. (1995): Postreform II - und wie geht es weiter?, in: telak GmbH (Hg.) (1995): Corporate Networks und neue Techniken, Wiesbaden, S. 177 – 187.

Paterak, J. (1999a): Gar kein Zwang, in: WirtschaftsWoche Nr. 29, 15.7.1999, S. 48.

Paterak, J. (1999b): Konkurrenz piesacken, in: WirtschaftsWoche Nr. 43, 21.10.1999, S. 69 – 73.

Paterak, J. (1999c): Erste Erfolge, in: WirtschaftsWoche Nr. 49, 2.12.1999, S. 108.

Perry, M.K. (1989): Vertical Integration: Determinants and Effects, in: Schmalensee / Willig (1989a), S. 183 – 255.

Petel, Y. (1997): The New Regulatory Framework in France: Assessments and Prospects, in: Stumpf / Plum (1997), S. 33 – 42.

Peter, M. / Schnitzler, L. (1997): Nicht kampflos nehmen lassen, WirtschaftsWoche Nr. 50, 4.12.1997, S. 90 – 95.

Pfeiffer, G. (1990a): Subadditivität, in: Berger u.a. (1990), S. 277 – 278.

Pfeiffer, G. (1990b): Kompatibilität, in: Berger u.a. (1990), S. 180 – 181.

Pfeiffer, G. (1990c): Interconnection Problem, in: Berger u.a. (1990), S. 160 – 161.

Phillips, A. (1982): The Impossibility of Competition in Telecommunications. Public Policy Gone Awry, in: Crew (1982), S. 7 – 33.

Phillips, A. (1985): The Reintegration of Telecommunications. An Interim View, in: Crew (1985), S. 5 – 16.

Phillips, A. (1989): New Technologies and Diversified Telecommunications Services. Policy Problems in an ISDN Environment, in: Crew (1989), S. 107 – 125.

Picot, G. (1999): Mergers & Acquisitions in Telekommunikation und Internet, in: FinanzBetrieb, 1. Jg., S. 61 – 70.

Pieper, F. (1992): Postdienste im Wettbewerb – Ökonomische Charakteristika und Struktur der Märkte, Wissenschaftliches Institut für Kommunikationsdienste, Diskussionsbeitrag Nr. 99, Bad Honnef.

Pieper, F. (1993): Theoretische Aspekte einer Preispolitik im Postwesen. Ergebnisse der Studie „The Economics of Postal Services“ von M.A. Crew und P.R. Kleindorfer, Wissenschaftliches Institut für Kommunikationsdienste, Diskussionsbeitrag Nr. 110, Bad Honnef.

Pieper, F. (1995): Preisbildungsmodelle und deren Anwendung im Briefdienst, Wissenschaftliches Institut für Kommunikationsdienste, Diskussionsbeitrag Nr. 143, Bad Honnef.

Pieper, F. (1996): Implementierungsmöglichkeiten preistheoretischer Modelle, Berlin u.a.

Pieper, F. / Stumpf, U. (1996): Die Regulierung des Netzzugangs im Briefdienst, in: Berger / Knauth (1996), S. 263 – 288.

Pindyck, R.S. (1986): Capital Adjustment Costs, Monopoly Power, and the Regulated Firm, in: Grieson (1986), S. 219 – 230.

Plagemann, J. (1996): Der rechtlich-institutionelle Rahmen des Postmarktes in der Bundesrepublik Deutschland, in: Berger / Knauth (1996), S. 47 – 90.

Plott, C.R. (1989): An Updated Review of Industrial Organization: Application of Experimental Methods, in: Schmalensee / Willig (1989b), S. 1109 – 1176.

Plum, M. (1997): The Challenge of Electronic Competition. Empirical Analysis of Substitution Effects on the Demand for Letter Services, in: Crew / Kleindorfer (1997), S. 270 – 287.

Posner, R.A. (1969): Natural Monopoly and its Regulation, in: Stanford Law Review, Bd. 21 (1969), S. 548 – 643.

Posner, R.A. (1988): Die Deregulierungsbewegung in den USA, in: Schwarz, G. (1988b), S. 25 – 29.

Pritzl, T. (1998): Bis tief in die Nacht, in: WirtschaftsWoche Nr. 48, 19.11.1998, S. 136 – 140.

PTT (Hg.) (1997): Annual Report Swiss Postal Services 1996, PTT statistics, Bern.

Qvortrup, M. (1999): Den usynlige hånd slår til igen!, in: Berlingske Tidende Nr. 59, 251. Jg, 28.2.1999, 1. Sektion, S. 12.

Raffalski, A. (1997): Interconnection und Entbündelung: Definition, Ausgestaltung und strategische Implikationen. Vortrag, I.I.R.-Fachkonferenz Entbündelung und Interconnection, 25.11.1997, Köln.

Rahmeyer, F. (1999): Preisbildung im natürlichen Monopol, in: Wirtschaftswissenschaftliches Studium, 28. Jg., 1999, S. 69 – 75.

Ranganathan, K. / Dey, R. (1997): Redirecting Mail. Postal Sector Reform, Washington D.C.

Ray, D. / Stevenson, R. (1980): Measuring the Potenzial Impacts from Lifeline Pricing of Electricity and Natural-Gas Services, in: Crew (1980), S. 183 – 208.

Reay, I. (1995): The Scope of the Reserved Area, in: Crew / Kleindorfer (1995), S. 155 – 164.

Reay, I. (1997): The Structure of Postal Markets, in: Crew / Kleindorfer (1997), S. 356 – 369.

Recktenwald, H.C. (1980): Markt und Staat. Fundamente einer freiheitlichen Ordnung, Göttingen.

Recktenwald, H.C. (1983): Lexikon der Staats- und Geldwirtschaft, München.

Reeb, D.J. / Howe, E.T. (1985): State and Local Taxation of Electric Utilities. A Study of the Record, in: Crew (1985), S. 59 – 74.

Regulierungsbehörde für Telekommunikation und Post (1999): Brieflaufzeiten, [http://www.regtp.de/postwesen/brieflauf.htm; 11/1999]

Reiners, F. (1997): Teilprobleme bei der Ermittlung kalkulatorischer Zinsen, in: Kostenrechnungspraxis, Sonderheft 1/97, S. 55 – 62.

Rietbroek, J. (1997): European Postal Policy: A Need for Change, in: Stumpf / Plum (1997), S. 1 – 8.

Ring, A. (1993): Öffentlicher Personennahverkehr in städtischen Regionen – eine theoretische und empirische Analyse alternativer Finanzierungsformen, in: Grüske (Hg.) (1993): Forum Finanzwissenschaft, Bd. 3, Nürnberg.

Rocke, B. / Müller, R. (1985): Marktwirtschaftlicher Lösungsansatz zur Erhaltung defizitärer öffentlicher Personennahverkehre, in: Internationales Verkehrswesen, 1985, Bd. 37, S. 242 – 245.

Rödl & Partner (Hg.) (1999): Liberalisierung des Strommarktes, in: Öffentliches Management I/99, S. 15 – 16.

Rodríguez, R.R. / Sherman, R. (1996): Electric Utility Efficiency with Independent Power Producers, in: Crew (1996), S. 171 – 184.

Rogerson, C.M. / Takis, W.M. (1993): Economies of Scale and Scope and Competition in Postal Services, in: Crew / Kleindorfer (1993), S. 109 – 127.

Rohde, J. (1987): Anforderungen an die Kommunikationsdienste der DBP, in: Diederich u.a. (1987), S. 105 – 125.

Rohrabacher, D. (1996): Employee Ownership of the Postal Service, in: Hudgins (1996b), S. 115 – 119.

Rommel, W. (1992): Rechtliche Aspekte des Verbundes zwischen den Unternehmen der Deutschen Bundespost im Schalterbereich, Wissenschaftliches Institut für Kommunikationsdienste, Diskussionsbeitrag Nr. 87, Bad Honnef.

Ronellenfitsch, M. (1997): Rechtliche Probleme der Privatisierung und Regulierung aus der Sicht der Rechtswissenschaften, in: König / Benz (1997), S. 118 – 138.

Rosen, H.S. (1988): Public Finance, Homewood.

Rosenschon, A. (1991): Zum staatlichen Ausgabe- und Einnahmesystem in der Bundesrepublik Deutschland – Privatisierung und steuerpolitischer Wettbewerb geboten, Institut für Weltwirtschaft, Arbeitspapier Nr. 482, Kiel.

Roß, A. (1996): Der Computer spielt Post, in: Süddeutsche Zeitung, 11.01.1996, Nr. 8, S. 42.

Rowley, C.K. (1991): Comments. Bagging the Mail, in: Crew / Kleindorfer (1991c), S. 109 – 113.

Rudolph, B. (1986): Neuere Kapitalkostenkonzepte auf der Grundlage der Kapitalmarkttheorie, in: Zeitschrift für betriebswirtschaftliche Forschung, Jg. 38, 1986, S. 892 – 898.

Runyon, M.T. (1996): The View from the U.S. Postal Service, in: Hudgins (1996b), S. 3 – 8.

Salant, D.J. (1992): A New Look at Public Utility Regulation Through a Revolving Door, in: Crew (1992), S. 147 – 162.

Salz, J. (1999): Ohne Partner überleben, in: Wirtschaftswoche Nr. 18, 29.4.1999, S. 57.

Sanfilippo, L. (1995): Abuse of Freedom of Conduct. Neighboring Markets and Application of Article 86, in: European Business Law Review, 6. Jg., 1995, S. 71 – 75.

Santos, A. (1990): Privatization and State Intervention – An Economic Approach, in: Majone (1990), S. 139 – 152.

Sappington, D.E.M. / Weisman, D.L. (1996): Seven Myths about Incentive Regulation, in: Crew (1996), S. 1 – 19.

Scheurle, K.-D. (1997): Grundzüge der Privatisierung und Regulierung im Bereich der Post und Telekommunikation, in: König / Benz (1997), S. 201 – 209.

Schmalensee, R. / Willig, R.D. (Hg.) (1989a): Handbook of Industrial Organization, Bd. 1, Amsterdam u.a.

Schmalensee, R. / Willig, R.D. (Hg.) (1989b): Handbook of Industrial Organization, Bd. 2, Amsterdam u.a.

Schmidtchen, D. (1987): Gebührenpolitik der DBP und Ordnungspolitik, in: Diederich u.a. (1987), S. 221 – 281.

Schneider, V. (1997): Privatisierung und Regulierung der Telekommunikation aus politikwissenschaftlicher Sicht, in: König / Benz (1997), S. 248 – 261.

Schnitzler, L. (1998): Peinlich genau, in: WirtschaftsWoche Nr. 46, 5.11.1998, S. 100.

Schnitzler, L. (1999a): Aus der Portokasse, in: WirtschaftsWoche Nr. 21, 20.5.1999, S. 62 – 64.

Schnitzler, L. (1999b): Der gelbe Moloch, in: WirtschaftsWoche Nr. 21, 20.5.1999, S. 64.

Schnitzler, L. (1999c): „Wir waren nie Monopolanhänger“, in: WirtschaftsWoche Nr. 21, 20.5.1999, S. 66.

Schöttner, H. (1996): Wettbewerb und Regulierung im Postsektor – ein internationaler Vergleich, in: Berger / Knauth (1996), S. 175 – 197.

Schulte-Braucks, R. (1990): Die Liberalisierung des Fernmeldemarktes: Ein Vorbild für den Markt der Postdienste?, in: Europäisches Wirtschafts- und Steuerrecht, 1990, Bd. 1, S. 11 – 15.

Schultz, H. (1999): Konkurrenceloven er stram nok, in: Berlingske Tidende Nr. 183, 4.7.1999, 4. sektion, S. 6.

Schwager, S. (1997): Prozeßkostenrechnung, in: Wirtschaftswissenschaftliches Studium, 26. Jg., 1997, S. 1035.

Schwandt, F. (1996): Internationale Telekommunikation, Berlin u.a.

Schwarz, D. (1987): Wettbewerbspolitische Problematik des Predatory Pricing, in: Wirtschaft und Wettbewerb, 1/1987, S. 93 – 99.

Schwarz, G. (1988a): Die schleichende Einengung von Freiräumen, in: Schwarz (1988b), S. 127 – 132.

Schwarz, G. (Hg.) (1988b): Wo Regeln bremsen. Deregulierung und Privatisierung im Vormarsch, Zürich.

Schwarz, G. / Jetzer, J.-P. (1988): Deregulierung und Privatisierung im Vormarsch, in: Schwarz (1988b), S. 10 – 17.

Schwarze, R. (1998): Zur Internalisierung externer Effekte im Monopol, in: Wirtschaftswissenschaftliches Studium, 27. Jg., 1998, S. 27 – 28.

Schwarz-Schilling, C. (1991): Die Regulierungsaufgaben des Bundesministers für Post und Telekommunikation im Kontext des europäischen Binnenmarktes, in: Speckbacher (1991), S. 137 – 152.

Scott, F.A. Jr. (1980): Fuel-Adjustment Clauses and Profit Risk, in: Crew (1980), S. 77 – 92.

Scott, F.A. Jr. (1986): Assessing USA Postal Ratemaking. An Application of Ramsey Prices, in: The Journal of Industrial Economics, Bd. 34/3, 1986, S. 279 – 290.

Scott, F.A. Jr. (1991): Comments, in: Crew / Kleindorfer (1991c), S. 189 – 190.

Seidel, U.M. (1998): Liberalisierung des Telekommunikationsmarktes in Deutschland, in: Wirtschaftswissenschaftliches Studium, 27. Jg., 1998, S. 310 – 314.

Seidenfus, H.S. (Hg.) (1989): Deregulierung – eine Herausforderung an die Wirtschafts- und Sozialpolitik in der Marktwirtschaft, Berlin.

Selander, S. (1997): Deregulation of the Postal Market: The Swedish Experience, in: Stumpf / Plum (1997), S. 61 – 66.

Shapiro, C. (1989): Theories of Oligopoly Behavior, in: Schmalensee / Willig (1989a), S. 329 – 414.

Sharkey, T.M. (1997): Comments, in: Stumpf / Plum (1997), S. 24 – 32.

Sharkey, T.M. / Treworgy, D.E. (1997): Pathways to Postal Commercialisation: Striking a Balance between Reductions in Regulation and Scope of the Reserved Sector, in: Stumpf / Plum (1997), S. 159 – 184.

Sharkey W.W. / Sibley, D.S. (1991): Optimal Non-linear Pricing with Regulatory Preference over Customer Types. Bellcore economics discussion paper, Bell Communications Research.

Shepherd, W.G. (1986): Illogic and Unreality. The Odd Case of Ultra-Free Entry and Inert Markets, in: Grieson (1986), S. 231 – 252.

Shepherd, W.G. (1992): Ramsey pricing – Its uses and limits, in: Utilities Policy, October 1992, S. 296 – 298.

Sherman, R. (1980): Hope against *Hope*, in: Crew (1980), S. 7 – 25.

Sherman, R. (1989): Efficiency Aspects of Diversification by Public Utilities, in: Crew (1989), S. 43 – 63.

Sherman, R. (1991): Competition in Postal Service, in: Crew / Kleindorfer, (1991c), S. 191 – 214.

Sherman, R. (1993a): Comments, in: Crew / Kleindorfer (1993), S. 106 – 108.

Sherman, R. (1993b): Should Ramsey-Price Markups Differ?, in: Journal of Regulatory Economics, Vol. 5, June 1993, S. 217 – 225.

Sherman, R. / George, A. (1979): Second-Best Pricing for the U.S. Postal Service, in: Southern Economic Journal, Bd. 45/3, 1979, S. 685 – 695.

Shogren, J.F. (Hg.) (1989): The Political Economy of Government Regulation, Boston u.a.

Simnett, R.E. (1989): Contestable Markets and Telecommunications, in: Crew (1989), S. 127 – 142.

Sitglitz, J.E. (1986): Economics of the Public Sector, New York.

Smiley, R. (1985): Management Compensation in Regulated Industries, in: Crew (1985), S. 111 – 125.

Soltwedel, R. (1993): Deregulierung – Wachstumsstrategie zum Nulltarif, in: Walter (1993), S. 110 – 133.

Sommer, M. (1999): Mit starken Allianzen auf mehr Wettbewerb vorbereitet, in: Handelsblatt Nr. 62, 30.3.1999, S. 63.

Sørensen, B. (1997): Quality-of-Service Monitoring and Related Financial Incentives, in: Stumpf / Plum (1997), S. 263 – 302.

Speckbacher, W. (Hg.) (1991): Die Zukunft der Postdienste in Europa, Bonn.

Speckbacher, W.A.K. (1995): Price Caps for Postal Service, in: Crew / Kleindorfer (1995), S. 165 – 180.

Spelthahn, S. (1994): Privatisierung natürlicher Monopole, Wiesbaden.

Stalder, I. (1992): Staatsverschuldung aus Sicht der Neuen Politischen Ökonomie, in: Grüske (Hg.) (1992): Forum Finanzwissenschaft, Bd. 2, Nürnberg.

Steele, I. (1991): Comments, in: Crew / Kleindorfer (1991c), S. 283 – 285.

Steiner, M. / Kleeberg, J. (1991): Zum Problem der Indexauswahl im Rahmen der wissenschaftlich-empirischen Anwendung des Capital Asset Pricing Model, in: Die Betriebswirtschaft, 51. Jg., 1991, S. 171 – 182.

Stewart, J.F. (1982): Economic Efficiency and Automatic Fuel-Cost Adjustment Mechanisms. Theory and Empirical Evidence, in: Crew (1982), S. 167 – 181.

Stiglitz, J.E. (1989): Imperfect Information in the Product Market, in: Schmalensee / Willig (1989a), S. 769 – 847.

Stobbe, A. (1969): Volkswirtschaftliches Rechnungswesen, Berlin u.a.

Stumpf, U. (1990): Postal Newspaper Delivery and Diversity of Opinions, Wissenschaftliches Institut für Kommunikationsdienste, Diskussionsbeitrag Nr. 58, Bad Honnef.

Stumpf, U. (1991): Postal Newspaper Delivery and Diversity of Opinions, in: Crew / Kleindorfer (1991c), S. 177 – 188.

Stumpf, U. (1992): Remailing in the European Community. Economic Analysis of Alternative Regulatory Environments, Wissenschaftliches Institut für Kommunikationsdienste, Diskussionsbeitrag Nr. 89, Bad Honnef.

Stumpf, U. (1993): Remailing in the European Community. Economic Analysis of Alternative Regulatory Environments, in: Crew / Kleindorfer (1993), S. 179 – 203.

Stumpf, U. (1997a): Finanzierung von Universaldienstleistungen im Wettbewerb, in: WIK Newsletter, 1997, Nr. 29, Bad Honnef, S. 3 – 5.

Stumpf, U. (1997b): Providing Universal Service in Competitive Postal Markets, in: Crew / Kleindorfer (1997), S. 288 – 303.

Stumpf, U. / Elsenbast, W. (Hg.) (1996a): Cost of Universal Service 1, Bad Honnef.

Stumpf, U. / Elsenbast, W. (Hg.) (1996b): Cost of Universal Service 2, Bad Honnef.

Stumpf, U. / Pieper, F. (1992): The Development of the Single Market for Postal Services: Comments on the Green Paper, Wissenschaftliches Institut für Kommunikationsdienste, Diskussionsbeitrag Nr. 98, Bad Honnef.

Stumpf, U. / Plum, M. (Hg.) (1997): Diffusion of New Regulatory Approaches in the Postal Sector, Bad Honnef.

Tabor, R. (1991): Comments. International Postal Reform, in: Crew / Kleindorfer (1991c), S. 33 – 36.

Tardiff, T.J. / Taylor, W.E. (1996): Revising Price Caps. The Next Generation of Incentive Regulation Plans, in: Crew (1996), S. 21 – 38.

Taylor, L.D. (1980): The Demand for Telecommunication. A Nontechnical Exposition, in: Crew (1980), S. 93 – 105.

Tewes, D. (1997): PCS-Auktionen in den USA – Turbulenzen im C-Block, in: WIK Newsletter, 1997, Nr. 29, Bad Honnef, S. 17 – 19.

Thompson, A.A. / Formby, J.P. (1993): Economics of the Firm – Theory and Practice, London.

Thompson, H.E. (1985): Estimating Return Deficiencies of Electric Utilities, in: Crew (1985), S. 17 – 37.

Thompson, H.E. (1992): Price-Cap Regulation, Incentives for Cost Reduction, and Stockholder-Ratepayer Conflicts, in: Crew (1992), S. 97 – 116.

Thum, M. (1994): Möglichkeiten und Grenzen staatlicher Standardsetzung, in: Homo Oeconomicus, 1994, Bd. XI (3), S. 465 – 500.

Thurow, L.C. (1988): Mehr Wettbewerb verlangt mehr Kooperation, in: Henzler (1988), S. 863 – 864.

Toime, E. (1991): Competitive Strategy for New Zealand Post, in: Crew / Kleindorfer (1991c), S. 275 – 282.

Toime, E. (1993): Service Performance in the Postal Business, in: Crew / Kleindorfer (1993), S. 273 – 286.

Toime, E. (1995):The Commercial Postal Business, in: Crew / Kleindorfer (1995), S. xi – xvii.

Toledano, F. (1993): Comments, in: Crew / Kleindorfer (1993), S. 49 – 51.

Tolley, G. / Bernstein, P. (1997): Mail Volume Forecasting and Postal Regulation Issues, in: Stumpf / Plum (1997), S. 201 – 238.

Train, K.E. (1991): Optimal Regulation, Cambridge / London.

Treworgy, D.E. / Waddell, J.A. (1991): Postal Service and Less Developed Countries, in: Crew / Kleindorfer (1991c), S. 253 – 270.

Tschirhart, J. (1989): Partial Regulation of Natural Monopoly, in: Shogren (1989), S. 55 – 81.

Tuominen, H. (1995): Use of Technology Arising from Customers' Needs, in: Crew / Kleindorfer (1995), S. 181 – 190.

Uhle, D. (1996): Die Struktur der Nachfrage nach Postdienstleistungen in Deutschland, in: Berger / Knauth (1996), S. 147 – 158.

United States Postal Service (1999): Annual Report 1998, Washington D.C.

van der Haegen, A. (1996): The Consumer and Supply of Postal Services in the EU, in: Stumpf / Elsenbast (1996b), S. 133 – 136.

Varian, H.R. (1989): Price Discrimination, in: Schmalensee / Willig (1989a), S. 597 – 654.

Vickrey, W. (1961): Counterspeculation, Auctions and Competitive Sealed Tenders, in: Journal of Finance, 1961, Bd. 16, S. 8 – 37.

Vogelsang, I. (1989): Price Cap Regulation of Telecommunications Services. A Long-Run Approach, in: Crew (1989), S. 21 – 42.

Vogelsang, I. (1992): Zur Privatisierung von Telefongesellschaften, Wissenschaftliches Institut für Kommunikationsdienste, Diskussionsbeitrag Nr. 101, Bad Honnef.

Vogelsang, I. (1994): Federal Versus State Regulation in U.S. Telecommunications, Wissenschaftliches Institut für Kommunikationsdienste, Diskussionsbeitrag Nr. 134, Bad Honnef.

Vogelsang, I. / Finsinger, J. (1977): A Regulatory Adjustment Process for Optimal Pricing by Public Enterprises, Berlin.

Vogelsang, I. / Finsinger, J. (1978): A Regulatory Adjustment Process for Optimal Pricing by Multiproduct Monopoly Firms, Berlin.

Vogelsang, I. / Finsinger, J. (1979): A regulatory adjustment process for optimal pricing by multiproduct monopoly firms, in: Bell Journal of Economics, Vol. 10, 1979, S. 157 – 171.

von Weizsäcker, C.C. (1984): Free entry into Telecommunications?, in: Information Economics and Policy, Vol. 1, 1984, S. 197 – 216.

von Weizsäcker, C.C. (1988): Deregulierung als Antwort auf das Staatsversagen, in: Schwarz (1988b), S. 18 – 24.

von Zwehl, W. (1988): Die Kalkulation kommunaler Benutzungsgebühren in betriebswirtschaftlicher Sicht, in: Zeitschrift für Betriebswirtschaft, 1988, 58. Jg., S. 155 – 170.

von Zwehl, W. (1998): Das stete Ärgernis bei der Gebührenkalkulation, in: Kostenrechnungspraxis, 42. Jg., S. 48 – 50.

Wachter, M.L. / Perloff, J.M. (1991): A Comparative Analysis of Wage Premiums and Industrial Relations in the British Post Office and the United States Postal Service, in: Crew / Kleindorfer (1991c), S. 115 – 137.

Waldenberger, F. (1990a): Transaktionskosten, in: Berger u.a. (1990), S. 308 – 309.

Waldenberger, F. (1990b): Telekommunikation, in: Berger u.a. (1990), S. 295.

Waldenberger, F. (1990c): Bypass („Umgehung"), in: Berger u.a. (1990), S. 30 – 31.

Waldenberger, F. (1990d): Verdrängungswettbewerb, in: Berger u.a. (1990), S. 318 – 319.

Waldenberger, F. (1990e): Innovation, in: Berger u.a. (1990), S. 158 – 159.

Walkhoff, H. (1995): Die Barrieren fallen in Europa zusehends, in: Betriebswirtschaftliche Blätter 5/95, S. 234 – 236.

Walter, N. (1993): Mehr Wachstum durch Privatisierung von Staatsleistungen, in: Walter (1993), S. 134 – 170.

Walter, N. (Hg.) (1993): Weniger Staat – mehr Markt, München / Landsberg am Lech.

Ware, H. (1997): Competition and Rate Restructuring For Postal Services, in: Crew / Kleindorfer (1997), S. 370 – 386.

Weidelich, F. (1998): Die machen das – notgedrungen, in: Beilage der Süddeutschen Zeitung Nr. 278, 2.12.1998, S. 1.

Weidenbaum, M.L. (1979): The High Cost of Government Regulation, in: Challenge 6, 1979, S. 32 – 39.

Weigel, W. (1992): Ökonomie des öffentlichen Sektors, Wien / New York.

Wieland, B.W. (1994): Kommentar, in: Jahrbuch für Neue Politische Ökonomie, 1994, Bd. 13, S. 257 – 264.

Wieland, J. (1997): Rechtliche Probleme der Privatisierung und Regulierung ist Bereich Post und Telekommunikation, in: König / Benz (1997), S. 235 – 247.

Williamson, O.E. (1966): Peak-Load Pricing and Optimal Capacity Under Indivisibility Constraints, in: American Economic Review, Bd. 56, 1966, S. 810 – 827.

Williamson, O.E. (1989): Transaction Cost Economics, in: Schmalensee / Willig (1989a), S. 135 – 182.

Windisch, R. (1987): Privatisierung natürlicher Monopole im Bereich von Bahn, Post und Telekommunikation, Tübingen.

Winkler, C. (1996): Deregulierung der Telekommunikationsnetze. Theoretische Grundlagen und Politik der Europäischen Union, Diplomarbeit, Universität Erlangen-Nürnberg.

Wissenschaftliches Institut für Kommunikationsdienste (1998): Ein analytisches Kostenmodell für das Ortsnetz. Stand 4.3.1998, Bad Honnef.

Wojtek, R. (1996): Universal Service and Legal Policy, in: Stumpf / Elsenbast (1996b), S. 7 – 14.

Wojtek, R. (1999): Kleinunternehmer werden in ihrer Existenz gefährdet, in: Handelsblatt Nr. 62, 30.3.1999, S. 62.

Wolak, F.A. (1997): Changes in the Household-Level Demand for Postal Delivery Services from 1986 to 1994, in: Crew / Kleindorfer (1997), S. 162 – 191.

Yandle, B. (1989): Bootleggers and Baptists in the Market for Regulation, in: Shogren (1989), S. 29 – 53.

Zimmermann, H. / Henke, K.-D. (1994): Einführung in die Finanzwissenschaft, München.

Zumwinkel, K. (1991): Die Zukunftsperspektiven für die Deutsche Bundespost POSTDIENST im europäischen Binnenmarkt, in: Speckbacher (1991), S. 11 – 25

Zumwinkel, K. (1999): Deutsche Post: Auf dem Weg zum European Player, in: Handelsblatt Nr. 62, 30.3.1999, S. 62.

MIX
Papier | Fördert gute Waldnutzung
FSC® C083411

Kolibri 360 GmbH
Ferdinand-Jühlke-Straße 7
99095 Erfurt, Deutschland
produktsicherheit@kolibri360.de

Druck:
CPI Druckdienstleistungen GmbH
im Auftrag der
Kolibri 360 GmbH
Ferdinand-Jühlke-Str. 7
99095 Erfurt